我的前半生

爱新觉罗·溥仪

【全本】

群众出版社

图书在版编目（CIP）数据

我的前半生：全本/爱新觉罗·溥仪著. —北京：群众出版社，2007.1
ISBN 978-7-5014-3557-9

Ⅰ.①我… Ⅱ.①爱… Ⅲ.①爱新觉罗·溥仪(1906~1967)—回忆录
Ⅳ.①K827=7

中国版本图书馆 CIP 数据核字（2005）第 120538 号

我的前半生（全本）

爱新觉罗·溥仪 著

出版发行：群众出版社
地　　址：北京市丰台区方庄芳星园三区 15 号楼
邮政编码：100078
经　　销：新华书店
印　　刷：北京市泰锐印刷有限责任公司

版　　次：2007 年 1 月第 1 版
印　　次：2024 年 4 月第 35 次
印　　张：35
开　　本：787 毫米×1092 毫米 1/16
字　　数：624 千字

书　　号：ISBN 978-7-5014-3557-9
定　　价：96.00 元

网　　址：www.qzcbs.com
电子邮箱：qzcbs@163.com

营销中心电话：010-83903254
读者服务部电话（门市）：010-83903257
警官读者俱乐部电话（网购、邮购）：010-83903253
综合图书分社电话：010-83901670

目　　录

出版说明

爱新觉罗·溥仪撰写《我的前半生》的起始时间，据他自己说，从1957年下半年开始着手准备，用了一年多时间，完成了20万字的初稿，并由中国人民解放军沈阳军区战犯管理所（即原抚顺战犯管理所）油印成册。

1960年1月，在毛泽东主席和周恩来总理的关注下，群众出版社把油印本印成灰色封面的铅印本（俗称“灰皮本”）。之后，群众出版社又与溥仪磋商，确定了重新搜集材料、重新构思、梳爬剔抉、提炼成文的思路。于是有了1962年6月“另起炉灶”的一稿本，约50万字。一稿本成稿后，作者征求并吸取有关部门和专家的意见，作了一些修改，并补充了“五十三年大事记”等有关内容材料，于1962年10月印出二稿本。全国政协、中宣部、统战部、最高人民法院、最高人民检察院等单位，及当时历史界、文学界许多专家学者、著名人士，如于桑、王宗一、申伯纯、刘大年、刘复之、老舍、吕振羽、张治中、李侃、邵循正、吴晗、何幹之、杨东莼、金城、郭沫若、侯外庐、阎宝航、凌云、翁独健、梅汝璈、傅作义、廖沫沙、廖承志、翦伯赞、黎澍（按姓氏笔画排序）等，审阅书稿后，对二稿本给予评价或提出许多中肯的修改意见。作者根据这些意见，对书稿进行了相应的调整，尤其是对后半部分进行了较多剪裁或变动，最终形成了1964年3月正式出版的《我的前半生》（以下简称“定本”）。

2004年3月，群众出版社在整理《我的前半生》档案材料时，意外地发现了一稿本和二稿本。为了将《我的前半生》完整地奉献给广大读者，我们对所有版本进行了认真的研究、论证，决定编辑出版《我的前半生（全本）》（以下简称“全本”）。

这次出版的“全本”，恢复了许多“定本”没有的内容。主要包括：一、二稿本原有的序言“中国人的骄傲”，第六章“伪满十四年”第一节“同时上演的另一台戏——摘录一个参与者的记述”，第七章“在苏联的五年”第四节“远东国际军事法庭”，第十章“一切都在变”第四节“离婚”；“定本”中被简略或删削的某些叙述，如关于日本驻天津特务机关“三野公馆”的描写，李鸿章记录清末一场大水灾情况的奏折，溥仪的打油诗以及占卜的卦辞，张宗昌生活简史，婉容亲生婴儿被扔进锅炉烧化，等等。

与1964年出版的《我的前半生》相比，这次出版的“全本”，多出十五六万字，内容更完整，史实更丰富，文学性更强，并订正了“定本”引文的少量失误，基本上保留了二稿本的原貌。同时，增加了二稿本所没有的编者脚注（以“编者注”字样与未加此字样的作者原注相区别）。编者脚注主要作了四个方面的揭示：一、标出书稿未被删改的地方；二、指出书稿中的一些史实差误；三、对书稿中的某些内容加以说明；四、个别脚注反映1979年“定本”重印之后某些专家的修改意见。

在编辑“全本”的过程中，围绕本书的定名及相关问题，我们请教了王旭峰、邓伟志、白烨、刘世德、汪朝光、李洪岩、李炳银、何西来、高兴国、陶飞亚、董乃斌、彭卫、雷达、蓝英年（按姓氏笔画排序）等专家学者，在此一并表示感谢！

2006年9月

中国人的骄傲[①]

一九五九年年末，我蒙特赦，回到了故乡北京。从到北京的第一天起，就不断地收到来自四面八方的问题，人们向我询问，我是怎样受到改造的？我的前半生是怎样过来的？清宫的生活是怎么样的？十四年的伪满洲国的日子是怎么个情形……

我很愿意也有责任回答这些问题。事实上，我从一九五七年下半年起，就开始准备着我的回忆录的写作了。

我的前半生，本是“无一事可及生人，无一言可书史册”的，但是从一九五七年起，我就日益一日地想把它公诸于世。

我要把充满了罪恶和羞耻的历史，呈现在祖国人民面前。在给了我巨大的宽恕的父老兄弟姊妹面前，我要做再一次的忏悔。由于我的万死不足以蔽其辜的罪恶，直接间接地造成了祖国一千万人口的死亡，千亿元以上财富的损失。

在我这块自愿承当的招牌下，我国的东北也变成了日本帝国主义的侵略东南亚各国的战争基地。我也要向那些遭受侵略的国家的人民，表示我的忏悔。

除此以外，我写这本书还有一个不能隐藏的心愿：我要告诉人们，我今天由于新生而得到的欢乐之情。

我得到了新生，这不是肉体的新生，而是灵魂的新生。我得到了做人的欢乐，这不是做任何一种人的欢乐，而是做个今天的中国公民的欢乐。我有了真正的人生乐趣，这并不是任何时代、任何地域都可以有的人生乐趣，而只是在这个国家、这个时代才能有的人生乐趣。

我从前是个什么人？我从前干的是什么事？我从前过的是什么日子？

我，清朝的最末一代皇帝，两千多年封建王朝的最末一个君王，在刚会跑的时候起，被抱上“宝座”，浑然无知地度过了三年革命的风暴，然后在封建军阀保护下的皇宫中度过了我的童年；在民族敌人的豢养下送走了我的青春，最后终于认贼作父，充当了十四年的傀儡“元首”。四十年间的生活，里面只

① 编者注：此文形成于一稿本之前，后经过修改润色，先后被一稿木、二稿本收为序言，但一九六四年三月出版的《我的前半生》（以下简称“定本”）未收入。

有罪恶和羞耻，愚蠢和狡诈，凶暴和怯懦，猜疑和迷信……

我的童年时代，到处弥漫着标志“唯我独尊”的黄色，耳边终日是阿谀谄媚的声音。走到我面前的人，不管是多大年纪的，都要比我矮半截，不用脚而用膝盖来支撑他的身体。没有一个用“你”字来称呼我，我的名字根本不能出现于口头、书面上（实不能免时，要“缺笔避讳”）。我的亲骨血肉依法都变成了我的“臣民”，我念书念不好有别人专门替我挨说……这一切都因为，我是个皇帝。

别的孩子已经会放牛，会帮妈妈做饭，会到山里打柴，会给水缸满上水的时候，我还不会给自己穿衣服，不会把饭盛到碗里。

别的孩子已经会把种子埋到土里，会用水灌溉生长的幼苗，别的孩子懂得了桃子不是从来就这么甜，房子不是自己从地里长出来，在这样的年岁上，我就开始受到了这样的教育：普天之下，莫非王土，率土之滨，莫非王臣……

特赦前有一次我参观一个幼儿园，听到孩子们唱过一支歌，叫“二小放牛郎”。故事是抗日战争时期晋察冀边区有一个叫二小的放牛郎，十二三岁的孩子，为了乡亲们的安全，为了民族的利益，把武装到牙齿的敌人引进毁灭，同时也献出了自己幼小的生命。我在这个年岁上也有我的思想感情：我从复辟中感到了快慰，又因看见第二次退位诏书而大哭！

那一次，我在乾清宫的“宝座”上只坐了十二天，就莫名其妙地被赶了下来。尽管如此，那些王公大臣、文武百官，那些“太傅”、太妃、太监们还是叫我相信：我是天生的统治者；我的祖宗是喜鹊嘴里的一颗红果掉进仙女肚子里变的。为了证明我是“奉天承运”的皇帝，连神仙也“降坛”在沙子上写过字。因此，我不能只有一个老婆；我不能到戏院里去听戏；我不能喝城里的自来水；我不能穿洋袜子；我不能……

为了让我相信这一切，遗老们一面对我磕头碰地，一面在我身边搭起比紫禁城还厚的围墙。在这道围墙里面，我有了最初的人生目标：我必须夺回“我的”江山，我必须重新坐上太和殿的“宝座”，我必须让全国的人民在我的面前称臣为奴……

在我的师傅中间，还有一位外国绅士——庄士敦爵士，他一面劝我不要脱下清朝袍褂，以供他的东交民巷的朋友猎奇，一面告诉我外国人对我的关心。他的国家经过产业革命已有三百多年，但他认为用中国两千多年前的孟子学说，便可以教会我必需的政治知识。庄士敦爵士曾劝我到英国去，但在一个关键的时刻，英国和日本两个使馆的大门，犹如风箱的两个通风孔，一个打开，正好另一个关上，于是我就钻进了日本人的口袋里。这样，我就成了“租界地”上的特殊居民。

我成了日本驻屯军和日本总领事馆的“被保护者”，也成了在中国土地上驻着军队、派设行政官吏的各国的文武官员席上的“贵宾”。于是，我更加相信我的“恢复祖业”的欲望是有支持的。在那七年间，我拉拢嗜血的军阀，收买亡命的白俄将军，我以清朝的官爵和珠宝赠送效劳的政客，用谥法赏赐死心塌地的鬼魂。在这一切全失败了之后，我把复辟希望放在刽子手身上。

我还没有桌子高，就学会了用别人的灾难来取乐，后来，把自己的幸福建立在人们的痛苦之上，这都被我看做是自己的权利。我可以把祖父般年纪的老太监用水唧筒冲得昏死过去，我可以任意叫“敬事房”把太监打得死去活来。因为一句话不顺耳，我可以叫侄子们跪成一圈，互相抽打耳光，我可以叫一个长辈跪下来。一个孩子大的仆人，因为坐了一下我的椅子，我就叫他跪铁链、站木笼。

我看“善书”，我讲“仁慈”，我的“仁慈”却有自己的一套讲法。

我为了让自己的灵魂将来进入天堂，我连一个苍蝇也不肯打，但同时，千百个母亲和孩子的血，不曾打动过我的心！孟子批评过的“恩足以及禽兽而功不至百姓者”，连这样的人我也够不上……

祖国的土地被践踏，成千成万的同胞被屠杀，母亲们和姊妹们被污辱，无数的村庄和工厂被化为焦土，而我在这时候，却认为是“时来运转”，“天与人归”，赶忙在强盗手中的契约上签字，出卖整个的东北，出卖自己的灵魂，以换得梦寐以求的那顶腥臭的皇冠。我向每个新陷入铁蹄下的城市的方向遥拜，祝贺强盗们“武运长久”，称强盗为“亲邦”，派出“谢恩大使”，送出从每户农家缸底挖出的最后一粒粮食，以便让强盗相信我的忠顺驯服……

不愿做奴隶的人们在共产党领导下，在穷山野营风雪饥寒中，和以最现代化的武器装备着的强盗们进行了艰苦的斗争。东北人民的一位领袖、共产党员杨靖宇将军战死了，强盗们为了解开这个英雄在困苦中依靠什么来生活的谜，剖开了将军的肚子，找到的只是没有消化的草根。这时，我正吃厌了荤腥，以补针补药度日。我成日吃素念佛，求神问卜，祈祷上天保佑不要叫强盗们抛弃了我，不要叫小小的病菌夺去了我的性命……

在那种年月里，我已不懂得什么叫羞耻。萧伯纳说过：“一个人感到害羞的事越多，就越值得尊敬。”而我是正相反……我已经完全丧失了一个中国人的资格，我已丝毫没有了做人的尊严，我根本不懂得什么叫人生的乐趣。

是谁使我懂得了耻辱，是谁叫我懂得了“人”的含义，又是谁告诉了我怎么样去做人，又是谁给了我认识这一切和重新做人的勇气。

这就是我在那里度过了近十年的“监狱”。这是过去从来没有过的，这是那些把人生看成自杀俱乐部的、人住狗洞而狗住洋房的地方所不可能有的“监狱”。这也就是发射着永不消失的光芒的、代表人类最崇高的理想的改造人的政策。

这个要用金字书写在人类史上的政策，是所有先哲圣贤都梦想过的，为了实现这个梦想而提出的各样拯救灵魂的方法，曾写在各种“圣经”上面。但是，是谁把它变为现实的呢？不是别人，正是遭受过历代的嗜血者——北洋军阀、国民党的将军和特务、各个帝国主义的统治者和伪满的汉奸们的镇压而付出过无数鲜血的共产党人！不是别人，正是在那些嗜血者的统治下遭受无法历数的苦难的人民！

到现在，你还可以找到那些受难者遗下的孤儿寡妇，到现在你还可以找到那些苦难的见证人。但是，他们不记旧仇，只要我们确实改恶从善，他们不计算已流失的血汗，而为了拯救罪恶的灵魂又在付出着新的汗水。我永远忘不了，在一个被日本侵略军的细菌部队培养的鼠疫菌夺去了两百多生命的村庄里，一对脸上被旧日灾难刻满了皱纹的老夫妇对我们表现的什么样的宽恕，到现在他们的话还沉重地装在我的心上：那些事都过去了，你好好学习学习吧！

为什么会有这样的宽恕呢？平顶山的方素荣——惨绝人寰的三千条人命的大屠杀的幸存者，这样说：为了我自己的血海深仇，我见了仇人一口咬死也不能解恨，但我是一个共产党员，为了人类的崇高事业，为了祖国建设的利益，只要你们重新做人，改恶向善，我原谅你们……

在阳光之下，地上有了生命。在一个伟大理想的实践中，我得到了新的灵魂，我的生命里注入了新的青春。我懂得了什么叫善与恶、美与丑、真与伪。我认识了世界和自己，我知道了何以有的人善良，而有的人心里充满了自私；何以一小撮人凶暴而又脆弱，愚蠢而又狡诈；何以当年那个五岁的女孩方素荣勇敢而又坚强，终于成为胜利者，而又宽宏大量。

我懂得了我历代祖宗所不懂的历史和人生。我懂得了人应该为了什么而生活，懂得了什么叫真理和正义。

真理和正义，对一种人说来是亲切的，而对另一种人说来，则是冷酷的。当我只知道自己，把自己放在一切之上，把自己的生命看做比一切都值钱的时候，我害怕真理和正义；当我懂得了真正的是非曲直，懂得什么是真正的耻辱和荣誉，懂得了生活和真正的命运的时候，真理和正义对于我，正如阳光对于生命一样，才成了有意义的。

造成了这个变化的，便是充满了共产主义人道主义光辉的毛泽东的改造罪犯的伟大政策。当我们说“我爱毛主席”的时候，便意味着我爱真理和正义！

图1　周恩来总理接见载涛等。前排左起：溥仪、舒舍予、载涛、嵯峨尚子（浩的母亲）、周恩来、浩、溥杰

在这个永不熄灭的太阳照耀下，我获得了人生的乐趣。

一九六〇年十一月二十六日，我们的选民小组长把一张写着“爱新觉罗·溥仪”的选民证交到我的手里，这对我说来，把故宫里所有珍宝加起来也没有它珍贵。我把一张选票投进了红色的票箱中，从那一瞬间，我开始觉得我是一个最富有的人。如果可以这样比方的话，可以说我这是第四次当了“皇帝”——我和我的六亿五千万同胞一起，成了自己祖国的主人。

一九五九年年末，我回到了我的故乡、伟大祖国的首都。当我走在天安门前的时候，这是我有生以来第一次充满安全感地逛马路，我心里充满了自豪感。我是一个什么样的国家的公民啊！

在抚顺最后的岁月里，我看见过一幅巨大的招贴画。一个工人用手指着问：“你在祖国的大跃进中做了什么？”我羡慕走过那幅招贴画下的每一个人，因为他们每个人都可以用主人公的身份回答这个问题。今天，我也能像他们那样仰头地回答：我是一个园艺工，[1] 一个文史工作者，在我的平凡的岗位上，我正为祖国贡献我的微薄的但是全部的力量！

一粒秋海棠的种子，这要以微克来计算的重量，在我的手心里，我明白它的意义。我现在已经成为世界上最美丽的事业的建设者。我是一个渺小的人，我的分量不过如同花园中的一粒花种，但我却是六亿五千万中的一个。

以前，我曾认为中国人最无能、最愚蠢，只有洋人才最聪明。我的外国师傅给我拿来的平生第一次看见的铅笔，就让我脑子里否定了祖国几千年来的文化。而今天，我才知道做一个中国人的骄傲。

六亿五千万，这不仅是一个数目字的问题。这个数目加上毛泽东思想，这就意味着我们万代子孙的无限美好的前途，这就意味着一切灾难的必将永远消失，这就意味着对世界人类作出巨大的贡献。

这就意味着，像我童年那样只会陪伴蚯蚓和蚂蚁的生活，将永远从我的子孙的未来中排除出去；这就意味着，姑娘的头巾永远鲜艳，孩子的笑声永远响亮，母亲们的心永远的平静、甜蜜。

我的亲侄女慧生因恋爱问题死在东京，她的母亲为此痛不欲生。但我的弟弟溥杰当时就能明白，如果他的爱女生长在祖国，就绝不会发生这样的悲剧。

爱新觉罗的后代里，现在有立了功勋的前人民志愿军的战士，有正在保卫着祖国边疆的人民解放军的军官，有医生，有护士，有人民教师，有女子摩托车运动员和击剑教练。有共产党员、共青团员，有成排成连的红领巾。在十月一日那天，我和他们在同一个队伍里，一同行进在天安门前……

我从爱新觉罗氏的家谱上查出，孩子们的命运是这样：在我祖父奕譞这支的后代中，不成年的儿童在大清帝国时代末期夭折占出生的百分之三十四，中华民国时代是百分之十，而中华人民共和国成立以来是零！

在我们的国度里，没有人操作着 U－2 型飞机去到别人的领空上侦察，也没有什么秘密用途的火箭，我们有的是用自己的腿登上珠穆朗玛峰、贡别尔九峰的青年登山队。我的一个外甥，他就是一个大学的登山队的队长，他现在正和同学们向祖国一座美丽的雪峰前进！我在这里预祝他们的成功！

和共产党人变成血肉关系的人民，这是养育出董存瑞、黄继光、罗盛教、刘文学、徐学惠……这些英雄的人民。最近三年我们经历了连续的大自然灾害。这在历史上的任何朝代，就是赤地千里、哀鸿遍野、卖儿鬻女、析骸易爨。但是，这样的历史是一去不复返了，我们用自己的双手改变了自己的命

---

① 溥仪特赦回京后，曾在北京植物园工作学习过。

运。无论是自然的灾害，还是帝国主义的封锁，对于中国人民都成了“苦其心志，劳其筋骨，增益其所不能”的锻炼。现在，看看我们又长满了青苗和庄稼的田野，看看改变着我们每个人家乡面貌的沟渠，看看矗立在旧日荒原上的烟囱。我们用拖拉机加木犁、水泵加水车，我们用意志和每滴汗水争取的这一切，而且还要让“红雨随心翻作浪，青山着意化为桥”。不但在战胜着灾害，而且正为我们的儿孙开辟着未来。

诚然，我们面前摆着困难，然而我们从来也没有幻想过，我们的建设事业面前会有一条现成的柏油马路。世上有一种人，好像是第一次看见大海的老鼠，他看到了平生初遇的海潮，吓得目瞪口呆，大叫说大海在向他“挑战”，等到潮水离去的时候，他又嘲笑起来，说大海在“崩溃”，在“毁灭”。这种嘲笑未免出口太早，因为下一次的海潮必定还要按时来到。

诚然，对我个人来说，今天的吃食穿着比不上从前的“御膳房”和“四执事库”，但从前那是“鬼”的生活，而现在是真正的人的生活。享用自己的劳动果实，在互助友爱中进步，内心里充满了未来。

过去，我从来不懂得什么叫做友谊，更不懂得什么叫做爱情。过去只有“君臣”、“主奴”，没有什么“夫妻”、“朋友”。如今，我有了朋友，有了真正的伴侣。一九六二年的“五一”节，我和李淑贤建立了我们的温暖的家。这是我平生第一次有了真正的家。

我们这六亿五千万颗心，是和各个地方的争取独立、民主、和平的人民的脉搏相连的。我们从自己经历过的历史苦难中，深切了解那些苦难还存在的地方的人民的愿望。我们不遗余力地声援那些英勇人民的斗争。每次我都力争直接参加这些声援的斗争，每次我都以此自豪。当我列身于百万人的支援日本人民反对日本垄断集团和美帝国主义的斗争的行列中，我由于参加了人类的共同事业，由于为英勇的人民做了一点儿事而感到了幸福。当我看到祖国各族人民的支援，在日本、古巴、刚果、阿尔及利亚和其他进行火热的斗争的地方引起的反响时，我觉得自己和祖国是处于同一个光辉之中！

这就是自从我懂得了生活，懂得了人的尊严，懂得这些平凡的真理之后，又得到的越来越浓的人生的乐趣。我要像对待母亲似的，忏悔出我的历史罪恶，我又要像对待知心的朋友似的，倾诉出我何以会得到今天的幸福。

我从一九五七年下半年开始准备，过了不久即着手零星片断地写作。在写作过程中，由于不断地又有新的感受，又不断地修改、增删，以至重新着手。特别是一九五九年来临的出乎意料的特赦，使我把前半生公诸于世的愿望变得更加强烈，而对自己已写出的东西却又更加不能满意，于是又重新思索，重新起稿。这样，用了四年多时间，才把它写成。由于时间过于久远，历史资料颇多散失（比如伪满宫廷材料，糟蹋了不少），自己的文学修养不够，特别是认识水平不高，写出的成品，仍有不少词不达意之处。理解和认识上不深不对，更是难免。我对那些教育了我，帮助了我取得新生的正面人物形象的描绘，未能达其万一，尤其不能满意自己，感到自己笨拙之可气。但是，老拿不出来，也不像话。拿出来，请大家评论，那倒是取得新的进步的最好方法。何况拖得太久，连我自己都是受不了的。因此，送去出版了。

这里我要特别提出来的，是我在写作过程中取得的各方面的热情帮助。这种帮助，如果放在旧社会里，那是不可思议的事。这种帮助不但使我对过去的历史的许多事件，有了进一步的认识，而且也使我得到了个人活动所得不到的宝贵资料。给了我这样帮助的单位有：中国人民解放军沈阳军区抚顺战犯管理所、全国政协文史资料研究委员会、国家档案馆、历史博物馆、东北烈士馆、故宫博物院、北京图书馆、首都图书馆、长春图书馆、辽宁图书馆、辽宁人民美术出版社、中国新闻社等单位。

图 2　溥仪与李文达在一起

同时，许多旧日的朋友以及我的家族，也给我提供了很多宝贵的资料。我的二弟溥杰，无论在特赦前特赦后，他都不倦地帮我回忆、记录、翻阅日文材料以及和我共同研究认识那些过去的事件。我对他和所有给我任何帮助的人，致以深切的谢意！

在我得到了自己的小家庭之前，我还有三个“家”，这就是我住了十年的抚顺管理所，我第一次和劳动人民一起生活、劳动的北京植物园和我现在工作着的文史资料研究委员会。这三个“家”从领导到每个工作人员，对我的写作和对我的成长一样，都灌注着同样的热情，从他们对我的写作的关怀上，我感到那也是他们对我的教育的一部分。今天在我脱稿之际，我所要向他们表示的，已不是一句感谢所能包括得了的。我把他们看做党、政府和人民的代表者。因此，我把这本书首先献给他们。

爱新觉罗·溥仪

一九六二年二月于北京

第一章
我的家世（1859～1908）

一、醇贤亲王的一生

光绪三十二年，即公元一九〇六年的旧历正月十四，我出生于清朝的醇亲王府。我的祖父奕譞，是道光皇帝旻宁的第七子，清朝的第一代醇亲王，死后谥法“贤”，所以，后来称做醇贤亲王。我的父亲载沣，是祖父的第五子。因为第一和第三、四子早殇，第二子载湉被姨母慈禧太后接进宫里，当了皇帝（年号光绪）。所以，祖父死后，由父亲袭了王爵，他是第二代也是末一代的醇亲王。我是第二代醇王的长子，三岁那年的旧历十月二十日，慈禧太后和光绪皇帝病笃，慈禧突然决定立我为嗣皇帝，承继光绪，兼祧同治（载淳，是慈禧亲生子，载湉的姨兄弟）。我入宫后的两天内，光绪与慈禧相继去世。十二月初二，我登极为皇帝——清朝的第十代，也是最末一代的皇帝，年号宣统。宣统三年辛亥革命爆发，我退了位。

我的记忆是从退位时才开始的。但是，叙述我的前半生，如果先从我的祖父和我的老家醇王府说起，事情就更清楚些。

醇王府，在北京曾占据过三处地方。咸丰十年，十九岁的醇郡王奕譞奉旨与懿贵妃叶赫那拉氏的妹妹成婚，依例先行分府出宫，他受赐的府邸坐落在宣武门内的太平湖东岸，即现在中央音乐学院所在的地方。这是第一座醇王府。后来，载湉做了皇帝，根据雍正朝的成例，“皇帝发祥地”又称为“潜龙邸”的地方须升为宫殿，或者空闲起来，或者仿雍王府（雍正皇帝即位前住的）改为雍和宫的办法，改成庙宇，供养菩萨。为了腾出这座“潜龙邸”，慈禧太后把什刹后海的一座贝子府赏给了醇王，拨出了十六万两银子重加修缮。这是第二座醇王府，也就是被一些人惯称为“北府”的那个地方。我做了皇帝之后，我父亲做了监国摄政王，这比以前更加了一层搬家的理由。由此，隆裕太后（光绪的皇后，慈禧太后和我祖母的侄女）决定给我父亲建造一座全新的王府，这第三座府邸地址选定在西苑三海（即南海）的集灵囿紫光阁一带。正在大兴土木之际，武昌起义引起了风暴，于是醇王府的三修府邸、两度“潜龙”、一朝摄政的家世，也就和清朝历史一起告终。

在清朝最后的最黑暗的年代里，慈禧太后给醇王府造成了荣华富贵，醇王一家给慈禧太后做了半世纪的忠仆。我的祖父更为她效忠了一生。

图3　第一代醇亲王奕譞与亲王福晋（夫人）叶赫那拉氏

我祖父的亲生母是道光皇帝的庄顺皇贵妃乌雅氏，生于道光二十二年，死于光绪十六年。翻开皇室家谱“玉牒”来看，醇贤亲王奕譞在他哥哥咸丰帝在位的十一年间，除了他十岁时咸丰登极被封为醇郡王之外，就没有得到什么可说的“恩典”，可是在咸丰帝死后那半年间，也就是慈禧太后的尊号刚出现的那几个月间，他忽然接二连三地得到了这一大堆头衔：正黄旗汉军都统、正黄旗领侍卫内大臣、御前大臣、后扈大臣、管理善扑事务、署理奉宸苑事务、管理正黄旗新旧营房事务、管理火枪营事务、管理神机营事务……这一年，他只有二十一岁。一个二十一岁的青年，能出这样大的风头，当然，这是由于摊上了一个好亲戚，妻子的姐姐当上了皇太后。但是事情也并不如此简单。我从很小的时候就听说过一个故事。有一天，王府里演戏，演到“铡美案”最后一场，陈士美被包龙图的铡刀压得鲜血淋漓的时候，年幼的六叔载洵吓得坐地大哭，我祖父立即声色俱厉地当众喝道：“太不像话！想我21岁时就亲手拿过肃顺，像你这样，将来还能担当得起国家大事吗？”原来，拿肃顺这件事才是他的事业的真正起点。

事情发生在距今整一百年前。一八六一年，第二次鸦片战争以屈辱的议和告以结束之后，逃到热河的咸丰皇帝已经卧病不起，临终之前，召集了随他逃亡的三名御前大臣和五个军机大臣，立了六岁的儿子载淳为皇太子，并且任命这八位大臣为赞襄政务大臣。第二天，咸丰帝“驾崩”，八位顾命王大臣按照遗命，扶载淳就位，定年号为祺祥，同时也就把朝政抓在手里，发号施令起来。

这八位顾命王大臣是怡亲王载垣、郑亲王端华、协办大学士户部尚书肃顺和景寿、穆荫、匡源、杜翰、焦佑瀛等五个军机大臣。掌握了实权的是两位亲王和一位协办大学士，而肃顺更是其中的主宰和灵魂。肃顺在咸丰朝中很受器重，据说他很善于擢用“人才”，后来替清朝出力镇压了太平天国的汉族大地主曾国藩、左宗棠之流，原就是由他推荐提拔的。因为他重用了汉人，受他排挤的贵族们对他极其嫉恨。有人说他在太平军声势最盛的时期，连纳贿勒索也仅以旗人为对象。又说他为人凶狠残暴，专权跋扈，对待异己手腕狠毒，以致结怨内外，种下祸根。其实，肃顺遭到杀身之祸，最根本的原因，就是由于他是取得朝廷实权的这个集团的主宰，而这个集团正对当时新形成的一个势力采取排斥的态度，换句话说，他们没有认清楚在北京正和洋人打交道的恭亲王这时已经有了什么力量。恭亲王奕䜣，在咸丰朝本来不是个很得意的人物。咸丰把奕䜣丢在北京去办议和这件苦差事，却给奕䜣造成了机遇。奕䜣代表朝廷和英法联军办了议和，接受了空前辱国丧权的《北京条约》，颇受到洋人的信任。这位得到洋人支持的“皇叔”，岂肯甘居在肃顺这班人之下。再加上素来忌恨肃顺的王公大臣的怂恿，恭亲王于是跃跃欲试了。正在这时，忽然有人秘密地从热河离宫带来了两位太后的懿旨。

这两位太后一位是咸丰的皇后钮祜禄氏，后来尊号叫慈安，又称东太后，另一位就是慈禧，当时又称西太后。西太后原是一个宫女，[①] 由于给咸丰生了儿子，后来提升为贵妃，儿子载淳是咸丰的独子，当了皇帝，母以子贵，她立时又成了太后。不知是怎么安排的，她刚当上太后，便有一个御史出面奏请两太后垂帘听政，但是遭到肃顺等人的狠狠驳斥，说是本朝根本无此前例。这件事对没有什么野心的慈安太后来说，倒无所谓，但在慈禧心里却结下了深仇。就像她当妃子时要取宠咸丰一样，既有了欲望，不达目的是誓不甘休的。她首先让慈安太后相信了那些顾命大臣心怀叵测、图谋不轨，然后又让慈安同意，秘密传信给恭亲王，召他来离宫商议对策。当时肃顺等人为了巩固既得势力，曾多方设法来防范北京的恭亲王和离宫里的太后。关于太后们如何避过肃顺等人的耳目和恭亲王取得了联系，有种种不同的传说。有人说太后的懿旨是由一个厨役秘密带到北京的，又有人说是慈禧先把心腹太监安德海公开责打一顿，然后下令送他到北京内廷处理，太后们的懿旨就这样叫安德海带到了北京。总之，懿旨是到了恭亲王手里。恭亲王得信后，立即送来奏折，请求觐见皇帝。

① 编者注：“宫女”，据清史专家朱家溍意见应为“贵人”。

肃顺等人用“留守责任重大”的“上谕”没堵住他，他已跑到热河来了，肃顺忙用叔嫂不通问的礼法阻他和太后们会见，但是在慈禧的第二步安排下，这次阻拦又告失败。这又有几种传说。一种说法是恭亲王化装成“萨满”（经常进宫祭神的满族巫婆）进去的。一种说法是恭亲王直接将了肃顺一军，说既然叔嫂见面不妥，就请你在场守着好了，肃顺一时脸上下不来，只好不再阻拦。还有一个说法是恭亲王祭拜咸丰灵位时，慈禧太后让安德海送一碗面赏给恭亲王吃，碗底下却藏着一张纸条，这就是慈禧给奕䜣的阴谋计策。总之，什么奇怪的传说都有，但是人们却都没注意一个很重要的情况，便是我的祖父祖母当时也在热河，慈禧做了太后，和自己妹妹见面也是一件很平常的事，这个通讯员比什么太监、饭碗等等自然更加靠得住。不管哪个传说可靠，反正恭亲王和太后们把一切都商议好了。这个商议的内幕虽然无案可查，但是从后来的事件发展上看，一切也就很明白：太后们回到北京，封奕䜣为议政王，八个“顾命王大臣”全部逮捕。两个亲王赐自尽，肃顺砍了头，其余的充军的充军，监禁的监禁。同时，载淳的年号改为“同治”，意思两太后一同治政，从此开始了同光两代四十七年垂帘听政的历史（也开始有了“洋枪队”去打太平军，有了洋务派，有了“宁赠友邦不与家奴”的一套政策）。我的祖父在这场政变中，为慈禧建立的功勋是捉拿了肃顺——那时他奉命护送“梓宫”（咸丰的棺材）正走到半壁店。“半壁店拿肃顺”这出戏，给我祖父带来了前面所说的那一串头衔。

同治三年，奕譞被赐以“加亲王衔”的荣誉，同治十一年正式晋封为亲王。同治十三年，同治皇帝去世，光绪皇帝即位，他又被赐亲王“世袭罔替”，意思是子孙世代可以承袭王爵，而不必按例降袭。在光绪朝，恭亲王曾几度失宠，但醇亲王受到的慈禧太后的恩典却是有增无已，极尽人世之显赫。

然而，醇亲王对于这些恩荣和自己的处境，是个什么样的心情呢？

我在醇王府里看见过祖父留下不少亲笔写的格言家训，有对联，有条幅，挂在各个儿孙的房中，有一副对联是：“福禄重重增福禄，恩光辈辈受恩光”。当时从这一条上看，觉得祖父似乎是心满意足的。但我现在却另有一种看法，甚至连前面说到的那个看戏训子的举动，我看都是另有用意。

如果说，二十一岁的醇郡王缺乏阅历，对于难于见面的懿贵妃是无从了解的话，那么，经历了同治朝十三年的醇亲王，就该对于当了太后的姻姊有了足够见识了。特别是关于同治帝后之死，醇亲王身为宗室亲贵，必定是比外人知之尤详、感之尤深的。

在野史和演义里，同治是因得花柳病不治而死，据我听说，同治是死于天花（翁同龢的日记也有记载）。天花虽非必死之症，但同治在天花病中受到了过度的刺激，因此发生“痘内陷”的病变，抢救无术而死。事情经过是这样：有一天，同治的皇后去养心殿探病，在同治床前说起了婆婆又为了什么事责骂了她，失声哭泣。同治劝她忍受着，说将来会有出头的日子。不料这些话都被慈禧听了去。原来慈禧早已不喜欢这个儿媳，对儿子和媳妇早设下了监视的耳目。这天她听说皇后去探视同治，就亲自来到养心殿东暖阁外，偷听儿子和媳妇的谈话。这对小夫妻万没料到几句私房话竟闯下滔天大祸，只见慈禧怒气冲冲地闯了进来，一把抓住皇后的头发，举手就打，并且叫内廷准备棍杖伺候。同治目睹这幕惨剧，立刻昏厥过去。虽然慈禧因此没有对皇后用刑，可是把同治病危责任全部安到皇后的头上。同治死后，慈禧下令不许送饭给皇后吃，两个月后，皇后也死了。皇后死后，慈禧的怒气不消，把皇后的父亲崇绮的侍郎也革掉了。第二年，有个多事的御史上了一个奏折，说外边传说很多，有说皇后死于悲痛过度，有说死于绝粟，总之，节烈如此，应当表彰，赐以美谥云云。结果皇后的谥法没有争到，这位御史把自己的官也丢了。

在同治死前，慈禧同治母子不和已是一件公开的秘密。我在故宫时就听到老太监说过，同治给东太后请安，有时还留下说一会儿话，但在自己亲生母亲那里就不同了，不请安不去，请完安待的时间也长不了。老太监说这些事的时候当然不敢加以分析，但我相信在当时的真相也是瞒不过人的。同治亲政时，慈禧在朝中的亲信羽翼早已形成，东太后又一向不大问事，皇帝办起事来如果不先问问西太后，就根本行不通。这就是母子不和的真正原因。慈禧舍不得丢开到手的任何权力，只要可能，她还要把它扩大到可能达到的任何程度。对她说来，所谓三纲五常、祖宗法制只能用来适应自己，绝不能叫它束缚自己。为了保持住自己的权威和尊严，什么亲血骨肉、外戚内臣，一律顺我者昌，逆我者亡。同治帝后之死，可以说是慈禧在八个顾命王大臣事件之后进一步暴露了她的内心。我祖父如果不是看得很清楚，他绝不会一听说叫儿子去当皇帝就吓得魂不附体。参加了那次御前会议的翁同龢在日记里写过，当慈禧一向王公大臣宣布立载湉为嗣，我祖父立即“碰头痛哭，昏迷伏地，掖之不能起……”

按照祖制，皇帝无嗣就该从近支晚辈里选立皇太子。载淳死后，自然要选一个溥字辈的，但是那样一来，慈禧就成了太皇太后，再去垂帘听政就不成了。因此她不给儿子立嗣，却把外甥载湉要去做儿子。当时有个叫吴可读的御史，以“尸谏”为同治争嗣，也没有改变她的主意，只不过许了一个愿，说新皇帝得了儿子，就过继给同治。当时一位侍读学士的后人，也是我家一位世交，给我转述过那次御前会议情形，说那天东太后没在场，只有西太后一人，对那些跪着的王公大臣们说："我们姐儿俩全商议好了，挑个年岁大点儿的，我们姐儿俩也不愿意。"连唯一能克制她一点的东太后也没出来表示意见，别人自然明白，无论是"尸谏"，还是痛哭昏迷，都已是无用的了。

从那儿以后，在我祖父的履历上，就出现了很有趣的记载。一方面是慈禧屡赐恩荣，一方面是祖父屡次的辞谢。光绪入宫的那年，他把一切官职都辞掉了。王爵的世袭罔替的恩典是辞了多少次才接受的。这以后几年，他的唯一差事是照料皇帝读书，于是慈禧又赏了他"亲王双俸"，"紫禁城内乘坐四人轿"。后来恭亲王失宠，革掉了议政王，慈禧太后命军机大臣们今后凡有重大政务要先和醇亲王商议，这等于给了他比过去更高的职务。按例，男子结婚便算成年，光绪结了婚，太后理应要归政，这本是慈禧不情愿的事，就在光绪大婚之前，由奕譞带头向太后叩请继续"训政"。清朝创建新式的海军，奕譞接受了这个重任，海军初成之后，他要代表太后去海上检阅，偏要拉着一位太监同去，因为这位李莲英大总管是太后的心腹之人。太后赐他夫妇坐杏黄轿，他一次没敢坐进去。最有意思的是，他在光绪二年写了一个奏折，控告一个还没有对象的被告，说是将来可能有人由于他的身份，要援引明朝的某些例，想给他加上什么尊崇，如果有这样的事，就该把倡议人视为小人。他还要求把这奏折存在宫里，以便对付未来的那种小人。过了十几年之后，果然有个吴大澂被他说中了，太后也果然拿出他的奏折来训斥了吴大澂。有人猜测这个奏折是在太后的授意下由我祖父补写的。如果这个猜测属实的话，那么，给我祖父造成的心情就更糟糕了。

毫无疑问，自从光绪入宫以后，我祖父对于他那位姻姊的性格会有更多的了解。在光绪年间，她的脾气更加喜怒无常，光是太监也不知杖毙了多少。有一个陪她下棋的太监，不过说了一句"奴才杀老祖宗的这只马"，她立刻大怒道："我杀你一家子！"就叫人把这个太监拉了出去活活打死了。慈禧很爱惜自己的头发，给她梳头的某太监有一次在篦子上找到一根头发，不由得心里发慌，想悄悄把这根头发藏起来，不料被慈禧从镜子里看到了，问他干什么，他越是心慌越回答不上来，这也惹恼了慈禧，一声令下，这位太监也是立毙杖下。掌嘴、打屁股，这几乎是家常便饭。伺候过慈禧的太监都说过，除了李莲英之外，谁轮着在老佛爷的跟前站班，谁就提心吊胆。慈禧年岁渐老，有了颜面肌抽搐的毛病，她最不愿意人家看见。有个太监大概是多瞧了一眼，她立刻问："你瞧什么？"太监没答上来，就挨了几十大板。别的太监知道了，站班时老是不敢抬头，她又火了："你低头干什么？"这太监无法回答，于是也挨了几十大板。还有一回，慈禧问一个太监天气怎么样，这个乡音未变的太监说："今儿个天气生冷生冷的。"慈禧对这个"生冷生冷"听着不顺耳，也叫人给这太监一顿板子。除了太监，宫女也常挨打。

奴仆挨打以至杖毙，在北京王府里也不算什么稀奇事，也许这类事情并不足以刺激醇亲王。如果这都不算，那么，光绪七年的关于东太后的暴卒，对醇亲王就不是一件平常事了。我听到的各种传说内容都是差不多的，说咸丰去世前就担着心，恐怕载淳即位后，野心勃勃的懿贵妃做了太后，会恃尊跋扈，那时皇后必然应付不了她，因此特意给皇后留下一道朱谕，准备在必要时，用以克制。生于侯门而毫无社会阅历的慈安，有一次无意中把这件事向慈禧泄露出来，慈禧便下尽工夫向慈安讨好，慈安竟被她哄弄得十分相信，终于拿她当好人，当她的面烧掉了咸丰的遗诏。过了不久，东太后就暴卒宫中，有的说是吃了慈禧送去的点心，有的说是喝了慈禧给慈安亲手做的什么汤。这个传说如果确实，在醇亲王的心中，慈禧的可怕就不仅是她的已表现出来的性格，而是这种性格今后要更加肆无忌惮地发展。无论如何，这是一个肯定的事实：我祖父后半世的表现，更加谨小慎微、兢兢业业，把取信讨好慈禧，看做是他的唯一的本分。例如他负责建设海军的时候（那位著名的李鸿章，是会办大臣），为了让太后有个玩的地方，便将海军经费挪出来修建颐和园。颐和园修建工程最紧张的阶段，正值直隶省和京师遭受特大水灾，这时的醇亲王一声不响，御史吴兆泰因为怕激起灾民出事，建议暂时停工，立刻被夺了官，"交部议处"，这都是《东华录》上有案可查的。我祖父真是为西太后尽忠一世，他逝世那年（1890）也正好颐和园完工。但他死后不久，他首创的所谓海军也就惨败于甲午之役。花了几千万两白银所建造的船只，除了颐和园的那个石舫，大概也没剩下别的了。

真正支配我祖父言行的思想，我看到一条家训中露出了一点："财也大，产也大，后来子孙祸也大；若问此理是若何？子孙钱多胆也大，天样大事都不怕，不丧身家不肯罢。"问题不在钱财，而是怕招灾惹祸。他用"退省斋"给新盖的书斋命名，在书斋里条案正中摆着的"欹器"（一种铜器，水半满则器平衡，水全满则倾斜而水溢出）上刻着"满招损谦受益"的铭言，他把自己正房命名为"思谦堂"，等等，无一不带着自我表白的心理痕迹（这种心理更特别反映在他的演戏活动上。当时满族贵族世家普遍有在家里自己演戏的风尚。我祖父晚年自己爱演的是郭子仪的戏，有一出是"卸甲封王"。元戎郭子仪晚年位极人臣，享尽荣华富贵，但是我怀疑他的心理和我祖父有相通之处，我认为与其说他"卸甲"交兵权是出于忠心，倒不如说是出于避嫌疑。这出"卸甲封王"我没看过，但从"打金枝"这出戏里却进一步认识了祖父所欣赏的人物。郭子仪的儿子因为公主媳妇拿架子，不给公公拜寿，打了她一下，公主一气跑到娘家找皇帝告状去了。驸马倒不在乎，可是公公吓坏了，忙把儿子绑了去请罪，这位位极人臣的王爷的胆小的心理，我想是和祖父相似的。他如此愿意扮演这类人物，如果不是一种有意的迂回表白，至少也是某种郭子仪的心理反映，虽然，他并无郭子仪的功劳和本领）。

二、外祖父荣禄

醇贤亲王有四位“福晋”，生了七子三女。他去世时，遗下的三子一女，最长的是第五子，即我的父亲载沣，那年八岁，承袭了王爵。我的两个叔父，五岁的载洵和三岁的载涛，同时晋封为公爵。我家从此又开始蒙受着新的“恩光福禄”。然而，醇王府这最后十几年的“恩光福禄”，比过去的几十年掺和着中国人民的更多的苦难和耻辱，也同样地和慈禧这个名字不能分开。

一件大事是慈禧给我父母亲的指婚。这次的“恩光”也可以说是戊戌政变和庚子事件的一件产物。首先，这是对于戊戌政变中给她立下大功的忠臣荣禄的恩典。我外祖父荣禄是瓜尔佳氏满洲正白旗人，咸丰年间做过户部银库员外郎，因为贪污几乎被肃顺杀了头。不知他用什么方法摆脱了这次厄运，又花钱还运动上候补道员的衔。这种做法就是后来兴起的“捐班”，是与“科举”同样合法的出身。同治初年，我祖父建立神机营（使用火器的皇家军队），荣禄派去当差，做过翼长和总兵，经过一番累迁，由大学士文祥推荐授工部侍郎，以后又做过总管内务府大臣。光绪初年，升到工部尚书。后来因为反对慈禧太后自选宫监，同时又被告发贪污受贿，革职降级调出北京（这也算是惩罚）。甲午战争这年，恭亲王出办军务，荣禄借进京为慈禧太后祝寿的机会，钻营到恭亲王身边，得到了恭亲王的信赖。甲午战后他推荐袁世凯练新军时，已经当上了兵部尚书。他这时已远比从前老练，善于看准关节，特别肯在总管太监李莲英跟前花银子，因此渐渐改变了慈禧太后对他的印象。他回北京的第二年，得到了复查慈禧陵寝工程雨损的差事，这个工程先经一个大臣检查过，报了需三十万的修缮工费。据说这位大臣因为工程原是醇亲王奕譞生前监工督办的，不便低估原工程的质量，所以，损毁情形也报得不太严重。但荣禄另是一个做法，他摸准了太后的心理，把损毁程度夸张了一番，修缮费报了个一百五十万两。结果太后把那位大臣骂了一通，对已死的醇亲王的忠心也发生了疑问，自然荣禄从此又进一步得到赏识。

荣禄有了李莲英这个好朋友，加上他的妻子很会讨好太后，常被召进宫去陪伴太后聊天，所以，他对慈禧的心理越摸越熟。他深知慈禧光绪母子不和的内情，也最深知这场不和对他自己地位的影响，当然，他更愿意在这场内讧中给慈禧出主意。在光绪皇帝发出变法维新的各种上谕，那些被罢黜的和担心被皇帝身边人挤掉了位置的人向他哭哭啼啼的时候，他早已给慈禧安排好计策。当时有人把皇帝太后身边这两派势力称为帝党和后党，荣禄是当权派后党的首脑，翁同龢是没有实权的帝党的首脑。维新派之所以能够和皇帝接触上，就是由于翁同龢对康有为的推荐。慈禧按照计策，先强逼光绪叫他的老师翁同龢退休回家。据说翁同龢突然接到解职的上谕之后，荣禄还握着翁同龢的手挥泪问他："您怎么会把皇帝给得罪了啊？"翁同龢离开北京不几天，荣禄就走马上任，做了文渊阁大学士兼直隶总督和北洋大臣，这是相位之首又统辖近畿三军的职位。荣禄得到了这个职位，第二步本想用六部九卿联名上疏太后的办法，废掉光绪，由太后恢复听政，但从甲午战败之后，这些当权派一直受到各方面的攻击，有人很怕这个举动引起更大的反响，不敢赞同。于是，荣禄又策划出一个另类办法，准备在太后和皇帝到天津检阅新建陆军时，实行政变。这个消息叫光绪知道了，他连忙通知维新派去想办法。维新派如果把这件事情公开出去，也许事情不至闹成后来那样，但是这些书生们却秘密地去找袁世凯这样的人物。袁世凯在朝野以谈维新为时髦的时候，参加过维新派的团体强学会，这时是统率着七千新军的头目。翁同龢回家经过天津时，袁世凯还向翁同龢表示过对皇帝的忠诚，这些举动都使维新派人士对他产生了幻想。光绪召见了这位直隶按察使，破格升他为兵部侍郎专司练兵事务，然后维新派谭嗣同又到他的寓所，说出了维新派的计划：在慈禧和光绪阅兵时，实行兵谏，诛杀荣禄，软禁慈禧，拥戴光绪。袁世凯听了，慷慨激昂，一口承担，说："杀荣禄像杀一条狗似的那么容易！"谭嗣同对他说："你要不干也行，西太后那边告发了，也有荣华富贵。"他立刻瞪了眼，"瞧你把我袁世凯看成了什么人！"可是他送走了谭嗣同当天就奔回天津，向他的上司荣禄作了全盘报告，荣禄又连忙乘火车北上，在丰台下车直奔颐和园，告诉了慈禧。这次戊戌政变的结果，光绪被幽禁，谭嗣同等六位维新派人士被杀，康有为逃到日本，百日维新昙花一现。而我的外祖父，正如梁启超说的，是"身兼将相，权倾举朝"。《清史稿》里也说是"得太后信仗眷顾之隆，一时无比，事无细巨，常待一言决焉"。

荣禄对慈禧太后的忠诚，在庚子那年，慈禧利用义和团杀洋人，又利用洋人杀义和团的一场大灾难中又有所表现。慈禧为了除掉光绪这个祸根，政变后曾经用假药方散布光绪病重消息，给谋杀光绪准备条件，可是被人识破了，后来闹到洋人出面要给光绪看病，结果慈禧不敢惹洋人，让洋人看了病，也证实了阴谋。她一计不成，又想出先为同治立嗣再除光绪的办法。她选的皇储是端王载漪的儿子溥儁，根据荣禄的主意，皇储不叫皇太子，《清史稿》说是“患外人为梗，用荣禄言，改称大阿哥”。他们的计划是，到元旦这天，请各国公使来道贺，以示对这件举动的支持。可是李鸿章的这次外交没办成功，公使们拒绝了。这件事情现在人们已经很清楚了，不是公使们对慈禧的为人有什么不满，而是英、法、美、日各国公使不喜欢那些亲近后党的势力过分得势。当然，慈禧太后从上台那天起就没敢惹过洋人，洋人杀了中国百姓，抢了中国的财宝，这些问题对她还不大，但现在洋人既保护了康有为，又反对她废光绪和立大阿哥，这就是直接表示反对她的统治，这就使她忍受不了。于是，她听了急于想叫儿子当皇帝的载漪的主意，要使用反对洋人的义和团了。

义和团不断地和洋人教会和清廷军队进行斗争，这时已成为一支强大的武装力量，朝廷里几次派去军队镇压，都被他们打得丢盔卸甲。对团民是“剿”是“抚”，成了慈禧举棋不定的问题。载漪和大学士刚毅为首的一批王公大臣主张“抚”，理由是军队既然应付不了义和团，而义和团主要目标是“灭洋”，正好加以利用，让它把干涉废立的洋人赶出去。兵部尚书徐用仪和户部尚书立山、内阁学士联元等人完全反对这种办法，认为利用团民去反对洋人必定大祸临门，所以主张“剿”。两派意见正相持不下，一件未经甄别的紧急情报让慈禧下了决心。这个情报把洋人在各地的暴行解释为想逼慈禧归政于光绪。慈禧大怒，立刻下诏“宣抚”团民，下令进攻东交民巷使馆和兵营，发出内帑赏给团民，悬出赏格买洋人的脑袋。为了表示决心，并且把主“剿”的徐用仪、立山、联元等人砍了头。后来，东交民巷没有攻下，大沽炮台和天津城即先后失守，联军打向北京来了，慈禧却又拿出了另一手，暗中向洋人打招呼，在炮火连天中派人给洋兵送水果点心。北京失陷，她逃到西安，为了进一步表示和洋人作对的原来不是她，她又下令把主“抚”的刚毅、徐桐等一批大臣杀了头。在这一场翻云覆雨中，荣禄是完全看慈禧的颜色行事，而给洋兵送水果点心以及一面承旨调他的毅军参加进攻洋兵，同时又让炮兵只打空炮，这都是荣禄的“杰作”。荣禄的最后一件“杰作”就是授计负责和联军议和的李鸿章和奕劻，在谈判中掌握一条原则：只要不追究慈禧的责任，不让慈禧归政，一切条件都可答应。就这样，签订了赔款连利息近十亿两，让外国军队驻兵京城的《辛丑条约》。荣禄办了这件事，到了西安，“既至，宠礼有加，赏黄马褂、双眼花翎、紫貂，随扈还京，加太子太保，转文华殿大学士”。除了《清史稿》这些记载外，还应补上，就是西太后是在这时为荣禄的女儿“指婚”，嫁与醇亲王载沣为福晋。

关于我父母亲这段姻缘，我后来听到家里的老人家说起，西太后的用意还不仅为了表示对外祖父的宠信。政变以后，西太后对醇王府猜疑颇深。这种猜疑可以从砍伐白果树的故事看出来。在我祖父园寝（墓地）上有棵白果树，长得非常高大，不知是谁在太后面前说起醇王府出了个皇帝就是由于醇王坟地的风水好，有这棵白果树，“白”和“王”连起来不就是个“皇”字吗？慈禧听了，立即叫人到妙高峰把白果树砍掉了。这时我的第一位祖母、慈禧的妹妹已经故去了，我的亲祖母刘佳氏为这件事简直吓得要死。

但是，引起慈禧猜忌的，还不止这类无聊的迷信。在庚子事件前，她就觉得可怕的洋人有点倾心于光绪，对她却是不太客气。庚子后，联军统帅瓦德西提出，要皇帝的兄弟做代表，去德国为克德林公使被杀事道歉。德国人如此“重视”光绪的兄弟，德国皇室还给以礼遇，这使慈禧大感不安，她想不到洋人不懂什么叫过嗣，只认得血缘关系，这一点更加深了她心里原存的疑忌，光绪的亲血骨肉就成了她心中的隐忧。这种来自内部的忧患，是比外部的康有为维新派更叫她担心的。为了消除这个隐患，她终于想出了办法，就是把荣禄和醇王府撮合成为亲家，西太后就是这样的一个人，凡是她感到对自己有一丝一毫不安全的地方，她都要仔细加以考虑和果断加以处理。她在庚子逃亡之前，还不忘叫人把珍妃推到井里淹死，又何尝不是怕留后患而下的毒手？维护自己的统治，才是她考虑一切的根据。就这样，我父亲在光绪二十七年在德国赔了礼回来，十月到开封迎上回銮的慈禧，奏复了一番在德国受到的德国皇室的种种“礼遇”，十一月随驾走到保定，就奉到了“指婚”的太后懿旨。

三、慈禧太后的决定

庚子后，载漪被列为祸首之一，发配新疆充军，他的儿子失去了大阿哥名号。此后七年间没有公开提起过废立的事。光绪三十四年十月，西太后在颐和园度过了她的七十四岁生日，患了痢疾，卧病的第十天，突然作出了立嗣的决定。跟着，光绪和慈禧就在两天中相继去世。我父亲这几天的日记有这样的记载：

> 十九日。上朝。致庆邸急函一件……
>
> 二十日。上疾大渐。上朝。奉旨派载沣恭代批折，钦此。庆王到京，午刻同诣仪鸾殿面承召见，钦奉懿旨：醇亲王载沣著授为摄政王，钦此。又面承懿旨：醇亲王载沣之子溥〇著在宫内教养，在上书

房读书，钦此。叩辞至再，未邀俞允，即命携之入宫。万分无法，不敢再辞，遵于申刻由府携溥〇入宫。又蒙召见，告知已将溥〇交在皇后宫中教养，钦此。即谨退出，往谒庆邸。

二十一日。酉刻小臣载沣跪闻皇上崩于瀛台。亥刻小臣同庆王世相鹿协揆张相袁尚书增大臣崇诣福昌殿。仰蒙皇太后召见。面承懿旨：摄政王载沣之子〇〇著入承大统为嗣皇帝，钦此。又面承懿旨：因穆宗毅皇帝未有储贰，曾于同治十三年十月初五日降旨，大行皇帝生有皇子即承继穆宗毅皇帝为嗣。现在大行皇帝龙驭上宾，亦未有储贰，不得已以摄政王载沣之子〇〇承继穆宗毅皇帝为嗣并兼承大行皇帝之祧。钦此。又面承懿旨：现在时势多艰，嗣皇帝尚在冲龄，正宜专心典学，著摄政王载沣为监国，所有军国政事，悉秉予之训示裁度施行，俟嗣皇帝年岁渐长，学业有成，再由嗣皇帝亲裁政事。钦此。是日住于西苑军机处。

我从西太后宣布自己的决定的头一天，即十九日起抄录这段日记，是因为十九日那句“致庆邸急函”和二十日的“庆王到京”四个字，都与这个立嗣的举动大有关系，都是西太后为了宣布这个决定所做的安排的一部分。为了说清楚这件事，不得不从远处说起。

庆邸或庆王就是那个以办卖国外交和卖官鬻爵而出名的奕劻。在西太后时代，能得到太后欢心就等于得到了远大前程。要想讨西太后的欢心，首先必须能随时摸得着太后的心意，才能投其所好。我外祖父荣禄用贿赂太监李莲英的办法和利用太太陪伴太后游乐的机会，得到不少最好最快的情报，因此，他对太后的奉承和孝敬，总是比别人更让太后称心满意。如果说奕劻的办法和他有什么不同的话，那就是奕劻在李莲英那里花了更多的银子和珍宝，而奕劻的女儿即著名的四格格也比荣禄太太更机灵。如果西太后无意中露出她喜欢什么样的坎肩，嵌镶着什么饰品的鞋子等等的话，那么，不出三天，或者说在西太后的趣味还没有消失以前，那个正合心意的坎肩、鞋子之类的玩意儿就会出现在西太后的面前。奕劻的官运就是从这里开始的。在觉得称心如意的西太后的赏识下，奕劻一再加官进爵，以一个远支宗室的最低的爵位辅国将军，逐步进到亲王，官职做到总理各国事务衙门。他得到了这个左右逢源的差事，身价就更加不同，无论在太后眼里和洋人的眼里，都有了特殊的重要性。庚子事件是他一生中最重要的事件，在他和李鸿章向八国联军议和的过程中，他既为西太后尽了力，使她躲开了祸首的名义，也让八国联军在条约上满了意，从此他有了外国后台。当时人们议论起王公们的政治本钱时，说某王公有德国后台，某王公有日本后台……都只不过各有一国后台而已，但是一说到庆王，都认为他的后台谁也比不上，计有八国之多。因此，西太后在庚子后非常看重他。光绪二十九年，他进入了军机处，权力超过了其他军机大臣，年老的礼亲王的领衔不过是挂个虚名。后来礼亲王告退，奕劻正式成了领衔军机大臣，他儿子载振也当了商部尚书，父子显赫不可一世。贪赃枉法卖官鬻爵，朝野为之侧目，尽管有反对他的王公们暗中扳他，御史们出面参他，都无济于事，奈何他不得。有位御史弹劾他“自任军机，门庭若市，细大不捐，其父子起居饮食车马衣服异常挥霍……将私产一百二十万两送往东交民巷英商汇丰银行存储”，另有位御史弹劾说有人送他寿礼十万两，花一万二千两买了一名歌妓送他儿子。结果这两个御史，一个斥回原衙门，一个夺了官。

西太后对奕劻是否就很满意，根据不少遗老们侧面透露的材料，只能这样说：西太后后来对于奕劻是又担心他，又要依赖他，所以也动不得他，并且还要笼络他。

图4 庆亲王奕劻（1836—1918）

使西太后担心的，主要的倒不是贪污纳贿，而是从贪污纳贿中嗅出来的袁世凯和奕劻的特殊关系。单从袁在奕劻身上花钱的情形来看那关系就很不平常。袁世凯的心腹朋友徐世昌后来说过，庆王府里无论是生了孩子，死了人，或是过个生日等等红白大事的一切开销，全由直隶总督衙门在背后包着。奕劻正式领军机处的前不久，有一天庆王府收到袁家的人送来十万两（一说二十万两）白银，来人转述袁的话说：“王爷要有不少开销。请王爷别不赏脸。”过了不久，奕劻升官消息发表了，人们大为惊讶袁世凯的未卜先知。

经过戊戌政变，西太后对袁世凯是十分重视的，几年工夫把他由直隶按察使一直提到兵部尚书，又授了军机大臣，恩遇之隆，汉族大臣中过去只有曾、胡、左、李才数得上。另一方面，西太后出于本能，对这个统率着号称精锐的北洋新军且以投机出名的汉族大臣，并不放心。当她听说袁世凯把大量银子向贪财如命的庆亲王那里送，她就更要用心想想这个复杂问题了。

西太后曾经打过主意，要先把奕劻开缺。她和军机大臣瞿鸿机露出了这个意思，谁知这位进士出身后起的军机，太没阅历，他无意间把这件事告诉了太太。可巧这位太太又有位亲戚在一家外文报馆做事，这个消息竟辗转传到外国记者的耳朵里，北京还没有别人知道，伦敦报纸上倒登出这条消息来了。于是，英国驻北京的公使就据此去找外务部询问，有无此事。西太后这才想起了奕劻是有洋人朋友的关心的，不但不敢承认，而且派铁良和鹿传森追查，结果，瞿鸿机被开了缺。清史稿里说他罪名是"直言忤太旨"，指的就是这件事。

西太后弄奕劻不成，同时奕劻也有联络外国人的用途，因此不再动他，但对于袁世凯她不想再犹疑下去了。光绪三十三年，她叫满族的亲信大臣铁良接替了袁的兵部尚书，另调袁为外务部尚书，同时让他参加军机。明着是重用，实际是解除了他的兵权。袁世凯心里有数，不等招呼，他主动先交出了北洋新军的最高统帅权。

西太后明白，袁对北洋军的实际控制能力，并非立时就可以解除，袁和奕劻的关系，也不能马上斩断。正在她筹划着下一个步骤的时候，她自己病倒了，更使她焦虑的是这时又忽然听到这个惊人消息：袁世凯准备废掉光绪，推戴奕劻的儿子载振为皇帝。不管奕劻如何会办外交和会奉承，不管袁世凯过去对她立过多大的功，也不管他们这次动手的目标正是被她痛恨的光绪，但这个以袁世凯为主旨的阴谋传说，使她马上意识到一种可怕的厄运，这是爱新觉罗皇朝的厄运，也是她个人的厄运。因此，她断然地作出了一项决定。为了实现这个决定，她先把奕劻调开，让他去东陵查看工程，然后把北洋军段祺瑞的第六镇全部调出北京，开往涞水，把铁良自己的亲信部队第一镇兵调进北京。安排已定，才又把奕劻叫回来，宣布了立我为嗣，封我父亲为摄政王。为了继续笼住这位有八国外国朋友的庆亲王奕劻，同时给了他亲王世袭罔替的恩荣。

关于袁、庆阴谋究竟确不确实，阴谋的具体内容又是什么，我说不清。但是我有一位亲戚亲自听铁良事后说起过西太后的这次安排。铁良说，为了稳定段祺瑞的第六镇北洋军，开拔之先发给了每名士兵二两银子，一套新装和一双新鞋。另外，我也听见一个叫李长安的老太监说起光绪之死的疑案。照他说光绪在死前一天还是好好的，只是因为用了一贴药就坏了，后来才知道这贴药是袁世凯使人送来的。按照常例，皇帝得病每天药方要分抄给内务府大臣们每人一份，如果是重病还要抄给每位军机大臣一份，据当时一位内务府大臣的一位后人告诉我，光绪死前得的病不过是一般的感冒，他看过那些药方，脉案平常，也没分抄军机。当时人们一接到光绪病重消息都很奇怪，因为前一天还有人看到光绪，像好人一样，站在屋里说话。更奇怪的是，病重消息传出不过两个时辰，就听说已经“晏驾”。总之，光绪是死得很可疑的。如果太监李长安的说法确实的话，那就更印证了袁、庆确曾有过一个阴谋，而且是相当周密的阴谋。

还有一种传说，是西太后自知病将不起，她不甘死在光绪前面，所以下了毒手。这也是可能的。但是我更相信这一点：她在宣布我为嗣皇帝的那天，还不相信自己这一场病会死的。这天光绪死后两个小时，她还叫监国摄政王：“所有军国政事悉秉承予之训示裁度施行。”到次日，才又说：“现予病势危笃，恐将不起，嗣后军国政事均由摄政王裁定，遇有重大事件有必须请皇太后（指光绪的皇后，她的侄女那拉氏）懿旨者，由摄政王随时面请施行。”她发现了来自袁世凯那里的危险之后，或者她在确定了光绪的最后命运之后，从宗室中单单挑选了这样的一个摄政王和这样一个嗣皇帝，也正是由于当时她还不相信自己会死得这么快。当了太皇太后固然不便再替皇帝听政，但是在她与小皇帝之间有个听话的摄政王，还不是和她自己听政一样吗。

当然，她也不会认为自己总活下去，但在她看来，这个决定总算为保全爱新觉罗的宝座而尽了力。她甚至会认为，这个决定之正确，就在于她选定的摄政王是光绪的亲兄弟。因为按常情说，在皇族之内，只有这样的人才是对于袁世凯最富警惕性的。

四、摄政王监国

我做皇帝、父亲做摄政王的这三年间，我大概是在最后一年才认识自己的父亲的。那是我刚在毓庆宫读书不久，他第一次照章来查看功课的时候。先是有个太监进来禀报说：“王爷来了。”老师和我都紧张起来，赶忙把书桌整理一下，老师把见王父时该做什么，指点了给我，然后我们都站立等候。过了一会儿，一个头戴花翎，嘴上没胡须的陌生人出现在书房门口，挺直地立在我的面前了，这就是我的父亲。我按家礼给他请了安，然后一同落座。坐好，我拿起书按老师的指示念起来：

“孟子见梁惠王，王立于沼上，王立于沼上……”

不知怎的，我心慌得很，再也念不下去。可是他好像比我还慌张，连忙点头，声音含混地说：

“好，好，皇上好，好好地念，念书吧！”说完，又点了一阵儿头，然后站起来走了。他在我这里一共待了不会超过两分钟。

从这天起，我知道了自己的父亲是什么样：不像老师，他没胡子，脸上没皱纹，他脑后的花翎子总是跳动。以后他每隔一个月来一次，每次也都不过两分钟。我又知道了他说话有点结结巴巴，并且弄明白了他的花翎子爱跳动的原因，是他一说话就点头。他说话很少，除了几个“好，好，好”以外，别的话也很难听清楚。

民国时代有不少写清室王公们轶事的报刊小品和稗史笔记，不少是可以补进《笑林广记》去的。有些关于我父亲的故事，未必可信，不过也能反映出其性格的一部分。还记得《大公报》上一篇小品，喻其性格为“木楼座钟”。一位在我出紫禁城不久前去做内务府大臣的遗老说他：“与王公大臣常相对无言，即请机宜亦嗫嚅不能立断。”虽都非亲见，倒也有些近实。

我的弟弟曾听母亲说过，辛亥那年父亲辞了摄政王位，从宫里一回来便对母亲说：“从今天起我可以回家抱孩子了!”母亲被他那副轻松神气气得痛哭了一场，并且后来告诫弟弟：“长大了万不可学阿玛（满洲语父亲）那样!”这段故事和父亲自署“退庵居士”的别号，虽都不足以证明什么真正的“退隐”之志，但也可以看出他对那三年监国是够伤脑筋的。那三年可以说是他一生最失败的三年。

对他来说，最根本的失败是没有能除掉袁世凯。有一个传说是光绪临终时向摄政王托付过心事，并且写了“杀袁世凯”四个字的朱谕给了这位亲兄弟。据我所知，这场兄弟会见是没有的，摄政王要杀袁世凯为兄报仇的事虽确有其事，也被奕劻为首的一班军机大臣给拦阻住了。详情无从得知，只知道最让父亲泄气的是奕劻的一番话：“杀袁世凯不难，不过，北洋军如果造起反来怎么办?”结果是隆裕太后听从了张之洞等人的主意，叫袁世凯回家去养那根本没有的“足疾”，放走了袁世凯。这场为兄报仇的戏算是吹了。

图5　监国摄政王醇亲王载沣

（1883—1951）

有位在内务府干过差使的遗少给我说过，当时摄政王为了杀袁世凯，还想照学一下康熙皇帝用过的办法。康熙杀大臣鳌拜的办法是这样：他把鳌拜召来，先赐给一个座位，那座位是准备好的一个只有三条好腿的椅子，坐椅子的人不提防给闪了一下，因此构成了“君前失礼”的死罪。① 摄政王也想用这类办法对付袁世凯，参加计划的还有小恭亲王溥伟。溥伟有一柄道光皇帝赐给他祖父奕䜣的白虹刀，他们把它看成太上宝剑一样的圣物，溥伟就带着这把刀，准备作杀袁之用。一切计划停当了，结果又被张之洞等人拦住，还是不成功。这件未可置信的故事至少有一点是真的：那时有人极力保护袁世凯，也有人企图消灭袁世凯，并且给我父亲出谋划策的，是大有人在的。袁世凯在戊戌后用大量银子到处送礼拉拢，毕竟还有用银子消除不了的敌对势力。这些敌对势力并不全是过去的维新派和帝党人物，也有和奕劻争地位的，也有不把所有兵权拿到手誓不甘休的，也有为了其他目的而把希望寄托在倒袁之举上的。杀袁世凯和保袁世凯问题早已不是什么维新与守旧、帝党与后党之争，也不是什么满汉显贵之争，而是这一伙亲贵显要和那一伙亲贵显要间的夺权之争。就以当时的亲贵内阁来说，就分成庆亲王奕劻等人的一伙和公爵载泽等人的一伙儿。给我父亲出谋划策以及要这要那的，就是后面这一伙。

无论是哪一伙，都有一群宗室觉罗，八旗世家，汉族大臣，南北谋士；这些人之间又都各有分歧，各有兴趣。比如载字辈的泽公，一心一意想取堂叔庆王的总揆而代之，醇王府的兄弟们就首先要取代袁世凯等汉人的军权。向英国学海军的兄弟和向德国学陆军的兄弟，所好又各有不同。摄政王就处于各伙人之间和各种兴趣之间，一会儿听了这边的话，一会儿又信了另一边的主意，一会儿对两边全说“好，好”，过一会儿又全办不了。弄得哪一伙都不满意他。

最难对付的是奕劻和载泽这一对冤家。奕劻在西太后死前是领衔军机，太后死后改革内阁官制，他又当了内阁总理大臣，这是叫载泽最为愤愤不平的。载泽拿定主意，无论是摄政王上朝还是回邸，一有机会就找摄政王，天天向摄政王揭奕劻的短，最终目的就是取而代之。不过在西太后时代扳不倒奕劻，到摄政王时代又怎能扳得倒他。如果摄政王支持了载泽，或者摄政王自己采取了和奕劻对立态度，奕劻只要称老辞职，躲在家里不出来，摄政王立刻就慌了手脚。所以，在泽公、庆王间的争吵，失败的总是载泽。醇王府的人有几次听见他和摄政王嚷：“老大哥这是为你打算，再不听我老大哥，老庆就把大清断送

① 编者注：“杀大臣鳌拜”与“‘君前失礼’的死罪”，据清史专家朱家溍意见，鳌拜只被康熙制伏。

啦!”摄政王总是半晌不出声，最后说了一句：“好，好，明儿跟老庆再说……”到第二天，还是老样子：奕劻照他自己的主意去办事，载泽又算白吵嚷一次。

载泽的失败，往往就是载沣的失败，奕劻的胜利，也就意味着洹上垂钓的袁世凯的胜利。摄政王明白这个道理，也未尝不想加以抵制，可是他毫无办法。

武昌起义的风暴起来了，前去讨伐的清军，在满族的陆军大臣萨昌的统率下，作战不利，告急文书纷纷飞来。袁世凯的“军师”徐世昌看出了机会已至，就活动好奕劻、那桐几个军机一齐向摄政王保举袁世凯。这回摄政王自己拿主意了，向“愿以身家性命”为袁作担保的那桐发了脾气，严肃地申斥了一顿。但他忘了那桐既然敢出头保袁世凯，就必然是有恃无恐的。摄政王发完了威风，那桐告老辞职，奕劻不上朝应班，前线紧急军情电报一封接一封送到摄政王面前，摄政王没了主意。这又赶紧赏那桐“乘坐二人肩舆”，挽请奕劻“体念时艰”，最后是乖乖地签发了授袁世凯钦差大臣节制各军，并委袁的亲信冯国璋、段祺瑞为两军统领的谕旨。摄政王垂头丧气地回到府邸，另一伙王公们又包围了他，埋怨他先是放虎归山，这回又引狼入室，说袁世凯这一出来，后患无穷，只怕大清都保不住了。他后了悔，忙请这一伙王公们出主意，这伙人就说，让袁世凯出来，但不能再让袁把军队都拿到手里，因此委派冯国璋、段祺瑞为前线军统的上谕不能发出去，要换上别人。在一番争论之后，有人认为冯国璋还有交情，而段祺瑞一定要换，载洵贝勒要求把段换上他的亲信姜桂题，并且给摄政王重新拟出了新的电报。摄政王派人连夜把电报送到庆王府，叫奕劻换发一下。送信人去了不久，回来报告，说庆王正歇觉，公事等明天上朝再说。第二天摄政王上朝，不等他拿出第二个上谕，奕劻就告诉他，第一个上谕当夜就发出去了。

我父亲也并非完全没有主意，他的主意便是维持皇族的统治，方法是把兵权抓过来。这是他那次出使德国从德国皇室学到的一条，军队一定要放在皇室手里，皇族子弟要当军官。他做得更彻底，不但抓到皇室手里，而且还必须抓在自己家里。在我即位后不多天，他就派自己的兄弟做专司训练禁卫军大臣，建立皇家军队。袁世凯开缺后，他代替皇帝为大元帅，为统率全国军队的元首，并派兄弟载洵为筹办海军大臣，另一个兄弟载涛管军咨处（等于参谋总部的机构），后来我这两位叔叔就成了正式的海军部大臣和军咨府大臣。当然，在这些措施的背后还有一套实际掌握全国军队的打算。假定这些打算是他自己能够想得出的，不说外界阻力，只说他实现它的才能，也和他的打算太不相称了。因此，不但跟着袁世凯跑的人不满意他，就连自己的兄弟也常为他摇头叹息。

李鸿章的儿子李经迈出使德国赴任之前，到摄政王这里请示机宜，我七叔载涛陪他进宫，托付他在摄政王面前替他说一件关于禁卫军的事，大概他怕这件事自己说还没用，所以要借重一下李经迈的面子。李经迈答应了他，进殿去了。过了不大工夫，在外边等候着的载涛看见李经迈又出来了，大为奇怪，料想他托付的事必定没办，就问李经迈是怎么回事。李经迈苦笑着说："王爷见了我一共就说了三句话。'你哪天来的？'我说了，他接着就问：'你哪天走？'我刚答完，不等说下去，王爷就说：'好,好，好好干吧，下去吧！'——连我自己的事情都没说，怎么还能说得上你的事？"

这位王爷让兄弟们感到为难之处，也是多方面的。我祖母患乳疮时，请中医总不见好，父亲听从了叔叔们的意见，请来了一位法国医生。医生说要开刀，当然，醇王府全家都是反对的，医生只好采取敷药的办法。当医生从医疗包里拿出一些简单的器具，点上了酒精灯的时候，父亲吓坏了，忙问翻译道：

"这这这干吗？烧老太太？"

我六叔看他在洋人跟前这样，难为情地在他身后直摇头咧嘴。

医生留下药走了，每隔些天由护士来看看，留点药。后来医生又来检查，发现老太太病情毫无好转，觉得十分奇怪，就叫把用过的药膏盒子拿来看看。父亲亲自把药盒都拿来了，一看，原来一律原封未动。叔叔们又不禁摇头叹气一番。

有些当面恭恭敬敬呼他王爷的人，背后提起他来，却很不礼貌地把他叫做"大王爷"。醇王府的大管事张文治是最爱议论大王爷的人。有一回他说，在王府附近有一座小庙，供着一口井，传说那里住着一位"仙家"。"银锭桥案件"败露后，大王爷有一次经过那个小庙要拜一拜"仙家"，感谢对他的庇佑，他刚跪下去，忽然从供桌后跳出个黄鼠狼之类的东西。这件事叫巡警知道了，报了上去，于是大臣们就传说王爷命大，连仙家们都受不了他这一拜。张文治说完了故事就揭穿了底细，原来这是王爷叫庙里人准备好的，那个庙，就是醇王府花钱养着的。

在家庭里，我父亲却是自命为破除迷信的维新派（醇王府的人在慈禧死后都喜欢自称是维新派）。提起父亲的生活琐事，也有不少反对迷信和趋向时新风气的举动。我还听人说过："老佛爷并不是反对维新的，戊戌以后办的那些事不都是光绪要办的吗。醇亲王也是位时新人物，老佛爷后来不是也让他进了军机吗。"

慈禧的维新和洋务办的是什么，不必说了。关于父亲的维新，我略知一些。他对那些曾被“老臣”们称为奇技淫巧的东西倒是不采取排斥的态度，醇王府也是清朝第一个备汽车、装电话的王府，他们的辫子也剪得最早，在王公中首先穿上西服的也有他一个。但是他对于西洋的事物真正的关系，就以穿西服为例，可见一斑。他西服穿了许多天（先是在家里穿，不敢出去穿），有一次很纳闷地问我杰二弟：“为什么你们的衬衫那么合适，我的衬衫总是比外衣长一块呢？”经杰二弟的检查，原是他一直是把衬衫放在裤子外面，已经忍着这股别扭劲好些日子了。

他曾经把给祖母治病的巫婆赶出了大门，曾经把仆役们不敢碰的刺猬一脚踢到沟里去，不过踢完之后，脸上却一阵煞白。他反对敬神念佛，但是逢年过节烧香上供也非常认真。他的生日是正月初五，北京俗话叫做“破五”，他不许人说这句话，他在日历的这一页上贴上红字条，写上寿字，那竖笔拉得很长。杰二弟问他这是什么意思，他说：“这叫长寿嘛！”

为了了解摄政王监国三年的情况，我曾看过父亲那个时候的日记，在日记里没找到什么材料，却发现过两类很有趣的记载，一类是属于例行事项的，每逢立夏，他必“依例剪平头”，每逢立秋则“依例留分发”，此外还有依例换什么衣服，吃什么时鲜，等等。另一类，是每逢朔望以及其他日子，都有关于天象的详细观察的记载和报上这类消息的摘要，有时还有很用心画下的示意图。可以看出，一方面是内容十分贫乏的生活，一方面又有一种对天文科学的热烈爱好。如果他生在今天，说不定他是可以学成一名天文学家的，但是他是生在那样的社会和那样的家庭，而且从九岁起便成了皇族中的一位亲王。

五、亲王之家

我一共有四位祖母，所谓醇贤亲王的嫡福晋叶赫那拉氏，不是我的亲祖母，她在我出生前十年去世。听说这位老太太秉性和她姊姊完全不同，可以说是墨守成规，一丝不苟。同治死后，慈禧照常听戏作乐，有一次接这位祖母进宫看戏，她奉召去了，坐在戏台前却闭上双眼，慈禧问她这是干什么，她连眼也不睁地说：“现在是国丧，我不能看戏！”慈禧给她顶得也无可奈何。她的忌讳也很多，家里人在她面前说话都要特别留神，什么“完了”、“死”这类字眼要用“得了”、“喜”等等代替。她一生拜佛，成年放生烧香，夏天不进花园，说是怕踩死蚂蚁。她对蚂蚁仁慈如此，但她打起奴仆来，毫不含糊。醇王府一位老太监终身不治的颜面抽搐病，就是由她的一顿藤鞭制造出来的。

她一共生了五个孩子。第一个女儿活到六岁，第一个儿子还不到两周岁，在同治五年冬天相隔不过二十天都死了。第二个儿子就是光绪，四岁离开了他。光绪去后，她生下第三个儿子，只活了一天半。所以，第四个男孩载洸一出世，就不知怎样疼爱是好，不是怕穿少了冻着，就是怕吃多了撑着。朱门本是酒肉多得发臭的地方，朱门子弟常生的毛病也是消化不良，因此《红楼梦》里的贾府，治病的方法常是"净饿一天"，这是很有代表性的养生之道。我祖母就信任这个养生之道，总不肯给孩子吃饱，一只虾米也要分成三段吃，结果第四个男孩又因营养不够，不到五岁就给饿死了。王府里老太监牛祥曾说过，"要不然怎么五爷（载沣）接了王爷呢，就是那位老福晋疼孩子，反倒把前面几位小爷给耽误了。"

我父亲载沣虽非她的亲生子，但依宗法，嫡福晋才算正式的母亲。作为最年长的儿子，我父亲要受她的管教。她疼爱孩子是无疑的，但是这位经历了那样悲惨的教训的母亲，到死也没有能明白过来，是谁害了她的亲生孩子。她对我父亲和叔父们的饮食上的限制没有了，精神上的限制仍然没有放松。牛太监又说："五爷六爷在她老人家跟前连笑也要小心，如果笑出声来，就会听见老人家吆喝——笑什么？没个规矩！"

图6　溥仪的生母瓜尔佳·幼兰（1884—1918）

醇贤亲王的第一侧福晋颜扎氏去世很早，大约我父亲也没见过她。二侧福晋刘佳氏是我的亲祖母。那拉氏祖母去世后是她当家。她不像那拉氏祖母那样古板，却是时常处于精神不正常的状况。造成这种病症的原因同样是与儿孙命运相关。这位祖母也夭折过一个孩子，是两岁的女儿。但是使她精神遭受刺激以致失常的是幼子的出嗣。她一共生了三个儿子，即载沣、载洵、载涛。七叔载涛从小在她自己怀里长大，到十一岁这年，慈禧太后突然决定把他过继给我祖父的堂兄弟奕谟贝子为子。接到这个“懿旨”，老太太哭得死去活来，经过人们劝解和建议，只好把七叔当做女儿陪嫁出去。到了过继那天，像嫁女一样，过了“嫁妆”，当鼓乐声一响，老太太竟昏了过去。这是第一次刺激。

这里还有一段插话。奕谟这对老夫妇，膝下无儿无女，得着一个儿子，自然非常高兴，那边作为女儿陪嫁，这边就当做儿子出生，第三天大做弥月，广宴亲朋。不料这个举动叫慈禧知道了，这位贝子平时对慈禧的作为就看不惯，更不会奉承，早使慈禧心中不满，这次看到他如此高兴，心中更有了气，就决定不给他好气受。慈禧曾有一句“名言”：“谁叫我一时不痛快，我就叫他一辈子不痛快。”不知道究竟奕谟都受了她的什么折磨，后来在发牢骚时画了一张画，画面只有一只脚，影射慈禧专门胡搅，搅得家事国事一团糟，并且题了一首发泄牢骚的打油诗：“老生避脚实堪哀，竭力经营避脚台，避脚台高三百尺，高三百尺脚仍来。”不知怎的，被慈禧知道了，这已是七叔过继的五年之后，她突然又下“懿旨”，让七叔重新过继给我祖父的八弟锺郡王奕詥。奕谟夫妇受此打击，一同病倒。不久，奕谟寿终正寝，慈禧故意命那个抢走的儿子载涛代表太后去致祭，载涛有了这个身份，在灵前自然是不能下跪，这是慈禧有意泄愤的行为。接着不到半年，奕谟的老妻也气得一病呜呼。

不知慈禧是什么想法，在第二次指定七叔的过继问题同时，还指定把六叔载洵过继出去，给我另一堂祖叔敏郡王奕志为嗣。真像谟贝子的诗所说的那样，“高三百尺脚仍来”，刘佳氏祖母闭门家中坐，忽然又少掉了一个儿子，自然又是一个打击。据家里老人们说，在这同一年里，这还不是最后一件打击，继七叔指嗣而至的，是慈禧给我父亲的指婚。原来我父亲早先订了亲，庚子年八国联军进北京时，许多旗人因怕洋兵而全家自杀，这门亲家也是所谓殉难的一户。我父亲随慈禧、光绪在西安的时候，祖母又给他订了一门亲，而且放了“大定”，即把一个如意交给了未婚的儿媳，按习俗，送荷包叫放小定，这还有伸缩余地，到了放大定，姑娘就算是“婆家的人”了。放大定之后，如若男方死亡或出了什么问题，在封建礼教下就常有什么望门寡或者自尽殉节之类的悲剧发生。慈禧在指婚时，当然她不管你双方本人以及家长同不同意，她做的事，别人岂敢说话。刘佳氏祖母当时是两头害怕，怕慈禧怪罪，又怕退大定引起女方发生意外，这就等于对太后抗旨，男女两方都是脱不了责任的。尽管当时有人安慰她，说奉太后旨意去退婚不会有什么问题，她还是想不开，精神失常的病患又发作了。

当然，先订的婚还是退掉了。过了六年，她的病又大发作了一次，这是在军机大臣送来懿旨叫送我进宫的那天。

我一生下来，就归祖母抚养。祖母是非常疼爱我的。听乳母说过，祖母每夜都要起来一两次，过来看看我睡得怎样，来的时候连鞋都不穿，怕木底鞋的响声惊动我。这样把我养到三岁，突然听说慈禧把我要到宫里去，她立即昏厥过去。从那以后，她的病就更加容易发作，发作起来就精神恍恍惚惚，像痴了的一样，这样时好时犯地一直到去世。她去世时五十九岁，在我离京到天津那年。

醇亲王载沣自八岁丧父，就在醇贤亲王的遗训和这样两位老人的管教下过着传统的贵族生活，成长起来。凭着血缘，也凭着他的懦弱和从上辈承继下来的谨慎，他当上了摄政王，享受着俸禄和采邑的供应，上有母亲管着家务，下有长史、世袭散骑郎等人负责的一套办事机构为他理财、酬应，有一大批护卫、太监、仆妇供他役使，还有一群清客给他出谋划策以及聊天游玩。他用不着操心家庭生活，也用不上什么生产知识。他和外界接触不多，除了依例行事的冠盖交往。二十岁的少年也谈不到有多少社会阅历。他的环境和生活就是如此这般，就难怪他见了人“嗫嚅不能对”了。

我父亲有两位“福晋”，生了四子七女。我的第二位母亲是辛亥以后来的，我的三胞妹和异母的三、四弟，四、五、六、七妹出生在民国时代。这一家人到现在，除了我还有二、四两弟和二至七这六位妹妹。父亲活到中华人民共和国成立以后，一九五一年年初。母亲早于一九二一年逝世。父亲的日记里说是“痰厥”，其实是吞鸦片自杀的。是因为我在宫里和端康太妃争吵，不服她管教，太妃把我母亲叫进去训斥了一顿，她回到家里便吞烟自尽了。

母亲和父亲是完全不同的类型。有人说旗人的姑奶奶往往比姑爷能干，或许是真的。我记得我的妻子婉容和我的母亲瓜尔佳氏就比我和父亲懂得的事多，特别是会享受，会买东西。据说旗人姑娘在家里能主事，能受到兄嫂辈的尊敬，是由于每个姑娘都有机会选到宫里当上嫔妃（据我想，恐怕更重要的原因是兄弟辈不是游手好闲就是忙于宦务，管家理财的责任自然落在姊妹们身上，因此，姑娘就比较能干些）。我母亲在娘家时很受宠，慈禧也曾说过“这姑娘连我也不怕”的话。母亲花起钱来，祖母和父亲非常头痛，对她简直没办法。父亲的收入，不算田庄，亲王双俸和什么养廉费每年是五万两，到民国时代的小朝廷还是每年照付，每次俸银到手不久，就给母亲花个精光。后来父亲想了很多办法应付她，曾经和她在财务上分家，给她规定用钱数目，甚至还用过摔家伙的办法，比如拿起条几上的瓶瓶罐罐摔在地上，以示愤怒和决心。但一切办法都不生效，特别是总摔东西舍不得，后来专为这幕戏准备了一些摔不碎的铜壶铅罐之类的东西（我弟弟见过这些“道具”）。自然，这些威风也被母亲识破，结果还是父亲再拿出钱来供她花。花得我祖母每到月底对着账房送来的账条叹气流泪，我父亲也只好再叫管事的变卖古玩、田产抵亏空。

图7　两岁时的溥仪

母亲不但花父亲的钱，也时常拿出自己贵重的陪嫁首饰去悄悄变卖。她究竟有些什么开销呢？我后来才知道，她除了生活享受之外，曾避着父亲，把钱用在政治活动上，通过荣禄的旧部如民国时代步兵统领衙门的总兵袁得亮之流，去运动奉天的将领。这种活动，还有太妃们参与。她们为了复辟的梦想，拿出不少首饰，白费了不少银子。溥杰小时候亲眼看见过她和太妃的太监鬼鬼祟祟地商议事情，问她是什么事，她说："现在你还小呢，将来长大了，就明白我在做着什么了。"她却不知道，她和太妃们的那些财宝，都给太监和袁得亮中饱了。她对她父亲的旧部有着特殊的信赖，甚至对袁世凯也能谅解。辛亥后，醇王府上下大小无不痛骂袁世凯，袁世凯称帝时，孩子们把报纸上袁世凯的眼睛都抠掉了，唯独母亲另有见解："说来说去不怪袁世凯，就怪孙文！"

我的弟弟妹妹们从小并不怕祖母和父亲，而独怕母亲。佣仆自然更不用说。有一天，我父亲从外面回来，看见窗户没有关好，问一个太监："怎么不关好？"不知这太监听成了什么，回答说："因为奴才的奶奶还没回来。"父亲听了这句驴唇不对马嘴的话生了气，罚他跪在地上。一个女仆说："要是老爷子，还不把你打成稀烂！"老爷子是说的母亲，她和慈禧一样，喜欢别人用对男人的称呼来叫她。

我三岁进宫，到了十一岁才认得自己的祖母和母亲，那是她们奉太妃之召进宫的。我见了她们，只觉得很生疏，一点不觉得亲切。不过我还记得，祖母的眼睛总不离开我，而且好像总是含着泪光，她经过慎重选择说些十分单纯的问饱问暖话，这是充满着被封锁起来的慈爱的。母亲给我的印象就完全不同，我见了她的时候除生疏之外更加上几分惧怕。她每次见了我总爱板着脸说些官话："皇上要多看些祖宗的圣训"，"皇上别贪吃，皇上的身子是圣体，皇上要早睡早起"……现在回想起来，那硬邦邦的感觉似乎还存在着，低贱的使女出身的祖母和大学士府小姐出身的母亲，流露出的人情，竟是如此地不同。

清室世系表

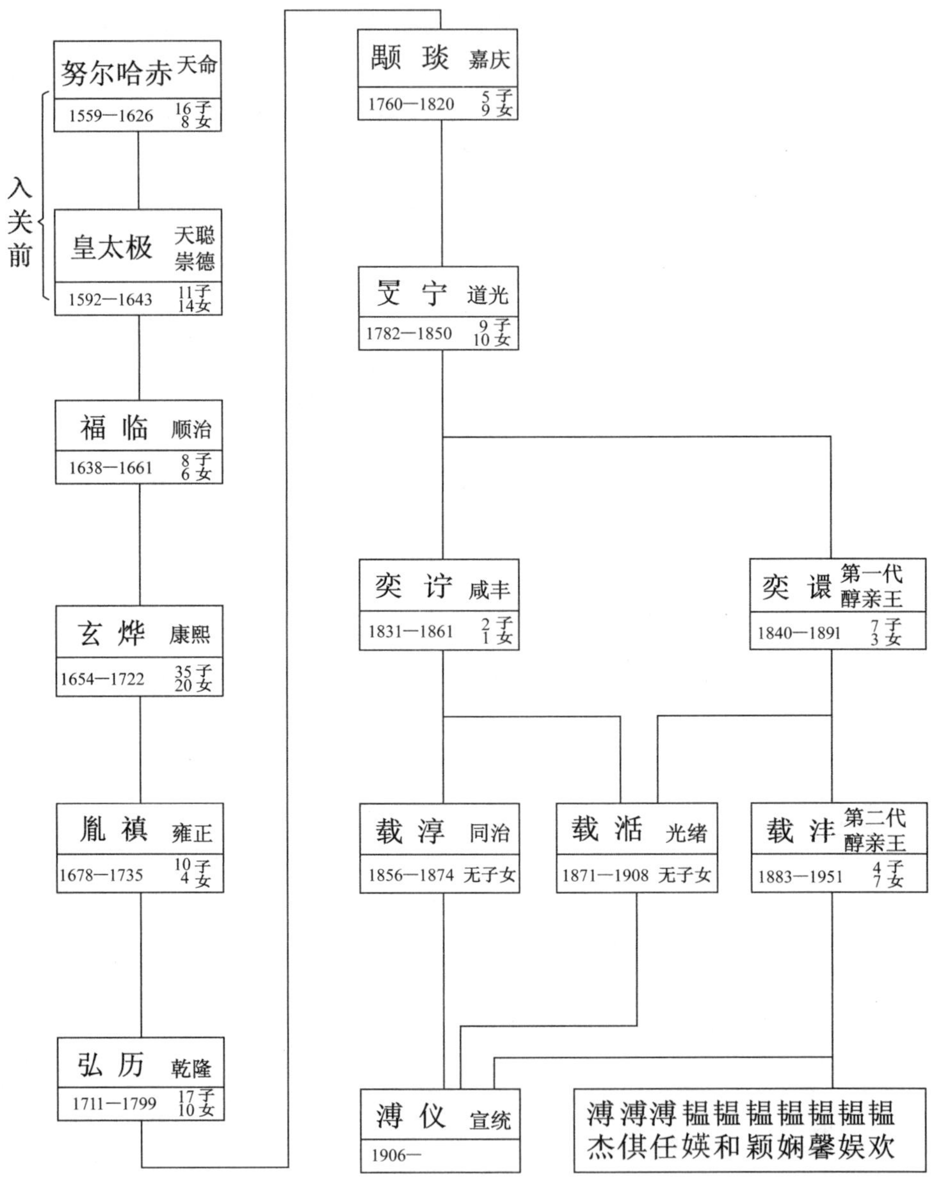
入关前
努尔哈赤 天命
1559—1626 16子 8女
皇太极 天聪 崇德
1592—1643 11子 14女
福临 顺治
1638—1661 8子 6女
玄烨 康熙
1654—1722 35子 20女
胤禛 雍正
1678—1735 10子 4女
弘历 乾隆
1711—1799 17子 10女
颙琰 嘉庆
1760—1820 5子 9女
旻宁 道光
1782—1850 9子 10女
奕詝 咸丰
1831—1861 2子 1女
奕譞 第一代醇亲王
1840—1891 7子 3女
载淳 同治
1856—1874 无子女
载湉 光绪
1871—1908 无子女
载沣 第二代醇亲王
1883—1951 4子 7女
溥仪 宣统
1906—
溥杰 溥倛 溥任 韫媖 韫和 韫颖 韫娴 韫馨 韫娱 韫欢

第二章
我的童年（1908~1917）

一、登极与退位

光绪三十四年十月二十日的傍晚，醇王府里发生了一场大混乱。老太太不等听完儿子带回来的懿旨，先昏过去了。王府太监和妇差丫头们灌姜汁的灌姜汁，传大夫的传大夫，忙成一团，那边又传过来孩子的哭叫和大人们的哄劝的嘈杂人声。新就位的摄政王手忙脚乱地跑出跑进，一会儿招呼着随他一起来的军机大臣和内监，叫人给孩子穿衣服，这时他忘掉了老太太正昏迷不醒。一会儿被叫进去看老太太，又忘掉了军机大臣还等着送未来的皇帝进宫。这样闹腾了好大一阵儿，老太太苏醒过来，被扶送到里面去歇了，这里未来皇帝还在“抗旨”，连哭带打地不让内监过来抱他。内监苦笑着看军机大臣怎么吩咐，军机大臣束手无策地等摄政王商量办法，摄政王只会点头，什么办法也没有……

家里的老人给我说的这段情形，我早已没有印象了。老人们说，那一场混乱后来还亏着乳母给结束的。乳母看我哭得可怜，本能地拿出奶来喂我，这才止住了我的哭叫。这个卓越的举动启发了束手无策的老爷们，军机大臣和我父亲商量了一下，决定破例地由乳母抱我一起去，到了中南海，再交内监抱我见慈禧太后。

我和慈禧这次见面，还有点模糊的印象。那是由一次强烈的刺激造成的印象。我记得自己忽然陷入了许多陌生人之间，没有了嬷嬷，也没有了我习惯了的那间屋子，尤其可怕的是在一个阴森森的帏帐中，露出一张瘦削的老太婆的脸，丑得要命。据说我一看见慈禧这副病容，立刻号啕大哭，浑身哆嗦不止。慈禧看我哭了，叫人拿冰糖葫芦给我，不料我一把拿过来就摔到地下，连声哭喊着：“要嬷嬷！要嬷嬷！”弄得慈禧很不痛快，说：“这孩子真别扭，抱到哪儿玩去吧！”

我入宫后第三天，慈禧去世，过了一个多月，即十二月初二这天，举行了登极大典。我后来听人说，这个大典又被我哭得大煞风景。

大典在太和殿举行。所谓登极，就是我父亲扶着我坐在宝座上，接受王公大臣文武百官的朝贺。在大典之前，照章要先在中和殿接受领侍卫内大臣们的礼（在大典上他们站列两侧，不便与文武百官一起朝贺）。我被他们折腾了半天，加上那天天气奇冷，因此，当他们把我抬到太和殿，又把我放到又高又大的宝座的时候，这就超过了我的耐性的最后限度，这就难怪我不放声大哭。我父亲单膝侧身跪在“宝座”下面，双手扶我，不叫我乱动，我更挣扎着哭喊：“我不挨（待）这儿！我要回家！我不挨这儿！我要回家！”父亲急得满头是汗，而文武百官行的是三跪九叩礼，磕起头来没完没了，我的哭叫也越来越响。我父亲只好哄我说：“别哭别哭，快完了，快完了！”

典礼结束，文武百官可就窃窃私议起来了。“王爷怎么可以说什么‘快完了’呢？”“说要回家可是什么意思啊？”……一切的议论，都是垂头丧气的，好像人人都发现了不祥之兆。

后来有些笔记小品里提起过这件事。有一本书里加枝添叶地说，我是在钟鼓齐鸣声中吓哭了的，又说我父亲在焦急之中，拿了一个玩具“虎小儿”哄我，才止住了哭。其实，那次大典因为处于“国丧”期，丹陛大乐只设而不奏，所谓玩具云者更无其事。不过说到大臣们都为了那两句话而惶惑不安，倒是真事。有的还说，不到三年，清朝真的完了，要回家的也真回了家。可见，当时说的句句是谶语，大臣们早是从这两句话得到了感应的。

事实上，真正的感应不是来自偶然而无意的两句话。如果翻看一下当时历史的记载，就很容易明白文武百官王公大臣们的忧心忡忡和忌讳百端是从哪里来的。只看《清鉴纲目》里关于我登极前一年间的大事提要就够了：

> 光绪三十三年，秋七月。广州钦州革命党起事，攻陷阳城，旋被击败。
>
> 冬十一月。孙文、黄兴合攻广西镇南关（现改名睦南关）克之，旋败退。
>
> 谕：禁学生干预政治及开会演说。
>
> 三十四年，春正月。广东缉获日本轮船，私运军火，寻命释之。
>
> 三月。孙文、黄兴遣其党攻云南河口克之，旋败退。
>
> 冬十月，安庆炮营队官熊成基起事，旋败死。

这本《清鉴纲目》是民国时代编出的，所根据的史料却主要是清政府的档案。我从那个时期的档案里还看到不少“败死”、“败退”字样，我发现这类字样越多，也就越说明风暴的加剧。这正是那些埋怨大典煞风景的王公大臣们的忧患所在。到了宣统朝，事情就越加明显。后来起用了袁世凯，在一部分人心里更增加一重忧虑，认为外有革命党，内有袁世凯，历史上所出现过的不吉之兆，都集中呈现在宣统一朝来了。

我在不知不觉中做皇帝的第三年，又糊里糊涂地退了位。在皇朝最后的惊涛骇浪的日子里发生的事情，保留在我记忆中的有这么一点印象：在养心殿的东暖阁里，隆裕太后坐在靠南窗的炕上，用手绢擦眼，面前地上红毡子垫上跪着一个粗而胖的老头子，满脸泪痕。我坐在太后的右边，莫名其妙，纳闷他们哭什么，殿里除了我们三人别无他人，安静得很，甚至胖老头抽鼻子的声音我都听见了。他边抽缩鼻子边说话，说的什么我全不懂。后来我才知道，这个胖老头就是袁世凯。这是我看见袁世凯唯一的一次，也是袁世凯最后一次见太后。如果别人没有说错的话，那么，正是在这次，袁世凯向隆裕太后直接提出了皇帝退位的问题。从这次召见之后，袁世凯就借口东华门遇险的事故，再不进宫了。

武昌起事后，各地纷纷响应，满族统帅根本指挥不动抵抗民军的北洋各镇新军，摄政王再也没办法，只有接受奕劻这一伙人的推荐，起用了袁世凯。待价而沽的袁世凯，有徐世昌这位身居内阁协办大臣的心腹之交供给情报，摸透了北京的行情，对于北京的起用推辞再三，一直到被授以内阁总理大臣和统制全部兵权的钦差大臣，军政大权全已大握的时候，他才在彰德“遥领圣旨”。他给北洋军下了部署，把民军手中的汉阳攻克了，然后按兵不动，动身进京，受隆裕太后和摄政王的召见。

这时候的袁世凯和从前的袁世凯不同了，不仅有了军政大权，还有了比这更为难得的东西，这就是洋人方面有人对他也有了兴趣，而革命党方面他也有了朋友。北洋军攻下了汉阳之后，英国公使朱尔典就得到本国政府的指示，告诉他：政府对袁“已经发生了极友好的感情”。袁到北京不久，英国驻武昌的总领事就奉朱尔典之命出面来调停民军和清军的战事。袁世凯的革命党方面的朋友，主要的是谋刺摄政王不遂的汪精卫。汪精卫被捕之后，受到肃亲王善耆的很好的招待。我父亲在自己的年谱中说这是为了“以安反侧之心”。我有位亲戚后来告诉过我，当时有个叫西田耕一的日本人，经过善耆那里的日本顾问关系告诉善耆，日本人是不同意杀掉汪精卫的。摄政王在几方面压力之下，没有敢对汪精卫下手。武昌事起，汪精卫立刻得到释放，他也立刻抓住机会和善耆之流的亲贵交朋友。袁世凯到北京后更是一拍即合，汪精卫与袁长公子克定结拜为兄弟，从而变成了袁的侄辈而兼谋士，自然同时也变成了袁世凯和民军方面某些人物中间的桥梁。民军方面的动态经此源源地传到袁世凯这边，在那边又有很大一部分人把袁世凯又看成了自己的希望，后来更被更多的人看成是实现共和的根本依靠。袁世凯自从有了这些新朋友，加上在北京朝廷内外的那一伙旧朋友，他就成了多方面行情最清楚的人了。当然，这一切都并非出自偶然，不妨说是他在洹上垂钓两年多的成就。

袁世凯就是这样左右逢源地回到了北京，不到一个月，先通过奕劻在隆裕面前玩了一个把戏，把摄政王挤掉了王位，退归藩邸。然后，以接济军用为名把隆裕的内帑挤了出来，同时逼着亲贵们输财赡军。亲贵感到了切肤的压力，皇室的财力陷入了枯竭之境，至此，政、兵、财三权全到了袁的手里。接着，袁授意驻俄公使陆徵祥联合各驻外公使致电清室，要求“皇帝”退位，同时以全体国务员名义密奏太后，说是除了实行共和，就别无出路。我查到了这个密奏的日期，正是人家告诉我的那次与袁会面的那天，十一月二十八日。由此我也明白了太后是为什么听了袁世凯的话就吓得魂不附体，以致袁世凯退下去之后还哭个不停的原因。密奏中让太后最感到恐怖的，莫过于这几句：“万众之心，坚持共和，别无他议。”“海军尽叛，天险已无，何能悉以六镇诸军，防卫京津?”“虽效周室之播迁，已无相容之地。”“东西友邦，有从事调停者，以我只政治改革而已，若等久事争持，则难免无不干涉。而民军亦必因此对于朝廷，感情益恶。读法兰西革命之史，如能早顺舆情，何至路易之子孙，靡有孑遗也……”

隆裕太后没有读过法兰西革命之史，不知道路易十六上断头台的故事。经袁世凯这么一讲，她完全给吓昏了，所以连忙召集御前会议，把宗室亲贵们叫来拿主意。王公们听到了密奏的内容和袁世凯的危言，首先感到震动的倒不是法兰西的故事，而是袁世凯的急转直下的变化。本来在民、清两军的议和谈判中，袁世凯一直反对民方提出实行共和的要求，他坚决主张君主立宪制。他曾在致梁鼎芬的一封信中，表示了对清室的耿耿忠心，说“绝不辜负孤儿寡妇(指我和太后)”。他刚到北京不久，发布准许百姓自由剪发辫的上谕的那天，在散朝外出的路上，世续指着自己脑后的辫子笑问道：“大哥，您对这个打算怎么办?”他肃然回答：“您放心，我还要设法保全它!”一些对袁世凯表示不信任的人听了这事，高兴起来了，说：“袁宫保决不当曹操!”民清双方的谈判，只达到把国体问题交临时国会表决的原则协议，国会的成员、时间和地点问题还因清方的坚持而未决。正争执中，南京成立了临时政府，选了孙中山为临时大总统。第二天，袁世凯忽然撤去唐绍仪代表的资格，改由他自己直接和民方代表用电报交涉。国体问题还远未解决，忽然出现了袁内阁要求清帝退位问题，自然是使皇室大感震动。

原来袁世凯这时在民军方面的朋友，已经多到可以左右民军行动的程度。特别是那些由原先的立宪党人变成的革命党人，已经明白袁世凯是他们的希望，这种希望后来又传染给某些非立宪党人出身的天真的共和主义者。因此，在民军方面作出了这个决议：只要袁赞成共和，共和很快就可成功；只要袁肯干，可以请袁做第一任大总统。这正符合了袁苦心经营梦寐以求的理想，何况他已经察觉了退位的摄政王周围还有一个始终敌对的势力，无论他打胜了革命党还是败给革命党，这个势力都饶不了他。他决定接受这个条件，但对清室的处置，还费考虑，正在考虑间，这时孙中山就任了临时总统之职，他也不免着起急来。他的心腹助手赵秉钧后来透露："项城本具雄心，又善利用时机。但虽重兵在握，却力避曹孟德欺人之名，故一面挟北方势力与南方接洽，一方面挟南方势力，以挟制北方。项城初以为南方易与，颇侧南方，及南方选举总统后，恍然南北终是两家，不愿南方势力增长，如国民大会成立，将终为其挟持，不能摆脱。乃决计专以清室着手，首先胁迫亲贵王公，进而胁迫清帝，又进而恫吓太后，并忖度其心理，诱饵之以优待条件，达到自行颁退位，以全权组织临时政府。"这就是袁世凯的突然变化的由来。

变化尽管是变化，如果想从善于流泪的袁世凯脸上，直接看到凶相，是办不到的。他最后和太后见了那次面之后，当天在东华门碰上了一个冒失的革命党人的炸弹，给了他一个借口，从此再不进宫，而由他的助手赵秉钧等人出面对付皇室。他自己不便于扮演的角色就由他们来扮演。

但是变化终归是变化。那些发生过动摇的人，又动摇过去了。

"谁说袁世凯不是曹操？"

一直坚持这个说法的是恭王溥伟、肃王善耆、公爵载泽等人，还有醇王周围的年轻的贝勒们。一位贵胄学堂的学生后来说，当时的民政大臣满人桂春已宣称，为了对付革命党在各地对满人的仇杀（这是根据谣传的），他决定组织满族警察和贵胄学堂的学生，对北京城的汉人实行报复。远在西安的总督升允，是蒙族人，这时也带兵勤王离了西安，袁世凯去了一封表示赞许的电报，同时又命令他停在潼关不得前进。以良弼为首的一些贵族组织了宗社党，宗社党将采取恐怖行动的传说也出现了。总之，一部分满族王公大臣做出的姿态，是要拼命的。太后召集了第一次御前会议，会上就充满了愤恨之声。奕劻和溥伦表示了赞成退位，立刻遭到猛烈的抨击。第二天，奕劻没有敢来，溥伦也改变了口风，又赞成君主了。

这种情势却并没保持多久。首先是隆裕太后自己吓慌了，其次是这些慷慨激昂的王公们也实在拿不出什么可靠的主意。参加会议的毓朗后来和他的后辈说过这个会议，溥伟也有一篇日记作了一些记载，内容都差不多。其中的一次会议是这样开的——

太后问："你们看是君主好还是共和好？"

大约有四五个立刻应声道："奴才都主张君主，没有主张共和的道理。"接着别人也表示了这个态度，这次奕劻和溥伦没参加，也就没有相反的意见。有人还说，求太后圣断坚持，勿为奕劻之流所惑。太后叹气道：

"我何尝要共和，都是奕劻跟袁世凯说的，革命党太厉害，咱没枪炮没军饷，打不了这个仗。我说不能找外国人帮忙吗？他们说去问问。过了两天说问过了，外国人说要我们帮忙得叫摄政王退位，说政治太不好，革命党才要改革的，摄政王退位他们才帮忙。载沣你说是不是这样说的！"

"禀太后，是这样说的。"

溥伟立刻愤愤地说："摄政王不是退了位了吗？怎么外国人还不帮忙，这显然是奕劻欺君罔上！"

那彦图接口道："太后今后可别再听奕劻的啦！"

溥伟和载泽出了主意，说："乱党实不足惧，只要出军饷，就有忠臣去破贼杀敌，冯国璋说过，发三个月的饷他就能把革命党打败。"

"内帑已经给袁世凯全要了去，我真没有钱了！"太后摇头叹气。

溥伟又出主意，说从前日俄战争的时候，日本帝后拿出了自己的首饰珠宝赏军，结果士气大振，请太后也学一下这个办法。善耆也支持说，这是个好主意。隆裕说："胜了固然好，要是败了，连优待条件不是也落不着了吗？"这时优待条件已经由民清双方代表议了出来。在隆裕心里的天平上，这个宝贝刚刚把路易十六的命运给平衡过来。所以她说："落不着优待条件，不就是亡国了吗？"

"优待条件不过是骗人之谈，"溥伟说，"就和迎闯王不纳粮的话一样，那是欺民，这是欺君。即使这条件是真的，以朝廷之尊而受臣民优待，岂不贻笑千古，贻笑列邦？"说着，他就地碰起头来。

"就是打仗，只有冯国璋一个也不行呀！"太后仍然不能把打仗加到天平上去。溥伟还是不住地说，"请太后和皇上赏兵去报国。"善耆也说，有的是忠勇之士。太后转过头对跪在一边一直不说话的载涛贝勒说：

"载涛你管陆军，你知道咱们的兵怎么样？"

"奴才练过兵，没打过仗，不知道。"载涛连忙碰头回答。

太后不做声了。停了一晌才说了一句：

“你们先下去吧。”

这时善耆又想起了主题，向太后嘱咐说：“一会儿，袁世凯和国务大臣就进见了，太后还要慎重降旨。”

“我真怕见他们。”太后又叹气……

在这次会议上，溥伟给太后想出了个应付国务大臣的办法，就是把退位问题推到遥遥无期的国会身上。可是国务大臣赵秉钧带来了袁世凯早准备好了的话：

“这个事儿放在国会上去，有没有优待条件可就说不准了！”

太后心里的天平又晃动了，优待条件这一边又沉了，对于王公们主战的主意更加不肯考虑了。王公们曾千嘱咐万嘱咐太后不要把这件事和太监说起，可是太后一回宫，早被袁世凯喂饱而又是赵秉钧的把兄弟的总管太监小德张却先开了口：

“照奴才看，共和也罢，君主也罢，老主子还不是一样？君主了几年，老主子管的事还不是用用宝？共和了，太后也还是太后。不过这可得答应了那‘条件’。要是不应呵，革命党打到了北京，那可全没有了，咱娘儿们就全完啦！”

在御前会议上，发言主战的越来越少，最后只剩下了四个人。据说我的二十几岁的六叔是主战者之一，他主张来个化整为零，将王公封藩，分据各地进行抵抗。这个孩子式的主张根本没人听他的。毓朗贝勒也出过主意，但叫人摸不清他到底主张什么。他说：

“要战，即效命疆场，责无旁贷。要和，也要早定大计。”

御前会议每次都无果而散。这时，袁的北洋军将领段祺瑞等人突然从前线发来了要求退位的电报，接着，良弼被革命党人炸死了。这样一来，在御前会议上连毓朗那样两可的意见也没有了。主战最力的善耆、溥伟看到大势已去，离了北京，他们想到外国学申包胥哭秦庭的故事。后来一个跑到德国人占领的青岛，一个到了日本占领的旅顺，都被留在那里没让走，外国官员告诉他们，这时去到他们国家是不适宜的。问题很清楚，洋人是已决定承认袁世凯政府。

宣统三年十二月二十五日，隆裕太后颁布了我的退位诏。一部分王公跑进了东交民巷，奕劻父子带着财宝和姨太太搬进了天津的外国租界。醇王在会议上一直一言不发，颁布退位诏后回到家去抱孩子去了。袁世凯一边根据清皇太后的懿旨，被授权组织了民国临时共和政府，一边根据南方的革命党的协议，由大清帝国内阁总理大臣一变而为中华民国的临时大总统。而我呢，则作为大总统的邻居，根据清室优待条件，开始了小朝廷的帝王生活。

这个清室优待条件如下：

第一款　大清皇帝辞位之后，尊号仍存不废。中华民国以待各外国君主之礼相待。

第二款　大清皇帝辞位之后，岁用四百万两。俟改铸新币后，改为四百万元，此款由中华民国拨用。

第三款　大清皇帝辞位之后，暂居宫禁。日后移居颐和园。侍卫人等照常留用。

第四款　大清皇帝辞位之后，宗庙陵寝永远奉祀。由中华民国酌派卫兵妥慎保护。

第五款　德宗陵寝未完工程，如制妥修。其奉祀典礼仍如旧制。所有实用经费，并由中华民国支出。

第六款　以前宫内所用各项执事人员，可照常留用，惟以后不得再招阉人。

第七款　大清皇帝辞位之后，其原有之私产由中华民国特别保护。

第八款　原有之禁卫军归中华民国陆军部编制，额数俸饷特别保护。

二、帝王生活

“优待条件”里所说的“暂居宫禁”，没规定具体期限，只划定了宫禁范围，在乾清门以北到神武门为止这个区域。我在这一块天地里一直住到民国十三年被国民军驱逐的时候，度过了人世间最荒谬的少年时代。其所以荒谬，就在于中华号称为民国，人类进入了二十世纪，而我仍然过着原封未动的帝王生活，呼吸着十九世纪遗下的灰尘。

每当回想起自己的童年，我脑中便浮起一层黄疸病的颜色：琉璃瓦顶是黄的，轿子是黄的，椅垫子是黄的，衣服帽子的里面、腰上系的带子、吃饭喝茶的瓷制碗碟、包盖稀饭锅子的棉套、裹书的包袱皮、窗帘、马缰……等等无一不是黄的。这种独家占有的所谓明黄色，从小把唯我独尊的自我意识埋进我的心底，给了我与众不同的人性。这样的人性，在我第一次和弟弟妹妹做游戏时就已经表现出来了。

那是十一岁的时候。根据太妃们的决定，祖母有时把杰二弟和大妹带进宫来陪我玩几天。开头玩得非常无味，我和祖母坐在炕上，祖母看着我在炕桌上摆骨牌，二弟和大妹规规矩矩地站在地上，一动不动地瞅着，就像衙门里站班的一样。后来，我想起个办法，把弟弟和妹妹带到我住的养心殿，我就问溥杰：

“你们在家里玩什么？”

“溥杰会玩捉迷藏。”小我一岁的二弟恭恭敬敬地说。

“你们也玩捉迷藏呀？那太好玩了！”我很高兴。我和那些小太监也常玩这个，可是他们都比我大，我还没跟比我小的孩子玩过呢。于是就在养心殿玩起捉迷藏来了。玩得越来越高兴，二弟和大妹忘掉了拘束。我们索性把外面的帘子都放下来，把屋子弄得很暗。比我小两岁的大妹又乐又害怕，我和二弟就吓唬她，高兴得我们又笑又嚷。捉迷藏玩得累了，我们爬到炕上来喘气，我又叫他们想个新鲜游戏。溥杰想了一阵，没说话，光瞅着我傻笑。

“你想什么？”

他还是傻笑。

“说，说！”我着急地催促他，以为他一定想出新鲜的游戏了，谁知他说：

“我想的，噢，溥杰想的是，皇上一定很不一样，就像戏台上那样有老长的胡子，谁知不是那样……”

不知怎么的，我一眼看见溥杰的袖口里的内衣，很像那个熟悉的颜色，立刻沉下脸来。

“溥杰，这是什么颜色，你也能使？”

“这，这这是杏黄的吧？”

“瞎说！这不是明黄吗？”

“嗻，嗻……”溥杰忙垂手立在一边，大妹也吓得溜到他身后，简直都要哭了。我还没完：

“这是明黄！不该你使的！”

“嗻！”

在嗻嗻声中，我的兄弟又恢复了臣仆的身份……

嗻嗻之声早已成了绝响，现在的人只有从京戏《法门寺》里才听得到，那调儿是很使人发笑的。但是我从小便习惯了它，如果别人不以这个声调回答我，反而是不能容忍的。对于跪地磕头，也是这样。我从小就看惯了人家给我磕头，大都是年岁比我大十几倍的，有清朝遗老，也有我亲族中的长辈，有穿清朝袍褂的，也有穿西式大礼服的民国官员。

见怪不怪习以为常的，还有每日的排场。

有一位解放后长大的青年，读《红楼梦》大为惊奇，他不明白为什么在贾母、王熙凤这样的人身后和周围总有那么一大群人，即使他们从这间屋走到隔壁那间屋去，也会有一窝蜂似的人跟在后面，他们不嫌这个尾巴碍事吗？其实，《红楼梦》里的尾巴比宫里的尾巴少多了。《红楼梦》里的排场犹如宫里排场的缩影，这尾巴也颇相似，如果没尾巴，都像是活不下去似的。我每天到毓庆宫读书，给太妃请安，游一次御花园，后面全有一条尾巴。如果我去游一次颐和园，不但要有几十辆汽车组成这尾巴，还要请民国的警察们沿途警戒，一次要花去几千块大洋。到宫中的御花园去玩一次，要组成这样的行列：最前面是一名敬事房的太监，他起的作用犹如汽车喇叭，嘴里不时地发出"吃——吃——"的响声，警告可能在前边出现的人，早早回避。在他们后面二三十步远是两名总管太监，靠路两侧鸭行鹅步地行进，再后十步左右即行列的中心（我或太后）。如果是坐轿，两边各有一名御前小太监扶着轿杆随行，以便随时照料应呼；如果是步行，就由他们搀扶而行，虽然腿脚无病。在这后面，有一名太监举着一把大罗伞，伞后几步，是一大群拿着各样物件和徒手的太监。有捧马扎以便随时休息的，有捧衣服以便气候或体温变化随时换用的，有拿着雨伞旱伞的。在这些御前太监后面是御茶房太监，捧着装有各样点心茶食的若干食盒，当然还有热水壶、茶具等等。更后面是御药房的太监，挑着担子，内装各类常备小药和急救药，不可少的是灯心水、菊花水、芦根水、竹叶水、竹茹水，夏天必有藿香正气丸、六合定中丸、金衣祛暑丹、香糯丸、万应锭、痧药、避瘟散，不分四季都要有消食的三仙饮，等等。在最后面，是带大小便器的太监。如果没坐轿，轿子就在最后面跟随。轿子也按季节有暖轿凉轿之分。暖轿是围着灰鼠、貂皮的，凉轿轿壁是纱的。这个杂七夹八的好几十人的尾巴，走起来倒也肃静安详，井然有序。

然而这个尾巴也常被我搅乱。我年岁小的时候，也还有好动的孩子性格，我高兴起来撒腿便跑，起初他们还亦步亦趋地跟着跑一阵儿，我一停下来就又聚在我身后，喘吁不止。我大些以后，懂得了发号施令，便叫他们站一边等着，于是除了御前小太监以外，那些捧盒挑担的便到一边静立，等我跑够了再重新贴在我后边。后来我学会了骑自行车，下令把宫门的门槛一律锯掉，这样出入无阻地到处骑，尾巴自然更无法跟随，只好暂时免掉。但除此以外，每天凡到太妃处请安和去毓庆宫上学等等日常行动，仍然要有一定的尾巴跟随，也并不觉得累赘。相反，假如身后这时没有那个尾巴，倒会觉得不自然。明朝崇祯皇帝最后上煤山的时候，那个从小长在身后的尾巴只剩下了一个太监，冲这一点，我想也够他上吊的了。

每日排场耗费人力、物力、财力最大的莫过于吃饭。关于皇帝吃饭，另有一套术语，绝对不准别人说错的。饭不叫饭而叫“膳”，吃饭就叫“进膳”，开饭叫“传膳”，厨房叫“御膳房”。到了吃饭的时间——并无所谓固定时间，完全由皇帝自己决定，我吩咐一声“传膳!”跟前的御前小太监便照样向守在养心殿的明殿上的“殿上太监”说一声“传膳!”殿上太监又把这话传给鹄立在养心门的太监，他再传给候在西长街的御膳房太监……这样一直传进了御膳房里面。回声不等消失，一个犹如过嫁妆的行列已经走出了御膳房。这是由几十名穿戴齐整，套着白袖头的太监们组成的队伍，抬着膳桌，捧着绘有金龙的红漆盒，浩浩荡荡地直奔养心殿而来。进到明殿里，由小太监接过，在东暖阁摆好。菜肴是三桌，各种点心、米膳、粥品是三桌，另外各种咸菜是一小桌。食具是明黄色刻龙并有万寿无疆字样的瓷器，冬天则是银器，下托以盛有热水的瓷瓦罐。每个菜碟或菜碗都有一个银牌，这是为了戒备下毒而设的，并且为了同样原因，菜送来之前都要经过一个太监尝过，这叫“尝膳”。这些尝过的东西摆好之后，在我入座之前，一个小太监叫了一声“打碗盖!”其余四五个小太监便动手把每个菜上的银盖取下，放到一个大盒子里拿走。于是，我就开始“用膳”了。

所谓食前方丈都是些什么东西呢？隆裕太后每餐的菜肴有百样左右，要用六张膳桌陈放，这是她从慈禧继承下来的排场，我的比她少，按例也有三十种上下。我现在只找到一份“宣统四年二月糙卷单”（即民国元年三月的一份菜单草稿），所记载的一次“早膳”的内容如下：

> 口蘑肥鸡　三鲜鸭子　五绺鸡丝　炖肉　炖肚肺　肉片炖白菜　黄焖羊肉　羊肉炖菠菜豆腐　樱桃肉山药　炉肉炖白菜　羊肉片氽小萝卜　鸭条溜海参　鸭丁溜葛仙米　烧茨菇　肉片焖玉兰片　羊肉丝焖跑跶丝　炸春卷　黄韭菜炒肉　熏肘花小肚　卤煮豆腐　熏干丝　烹掐菜　花椒油炒白菜丝　五香干　祭神肉片汤　白煮塞勒　烹白肉

这些菜肴经过种种手续摆上来之后，除了表示排场之外，并无任何用处。我是向来不动它一下的。御膳房为了能够在一声传膳之下，迅速把菜肴摆在桌子上，半天或一天以前就把饭菜做好，煨在火上等候着，所以都早已过了火候。好在他们也知道历代皇帝都不靠这个充饥，例如我每餐实际吃的是太后送的菜肴，太后死后由四位太妃接着送，每餐总有二十来样，这是放在我面前的菜，御膳房做的都远远摆在一边，不过做个样子而已。太后或太妃们各自的膳房，那才是集中了高级厨师的地方。

太妃们为了表示对我的疼爱和关心，除了每餐送菜之外，还规定在我每餐之后，要有一名领班太监去禀报一次我的进膳情况。这其实也同样是公式文章。不管我吃了什么，领班太监到了太妃那里双膝跪倒，说的总是这一套：

“奴才禀老主子：万岁爷进了一碗老米膳（或者白米膳），一个馒头（或者一个烧饼）和一碗粥。进得香！”

这种吃法，一个月要花多少钱呢？我找到了一本《宣统二年九月初一至三十日内外膳房及各等处每日分例肉斤鸡鸭清册》，那上面记载如下：

皇上前分例菜肉二十二斤计三十日分例共六百六十斤

汤肉五斤	共一百五十斤
猪油一斤	共三十斤
肥鸡二只	共六十只
肥鸭三只	共九十只
菜鸡三只	共九十只

下面还有太后和几位妃的分例，为省目力，现在把它并成一个统计表（皆全月分例）如下：

后妃名	肉斤	鸡只	鸭只
太后	一千八百六十	三十	三十
瑾贵妃	二百八十五	七	七
瑜皇贵妃	三百六十	十五	十五
珣皇贵妃	三百六十	十五	十五
瑨贵妃	二百八十五	七	七
合计	三千一百五十	七十四	七十四

我这一家六口，总计一个月要用三千九百六十斤肉，三百四十四只鸡鸭，其中我这五岁的孩子要用八百一十斤肉和二百四十只鸡鸭。此外，宫中每天还有大批为这六口之家效劳的军机大臣、御前侍卫、师傅、翰林、画画的、勾字匠以及巫婆（称“萨玛太太”，每天要来祭神）等等，也各有分例，一共是猪肉一万四千六百四十二斤。连我们六口之家自己用的共计用银三千一百五十二

两四钱九分。“分例”之外，每日还要添菜，添的比分例还要多。这个月添的肉是三万一千八百四十四斤，猪油八百一十四斤，鸡鸭四千七百八十六只，连什么鱼虾蛋品，共用银一万一千六百四十一两七钱，连分例一共是一万四千七百九十四两一钱九分。显而易见，这些银子除了贪污中饱之外，差不多全是为了表示帝王之尊的排场而糟蹋了。这还不算一年到头不断的点心果品糖食饮料这些消耗。

衣着方面情形也相似。饭菜是大量的做而不吃，衣服则是大量的做而不穿。这方面我记得的不多，只知道后妃也有分例，皇帝却毫无限制，而且全是一年到头每天都在做衣服，做了些什么，我也不知道，反正总是穿新的。我手头有一份改用银元以后的报账单子，没有记明年代，题为“十月初六日至十一月初五日承做上用衣服用过物料复实价目”，据这个单子所载，这一个月内给我做了：皮袄十一件，皮袍褂六件，皮紧身二件，棉衣裤和紧身三十件，不算正式工料，只算贴边、兜布、子母扣和线这些小零碎，共开支了银元二千一百三十七元六角三分三厘五毫。

在我结婚后的一本账上，有后妃们每年使用衣料的定例，现在把它统计如下：

后妃名	“皇后”	“淑妃”	四位“太妃”	合计
各种缎	二十九匹	十五	九十二	一百三十六匹
各种绸	四十匹	二十一	一百零八	一百六十九匹
各种纱	十九匹	五	六十	八十一匹
各种绫	八匹	五	二十八	四十一匹
各种布	六十匹	三十	一百四十四	二百三十四匹
绒和线	十六斤	八	七十六	一百斤
棉花	四十斤	二十	一百二十	一百八十斤
金线	二十绺	十	七十六	一百零六绺
貂皮	九十张	三十	二百八十	四百张

我更换衣服，也有明文规定，由“四执事”负责，从“四执事库”里为我取换。单单一项平常穿的袍褂一年要照单子更换二十八种，从正月十九的青白嵌皮袍褂换到十一月初一的貂皮褂。至于节日大典，服饰之复杂就更不用说了。

既然有这些劳民伤财、穷奢极侈的排场，就要有一套相应的机构和人马。

给皇帝管家的是内务府，它统辖着广储、都虞、掌礼、会计、庆丰、慎刑、营造等七个司（每司各有一套库房、作坊等等单位，如广储司有银、皮、瓷、缎、衣、茶等六个库）和宫内四十八处。据宣统元年秋季《爵秩全览》所载，内务府官员共计一千零二十三人（自然不算禁卫军、太监和苏拉），民国初年曾减到六百多人，到我离开那里，还有三百多人。机构之大，用人之多，一般人还可以想象，但其差使之无聊，就不大为人所知了。举个例子说，四十八处之一的如意馆，是专伺候帝后妃们画画写字的，如果太后想画个什么东西，就有如意馆的人员先给她描出稿子，然后由她着色题词；写大字匾额也是如此。什么太后御笔或御制之宝，在清季大都是这样产生的。

除了活排场之外，那些死的建筑和宫殿陈设从小给了我很深的影响。黄琉璃瓦唯有帝王才能使用，这不用说了，建筑的高度也是帝王特有的，这让我从小就确认，不但地面上的一切，所谓普天之下莫非王土，就连头上的一块天空也不属于任何别人。每一件最好的艺术品或历史文物，尽管陈设在那里无人得以欣赏，都是加强我占有一切的直观教材。在那些陈列品之间有一样东西值得一提的，是“寸草为标”。据说这是康熙皇帝留下来的一种家规的象征。这位皇帝曾经这样规定过：宫中的一切物件，哪怕是一寸草都不准丢失。为了让这句话变成事实，他拿了几根草放在宫中的案几上，叫人每天检查一次，少了一根都不行，这就叫“寸草为标”。我在宫里十几年间，这东西一直摆在养心殿里，是一个景泰蓝的小罐，里面盛着三十六根一寸长的干草棍。这堆小干草棍儿曾引起我对那位祖先的无限崇敬，也曾引起我对辛亥革命无限的愤慨。但是我并没想到，康熙留下的干草棍虽然一根不曾短少，而康熙留下的长满青草的土地被儿孙们送给“与国 ”的，却要以成千方里计。

帝王生活的日常排场，一时难以说尽，所造成的浪费，更无法加以统计。现在找到一份《宣统七年放过款项及近三年比较》（见附表），虽不十分可靠，也可见一斑。所有这一切暴殄天物、浪费人工的举动，目的都不外乎表示“天子自与凡人殊”。为了这样的目的而立下的规矩，就把一切不自然的东西看成自然，而把自然的又看成不自然。

附表：

宣统七年放过款项及近三年比较

（按：即民国四年及八年九年十年各年开支的比较，单位两）

原　项　目	“宣统七年”	“宣统十一年”	宣统十二年”	“宣统十三年”
“交　进”	433418.5950	604254.5950	457947.8510	479203.4200
“恩　赏”	103247.6200	90927.1000	73074.8200	82520.1200
奉　祀	105928.4640	115501.4618	84889.4758	67918.6360
“内廷”差务	521038.1120	399167.5880	384154.10336	317154.9128
太监口分钱粮	169693.5560	185920.7400	175636.0850	203621.4240
共　放	1333326.3470	1395773.4848	1175702.33516	1150418.5128
“宗人府”	62144	38400	36498.0960	23720
“御前大臣”	126600	81450	55103.5000	40392
“銮舆卫”	50358	31250	18437.5000	150000
东　陵	265908.6000	141837.7500	92951.9825	80727.1200
西　陵	97906	72336.2500	47047.7625	43893.8000
奏事处及护理处等处	101666.0420	76175.0130	37824.9760	28339.2100
共　放	704582.6420	441449.0310	287863.8170	232072.1300
醇亲王岁俸	36000	46800	46800	42480
内务府官员津贴	72000	36000	21600	28800
三旗军饷	283587.6040	252573.4770	180544.8575	72444.6516
各司处办公经费	101953.6336	118369.9940	73183.78256	100483.76736
各司处临时差款	80494.994	76175.013	70670.6693	91261.3656
大臣养廉津贴官员等俸银	112676.2775	116516.5153	111791.3805	143041.77325
承应各差口分饭食津贴	70096.525	57732.582	74956.431	38754.5346
共　放	756809.0041	704167.5813	579547.12086	517266.09257
总计共放	2794717.9931	2541290.0971	2043113.27302	1899756.74537

宫里也有些规矩，并非完全出于摆排场，比如菜肴里放银牌和尝膳制度，出门一次要兴师动众地布警戒，这本是为了防止暗害的。据说皇帝没有厕所，就因为有一代皇帝外出入厕遇上了刺客。但是这些故事和那些排场给我的影响

全是一样：使我从任何方面都确认自己是尊贵的，统治一切和占有一切的人上之人。

三、母子之间

我入宫过继给同治和光绪为子，同治和光绪的妻子都成了我的母亲。我继承同治兼祧光绪，按说正统是在同治这边，但是光绪的皇后——隆裕太后不仅不管这一套，而且使用太后权威把敢于和她争论这个问题的同治的瑜、珣、瑨三妃打入冷宫，根本不把她们算做我的母亲之数。光绪的瑾妃也实际得不到庶母的待遇。遇到一家人同座吃饭的时候，隆裕和我都坐着吃，她却要站着吃。直到隆裕去世那天，同治的三个妃和瑾妃联合起来找王公们说理，这才给她们明确了太妃的身份，从那天起，我管她们一律叫“皇额娘”。

我有过这么多的母亲，按说应该得到几倍于平常人的母爱，何况她们又把我抢来抢去的。可是今天回想起来，她们表现出的母爱，也就是前面说过的每次送菜和听太监们汇报我“进得香”之类的事情。

事实上我小时候并不能“进得香”。我从小有胃病，得病的原因也许正和母爱有关。我六岁时有一次吃栗子太多，撑着了，有一个多月的时间隆裕太后只许我吃糊米粥，尽管天天嚷肚子饿，也没有人敢给我什么别的吃。这天我随太后游中南海，太后叫人拿来干馒头，让我喂鱼玩，这种鱼食突然引起了我的食欲，一时情不自禁就塞到嘴里去了。我这副饿相不但没有让隆裕悔悟过来，反而让她布置了更严厉的戒备。他们越是戒备，越是刺激了我抢吃抢喝的欲望。有一天，各王府给太后送来贡品，停在西长街，叫我看见了，凭着一种本能，我直奔其中的一个食盒，打开了盖子，一看是满满的一盒酱肘子，这自然比干馒头更叫我眼红了，我抓起一只就咬。跟随的太监大惊失色，伸手来抢，我拼命抵抗，终于我人小力薄敌不过他们人多势众，好香的一只肘子刚到嘴又跑了。

我恢复了正常饮食之后，也常免不了受罪。有一次，我一连吃了六个春卷，被一个领班太监知道了，他竟异想天开地发明了一个消食的办法，使两个太监左右提起我的双臂，像砸夯似的在砖地上蹾了我一阵儿。过后他们很满意，说是我没叫春卷撑着都亏那个治疗方法。

这或许被人认为是不通情理难以置信的事情，不过还有比这更不通情理和难以置信的呢。我在八九岁以前，每逢心情急躁、发脾气折磨人的时候，我的总管太监张谦和或者阮进寿就会做出这样的诊断和治疗：“万岁爷心里有火，唱一唱败败火吧。”说着，就把我推进一间小屋里——多数是毓庆宫里面的那间放“毛凳儿”的屋子，然后倒插上门。我被单独禁闭在里面，自然又哭又喊，可是无论我怎么叫骂，踢门，央求，也没有人理我，直到我哭喊够了，用他们的话说是“唱”完了，“败了火”，才把我释放出来。这种奇怪的诊疗，并不是太监们的擅自专断，甚至也不是隆裕太后的个人发明，而是皇族家庭的一种传统，我的弟弟妹妹们在王府里，都受过这样的待遇。

隆裕太后在我八岁时去了世。我对她的“慈爱”只能记得起这些。和我相处较久的是四位太妃。

我和四位太妃平常很少见面。坐在一起谈谈，像普通人家那样亲热一会儿的事，根本没有过。每天早晨，我要到每位太妃面前请安，每到一处，太监给我放下黄缎子的跪垫，我跪了一下，然后站在一边，等着太妃那几句例行公事的话。这时候太妃正让太监梳着头，一边梳着一边问着：“皇帝歇得好？”“天冷了，要多穿衣服。”“书念到哪儿啦？”全是千篇一律的枯燥话，有时也给我一些泥人之类的玩意儿，最后都少不了一句：“皇帝玩去吧！”一天的会面就此结束，这一天就再也不见面了。

太后太妃都叫我皇帝，我的亲生父母和祖母也这样称呼我。其他人都叫我皇上。虽然我也有名字，也有乳名，不管是哪位母亲也没有叫过。我从父亲的日记里“贴黄”的地方，撕开那块黄绫，知道了自己的乳名叫“午格”，已是五十岁以后的事情。我听人说过，每个人一想起自己的乳名，便会联想起幼年和母爱来。我并没有这种联想。有人告诉我，他离家出外求学时，每逢生病，就怀念母亲，想到幼年病中在母亲怀里受到的爱抚。我在成年以后生病倒是常事，也想起过幼年每逢生病必有太妃的探望，却丝毫引不起我任何怀念之情。

我在幼时，一到冷天经常有伤风感冒的小病。这时候，轻易不到养心殿来的太妃们便分批出现了。每一位太妃来了都是那几句话：“皇帝好些了？出汗没有？”不过两三分钟，就走了。印象比较深的，倒是那一群跟随来的太监，每次必挤满了我的小卧室，也把冷空气带了进来。在这几分钟之内一出一进必使屋里气流发生一次变化。这位太妃刚走，第二位就来了，又是挤满一屋子。一天之内就四进四出，气流变化四次。好在我的病总是第二天就见好，卧室里也就得以风平浪静。

我每次生病，都由永和宫的药房煎药。永和宫是端康太妃住的地方，她的药房比其他太妃宫的药房设备都好，是继承隆裕太后的。端康太妃对我的管束也比别的太妃多，俨然代替了隆裕原先的地位。这种不符清室先例的现象却是出于袁世凯的干预。隆裕去世后，袁世凯曾派过段祺瑞和荫昌向清室内务府提出，应该给同、光的四妃加以晋封和尊号，并且表示承认瑾妃列四妃之首。袁世凯为什么管这种闲事，我不知道，有人说这是由于瑾妃娘家兄弟志琦的活动，也不知确否。但我确知我父亲载沣和其他王公妃们都接受了这种干预，给瑜、珣皇贵妃上了尊号（敬懿、庄和），瑨、瑾二贵妃也晋封为皇贵妃（尊号为荣惠、端康），端康成了我的首席母亲。从此，她对我越管越严，直到发生了一次大冲突为止。

我在“母亲们”的那种“关怀”下长到十三四岁，也还像别的孩子那样很喜欢玩，喜欢一些新鲜玩意。有些太监为了讨我高兴，不时从外面买些有趣的东西给我。有一次，一个太监给我制了一套民国将领大礼服，帽子上还有个像白鸡撢子似的翎子，另外还有军刀和皮带。我穿戴起来，洋洋得意。谁知叫端康知道了，大为震怒，经过一阵检查，知道了我还穿了太监从外面买来的洋袜子。在她看来这都是不得了的事，就把买军服和洋袜子的太监李长安、李延年都叫到永和宫，每人责打了二百大板，发落到打扫处去充当苦役。发落完了太监，把我叫了去，对我大加训斥：“大清皇帝穿民国的衣裳，还穿洋袜子，这还像话吗？”我不得已，收拾起了心爱的军服洋刀，脱下洋袜，换上裤褂和绣着龙纹的布袜，心里开始种下了怨恨。

如果端康对我的管教仅限于军服和洋袜子，我并不一定会有后来的不敬行为。因为这类的管教只能让我更觉得自己与常人不同，更能和毓庆宫的教育合上拍，印证着我的皇帝的身份。我相信她让太监挨一顿板子和对我的训斥，也是出于这个教育目的。但这位一心一意想模仿慈禧太后的瑾妃，虽然她的亲姐姐珍妃死于慈禧之手，慈禧仍然被她看做榜样。她忘掉时代早已起了变化。她不仅学会了毒打太监，还学了派太监监视皇帝的办法。她发落了我身边李长安、李延年这些人之后，派了她身边的太监到我的养心殿来，每天到她那里报告我的一举一动，就和西太后对待光绪一样。不管她是什么目的，这大大伤害了皇帝的自尊心。加上我的老师陈宝琛也为此愤愤不平，他的嫡庶之分的理论更打动了我的心，我肚里的怒气，因此有了发展。

过了不久，太医院里一个叫范一梅的大夫被端康辞退，成了爆发的导火线。范大夫是给端康治病的大夫之一，这事本与我不相干，可是这时我耳朵里装了不少鼓动性的议论。陈老师说：“身为太妃，专擅未免过甚。”那个曾经把我关起来“唱一唱败火”的总管太监张谦和（李长安挨板子本来由于他的挟嫌告发，这时也变成了“帝党”）发出同样的不平之论，在我耳朵边说：“万岁爷这不又成了光绪了吗？再说太医院的事也要万岁爷说了算哪！连奴才也看不过去。”听了这些话，我的激动立刻升到顶点。于是我气冲冲地来到了永和宫，自然照例的请安也没有了，看见了端康就嚷道：

“你凭什么辞掉了范一梅？你这是太专擅了！我是不是皇帝？咱是谁说了话算数，真是专擅已极了……”

我大嚷了一通，不顾气得脸色发白的端康说什么，一甩袖子跑了出来。回到毓庆宫，师傅们都把我夸了一顿。

气急败坏的端康太妃没有找我，却叫人把我的父亲和别的几位王公找了来，向他们大叫大哭，叫他们给拿主意。这些王公们谁也没敢出主意。我听到了这消息，又把他们叫到上书房里，慷慨激昂地说：

“她是什么人？不过是个妃。本朝历代从来没有皇帝管妃叫额娘的！嫡庶之分要不要？如果不要，怎么溥杰不管王爷的侧福晋叫一声呢？凭什么我就得叫她，还要听她的呢……”

这几位王公听我嚷了一顿，仍然是什么话也不说。

这时，早就不服端康的敬懿太妃也乘机对我表示了支持，并且特意来告诉我：“听说永和宫要请太太奶奶来，皇帝可要留神！”

果然，我的祖母和母亲都被端康叫来了。她对王公们没办法，对我祖母和母亲一阵叫嚷可发生了作用，特别是祖母吓得厉害，最后和我母亲一齐跪下来恳求她息怒，答应了劝我赔不是。我到了永和宫配殿里见到了祖母和母亲，听到正殿里端康还在和我父亲嚷叫，我本来又要去吵，可是禁不住祖母和母亲流着泪的苦苦哀劝，结果也就软了下来，答应了她们，去向端康赔个不是。

这个不是赔得我很堵心。我走到端康面前，看也没看她一眼，请了个安，含含糊糊地说了一句“皇额娘，我错了”，就又出来了。端康有了面子停止了哭喊。但是这件事后来却落得这么一个结果：过了两天，传来了我的亲生母亲自杀的消息。

据说，我母亲从小也没受过别人申斥过一句，她的个性极强，受不了这个刺激。我不知道她是否就是因此自杀，但后果却是这样：端康听到这个消息之后，担心我对她追究，因此对我一改过去态度，不但再不加以管束，而且变得十分随和。于是紫禁城里的家庭又恢复了往日的宁静，我和太妃们之间又恢复了母子关系。然而，牺牲品却是一位亲生我的母亲。

四、毓庆宫读书

我六岁那年，隆裕太后为我选好了教书的师傅，钦天监为我选好了开学的吉日良辰，宣统三年七月十八日辰刻，我开始读书了。

读书的书房在前星门里的毓庆宫。这里也是光绪小时念书的地方，再早这里是乾隆的皇子颙琰（即后来的嘉庆皇帝）的寝宫。毓庆宫的院子很小，房子也不大，是一座工字形的宫殿，紧紧地夹在两排又矮又小的配房之间。里面隔成许多小房间，只有西边较大的两敞间用做书房，其余的都空闲着。

这两间书房，和宫里其他的屋子比起来，比较矮些，布置也简单些：南窗下是一张长条儿，上面陈设着帽筒之类的东西；靠西墙是一溜炕，起初念书就是在炕上，炕桌就是书桌，后来移到地上，八仙桌代替了炕桌。靠北板壁摆着两张桌子，是放书籍文具的地方；靠东板壁是一溜椅子茶几之类的家具。东西两壁上挂着醇贤亲王亲笔给光绪写的格言之类的条幅。比较醒目的是北板壁上有个大钟，说得准确些，是个钟的盘面，直径约有二米，指针比我的胳臂还长，钟的机件在板壁后面，上发条的时候，要到壁后摇动一个像汽车摇把似的东西。这个奇怪的庞然大物是哪里来的，为什么要安装在这里，我都不记得了，甚至它走动起来是什么声音，报时的时候有多大响声，我也没有印象了。

图 8　毓庆宫

尽管毓庆宫的时钟大得惊人，毓庆宫的人却是最没有时间观念的。看看我读的什么书，就可以知道。我读的第一本书是《孝经》，最末一本是《尔雅》，基本课本就是十三经，另外加上辅助教材《大学衍义》《朱子家训》《庭训格言》《圣谕广训》《御批通鉴辑览》《圣武记》《大清开国方略》《全唐诗》《乾隆御制诗》等等。14 岁起添了英文课，只念了两本书，一本是《爱丽思漫游奇境记（Alice in the Wonderful Land)》，另一本还是中国的四书，不过是译成了英文而已。满文也是基本课，是连字母也没学会就随老师伊克坦的去世而结束。总之，我从宣统三年学到民国十一年，没学过加减乘除，更不知声光化电。关于自己的祖国的现况，从书上只看到“同光中兴”，关于外国，我只随着爱丽思游了一次奇境，什么华盛顿、拿破仑，瓦特发明蒸气机，牛顿看见苹果落地，全不知道。关于宇宙，超不出“阴阳生两仪，两仪生四相，四相生八卦”之类的玄之又玄。如果不是有的老师愿意在课本之外谈点闲话，自己有了阅读能力之后看了些闲书，我还不会知道北京城在中国的位置，也不会知道大米原来是从地里长出来的。但是，如果谈到历史，他们谁也不去揭穿长白山仙女的神话；谈到经济，也没有一个人提过一斤大米要几文钱。所以，我在很长时间里，总相信我的祖先是由仙女佛库伦吃下一颗红果生育出来的，我也一直以为每个老百姓吃饭时都会有一桌子菜肴。由于读书和生活两方面的限制，我到中年以后的常识之不足，常常引起别人的惊奇，我对这情况还是在进了战犯管理所才发现的。有一次，一位同犯问我宫里有多少太监，我说，“那很多了，叫我遣散以后还不少，以前更多了。”“西太后的时候有三千吧？”“大概有三千。”“后来呢？”“太妃各宫都还有，重华宫有，长寿宫有……”“就说你那里有多少吧。”“我那儿光御前小太监就有好些。”“多少呢？”“有两拨儿，东夹道一拨，西夹道一拨。”“什么叫小太监呢？年岁有多大？”“年岁比较小些。”听的人不耐烦了，说：“你怎么老不说数目字呢？年岁小是多小呢？是十岁到二十岁，还是二十到三十？三十到四十？”“对啦，二十到四十。”他们都乐起来。有人说：“难道你小时候就没学过计数吗？”我说：“我就没学过嘛！”后来管理所所长发现了这个问题，指定了溥杰教给我算术。五十岁的人学算术，那一份艰难就不用说了。我的英国老师有一段话说得不错，中国的贵族们都是用不着算术的，一切都有人替他们办了。中国人的珠算是令外国人非常惊异的技能，但是擅长这门技能的，全是伺候人的人，一切有技术的人在那时是被贵族看做卑贱的等级的。

我读的古书不少，时间也不短，按理说对古文总该有一定的造诣才是，其实并不然。首先，我念书极不用功。除了经常生些小病借题不去以外，实在没题目又不高兴去念书，就叫太监传谕老师，放一天假。在十几岁以前，我对毓庆宫的书本，并不如毓庆宫外面那棵松柏树的兴趣高。在毓庆宫东跨院里，有棵松柏树，夏天那上面总有蚂蚁，成天上上下下，忙个不停。我对它们发生了很大的好奇心，时常蹲在那里观察它们的生活，用点心渣子喂它们，帮助它们搬运食品，自己倒忘了吃饭。我对蚂蚁的兴趣维持到十三四岁，后来专用大瓷花盆专门喂养过它们。在屋里念书，兴趣就没这么大了，念到最枯燥无味的时候，只想跑出来看看我这些朋友们。

十几岁以后，我逐渐懂得了读书和自己的关系。怎么做一个“好皇帝”以及一个皇帝之所以为皇帝，都有什么天经地义。我有了兴趣了，但这兴趣只在“道”而不在“文”，何况学的“道”大多是皇帝的权利，很少是皇帝的义务。虽然圣人说过“民为重，社稷次之，君为轻”和“君视臣为草芥，臣视君为寇仇”之类的话，但圣人更多的话却是为臣工百姓说的，所谓“君君臣臣父父子子”。在第一本教科书《孝经》里就规定下“始于事亲，终于事君”的道理，说我的利益高于一切，是最高的道德标准。这些顺耳的道理，在开讲以前就从师傅课外闲谈里听到，开讲以后，也是师傅讲得比书上的多。所以，真正的古文倒不如师傅的古话给我的印象更深。

我的与众不同的念书方法，也让我得不到别人能得到的东西。许多旧学塾出身的人都背过书，据说这是件苦事，但也确实给了他们好处。这种好处我就没享受到。师傅从来没叫我背过书，只是在书房里念几遍而已。也许他们也考虑到念书是应该记住的，所以规定了这样两条办法：一条是我到太后面前请安的时候，要在太后面前把书从头念一遍给她听；另一条是我每天早晨起床后，由总管太监站在我卧室外面大声地把我昨天学的功课念几遍给我听。至于我能记住多少，我想记不想记，就没有人管了。没有任何测验和督促，我从来没有作过文。记得只作过几次对子，作过一两首古体诗，这也是极偶然的事。我的任何作品，老师向例不加评论。我的满文（宫内叫做清文）学了不少年，但是我只学会说一句话，这就是当满族大臣向我请安照例说了“阿哈某某，恩都尔林额，额直呢，显勒赫，博，拜密（奴才某某跪请主子的圣安）”之后，我须照例说的那句：“伊立（起来）!”

我九岁的时候，他们又想出一条促进我学业的办法，给我配上伴读的学生。伴读者每人每月可以拿到按八十两银子折合的酬赏，合大洋一百一十一元一分一厘，另外被“赏紫禁城骑马”。虽然那时已进入民国时代，这在皇族子弟中仍然被看做巨大的荣誉。得到这项荣誉的是溥杰和一个叔伯侄子，溥伦的儿子毓崇（伴读汉文），一个叔伯兄弟，载涛的儿子溥佳（伴读英文，是十四岁时才有的）。伴读者另有一种荣誉，是代书房里的皇帝受过。“成王有过，则挞伯禽”，既有此古例，因此在我念书不好的时候，老师便要教训伴读的人。实际上，皇弟溥杰是受不到这个的，倒霉的就是毓崇。毓庆宫里这三个汉文学生，溥杰的功课最好，因为他在家里另有一位教师很认真地教他，他每天到毓庆宫来，不过是白赔半天工夫，真正的学业是从家塾里得到的。念书成绩最坏的是毓崇，原因倒不是他在家里没另请师傅，而是他由于念得好也挨说，念不好也挨说，自然使他念得没有兴趣，所以，他的低劣成绩可以说是职业原因造成的。我后来看了马克·吐温的小说《王子与贫儿》，发现英国古代王子的书屋里，设有世袭罔替的“鞭童”，在王子念书不好时专供老师打屁股之用，这真是古今中外无独有偶了。

我在没有伴读同学的时候，确实是够淘气的。我念书的时候，有时会把鞋袜全脱掉，一高兴，还把袜子扔到桌子上，老师只得给我收拾好，给我穿上。

有一次，我看见徐坊老师的长眉毛好玩，要他过来给我摸摸，他不得不俯过头来，叫我冷不防给拔下一根来。徐坊后来去世，太监们都说这是给“万岁爷”拔掉寿眉的缘故。有一次，我的陆润庠师傅给我竟闹得把“君臣”都忘了。记得我那次无论如何念不下书，只想到院子里看蚂蚁倒窝去，陆老师先用了不少婉转的话劝我，什么“文质彬彬，然后君子”，我听也听不懂，只是坐在那里东张西望，身子扭来扭去。陆师傅看我还是不安心，又说了什么“君子不重则不威，学则不固”，我反倒索性站起来要下地了，这时他着了急，忽然大喝一声：“不许动！”把我吓了一跳，居然变得老实一些。可是过了不久，我又想起了蚂蚁，在座位上魂不守舍地扭起来。

伴读的来了之后，果然好了一些，在书房里也坐得住了。我有了什么过失，师傅们也有了规劝和警戒的方法。记得有一次我蹦蹦跳跳地走路，慌慌张张走进书房，听见陈老师对坐得好好的毓崇说：“君子不威则不固……看你走路何其轻佻！”

我每天念书时间是早八时至十一时，后来添了英文课，在下午一至三时。每天早晨八时前，我乘坐八人抬的金顶黄轿到毓庆宫，我说了一声：“叫！”太监即应声出去，把坐在矮小的配房里的老师和伴读者叫了来。他们进殿有一定程序：前面是捧书的太监，后随着第一堂课的老师傅，再后面是伴读的学生。老师进门后，先站在那里向我注目一下，这算见面礼，我也无须回礼，因为“虽师，臣也，虽徒，君也”，这是礼法有规定的。然后溥杰和毓崇向我请跪安。礼毕，大家就座，桌子北边朝南的独座是我的，师傅坐在我左手边面西的位子上，顺他身边的是伴读者的座位。这时太监们把他们的帽子在帽筒上放好，鱼贯而退，我们的功课就开始了。

我找到了十五岁时写的三页日记，可以看出那时念书的生活情况。辛亥后，在我那一圈儿里一直保留着宣统年号，这几页日记上标着是“宣统十二年十一月”的。

> 二十七日，晴。早四时起，书大福字十八张。八时上课，同溥杰毓崇共读论语、周礼、礼记、唐诗，听陈师傅讲通鉴辑览。九时半餐毕，复读左传、穀梁传，听朱师讲大学衍义及写对联，至十一时功课毕，请安四宫。是日庄士敦未至。因微受感冒，遂还养心殿，书福寿字三十张，复阅各报，至四时餐，六时寝。卧帐中又读古文观止，甚有兴味。
>
> 二十八日，晴。早四时即起，静坐少时，至八时上课。仍如昨日

所记。至十二钟三刻余，庄士敦至，即与溥佳读英文。三时，功课毕，还养心殿。三时半，因微觉胸前发痛，召范一梅来诊，开药方如左：

薄荷八分，白芷一钱，青皮一钱五分炒，郁金一钱五分研，扁豆二钱炒，神曲一钱五分炒，焦查三钱，青果五枚研，水煎温服。

晚餐后，少顷即服。五时半寝。

二十九日，晴。夜一时许，即被呼醒，觉甚不适。及下地，方知已受煤毒。二人扶余以行，至前室已晕去。卧于榻上，少顷即醒，又越数时乃愈。而在余寝室之二太监，亦晕倒，今日方知煤之当紧（警）戒也。八时，仍旧上课读书，并读英文。三时下学，餐毕，至六时余寝。

我的陆润庠师傅是江苏六和人，做过大学士，他教我不到一年就去世了。教满文的伊克坦是满族正白旗人，满文翻译进士出身，教了我九年多满文。和陆、伊同来的陈宝琛是福建闽县人，西太后时代做过内阁学士和礼部侍郎，是

图9　溥仪和师傅陈宝琛（1848—1935）、朱益藩（1857—1931）
右为陈宝琛

和我相处最久的师傅。陆死后添上教汉文的做过国子丞的徐坊，南书房翰林朱益藩和以光绪陵前植松而出名的梁鼎芬。对我影响最大的师傅首先是陈宝琛，其次是后来教英文的英国师傅庄士敦。陈在福建有才子之名，他是同治朝的进士，二十岁点翰林，入阁后以敢于上谏太后出名，与张之洞等有清流党之称，不过后来一放到下边，不如张之洞走运。他会办南洋事务没有办好，被降五级，回家赋闲一连三十年没出来。辛亥前夕被起用，原放山西巡抚，未到任，被留下做我的师傅，从此没离开我，一直到我去东北为止。在我身边的遗老之中，他是最称稳健谨慎的一个。在我当时的眼中，他更是最忠实于我，最忠实于"大清"的一个。在我感到他的谨慎已经妨碍了我之前，他是我唯一的智囊。事无巨细，咸待一言决焉。

"有王虽小而元子哉!"这是陈师傅常微笑着对我赞叹的话。他笑的时候，眼睛在老光镜片后面眯成一道线，一只手慢慢捋着雪白而稀疏的胡子。

比这种空洞的恭维更叫我感兴趣的是他的闲谈。我年岁大些以后，差不多每天早晨，他总要讲些民国的一些新闻，像南北不和，督军火并，府院交恶，都是他的话题。说完这些，少不得再用另一种声调回述"同光中兴、康乾盛世"，当然特别喜欢说他当年敢于进谏西太后的故事。每提到给民国做官的那些旧臣，他总是愤愤然的。像徐世昌、赵尔巽这些人，他认为都应该列入贰臣传里。在他嘴里，革命、民国、共和，都是一切灾难的根源，和这些字眼有关的人物，都是和盗贼并列的。"非圣人者无法，非孝者无亲，此大乱之道也"，这是他对一切不顺眼的总结论。记得他给我转述过一位遗老编的对联："民犹是也，国犹是也，何分南北？总而言之，统而言之，不是东西。"他加上一个横批是："旁观者清"。他在赞叹之余，给我讲了卧薪尝胆的故

图 10　崇陵植松的梁鼎芬（1869—1918）

事，讲了“遵时养晦”的道理。他在讲过时局之后，常发出慨叹：“民国不过几年，早已天怒人怨，国朝二百多年深仁厚泽，人心思清，终必天与人归。”

朱益藩师傅教书的时候不大说闲话，记得有时候他总有精神不振的样子，后来才知道他爱打牌，一打一个通夜，所以睡眠有点不足。他会看病，我生病有时是请他看脉的。梁鼎芬师傅是个爱说话的，他与陈师傅不同之处是说到自己的地方比陈师傅要多些。有一个故事我听他说了好几遍。他在光绪死后，曾发誓要在光绪陵前结庐守陵，以终晚年。他的故事是发生在他守陵的时候。有一天夜里，他正在灯下读史书，忽然院里跳下一个彪形大汉，闯进他屋里，手持一把雪亮的匕首。他见此异状，面不改色地问道：“壮士何来？可是要取梁某的首级？”那位不速之客被他感动了，下不得手。他放下书，慨然引颈道：“我梁某能死于先帝陵前，于愿足矣！”那人终于放下匕首，双膝跪倒，自称是袁世凯授命行刺的，劝他从速离去，免生不测。他泰然谢绝劝告，表示绝不怕死。这故事我听了颇受感动。我还看见过他在崇陵照的一张相片，身穿清朝朝服，身边有一株松苗。后来陈宝琛题过一首诗：“补天回日手何如？冠带临风自把锄，不见松青心不死，固应藏魄依山庐。”他怎么把终老于陵旁的誓愿改为不见青松心不死，又怎么不等松青就跑进城来当了我的师傅，我始终也没明白，当时也根本想不到这个问题。

当时想不起的事情也很多，比如，我的师傅们究竟对至圣先师是怎么个态度，我也不求甚解。子不语怪力乱神，但陈师傅最信卜卦，并为我求过神签，向关帝问过未来祖业和我自己的前途。梁师傅笃信扶乩，朱师傅向我推荐过“天眼通”。

我过去曾一度认为师傅们书生气太多，特别是陈宝琛书生气后来也很使我不耐烦。其实，认真地说来，师傅们另外还有许多举动并不像是书生干的。书生往往不懂商贾之利，但是现在有几张赏单让我回忆起一些事情。这是“宣统八年十一月十四日”的记录：

赏陈宝琛　王时敏晴岚暖翠阁手卷一卷
伊克坦　米元章真迹一卷
朱益藩　赵伯驹玉洞群仙图一卷
梁鼎芬　阎立本画孔子弟子像一卷

还有一张“宣统九年三月初十日”记的单子，上有赏伊克坦、梁鼎芬每人“唐宋名臣像册”一册，赏朱益藩“范中正夏峰图”一轴、“恽寿平仿李成山水”一轴。这类事情当时很不少见，加起来的数量远远要超过这几张纸上的记载。我当时并不懂什么字画，赏赐的品目，都是这些最内行的专家们自己提出来的。至于不经赏赐，借而不还的那就更难说了。

有一次在书房里，陈师傅忽然和我说，他无意中看到两句诗，“老鹤无衰貌，寒松有本心”，他想起了自己即将来临的七十正寿，请求我把这两句话写成对联，赐给他作寿联。我答应了之后，他就对他的同事朱益藩吹嘘说：“皇上看到这两句诗，说正像陈师傅，既然是皇上这样说，就劳大笔一挥，写出字模供皇上照写，如何？”

这些师傅们去世之后，都得到了引起过其他遗老羡慕的谥法。似乎可以说，他们要从我这里得到的都得到了，他们所要给我的，也给了我了。我接受师傅们给我的真正的教导，虽然毓庆宫里没有考试，可是到了我十二岁的时候，就在一件分辨“忠奸”的实践上，表现出了让师傅们大为满意的成绩。

那年奕劻去世，他家来人递上遗折，请求谥法，内务府把拟好的字眼送我选择。按例这类事情我是要和师傅们商量的，那两天我患感冒，没有上课，师傅不在跟前，我只好自己拿主意。我把内务府送来的谥法看了一遍，很不满意，就扔在一边，另写了几个坏字眼，如荒谬的“谬”，丑恶的“丑”，以及幽王的“幽”，厉王的“厉”，作为恶谥，叫内务府拿去。过了一阵儿，我的父亲来了，结结巴巴地说：

“皇上还还是看在宗宗室的分上，另另赐个……”

“那怎么行？”我理直气壮地说：“奕劻受袁世凯的钱，劝太后让国，大清二百多年的天下，坏在奕劻手里，怎么可以给个美谥？只能是这个：丑！谬！”

“好，好好。”父亲连忙点头，拿出了一张另写好字的条子来，递给我，“那就就用这这个，‘献’字，这这个字有个犬旁，这这字不好……”

“不行！不行！”我看出这是糊弄我，师傅们又不在跟前，这简直是欺负人了，我又急又气，哭了起来，“犬字也不行！不行不行……不给了！什么字眼也不给了！”

我父亲慌了手脚，脑后的花翎跳个不停地只顾点头：“别哭别哭，我找找找上书房去！”

第二天我到毓庆宫上课，告诉了陈宝琛，他乐得两只眼睛又眯成了一道缝，连声赞叹：

“皇上跟王爷争得对，争得对……有王虽小而元子哉！”

实际上这次争论结果，我又上了当。南书房翰林们最后拟了一个密字，我以为这不是个好字眼，就同意了，后来从苏洵的《谥法考》上查到“追补前过曰密”这句话，已经来不及了。但是这次和父亲的争论，经师傅们的赞颂和传播，在遗老中间竟称颂一时。梁鼎芬在侍讲日记里有这样一段文字：

> 宣统九年正月初七日，庆亲王奕劻薨。初八日遗折上，内务府大臣拟旨谥曰“哲”，上不可……初十日，召见世续、绍英、耆龄，谕曰：“奕劻贪赃误国，得罪列祖列宗，我大清国二百余年之天下，一手坏之，不能予谥！”已而谥之曰“密”。奕劻本有大罪，天下恨之。传闻上谕如此，凡为忠诚义士，靡不感泣曰：真英主也！

五、太　监

讲我的幼年生活，就不能少了太监。他们服侍我吃饭、穿衣和睡觉，陪我游戏，伺候我上学，给我讲故事，受我的赏也挨我的打。别人还有离开过我的时间，他们整天不离我左右。太监是我幼年的主要伴侣，是我的奴隶，也是我最早的老师。

役使太监的历史起于何年，我不知道，但知道结束的日子是在第二次世界大战取得胜利，我从帝王宝座上第三次摔下来的那天。那时可能是太监最少的时候，只有十名左右。据说人数最多的是明朝，达两万名。清朝祖制上使用太监在职务和数量上都有过限制，但西太后时代还有三千多名。辛亥以后，优待条件上规定不许再收阉人，内务府偷着收用过新太监，总数还是年年减少。据我最近看到的一份“宣统十四年正月行二月分小建津贴口分单”上的统计，到这年即一九二二年还有一千一百三十七名。两年后经我一次大遣散，剩下来二百名左右，大部分服侍太妃和我的妻子（她们还有近百名宫女，大体未动）。代替那些遣散太监的差役的，是数量少得多的护军和被称为“随侍”的男性仆役。

在清宫，一切可以住在里面的男性奴隶的奴隶头目都是太监。禁城以内，每天到一定时刻，除了值班的乾清宫侍卫之外，上自王公大臣下至最低贱的伕役“苏拉”，全走得干干净净，除了皇帝自家人之外，再没有一个真正的男性。太监的职务非常广泛，除了伺候起居饮食呼应，随侍左右执伞提炉等事之外，用《宫中则例》上的话来说，还有：传宣谕旨、引带召对臣工、承接题奏事件；承行内务府各衙门文移、收复外库钱粮、巡查火烟；收掌文房书籍、古玩字画、冠袍履带、鸟枪弓箭；收贮古玩器皿、赏用物件、功臣黄册、干鲜果品；带领御医各宫请脉、外匠营造一切物件；供奉列祖实录圣训、御容前和神前香烛；稽查各门大小臣工出入；登记翰林入值和侍卫值宿名单；尊藏御宝；登载起居注；鞭笞犯规宫女太监；饲养各种动物；打扫殿宇、收拾园林；验自鸣钟时刻；请发；煎药；唱戏；充当道士在城隍庙念经焚香；为皇帝做替身在雍和宫当喇嘛；等等。

宫中太监按系统说，大致可分为两大类，一类是在太后、帝、后、妃身边的太监，一类是其他各处的太监。无论哪一类太监，都有严格的等级，大致可分为总管、首领、一般太监。太后和帝后身边的太监都有总管、首领，妃宫只有首领。品级最高的是三品，但从李莲英起，开了赏戴二品顶戴的例，我所用的大总管张谦和也得到这个“荣誉”。另一类即宫中各处的太监，最高的是“敬事房”的三品花翎都领侍。他统管宫内四十八处的太监，在他下面是九个区域的所谓九堂总管，由三品到五品，再下面是各处的首领太监，由四到九品，也有无品级的，再下面是一般的太监。一般太监里等级最低的是打扫处的太监，犯了过失的太监就送到这里充当苦役。太监的月银按规定最高额是银八两、米八斗、制钱一贯三百，最低的月银二两、米一斗半、制钱六百。对于大多数太监，特别是上层太监说来，这不过是个名义上的规定，他们都有各种各样的，集体的或个人的，合法或非法的寻找外快的方法，所得收入比起名义上的月银要大得不知多少倍。像隆裕太后的总管太监张兰德，即绰号叫小德张的，所谓“贵敌王侯富埒天子”，是尽人皆知的。我用的一个二总管阮进寿，每入冬季，一天换一件皮袍，什么貂翎眼、貂爪仁、貂脖子，没有穿过重样儿的。新年那天他穿的一件反毛的全海龙皮袍，总够一个小京官吃上一辈子。宫中其他的总管太监和一些首领太监，也莫不各有自己的小厨房，各有一些小太监伺候，甚至有的还有外宅、家眷、老妈和丫头一应俱全。他们每月拿的月银，连他们赏给别人的都够。另一方面，低层太监却又特别苦，一年到头吃苦受累挨打受罪，到老无依无靠，只能仗着极有限的“恩赏”过日子，如果犯了过失给撵了出去，那就唯有乞讨和饿死的一条路了。

和我接触最多的是养心殿和毓庆宫的太监。养心殿用的太监又称内殿太监，其中最近的是御前小太监，是伺候我穿衣吃饭的随身太监，他们分住在殿后东西两个夹道，各有首领一名管理；此外还有管打扫的所谓殿上太监，也有首领一名，这都统归大总管张谦和和二总管阮进寿所管。

张谦和是个五十多岁、有些驼背的老太监。他也是我的实际的启蒙老师，我进毓庆宫读书之前，他奉太后之命先教会了我认字块，念完了《三字经》和《百家姓》。我进毓庆宫以后，他每天早晨要立在我的卧室外面给我把昨天的功课念一遍，帮助我记忆。像任何一个皇帝的总管太监一样，他总要利用任何机会，来表示自己对主子的忠心和深挚的感情。因此，在他喋喋不休的聒噪中，我在进毓庆宫之前就懂得了袁世凯的可恨、孙文的可怕，以及“民国”是大清“让”出来的，民国的大官几乎都是大清皇帝的旧臣，等等。外面时局的变化，往往也可以从他的忧喜的感情变化上传达给我，甚至也可以从他早晨给我背书的声音上听得出来，从而知道他是在为我担忧还是在为我高兴。

张谦和也是我最早的游伴之一。和他一起做竞争性的游戏，胜利的永远是我。有一次过年的时候，敬懿太妃叫我去玩押宝，张谦和坐庄，我押哪一门，哪一门准赢，结果总是庄家的钱都叫我赢光。他也不在乎，反正钱都是太妃的。

我和别的孩子一样，小时候很爱听故事，张谦和以及许多其他太监的故事，总离不开两类，一是宫中的鬼话，一是“圣天子百灵相助”的神话，总之，都是鬼怪故事。如果我能都写下来，必定比一部《聊斋》还要厚。照他们说来，宫里任何一件物件，铜鹤、金缸、水兽、树木、井、石头……无一没有成过精，显过灵，至于宫中供的关帝菩萨、真武大帝等等泥塑木雕的神像，就不用说了。我从那些百听不厌的故事中，很小就得到这样一个信念：一切鬼神对于皇帝都是巴结的，甚至有的连巴结都巴结不上，因此，皇帝是最尊贵的。储秀宫里有一只铜鹤，左腿上有一个凹痕，长出一些红锈来，太监们解释说，乾隆爷下江南的时候，这只成了精的鹤也跑到江南去保驾，不料被乾隆射了一箭，这只鹤讨了一场没趣，只好溜回原处站着，那左腿上的凹痕便是乾隆射的箭伤。又说御花园西鱼池附近靠墙处一棵古松，也参加了江南保驾，像一把伞似的给乾隆遮了一路太阳，乾隆爷回京之后，赐了这棵松树一首诗在墙上。墙上的乾隆亲笔题诗“咏盖松”里说的是什么，这个不识字的太监就不管了。

在御花园里钦安殿西北角台阶上，从前有一块砖放着，砖下面有一个脚印似的凹痕。太监们说，乾隆年间有一次乾清宫失火，真武大帝走出殿门，站在台阶上向失火方向用手一指，火焰顿熄，这个脚印便是真武大帝救火时踏下的。

我幼时住的长春宫的西厢房台阶上有一块石枕，经一位太监解释道：因为附近的中正殿顶那四条金龙，有一条不老实，常在夜间到长寿宫喝大金缸里的水，不知是哪一代皇帝便用铁钉钉住那条金龙，并造了这个石枕以为镇压之用。至于如何镇压，连他也说不清了。

皇帝的帽子上的一颗大珠子也有神话。说是有一天乾隆在圆明园一条小河边散步，发现河里放光，他用鸟枪打了一枪，光不见了，叫人到河里去摸，结果摸出一只大蛤蜊，从中发现了这颗大珍珠，又说这颗珠子做了帽珠之后常常不翼而飞，又自动飞回原处，后来根据“高人”的指点，在珠子底下钻了孔，从此才不再自来自去。关于这颗珠子《阅微草堂笔记》另有传说，自然全是胡扯。这颗珠子我曾经戴用过，伪满垮台时我逃到通化大栗子沟，把它丢失了。

这类故事和太监的种种解说，我在童年时代是完全相信的。相信的程度可以用下面这个故事表明。我八九岁时，有一次有点不舒服（这是经常有的事），我的总管太监张谦和给我拿来一颗紫红色的药丸让我吃。我问他这是什么药，他说：“奴才刚才睡觉，梦见一个白胡子老头儿，拿了这个药给我，说这是长生不老丹，特意来孝敬万岁爷的。”我听了他这话，不觉大喜，连自己不舒服也忘了，这时由神话故事又联想到《二十四孝》的故事，我便拿了这个长生不老丹到四位太妃那里，请她们也分尝一些。这四位母亲大概从张谦和那里先受到了暗示，也没有人揭穿我的高兴，全都乐呵呵的，称赞了我的孝心。过了一个时期，我偶然到御药房去找药，无意间发现了这里的紫金锭，和那颗长生不老丹一模一样，虽然我感到了一点失望，但是，信不信由你，这个白胡子神仙给我送药的故事，我仍不肯认做是编造的。

太监们的鬼神故事一方面造成了我的自大狂，另一方面也从小养成我怕鬼的心理。太监们的故事，使我相信紫禁城里无处没有鬼神在活动。永和宫后面的一个夹道，是鬼掐脖子的地方；景和门外的一口井，住着一群女鬼，幸亏景和门上有块铁板镇住了，否则天天得出来；三海中间的金鳌玉蝀桥，每三年必有一个行人被桥下的鬼拉下去……这类故事越听越怕，越怕越要听。十二岁以后，我对于“怪力乱神”的书（都是太监给我买来的）又入了迷，加上宫内终年不断的祭神拜佛、萨玛（满族女巫）跳神等等的活动，弄得我疑神疑鬼，怕天黑，怕打雷，怕打闪，怕屋里没人。

每当夕阳西下，禁城进入了暮色苍茫之中，进宫办事的人全都走净了，这时从静悄悄的禁城中央——乾清宫那里传出了一种调子凄厉的呼声：“搭门，下钱粮、灯火小——心——”随着后尾的余音，禁城各个角落里此起彼伏地响起了“心——”的死阴活气的回声。这是康熙皇帝给太监们规定的例行公事，以保持警惕性，这种例行公事，把紫禁城弄得充满了神秘而又带鬼气。这时，我便再不敢走出屋子，好像白天故事里的那些鬼怪都聚到我的窗户外面来了。

太监们用这些鬼话来喂养我，也并非全是有意地奉承我和吓唬我，他们自己实在是非常迷信的。张谦和就是这样的人，他每有什么疑难，总要翻翻《玉匣记》，才能拿主意。一般的太监都很虔诚地供奉着“殿神”，即长虫、狐狸、黄鼠狼和刺猬这四样动物。本来宫里供的神很多，除了佛、道、儒，还有说不上属什么教的“王爹爹、王妈妈”，以及坤宁宫外的“神杆”，上驷院的马，什么宫的蚕，天地日月星辰，兔儿爷和牛郎织女，五花八门，无一不供，但唯有殿神是属于太监的保护神，不在皇室供奉之列。照太监们的说法，殿神是皇帝封的二品仙家。有个太监告诉过我说，他有一天晚上在乾清宫丹陛上走，突然从身后来了一个二品顶戴、蟒袍补褂的人，把他抓起来一把扔到丹陛下面。又一个说，有两个太监在街上吃了牛肉回来（这算犯了大五荤），忽然一阵迷糊，就爬在天一门外的一棵树上，在树皮上蹭开了嘴，直蹭得皮破血流。他们说这是在受殿神的惩罚。太监若是进入无人去的殿堂，必先大喊一声“开殿”，才动手去开门，这就是给殿神先打个招呼，免得无意中彼此碰见，太监就要受惩罚。太监每到初一、十五，逢年过节都要给殿神上供，平常是用鸡蛋、豆腐干、烧酒和一种叫“二五眼”的点心，年节就要整猪整羊和大量果品。对于收入微薄的底层太监说来，均摊供品的费用，是个负担，但他们都心甘情愿，因为这些最常挨打受气的底层太监，都希望殿神能保佑他们，在福祸难测的未来，能少受点罪。

太监们为了取得额外收入，有许多办法。戏曲和小说里描写的，光绪从前要花银子给西太后宫的太监，不然的话，李莲英就会在他去请安时不给他通报，这倒是不会有的，不过在同光朝，太监敲大臣竹杠的事是不少的。据说同治结婚时，内务府打点各处太监，漏掉了一处，到了喜日这天，这处的太监找了内务府的堂郎中来，说殿上一块玻璃裂了一条纹。按规矩，内务府司员不经传召是上不得丹陛的，他只能站在下面远远地瞧，果然瞧见玻璃上有条纹。这位司员吓得魂不附体，大喜日子出这种破相，这叫西太后知道必定不得了。这时太监说了，不用找工匠，他可以悄悄想办法去换一块，内务府的人明白这是敲竹杠，但没办法，只好送上一笔银子，银子一到，玻璃也换好了，原来玻璃没有裂，那条纹不过是贴上的一根头发而已。又一次，是世续的父亲崇纶当内务府大臣的时候，也是由于办什么事，钱没有送周全，没吃饱的太监这天等在崇纶上朝见太后的路上，等崇纶走过，故意从屋里泼出一盆洗脸水，把崇纶的貂褂泼得水淋淋的，那太监故作惊慌，连忙请罪。崇纶非常生气，但这不是发脾气的时候，因为太后正等着他去觐见的，因此很着急，太监拿出了一件预备好的貂褂说：“咱们这苦地方，还要托大人的福，多恩典。”原来这些地方太监们向例预备有各种朝服冠带，专供官员临时使用时租赁的，这回崇纶也只好让他们敲一笔竹杠，花了一笔可观的租衣费。

到了我的“朝代”，这类事情少了，但据内务府一位旧人后来告诉我，在我结婚时，内务府也叫我的大总管（刚代替张谦和升上来的）阮进寿敲了一笔。因为我事先规定了婚费数目，不得超过三十六万元，内务府按照这个数目在分配了实用额之后，剩下来的可以分赠太监的就不多了，因此在大总管这里没通过，事情僵住了。堂郎中锺凯为此亲自到阮进寿住的地方，左一个阮老爷，右一个阮老爷，央求半天，阮进寿也没答应，最后是按阮进寿的开价办事，才算过了关。那位告诉我这件事的朋友当时是在场人，不过他过于年轻，刚去“学习”不久，许多行话没听懂，阮进寿得到了多少外快，他没有听出来。

不过我相信，像张谦和和阮进寿这些“老爷”比起小德张，在各方面都差得很远。我在天津时，小德张也住在天津，他在英租界有一座豪华的大楼，有几个姨太太和一大群奴役伺候他，威风不下于一个军阀。他有一个姨太太因为受不住他的虐待，逃到英国巡捕房请求保护，但小德张钱能通神，巡捕房没有保护那个女人，反而给送回了阎王殿来，结果竟活活给小德张打死，居然也没有人动他一下。

六、我的乳母

梁鼎芬给我写的“起居注”中，有一段“宣统五年正月十六日”的纪事：

> 上常笞太监，近以小过前后笞十七名，臣陈宝琛等谏，不从。

这就是说，到我十一周岁的时候，责打太监已成家常便饭，我的冷酷无情、惯发威风的性格已经形成，劝也劝不过来了。

我每逢发脾气，不高兴的时候，太监就要遭殃，如果我忽然高兴，想开心取乐的时候，太监也可能要倒霉。我在童年，有许多稀奇古怪的嗜好，除了玩骆驼、喂蚂蚁、养蚯蚓、看狗牛打架之外，更大的乐趣是恶作剧。早在我懂得利用敬事房打人之前，太监们已不少吃过我恶作剧的苦头。有一次，大约是八九岁的时候，我对那些百依百顺的太监们忽然异想天开，要试一试他们是否对于我这个“圣天子”真的听话，我挑出一个太监，对他指着地上一块脏东西说：“你给我吃下去！”他真的趴在地上吃下去了。

有一次，我玩救火用的唧筒，喷水取乐，这时走过来了一个年老的太监，我又起了恶作剧的念头，把龙头冲着他喷去，这老太监痛苦地蹲在那里不敢跑开，竟给冷水激死过去，经过一阵抢救才活过来。

在人们的多方逢迎和百般依顺的情形下，是很容易养成一个人的作威作福，从别人受罪上取乐的恶习的。我的环境和教育就是如此。虽然师傅们也谏劝我，给我讲过仁恕之道，但是承认我的这种权威，给我这种权威教育的也正是他们。不管他们用了多少历史上的英主圣君的故事来教育我，说来说去我还是个“与凡人殊”的皇帝。所以，他们的劝导并没有多大效力。

在宫中唯一能阻止我恶作剧行为的，是我的乳母王焦氏。她就是我在西太后面前哭喊着找的那个嬷嬷。她一个字不识，也不懂什么“恕道”和历史上的英主圣君故事，但当她在劝我的时候，我却觉得出她的劝阻是从心里头发出来的。

有一次，有个会玩木偶戏的太监，给我表演了一场木偶戏，我看得很开心，决心赏他一块鸡蛋糕吃。这时我的恶作剧的兴趣又来了，决定捉弄他一下。我把练功夫的铁砂袋撕开，掏出一些铁砂子，藏在蛋糕里。我的乳母看见了，就问我：“老爷子，那里头放沙子可叫人怎么吃呀?”“我要看看他咬蛋糕是什么模样。”“那不崩了牙吗？崩了牙就吃不了饭。人不吃饭可不行呵!”我想，这话也对，可是我不能取乐了，我说：“我要看他崩牙的模样，就看这一回吧!”乳母说：“那就换上绿豆，咬绿豆也挺逗乐的。”于是那位玩木偶的算免了一次灾难。

图 11　乳母王焦氏（1887—1945）

又有一次，我玩气枪，用铅弹向太监的窗户打，看着窗户纸打出一个个小洞，很好玩。不知是谁，去搬了救兵——乳母来了。

“老爷子，屋里有人哪！怎

么玩不行？往屋里打，这要伤了人哪！”

我这才想起了屋里有人，人是会被打伤的。

乳母是宫中唯一告诉过我别人是和我同样的人的人，是唯一曾使我想起了别人也是人的人。不但我有牙，别人也有牙；不但我的牙不能咬铁砂，别人也不能咬；不但我要吃饭，别人也同样不吃饭要饿肚子；别人也有感觉，别人肉皮打了铅弹会一样地痛。这些用不着讲的常识，我并非不懂，但在那样的环境里，我是不容易想到这些的，因为我根本就想不起别人，更不会把自己和别人相提并论，别人在我心里，只不过是奴才、阿哈、庶民。我在宫里从小长到大，只有乳母在的时候，才由于她的朴素的发自心底的言语，使我想到过别人也是人这个简单道理。

我是在乳母的怀里长大的，我吃她的奶一直到九岁，我和她在一起的生活也结束在九岁。九年来我像孩子离不开母亲那样离不开她，但是太妃们在这年背着我，在她毫无过失的情形下从宫里赶出去了。那时我倒宁愿不要宫里的那四个母亲也要我的“二嬷”，但任我怎么哭闹，太妃也没有给我把她找回来。现在看来，乳母走后，在我身边就再没有一个通“人性”的人，如果九岁以前我还能从乳母的教养中懂得点“人性”的话，这点“人性”在九岁以后也逐渐丧失尽了。

我结婚之后，曾派人又找到了她，有时接她来住些日子，在伪满后期，我又接她到长春供养她到我离开东北。她从来没有利用自己的特殊地位向我或者别人索要过什么。她性情温和，跟任何人都没发生过争吵，端正的脸上总带些笑容。她说话不多，或者说，她常常是沉默的，如果没有别人主动跟她说话，她就一直沉默地微笑着。小时候，我常常感到这种微笑很奇怪，她的眼睛好像凝视着很远很远的地方，她这副模样常使我怀疑她是不是在窗外天空或者墙上字画里看见了什么有趣的东西。关于她的身世、来历，从我小时候一直到在东北和她分开，她从来没有说过。直到我特赦之后，访问了她的继子，才知道了这个用奶汁喂大了我这“大清皇帝”的人，经受过“大清朝”的什么样的苦难和屈辱。

她是光绪十三年（1887 年），生在直隶河间府任丘县农村一个焦姓的贫农家里。那时她有父亲母亲，一个大她六岁的哥哥，连她一共四口。五十来岁的父亲种着佃来的几亩洼地，不雨受旱，雨大受涝，加上地租和赋税，好年成也不够吃。在她三岁那年（即光绪十六年），直隶北部发生了一场大水灾。这次水灾在李鸿章的奏折里有过这样的描述。

> 讵自二十九日起至六月初六日，大雨狂风，连宵达旦，山水奔腾而上，势若建瓴，各河盛涨，惊涛骇浪，高过堤颠。永定河两岸并南北运河、大清河及任丘千里堤，先后漫溢多口，上下数百里间一片汪洋，有平地水深二丈余者。庐舍民田，尽成泽国，人口牲畜，淹毙颇多，满目秋禾，悉遭漂没，实为数十年来所未有……民间庐舍，本多用土砌筑，雨淋日久，酥裂不堪，一经灌入洪涛，无不墙倾屋圮，小民或倚树营巢，呼船渡救，或挈家登陆，迁避无方，颠沛流离，凄惨万状，几于目不忍睹，耳不忍闻。

在逃难的路上，她的父亲几次想把她扔掉，几次又被放回了父亲挑的破筐担里。这一担挑子的另一头是破烂衣被，是全家仅有的财产，连一粒粮食都没有。她后来对她的继子提起这次几乎被弃的厄运，没有一句埋怨父亲狠心的话，只是反复地说她的父亲已经早饿得挑不动了，因为一路上要不到什么吃的，能碰见的人都和他们差不多。这一家四口，父亲、母亲、一个九岁的儿子和三岁的女儿，好不容易地熬到了北京。他们到北京的目的是投奔在北京当太监的一位本家，可是这个太监连见也不肯见他们。他们成了街头的乞丐。北京城里这时也正住着成千成万这样的灾民，露宿街头，啼饥号寒。与此同时，朝廷里正在大兴土木，给西太后建颐和园。从《光绪朝东华录》里可以找到这样的记载：这年祖父去世，西太后派大臣赐奠治丧，我父亲承袭王爵。醇王府花银子如淌水地办丧事，我父亲蒙恩袭爵，而把血汗给他们变银子的灾民们正在奄奄待毙，卖儿鬻女。焦姓这家要卖女儿，但是没有人买。这时害怕出乱子的顺天府尹办了一个粥厂，他们有了暂时栖身之地，九岁的男孩被一个剃头匠收留下当徒弟，这样好不容易地熬过了冬天。春天来了，流浪的农民们想念着土地，粥厂也要关门，都纷纷回去了。焦姓这一家回到家乡，度过了几个半饥不暖的年头，庚子年八国联军的灾难又降到河间保安两府，女儿这时已是十三岁的姑娘，再次逃难到北京，投奔当了剃头匠的哥哥。哥哥无力赡养她，在她十六岁这年，在半卖半嫁的情形下，给一个姓王的差役做了媳妇。丈夫有肺病，生活又荒唐，她当了三年挨打受气的奴隶，刚生下一个女儿，丈夫死了。她母女俩和公婆，一家四口又陷入了绝境。这时我刚刚出生，醇王府给我找乳母，在二十名应选人中，她以体貌端正和奶汁稠厚而当选。她为了用工钱养活公婆和自己的女儿，接受了最屈辱的条件：不许回家，不许看见自己的孩子，每天吃一碗不许放盐的肘子，等等。二两月银，把一个人变成了一头奶牛。

她当我乳母的第三年，女儿因营养不足死了。为了免于引起她的伤感以致影响奶汁质量，醇王府封锁了这消息。

第九年，有个妇差和太监吵架，太妃决定赶走他们，顺带着把我乳母也赶走了。这个温顺地忍受了一切的人，在微笑和凝视中度过了沉默的九年之后，才发现她的亲生女儿早已不在人世了！

第三章

北京的“小朝廷”（1917～1924）

一、袁世凯时代

紫禁城中的早晨，有时可以遇到这种奇异的现象：处于深宫但能听到远远的市声。有很清晰的小贩叫卖声，有木轮大车的隆隆声，有时也听到大兵唱歌声。太监们把这现象叫做“响城”。离开紫禁城以后，我常常回忆起这个引起我不少奇怪的想象的“响城”。“响城”给我印象最深的是有几次听到中南海的军乐演奏。

“袁世凯吃饭了。”总管太监张谦和有一次告诉我，“袁世凯吃饭的时候还奏乐，简直是‘钟鸣鼎食’，比皇上还神气！”

张谦和的光嘴巴抿得扁扁的，脸上带着愤愤然的神色。我这时不过九岁上下，已经能够从他的声色中感到类似悲凉的滋味。在当时的年岁上，我可以从“响城”的各种音声上想象传说中的街道是什么样，叫卖的小贩如何在高台上表演他的嗓音，大兵们又如何用唱歌子压过小贩的叫卖……各种的音响把我带进了一幅引人入胜的市街生活的图画，响声有时又把我引进到耻辱难忍的想象中：袁世凯面前摆着比太后还要多的菜肴，有成群的人伺候他，给他奏乐，扇着扇子……

但也有另外一种形式的“响城”，逐渐使我发生浓厚的兴趣，使我的想象的翅膀飞得更高；陈老师给我讲的同治“中兴”、康乾盛世等等景象是构成想象的主要材料。这种“响城”的音声不是我站在养心殿的宫院里听到的，而是在毓庆宫从老师们的嘴里发出的。这就是种种关于复辟的传说。

复辟——用紫禁城里的话说，也叫做“恢复祖业”，用遗老和旧臣们的话说，这是“光复故物”，“还政于清”——这种活动并不始于尽人皆知的“丁巳事件”，也并不终于民国十三年被揭发过的“甲子阴谋”。可以说从颁布退位诏起到“满洲帝国”成立止，没有一天停顿过。起初是我被大人指导着去扮演我的角色，后来便是凭着自己的心灵的指导去活动。在我少年时期给我直

图 12　受隆裕太后之命代表清廷与革命党人谈判的内阁总理大臣袁世凯（1859—1916）

接指导的是师傅们，在他们的背后自然还有内务府大臣们，有内务府大臣世续商得民国总统同意请来照料皇室的“王爷”（他们这样称呼我的父亲）。这些稳健持重的人们的内心热情，并不弱于任何紫禁城外的人，但是后来我逐渐地明白，实现复辟理想的实际力量并不在他们身上，连他们自己也明白这一点。说起来滑稽，却是个事实：紫禁城的希望是放在取代大清而统治天下的新贵们的身上的。第一个被寄托这样幻想的人，正是引起紫禁城愤愤之声的袁世凯大总统。

照我的理解，这种幻想是从袁世凯为隆裕治丧开始的。在那些日子里，宫中气氛变化如此剧烈，以致连我这八岁的孩子也很诧异。太后在世时，宫里总是阴阴郁郁的，没有人笑，好像祸事随时会降临的样子。那时我还没搬到养心殿，住在太后的长春宫，我每天给太后请安时，常看见她在擦眼泪。有一次，我在西二长街散步，看见成群的太监在搬动体元殿的自鸣钟和大瓶之类的陈设。张谦和愁眉苦脸地念叨着：

“这是太后叫往颐和园搬的。到了颐和园还不知怎么样呢？那后山就像紧挨着梁山泊一样啦……”

太监逃亡的事经常发生。因为太监们纷纷传说，到了颐和园之后，大伙全都活不成。张谦和成天地念叨这些事，每念叨一遍，必然又安慰我说："万岁爷到哪儿，奴才跟哪儿保驾，决不像那些胆小鬼！"我还记得，那些天早晨，他在我的"龙床"旁替我念书的声音，也是有气无力的了。

民国二年的新年，气氛开始有了变化。阳历除夕这天，陈师傅在毓庆宫里落了座，一反常态，不去拿朱笔圈书，却微笑着瞅了我一会儿，然后说：

"明天阳历元旦，民国要来人给皇上拜年。是他们那个大总统派来的。"

这是不是他第一次向我进行政务指导，我不记得了，他那少有的得意之色，大概是我第一次的发现。他告诉我，这次接见民国礼官，采用的是召见外臣之礼，我用不着说话，到时候有内务府大臣绍英照料一切，我只要坐在龙书案后头看着便是。

到了元旦这天，我被打扮了一下，穿上金龙袍褂，戴上珠顶冠，挂上朝珠，稳坐在乾清宫的宝座上，两侧立着御前大臣、御前行走和带刀的御前侍卫们。总统派来的礼官是朱启钤，他走进殿门，先遥遥地向我鞠了一个躬，然后向前几步立定，再鞠一躬，走到我的宝座台前，又深深地鞠了第三躬，然后向我致贺词。贺毕，绍英走上台，在我面前跪下，我从面前龙书案上的黄绢封面的木匣子里取出答辞交他，他站起身来向朱启钤念了一遍，念完了又交还给我，朱启钤这时再鞠躬，后退，出殿，于是礼成。

第二天早晨，气氛发生了变化，首先是我的床帐子外边张谦和的书声琅琅，其次是在毓庆宫里，陈师傅微笑着捻着那乱成一团的白胡须，摇头晃脑地说：

"优待条件，载在盟府，为各国所公认，连他总统也不能等闲视之！"

过了新年不久，临到我的生日，阴历正月十三（我的生日本是正月十四，因为与道光皇帝忌辰同日，所以改成这天）。大总统袁世凯又派来礼官向我祝贺如仪。经过袁世凯这样连续的捧场，民国元年间一度销声匿迹的王公大臣们，又穿上了蟒袍补褂、红顶花翎，甚至于连顶马开路、从骑簇拥的仗列也有恢复起来的。神武门前和紫禁城中一时熙熙攘攘。在民国元年，这些人到紫禁城来大多数是穿着便衣，进城再换上朝服袍褂，从民国二年起，又敢于翎翎顶顶、袍袍褂褂地走在大街上了。

完全恢复了旧日城中繁荣气象的，是隆裕的寿日和丧日那些天。隆裕寿日在 3 月 15 日，过了七天她就去世了。在寿日那天，袁世凯派了秘书长梁士诒前来致贺，国书上赫然写着："大中华民国大总统致书大清隆裕皇太后陛下"。梁士诒走后，国务卿赵秉钧率领了全体国务员来行礼。隆裕去世后，袁世凯的举动更加动人：他亲自在袖上缠了黑纱，并通令全国下半旗一天，文武官员服丧27天，并且派出了全体国务员前来致祭。接着，在太和殿举行了所谓国民哀悼大会，由参议长吴景濂主祭；军界举行所谓全国陆军哀悼大会，领衔的是袁的另一心腹，上将军段祺瑞。在紫禁城内，在太监干号的举哀声中，清朝玄色袍褂和民国的西式大礼服并肩进出，被赏穿孝服百日的亲贵们脸上，洋溢着得意的神色。最让他们感到希望的是徐世昌也从青岛赶到，接受了清室赏戴的双眼花翎。这位清室太傅在颁布退位后，拖着一根辫子到德国人盘踞的青岛当寓公，起了一个双关含义的别号"东海"。他在北京出现的意义，在第三节里我就要谈到。

图13　中坐者为隆裕太后（1868—1913）

隆裕的丧事未办完，南方发起了讨袁运动，即所谓的"二次革命"。不多天，这次战争以袁世凯的胜利而告终。接着，袁世凯用军警包围国会，强迫国会选他为正式大总统。这时他给我写了一个报告：

> 大清皇帝陛下：中华民国大总统谨致书大清皇帝陛下：前于宣统三年十二月二十五日奉大清隆裕皇太后懿旨，将统治权公诸全国，定为共和立宪国体，命袁世凯以全权组织临时共和政府，合满汉蒙回藏五族，完全领土为一大中华民国。旋经国民公举，为中华民国临时大总统。受任以来，两稔于兹，深虞陨越。今幸内乱已平，大局安定，

于中华民国二年十月六日经国民公举为正式大总统。国权实行统一，友邦皆已承认，于是年十月十日受任，凡我五族人民皆有进于文明、跻于太平之希望。此皆仰荷大清隆裕皇太后暨大清皇帝天下为公，唐虞揖让之盛轨，乃克臻此。我五族人民感戴兹德，如日月之照临，山河之涵育，久而弥昭，远而弥挚。维有董督国民，聿新治化，恪守优待条件，使民国巩固，五族协和，庶有以慰大清隆裕皇太后在天之灵。用特报告，并祝万福。

中华民国二年七月十九日

袁世凯

由于这一连串的新闻，遗老中间便起了多种议论。

“袁世凯究竟是不是曹操?”

“项城当年和徐、冯、段说过，对民军只可智取不可力敌，徐、冯、段才答应办共和。也许这就是智取?”

“我早说过，那个优待条件里的辞位的辞字有意思。为什么不用退位、逊位，袁宫保单要写成个辞位呢？辞者，暂别之谓也。”

“大总统常说‘办共和’办得怎样。既然是办，就是试行的意思。”

不管怎样猜测，遗老们有不少人反正是越来越兴奋了。这年冬天，光绪和隆裕奉安的时候，梁格庄的灵棚里演出了一幕活剧。主演者是那位最善表情的梁鼎芬，那时他还未到宫中当我的师傅，配角是另一位自命孤臣的劳乃宣，是宣统三年的京师大学堂总监督兼学部副大臣，辛亥后曾躲到青岛，在德国人专为收藏这流人物而设的“尊孔文社”主持社事。在这出戏里被当做小丑来捉弄的是前清朝山东巡抚、袁政府里的国务员孙宝琦，这时他刚当上外交总长(孙宝琦的父亲孙诒经被遗老们视为同光时代的名臣之一)。那一天，这一批国务员由赵秉钧率领前来，在致祭前赵秉钧先脱下大礼服，换上清朝素袍褂，行了三跪九叩的礼。这又给孤臣孽子梁鼎芬认出了气候。也不知怎么回事，在那些没带清朝袍褂来的国务员之中，叫他一眼看中了孙宝琦。他直奔这位穿大礼服的国务员的面前，指着鼻子问：

“你是谁？你是哪国人?”

孙宝琦给这位老朋友问怔住了，旁边的人也都转过头来向这边。梁鼎芬故意提高嗓门地说：

“你忘了你是孙诒经的儿子！你做过大清的官，你今天穿着这身衣服，行这样的礼，来见先帝先后，你有廉耻吗？你——是个什么东西!”

“问得好！你是个什么东西！”劳乃宣跟了过来。他俩一唱一和，引过来一大群人，把这三个人围在中心。孙宝琦面无人色，低下头连忙说：

“不错，不错，我不是东西！我不是东西！”

梁师傅后来给我描述得有声有色。这个故事和后来的“结庐守松”和“凛然退刺客”，是他一生最为得意的事迹，和我讲了不知多少次，而且越讲情节越完整，越富于传奇性。

到民国三年，就有人称这年为复辟年了。孤臣孽子感到兴奋的事情越来越多。袁世凯祀孔，采用三卿士大夫的官秩，设立清史馆，擢用前清旧臣，等等举动，令人眼花缭乱。前东三省总督赵尔巽被任为清史馆馆长，被陈师傅等人视为贰臣，他自己却自言自语地宣称道：“我是清朝官，我编清朝史，我吃清朝饭，我做清朝事。”当局也不以为怪。于是那位给梁鼎芬在梁格庄配戏的劳乃宣在青岛写出正续《共和解》，公然宣传应该“还政于清”，还写信给徐世昌，请他劝说袁世凯。这时清室太保徐世昌同时又成了民国政府的国务卿。徐把劳的文章给袁看了，袁叫人带信给劳乃宣，请他到北京做参议。这样一来，又有了一位前清京师大学堂的刘廷琛也写了一篇《复礼制馆书》，还有一位在国史馆当协修的宋育仁发表了还政于清的演讲，都一时传遍各地。据说在这个复辟年里，连四川一个绰号十三哥的土匪也穿上清朝袍褂，坐上绿呢大轿，俨然以遗老自居，准备分享复辟果实了。

在紫禁城里，再没有人提起搬家的事。谨慎稳健的世续大臣为了把事情弄牢靠些，找了他的把兄弟袁世凯一次。袁说：

“大哥你还不明白，那些条条不是应付南边的吗？太庙在城里，皇上怎么好搬？再说皇宫除了皇上，还能叫谁住？”

这都是很久以后，在内务府做过事的一位遗少告诉我的。当时世续和王爷根本不和我谈这类事情，要谈的也要经过陈师傅。师傅当时的说法是，“看样子，他们总统，倒像是优待大清的。优待条件本是载在盟府……”

师傅的话，好像总是没有说完全。现在回想起来，这正是颇有见地的“慎重”态度。和城外劳乃宣那些遗老比起来，紫禁城里在这段时期所表现的乐观，确实是谨慎而有保留的。袁世凯的种种举动——从公开的不忘隆裕“在天之灵”到私下认定“皇上”不能离开皇宫和太庙，这固然给了紫禁城的人不少幻想，但是紫禁城从“袁宫保”这里所看到的也就只限于此，生出的幻想也还是一相情愿的多，何况在醇亲王兄弟们心里更不相信袁世凯会忘掉旧账。因此，紫禁城就不能表现出太多的兴奋。后来不久，到了“复辟年”的年底，北京开始变风头的时候，事实证明这种“审慎”的态度是完全必要的。

风头之变换，是由一个肃政史提出要追查复辟传闻开的头。袁世凯把这一案批交内务部“查明办理”，接着演讲过还政于清的宋育仁被步军统领衙门（等于警备司令部）递解回籍。这个消息一传出来，不少人恐慌了，劝进文章和还政于清的言论都不见了，在青岛正准备来京赴任的劳乃宣也不敢来了。不过，人们还有些惶然不解，因为袁世凯在查办复辟的民政部呈交上，又批上了“严禁复辟谣言，既往不究”这样奇怪的话，而宋育仁的递解也很别致：袁世凯送了他三千块大洋，一路上他大受各衙门的酒宴迎送，叫人弄不清宋育仁到底是受罚还是受奖。一直到民国四年，总统府的美国顾问古德诺发表了一篇说是共和制不适合中国国情的文章，继而又有筹安会出现，主张推袁世凯为中华帝国的皇帝，这才扫清了满天疑云，使人们明白了袁世凯要复的是什么辟。风头所向弄明白了，恐怖和气愤也来了。

我从“响城”中听见中南海的军乐声，就是在这时候。那时，三大殿正进行油缮工程，在养心殿的台阶上，可以清清楚楚地看见脚手架上油工们的活动。张谦和愤愤地告诉我，那是为袁世凯登极做的准备。后来，伦贝子（溥伦）代表皇室和八旗向袁世凯上劝进表，袁世凯许给他亲王双俸，他到宫里向太妃索要仪仗和玉玺来了。这些消息引起了我的心酸、悲愤，也引起了我的恐惧。虽然陈师傅不肯明讲，我也懂得“天无二日，国无二君”这句老话，袁世凯自己做了皇帝，还能让我这多余的皇帝存在吗？历史上的例子可太多了，太史公就统计过“春秋之中，弑君三十六”哩！

在那些日子里，乾清门外的三大殿的动静，牵连着宫中每个人的每根神经。不论谁在院子里行走，都要关心地向那边张望一下，看看关系着自己命运的油缮工程的进行情况。太妃们每天都要烧香拜佛，求大清的护国神“协天大帝关圣帝君”的保佑。仪仗是忙不迭地让溥伦搬走了，玉玺因为是满汉合璧的，并不合乎袁世凯的要求（历史上出名的和氏璧在清朝不用做玉玺，而是当做古董玩赏），倒是一块也没有拿去。如果袁世凯说一声全要，交泰殿的所有“御宝”都会乖乖地交出去，因为太妃们早已吓得不知如何是好了。这种空气的重压，特别可以从太监们的神色上感觉出来。早晨我卧室内的背书声不用说是起了变化，御前小太监们常常交头接耳，有时竟神不守舍地传说着：

“太和殿快油漆完了！”

毓庆宫里一个最显著的变化，是师傅们对毓崇特别和气，没有人再拿他当“伯禽”来看待。毓崇在太妃那里成了红人，常常被叫进去赏赐些鼻烟壶、扳指儿之类的玩意儿。每逢我说话提到袁世凯，师傅就向我递眼色，我就赶紧改嘴，以免让毓崇听见传到他父亲溥伦耳朵里去。

有一天，毓崇高高兴兴地应召到太妃那里去了，陈宝琛看见窗外已经没有了他的影子，从怀里拿出一张纸条，神秘地对我说：

"这是臣昨天卜得的易卦，皇上看看。"

我拿过来，看见这一行字：

"我仇有疾，不我能疾，吉！"

他解释说，这是说我的仇人袁世凯前途凶恶，不能危害于我，是个吉卦。他还烧了龟背，弄过蓍草，一切都是吉利的，告诉我可以大大放心。这位老夫子为了我的命运，把原始社会的一切算命办法都使用过了。我非常感动地欣赏着陈老师傅摇头摆脑中的议论：

"天作孽，犹可违，自作孽，不可活。元凶大憝的袁世凯作孽如此，必不得善终！不我能疾，不我能疾！优待条件，载在盟府，为各国所公认，袁世凯焉能为疾于我乎？"

为了"不我能疾"和保住优待条件，师傅、王爷和内务府大臣们在算卦之外所进行的活动，他们虽没有告诉我，我多少知道了一些。他们和袁世凯进行了一种交易，总起来说，就是由清室表示拥护袁皇帝，袁皇帝承认优待条件。内务府给袁一个正式公文，说"现由全国国民代表决定君主立宪国体，并推戴大总统为中华帝国大皇帝，为除旧更新之计，作长治久安之谋，凡我皇室极表赞成。"这个公文换回来袁世凯亲笔写在优待条件上的一段跋语：

> 先朝政权，未能保全，仅留尊号，至今耿耿。所有优待条件各节，无论何时断乎不许变更，容当列入宪法。袁世凯乙卯孟冬。

这两个文件的内容后来都见于民国四年十二月十六日的"大总统令"中。这个"令"发表之前不多天，我父亲日记里有了这样一段记载：

> 十月初十日（即阳历十一月十六日）上门。偕世太傅公见四皇贵妃，禀商皇室与袁大总统结亲事宜，均承认可，命即行一切云。在内观看秘件，甚妥，一切如恒云云。

所谓秘件，就是袁的手书跋语。所谓亲事，是袁世凯叫步兵统领江朝宗向我父亲同世续提出的，太妃们心里虽不愿意，也不得不从。其结果，却是优待条件既没列入宪法，我也没当上袁家的女婿，因为袁世凯只做了八十三天的皇帝，过了不久就气死了。

二、丁巳复辟

袁世凯去世那天，消息一传进紫禁城，人人都像遇见了大喜事。太监们奔走相告，太妃们去“护国协天大帝关圣帝君”像前烧香，毓庆宫无形中停了一天课……

接着，紫禁城中就听见了一种新的“响城”声：

“袁世凯失败，就在于动了鸠占鹊巢之念。”

“帝制非不可为，百姓要的却是旧主。”

“袁世凯与拿破仑三世不同，他并不如拿氏有祖荫可恃。”

“与其叫姓袁的当皇帝，还不如物归旧主哩。”

……

这些声音，和师傅们说的“本朝深仁厚泽，全国人心思旧”的话形成共鸣。

我的思想感情这时和头几年有了很大的不同。这年年初，我刚在奕劻谥法问题上表现出了“成绩”，这时候，我又对报纸发生了兴趣。

图 14　丁巳复辟时的张勋（1854—1923）

袁死了，不多天之后，报上有了“宗社党起事未成”、“满蒙匪势猖獗”的消息。我知道这是肃亲王善耆这些人正在为我活动。当初公开反抗共和的王公大臣——善耆、溥伟、升允、铁良，被称做四个申包胥的，哭秦庭都没成功，后来除了铁良躲到天津的外国租界，其余的都住在日本租界地旅顺、大连，仍然通过手下的日本浪人勾结日本的军阀、财阀，从事复辟武装活动。其中最活跃的是善耆，他任民政部尚书时聘用的警政顾问日本人川岛浪速，一直跟他在一起，给他跑合拉纤。日本财主大仓喜八郎男爵给他拿出活动费一百万日元。日本军人青森、土井等人给他招募满蒙武装，编练军队，居然有了好几千人。袁世凯一死，就闹起来了。其中有一支由蒙古贵族巴布扎布率的队伍，一度逼近了张家口，气势十分猖獗。后来巴布扎布在兵变中被部下刺杀，才告终结。在闹得最凶的那些天，有一个很奇怪的现象，"勤王军"和民国的军队在满蒙几个地方乒乒乓乓地打得热闹，在北京城里的民国政府和清室小朝廷照旧祝贺往来，应酬不绝。紫禁城从袁世凯去世那天开始的兴隆气象，蒸蒸日上，既不受善耆和巴布扎巴兴兵作乱的影响，更不受他们失败的连累。

袁死后，黎元洪继任总统，段祺瑞出任国务总理。紫禁城派了那个曾向袁世凯劝进的溥伦前去祝贺，黎元洪派了代表来答谢，并且把袁世凯要去的皇帝仪仗送回到紫禁城。有些王公大臣们得到了民国的勋章。有些王公在袁世凯朝代东躲西藏，现在挂上了嘉禾章，又出现在交际场合。元旦和我的生日，大总统的礼官前来祝贺，我父亲也向黎总统段总理赠送肴馔。内务府比以前忙多了，要拟旨赐谥法，赏朝马、二人肩舆、花翎、顶戴，要授什么南书房行走、乾清门各等侍卫，要带领秀女供太妃挑选，也偷偷地收留下优待条件上所禁止的新太监。当然，还有我所无从了解的各种交际应酬，由个别的私宴到对国会议员们的公宴……

总之，紫禁城恢复了活跃。到丁巳年（民国六年）张勋进宫请安这天，就开始出现了高潮。

在这以前，我亲自召见请安的人还不多，大都限于满族。我每天的活动除了到毓庆宫念书，在养心殿看看报，其余大部分时间还是游戏。我看见神武门那边翎顶袍褂多起来了，觉着高兴，听说勤王军发动了，尤其兴奋，而勤王军溃灭了，也感到泄气。但总的说来，我也很容易把这些事情忘掉。听说肃亲王逃亡旅大，消息不明，未免替他担心，可是一看见骆驼打喷嚏很好玩，肃亲王的安危就扔到脑后去了。既然有"王爷"和师傅大臣们在，我又何必操那么多的心呢？到了事情由师傅告诉我的时候，那准是一切都商议妥帖了。阴历九月廿七日这天的情形也是如此。

新授的"太保"陈宝琛和刚到紫禁城不久的"毓庆宫行走"梁鼎芬两位师傅，一齐走进了毓庆宫，不等落座，陈师傅先开了口：

"今天皇上不用念书了。有个大臣来给皇上请安，一会奏事处太监会上来请示的。"

"谁呀？"

"前两江总督兼摄江苏巡抚张勋。"

“张勋？是那个不剪辫子的定武军张勋吗？”

“正是，正是。”梁鼎芬赞许地点头，“皇上记性真好，正是那个张勋。”梁师傅向来不错过颂扬的机会。为了这个目的，他正在写我的起居注。其实，我并没有什么好记性，只不过前不久才听师傅们说起这个张勋的故事。民国开元以来，张勋和他的军队一直保留着辫子。袁世凯在民国二年扑灭“二次革命”，以辫子兵攻陷南京而大功告成。辫子兵在南京大抢大烧，误伤了日本领事馆的人，惹起日本人的抗议，辫帅赶忙到日本领事面前赔礼道歉，赔偿一切损失，才算了事。这些事是我后来从报上看到的，当时从师傅口中只听说这位旧臣的忠心，知道了他在隆裕死后通电吊唁称为“国丧”，还说了“凡我民国官吏莫非大清臣民”的话。袁世凯死了不久，报上登过张勋的一封公电。这封公电表示了徐州的督军会议对袁死后政局的态度，头一条却是“尊重优待清室各条”。总之，我相信他是位忠臣，愿意看看他是个什么样儿。

按清朝规矩，皇帝召见大臣时，无关的人一律不得在旁。因此，每次召见外来的不常见的人之前，师傅总要先教导一番，告诉我要说些什么话。这次陈师傅用特别认真的神气告诉我，要夸赞张勋的忠心，叫我记住他现在是长江巡阅使，有六十营的军队在徐州兖州一带，可以问问他徐兖和军队的事，好叫他知道皇上对他很关心。末了，陈师傅再三嘱咐道：

“张勋免不了要夸赞皇上，皇上切记，一定要以谦逊答之，这就是示以圣德。”

“满招损，谦受益。”梁师傅忙补充说，“越谦逊，越是圣明。上次陆荣廷觐见天颜，就称颂圣德……”

陆荣廷是两广巡阅使，他是历史上第一个被赏赐紫禁城骑马的民国将领。两个月前，他来北京会晤段祺瑞，不知为什么，他到宫里来给我请了安，又报效崇陵植树一万元。我在回养心殿的轿子里忽然想起了，那次陆荣廷觐见时，师傅们的神色和对我的谆谆教诲，也是像这次似的。那次陆荣廷的出现，好像是紫禁城里的一件了不起的大事。内务府和师傅们安排了不同平常的赏赐，有我写的所谓御笔福寿字和对联，有无量寿金佛一龛，三镶玉如意一柄，玉陈设二件和尺头四件。陆荣廷走后来了一封信，请世续“代奏叩谢天恩”。从那时起，“南陆北张”就成了上自师傅下至太监常提的话头。张谦和对我说过：“有了南陆北张两位忠臣，大清有望了。”

在轿子里，我根据太监给我买的那些石印画报，去设想张勋的模样，到下轿的时候，他在我脑子里也没成形。进养心殿不久，他就来了。我坐在宝座上，他跪在我面前磕了头。

"臣张勋跪请圣安……"

他磕完头，我指指旁边一张椅子叫他坐下（这时宫里已不采取让大臣跪着说话的规矩），他又磕头谢恩，然后坐下了。我按着师傅的教导，问他徐究地方的军队情形。问的目的并不是真想得到什么答案，他说了些什么我也没用心去听。我对这位"忠臣"的相貌多少有点失望。张勋穿了一身纱袍褂，黑红脸，眉毛很重，胖乎乎的。看他的似乎太短的脖子就觉得不理想，如果他没胡子，倒像御膳房的一个太监。我也注意到他的辫子，的确有一根。

后来他的话转到我身上，不出陈师傅所料，他果然恭维起来了。

他说："皇上真是天亶聪明！"

我说："我差得很远，我年轻，知道的事挺少。"

他说："本朝圣祖仁皇帝也是冲龄践祚，六岁登极呀！"

我连忙说："我怎么比得上祖宗，那是祖宗……"

这次召见并不比一般的时间长，他不过坐了五六分钟就走了。我觉得他说话粗鲁，大概不会比得上曾国藩，也就觉不到特别高兴。可是第二天陈宝琛、梁鼎芬见了我，笑眯眯地说张勋夸我聪明谦逊，我又得意了。至于张勋为什么要来请安，师傅们为什么显得比陆荣廷来的那次更高兴，内务府准备的赏赐为什么比对陆更丰富，太妃们为什么还赏赐了酒宴等等这些问题，我连想也没去想。

过了半个月，阴历五月十三这天，还是在毓庆宫，陈宝琛、梁鼎芬和朱益藩三位师傅一齐出现，面色都十分庄严，还是陈师傅先开口：

"张勋一早就来了……"

"他又请安来啦？"

"不是请安，是万事俱备，一切妥帖，来拥戴皇上复位听政，大清复辟啦！"

他看见我在发怔，又赶紧说："请皇上务要答应张勋。这是为民请命，天予人归……"

我被这个突如其来的喜事弄得昏昏然。我呆呆地看着陈师傅，希望他多说几句，让我明白该怎么当这个"真皇帝"。

"用不着和张勋说多少话，答应他就是了。"陈师傅胸有成竹，"不过，不要立刻答应，先推辞，最后再说：既然如此，就勉为其难吧。"

我又回到养心殿召见了张勋，这次张勋说的和他的奏请复辟折上说的差不多，只不过不像奏折说的那么斯文就是了。

"隆裕皇太后不忍为了一姓的尊荣，让万姓遭殃，才下诏办了共和。谁知办得民不聊生……共和不合咱的国情，只有皇上复位，万民才能得救……”

他念叨完了，我说：“我年龄太小，无才无德，当不了如此大任。”他夸了我一顿，又把康熙皇帝六岁做皇帝的故事念叨一遍。听他叨叨着，我忽然想起了一个问题：

“那个大总统怎么办呢？给他优待还是怎么着？”

“黎元洪奏请让他自家退位，皇上准他的奏就行了。”

“唔……”我虽然还不明白，心想反正师傅们必是商议好了，现在我该着结束这次召见了，就说：“既然如此，我就勉为其难吧！”于是我就又算是“大清帝国”的皇帝了。

图 15　复辟时的溥仪坐在乾清宫宝座上

张勋下去以后，陆续地有成批的人来给我磕头，有的请安，有的谢恩，有的连请安带谢恩。然后又有奏事处太监拿来了写好的一堆“上谕”。头一天一气就下了九道“上谕”：

一、即位诏；

二、黎元洪奏请奉还国政，封黎为一等公，以彰殊典；

三、特设内阁议政大臣，其余官制暂照宣统初年，现任文武大小官员均著照常供职；

四和五、授七个议政大臣（张勋、王士珍、陈宝琛、梁敦彦、刘廷琛、袁大化、张镇芳）和两名内阁阁丞（张勋的参谋长万绳栻和冯国璋的幕僚胡嗣瑗）；

六、授各部的尚书（外务部梁敦彦、度支部张镇芳、参谋部王士珍、陆军部雷震春、民政部朱家宝）；

七、授徐世昌、康有为为弼德院正副院长；

八和九两道、授原来各省的督军为总督、巡抚、都统（张勋兼任直隶总督北洋大臣）。

据老北京人回忆当时北京街上的情形说，那天早晨，警察忽然叫各户悬挂龙旗，居民们没办法，就用纸糊的旗子来应付。接着，几年没看见的清朝袍褂又在街上出现了，好像从祖先画上跑下来的人物，满街跑着祖宗。有的报馆出了复辟消息的号外，售价比日报还贵。在这种奇观异景中，到处可以听到报贩叫卖“宣统上谕”的声音：“六个子儿买古董咧！这玩意儿过不了几天就变古董，六个大铜子儿买件古董可不贵咧！”

前门外有些铺子的生意大为兴隆。一种是成衣铺，赶制龙旗发卖；一种是卖估衣的，清朝袍褂成了刚封了官的遗老们争购的畅销货；另一种是做戏装道具的，纷纷有人去央求用马尾给做一条假的发辫。我还记得，那些日子来紫禁城的袍袍褂褂、翎翎顶顶，都拖着一条辫子。后来讨逆军打进北京城，又到处可以捡到丢弃的真辫子——辫子兵在逃命中把这个要命的标帜剪下来扔了。

假如紫禁城里的人，略有一点儿像报贩那样的眼光，能预知一些关于辫子和上谕的命运的话，在开头那几天就不会那么情不自禁了。

那些日子，内务府的人员穿戴特别整齐，人数也齐全（总管内务府大臣特别嘱咐过），但人数仍嫌不够，特别又从候差人员中调去几位。有一位现在还健在，他回忆说：“那两天咱们这些写字儿的散班很晚，总是写不过来。每天各太妃都赏饭。到赏饭的时候总少不了传话：不叫谢恩了，说各位大人的辛苦，四个宫的主子都知道。”他不知道，几个太妃几乎天天都去神佛面前烧香，乐得不知怎么是好呢。

不高兴的是王公们，这是另一种的情不自禁。张勋在复辟发动第二天就作出一个“上谕”，禁止亲贵干政，引起王公们十分激愤。醇亲王又成了一群贝勒贝子们的中心，要和张勋理论，还要亲自找我做主。陈宝琛忙来嘱咐我说：

“本朝辛亥让国，就是这般王公亲贵干政闹出来的，现在还要闹，真是无知已极！皇上万不可答应他们！”

我当然信从了师傅。自知孤立的王公们并不死心，整天聚在一起开会寻找对策。这个对策还没想好，讨逆军已经打进了城里。这倒成全了他们，事后更容易地摆脱了这次复辟的责任。

最情不自禁的是陈宝琛师傅。陈师傅本来是个最稳重、最有见识的人。在这年年初发生的一件事情上，刚给我留下了这样的印象。在我生日的前后，劳乃宣悄悄地从青岛带来了一封信。发信者的名字已记不得，只知道是一个德国人，代表德国皇室表示愿意支持清室复辟。劳乃宣认为，这是极好的机缘，如果再加上德清两皇室结亲，就更有把握。朱益藩把那封信带进给了我，我顺手放在长春宫的卧室帐子里的桌上，被敬懿太妃无意发现，看做是件了不起的宝贝，特意给我送来一个带锁的匣子，嘱我好好保存，可见这封信引起了太妃多大的希望。可是陈师傅对于这件事，极力表示反对，说劳乃宣太荒唐，是个成事不足败事有余的人；即使外国人有这个好意，也不能找到劳乃宣这样的人。结果太妃们也深信陈师傅的话，说他是稳重老练，不可多得。谁知从复辟这天起，这个稳重老练的老夫子，竟失去了常态。

本来张勋决定最初的议政大臣名单中还有个世续，世续无论如何不肯干，声明自己只做太保，不做其他攀龙附凤的妄想。其实，世续这时看出了张勋的势派不稳，凭着四十年的宦海经验，这位老军机大臣心中犯了犹疑，不敢贸然从事。陈师傅原先要和世续一致行动，看世续不就职，他也递了奏折“恳请天恩收回成命”，经我一挽留，也就和他教导我的一样，说了一句“既然如此，也就勉为其难吧”，劲头十足地干起来了。

“独孤臣与孽子，其操心也危，其虑患也深，故达！”

复辟的第一天，我受过成群的孤臣孽子叩贺后回到毓庆宫，就听见陈师傅这么念叨。他拈着白胡子团儿，老花镜片后的眼睛眯成一道缝，显示着操心和虑患之后“达”到的兴奋。

这一天让我感到惊奇的，倒不是他的兴奋，也不是我第一次发现他在拒绝亲贵干政上表现出的与王公们的对立（虽然直接冒犯的是我的父亲），而是在处理黎元洪这问题上表现出的激烈态度。先是梁鼎芬曾自告奋勇地要见黎元洪劝黎退位（梁黎是儿女亲家），不料遭到拒绝，回来愤然告诉了陈宝琛和朱益藩。陈宝琛听了这个消息，脸上的笑容完全没有了，露出铁青的颜色，和梁鼎芬、朱益藩一齐去进毓庆宫，失去了控制地对我说：

“黎元洪竟敢拒绝，拒不受命，请皇上马上赐他自尽吧！”

我吃了一惊，觉得太过分了。

“我刚一复位，就赐黎元洪死，这不像话。民国不是也优待过我吗？”

陈宝琛这是第一次遇到我对他公开驳斥，但是敌忾竟使他忘掉一切，他气呼呼地说："黎元洪岂但不退，还赖在总统府不走。乱臣贼子元凶大憝，焉能与天子同日而语？"

后来他见我表示坚决，也就不再坚持他的意见。结论仍是由梁鼎芬再设法劝他那位亲家离开总统府。他还没有去，黎元洪已经抱着总统的印玺，跑到日本公使馆去了。

陈师傅的反常举动，还有一件尤其惊人。讨逆军逼近北京城，复辟已经成了绝望的挣扎的时候，陈宝琛在和王士珍、张勋商议之后突然灵机一动，想出了一个最后办法，亲自拟了一道给张作霖的"上谕"，授他为东三省总督，命他火速进京勤王。张作霖当时是奉天督军，对张勋给他一个奉天巡抚是很不满意的。陈师傅对张作霖大概还有点什么关系吧，所以在这紧急时刻寄托了最大希望。这个"上谕"写好了，用"御宝"时发生了问题，原来盛印的宝盒的钥匙在我父亲手里，派人去取是太费时间了，陈师傅又当机立断，叫人把盒上的锁头索性砸开，这才用了刻着"法天立道"的"宝"。后来这道"上谕"并未能送到张作霖手里，因为带信的张海鹏才出城就给讨逆军截住。但是我对师傅的忠心的表现，有了进一步的深刻的印象。

复辟的开头几天，我每天有一半时间还要在毓庆宫里。念书是停了，不过师傅们是一定要见的，因为每一样都要听听师傅们的嘱咐。其余半天的时间是看看待发的"上谕"和"内阁官报"，接受人们的叩拜，或者照旧去欣赏蚂蚁倒窝，叫上驷院太监把养的哈巴狗放出来玩玩。这种生活过了不过四五天，宫中掉下了讨逆军飞机的炸弹，局面突然完全改观。磕头的不来了，"上谕"没有了，大多数的议政大臣们没有了影子，纷纷东逃西散，最后只剩下了王士珍和陈宝琛……

飞机空袭那天，我正在书房和老师们说话，听见了飞机声和从来没听过的爆炸声，吓得我浑身发颤，吓得师傅们面无人色。在一阵混乱中，太监们簇拥着我赶忙回到养心殿，好像只有睡觉的地方才最安全，我钻进了卧室再不敢出来。太妃们的情形更加狼狈，有的躲进卧室的角落里，有的钻到桌子底下。当时各宫人声嘈杂，乱成一团。这是中国历史上第一次出现空袭，也是内战史上第一次使用中国空军。如果中国历史上第一个家庭防空情形也值得说一下的话，那就是：各人躲到各人卧室里，把廊子里的竹帘子（叫雨搭）全放下来，根据太监和护军的知识，这就是当时认为最聪明的措施了。幸亏那次讨逆军的飞机并不是真干，不过是为了恐吓一下，所以，只扔下三个尺把长的小炸弹。这仨弹一个落在隆宗门外，炸伤了抬"二人肩舆"的轿夫一名，一个落在御花园水池里，炸坏了水池子的一角，第三个落在西长街隆福门的瓦檐上，落下来没有炸，不过把聚在那里赌钱的太监们都吓得个半死。

发出命张作霖勤王的“上谕”后第二天，王士珍和陈宝琛也不来了，宫内宫外失掉了一切联系，外面枪炮从早晨响得更密了。雨搭又放了下来，要它起防弹的作用。宫中正在乱成了一团的时候，奏事处太监传来了“护军统领”毓逖禀报的消息：“奏上老爷子，张勋的军队打了胜仗，段祺瑞的军队全败下去了！”这个消息也传到了太妃那里。这时，外边的枪炮声也真没有了，这一来，大家全眉开眼笑了。太妃们赶紧到钦安殿真武大帝和关帝像前烧香。这时候太监们的鬼话又来了，说关老爷骑的赤兔马身上出了汗，可见关帝显过圣保驾，张勋才打败了段祺瑞。我听了这话，忙到了关老爷那里摸了摸，他那个木雕的坐骑，果然潮乎乎的。还有个太监说，今天早上他听见了养心殿西暖阁后面有叮叮当当的盔甲声音，这必是关帝去拿放在那里的那把青龙偃月刀了。听了这些话，太妃和我都到钦安殿叩了头。这天晚上大家睡了一个安稳觉，第二天一清早，内务府的真消息来了：“张勋已经逃到荷兰使馆去了……”

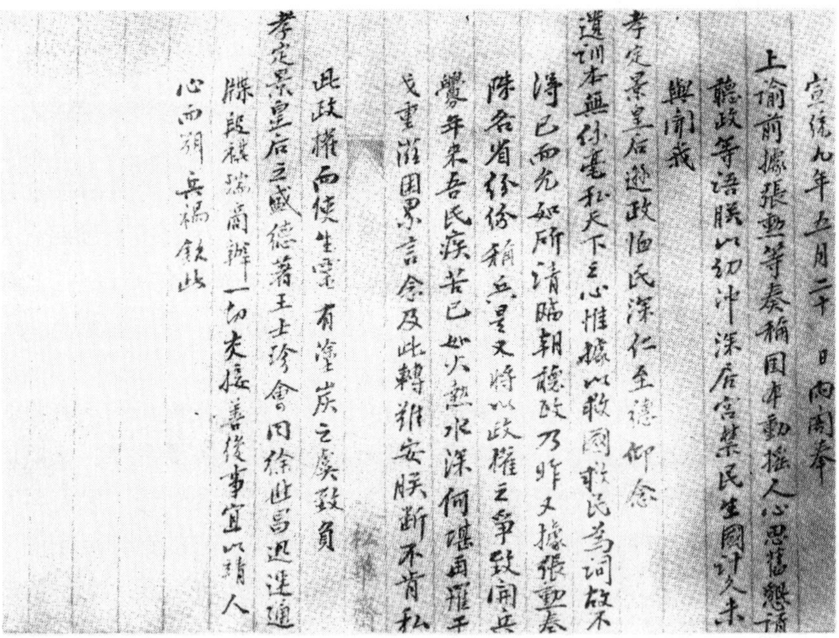
宣統九年五月二十日內閣奉
上諭前據張勳等奏稱國本動搖人心思舊懇請
聽政等語朕以幼沖深居宮禁民生國計久未
與聞我
孝定景皇后遜政恤民深仁至德仰念
遺訓本無絲毫私天下之心惟據以救國救民為詞故不
得已而允如所請臨朝聽政乃昨又據張勳奏
陳各省紛紛稱兵是又將以政權之爭致開兵
釁年來吾民疾苦已如火熱水深何堪再罹干
戈重滋困累言念及此輾轉難安朕斷不肯私
此政權而使生靈有塗炭之虞致負
孝定景皇后之盛德著王士珍會同徐世昌迅速通
牒段祺瑞商辦一切交接善後事宜以靖人
心而弭兵禍欽此

图 16　第二次《退位诏》

我的父亲和陈师傅出现了。他们都脸色发灰，垂头丧气。我看了他们拟好的退位诏书，又害怕又悲伤，不由得放声大哭。

宣统九年五月二十日，内阁奉

上谕：前据张勋等奏称，国本动摇，人心思旧，恳请听政等语。朕以幼冲，深居宫禁，民生国计，久未与闻。我

孝定景皇后逊政恤民，深仁至德，仰念遗训，本无丝毫私天下之心，惟据以救国救民为词，故不得已而允如所请，临朝听政。乃昨又据张勋奏陈，各省纷纷称兵，是又将以政权之争致开兵衅。年来我民疾苦已如火热水深，何堪再罹干戈重滋困累。言念及此，转难安朕，断不肯私此政权而使生灵有涂炭之虞，致负

孝定景皇后之盛德。著王士珍会同徐世昌迅速通牒段祺瑞，商办一切交接事宜，以靖人心而弭兵祸，

钦此！

三、北洋元老

这个退位诏并没有发出去。当时公布的只有裹夹在大总统命令中的一个内务府的声明。

大总统令

据内务部呈称：准清室内务府函称：本日内务府奉谕：前于宣统三年十二月二十五日钦奉隆裕皇太后懿旨，因全国人民倾心共和，特率皇帝将统治权公诸全国，定为民国共和，并议定优待皇室条件，永资遵守等因。六载以来，备极优待。本无私政之心，岂有食言之理。不意七月一号张勋率领军队，入宫盘踞，矫发谕旨，擅更国体，违背先朝懿训。冲人深居宫禁，莫可如何。此中情形，当为天下所共谅者。著内务府咨请民国政府，宣布中外，一体闻知，等因。函知到部，理合据情转呈等情。此次张勋叛国矫挟，肇乱天下，本共有见闻。兹据呈明咨达各情，合亟明白布告，

咸使闻知。

此令！

中华民国六年七月十七日

国务总理段祺瑞

由自认“临朝听政”的退位诏，一变为“张勋盘踞，冲人莫可如何”的

内务府声明，这是北洋系三位元老与紫禁城合作的结果。想出这个妙计的是徐世昌太傅，执行的是冯国璋总统和段祺瑞总理。

紫禁城在这次复辟中的作为，被轻轻掩盖过去了。紫禁城从复辟败局既定那天所展开的新活动，不再为外界所注意了。这是醇亲王记在自己日记中的（括弧内是我注的）：

二十日。上门。张绍轩（勋）辞职，王士珍代之。质徐菊人（世昌）。往见皇帝，告知外边情形……

二十一日。上门。现拟采用虚下渐停之法。回府。已有表示密电出发，以明态度云云。荫兄（载泽）来谈。

二十二日。上门住宿。近日七弟屡来电话信札及晤谈云云。张绍轩来函强硬云云。

二十三日。上门。回府……闻冯（国璋）已于南京继任（代理大总统）云云。张绍轩遣傅民杰来谒。六弟来函……

二十四日。由寅正余起，南河沿张宅一带开战，枪炮互放，至未正余始止射击。张绍轩已往使馆避居。

二十五日。丙辰。上门。始明白（这三个字是后加）宣布取消五月十三日以后办法（指宣布退位）。

二十八日。上门。差片代候徐太傅、段总理两处。

二十九日。初伏。差人赠于徐太傅洗尘肴馔。大雨。世相（续）来谈，据云已晤徐太傅，竭力维持关于优待条件。惟二十五日所宣布之件（指“退位诏”）须另缮改正，今日送交云。徐太傅差人来谒。申刻亲往访问徐太傅晤谈刻许。

六月初一日。壬戌。朔。上门。偕诣长春宫（敬懿太妃）行千秋贺祝（这后面贴着大总统令，将内务府的卸复辟之责的公函布告周知）。

初四日。徐太傅来答拜，晤谈甚详，并代段总理致意阻舆云。

十二日。小雨。民国于六月以来关于应筹皇室经费及旗饷仍如例拨给云云。

十四日。遣派皇室代表润贝勒往迎冯总统，甚妥洽。

十五日。差人持片代候冯总统，并赠肴馔。

十六日。上门。绍宫保（英）来谈……

十七日。上门。民国代表汤总长化龙觐见，答礼毕仍旧例周旋之……

十八日亲往访徐太傅，晤谈甚详，尚无大碍。

二十一日。上门……收六弟自津寓今早所发来函，略同18日所晤徐太傅之意，尚好尚好……

二十一日。七弟自津回京来谈。阅报民国竟于今日与德奥两国宣战了。由绍宫保送来五月二十二日之强硬函件，存以备考。

二十九日。亲访世太傅致嘱托之意。

七月初一日。壬辰。朔。上门偕见四宫皇贵妃前云云……接七弟电语，畅谈许久。

初四日。七弟来谈，已见冯总统，意思尚好……

在日记最末一页上，可以看出了紫禁城重新取得了稳定，有了顺心的新环境，用金蝉脱壳之计溜出了社会的视线，而紫禁城外的那些失败者则成了被揭露和抨击的目标。因此，我从报上的文章和师傅们的议论中，很快地得到了互相印证的消息，明白了这次复辟的内情真相。

参加洪宪帝制的孙毓筠在上海《中华新报》上发表的一篇文字和《上海新闻报》署名"指迷"的写的一篇通讯，是大致和师傅们的消息相符。复辟的酝酿，早发生在洪宪帝制失败，袁世凯的北洋系陷于四面楚歌的时候。袁的"军师"，是一度出任国务卿，后又因反对袁世凯"僭越"称帝引退的徐世昌。这时他用密电和张勋、倪嗣冲商议说："民党煎迫至此，不如以大政归还清室，项城仍居总理大臣之职，领握军权。"这个主意得到早有此心的张、倪二人同意，因后来没有得到驻北京的外国公使方面的支持，未敢行动。袁死后，徐州南京都开过北洋系军人首脑的会议，一再讨论过复辟的问题；袁的舆榇移到彰德，北洋系的首脑、督军们齐往致祭，在徐世昌的主持下取得了一致同意复辟的决议。

取得一致同意之后，复辟的组织实际却分为了两个中心。一个是徐州的张勋，另一个是天津的徐世昌。张勋由彰德回徐州，把督军们邀集一起（所谓第二次徐州会议）开会，决意先找外国人的支持，目标是日本。张经过天津的朱家宝（直隶省长）的关系和天津日本驻屯军的一个少将发生了接触，得到了赞助。又经过日本少将的关系，与在满蒙活动的善耆和蒙古匪首巴布扎布、徐蚌的张、倪、天津的雷震春、朱家宝等发生了关系，共同约定：俟巴布扎布的军队打到张家口，雷震春策动张家口方面响应，张、倪借口防卫京师发兵北上，如此便一举而成复辟之"大业"。这个计划后来因为巴布扎布的军队被奉军抵住，以巴布扎布被部下刺杀而流于失败。在另一个复辟活动中心徐世昌这里，他派了陆宗舆东渡日本，试探日本政界的态度。日本当时的内阁与军部并非完全一致，采取了和天津驻屯军少将相反的态度，不表示兴趣。陆宗舆的失败，曾引起津沪两地遗老普遍的埋怨，怪徐世昌用人失当。陆宗舆不但外交失败，内交弄得也很糟。他东渡之前先到徐州访问了张勋，把徐世昌和日方协商的条件拿给张勋看，想先取得张的首肯。张对于徐答应日本方面的条件倒不觉得怎样，唯有徐世昌要日方谅解和支持他当议政王，这一条把张勋惹恼了。他对陆说，原来复辟大业只成全了徐某一人？难道我张某就不配做这个议政王吗？从此，张徐二人之间有了猜忌，两个复辟中心开始分道扬镳。

过了不久，协约国拉段内阁参加已打了三年的欧战。徐世昌看出了一步好棋，认为以参战换得协约国的支持，大可巩固北洋系的地位，便怂恿段祺瑞去进行。段一心想以武力实现他的统一，参战即可换得日本贷款，以充其内战经费，因此也认为得计，于是提交国会。但国会的多数反对参战，正想夺取实权的黎元洪总统和国会联合一起反对段祺瑞，所谓府院之争发展到白热化，结果，国务总理被免职，跑到了天津。段到了天津暗地策动北洋系的督军们对黎元洪的中央闹独立，要求解散国会，同时发兵威胁京师。这又给张勋看成了好机会。他在第四次徐州会议上取得各省督军和北洋系冯、段等人的代表们一致的支持，认为自己确实做了督军们的盟主和复辟的领袖，于是骗得黎元洪把他认做是个和事老，请他到北京担任调解。阳历的六月下旬，他率领军队到了天津，先和北洋系的首领们做过接触，再迫黎元洪以解散国会为条件，然后进京，七月一日就演出了复辟那一幕。

许多报纸都分析张勋失败是由于独揽大权，造成了自己的孤立，首先他错在对于威名高于他的徐世昌，只给了一个弼德院长的空衔头，这就注定了败局。更重要的是，他当时竟忽略了既有野心又拥有“研究系”谋士的段祺瑞。他认为段早已附议复辟，在他过津时，段也没表示过任何不赞成复辟的意思，因此，他心里认为北洋的元老徐、冯、段已无问题，只差一个王士珍态度不明。最后在北京他把王士珍也拉到了手，即认为任何问题没有了，不料他刚发动了复辟，天津的段祺瑞就在马厂誓师讨逆，各地的督军们也变了卦，由拥护复辟一变而为“保卫共和”。结果是这一场复辟成全了段祺瑞，重新当上了国务总理，冯国璋也成了总统。

张勋气得暴跳如雷。他警告段祺瑞和那些督军们说：你们不要逼人太甚，把一切都推到我一人身上，必要时我会把有关的信电和会议纪录公布出来的。醇王日记说的“来函强硬”就是指的这件事。张勋这一手也很有效。原先充当他的后盾，出力支持他的德国人，在炮火中冒险把他从南河沿住处救出来，也无非是防止他变成俘虏之后，把另一方的内幕兜出去。冯、段这方面自然也知道张勋的危词的分量，因此也就没有逼他。冯、段政府公布命令为清室开脱的那天，同时发布过一项通缉康有为、万绳栻等五名复辟犯的命令，但被讨逆军的冯玉祥部队捕获的复辟要犯张镇芳、雷震春等人立刻被段祺瑞要去了，随即释放。过了半年，又明令宣布免除对一切帝制犯（从洪宪到丁巳复辟）的追究，只把张勋一人除外，而他实际上已经自由自在地走出了荷兰使馆，住到新买的漂亮公馆里。第二年，徐世昌就任总统后不到两个星期，特明令免予追究，后来张勋被委为林垦督办，他还嫌官小不干呢。

这些内幕新闻最引起我注意的，是民国的大人物、特别是当权的北洋系的元老们，都曾经是热心于复辟的人。这次他们都把张勋当做靶子来打，但对我却还是尽力维护的。

段祺瑞在讨逆的电报里说：

"该逆张勋，忽集其凶党，勒召都中军警长官三十余人，列戟会议，复叱咤命令迫众雷同。旋即挈康有为闯入宫禁，强为推戴，世中堂续叩头力争，血流灭鼻，瑾瑜两太妃痛哭求免，几不欲生，清帝孑身冲龄，岂能御此强暴？竟遭诬胁，实可哀怜！"

这样的绘声绘色，实在费尽了苦心。冯国璋在通电里也说：张勋"玩冲人于股掌，遗清室以至危"，又说："国璋在前清时代，本非主张革命之人，遇辛亥事起，大势所趋，造成民国。"他们为什么这样为紫禁城开脱呢？又何以甚至情不自禁地抒发了自己的感情呢？我得到的唯一结论是：这些人并非真正反对复辟，问题不过是由谁来带头罢了。

在紫禁城看来，只要能捉老鼠，花猫白猫全是好猫，无论姓张姓段，只要能把复辟办成，全是好人。

所以，在冯、段上台之后，孤臣孽子们的目光曾一度集中到这两位新的当权者。在张勋的内阁中当阁丞的胡嗣瑗，是当过冯国璋的幕府的，又活动冯国璋去了。后来段祺瑞也和世续有过接洽。但在冯、段这一年任期中，事情都没有结果。因为冯、段上台之后闹了一年摩擦，北洋系由此开始分裂为直系（冯）和皖系（段）。在忙于摩擦中，冯没有给胡嗣瑗什么明确的答复就下了台。段虽然也找过世续，透露出复辟也无不可的意思，但经过丁巳事件变得更加谨慎的世续，摸不透这位靠讨伐复辟而上台的总理是什么意思，他连忙顾左右而言他，没敢接过话头。

不过冯下台后，徐世昌出任总统，情形就不同了。在复辟刚失败之后，

《上海新闻报》那篇文章里有一段是最打动紫禁城的心的：

> 使徐东海为之，决不卤莽为是，故此次复辟而不出于张勋，则北洋诸帅早已俯首称臣……

这不但是我这刚发了皇帝瘾的人为之动心，这也是紫禁城内外的孤臣孽子们普遍的想法，至少在徐世昌上任的初期是如此。

有位六十多岁的满族老北京和我说："民国七年，徐世昌一当上了大总统，北京街上的旗人的大马车、两把头又多起来了。贵族家里又大张旗鼓地做寿、唱戏、摆宴，闹起来了。什么'贵族票友团'，什么'俱乐部'也办起来了……"

有位汉族的老先生说："民国以来北京街上一共有三次'跑祖宗'，一次是隆裕死后那些天，一次是张勋复辟那几天，最后一次是从徐世昌当大总统起，一直到'大婚'，算闹到了顶点……"

徐世昌是袁世凯发迹前的好友，发迹后的"军师"。袁世凯一生中的重大举动几乎没有一件不经过与这位军师的合计。据说袁逼劝隆裕"逊国"之前，他和军师邀集了冯、段等人一起商议过，认为对民军只可智取不可力敌，先答应民军条件，建立共和，等离间了民军，再让"辞位"的皇帝复位。后来袁世凯自己称帝，徐世昌是颇为不满的。我的一位亲戚听徐世昌一个外甥说过，"洪宪"撤销的那天他在徐家，正恰袁世凯来找徐。他听见袁一进了院子就喊大哥，他的舅舅也不像往常那样连忙出去迎接。袁进了客厅，他被堵在里边的烟室里没敢出来，从断断续续的语音里，他听见徐世昌在劝说袁世凯"仍旧维持原议"，袁世凯最后怎样说的就没听清。后来的事实说明，袁世凯没有照这意见办，或者想办未来得及办就死了。徐世昌自己从来没有放弃过这个念头，这几乎是当时人所共知的事实。

在众目睽睽之下，民国七年九月，就任大总统的徐世昌不肯进中南海的总统府，声称在正式总统府建成之前他在自己家里办公，因为中南海的风水不好，弄得前面三位总统全没好收场。他赦免了张勋，提倡读经、尊孔，举行郊天典礼。在他任内，皇室王公有的（毓朗）当了议员，有的（载涛）授为"将军"。他无论在人前人后都把前清称为"本朝"，把我称做"上边"……

在众目达不到的地方，紫禁城和徐太傅进行着不可告人的活动。在冯国璋总统任内，内务府世续让徐世昌拿走了票面总额值二百六十万两的优字爱国公债券（这是袁世凯当总理大臣时，要去了隆裕太后全部内帑之后交内务府的，据最保守的估计，实际数目比票面还要多）。徐世昌当上总统，这笔活动费起了一定作用。徐当选总统已成定局的时候，内务府五位大臣，世续、绍英、耆龄三人做主，增崇、继禄做陪，单请了徐世昌，地点是会贤堂饭庄。在什刹海近水楼台之上，楼外芙蓉出水，楼内酒过三巡。世续问道："大哥这次出山，有何抱负？"徐太傅慨然道："慰亭（袁世凯）先不该错过癸丑年的时机（指民国二年袁扑灭'二次革命'），后不该闹什么洪宪。张绍轩在丁巳又太卤莽灭裂，不得人心……"然后举杯，谦逊地说："咱们这次出来，不过为幼主摄政而已……"后来徐世昌送了世续一副对联："捧日立身超世界，拨云屈指数山川。"上联是恭维世续，下联则是自况其"拨云见日"之志。

这些千真万确的故事，当时身边的人并不肯直接告诉我。我只知道人们一提起了徐太傅，总是流露了很有希望的神情。我也记得从徐上台起，紫禁城又门庭若市，紫禁城的谥法、朝马似乎又增了行情，各地真假遗老一时趋之若鹜。至于和徐世昌的来往进展，师傅们却又语焉不详。有一回陈宝琛在发议论中间，以鄙夷的神色说："徐世昌还想当议政王，未免过分。一个'公'也就够了。"

又有一次说："当初主张以汉大臣之女为皇后，是何居心？其实以清太傅而出仕民国，早已可见其人！"

从陈宝琛说了这些话后，紫禁城再提起徐世昌，再没有过去的那股热情。我记得陈师傅把徐称做贰臣也是徐做总统末期里的事。总之，紫禁城对徐世昌的希望是逐渐淡下去了。

会贤堂饭庄以后的情形，我始终不明其详。但是事情也是很明显的：徐世昌上台一年后，他自己的情形就很不如意，自从北洋系因冯、段摩擦而分裂为直系皖系后，奉系崛起于关外，吴佩孚在中原自成势力，徐已无力凭其北洋元老资格驾驭各方，何况段祺瑞从他一上台就和他摩擦，次年又发生震动全国的五四学生运动，北洋政府更成了众矢之的。在这样的情形中，徐太傅即使复辟心愿有多高，对清室的忠顺多么让陈师傅满意，他也是无能为力的了。

尽管徐太傅那里的消息沉寂下去了，然而紫禁城小朝廷对前途并没有绝望……

四、不绝的希望

有一天，我在御花园里骑自行车玩，骑到拐角的地方，几乎撞着一个人。在宫里发生这样的事情，应该算这个挨撞的犯了君前失礼的过失，不过我倒没有理会。我的车子在那里打了个圈子，准备绕过去了，不料这个人却跪下来不走，嘴里还说：

“小的给万岁爷请个安！”

这人身上的紫色坎肩，和太监穿的一样，不过走道的神气不像。我瞅了他一眼，看见他嘴上还有一抹胡碴子，知道他并不是个太监。我骑着车打着圈子问他：

“干什么的？”

“小的是管电灯的。”

“噢，你是干那玩意儿的。刚才没摔着，算你运气。干吗你老跪着？”

听了我的话，他不但没起来，反倒又磕起头来了，“小的运气好，今天见着了真龙天子，就请万岁爷开开天恩，赏给小的个什么爵儿吧！”

我一听这傻话就乐了。我想起了太监们告诉我的，北京街上给蹲桥头的乞丐的诨名，就说：

“行，封你一个‘镇桥侯（猴）’吧！哈哈……”

我骑车跑了，一路上大乐。回头一看，没想到他正冲着我这里磕谢恩的头呢！更想不到的是这个中了官迷的人真的找到了内务府去要“官诰”。内务府的人说：“这是一句笑话，你干吗认真？”他急了，“皇上是金口玉言，你们倒敢说是笑话，不行……”这件事怎么了结的，我不知道了。

这个笑话让我想起了常常听到的乡下传说。师傅们和太监们说，内地乡下总有人问：“宣统皇帝怎么样了？”“现在坐朝廷的是谁？”“真龙天子坐上了宝座，天下就该太平了吧？”我的英国师傅根据一本他所谓的过激派的刊物的文章说，连最反对帝制的人也承认老百姓思念皇上，反对共和。因为那文章的作者自己就遇到过那一类的问题。其实现在看来很清楚，在没有任何其他“朝代”经历，又没看过什么是真共和的情形下，老乡们念叨一下“前清”，不过是表示一下对当前灾难的痛恨而已。我的师傅们把这些诅咒眼前生活的语言拾了来，作为人心思旧的证据。这个中了“狸猫换太子”的毒的电灯匠头目的故事，又让我想起了那些传说。

这样的事在徐世昌“太傅摄政”时代的末期，也还可以时时碰到。有个给直系军队做军装发了财的商人，叫王九成的，为了想得一个穿黄马褂的赏赐，曾花过不少工夫，费了不少钞票。太监们背后给他起了一个绰号叫散财童子。不知他通过了什么关节，每逢年节就混到遗老中间来磕头进贡，来时带上大批钞票，走到哪里散哪里。太监们最喜欢他来，因为不管是给他引路的、传见的、打帘子的、倒茶的，以及没事儿走过来和他说句话儿的，都会有成卷儿的钞票塞到手里来。至于在各个真正的关节地方花的钱，就更不用说了。最后他真的达到了目的，得到赏穿黄马褂的“荣誉”。

为了一件黄马褂，为了将来续家谱时写上个清朝的官衔，为了死后一个谥法，每天都有人往紫禁城跑，或者从遥远的地方寄奏折来。著名的绰号梁疯子的梁巨川，不惜投到北京积水潭的水坑里，用一条性命和泡过水的“遗折”，换了一个“贞端”的谥法。后来伸手要谥法的太多了，未免有损小朝廷的尊严，所以规定三品京堂以下的不予赐谥，以为限制。至于赏紫禁城骑马，赏乘坐二人肩舆，赐写春条、福寿字、对联，等等，限制就更严些，不但是王公大臣，就是一些民国的将领们也认为是最难得的“殊荣”。那些官职较低或者在前清没有“前程”，但又没有王九成那种本钱，走不进紫禁城的人，如当时各地“商绅”之类，他们另有追求的目标，这便是等而下之求遗老们给死了的长辈灵牌上“点主”，写个墓志铭，在儿女婚礼上做个证婚人。上海地皮大王英籍犹太人哈同的满族籍夫人姬陀罗，曾把清朝最末一位状元刘春霖，以重礼聘到上海，为他准备了特制的八人绿呢大轿，请他穿上清朝官服，为她的亡夫灵牌点主。类似的举动也发生在当时一位所谓新文士、洋博士的身上。我十五岁时由于听庄士敦师傅的介绍，知道了有位提倡白话文的胡适博士。庄士敦一边嘲笑他的中英合璧的“匹克尼克来江边”的诗句，一边又说：“不妨看看他写的东西，也算一种知识。”我因此动了瞧一瞧这个新人物的念头。老实说，这和我挨个儿传见太医时的心理一样，不过是好奇而已。有一天，在我这好奇心发作之下，打了个电话给他，没想到一叫他就来了。这次会面情形预备后面再谈，这里我要提一下在短暂的而无聊的会面之后，我从胡适给庄士敦写的一封信上发现，原来洋博士也有着那种遗老似的心理。他的信中有一段说：

> 我不得不承认，我很为这次召见所感动。我当时竟能在我国最末一代皇帝——历代伟大的君主的最后一位代表的面前，占一席地！

总之，我在紫禁城的最后几年，尽管从最后几位大总统那里得到的希望越来越少，但随着我的年岁渐长，与社会上的间接接触渐多，我却越发相信“人心思旧”这句鬼话是真的。我心里的希望在增长，欲望日益强烈。

那些王公大臣们在这几年里的心情不一定和我一样，但也肯定有相似之处。比如从外国报纸上得到的精神鼓舞，我想他们绝不会次于我的（他们知道的外国报纸的消息比我从庄士敦嘴里听到的更多更详细，而且他们在张勋复辟失败后，这方面也比我懂得更多）。现在不妨把我找到的当时庄士敦讲给我听过的最典型的一段外国文章看看。这是一九一九年九月十九日天津《华北每日邮电》的一篇题为《另一次复辟是不是在眼前?》的社论的一段：

> 共和政府的经历一直是惨痛的。今天我们看到，南北都在剑拔弩张，这种情形只能引出这样结论：在中国，共和政体经过了试验并发现有缺点。这个国家的中坚分子——富人阶层和士绅很厌恶种种互相残杀的战争，我们深信，他们一定会衷心拥护任何形式的政府，只要它能确保十八省的太平就行。
>
> 不要忘记保皇者是有坚强阵容的。他们对共和政体从来不满，但由于某种原因，他们近几年保持着缄默。显然他们同情着军阀的行动，他们有些知名之士奔走于军人集会的处所，并非没有意义。
>
> 那些暗地赞同和希望前皇帝复辟成功的人的论点是，共和主义者正在破坏这个国家，因而必然采取措施——甚至是断然措施——来恢复旧日的欣欣向荣、歌舞升平的气象。
>
> 复辟帝制绝不会受到多方面的欢迎，相反，还会受到外交上的相当大的反对，反对的公使馆也不止一个。可是，只要政变成功，这种反对就必然消失，因为我们知道：成者为王败者寇。

在王公大臣们的心里，大概没有比这样的声音更好听的了。他们从民国以来的事实，加上丁巳复辟的失败，得到最重要的知识，就是洋人的可贵。“成功”的例子，第一个就是得到英国朱尔典好感的袁世凯，轻而易举地把政权从隆裕的手里接了过来。

图17　胡适当年使用的名片

失败后得以保全的例子那就更多了。善耆和溥伟起事失败，跑进旅顺大连，就变成安然无事；黎元洪在辫子兵的威胁下，辫子兵的大帅在讨逆军的威胁下，先后跑进了外国使馆，也都变成安然无事。在北洋系未分裂前，眼光还放在北洋领袖们身上的王公大臣们，现在都明白了比北洋领袖和任何督军更有力量的还是洋人；和洋人拉好关系是进可以取，退可以守，这是王公大臣们一致的意见。在这一致的基础上，他们才给我请了英国的师傅，准备把我训练成一个可以直接和洋人发生接触的人，这样至少在我成年之前，“卧薪尝胆”之后，我可以像他们放在靠近洋人的地方的其他珍宝一样，必要时得到保险。

当然，尽管在外国人的报纸上有了那么多的鼓励性的话，直接决定小朝廷的安危和前途福祸的，还是那些拿枪杆子的军人。正如《华北每日邮电》所说，“奔走于军人集会的处所，并非没有意义”。我记得这年（一九一九）的下半年，紫禁城小朝廷和老北洋系以外的军人有了并非泛泛之交。第一个交际对象是奉系的首领，张作霖巡阅使。

起初，紫禁城收到了奉天汇来的一笔代售皇产庄园的款子，是由我父亲收转的。我父亲去函致谢，随后内务府选出两件古物，一件是《御制题咏董邦达淡月寒林图》画轴，另一件是一对乾隆款的瓷瓶，用我父亲的名义馈赠张作霖，由一位三品专差唐铭盛直接送到奉天。张作霖派了他的把兄弟、当时奉军的副总司令，也就是后来当了伪满国务总理的张景惠，随唐铭盛一起回到北京，答谢了我的父亲。从此，醇王府代表小朝廷和奉军方面有了深一层的往来。在张勋复辟时，曾有三个奉军的将领（张海鹏、冯麟阁、汤玉麟）亲身在北京参加了复辟，现在又有张景惠、张宗昌被赏赐紫禁城骑马。张宗昌当时是奉军的师长，他父亲在北京做八十岁大寿，我父亲特亲往祝贺。民国九年，直皖战争中直系联合了奉系打败了皖系，直系首领（冯国璋已死）曹锟和奉系首领张作霖进北京之后，小朝廷派了内务府大臣绍英亲往迎接，醇王府更忙于交际。因为一度听说张作霖要进宫请安，内务府大臣为了准备赐品，特意到醇王府聚议一番。结果决定，在预定的一般品目之外，加上一把古刀。我记得张作霖没有来，又回奉天去了。两个月后，醇王身边最年轻的一位贝勒得了张作霖顾问之衔，跟着就到奉天去了一趟。皖系失败，直奉合作期间，北京的奉天会馆成了奉系的将领们聚会的地方，也是某些王公们奔走的地方。连醇王府的总管张文治也成了这里的常客，他和张景惠在这里拜了把兄弟……

这两年，又和张勋复辟前的情况差不多，复辟的“谣传”弄得满城风雨。有一个外国记者向在野的黎元洪问起这件事，黎元洪说：“迟早会又闹出这个复辟来，但是成功不了。”可见这是公开的传说。我在这时和张勋复辟那时不同，可以听到较多的消息了。除了报纸，师傅们给了我较前更多的新闻。不过，陈宝琛师傅透露给我的消息不如庄士敦的多了。庄士敦师傅曾把外国报上的消息告诉过我，其中有一段他后来写进了他的著作《紫禁城的黄昏》中。这是登在民国八年十二月二十七日（也就是醇亲王派人到奉天送礼品和张景惠来北京之后的两个月）英文《导报》上的发自奉天的消息：

> 近来在此间人士尤其是张作霖将军部下中间盛传一种谣言，说将在北京恢复满清帝制以代替民国政府。根据种种断言，这次帝制将由张将军发动，合作的则有西北的皇族和军事领导人，前将军张勋也将起重要作用……说是甚至于徐总统和前冯总统，鉴于目前国家局势以及外来危险，也都同意恢复帝制……至于曹锟、李纯以及其他次要的军人，让他们保持现有地位再当上王公，就会很满足了。

我从庄士敦那里得知这段新闻，是比较靠后一些时间，因为我记得他同时还讲过一些比这个消息晚得多的其他关于张作霖活动复辟的传说。大概这类消息一直传播到民国十一年，即张作霖又败回东北时为止。这些消息我从中文报纸上也看到过一些（上海报为多）。我对上面这条消息印象特别深刻，因为这条消息是最先使我从心底出现了欣喜之情，同时也让我得以理解，为什么奉军首领们对紫禁城那样热诚，为什么端康“千秋”时张景惠也夹在王公大臣之间来磕头，为什么人们说奉天会馆特别热闹，某些王公们那样兴致勃勃。

但正当我刚刚有点明白，刚刚对张作霖有了热情的时候，昨天还合作着的直奉两系，突然也发生了摩擦，开起火来了。结果是奉军失利，又跑到山海关外去了。

奉军败走，徐世昌接着忽然下台；直军统治了北京，在张勋复辟时被赶下台的黎元洪又二次当了总统。在这次政局变动中，紫禁城又发生了新的惊慌。这次和张勋复辟那次不同的，是已经有了像庄士敦这样可以起保险作用的人，王公大臣们就请求庄士敦带我到英国使馆去避难。庄士敦和英国公使贝尔利·阿尔斯顿勋爵商议了之后，回答说，英国公使馆可以给庄士敦个人拨出一些房间，必要时我可以作为庄士敦的私人客人住到里面去，同时英国人又找葡萄牙和荷兰公使馆交涉好，必要时可以容纳皇室其他的人去避难。这样安排好了，后来却没有出现那种必要的情况。这里有一事件值得一说。在奉军败走，徐世昌下台之后不久，我由于种种的不安和其他后来要谈到的原因，忽然又请求庄士敦，立即带我出洋，并且叫他预备好汽车接我，我打算不征求王公大臣们的同意就离开这里。我这个请求是突然之间把他找来提出的。这位英国师傅被这意外的事情弄得怔住了，他几乎是来不及思索地就回答我：“这是不合时宜的，陛下要冷静考虑到，徐总统刚逃出北京，皇帝陛下立刻从紫禁城失踪，这会引起联想，说徐世昌和清室有什么阴谋。再说，在这种情形下，英国也不会接受陛下……”

当时我却没有这种联想的本领，因为人们不曾告诉我，张、徐之间以及张、徐与小朝廷之间暗中发生的事情，当然更想不到直奉战争之发生以及这一场胜负和东交民巷的关系。我当时一听这个要求办不到，只好拉倒，不去多费脑筋了。

这是民国十一年春夏间的事。紫禁城登了报，声明说清室和奉军有什么关系不过是个谣言，以后也没发生什么问题。第二年，直系的首领曹锟用五千元买一张选票的办法，贿赂议员选他当上了总统。紫禁城对这位直系首领的恐惧刚刚消失，又对另一位直系首领，声望日高而实力日益强大的吴佩孚发生了兴趣。在我民国十一年结婚之前，我知道王公大臣们安排过给吴佩孚送礼的事。我结了婚，按例算做成人，王公大臣们办事要向我直接谈了。新来的遗老、后来当伪满的第一任国务总理的郑孝胥就向我献策说，吴佩孚是个最有希望的军人，他素来以关羽自居，心存大清社稷，大可前去游说。这年吴佩孚在洛阳做五十大寿，在我同意之下，郑孝胥带了一份厚礼前去拜寿。但吴佩孚的态度若即若离，总没有明白的表示。后来康有为也游说他，康有为把他和吴的往来信札也给我看了，也没得到肯定的结果。事实上吴的得意时代也太短促了，就在他做寿的第二年，直奉又发生战争，吴佩孚部下的冯玉祥“倒戈”宣布和平，结果吴佩孚一败涂地，我也在紫禁城坐不住，被冯玉祥的国民军赶了出来。

在我结婚前最后这几年沧海白云之间，小朝廷里王公大臣们心情变化并不完全一样，主张越来越分歧。和年轻的王公正相反，表现最为消极的是内务府领衔大臣世续。他从丁巳复辟起，越来越泄气，后来成了完全灰心悲观的人。他甚至和人这样说过：就算复辟成功，对我也没有什么好处。他的理由是那些不知好歹的年轻王公必定更有恃无恐地胡闹，直到闹出一场比辛亥更大的乱子为止。他又说，就算王公出息多了，出不了乱子，我这位皇帝自己也保不了自己的险，说不定会给自己弄个什么结局。他最后的主张，是给我选一门理想的亲。他认为最好选一门没落贵族，因为这种人家的女儿会过日子，不至于把我的“家产”毁得太快；如果不这样，就和蒙古王公结亲，以便必要时我可以跑到老丈人家去过日子。如果我当时听到他的议论，准会气死，但今天我却不得不佩服他有知人之明。世续死于我结婚前一年左右，他去世前一年即因病不多问事，代替他的是绍英。绍英的见识远不如他的前任，谨慎小心胆小怕事则有过之。在绍英心里，只有退保，决无进取打算。他要保守的与其说是我这个皇上，倒不如说保的是“优待条件”。因为保住这个东西就等于保住了他的一切——从财产生命到他的头衔。他是首先从庄士敦身上看到这种保险作用的。他宁愿把自己的空房子白给外国人住，也不收出高租金的中国人为房客。庄士敦自己不愿意领他这份情，帮忙给找了一个外国人做了他的邻居，在他的屋顶上挂上了外国的国旗，因此他对庄士敦是感恩不尽的。

处于最年轻的王公和最年老的内务府大臣之间的是陈宝琛师傅。他不像世续那样悲观，也不像绍英那样除了保守优待条件以外，别的事连想也不想。他是深信将来“圣德日新”，到时候必然“天与人归”的。他不像年轻的王公们对军人们那么感兴趣，他并不反对和军人们联络，他甚至自己亲自出马去慰劳过冯玉祥。在商议给军人送礼时，出主意的也有他一份，不过，他一向对军人不抱多少希望。他的希望正相反，是放在军人火并的最后结局上，他认为到那时自然民国垮台，出现“天与人归”的局势。自从张勋失败，陈宝琛总是翻来覆去给我讲《孟子》这一段：

> 故天将降大任于斯人也，必先苦其心志，劳其筋骨，饿其体肤，空乏其身，行拂乱其所为，所以动心忍性，曾益其所不能……

一直到我结婚前后，陈师傅始终是我的灵魂，他的教导被我奉为圭臬。他的意见代表了我周围许多遗老的想法。遗老们一贯爱说的就是遵时养晦、卧薪尝胆、“皇上春秋鼎盛，圣德日新……”之类的话。后来来了郑孝胥、罗振玉以及金梁这些被陈宝琛看做二流的遗老，陈师傅们的话在我心里又显得有些腐旧了。不过他还是对我的主要支配力量。开始削弱他的影响的是英国师傅庄士敦。

五、庄士敦

我第一次看见外国人，是有一年隆裕太后招待外国公使夫人们的时候。那些外国妇女们的奇怪服装，特别是她们的眼睛五颜六色，头发眼眉连眼睫毛都是黄的，让我觉得又寒碜，又可怕。不过我还没看见过外国的男人，从石印的画报上，我看到的是他们嘴上都有个大八字胡，裤腿上都有一条线，手里都有一根棍子。据太监们说，外国人的胡子很硬，胡梢上都可以挂一只灯笼，外国人的腿很直，所以，在庚子那年有位大臣给西太后出主意说，和外国兵打仗只要用竹竿子把他们捅倒，他们就爬不起来了。至于外国人手里的棍子，太监说叫做“文明棍”，是打人用的。我的陈宝琛师傅到过南洋，见过外国人，他给我讲的国外知识逐渐代替了幼时的印象和来自石印画报和太监们的传说，但当我听说要来个外国人做我的师傅的时候，我这十四岁的少年仍满怀着新奇而不安之感。

我的父亲和中国师傅们"引见"雷堪奈尔德·约翰·弗莱明·庄士敦先生的日子，是一九一九年三月四日，地点就是毓庆宫。首先，是按着接见外臣的仪式，我坐在宝座上，他走进屋门，向我行一鞠躬礼，然后前进到我座前，又行一鞠躬礼，我起立和他行握手礼，他退后一步，又行一鞠躬礼，退出门外。这个礼行完了他再进来，我又向他行一鞠躬，这算是师生的见面礼。这些礼都完了，在朱益藩师傅陪坐下，开始上课。

图18　庄士敦和溥仪（右）、润麒（中）、溥杰（左）

在礼来礼往之间，我发现庄士敦师傅倒并不十分可怕。他的中国话非常流利，比陈师傅的福建话和朱师傅的江西话还好懂。庄师傅那年大约四十岁多一点，显得比我父亲苍老，而动作却敏捷灵巧。他的腰板很直，我甚至还怀疑他的衣服里有什么铁架子撑着。他没有什么八字胡和文明棍，自然他的腿也能打弯，但总给我一个硬邦邦的感觉。特别是他的一双蓝眼睛和惨白头发，看着很不舒服。

他来了大概一个多月之后，这天他讲了一会儿书，忽然回头恶狠狠地看了悄悄地立在墙壁跟前的太监一眼，涨红了脸，愤愤地对我说：

“内务府这样对待我，是很不礼貌的。为什么别的师傅上课没有太监，唯有我的课要一个太监站在那里呢？我不喜欢这样。”他把喜的音念成 see，“我不喜欢，我要向徐总统提出来，因为我是徐总统请来的！”

后来太监果然不再站在那里了。我不知道他是怎么和徐总统说的，也不知徐世昌又是怎么和内务府说的，不过，我感到这个外国人很厉害，所以在最初，我倒是规规矩矩地跟他学英文，不敢像对中国师傅那样，念得腻烦了就瞎聊，甚至叫师傅放假。

这样的日子并不长。过不了两三个月，我就发现，这位英国师傅和中国师傅们相同的地方越来越多。他不但和中国师傅一样恭顺地称我为皇上，而且也一样地在我念得烦厌的时候，推开书本陪我闲聊，讲些山南海北古今中外的掌故。根据他的建议，英文课也添了一个伴读的学生，和中国师傅的做法一模一样。

这位苏格兰老夫子是英国牛津大学的文学硕士。他到宫里教书是由于老洋务派遗老李经迈（李鸿章之子）的建议，经徐世昌总统代向英国公使馆交涉，正式被清室聘来的。他曾在香港英总督那里当秘书，入宫之前，是英国租借地威海卫行政长官。据他自己说，他在亚洲已度过二十多年，在中国走遍了内地各省，游遍了名山大川，古迹名胜。他通晓中国历史，熟悉中国各地风土人情，对儒墨释老都有研究，对中国古诗特别欣赏。他读过多少经史子集我不知道，我却看见过他真像中国师傅一样，摇头晃脑抑扬顿挫地读唐诗。

他和中国师傅们同样地以我的赏赐为荣。他得到了头品顶戴，专门做了一套清朝袍褂冠带，穿戴整齐地站在他的西山樱桃沟别墅门前，在我写的“乐静山斋”四字匾额下面，拍成照片，广赠亲友。内务府在地安门里油漆作一号租了一所四合院住宅，给这位单身汉的师傅住。他把这个小院布置得俨然像一所遗老住宅，一进门，在门洞里可以看见四个红底黑字的“门封”，一边是“毓庆宫行走”、“赏坐二人肩舆”，另一边是“赐头品顶戴”、“赏穿带膆貂褂”。每逢受到重大赏赐，他必有谢恩折，这是第一次得到二品顶戴的赏赐后写的：

臣庄士敦跪

奏为叩谢天恩事。宣统十三年十二月十三日钦奉谕旨：庄士敦教授英文，三年匪懈，著加恩赏给二品顶戴，仍照旧教授，并赏给带膆貂褂一件，钦此。闻命之下，实不胜感激之至。

谨恭折叩谢

皇上

天恩。谨

奏。

庄士敦采用《论语》"士志于道"这一句，给自己起了个"志道"的雅号。他欣赏着中国茶或中国的牡丹花，和遗老们谈古论今。他到回国养老后，在家里专辟一室，陈列着我的赐物和他的清朝朝服、顶戴等物，在自己购置的小岛上悬起"满洲国"的国旗，以表示对皇帝的忠诚。然而，最先造成我们师生的融洽关系的，是他的耐心。今天回想起来，这位爱红脸的苏格兰人能那样地对待我这样的学生，实在是件不容易的事。有一次，他给我拿来了一些外国画报，上面都是关于第一次世界大战（当时叫欧战）的图片，大都是显示协约国的军威的飞机、坦克、大炮之类的东西。我让这些新鲜玩意儿吸引住了。他看出了我的兴趣，就指着画报上的东西在旁作讲解，坦克有什么作用，飞机是哪国的好，协约国军队怎样的勇敢……起初我听得还有味道，不过只有一会儿工夫我照例又烦了。我拿出了我的鼻烟壶，把鼻烟倒在桌子上，在上面画起花来。庄师傅一声不响地收起了画报，等着我玩鼻烟，一直等到下课的时候。还有一次，他给我带来一些外国的糖果，那个漂亮的轻铁的盒子，银色的包装纸，各种水果的香味，让我大为高兴。他就又讲起那水果味道是如何用化学方法造成的，那些整齐的形状是机器制成的。但是，什么叫做化学，机器如何巧妙，我一点也听不懂，也不想懂。我吃了两块糖，想起了桧柏树上的蚂蚁，也想让它们尝尝化学和机器的味道，于是我就跑到跨院去了。这位苏格兰老夫子于是又守着糖果盒子等在那里，一直等到下课。

庄师傅教育我的苦心，我也逐渐地明白，而且感到高兴，愿意听从。他的教育不只是英文，或者说，英文倒不重要，三年间我只不过学了一部英文四书和一本童话书，他更注重的是教育我像个他所说的 English Gentleman（英国绅士）那样的人。我十五岁那年，决心完全照他的样来打扮自己，叫太监到街上给我买了一大摞西装来。我穿上一套完全不合身、大得出奇的西服，而且把领带像绳子似的系在领子的外面，当走进毓庆宫叫他看见的时候，他简直气得发了抖，叫我赶快回去换下来。第二天，他带来了裁缝给我量尺寸，定做了英国绅士的衣服。后来他说：

"如果不穿合身的西装，还是穿原来的袍褂好。穿那种估衣铺的衣服的不是绅士，是……"他转头对溥佳说，"我不希望你像个 Beggar boy（乞儿）!"

"假如皇上将来出现在英国伦敦，"他常对我说，"总要经常被邀请参加茶会的。那是比较随便而又重要的聚会，举行时间大都是星期三，在这里可以见到贵族、学者、名流，以及皇上有必要会见的各种人。衣裳倒不必太讲究，但是礼貌十分重要。如果有人喝咖啡像灌开水似的，或者拿点心当饭吃，或者叉子勺儿叮叮当当地响，那就坏了。在英国，吃点心喝咖啡是 Refreshment（恢复精神），不是吃饭……"

尽管我对庄士敦师傅的循循善诱不能完全记住，我经常在吃第二块点心的时候就把吃第一块时记住的忘得一干二净，可是画报上的飞机大炮、化学糖果和茶会上的礼节所代表的西洋文明，还是深深印进了我的心底。从看欧战画报起，我有了看外国画报的爱好，我首先从画报上的广告得到了冲动，立刻命令内务府给我向外国定购画报上的洋犬和外国皇冠上那样的钻石。我按照画报上的样式，叫内务府给我买洋式家具，在养心殿装设地板，把紫檀木装铜活的炕几换成了抹着洋漆、装着白瓷把手的炕几，把屋子里弄得不伦不类。我按照庄士敦的样子，大量购置身上的各种零碎：怀表、表链、戒指、别针、袖扣、领带，等等。我请他给我起了外国名字，也给我的弟弟妹妹们和我的"后""妃"起了外国名字，我叫亨利，婉容叫伊丽莎白。我模仿他那种中英文夹杂着的说话方法，成天和我的伴读者用这种话来交谈：

"威廉姆（溥杰的名字），快给我把 pencil（铅笔）削好……好，放在 desk（桌子）上!"

"阿瑟（溥佳的名字），today（今天）下晌叫莉莉（我三妹的名字）他们来，hear（听）hear 外国军乐!"

说的时候，洋洋得意。听得陈宝琛师傅皱眉闭目，像酸倒了牙齿似的。

总之，后来在我眼里，庄士敦的一切都是最好的。甚至连他衣服上的樟脑味也是香的。庄士敦使我相信西洋人是最聪明、最文明的人，而他正是西洋人里最有学问的人。恐怕连他自己也没料到，他竟能在我身上产生这样大的魅力：他身上穿的毛呢衣料竟使我对中国的丝织绸缎的价值发生了动摇，他口袋上的自来水笔竟使我因中国的毛笔宣纸而感到自卑。自从他把英国兵营的军乐队带进宫里演奏之后，中国的丝弦我就更觉不能入耳，甚至连丹陛大乐的威严也大为削弱。只因庄士敦讥笑说中国人的辫子是猪尾巴，我这才明白脑袋后的这东西确实不雅观，立刻毫不犹疑地把它剪掉了，和谁也没商量。

顺便说一下，那次剪辫子的影响真是不小。从民国二年起，民国当局的内务部就几次给内务府来函，请紫禁城协助劝说旗人剪辫，也劝说紫禁城里也剪掉它，语气都非常和婉，更没提到我的头上以及大臣们的头上，主要的还是希望劝说旗人执行，因为有许多人借口在宫中当差而拒绝剪辫。内务府用了不少理由去搪塞内务部，甚至辫子可做识别进出宫门的标志也作为一条理由。这件事拖了好几年，紫禁城内依旧是辫子世界。没想到庄士敦教了我不到一年，我就首先自己剪了辫子，我这一剪，几天工夫千把条（除了几个内务府大臣和三位中国师傅）的辫子全不见了。如果把间接影响算上，还不止此数。因为溥杰、溥佳和毓崇回家之后也借口奉旨剪了辫子，这在各王府里也造成了影响。归根结底，这还是庄师傅的作用。

那次剪辫子惹得太妃们痛哭了一场，老师们也闷闷不乐，各地的遗老们知道了也少不得有人流泪叹气，因为头上有个辫子和紫禁城有个皇帝，同样是具有最大象征意义的事情。庄士敦的出现，一下子给去掉了一半，这还不算，后来他又建议让皇帝迁出紫禁城，搬到颐和园去住，有些遗老简直给他气疯了。最让内务府大臣不满的是，庄士敦还建议派精明的汉大臣参加内务府，而庄士敦经常把听来的关于内务府里有人和外面的古玩商勾勾搭搭的消息告诉我，内务府也能猜得到。这些事造成了内务府的司员们对庄士敦越来越不满意，但是又没办法，因为一则内务府大臣们舍不得丢掉这个保险票，一则他越来越受我的信任，即使有人想把他挤走也不可能了。

图 19　溥仪刚剪过辫子

那时宫内开支仍然十分庞大，而民国供给的经费年年拖欠，内务府为了筹办经费，每年都要拿出古玩、字画、金银、瓷器去变卖和抵押。我逐渐地从庄士敦这里，也从一些报纸的隐晦的消息里知道里面有鬼，至少是售价很吃亏。我对于这类事本来不操心，不过有一次我听说要卖掉一座有一人高的金塔，起了疑心，才想起要过问一下。我想起了庄士敦说过，内务府拿出的金银制品如果当做艺术品来卖，都是有很高价值的，可是听说每次都是按重量卖，吃了很大的亏，除非是傻子才这样干。我把内务府的人叫来问这个金塔是怎么卖法。一听说，果然是按重量卖的，我立刻大发脾气：

“这除非是傻子才干的事，你们就没有一个聪明人吗?”

内务府的人大概认为这是庄士敦拆他们的台，他们想了一个对付庄士敦的办法，把金塔抬到庄士敦的家里，说是皇上请他代售。庄士敦立刻看穿了这个把戏，大怒道：“假如你们不拿走，我马上奏明皇上!”

在我结婚前后，毓庆宫的最后一年里，庄士敦已是我的灵魂的一部分。我们谈论课外问题所占用的上课时间已经越来越多，谈论的范围也越来越广泛。他给我讲过英国王室的生活，各国的政体国情，大战后的列强实力，世界各地风光——日不落的大英帝国土地上的风物，中国的内战局势，中国的“白话文运动”（他这样称呼五四新文化运动）和西方文明的关系，他谈论到复辟的可能性和不可靠的军阀态度……

有一次他说：“从每种报纸上都可以看得出来，中国的人民是思念大清的，连穷乡僻壤里的农人也要询问皇帝陛下的消息，每个人对共和制都厌倦了。我想暂且不必关心那些军人们的态度，皇帝陛下也不必费那么多时间从报纸上去寻找他们的态度，也暂且不必说他们拥护复辟和拯救共和的最后目的有什么区别，这都不必去谈，总而言之，陈太傅的话是对的，皇帝陛下圣德日新是最要紧的。所谓圣德日新，总不是在紫禁城的天地中的事。在欧洲，特别是在英王陛下的土地上，在英王太子读书的牛津大学里，皇帝陛下总是可以得到许多必要的知识，展开必要的眼界的……”

在我动了留学英国的念头之前，他已给我打开了不小的“眼界”——如果这可以叫做眼界的话。经过他的介绍，紫禁城里出现过英国海军司令，香港英国总督，日本驻天津总领事，二次大战之后当过首相的吉田茂……每个人对我都是彬彬有礼地表示了对我的尊敬，称我为皇帝陛下。

我对欧化生活的醉心和对庄士敦亦步亦趋的模仿，也并非完全使这位外国师傅满意。比如穿衣服，他就另有见解，或者说，他另有对我的兴趣。在我结婚那天，我就有了这种的感觉。那天我在招待外国宾客的酒会上露过了一面，祝了酒，回到养心殿后，脱下我的龙袍，换上了我平常爱穿的一套西式猎装。这时，庄士敦带着他的朋友们来了。一位外国老太太眼尖，她首先看见了我站在廊子底下，就问庄士敦：

“那个少年是谁？”

庄士敦看见了我，打量了一下我这身装束，立刻脸上涨得通红，那个模样简直把我吓了一跳，而那些外国人脸上做出的那种失望的表情又使我莫名其妙。外国人走了之后，庄士敦的气还没有消，简直是气急败坏地对我说：

“这叫什么样子呵？皇帝陛下！中国皇帝穿了一身西洋的猎装，我的上帝……”

六、结　　婚

当王公大臣们奉了太妃们之命，向我提出我已经到了“大婚”的年龄的时候，我是当做一件“龙凤呈祥”天经地义的事来接受的。如果说我对这件事还有点个人兴趣的话，那是因为结婚是个成人的标志，经过这道手续，别人就不能把我像个孩子似的管束了。

对这类事情最操心的是老人太们。民国十年年初，即我刚过了十五周岁的时候，太妃们就找了我父亲商议这件事，并且召集了十位王公，参与议婚。从议婚到成婚，经历了将近两年的时间，在这中间，由于庄和太妃和我母亲的先后去世，师傅们因时局不宁谏劝从缓，特别是发生了情形颇为复杂的争执，议婚曾有过几起几落，不能定案。

议婚的事提起了不多天，庄和太妃去世。剩下的三个太妃，对未来“皇后”人选，各有打算。主要的是一直不和睦的敬懿和端康之间发生了争执，两个太妃都想找一个跟自己亲近些的当皇后。这个争执不单是由于老太太的偏爱，而是和将来自己的地位大有关系。敬懿太妃原是同治的妃，她总忘不了慈禧在遗嘱上把我定为承继同治、兼祧光绪的这句话，隆裕太后在世时不满不睬这一套，并不因为这句话而对同治的妃有什么尊重的表示，反而把同治的妃打入冷宫，是使她非常仇恨的。隆裕死后，虽然太妃被我一律以皇额娘相称，但袁世凯又来干涉“内政”，指定端康主持宫中，因此，敬懿依然不能因“正宗”而受到重视，她的夙志未偿，对端康很不服气。我和端康吵架时受到她的暗中支持，就是这个道理。议婚过程中，这两个太妃都把“册立皇后”问题看做取得优势的重要步骤，各自提出了自己中意的候选人，互不相让。

最有趣的是我的两位叔父，就像从前一个强调海军，一个强调陆军，在摄政王面前各不相让的情形一样，也各为一位太妃奔走。“海军”主张选端恭的女儿，“陆军”主张选荣源的女儿。为了做好这个媒，前清的这两位统帅连日仆仆风尘于京津道上，匆匆忙忙出入于永和宫和太极殿。

究竟选谁，当然要“皇帝”说话，这就是要“钦定”一下了。同治和光绪用的办法，是把候选的姑娘们都找来，站成一排，由未来的新郎当面挑拣，挑中了的当面做出个记号来——我听到的有两个说法，一说是递玉如意给中意的姑娘，又有说是把一个荷包系在姑娘的扣子上。到我的时代，经过王公大臣们的商议，认为把人家闺女摆成一溜挑来挑去的时候已经过去了，就改为挑照片的办法，我看着谁好，就用铅笔在照片上做个记号。

当然，过去未婚的皇帝这个做法也不能证明婚姻是完全由他自主的，慈禧就因为同治选的皇后不称她的心，到光绪选后的时候，便硬作主张，强使光绪不得不选了她的侄女那拉氏（隆裕）。所以，光绪的“自主”，不过走个形式。我这次选“对象”，太妃们本想事先取得一致意见再向我授意的，可是她们争执不下，结果倒达成临时协议，要让我自己做主挑一个。

照片送到了养心殿来，一共是四张。这四位姑娘的玉容，在我看来，都是一个模样，每位都有个像纸糊的桶子似的身段，脸部很小，实在也分不出丑俊来，如果一定要比较，也只能比一比谁的旗袍花色特别些。我那时既想不到什么终身大事之类的问题，也没有个什么标准，我不费思索地在一张似乎顺眼一些的相片上，用铅笔画了一个圈儿。

这是满洲额尔德特氏端恭的女儿，名叫文绣，又名惠心，比我小三岁，看照片的那年是 12 岁。这是敬懿太妃所中意的姑娘。这个挑选结果送到太妃那里，端康太妃不满意了，她不顾敬懿的反对，非叫王公们来劝我重选她中意的那个不可，理由是文绣家贫寒，长得也不好，而她推荐的这个是个富户，又长得很美。这是满洲正白旗郭布罗氏荣源家的女儿，名婉容，字慕鸿（后来在天津有个驻张园的日本警察写了一本关于我的书，把慕鸿写成秋鸿，以后以讹传讹，又成了鸿秋），和我同岁，看照片那年是十五岁吧。我听了王公们的劝告，依然没走什么脑子，心里想你们何不早说，好在用铅笔画圈不费什么事，于是我又在婉容的相片上画了一下。

可是敬懿和荣惠两太妃又不愿意了。不知太妃们和王公们是怎么争辩的，结果荣惠太妃出面对我来说：“既然皇上已经圈过文绣，她是不可能再嫁给臣民了。”因此，可以纳为妃。我想，一个老婆我还不觉得有多大的必要，怎么一下子还要给我两个呢？我不大想接受这个意见。可是禁不住王公大臣根据祖制说出“皇帝必须有后有妃”的道理，我想这也是真的，中国皇帝历代也没有听说谁只有一个老婆，既然这是皇帝的特点，我当然要具备，于是我也答应了。

这个选后妃的过程，说得简单，其实是用了一年的时间才这样定下来的。

图 20 "皇后"郭布罗·婉容（十七岁）

定下了之后，王公们去找徐世昌，这位一度想当国丈的大总统，表示了同意，答应了到举行婚礼时给予各方照顾，这就是说，排场摆起来，是没有问题的。不过这时直奉战争发生了，婚礼拖了下来，直拖到民国十二年年初（阴历年前），这时徐世昌已经下台，而大规模的婚礼筹备工作已经收不住辔头，虽然筹备的王公们对二次上台的黎元洪总统不像对徐世昌那么信赖，可是还是大办起来了。

我知道有一部分大臣，事先对于准备采取这样大的婚礼规模，是以为不智的，认为这必定对社会发生一种刺激，弄不好很可能引起攻击，而徐世昌下台、张作霖败走后的当权人物是否肯给包庇下来，也还有疑问。但是事情的结果，却是出乎这部分人的意外，使大部分在徐、张下台后变成垂头丧气的王公大臣、遗老遗少们，不啻吃了一服还魂汤。

首先是民国当局答应给的支持，即使徐世昌在台上也不过如此。民国的财政部写来一封颇含歉意的信给内务府，说经费实在困难，以致优待岁费不能发足，现在为助大婚，特意从关税款内拨出 10 万元来，其中两万，算民国贺礼。同时，"步军统领衙门"特派官兵担任警卫。计开：

"大征礼"随行警卫及荣源宅门前警卫官长两名，士兵十二名；

"淑妃进宫"沿途及神武门、"妃邸"门前官员三十一名，士兵四百一十六名；

"行册立礼"沿途及神武门、"后邸"门官员三十四名，士兵四百五十八名；

"皇后凤舆"沿途及神武门、"后邸"门官兵三百八十余名；

"大婚典礼"沿途及神武门、"后邸"门官兵六百零一名；

"皇后妆奁进宫"沿途及神武门、"后邸"门官长二十二名，目兵二百零六名，“淑妃妆奁进宫”同上，在东华门、新安门前拦阻行人用官长八员，目兵一百名。

总起来，大约出动了陆军官兵二千四百九十八人次。另外，还有大批宪兵、警察、保安队、消防队，不必都统计了。

本来按民国的规定，只有神武门属于清宫，这次破例，特准“凤舆”从东华门进宫。

全部婚礼全部仪程是五天：

十一月二十九日午时，淑妃妆奁入宫。

十一月三十日午刻，皇后妆奁入宫。巳刻，皇后行册立礼。丑刻，淑妃入宫。

十二月一日子刻，举行大婚典礼。寅刻，迎皇后入宫。

十二月二日，帝后到景山寿皇殿向列祖列宗行礼。

十二月三日，帝在乾清宫受贺。

在这个仪程之外，还有从婚后次日起连演三天戏。在这个礼仪之前，即十一月十日，还有几件事是预先做的，即纳彩礼，晋封四个太妃（四太妃从这天起才称太妃）。事后，又有一番封赏荣典给王公大臣，不必细说了。

这次举动最引起社会上反感的，是小朝廷在一度复辟之后，又公然到紫禁城外边摆起了威风。在民国的大批军警放哨、布岗和恭敬护卫之下，清宫仪仗耀武扬威地在北京街道上摆来摆去。在正式婚礼举行那天，在民国的两班军乐队后面，是一对穿着蟒袍补褂的册封正副使（庆亲王和郑亲王）骑在马上，手中执节（像苏武牧羊时手里拿的那个鞭子），在他们后面跟随着民国的军乐队和步兵马队、警察马队、保安队马队。再后面则是龙凤旗伞、鸾驾仪仗72副，黄亭（内有“皇后”的金宝礼服）四架，宫灯三十对，浩浩荡荡，向“后邸”进发。在张灯结彩的“后邸”门前，又是一大片军警，保卫着婉容的父亲荣源和她的兄弟们——都跪在那里迎接正副使带来的“圣旨”……

民国的头面人物的厚礼，也颇引人注目。大总统黎元洪在红帖子上大书特书“中华民国大总统黎元洪赠宣统大皇帝”。共赠送礼物八件，计：珐琅器四件，绸缎二种，帐一件，联一副，其联文云“汉瓦当文，延年益寿，周铜盘铭，富贵吉祥”。已下台的前总统徐世昌也送了贺礼两万元和许多贵重的礼物，包括二十八件瓷器和一张富丽堂皇的龙凤中国地毯。另外，张作霖、吴佩孚、张勋、曹锟、颜惠庆……大批民国的军阀政客都赠送了现款和许多别的礼物。

民国派来大礼官黄开文，另有陆军中将、少将和上校各一名为随员，以对外国君主之礼正式祝贺。总统府侍从武官长荫昌的举动最是出色，他穿着一身西式大礼服，向我鞠躬以后，忽然宣布："刚才那是代表民国的，现代表奴才自己给皇上行礼。"说罢，就跪在地下磕起头来。

当时许多报纸对这些怪事发出了讥刺的评论，这也挡不住王公大臣们的兴高采烈，许多地方的遗老们更如惊蛰后的虫子，成群飞向北京，带来他们自己的和别人的现金、古玩等等贺礼，其总数很难估计。重要的还不是钱，而是声势，这个声势大得连他们自己也出乎意外，以致又觉得事情像是大有可为的样子。

最令王公大臣、遗老遗少以及太妃们大大兴奋的，是东交民巷来的客人们。这是辛亥以后紫禁城中第一次出现外交官员。虽然说他们是以私人身份来的，但这毕竟是外交官员。

为了表示对外国客人的观礼的重视和感谢，按庄士敦的意思，在乾清宫特意安排了一个招待酒会。梁敦彦（张勋复辟时的外务部大臣）给我拟了一个英文谢词，我按词向外宾念了一遍：

> 今天在这里，见到来自世界各地的高贵的客人，朕感到不胜荣幸。谢谢诸位光临，并祝诸位身体健康，万事如意。

在这闹哄哄之中，我从第一天起一遍又一遍地想着一个问题："我有了一后一妃，成了家了，这和以前的区别何在呢？"我又一遍又一遍地回答："我是成年了。如果不是闹革命，是我'亲政'的时候开始了！"

除了这个想法之外，对于夫妻、家庭，我几乎连想也没想它。只是在头上盖着一块绣着龙凤的大花缎子的"皇后"进入我眼帘的时候，我才由于好奇心，想知道她长得是个什么样。

按着传统，皇帝和皇后新婚第一夜，要在坤宁宫里的一间不过十米见方的喜房里度过。这间屋子的特色是除了地皮，全涂上了红色，也没有什么陈设，三分之一的地方叫炕占去了。行过"合卺礼"，吃过了"子孙饽饽"，进入这间一片暗红色的屋子里，我觉得很憋气，连新娘子是什么样子也没兴趣看了——屋子又暗得很，也实在看不清楚。她坐在炕上，低着头，我在旁边看了她一会儿，这个凤冠霞帔浑身闪着像碎玻璃似的反光，一声不响的"皇后"，令我觉得生疏得很。我又环视一下这个很不习惯的环境，不由得十分闷气。我坐也不是，站也不是，想起了我的养心殿，我开开门，回去了。

我回到了养心殿，一眼看见了裱在墙壁上的宣统朝全国各地大臣的名单，那个问题又来了：

“我有了一后一妃，是成人了，和以前有什么不同呢？”

被孤零零地扔在坤宁宫的婉容是什么心情？还有那个不满十四岁的文绣在宫里想些什么？我都连想也想不到。当王公大臣遗老遗少们正为这些空前的声势、民国当局的怂恿和外国人的观礼而欢欣鼓舞幻想万千之际，我想的只是这类念头：

“如果不是革命，我就开始亲政了……我自己亲手要恢复我的祖业！”

七、内部冲突

自从庄士敦入宫以来，我在王公大臣们的眼里逐渐成了最不好应付的皇帝。到了我结婚前后这段时间，我的幻想和举动，越发叫他们感到离奇而惊恐。我今天传内务府，叫把三万元一粒的钻石买进来，明天我又申斥内务府不会过日子，只会贪污浪费；我上午召见大臣，命他们去清查古玩字画要当天回奏，下午我又叫预备车辆去游香山；到了规定的节日里，我对例行的仪注表示了厌倦，甚至平日的八人大轿我也不爱乘坐；为了骑自行车方便，我把祖先在几百年间没有感到不方便的宫门的门槛，叫人统统锯掉。这种种举动都像忘掉了帝王的尊严，另一方面，我可以为了一件小事，怪罪太监对我不忠，随意叫敬事房管打他们，撤换他们。这些举动还算好，王公大臣们的神经还能应付，最叫他们受不了的是我一会儿想励精图治，要整顿宫廷内部，要清查财务，一会儿我又扬言要离开紫禁城，出洋留学。在我结婚后三个月，我竟然企图不告而别，溜出紫禁城。这些举动简直把王公大臣们闹得整天心惊肉跳，辫子全变成白的了。

当初邀请外国人来当我师傅的时候，在一部分王公大臣中间，本来也想到我出洋的事。在我结婚后接到的奏折、条陈里，也有不少遗老提到这个主张，但到我提出这个问题的时候，几乎所有的人都反对了。在各种反对者的理由中，最常听说的是这一条：

“只要皇上一出了紫禁城，就等于放弃了民国的优待。既然民国没有取消优待条件，为什么自己偏要先放弃它呢？”

无论是对出洋表示了同情的还是根本就反对的，也无论是对“恢复祖业”

已经感到了绝望或是仍不死心的，嘴里都在念叨着这个优待条件。这并不难理解。因为优待条件对他们每个人说来是最为宝贵的，尽管四百万岁费变成口惠而实不至的空话，但剩下“帝王尊号仍存不废”这一句话。反对我出洋的是怕我丢掉这个尊号，同情我出洋的也把出洋时机放在实在保留不了这个尊号以后。只要我留在紫禁城，保留住这小朝廷，对恢复祖业未绝望的人固然很重要，对于已绝望人也还可以保留他自己的饭碗和已得的地位，这种地位的价值不说死后的恤典，单看看给人点主、写墓志铭的那些遗老的生荣也就够了。

我的想法和他们不同之处，在于我首先就不相信这个优待条件能保留多久。不但如此，我比任何人对可能发生更大的危险都敏感得多。自从新的内战又发生，张作霖败退出关，徐世昌下台，被张勋赶走过的黎元洪重新上台，我就觉得危险突然逼近前来。我想到的是新的民国当局会直接加害于我，问题已不是什么优待不优待了。何况这时又有了某些国会议员主张明文取消优待的传说。退一万步说，就算现状今天可以维持下来，又有谁知道在瞬息万变的政局和此起彼伏的混战中，明天是什么样的军人上台，后天是什么样的政客组阁呢？我从许多方面——特别是庄士敦师傅的嘴里已经有点明白，这一切政局的变化，没有一次不是列强在背后起作用，与其等待民国新当局的优待，何不直接找外国人去呢？如果等来了一个和我势不两立的人物上了台，再去找外国人是不是来得及呢？对于历代最末一个皇帝的命运，从成汤放夏桀于南巢，商纣自焚于鹿台，犬戎弑幽王于骊山之下起，我可以一直数到朱由检煤山上吊，没有人比我对这些历史更熟悉的了。

当然，我没有向王公大臣重复这些晦气的故事，我这样和他们辩论：

“我不要什么优待，我要叫百姓黎民和世界各国都知道，我不希望民国优待我，这倒比叫民国先取消优待的好。”

“优待条件载在盟府，各国公认，民国倘若取消，外国一定帮助我们说话。”

“外国人帮我们，你们为什么不叫我到外国去？难道他们见了我本人不更帮忙吗？”

尽管我说得很有道理，他们还是不能同意。我和父亲、师傅、王公们的几次辩论，只产生这个效果：他们忙着赶快筹办“大婚”。

我所以着急要出洋，除上面对王公大臣说的理由之外，另外还有一条根本没有和他们提，特别是不敢向我的父亲提，这就是我对我周围的一切，也包括这些王爷在内，越来越看不顺眼。

这还是在我动了出洋的念头以前就发生的。自从庄士敦入宫以后，由于他给我灌输的西洋文明的知识，也由于少年的自然的好奇好新的心理发展，我一天比一天觉得我的环境不舒服，觉得自己受着拘束。我很同意庄士敦替我做出的分析，这是由于王公大臣的因循守旧、一成不变的缘故。

在这些王公大臣们眼里，一切新的东西都是可怕的。我十五岁那年，庄士敦发现我眼睛可能近视，他建议请个外国眼科医生来检验一下，如果确实的话好给我配眼镜。不料这个建议竟像把水倒进了热油锅，紫禁城里简直炸开了。这还了得？皇上的眼珠子还能叫外国人看？皇上正当春秋鼎盛，怎么就像老头一样戴上"光子"（眼镜）？从太妃起全都不答应。后来费了庄士敦不少口舌，我也坚决地要办，这才解决。

我所想要的东西，有的本是王公大臣他们自己早有了的东西，他们也要反对，这尤其叫我生气。比如安电话那一次就是这样。

我十五岁那年，有一次听庄士敦讲起电话的作用和构造，动了我的好奇心，后来又听溥杰说北府（当时称我父亲住的地方）里也有了这个玩意儿，我就叫内务府给我在养心殿里也安上一个。内务府大臣一听了我的吩咐，简直脸上都变了色，不过，他在我面前向例没说过抵触我的话，他下去了。第二天，师傅们在毓庆宫一齐向我劝导：

"这是祖制向来没有的事，安上电话，什么人都可以跟皇上说话了，祖宗也没这样干过……这些西洋奇技淫巧，祖宗是不用的……"

我也有我的道理："宫里的自鸣钟、洋琴、电灯，都是西洋玩意儿，祖制里没有过，不是祖宗也用了吗？"

"外界随意打电话，冒犯了天颜，那岂不失尊严？"

"外界的冒犯，报上的我也看了不少了，用眼睛看和用耳朵听不是一样的吗？"

当时或者连师傅们也没明白，内务府请他们来劝驾是什么用意。内务府最怕的并不是冒犯"天颜"，而是怕我经过电话和外界有了更多的接触。在我身边有了一个爱说话的庄士敦，特别是更有一大堆报纸（总有二十来种各大城市的报），已经够他们担心的了。他们怕报纸泄露出去的清室消息刺激了舆论，又怕那些不愿叫我知道的消息，引起我对他们经济手续的追查。打开当时的北京报纸，几乎每个月都至少有一起清室内务府的辟谣声明，不是否认清室和某省当局或某要人的来往，就是否认清室最近又抵押或变卖了什么古物。而这些被否认的谣言倒十有九件是确有其事的，至少有一半是他们不想叫我知道的。有了那些报纸，加上一个庄士敦，弄得他们手忙脚乱之际，现在又要有个电话作为我和外界的第三道桥梁，岂不更使他们防不胜防？因此，他们使尽了力气来反对，看师傅说不服我，又搬来了王爷。

我父亲这时已经成了彻底的现状维持派，只要一切维持住，我老老实实住在紫禁城里，他每年照例拿到他的四万二千四百八十两岁银，便一切满足，因此他是最容易叫内务府摆布的人。但是这位内务府的支持者并没有内务府所希望的那种口才。他除重复了师傅们的话以外，没有任何新的理由来说服我，而且叫我一句话便问得答不上来了：

"王爷府上不是早安上电话了吗？"

"那是，那是，可是，可是跟皇帝并不一样。这件事还是过两天儿，再再说……"

图 21　溥仪穿上民国将领服的游戏照

我想起他剪辫子也比我剪得早，电话也早安上，他不让我买汽车而他也早买了，可是一点也不顾我，我心里很不满意，就说：

"皇帝怎么不一样？我就连这点自由也没有？不行，我就是要安！"我回头叫太监，"传内务府：今天就给我安电话！"

"好，好，"我父亲连忙点头，"好，好，那就安……"

电话安上了，又出了新的麻烦。

随着电话机，电话局送来了一个电话本，我高兴极了，翻着电话本想利用电话玩一玩。我看到了京剧名演员杨小楼的电话号码，对话筒叫了号，一听到对方回答的声音，我就学着京剧的道白腔调念道："来者可是杨——小——楼——呵？"我听到对方哈哈大笑的声音，问："您是谁啊？哈哈……"不等他说完，我把电话挂上了，真是开心极了。后来我又给一个叫徐狗子的杂技演员开了同样的玩笑，又给东兴楼饭庄打电话，冒充一个什么住宅，叫他们送一桌上等酒席。这样玩了一阵儿，我忽然想起庄士敦刚提到的胡适博士，想听听这位《匹克尼克来江边》的作者用什么调说话，又叫了他的号码。巧得很，正是他本人接电话。我说：

"你是胡博士吗？好极了，你猜我是谁？"

"您是谁呵？怎么我听不出来呢……"

"哈哈，甭猜啦，我说吧，我是宣统呀！"

"宣统……是皇上？"

"对啦，我是皇上。你说话我听见了，我还不知道你是什么样儿。你有空到宫里来叫我瞅瞅吧。"

我这无心的玩笑，倒真把他给引来了。据庄士敦说，胡适为了证实这个电话，特意找过了庄士敦，他没想到真是"皇上"打的电话。他连忙向庄士敦打听了进宫的规矩，明白了我并不叫他磕头，我这皇上脾气还好，他就来了。不过，因为我没有把这件事放在心上，也没叫太监关照一下守卫的护军，胡博士走到神武门费了不少口舌也不得通过，后来护军半信半疑请奏事处来问了我，这才放他进来。

这次由于心血来潮决定的会见，只不过用了二十分钟左右时间，我也没说多少话，不过根据我从庄士敦那里知道的一些，问问他白话文是有什么用，他在外国到过什么地方，最后是为了听听他的恭维，故意表示我是不在乎什么优待不优待的，我很愿意多念点书，像报纸文章上常说的那样，做个"有为的青年"。他果然不禁大为称赞，说："皇上真是开明，皇上用功读书，前途有望，前途有望！"我也不知道他说的前途指的是什么，他走了之后，我再没费心去想这些。不料王公大臣们，特别是师傅们，听说我和这个新人物私自见了面，又像炸了油锅似的背地吵吵起来了……

总之，随着我的年事日长，他们觉得我越发不安分，我也越发觉得他们不顺眼。这时我已经出紫禁城玩过一两次，这是我从借口母亲去世要亲往祭奠开始，排除了无穷的阻劝才勉强争得来的一点自由，这点自由也刺激了我的胃口，越发感到这些喜欢大惊小怪的人物的迂腐不堪。到民国十一年的夏季，上面说的几件事所积下的气愤，成为促成我出洋决心的又一股劲头，我和王公大臣们的冲突，以正式提出留学英国而达到一个高峰。

这件事和安电话就不同了，王公大臣们死也不肯让步。最后连最同情我的七叔载涛，也只允许给我在天津英租界准备一所房子，以供万一必要时去安身。我因为公开出紫禁城不可能，曾找庄士敦帮忙，在上节我已说过，他认为时机不相宜，不同意我这时候行动。于是我就捺下性子等候时机，同时暗中进行着私逃的准备。我这时有了一个忠心愿意协助我的人，这就是我的弟弟溥杰。

我和溥杰，当时真是一对难兄难弟，我们的心情和幻想，比我们的相貌还要相似。他也是一心一意想跳出自己的家庭圈子，去远走高飞，寻找自己的出路，认为自己的一切欲望，到了外国就都可以得到满足。他的环境和我的比起来，也像他的身体和我的身体比例一样，不过只小了一号。这是他的自传的一段摘录：

> 二十岁左右离开为止的家庭，还是一个拥有房屋数百间、花园一大座、仆役七八十名的“王府”。家中一直使用宣统年号，逢年过节还公然穿戴清朝礼袍，带着卫士、听差大摇大摆地走在街上。平日家庭往来无白丁，不是清朝遗老就是民国新贵……
>
> 四岁断乳，一直到十七岁结婚前，每天早晨一醒来，老妈子给穿衣服，自己一动不动，连洗脚剪指甲也从来自己不干，倘若自己拿起剪刀，老妈便大呼大叫，怕我剪了自己的肉。平时老妈子带着，不许跑，不许爬高，不许出大门，不给吃鱼怕卡嗓子，不给……
>
> 八岁开读。塾师是陈宝琛介绍的一位贡生，姓赵，自称是宋太祖的嫡系后裔，工褚字。老师常声泪俱下地讲三纲五常，大义名分。十三四岁，开骂民国，称革命党人“无父无君”。说中国非有“定于一”才有救，军阀混战是由于群龙无首。激发我“恢复祖业”，以天下为己任的志气。
>
> “英国灭了印度，印度王侯至今世袭不断，日本吞并朝鲜，李王一家现在也仍是殿下……”父亲常和我这样念叨。
>
> 母亲死前对我说，“你长大后好好帮助你哥哥，无论如何不可忘记你是爱新觉罗的子孙，这样，你才对得起我……”
>
> 时常听说满族到处受排斥，皇族改姓金，瓜尔佳氏改姓关，不然就找不到职业。听到这些，心中充满了仇恨。
>
> 十四五岁时，祖母和父亲叫我把私蓄几千元存到银行吃息钱。自己研究结果，还是送外国银行好，虽然息钱太低，可是保险。
>
> 十四岁起，入宫伴读……
>
> 十七岁结婚。她不满意我这不懂时髦的又小她三岁的小女婿。她姊姊随姊夫到日本去，她羡慕得哭天抹泪……

溥杰比我小一岁，对外面社会的知识比我丰富得多，最重要的是，他能在外面活动，只要借口进宫，就可以骗过家里了。我们第一步是筹备经费，方法是把宫里最值钱的字画和古籍，以我赏赐溥杰为名，运出宫外，存到天津英租界的房子里去。于是溥杰就每天下学回家，必带走一个大包袱。这样的盗运活动，几乎一天不断地干了半年多的时间。运出的字画古籍，都是出类拔萃、精中取精的珍品，因为那时正值内务府大臣和师傅们清点字画，我就从他们选出的最上品中挑最好的拿。我记得的有草圣王羲之王献之父子的墨迹《曹娥碑》《二谢帖》等，也有钟繇、僧怀素、欧阳询、宋高宗赵构、米芾、董其昌、赵孟頫等人的真迹，司马光的《资治通鉴》的原稿，有唐王维的人物，宋马远和夏珪以及马麟等画的《长江万里图》，张择端的《清明上河图》，还有阎立本、宋徽宗等人的作品。古版书籍，是把乾清宫西昭仁殿的全部宋版明版书的珍本运走了。运出的总数大约总有一千多件手卷字画，两百多种挂轴和册页，二百种上下的宋版书。民国十三年我出宫后，"清室善后委员会"在点查毓庆宫的时候，发现了"赏溥杰单"，付印公布，其中说赏溥杰的东西"皆属琳琅秘籍，缥缃精品，天禄书目所载，宝籍三编所收，择其精华，大都移运宫外"，是一点不错的（这批东西移到天津，后来不过卖了几十件。伪满成立后，日本关东军参谋吉冈安直又做主张，全运到了东北，日本投降后，就不知下文了）。

图 22　1938 年，日本人替溥仪从天津将储存的全部古籍字画运到长春，由特务机关经办人开具的收据可见其数量

我们的第二步计划，是准备秘密出紫禁城。只要我自己出了城，进到外国公使馆，就算木已成舟，不管是王公大臣还是民国当局，就全没有了办法，这是几年来的民国历史给了我们的一个最有用的知识。更重要的是，我的庄士敦

师傅给我想出了更具体的办法，他叫我先和首席公使荷兰的欧登科联络好，好使他事先有所准备。庄师傅给我出这个主意已是民国十二年的三月，他认为不适宜的时机已经过去九个月了。至于他何以认为适宜时机已经到来，以及他另外和东交民巷的公使们的谁有过商量，我一点都不知道。我从他的指点上获得了很大的信心，这就很够我满足的了。我先请他代往公使那里通个消息，然后我亲自给欧登科公使直接通了电话，为了把事情办得稳妥，我又派溥杰亲自到荷兰公使馆去了一趟。一切结果都是满意的。欧登科在电话里答应了我，并亲自和溥杰约定好，虽然他不能把汽车一直开进宫里，但他将在神武门外等我，只要我能溜出这个大门，那就一切不成问题；从我第一天的食宿到我的脚踏上英国的土地，进了英国学校的大门，他全可以负责。当下我们把出宫的具体日期钟点都规定好了。

到了二月二十五日这天，剩下的问题就是如何走出神武门。紫禁城里的情形是这样：我身边有一群随身太监，各宫门有各宫门的太监，宫廷外围是护军的各岗哨，神武门外，还有由民国步兵统领指挥的“内城守卫队”巡逻守卫。最重要的还是身边和宫门太监，只要这几关打通，问题就不大了。我想得实在是太简单了，我想出来的打通太监的办法，不过是到时间花点钱而已，当我一看拿到钱的立刻欢天喜地的谢恩，我就认为万事俱备，只欠一走了。谁知在离出宫时间不过一小时，不知哪个收了钱又谢了恩的太监报知了内务府。我还没走出养心殿，就听说“王爷”传下令来，叫各宫门一律断绝出入，紫禁城全部进入戒严状态。我和溥杰一听这消息，坐在养心殿里全傻了眼。

过了不大工夫，我父亲气急败坏地来了：

“听听听听说皇上，要要要走……”

看他这副狼狈的样子，做错事的好像不是我倒是他，我笑起来了。

“没有那么回事。”我止住了笑说。

“这可不好，这可怎么好……”

“没那回事！”

我父亲疑问地瞅瞅溥杰，溥杰吓得低下了头。

“没有那事儿！”我还这样说。父亲嘟嘟囔囔说了几句，然后领着我的“同谋犯”走了。看他们走了，我把御前太监叫来讯问是谁说出去的。我非要把泄底的打个半死不可。可是我没办法问出来，这件事，也不能叫敬事房去查，只好一个人生闷气。

从那以后，我最怕看见高墙。

“监狱！监狱！监狱！”我站在堆秀山上望着城墙，只能这么念叨。“民国和我过不去还犹可说，王公大臣、内务府也和我过不去，真是岂有此理。我为了城外的祖业江山才要跑出去的，你们为了什么呢……最坏的是内务府，这准是他们把王爷弄来的！”

第二天见了庄士敦，我向他发了一顿牢骚。他安慰了我几句，说不如暂时不去想这些，还是现实一些，先把紫禁城整顿整顿。

“新来的郑孝胥，是个很有为的人。”有一天，他对我说，“他很有抱负，不妨听听他对整顿的想法。”

我心中又燃起另一种希望。既然城外祖业先不能恢复，就先整顿城里的财产吧。我对庄师傅的建议非常满意。但是我想不到，他后来在他那本书里写到这次逃亡时，竟然把自己说成了毫无干系，而且还是个反对者呢。

八、遣散太监

紫禁城在表面上是一片平静，内里的秩序却是糟乱一团。我不懂事的时候情形怎么样，我不知道，但是从我懂事以后就时常听说宫里发生盗案、火警，以及行凶事件。至于烟赌，更是不用说。到我结婚的时候，偷盗已发展到这种程度：刚行过了婚礼，“皇后”的凤冠上原来的全部珍宝，都被换成了赝品。

这时我已经从师傅们那里知道，清宫中的财宝早已在世界上闻名。只说古玩字画，那数量和价值就是极其可观的。明清两代几百年帝王搜刮来的宝物，除了两次被洋兵弄走的以外，大部分还全存在宫里。这些东西全没有个数目，其中有数目的那部分又没有人检查，所以丢没丢，丢了多少，都没有人知道，只从这一点来说，就给偷盗者大开了方便之门。

今天想起来，那简直是一场浩劫。参加打劫行径的，可以说是从上而下，人人在内。换言之，是一切有机会偷的人，是无人不偷，而且尽可放胆地偷。偷盗的方式是各有不同的，有拨门撬锁秘密地偷，也有根据合法手续，明目张胆地偷。太监大都采用前者方式，大臣和官员们则是用办理抵押或标卖，借出鉴赏，以及请求赏赐，等等，即后者合法的方式。至于我和溥杰采用的一赏一受，更是最高级的方式。当然，那时我决不会有这样的想法，我想的只是，别人都在偷盗我的财富。我那时已经有了强烈的“寡人好货”之心了。

我十六岁那年，有一天由于好奇心的驱使，叫太监打开建福宫那边一座库房。库门封条很厚，至少有一百年没有开过了。我看见满屋都是堆到天花板的大箱子，箱皮上是嘉庆年的封条，里面是什么东西，谁也说不上来。我叫太监打开了一个，原来全是非常精巧珍贵的古玩玉器之类的东西。后来弄清楚了，这是当年乾隆自己最喜爱的珍玩。乾隆去世之后，嘉庆把他的所有珍宝玩物全都封存起来，装满了建福宫一带许多殿堂库房，我所发现的不过是其中的一库。有的库尽是彝器，有的尽是瓷器，有的尽是名画，意大利人郎士宁给乾隆画的许多画也在内。在养心殿后面的库房里，我还发现了许多很有趣的“百宝匣”，据说这也是乾隆放精巧小件珍玩的库。这种百宝匣是用紫檀木制的，外形好像一般的书箱，打开了像一道楼梯，每层梯上分成几十个小格子，每个格子里是一样玩物，例如，一个宋瓷小瓶，一部名人手抄的寸半本四书，一个精刻的牙球，一个雕着古代故事的核桃，几个刻有题诗绘画的瓜子，以及一枚埃及古币，等等；一个百宝匣中，举凡字画、金石、玉器、铜器、瓷器、牙雕，等等；无一不备，名为百宝，一个小型的匣子即有几百种，大型的更有上千种。听说建福宫那边还有一种特制的紫檀木炕几，上面无一处没有消息，每个消息里盛着一件珍品，这个东西我没看见，我当时只把亲自发现的百宝匣，大约有四五十匣，都拿到养心殿去了。这时我想到了这样的问题：我究竟有多少财宝？我能看到的，我拿来了，我看不到的又有多少？那些整库整院的珍宝怎么办？被人偷去的有多少？派人去清点，靠不靠得住……这一连串的问题弄得我苦恼不堪。

可是不清点也不行，有多少东西都不知道，丢了多少东西更不知道。庄士敦师傅告诉我，他住的地安门街上的古玩铺又新开了许多家，哪里来的那些古玩呢？听说有的是太监开的，有的是内务府的官员或者官员的亲戚开的……

最后，我接受了师傅们的建议，决定清查。这样一来，麻烦更大了。

首先是盗案更多了。连毓庆宫的库房的门锁也给砸掉了，乾清宫的后窗户也给打开了。事情越来越不像话，养心殿里我刚买的大钻石也不见了。为了追查盗案，太妃曾叫敬事房都领侍组织九堂总管会审当事的太监，甚至动了刑，但是无论是刑讯还是悬重赏都不发生一点效果，没有人承认。不但如此，建福宫的清点刚开始，六月二十七日这天的夜里，突然发生了火警，清点和未清点的全烧个精光。

火警还是紫禁城外先发现的。东交民巷的意大利消防队的救火车开到紫禁城叫门，里面还不知是怎么回事。这场大火经各处来的消防队扑救了一夜，结果还是把建福宫一带包括静怡轩、慧曜楼、吉云楼、碧琳馆、妙莲花室、延春阁、积翠亭、广生楼、凝辉楼、香云亭等一大片地方烧成焦土。这里是清宫里贮藏珍宝最多的地方，究竟在这一把火里毁掉了多少东西，至今还是一个谜。内务府后来发表的一部分糊涂账里，说烧毁了金佛二千六百六十五尊，字画一千一百五十七件，古玩四百三十五件，古书几万册。这是根据什么账写的，只有天晓得。

在救火的时候，中国人，外国人，紫禁城里的人，城外的人，人来人往，沸腾一片，忙成一团。除了救火还忙什么，这是可以想象的。但紫禁城对这一切都表示了感谢。有一位外国太太也亲自上阵，并且在指挥中国消防队员的时候，手里的扇子也溅上了中国人的血。后来她托人把这扇子拿给我看，以示其义勇，我还在上面题了诗，以示感谢。这场火灾过去之后，内务府以双料的感激心情，除用茶点广为招待救火者之外，一笔“酬劳”费又花了六万元。

要想估计一下这次的损失，不妨说一下那堆烧剩和“摸”剩下的垃圾的处理。那时我正想找一块空地修建球场，由庄士敦教我打网球，据他说这是英国贵族都会的玩意儿。这片火场正好可以做这个用场，于是叫内务府赶快清理出来。那堆灰烬里固然是找不出什么字画、古瓷之类的东西了，但烧熔的金、银、铜、锡还不少，内务府把北京金店的人找来投标，结果一个金店以五十万元的价格中了标。据说当时只是熔化的金块金片就捡出了一万七千多两。金店把这些东西捡走之后，内务府把余下的灰烬装了不少麻袋，分给内务府的人们。后来有个内府官员告诉我，他叔父那时舍给北京雍和宫和柏林寺每庙各两座黄金“坛城”，直径和高度均有一尺上下，这就是用麻袋里的灰烬提制出来的。

起火的原因和损失真相是一样地查不出来。但我疑心这是偷盗犯故意放火灭迹的。过不多天，我住的养心殿东套院无逸斋的窗户上又发现了火警，幸好发现得早，一团浸过煤油的棉花刚烧着，就被发现了，未致成灾。我的疑心立刻又发展了一步。我认为不但是有人用放火灭迹，而且还在谋害我了。

事实上，偷窃和纵火灭迹都是事实，师傅们也没有避讳这一点，而对我的谋害则可能是我自己神经过敏。我的多疑的性格，这时已显露出来了。按清宫祖制，皇帝每天无论如何忙，也要看一页的《圣训》(这些东西一年到头摆在皇帝寝宫里)，我这时对雍正的《硃批谕旨》特别钦佩。雍正曾说过这样的话：“可信者人，而不可信者亦人，万不可信人之必不负于己也。不如此，不可以言用人之能。”他曾在亲信大臣鄂尔泰的奏折上批过：“其不敢轻信人一句，乃用人第一妙诀。朕从来不知疑人，亦不知信人。”又说对人“即经历几事，亦只可信其已往，犹当留意观其将来，万不可信其必不改移也。”这些话都深深印入我的脑中。我也记得康熙的话：“为人上者，用人虽宜信，然亦不可遽信。”康熙特别说过太监不可信，他说：“朕观古来，太监良善者少，要在人主防微杜渐，慎之于始。”祖宗们的这些训谕，被这几场火警引进了我的思索中。

我决定遵照雍正皇帝“察查为明”的训示行事。我能想出来的办法，不过是找身边小太监来打听，再有就是自己去偷听太监们的谈话。后来我在东西夹道太监住房的窗外，发现了他们对我的背后议论，说我脾气越来越坏。我听到了这类议论就更犯猜疑。在无逸斋发现火警这天晚上，我再到太监窗下去偷听，不料竟听到他们这样的话：

“这把火没准就是皇上自己放的！”

“真可怕极了！”我回到养心殿东暖阁，心里扑扑地直跳，“他们犯罪，还想给我栽赃，真太可怕了！”

这时，刚刚还发生了一起行凶案。有个太监被人告发了什么过失，挨了总管的责打，他就对告发人怀恨在心，早晨趁告发人还没起身，拿了一把石灰和一把刀，进了屋子，先撒石灰在那人脸上，迷了他的眼，然后用刀戳那人的脸。这个行凶的人被外面进来的人按倒捉住了，受伤的人送进了医院。我这时想起许多太监都受过我的责打，连师傅们也多次进谏，不赞成我这种好责打人的做法，可见受责打的太监必是怀恨我的了。他们会不会行凶呢？想到这里，我简直连睡都不敢睡了。从我卧室外间一直到抱厦，都有值更太监打地铺睡着。谁知这里有谁对我不怀好心呢？他们要是和我过不去，那不是太容易了吗？我越想越怕，为了“防微杜渐，慎之于始”，我找了一根棍子放在床边，作为应变的武器。

从这天起，棍子没有离开我的床头，但这究竟不是办法。为了安全，也防止以后太监的偷盗，我终于想出了一个办法，就是把他们都赶走！我知道这必定又是一场风波，不首先把父亲对付好，是绝无成功希望的。我想好主意，便传命备车，到北府看“王爷”去。

不出我所料，父亲听完了我的话，立刻就表示反对。因为这是在他家里，他没有办法和内务府大臣以及师傅们商量，他的口才就更不行了，他变得更加结巴。

“这这这怎么行，这这……”

他非常吃力地讲出些零七八碎的理由，什么祖制如此咧，这些人当差多年也不致图谋不轨咧，来进行劝服。我不管他怎么劝，只有一句话，说我是打定了主意，决不更改的了。

“这这也也得慢慢商议，皇帝先回到宫，过两天……”

看他使出缓兵之计，我也拿出我的法宝：

“王爷不答应，我从今天起就再不回宫啦！”

他听了我这话，急得坐也不是，站也不是，又抓头，又挠腮，又在地上打转儿，半天也说不出一个字来。桌上的一瓶汽水也给他的袖子碰掉地上，砰地一声炸了。瞅他这副模样，我禁不住反倒咯咯乐起来，并且从容不迫地打开书桌上的一本书，装成决心不想离开的样子，同时语气坚定地说：

“王爷答应了吧，答应了我就走。”

父亲终于屈服了。我得胜还朝，立刻传内务府……

九、整顿内务府

我的遣散太监的举动，大受社会舆论的称赞，我觉得很得意。在庄师傅的鼓动下，我接着又把“励精图治”的目标转到内务府方面。

关于内务府，我想先抄一段内务府一位旧人写给我的材料：

内务府人多不读书

内务府人多不知书，且甚至以教子弟读书为播种灾祸者。察其出言则一意模棱，观其接待则每多繁缛；视中饱如经逾格之恩，作舞弊如被特许之命。昌言无忌，自得洋洋。乃有“天棚鱼缸石榴树，地炕肥狗胖丫头”，以及“树小房新画不古，一看就知内务府”之讽，极形其鄙而多金，俗而无学也。余窃耻之，而苦不得采其源。迨及民十七八之间，遍读东华录，在嘉庆朝某事故中（林清之变或成德之案，今不能清楚矣）发现有嘉庆之文字，略叙在清代中之背反者，其中有宗室有八旗有太监，而独无内务府人，足见内务府尚不辜负历代豢养之恩，较之他辈实为具有天良者。嘉庆之慨叹，实为内务府人之表彰。于是始得解惑焉。内务府人亦常有自谓“皇上家叫我们赚钱，就为是养活我们”，此语之来，必基于此矣。至其言语举动之不成文章者，正所以表其驯贴之愚，而绝无圭角之志；其畏读书，则为预避文祸之干触，与夫遗祸于后昆；其视舞弊及中饱如奉明言者，乃用符“不枉受历代优遇豢养之恩”也欤……而内务府人之累代子孙亦为之遗误，乃至于此，曷胜叹哉！

这位老先生当年为了向家庭争取多读些书，受过不小刺激，所以，他对于内务府人不读书的感慨特别深。我那时对三旗世家所包办的内务府[①]也深感其俗不可耐，但最使我不满的还是他们“视中饱舞弊，如奉明言”。

关于内务府的中饱、舞弊的故事，是可以写成一大厚本书的。这里只举出两个例子就行了。一个是内务府每年的惊人开支。即使民国照付四百万元的优待费，也不够那个开支数。民国十三年我出宫后，“清室善后委员会”在北京《京报》上揭露的当年收入抵押金银古玩款，即达五百多万元，而并无剩余，全部开支出去了。据前面那段文字的作者说，那几年每年开支都有三百六十万两上下，这是和《京报》揭露材料相符的。

另一个例子是我岳父荣源经手的一次抵押。抵押合同日期是民国十三年五月三十一日，签字人是内务府的绍英、耆龄、荣源和北京盐业银行经理岳乾斋，抵押品是金钟、金册、金宝和其他金器，抵押款数八十万元，期限一年，月息一分。合同内规定，四十万元由十六个金钟（共重十一万一千四百三十九万两）作押品，另四十万元的押品则是：包括八个皇太后在内的金宝十个，金册十三个，以及金宝箱、金印池、金宝塔、金盘、金壶等，计重一万零九百六十九两七钱九分六厘；不足十成的金器三十六件，计重八百八十三两八钱，嵌镶珍珠一千九百五十二颗，宝石一百八十四块。另外还有玛瑙碗等珍品四十五件。只这后一笔的四十万元抵押来说，就等于是把金宝金册等十成金的物件当做荒金折卖，其余的则完全白送。这样的抵押和变价，每年总要有好几宗，特别逢年过节要开销的时候是必不可免的。一到这时候报上就会出现秘闻消息，也必有内务府辟谣或解释的声明。比如这一次抵押事先就有传闻，内务府和荣源本人也有声明，说所卖都是作废的东西，其中决没有传说中的慈禧的册宝云云。[②]

我在出宫之前，虽然对内务府的中饱和舞弊拿不到像上面说的这样的证据，虽然绍英、耆龄这些大臣一句一个“阿哈”（满语奴才），用最怨屈的声调告诉我“民党”专会利用报纸造谣生事，但是每年的“放过款项”的数字也告诉了我另一个事实：我的内务府的开支竟能超过了西太后的内务府的最高纪录。在上一章里的那个“宣统七年放过款项及近三年比较”，本是内务府为了应付清理财产的“上谕”而编造的（后来还要谈到这次清理），可是那些经

---

① 在满清八旗中，正黄、镶黄、正红三个满军旗系皇室亲自率领的所谓亲军，内务府人均出自这最亲信的三旗，自堂郎中以下所有司员全不例外；堂郎中以上即内务府大臣，也有的是司员提上来的，也有的是从外调来的。总之，除个别大臣外，全被三旗包下来了。

② 上面说的这个合同，揭露在民国十四年二月十四日北京《京报》上，关于事先的传闻和内务府与荣源的声明，登在民国十三年年底前后日的《京报》上。

过缩小过的开支数字，也暴露了问题。从那个统计上可以看出，除去了王公大臣的俸银不当计算外，属于内务府开支的民国四年是二百六十四万两，民国八、九、十年是二百三十八万两，一百八十九万两，一百七十一万两。而西太后时代的内务府起先每年开支不过三十万两，到西太后过七十整寿时，不过才加到七十万两。我这个人再不知数，也不能不觉得奇怪。何况报上今天一个盗宝案，明天一个“古物变价秘闻呢”？同时，我也注意到了这个事实：有些贵族、显宦之家已经坐吃山空，日趋潦倒，甚至于什么世子王孙倒毙城门洞，福晋、命妇坠入烟花等等新闻已出现在报纸社会栏内，而内务府人却开起了古玩店、票庄（钱庄）、当铺、木厂（营造业）等等大买卖。我知道这些生财之道无一不与宫中的财富有关。特别是师傅们，虽然他们也曾帮助过内务府，反对我买汽车安电话，可是一提起了内务府，也没有人表示好感。伊克坦师傅在去世前（我结婚前一年）不久曾因为陈师傅不肯向我揭发内务府的弊端，说陈师傅犯了“欺君之罪”，不配当“太傅”。至于庄师傅就更不用说，内务府三个字在他看来就是“吸血鬼”的同义语。他对内务府的看法促成了我整顿内务府的决心。

图23　溥仪（十七岁）

“从宫廷的内务府到每个王公的管家人，都是最有钱的。”他有一次说，“主人对自己的财产不知道，只有问这些管家的人。甚至于不得不求这些管家的人，否则就一个钱也拿不到。不必说恢复故物，就说手里保留的这点珍宝吧，如果不把管家的整顿好，全都谈不到！”

他又说：“内务府有个座右铭，这就是——维持现状！无论是一件小改革，还是一件伟大的理想，碰到这个座右铭，全是——Stop（停车）！”

我的“车”早已由师傅们加足了油，而且开动了引擎。如果说以前是由别人替我驾驶着，而从结婚那天起我变成了当家做主的成年人，那么，现在就是我自己坐到司机座位上，向着一个“伟大的理想”开去了。而且，刚刚胜利地开过"遣散太监"的路口，这时无论是谁叫我"停车"也是不行的了。

我下了决心。我也有了"力量"。

我在婚礼过去之后，最先运用我当家做主之权的，是从参加婚礼的遗老里，挑选了几个我认为最忠心的、最有才干的人，作为我的股肱之臣。在召见谈话中和他们的条陈里，他们都提到了"为谋恢复，必先整顿"的道理和办法。我挑选之后，被挑选者又推荐了他们的好友，这样，紫禁城一共增加了十二三条辫子。这就是：郑孝胥、罗振玉、景永昶、温肃、柯劭忞、杨锺羲、朱汝珍、王国维、商衍瀛，等等；我分别给了他们"南书房（皇帝书房）行走"、"懋勤殿（管皇帝读书文具的地方）行走"的名衔。另外我又用了两名旗人，做过张学良老师的镶红旗蒙古副都统金梁和我的岳父荣源，派为内务府大臣。

那些打动我心弦的口头奏对都没留下记录，他们写的条陈也一时找不全，现在把手头上一份金梁的条陈——日期是"宣统十六年正月"，即金梁当内务府大臣前两个月写的——抄下一段（原文中抬头和侧书都在此免了）：

> 臣意今日要事，以密图恢复为第一。恢复大计，旋转乾坤，经纬万端，当先保护朝廷，以固根本；其次清理财产，以维财政。盖必有以自养，然后有以自保，能自养自保，然后可密图恢复，三者相连，本为一事，不能分也。今请次第陈之：
>
> 一、曰筹清理。清理办法当分地产、宝物二类。一、清地产，从北京及东三省入手，北京各内务府之官地、官房，西山之园地，二陵之余地、林地；东三省如奉天之盐滩、鱼池、果园，三陵庄地，内务府庄地，官山林地，吉林黑龙江之贡品各产地，旺清模鄂林汤原雕棚地，其中包有煤铁宝石等矿，但得其一，已足富国。是皆皇室财产，得人而理，皆可收回，或派专员放地招垦，或设公司合资兴业，酌看情形，随时拟办。一、清宝物，各殿所藏，分别清检，佳者永保，次者变价，既免零星典售之损，亦杜盗窃散失之虞。筹有巨款，预算用途，或存内库，或兴实业，当谋持久，勿任消耗……此清理财产之大略也。
>
> 一、曰重保护。保护办法当分旧殿、古物二类。一、保存古物，拟将宝物清理后，即请设皇室博览馆，移置尊藏，任人观览，并约东西各国博物馆，借赠古物，联络办理，中外一家，古物公有，自可绝

人干涉。一、保旧殿，拟即设博览馆于三殿，收回自办，三殿今成古迹，合保存古物古迹为一事，名正言顺，谁得觊觎。且此事既与友邦联络合办，遇有缓急，互相援助，即内廷安危，亦未尝不可倚以为重……此保护宫廷之大略也。

一、曰图恢复。恢复办法，务从缜密，当内自振奋而外示韬晦。求贤才、收人心、联友邦，以不动声色为主。求贤才，在勤延揽，则守旧维新不妨并用；收人心，在广宣传，则国闻外论皆宜注意；联友邦，在通情谊，则赠聘酬答不必避嫌。至于恢复大计，心腹之臣运筹于内，忠贞之士效命于外。成则国家蒙其利，不成则一二人任其害。机事惟密，不能尽言……此密图恢复之大略也。

图24　郑孝胥（1860—1938）

这个金梁当了内务府大臣之后，又有奏折陈述“自保自养二策，自养以理财为主，当从裁减入手，自保以得人为主，当从延揽入手”。说“裁减之法，有应裁弊者，有应裁人者，有应裁款者”，总之，是先从内务府整顿着手。这是我完全赞同的做法。

除了这些最积极于“密图恢复”的人之外，就是那些态度消极悲观的遗老们，大多数也不反对“保护宫廷，清理财产”和裁人、裁款、裁弊。其中只有很小的一部分人，可以我的陈师傅为代表，一提到改革内务府的各种制度是摇头的。这些人大抵认为内务府积弊已深，冰冻三尺，非一日之寒。从乾隆时代，随着宫廷生活的日趋奢靡即已形成，嘉庆和道光时代未尝不想整顿，都办不到，现在更谈何容易？在陈师傅们看来，内务府不整顿还好，若整起来必然越整越坏。与其弄得小朝廷内部不安，不如暂且捺下，等到时来运转的时候再说。但是像陈师傅这样的遗老，尽管不赞成整顿，却也并不说内务府的好话，甚至还可以守中立。

我在婚前不久，干过一次清理财产的事。那时根据庄士敦的建议，我决定组织一个委员会的机构，专门进行这项工作。我邀请庄士敦的好朋友、老洋务派遗老李经迈来主持这件事，李不肯来，推荐了他一位亲戚替他。内务府并没有直接表示反对，曾搬出了我的父亲来拦阻。我没有理睬父亲的劝阻，坚持要委派李经迈的亲戚刘体乾进行这件事，他们让了步，请刘上任。可是他干了不过三个月，就请了长假，回上海去了。

经过那次失败，我还没有看出内务府的神通。我把失败原因放在用人失当和我自己尚未"亲政"上面（那时又正值政局急变，我几乎要逃到英国使馆去，也无暇顾及此事），现在，我认为情形与前已大不相同，一则我已当家做主，任何人也拦阻不了我，再则我身边有了一批股肱之士和心腹之臣，力量强大了。我兴致勃勃，从这批人才里面，选出了郑孝胥来担当这件整顿重任。郑孝胥是陈宝琛的同乡，在清朝做过驻日本神户的领事，做过末一任广西边务督办。陈宝琛和庄士敦两位师傅过去都向我推崇过他，尤其是庄师傅的推崇最力，说郑孝胥是他在中国二十多年来最佩服的人，道德文章，全中国找不出第二位来，说到办事才干和魄力，也没有比他更好的。陈师傅告诉过我，郑孝胥曾多次拒绝民国总统的邀请，不肯做民国的官，拿民国的钱。我从报纸上看到过捧颂他的文字，说他十几年来以诗酒自娱，"持节不阿"，并捧他为同光派诗人的后起之秀。他的书法我早看过，据说他鬻书笔润日达千金。我那时认为他现在放弃了功名利禄前来效力，可见是个难得的忠臣。

我和郑孝胥第一次见面是民国十二年的夏天。他从盘古开天辟地一直谈到未来的大清中兴，谈到高兴处，眉飞色舞，唾星乱飞，说到激昂慷慨，声泪俱下，让我大为倾倒，我立时决定让他留下，请他施展他的抱负。我当时的话怎么说的已记不清了，我记得的是我的信赖竟使郑孝胥大为感动，后来还作了一首纪恩诗：

七月十一日召见养心殿纪恩

君臣各辟世，世难谁能平？天心有默启，惊人方一鸣。
落落数百言，肝脑输微诚。使之尽所怀，日月悬殿楹。
进言何足异，知言乃圣明。自意转向壑，岂知复冠缨。
独抱忠义气，未免流俗轻。须臾愿无死，终见德化成。

郑孝胥成了"懋勤殿行走"之后，几次和我讲过要成大业，必先整顿内务府。他提出的整顿措施，比金梁写的那个条陈更具体。整个内务府的机构只要四个科就够了，大批的人要裁去，大批的开支也要减去，宫中财宝的流失不仅能杜绝，另外他更有开源之策。总之，他的整顿计划如果实现，复辟首先就有了财务上的保证。因此，我破格授这位汉大臣为总理内务府大臣，并且“掌管印钥”，而为内府大臣之首席。郑孝胥得到了我这破格提拔，又洋洋自得地作了两首诗：

三月初十夜值

太王事獯鬻，勾践亦事吴。
以此慰吾主，能屈诚丈夫。
一惭之不忍，而终身惭乎。
勿云情难堪，且复安须臾。

天命将安归，要观人所与。
苟能得一士，岂不胜多许。
狸首虽写形，聊以辟群鼠。
持危谁同心，相倚譬蛩驱。

但是，如果认为俗而无学的内务府会败在郑孝胥的手里，那可就把这有二百多年历史的宫廷管家衙门估计得太低了。尽管郑孝胥吹得天花乱坠，而且有我的支持和信赖，他的命运还是和李经迈的亲戚一样，也只干了三个月。

这就不能不佩服那些俗而无学的内务府人的本领了。他们究竟用了哪些本事，我始终没有完全弄清楚。是绍英捣乱吗？可是绍英是出名胆小怕事的人。是耆龄吗？耆龄自己就是不熟悉内务府差使的外行，他是一向不问事的。至于宝熙，来的时间也很短。如果说一切都是下面的人自作主张地敢和郑大臣捣乱，也不全像。郑孝胥上任之后，遇见的第一件事，就是面前出现了成堆的辛亥以来的积案。郑孝胥对付这个下马威的办法是，把出这个主意的原任堂郎中开缺，把这个重要的位置抓过来，可是他的亲信佟济煦接任不久，内务府就像瘫痪了一样，要钱，根本没有钱了——真的没有，账上是明明的这样记着；要东西，东西总是找不到存放的地方，账上也是这样记着……

郑孝胥开了一个新风气：为了拉拢下级司员，表示虚怀若谷，倾听下情，他规定每星期和司员座谈一次，请司员们为改革出些主意。有一位司员马上建议说，宫中各处祭祀供品向例需用大批果品糕点，所费实在太大，其实只不过是个意思，不如用泥土和木雕的代替，是一样地庄重。郑对这个主意大为赏识，下令执行，并且对出主意的人擢升一级。可是那些把供品作为自己合法收入的太监（裁减后还剩下百名左右），个个都把郑孝胥恨之入骨。郑孝胥上任没有几天，就成了紫禁城中最不得人缘的一个人。

这时，郑孝胥还不想收兵，于是他接到了恐吓信，说他正在绝人之路，要他当心脑袋。与此同时，庄士敦也收到恐吓信，因为我根据郑孝胥的主意，派庄士敦去管理和整顿颐和园，以为日后搬去做准备。庄士敦接到的恐吓信上说：你如果敢去上任，路上就有人等着杀你。庄士敦后来很自得地对我说：“我也没坐车，偏骑马去，看他们敢不敢杀我，结果我活着到任了。我早看透了那些人！”那些人，他指的就是内务府的人。他和郑孝胥对恐吓信都表示了满不在乎。

事情最后的收场，还是在我这里。

我刚刚任命了郑的差使，就得到了一个很头痛的消息：民国国会里又有一批议员提出要废止优待条件、由民国接管紫禁城的提案。早在两年前，在国会里就有过这类提案，理由根据是清室在民国六年闹过复辟，现在又不断向民国官吏赐官赐爵赐谥，俨然凌驾于民国之上，显然图谋复辟。现在旧案重提，理由根据又增加了一项，就是不但我给了去世的张勋谥法，又给汉人郑孝胥赏紫禁城骑马和授内务府大臣。

报纸上登出了这个消息，而且好像是个信号一样，攻击内务府的消息连一连二地出现了。如内务府出售古玩给日本商人，内府大臣荣源把历代帝后册宝卖给四大银行等等这些过去本不足为奇的事情，都引起了社会上啧啧烦言。

同时，在清点字画中，那些被我召集到身边的股肱之臣，特别是罗振玉，名声也遭到了物议。这些新增加的辫子们来到紫禁城里，本来没有别的事，除了左一个条陈，右一个密奏，陈说复兴大计之外，就是清点字画古玩，替我在清点过的字画上面盖上一个“宣统御览之宝”，登记上账。谁知这一清点，引起了满城风雨。当时，我却不知道，不点还好，东西越点越少，而且给遗老们增辟了各种生财之道，罗振玉的散氏盘、毛公鼎的古铜器拓片，佟济煦的珂罗版的宫中藏画集都卖了大价钱，轰动了中外。顶伤脑筋的是，民国的内务部突然颁布了“古籍、古物及古迹保存法草案”，这是专门针对清宫贩卖古物出口而定的。

不久，郑孝胥的开源之策——想把四库全书运到上海商务印书馆出版，遭到当局的阻止，全部在火车站被扣下了。

我父亲出面了。他婉婉转转地，更加结结巴巴地劝我说，郑孝胥的办法值得斟酌，如果连民国当局也不满意，以后可就更不好办了。

我心里发生了动摇，但是仍然没有改变原来的决心。

原来的那些内务府大臣这时倒不出面，绍英、耆龄、宝熙，还是那么恭顺，没有说出新参加内务府的郑、金、荣三人一句不好的话。不过荣源因为卖册宝出了事，不露头了，金梁因为上的条陈里有劝我让醇亲王退休的话，被我父亲大骂一顿，也不知哪里去了。

又过了几天，被我认为胆小怕事的绍英，带着一副胆小怕事的样子出现在我面前，说现在的步军统领王怀庆对郑孝胥的做法很不满意，王怀庆说如果再叫郑孝胥闹下去，民国如果有什么举动，他也再没办法帮我的忙。一听这话，我才真怵了头。这时，郑孝胥"恳请开去差事"的奏折也到了。结果是，郑孝胥回到"懋勤殿行走"，绍英依然又掌管了内务府印钥。

十、紫禁城的末日

我承认了这次整顿内务府的失败，并不等于说我就此要"停车"。车我是不想停的，至多不过多拐几个弯儿。我自从上了车，就不断有人给我加油打气，或者指点路标方向。

前面我已说过，遗老们向我密陈恢复"大计"的事，那只不过是其中的一例。我在婚后不久就发现，像那样想为我效力的人，可以说到处都有，例如康有为和他的徒弟徐勤、徐良两父子，在全国各省以及海外到处活动着，他们组织了一个"中华帝国宪政党"，据徐勤——广东的富商、天津中原公司的经理的奏折中说，这个党在海外拥有十万党员和五家报纸。康有为在民国十六年去世后，徐氏父子仍继续活动着。根据现在手头的材料，我还记得起来的有这几件事：在我出宫前两年，徐良写信给庄士敦说，他要到广西找军阀林俊廷去活动，过不久又来信说，广西的三派军人首领陆荣廷、林俊廷和沈鸿英"三人皆与我党同宗旨，他日有事必可相助对待反对党也"。[①] 民国十三年的春节后，康有为曾给庄士敦写信说："经年奔走，至除夕乃归，幸所至游说，皆能见听，亦由各方厌乱，人有同心。"据他说陕西、湖北、湖南、江苏、安徽、江西、贵州、云南全都说好了，或者到时一说就行。他最寄以希望的是吴佩

---

① 民国十三年我出宫后，接收清宫的清室善后委员会在养心殿搜出了康有为和徐良给庄士敦的信共两封，连同金梁的条陈和江亢虎请觐见的信都发表了出来，但当时却没发表这一封，也没发表康有为向吴佩孚进行活动的往来信。

乎，说“洛（指吴，吴当时在洛阳）忠于孟德（指曹锟），然闻已重病，如一有它，则传电可以旋转”。又说湖北省曾耀南说过“一电可来”的话，到他生日，“可一赏之”。现在看起来康有为信中说了不少梦话，后来更成了没有实效的招摇行径，但当时我和庄士敦对他的话都没有怀疑，大为欢欣鼓舞，并按康有为的指点送寿礼、赏福寿字。我开始自己决定安排赏赐了，也就是说在指点之下，我开始懂得为自己的“理想”去动用财富了。

同样的例子还有“慈善捐款”。这是由哪位师傅的指点，不记得了，但动机是很清楚的，因为我这时懂得了社会舆论的价值。那时在北京报纸的社会版上，差不多天天有“宣统帝施助善款待领”的消息。我的“施助”活动大致是两种，一种是根据报纸登载的贫民消息，把款送到报社请他们代发，三五元不等，另一种是派人直接送到贫户家里。无论哪一种做法，过一两天报上总有这样新闻：“本报前登某某求助一事，荷清帝遣人送去×元……”既表彰了我，又宣传了“本报”的作用。为了后者，几乎无报不登吸引我注意的贫民消息，我也乐得让每种都给我做宣传。以致有的报居然登出这样文章来：

时事小言　皇恩浩荡

> 皇恩浩荡，乃君主时恭维皇帝的一句普通话，不意改建民国后，又闻有皇恩浩荡之声浪也。今岁入冬以来，京师贫民日众，凡经本报披露者，皆得有清帝之助款，贫民取款时，无不口诉皇恩之浩荡也。即本报代为介绍，同人帮同忙碌，然尽报纸之天职，一方替贫民之呼吁，一方代清帝之布恩，同人等亦无不欣欣然而云皇恩浩荡也。或曰清帝退位深宫，坐拥巨款，既无若何消耗，只好救济贫民，此不足为奇也。惟民国之政客军阀无不坐拥巨款，而并不见有一救济慈善者，于此更可见宣统帝之皇恩浩荡也。①

像这样的文章，对我的价值自然比十块八块的助款大得太多了。

我付出最大的一笔赈款，是对民国十二年九月的日本“震灾”。那次日本地震的损失惊动了世界，我也出于同样的动机，想让全世界知道“宣统帝”的“善心”，决定拿出一笔巨款助赈。我的陈师傅看得比我更远，他在称赞了“皇恩浩荡，天心仁慈”之后，告诉我说：“此举之影响，必不仅此。”后来因为现款困难，送去了据估价在美金三十万元上下的古玩字画珍宝，日本芳泽公

① 《平报》民国十二年十二月十五日，作者：秋隐。

使陪同日本国会代表团来向我致谢时，宫中出现的兴奋气氛，竟和“大婚”中外国使节来观礼时相像。我这才明白了陈师傅的意思。经过他这一指点和日本代表团的殷勤致谢，我又开了一个窍。

在这个时期，我的生活的另一面，充满了更多的荒唐，也干了不少自相矛盾的事。比如我在整顿内务府，怪他们开支太大的同时，自己的挥霍却是无度的。买一颗钻石要三万元，毫不觉得贵，从外国买了洋狗来，狗生了病请兽医，比给人治病用的钱还多。北京警察学校有位姓钱的兽医，大概看准了我的性格，极力巴结，给我写了好几个关于养狗知识的“奏折”，就得到了绿玉手串、金戒指、鼻烟壶等十件珍品的赏赐。我有时从报上看见什么新鲜玩意儿，如四岁孩子能读《孟子》，某人发现一颗异样蜘蛛，就会叫进宫里看看，当然也要赏钱。不知怎么的，我一下子喜欢上了石头子儿，就有人成车地购买了各式各样的石头子儿送来。自然又得到我不少的赏赐。

我一边向内务府大叫要裁人，也确实裁了，内务府各司处从七百裁到三百人，“御膳房”的二百厨师全部遣散。但是剩下的，单以新建的膳房来说，还有两个，一是我平日用的，用着三十七个人，其中包括以一名员外郎为首的八名员司和两个“写字人”，每月菜钱开支七百多元，另一个是给我做西餐的“番菜膳房”，人数已忘记，但知道每月要开支六百多元，而我并不是每天都叫他做菜吃的。

关于我的每年开支数目，据我婚前一年（即民国十年）内务府给我编造的那个被缩小了数字的材料，不算我的吃穿用度，更不算内务府各处司的开销，只算内务府“交进”和我与太妃们在内务府支出的“恩赏”和“临时差务”，这三项共计年支八十七万零五百九十七两。

这种昏天黑地、不知东方之既白的生活，一直到民国十三年十一月五日，冯玉祥的国民军把我驱逐出紫禁城，才起了变化，而我的“车”也遇到了一个真正的障碍了。

这年九月由朝阳之战开始的第二次直奉战争，吴佩孚的直军起初尚处于优势，十月间，吴部正向山海关的张作霖的奉军发动总攻之际，吴部的冯玉祥突然倒戈回师北京，发出和平通电，在冯、张的合作之下，吴佩孚山海关前线军队一败涂地，吴佩孚自己逃回洛阳。后来吴在河南也没站住脚，又带着残兵败将逃到岳州，直到两年后和孙传芳联合，才又回来，不过这已是后话。吴军在山海关败绩消息还未到，占领北京的冯玉祥国民军已经把贿选总统曹锟软禁了起来，接着解散了“猪仔国会”，颜惠庆的内阁宣告辞职，国民军支持黄郛组成了摄政内阁。

政变消息刚传到宫里来，我立刻就觉出了情形不对了，因为紫禁城的内城守卫队被国民军缴械，调出了北京城，国民军接替了他们的营地，神武门换上了国民军的岗哨。我在御花园里用望远镜观察景山，看见了那边上上下下都是和守卫队服装不同的士兵们。内务府派去了人，送去茶水吃食，国民军收下了，没有什么异样态度，但是紫禁城里的人谁也放不下心。陈宝琛和我父亲以前都到过南苑的冯玉祥的营地"慰劳"过，见过这位穿着大兵衣服的将军，都觉得他和别的将军不一样。怎么个不一样，他们也说不出来，或者说出来了我也没有懂得。但是我们却记得，张勋复辟那次，冯玉祥参加了"讨逆军"，如果不是段祺瑞及时地把他调出北京城，他是要一直打进紫禁城来的。段祺瑞上台之后，冯玉祥和一些别的将领曾通电要求把小朝廷赶出紫禁城。凭着这点经验，我们对这次政变和守卫队的改编有了不祥的预感。接着，又听说监狱里的政治犯都放出来了，又说共产党、"过激党"都出来活动了，庄士敦和陈师傅他们给我的种种关于"过激""恐怖"的教育，最主要的一条是说他们要杀掉每一个贵族，这时发生了作用。我把庄士敦找来，请他到东交民巷给我打听消息，要他设法给我安排逃难的地方。

王公们陷入惶惶不安，有些人到东交民巷的"六国饭店"订房间去了，但是一听说我要出城，却都认为目前尚无必要。他们的根据还是那一条：有各国公认的优待条件在，是不会发生什么事情的。

然而，必须发生的事，终归是要发生的。

那天上午，大约是九点多钟，我正在储秀宫和婉容吃着水果闲聊天，内务府的大臣们突然踉踉跄跄地跑了来。为首的绍英手里拿着一件公文，气喘吁吁地说：

"皇上，皇上……冯玉祥派了军队来了！还有李鸿藻的后人李石曾，说民国要废止优待条件，拿来这个叫，叫签字……"

我一下子跳了起来，刚咬了一口的苹果滚到地上去了。我夺过他手里的公文，看见上面写着：

> 大总统指令
>
> 派鹿锺麟张璧交涉清室优待条件修正事宜，此令。
>
> 中华民国十三年十一月五日
>
> 　　国务院代行国务总理黄郛……

修正清室优待条件

今因大清皇帝欲贯彻五族共和之精神，不愿违反民国之各种制度仍存于今日，特将清室优待条件修正如左：

一、大清宣统帝从即日起永远废除皇帝尊号，与中华民国国民在法律上享有同等一切之权利；

二、自本条件修正后，民国政府每年补助清室家用五十万元，并特支出二百万元开办北京贫民工厂，尽先收容旗籍贫民；

三、清室应按优待条件第三条，即日移出宫禁，以后得自由选择住居，但民国政府仍负保护责任；

四、清室之宗庙陵寝永远奉祀，由民国酌设卫兵妥为保护；

五、清室私产归清室完全享有，民国政府当为特别保护，其一切公产应归民国政府所有。

大总统印，国务院摄行。国务总理黄郛……

老实说，这个新修正条件并没有我原先想象得那么可怕。但是，绍英说了一句话，让我跳了起来，“他们说限三小时内全部搬出去！”

“那怎么办？我的财产呢？太妃呢？”我急得直转，“打电话找庄师傅！”

“电话线断，断，断了！”荣源回答说。

“去人找王爷来！嗐！我早说要出事的！偏不叫我出去，找王爷！找王爷！”

“出不去了，”宝熙说，“外面把上了人，不放人出去了！”

“给我交涉去！”

“嗻！”

这时刚刚是端康太妃去世不多天，宫里只剩下敬懿和荣惠两个太妃，这两位老太太说什么也不肯走。绍英拿这个作理由，去和鹿锺麟商量，结果又延长到下午三点。过了中午，经过交涉，父亲进了宫，朱、陈两师傅也给放了进来，只有庄士敦给挡在外面。

听说“王爷”进来了，我马上走出屋子去迎他，看见他走进了宫门口，我立即叫道：

“王爷，这怎么办哪？”

他听见我的叫声，就像挨了定身法似的，粘在那里了，也不走近前来，也不回答我，嘴唇哆嗦了好半天，才迸出一句没用的话：

“听，听旨意，听旨意……”

我又急又气，一扭身自己进了屋子。后来，据太监告诉我，他进宫来只做了一件举动，就是听说我在修正条件上签了字，他立刻把自己头上的花翎一把揪下来，连帽子一起摔在地上，嘴里嘟囔着说：“完了！完了！这个也甭要了！”

我回到屋里，绍英哆哆嗦嗦地进来，脸色比刚才更加难看，他说：“鹿锺麟又催啦，说，说再限二十分钟，不然的话，不然的话……景山上就要开炮啦……”

其实，鹿锺麟只带了二十名手枪队，可是他这句吓唬人的话非常生效。首先，是我岳父荣源吓得跑到御花园，东钻西藏，找到了一个躲炮弹的地方，再也不肯出来。我看见王公大臣都吓成这副模样，只好赶快答应鹿的要求，决定先到我父亲的家里去。

这时，国民军已给我准备好汽车，一共五辆，鹿锺麟坐头辆，我坐了第二辆，婉容和文绣、张璧、绍英等人依次上了后面的车。

车到“北府”门口，我下车的时候，鹿锺麟走了过来，这时我才和他见了面。鹿和我握了手，问我：

“溥仪先生，你今后是还打算做皇帝，还是要当个平民？”

“我愿意从今天就当个平民。”

“好！”鹿锺麟笑了，说：“那么，我就保护你。”又说，现在既是中华民国，同时又有个皇帝称号是不合理的，你今后应该以公民的身份好好为祖国效力。张璧还说：

“既是个公民，就有了选举权和被选举权，将来如果能为国家出力，也可能被选做大总统呢！”

一听“大总统”三个字，我心里特别不自在。由于我已懂得运用“韬晦”之词了，便说：

“我本来早就想不要那个优待条件，这回把它废止了，正合我的意思，所以，我完全赞成你们的话。当皇帝并不自由，现在我可就得到自由了。”

这段话说完，周围的国民军士兵都鼓起掌来。

我最后的一句话也并非完全是假话。我确实厌恶王公大臣们对我的限制和阻碍。我要“自由”，我要自由地按我自己的想法去实现我的理想——重新坐在我失掉的“宝座”上。

十一、在“北府”里

我内心充满恐惧，走进了国民军把守着的“北府”大门，进了我父亲带我进去的屋子。我环顾了一下这个由皇宫降到王府的地方，心中又充满了悲愤和仇恨。这种恐惧和仇恨，从看见国民军代表送来的“大总统令”起，就在我心里燃烧着，进了“北府”，更加炽烈起来。我一刻不停地寻思着，如何能逃出国民军的监视，尽早远走高飞，准备复仇。

我临出宫以前，曾叫人送信给宫外的那些“股肱之臣”，让他们从速设法营救我脱离国民军的掌握。这时，我的“股肱”们都不在我的身边，他们奔走的结果如何还不知道，外边的消息全听不见，而我却是急于想知道当前处境的危险程度，想找人商量商量当前应采取的对策。在这种情势下，我的父亲让我感到了极大的失望。

他比我还要惊慌。记得那天他就没有沉着地站过一回，更不要说安安静静地坐一坐了。他不是喃喃自言地走来走去，就是慌慌张张地跑出跑进，弄得空气格外紧张。后来，我实在忍不下去了，请求地说：

“王爷，坐下商量商量吧！得想想办法，先打听一下外面的消息呀！”

“想想办法？好，好。”他坐了下来，不到两分钟，忽然又站起，“载洵也不露面了！”说了这句牛头不对马嘴的话，又来来去去地转了起来。

“得打听打听消息啊！”

“打，打听消息？好，好！”他走出去了，转眼又走进来，“外边不，不让出去了！大门有兵！”

“打电话呀！”

“打，打电话，好，好！”走了几步，又回来问：“给谁打电话？”

我看实在没办法，就叫太监传内务府大臣们进来。内务府大臣这时我身边只有绍英一个人。荣源住进了外国医院，治他的神经病去了（两个月后才出来），耆龄大概是忙着搬移我的衣物，处理太监、宫女的问题，宝熙是在照顾未出宫的两位太妃（她们还不肯出来），剩下来的绍英，他的情形比“王爷”好不了多少，一个电话也没打出去。幸亏后来其他的王公大臣和师傅们陆续地来了，否则“北府”里的慌乱还不知发展到什么地步。庄士敦在傍晚时分带来了令我安心一些的消息：经过他的奔走，首席公使荷兰的欧登科、英国公使麻克类、日本公使芳泽等三人已经找到摄政内阁外交总长王正廷，提出了“抗议”，王正廷向他们作了保证，我的生命财产一定安全。这个消息对“北府"里的人们起了镇定作用，但是对于我父亲，好像"剂量"还不足。庄士敦在他的著作里曾描写过那天晚上的情形：

> 皇帝在一间大客厅里接见了我，那间屋子挤满了满洲贵族和内务府的官员……我的第一个任务，是说明三位公使拜访外交部的结果。他们已经从载涛那里知道了那天早晨我们在荷兰使馆进行了磋商，所以，他们自然急于要知道和王博士（正廷）会见时的情形。他们全神贯注地听我说话，只有醇亲王一人，在我说话的时候不安地在屋里转来转去，显然是漫无目的。有好几次忽然加快脚步，跑到我跟前，说了几句前言不搭后语的话。他的口吃似乎比平时更加厉害了。他每次说的话都是那几句，意思是"请皇上不要害怕"——这句话从他嘴里说出，完全是多余的，因为他显然要比皇帝惊慌。当他过来和把这种话说到四五次的时候，我有点不耐烦了，我说，"皇帝陛下在这里，站在我旁边，你为什么不直接和他说呢？"可是，他太心慌意乱了，以致没有注意到我说话的粗鲁。接着，他又漫无目的地转起圈子来……

那天晚上，我父亲的另一件举动，尤其令我不能满意。

庄士敦到了不久，经过一番奔走的郑孝胥来了。他奔走的地方也是东交民巷。至少是从"东京震灾"捐款时起，东交民巷的日本公使馆就和我的"股肱"们有了交际，罗振玉和郑孝胥来到紫禁城之后，又和日本兵营有了往来。据罗振玉说，日本的竹本大佐是他先交的朋友。我出宫的头一天，由于情势紧张，罗振玉到天津找日本驻屯军司令官想办法去了，郑孝胥受我嘱托，也约会好东交民巷的竹本多吉大佐在次日见面。他们见面后，刚谈了不多的话，就听到了冯军入京的消息，于是双方商定了一条计策，由竹本派出他的副官中平常松大尉，穿上便衣，带着一名医生，假装送我进医院，把我运出"北府"，接进日本兵营。按照这条计划，郑孝胥带着中平大尉和日本医生村田到了"北府"。我当时的想法，是立刻就跟他们走的。但是，王公大臣和师傅们都表示了反对。他们认为这个办法很难混过大门的士兵，即使混过了他们，街上还有国民军的步哨，万一被发现，那就更糟糕。反对最激烈的是我父亲，他的理由是这样："就算跑进了东交民巷，可是冯玉祥来找我要人，我怎么办？"后来，我也因为太冒险，没敢跟日本人走，可是我心里对父亲是更不高兴了。

我的心情从总的来说，这天晚上还算好。庄士敦的消息说明三国公使在

“关心”我，郑孝胥带来的日本人，又告诉了我日本人的“热心”，我不像刚才来时那么紧张了。

可是到了次日，“北府”的门禁突然加严，只准进，不准出，连厨役买菜也得托大兵们代劳。后来稍放松一点，只许有限几个人，即陈、朱师傅和内大臣出进，外国人是根本不许进来。这一下子，我又慌了。“国民军还能不怕洋人?”这个疑问横在我心里，成了一个大疙瘩。我身边的人也有这样担心的，也有不相信的。后来不相信的占了多数，他们都说从民国以来还没有不看洋人脸色的当局，这次国民军支持的黄郛内阁，不是也直向三国公使做保证吗？话是不错，不过谁知道大门口的大兵是怎么想的呢？那年头有句话：“秀才遇见兵，有理讲不清!”黄郛和王正廷尽管如何保证，离我最近而手持凶器的还是门口的大兵。万一他们发作起来，不但秀才应付不了，连“皇上”恐怕也不行。我越想越怕，后悔没有跟郑孝胥带来的日本人出去。我对郑孝胥和日本兵营，简直增加了更大的感情!

正在这时候，罗振玉出现了。

罗振玉是头一天就为了我而去天津的。据他说，他在竹木大佐的帮助下，坐上京津国际列车到了天津，[1] 次日找到日本驻屯军司令部，请他们出面保护我。这时司令部的金子参谋告诉他，鹿锺麟已进了宫。日本司令官介绍他去找段祺瑞，因此他知道了段祺瑞马上就会出山。这时段祺瑞也接到了北京竹本大佐转来的郑孝胥的求援电报。段祺瑞即发出了一封反对冯玉祥“逼宫”的通电，罗振玉预先也看到了那个电稿。根据日本驻屯军司令部的指示，他又返回北京就近和他的朋友竹本大佐联系，竹本大佐叫他告诉我，日本骑兵将在“北府”附近巡逻，如发现国民军对“北府”有什么异样举动，立即回营报告，日兵营会采取“断然措施”。听了他的报告，又从陈宝琛那里知道了日本兵营曾想把日本军用信鸽送进“北府”，以备报警之用（他因为怕国民军，没敢拿来)，我对日本人的“感情”又发展了一步。自然，罗振玉在我心里得到了与郑孝胥并行的地位，而“王爷”就挤得更远了。

我也从报上看到了段祺瑞指责冯玉祥的电报，也听到了刚刚联合起来的奉军和冯军将要火并的消息，这个消息给“北府”带来的希望，简直和三国公使提抗议时是差不多的。同时，陈宝琛给我带来了日本兵营收到的段祺瑞的电报，上面说：“皇室事余全力维持，并保全财产，但宣统帝入东交民巷之意宜

---

[1] 内战中，火车常被双方扣留，京津间交通秩序也很不正常，这趟车是根据东交民巷的意思组成的，交战双方都老老实实地不敢动它。

中止。已命冯玉祥代表进京，适宜处置。”接着（即我入“北府”的第五天），门禁有了进一步的松动，允许更多的王公大臣以至宗室人等进来，甚至连没有“顶戴”“功名”的胡适也不受到阻拦，只有庄士敦还是不让进来。

不久，令“北府”最关心的张、冯关系，有了新发展，传来了冯玉祥在天津被奉军扣押的消息。后来虽然证明是谣传，但是接踵而至的消息更鼓舞了“北府”里的人：国民军所支持的黄郛摄政内阁，在北京邀请东交民巷的公使，遭到了拒绝。“北府”里乐观地估计，这个和我过不去的摄政内阁的寿命快完了，代替他的自然是东交民巷（至少是日本人）所属意的段祺瑞了。果然，第二天的消息证实了罗振玉的情报，冯玉祥不得不同意张作霖的决定，让段祺瑞出山。过了不多天，张、段都到北京来了。那几天的情形，郑孝胥日记里这样记着：

乙巳二十六日（十一月二十二日）。小雪。作字。日本兵营中平电话云：段祺瑞九点自天津开车，十二点半可到京。偕大七（郑的儿子垂）往迎段祺瑞于车站……三点半车始到，投刺而已……

丙午二十七日（二十二日）。……曹纕衡（段的幕僚）电话云：段欲公为阁员，今日请过其居商之。答之曰：不能就，请代辞，若晤面恐致龃龉。至北府入对。泽公、伒贝子、耆寿民（龄）询余：就段否？余曰：拟就其顾问，犹虑损名，苟不能复辟，何以自解于天下？伒贝子曰：若有利于皇室，虽为总统何害……

丁未二十八日（二十三日）。……北府电话召，入对。上（溥仪）赐膳，裁两器、两盘、数小碟而已。段派荫昌来守，卫兵得其长官令：不禁洋员（指庄士敦）入见。涛贝勒云：顷已看段，求撤卫兵，但留警察。使垂访池部（日公使馆书记官）。上云：今日已派柯劭忞、罗振玉商购裱褙胡同盛昱之屋，将为行在……

戊申二十九日（二十五日）……至吉兆胡同段宅晤段芝泉（祺瑞），谈久之。至北府，入对……

已酉三十日（二十六日）……召见，草赐张作霖诏，罗振玉书之。诏云：“奉军入京，人心大定，威望以及，群邪敛迹。昨闻庄士敦述及厚意，备悉一切。予数年以来，困于宫中，囿于见闻，乘此时会，拟为出洋之行，惟筹备尚须时日，日内欲择暂驻之所，即行移出醇邸。俟料理粗定，先往盛京，恭谒陵寝。事竣之日，再谋游学海外，以补不足。所有详情，已属庄士敦面述。”……北府冯军撤回。

冯玉祥求免职，段批假一月。闻冯已赴西山……

从段、张入京之前，即黄郛内阁要倒台，冯、张冲突谣传出现时，“北府”的气氛就变了。王公们首先给张作霖秘密地写了一封信，请求他的庇护。张、段入京后，王公们派了代表和郑孝胥一齐表示了欢迎，然后分头进行了活动。郑孝胥去找段祺瑞，“北府”的管家张文治去找他的盟兄张作霖。让“北府”最高兴的是张作霖托张文治特别邀请庄士敦去一趟。结果是庄士敦去了两趟。张作霖找庄士敦的意思是想通过庄士敦探一探东交民巷对他的态度，而“北府”里则希望通过庄士敦探一探张作霖对我的态度。我让庄士敦带去了我的一张签名照片，一个大钻石戒指，张作霖留下照片，退了戒指，表示了同情，用我父亲日记里的话说，是“口气尚好”。与此同时，段祺瑞也向郑孝胥表示了“可以考虑恢复优待条件”。既有了东交民巷的“同情”，又有了这两位当权人物的支持，虽然冯玉祥的国民军还在北京城里，而“北府”的人们已经敢于“反攻”了。

11 月 28 日，即大门上的国民军撤走，冯玉祥通电辞职的第二天，“北府”里用内务府的名义发出了致民国内务部的一封公函：

……查法理原则关于刑律之规定，凡以强暴胁迫人者，应负加害之责任，其民法原理凡出于强暴胁迫，欺罔恐吓之行为，法律上一律不能发生效力。兹特专函声明：所有摄阁任意修正之五条件，清室依照法理不能认为有效……”

同时，对摄阁成立时组成的“清室善后委员会”，虽清室代表已参加开了几次会，现在也否认了。

这天，日本人办的《顺天时报》记者来访问我，我向他发表了与出宫那天说过的完全不同的谈话：

此次国民军之行动，以假冒国民之巡警团体，武力强迫余之签字，余决不如外间所传之欣然快诺……①

① 这是记者报道的文字，登在民国十四年十一月二十九日的《顺天时报》上，基本和我的意思一致。

《顺天时报》是日本公使馆支配下的日商报纸。说到当时日本人对我的"热心"，决不能忽略了这份报纸。它不像竹本大佐那样地一切在暗中进行，它是倚仗特权合法地大嚷大叫，极尽耸动听闻之能事。从我进了"北府"的第二天起，《顺天时报》连续发出了对"皇室"无限"同情"，对摄政内阁和国民军无限"激愤"的消息和评论。里面大量地使用了"逼宫"、"蒙难"之类的字眼以及"泰山压卵"、"欺凌寡妇孤儿"、"绑票"等等的比喻，大力渲染出"旗人纷纷自杀"，"蒙藏发生怀疑"等等的故事，甚至还编造了"某太妃流血殉清朝"、"淑妃断指血书，愿以身守宫门"和"淑妃散发攀轮，阻止登车"的惊人奇闻。有些其他外文报纸也有类似的文字，不过和《顺天时报》比起来，则大为逊色。顺便说一句，那时有些中国报纸也有抨击国民革命军的，尤其是张作霖、段祺瑞到北京之后，锋芒尤甚。有些"名流"，也在报上发过议论，如与我有一面之识的胡适博士，曾发表过一封致王正廷的公开信，表示了他对"以武力胁迫"清室修改条件的"义愤"。胡适那些天经常和郑孝胥等人厮混，似乎颇能获得一部分"遗老"的谅解。他曾到"北府"来求见我，但被我拒绝了。因为我这时需要的不是洋博士，而是真正的洋人。当我用黑眼珠瞅着洋人的时候，其余的人——包括曾引起过我好奇心的胡适在内，就只好受白眼珠的待遇了。

十二、三岔口上的抉择

"北府"里的人虽然有共同的兴奋，却没有共同的想法。金梁后来在他补写的《遇变日记》① 里说："盖自段、张到京后，皆空言示好，实无办法。众为所欺，以为恢复即在目前，于是事实未见，而意见已生。有主张原订条件一字不能动者，有主必还宫复号者，有主改号避帝者，有主岁费可减，必有外人保证者，有主移住颐和园者，有主在东城购屋者。实则主权在人，无异梦想一皆不知何所见而云然也。"这段话说的倒是实情。

历史的列车在进行中，障碍被压碎，垃圾被抛开。附在垃圾上的蝇子自然会哄成一团，碰撞一阵。

一九二四年十一月五日的这场旋风，把我一下子抛出了紫禁城，落到一个三岔口上。我面前是三条路：一条是新的《条件》给我指出来的，放弃帝王尊号，放弃原来的野心，做个仍然拥有大量财宝和田庄的"平民"；另一条是

① 全国政协文史资料研究委员会藏稿。

争取“同情者”的支援，取消国民军的新《条件》，全部恢复袁世凯时代的旧《条件》，或者“复号还宫”，让我回到紫禁城，依然过着从前那样的生活；还有一条是最曲折的道路，它通向海外，然后又指向紫禁城，不过那时的紫禁城必须是辛亥以前的紫禁城。这条路如果用二十年后蒋介石的术语来说，叫做“曲线救国”，而当时的原版则是“借外力谋恢复”。我站在这个三岔口上，本来一心想走第三条路的，但是又不得不忍受着周围那群蝇子的包围，听着他们的无穷无尽的争吵。他们对于第一条路，固然都是和我一样地认为不屑一顾，而在其他两条路线的选择上，则是互不相让。即使是同一条路线的拥护者，也各有不同的具体主张和详尽计划。每个人都争先恐后给我出主意，抢着给带路。

这种“带路权”的争夺战，从我进“北府”大门那天起，经过我居住天津的七年，一直到离津去东北前，是一直没有停止过的。只说在“北府”的这二十四天，也曾有过几次起伏，变过几次阵容，转移过几次重心。

起初，刚进“北府”的那几天，争论的中心是“留在北府呢？还是设法溜出，躲进东交民巷？”前面已说过，主张溜走的一方是处于孤势的郑孝胥和不公开表态的庄士敦，另一方则是以我父亲为首的王公大臣以及师傅们。这场冲突是以郑孝胥的失败而告终。门禁开始松动以后，以“出洋不出洋，争不争取恢复《条件》”为中心展开了第二次的交锋。主张立即出洋的一方是金梁和罗振玉（庄士敦仍是不公开表态的一个），另一方仍以我父亲为首，师傅们是参加者。他们这次的矛头主要是对着“急先锋”金梁，也取得了胜利。不过，这是一个表面的胜利。到第三个回合，即郑、罗、庄联合了起来，并争得了陈宝琛的参与，而问题重心转到了“我的当前处境危不危险，要不要先跑进东交民巷”的时候，那些王公大臣便惨败了。

以我父亲为首的王公大臣们，始终反对着我出洋，他们是“争取复号还宫派”里的最保守者。他们对国民军怀着同样的仇恨，却又希望我忍受着，等待着。国民军取消了我的皇帝尊号，他们认为我还可以在家里做皇帝，反正他们是不取消我的尊号的。国民军的统治刚露出了不稳征兆（张、冯不和，黄内阁被拒于使团），他们的幻想就抬头了。他们一面劝我静待佳音，一面对于一切出洋的以及出府的意见，大肆进行攻击。不可否认，这一派人在第一个回合上是取得了胜利，因为拦阻了我去东交民巷，也就是拦住了我出洋的路。他们在对付金梁上，让金梁败得很狼狈。金梁从报上看到了我对鹿锺麟的谈话以后，门禁刚一松动，便带着一份“奏折”和替我拟好的“宣言书”来了。他大大地夸奖了我的谈话，让我对外宣布“敝屣一切，还我自由，余怀此志久矣!"叫我放弃帝号和优待费，把钱拿出来办图书馆和学校，其目的，则是"收人心，抗舆论"，同时要"托内事于忠贞之士，而先出洋留学，图其远者大者，尽人事以待天命，一旦有机可乘，立即归国"。他的论点是："盖必敝屣今日之假皇帝，始可希望将来之真皇帝。"他这一番话，确实令我动了心，但是我父亲闻言之后，对他大怒，把他称之为"疯子"，请他以后不要再上门来。金梁被我父亲以"王爷"的身份赶走以后，另一个出洋派主力，高鼻子的"护命符"庄士敦，我父亲虽然没有办法也不敢动他，但是大门上的大兵无形中帮了我父亲的忙，从第二天起就没放他进来，于是造成了我父亲这一派的暂时胜利。

在说到这个暂时的胜利之前，我要先说一下我们这伙人的心理状态。

概括地可以这样说，除了复辟的共同目标之外，每个人还都有他自己的一个算盘。

主张还原的是为了什么呢？这是因为只有这样，"王公"、"大臣"、"帝师"、"翰林"等等的名利攸关的标签才有地方可贴。这就是说，绍英还可以掌管那把关系着他的"社会地位"的"总管内务府的印钥"，荣源还可以继续着乐在其中的"抵押"、"变价"的生涯，"醇亲王"可以照旧支取每年四万二千四百八十两银子折合的岁俸，这是从前不管民国当局如何拖欠岁费，内务府到时都要凑足送齐的。

主张"立刻出洋"的是为了什么呢？当然也是为了将来的复辟，但也同样地有着说不出口的打算。这看一下他们各自主张的出洋方向就可以知道。罗振玉主张我到日本，有位当过前清驻欧洲公使的黄诰，主张我到欧洲……因为只有如此，他们才能利用自己优越条件，达到垄断居奇的目的，至于他们所熟悉的国家能否支持我的复辟，问题倒在其次了。"出洋派"的急先锋金梁，他没有提出具体的方向，他自己哪一国也没去过，不过他也最有意思。他的主意并不固定，起先，他根据我对鹿锺麟说的漂亮话，主张了"敝屣一切"，放弃帝号和《条件》，后来，段祺瑞上了台，我又对《顺天时报》表示了取消条件并非"欣然快诺"，而还原的呼声甚嚣尘上之际，他又送来奏折，说如要帝号，我亦不可放弃，又上书张作霖说"优待条件事关国信，效等约法，非可轻易修改"了。他对别人解释道：他并不是主张放弃帝号的，不过这事不宜由我去争而已。我一时弄不明白他到底主张的是什么。后来才知道，原来他关心的既不是我的自由，也不是什么《条件》，而是如何取得机缘，好借题做文章，以"扬名显世"，出其风头。倘若能取得我的信赖和重用，那自然更理想了。后来他实在从我这里没弄到什么，不得已，无中生有地给自己刻了"少保”的图章，盖在他的树杈式的书联上。

这些有头有脸的人物是这样各怀着一个算盘，那些下面的喽啰，不断地递折子、上条陈，也各有其小算盘。我六叔载洵有个叫吴锡宝的门客，写了一个“奏为陈善后大计”的折子，一上来先抱怨说，他早主张要聘用各国法学家研究法律，以备应付民国违法毁约的举动，因为没听他的主意，所以今天手忙脚乱，驳辩无力。接着，他提出五条大计：说来说去离不了用法律和法学家，原因就是他自己是一名律师。还有个名叫多济的旗人，是挂名的内务府员外郎，他坚决主张无论如何不可放弃帝号，不但如此，我将来有了儿子还要叫做“宣统第二”。他又主张今后我应该把侍奉左右的人都换上八旗子弟，看来，他也打好主意让他的儿子做“多济第二”，来继承员外郎这份俸银的。

我也有一个算盘，相形之下，我的算盘倒是最单纯的，而且在那个范围内也是说得出口的，这就是我的终极目标：复辟。为了这个目标，我曾为自己把第三条路线修正、补充过几次。刚进“北府”的时候，这条路线是这样：

“北府”—东交民巷—外国—北京紫禁城

在形势缓和之后，我又修改成如我给张作霖的信里说的那样：

“北府”—北京城内住所—奉天（沈阳）—外国—紫禁城

这条具体的行动路线不但表明了固定不移的终极目标，也表明了第一个步骤是非离开“北府”这个不称心的地方不可的。

那时，我自然不会像上面说的那样，去分辨周围那群蝇子，我判断是非的标准只有一条，这是和西太后的并没有多大区别的一条：谁叫我称心，谁最维护我作为帝王的利益的，谁就是好，否则就叫坏。那时凡是叫我忍受的，叫我等待的，拦阻我行动的，把他的利害放在我的利害上面的，我都不满意。因此，王公大臣那一方逐渐失掉了我欢心，而积极为我奔走，设计让我脱离那个“北府”的郑、罗、庄这一方，越来越受到我的信赖。从这点上说，这就预定下了“北府”争夺战的最后结局。

古代兵法中说得不错，“知己知彼，百战不殆”，又说“攻心为上”。谁能知我又能攻我心的，谁就得胜，否则必败。

我当时主要的心情，既然是又害怕国民军害我，又想离开这个变相的紫禁城，郑孝胥和罗振玉于是从这方面打动了我的心。

国民军的警卫从大门撤走之后，形势本来已经缓和，我都敢放开胆子向记者骂国民军了，忽然郑孝胥面容严肃地出现了，问我看过报没有。

“看了，没有什么呀！”

“皇上看看《顺天时报》。”他拿出报来，指着一条“赤化运动之平民自治歌"标题给我看。这条消息说，冯军入京以后，"赤化主义"就乘机活动，最近竟出现数万张传单，主张"不要政府真自治、不要法律大自由"云云。那时，我从郑、陈、庄诸人和《顺天时报》上听到或看到什么共产党是过激主义、赤化主义，赤化、过激就是洪水猛兽，共产共妻，又说冯玉祥的军队就和赤化过激有关，等等的鬼话。看了这些消息，就信郑孝胥的解释，那是马上要天下大乱，"赤化主义"对我下毒手，则更无疑问。

我正被郑孝胥的话闹得心惊胆战之际，罗振玉以紧张的面容出现了。罗振玉的来自日方的消息一向很受我重视。曾以联络日本兵营的联队长竹本大佐一事，得到我的信任，他这次报告我说，已确实听说冯玉祥和"过激主义"分子将对我不利。"现在冯军占了颐和园。"他说，"出事可能就在这一两天。皇上要趁早离开这里，到东交民巷躲避一下才好。"

后来庄士敦也来了，带来了外国报上的消息，说冯玉祥又要第三次对北京采取行动。

这样一来，我沉不住气了，连一向稳重的陈宝琛也着了慌，认为应该趁冯玉祥军队不在的时候，抓机会到东交民巷为妙。他和郑孝胥商量过，主张先住进德国医院，因为那位德国大夫是认识我的。接着，我就和陈、庄二师傅，悄悄地商议了一个计策，这个计策不但要避免民国当局知道，也要防备着我的父亲。

我们按照密议的计划进行。第一步，我和陈师傅同出，探望比我晚几天出宫的住在麒麟胡同的敬懿、荣惠两太妃（这时庄和和端康都已去世了）。探望完了，依旧回"北府"，给"北府"上下一个守信用的印象。第二步，即第二天，我和陈、庄师傅扬言去苏州胡同看房子，准备租用居住。我们准备从那里绕一下就奔东交民巷，先住进德国医院，然后再考虑住进使馆和让婉容搬来。只要到了东交民巷，这第三步就好办了。但是，在执行这第二步计划的时候，我父亲派了他的大管家张文治，偏要陪我们一起去。我和庄士敦上了一辆汽车，张文治也跟在陈宝琛屁股后，上了另一辆车。进了东交民巷，庄士敦叫车子在一家卖钟表和相机的洋行门口停下，他带我进了洋行，在这里考虑对付张文治的办法。我买了一个法国金怀表，磨蹭一阵儿，庄士敦想出了办法，就说我觉得不舒服，要去德国医院看看。张文治狐疑不安地跟我们到了德国医院。到了医院，我们把他甩在一边儿。庄士敦向医院的棣柏大夫说明了来意，把我让到一间空病房里休息，张文治一看不是门道，赶紧溜走了。我们知道他必是回"北府"向我父亲报信去了，庄士敦不敢放松时间，立刻去英国使馆办交涉。谁知他这一去就杳无音信，等得我好不心焦。我生怕这时张文治把我父亲引了来，正在焦躁不安，郑孝胥到了。这段经过，可以看看他的日记：

壬子初三日。弢庵、叔言来。昨报载李煜瀛见段祺瑞，争皇产事，李忿言：法国路易十四，英国杀君主，事尤数见，外交干涉必无可虑。张继出告人曰：非斩草除根，不了此事。平民自治歌有曰：留宣统，真怪异，惟一污点尚未去。余语弢庵曰：事急矣！乃定德国医院之策。午后，诣北府，至鼓楼，逢弢庵（陈宝琛）之马车，曰：已往苏州胡同矣！驰至苏州胡同，无所见，遂至德国医院。登楼，上（说我）徘徊窗下，独弢庵从，告孝胥曰：庄士敦已往荷兰、英吉利使馆，张文治奔告醇王，且复来！孝胥请幸日本使馆，上命孝胥先告日人。即访竹本，告以皇帝已来。竹本白其公使芳泽，乃语孝胥："请皇帝自决行止。"于是暴风大作，黄沙蔽天，数步外不相见。孝胥至医院，虑汽车或不听命，议以上乘马车；又虑院前门人甚众，乃引马车至后门，一德医持钥从，一看护导上下楼，开后门，登马车，孝胥及一僮骖乘。德医院至日本使馆有二道，约里许：一自东交民巷转北，一自长安街转南。孝胥叱御者曰："再至日使馆。"御者利北道稍近，驱车过长安街。上惊呼曰："街多华警，何为出此！"然车已迅驰，孝胥曰："咫尺耳！马车中安有皇帝？请上勿恐。"既南转至河岸，复启上曰："此为使馆界矣！"遂入日本使馆。竹本、中平迎上入兵营。弢庵亦至。方车行长安街，风沙悍怒，几不能前，昏晦中入室小憩。上曰："北府人知我至医院耳，庄士敦、张文治必复往等，宣告之。"孝胥复至医院，醇王、涛贝勒皆至。因与同来日馆，廷臣奔视者数人。上命孝胥往告段祺瑞，命张文治往告张作霖……

郑孝胥日记里没提到庄士敦，因为他在德国医院没有看见庄士敦，庄士敦那时已经到了日本使馆了。我和这位一去不回的人在这地方碰见，很是奇怪。他对我解释说："我到英国公使那里去了，麻克类说那里地方很小，不便招待……既然陛下受到日本公使先生的接待，那是太好了，总之，现在一切平安了。"在那匆匆忙忙之中，我也没再细问——既然我保了险了，过去的事情我也就没有兴趣去知道了。一直到很晚，他的《紫禁城的黄昏》出版了，我才看到下面这段描写：

我先到日本公使馆去。我这样做是因为，我觉得，所有的外国公使里面，日本公使最能而且也最愿意，不仅仅接待皇帝，而且还给以有效的保护。

这时已是下午一点。日本公使不在家，他到外面吃饭去了。于是我就到荷兰使馆去，荷兰公使也出去。最后我拜访了英国使馆。罗纳德·麻克类勋爵正好在家，我把发生的事情简单地告诉了他。我知道英国使馆的态度是坚决反对，英国人怕采取任何被解释成干涉中国内战的行动，因此我谈到我在皇帝出逃中所起作用时，尽量轻描淡写，我只说，根据皇帝的指示，我坐车和他一起到了东交民巷。

我接着说，我已拜访了日本公使馆，因为我觉得如果芳泽谦吉先生同意保护他，他就可以得到最安全的庇护。英国公使表示同意，他还相当体贴地说，如果皇帝得到日本使馆的庇护的话，他希望我到英国使馆去做客，这样就可以尽可能接近皇帝，因为日本使馆几乎就在英使馆的对过。

我去日本使馆，可是日本公使还没有回来，等到我和他见面的时候，已经是下午三点钟了。他听了我所说的话，当我请他用日本使馆接待皇帝的时候，他并没有马上作答，在他屋子里踱来踱去，考虑着这件事情，然后才把他的决定告诉我。他愿意接待皇帝，可是他希望给他安排一个"合适的地方"，所以我先回德国医院，等候他的消息。我后来发现，芳泽谦吉先生及其夫人为皇帝准备的"合适的地方"原来是他们自己的私人房间，也就是日本使馆里最好的房间。

庄士敦接着写道，他又回到德国医院，发现了我已不在了，大吃一惊，问德国护士："皇帝在哪里?"护士说："这里没有皇帝!"他叫起来："胡说，是我把他送到这里的!"后来才明白，这是德国医师棣柏嘱咐医院为我保密的。医院里的人后来认出他来，才告诉了他，我已经去日本使馆了，他很感谢德国朋友的热心，然后又到日本使馆。在这里他又一次出乎意外，因为又发现我不在公使馆，而是在日本守备队司令官竹本大佐那里。当然，很快也就知道了郑孝胥的活动。

郑孝胥对自己在这次出逃中所起的作用，得意极了。这可以从他写的两首七言中看出来。

十一月初三奉乘舆幸日本使馆

陈宝琛、庄士敦从幸德国医院，孝胥踵至，遂入日本使馆。

乘日风兮载云旗，纵横无人神鬼驰，
手持帝子出虎穴，青史茫茫无此奇！

是日何来蒙古风？天倾地坼见共工，
休嗟猛士不可得，犹有人间一秃翁。①

这位俨然以“猛士”自居的秃翁后来作了一幅画：在角楼上空云雾中，有一条张牙舞爪的龙。陈宝琛虔诚地在画上题了“风异”二字，又作诗一首恭维他：“风沙叫啸日西垂，投止何门正此时；写作昌黎诗意读，天昏地黑扈龙移。”庄士敦颇知凑趣，也用英文把事件经过写在上面。

让郑孝胥如此得意忘形的原因之一，是他在这场争夺垄断的战斗中，胜过了他的暗中对手罗振玉。罗振玉不但没有赶上这个机会，而且竹本大佐这个值钱的关系，也被郑孝胥轻轻拿在手里，成了郑的本钱。郑、罗二人之间的冲突，原来是掩盖在他们与王公们的争夺战后面。而从这时起，开始了他们之间的争夺战了。

不过，庄士敦却在旁不免暗笑。在他的一九三二年出版的书里，他肯定了郑孝胥日记所叙述的正确性之后说：“不过有一点除外，那就是郑孝胥错误地认为，竹本大佐在同意用他自己的住处接待皇帝之前，已经和日本公使商量过了。日本使馆中文武官之间的关系，并不像其他使馆中文武官之间的关系那么亲近和友好，竹本大佐是否认为自己应当听从日本大使的命令，是大可怀疑的。因此，他并不认为必须把他和郑孝胥先生谈的话向芳泽谦吉先生汇报，而且他也没有这样做。事实上，他本人急于要接待皇帝，不希望日本公使把他的贵客夺走……

事实上，后来是夺走了。原来刚开始不久的争夺战，不仅展开在王公大臣和郑、罗之间，也不仅在郑与罗之间，原来还发生在日本人之间。这第一场争夺战的真正胜利者，有一段谈话刊在第二天的《顺天时报》上：

日使对容留逊帝之谈话

日本芳泽公使，昨日对于往访记者所谈逊帝溥仪迁入日本使馆之

① 刘邦《大风歌》：“大风起兮云飞扬，威加海内兮归故乡，安得猛士兮守四方。”

经过，并公使所持之态度如下：

上星期六午后三时，忽有某氏（公使不欲宣布其姓名）来访余（公使自称，下同），告以逊帝现已入德国医院，并谓此不过暂时办法，万难期其久居，且于某某方面亦曾恳谈逊帝迁居事，咸以迁居日本使馆为宜，故逊帝遣某来为之先容，万希俯允所请等语。余当时在大体上因无可推辞，然以事出突然，故答以容暂考虑，再为答复等语。某氏辞去约二十分钟。余即接得报告，谓逊帝已至日本兵营，要求与余面会。余当即亲赴兵营迎迓，一面为之准备房屋。午后五点迎入本馆后，即派池部书记官赴外交部谒沈次长，说明逊帝突然来馆之始末，并请转达段执政，以免有所误会。当蒙其答复，极为谅解……

十三、由"使馆区"到"租界地"

在那个时代，"使馆区"和"租界地"正是"好客"的地方。我进了日本公使馆才知道，我并不是唯一的客人，当时，还住着一个叫王毓兰，字兰亭的人，他是贿选大总统曹锟的心腹谋士。曹锟没有来得及逃往使馆区，就被国民军软禁了起来，王毓兰的腿快，做了这里的客人。我也记得，七年前我第二次做皇帝的时候，被张勋赶走的黎元洪在这里住过，我第二次退位以后，被段祺瑞赶走的张勋又做过荷兰使馆的客人。每逢使馆里认为必须接待来客的时候，使馆区里的饭店和医院总免不了跟着热闹一番，因为每次总有一批神经脆弱而又身价够不上进使馆的人们往这里跑，把这里塞得满满的，甚至连楼梯都有人愿意付租金。辛亥、丁巳和我这次被赶出紫禁城，不少的满族的贵族都争先恐后地到这里做过客。有一次，饭店老板贴出了一张很不礼貌的告示："查本店寄居者过多，楼梯上亦已住满，卫生状况殊为不佳，且有随地吐痰，极不文明者……兹规定，如再有人吐痰于地，当罚款十元，决不宽贷！"尽管如此，这里还是令人趋之若鹜，流连忘返。

我在这里遇到的热情是空前的，也许还是绝后的。有一件小事我在前面没有说到，是我从"北府"出来的时候，在我的汽车上还有"北府"的两名警察，他们按照当时"要人"们乘车的习惯，站在车外踏脚板上，一边一个，一直陪我到了德国医院。他们后来知道我不回去了，他们不能回去交差，就要求也留在日本使馆。他们得到了准许，作为我的随侍被收留了。后来我派人再去"北府"接婉容和文绣的时候，那边的警察再不肯放走她们。使馆里派了一名书记官特意去交涉，也不成功，于是芳泽公使毫不犹疑地就去亲自找段执政，结果是婉容和文绣带着她们的太监、宫女很快地也到了我身边。

图 25　住在日本公使馆的溥仪与日本兵营的竹本大佐等合影

使馆主人看我周围有那么一大群人，三间屋子显然是摆不开，特意腾出了一所楼房，专供我使用。于是，我那一班人马——南书房行走和内务府大臣以及几十名随侍、太监、宫女、妇差、厨役等等又各得其所，日本公使馆里出现了大清皇帝的奏事处和值班房。

更重要的是，芳泽公使给我取得了执政府的谅解。执政府除了向芳泽公使作了表示之外，并且派了名叫曲同丰的一位陆军中将，亲自到日本兵营的竹本大佐那里，又一次表明“执政府极愿尊重逊帝的自由意志，并于可能范围内，保护其生命财产及其关系者之安全”。

以我父亲为首的王公们曾来劝我回去，说“北府”已经安全，有段祺瑞和张作霖在，国民军决不敢任意行事，段和张都向他们作了保证。但我相信罗振玉他们的话，段和张的保证都是因为我进了使馆才说的，我如果还在“北府”，而国民军还在北京，是什么保证都靠不住的。我拒绝了他们。事实上，王公们也正在向使馆区里找住处，后来有的进了德国兵营，有的进了六国饭店。我父亲一面劝我，一面又在西什库教堂租库房，存放他的珍贵财物，后来

"北府"的弟妹们也都跑到德国兵营住去了。

看见日本使馆对我的殷勤照料，连许多不知名的遗老也活跃了起来，他们从各地给段执政打电报，要求恢复优待，他们给我寄钱（这叫做"进奉"），供我使用。有的人从外地跑到北京，给我请安，密陈大计。蒙古王公好像也吃了兴奋剂似的，发出通电并上呈交给执政府，质问对他们的优待怎么办，执政府连忙答复说照旧不变。我的王公大臣们的腰板更硬了，拒绝出席组成的"清室善后委员会"的会议。这个刚成立的委员会由代表民国的李石曾（委员长）、易培基（代表汪精卫）、俞同奎、沈兼士、范静生、鹿锺麟、张璧和代表清室的绍英、载润、耆龄、宝熙等组成，并请了罗振玉列席。委员会要清点财物，划分公产私产以决定处理，绍英等四人不去参加，再次向当局声明不承认这个组织。宝熙后来通过他的门生弄出了十几箱东西运到日本使馆，罗振玉立刻反对说："这岂不是从强盗手里讨施舍？如果要就全要，否则就全不要！"原来他另有打算，想把宫里东西弄到他可以支配的地方去。那时我不知道这个底细，只觉得他说得有理，有骨气。对，不要！至于后来又弄了没弄，弄出了什么来，我就全不知道了。

这些表示骨气的，请安的，送"进奉"的，密陈各种"中兴大计"的，敢于气势汹汹质问执政府的遗老遗少们，出进日本使馆的一天比一天多。到了旧历的元旦，我的小客厅里陡然间满眼都是辫子。我坐在坐北朝南、以西式椅子代替的宝座上，又接受朝贺了。

许多遗老的心里是对使馆主人怀着感激之情的。他们从使馆的招待上看出了希望，至少也得到了某种心理上的满足。王国维在奏折里说："日使……非徒以皇上往日之余尊，亦且视为中国将来之共主，凡在臣僚，谁不庆幸？"

旧历元旦那天，小客厅里是一片庆幸的脸色。值得一提的是，从那天起我对金梁才有了新的了解。正当第三班臣僚三跪九叩行礼如仪之际，突然在行列里发出一声干号，把人们都吓了一跳，接着，有一个用袖掩面的人推开左右，边号边走，夺门而出。当时我还以为是谁碰瞎了眼睛，众人也愕然不知所措，只知道这个人是前内务府大臣金梁。他干号个什么，没有一个人知道。到第二天，《顺天时报》上刊出了他写的诗来，这才恍然大悟，原来昨天这一幕怪剧是为了写这首诗而作的苦心准备。诗曰：

元旦朝故主，不觉哭失声；虑众或骇怪，急归掩面行。闭门恣痛哭，血泪自纵横。自晨至日午，伏地不能兴；家人惊欲死，环泣如送生。忽梦至天上，双忠（文忠、忠武）下相迎；携手且东指，仿佛见蓬瀛；波涛何汹涌，风日倏已平。悠悠如梦境，夕阳昏复明。余生唯一息，叩枕徒哀鸣。①

过了旧历元旦，眼看又到了正月十三日，是我的二十（虚岁）整寿。我本来不打算在别人家做这个寿，不料主人更加凑趣，这次要把使馆里的礼堂让出来，作为接受朝贺之用。礼堂布置起来了，地板铺上豪华的地毯，作为宝座的太师椅上铺了黄缎子坐垫，椅后一个玻璃屏风也贴上了黄纸，仆役们一律是清朝的红顶大帽……到了生日这天，从天津、上海、广东、福建等各地来的遗老竟达一百以上，东交民巷各使馆的人员也有人参加，加上王公大臣、当地遗老，共有五六百人之多。因为人多，只得仍照例写出秩序单，分班朝贺。这是当时的礼单：

一班　近支王公世爵，载涛领衔；
二班　蒙古王公、活佛喇嘛，那彦图领衔；
三班　内廷司员、师傅及南书房翰林，陈宝琛领衔；
四班　前清官吏在民国有职务者，志琦领衔；
五班　前清遗臣，郭曾炘领衔；
六班　外宾，庄士敦领衔。

那天我穿的是蓝华丝葛长袍，黑缎马褂，王公大臣和各地遗老们也是这种装束，除了这点以外，仪节上就和在宫里的区别不大了。明黄色、辫子、三跪九叩交织成的气氛，使我不禁伤感万分，愁肠百结。仪式完毕之后，在某种冲动之下，我在院子里对这五六百人发表了一个即席演说。这个演说在当时的上海报纸上刊载过，并不全对，但这一段是大致不差的：

余今年二十岁，年纪甚轻，不足言寿，况现在被难之时，寄人篱下，更有何心做寿，但你们远道而来，余深愿乘此机会，与尔等一见，更愿乘此机会，与尔等一谈。照世界大势，皇帝之不能存在，余亦深知，决不愿冒此危险。平日深居大内，无异囚犯，诸多不能自由，尤非余所乐为。余早有出洋求学之心，所以平日专心研究英文，原为出洋之预备，只以其中牵制太多，是以急切不能实行。至优待条

① 括弧内文忠、忠武是梁鼎芬和张勋的谥法。

件存在与否，在余视之，无关轻重，不过此事在余自动取消则可，在他人强迫则不可。优待条件系双方所缔结，无异国际之条约，断不能一方面下令可以更改。此次冯玉祥派兵入宫，过于强迫，未免不近人情，此事如好好商量，并不难办到。余之不愿拥此虚名，出于至诚，蓄之久矣，若胁之兵威，余心必实感不快。即为民国计，此等野蛮举动，亦大失国家之体面，失国家之信用，况逐余出宫，另有作用，余虽不必明言，大约尔等亦必知之。余此时系一极无势力之人，冯玉祥以如此手段施之于余，胜之不武，况出宫时所受威胁情形，无异凌辱，一言难尽。逐余出宫，犹可说也，何以历代祖宗所遗之衣物器具文字，一概扣留，甚至日用所需饭碗茶盅及厨房器具，亦不许拿出，此亦为保存古物乎？此亦可值金钱乎？此等举动，恐施之盗贼罪囚，未必如此苛刻？在彼一方面，言丁巳复辟为破坏优待条件，须知丁巳年余方十二岁，有无自动复辟之能力，姑不具论，但自优待条件成立以来，所谓岁费，曾依时付过一次否，王公世爵俸银，曾照条件支给否？八旗生计，曾照条件办理否？破坏之责，首先民国，今舍此不言，专借口于丁巳之复辟，未免太不公允？余今日并非发牢骚，不过心中抑郁，不能不借此机会宣泄，好在将有国民会议发现，如人心尚有一线光明，想必有公平之处置，余唯有静以俟之。余尚有一言郑重声明，有人建议劝余运动外交，出为干涉，余至死不从，余决不能假借外人势力干涉中国内政……

在我做生日的前后，许多报纸上出现了抨击我这伙人的舆论，反映了社会上多数阶层的义愤。这种义愤无疑是因我投靠日本人，被小朝廷在当局的姑息和外人的包庇下的嚣张举动刺激出来的。这时“清室善后委员会”在清查宫内财物时发现了一些材料，如袁世凯做皇帝时写在优待条件上的亲笔跋语，内务府抵押、变卖、外运古物的文据，等等，公布了出来，于是舆论大哗。当然最引人愤慨的，还是小朝廷和日本人的关系和遗老们发起的要求恢复优待条件的运动（在我过生日的时候，报上刊登的已有十五省三百余人十三起联名呈请）。为了对付小朝廷，北京出现了一个叫“反对优待清室大同盟”的团体，展开了针锋相对的活动。这些社会义愤在报纸上表现出的有“别馆珍闻”的讽刺小品，也有严肃激昂的正面指责，有对我的善意忠告，也有对日本使馆和民国当局的警告式的文字。今天看来，哪怕我从这些文章中接受一条意见，也不会把我前半生弄成那样。记得有几篇报导是揭发日本人的阴谋的，现在我又把它找出来了。这是一份登在《京报》上的“新闻编译社”的消息，其中一段说到日本人对我的打算，它和后来发生的事情竟是那么符合，简直令我十分惊讶：

> 其极大黑幕，为专养之以俟某省之有何变故，某国即以强力护送之到彼处，恢复其祖宗最往昔之地位名号，与民国脱离，受某国之保护，第二步再实施与某被合并同样之办法。

这个文章后面又说：“此次溥仪之恐慌与出亡，皆有人故意恫吓，入其圈套，即早定有甚远之计划。”“其目前之优待供应一切，情愿破钞，侍从人员，某国个个皆买其欢心，不知皆已受其牢笼，为将来之机械也。”这些实在话，在当时我的眼里，都一律成了诬蔑、陷害，是为了把我骗回去加以迫害的阴谋。当时有的文章显然既不是共产党也不是国民党人写的，例如，下面《京报》的一篇短评，或者还是一位讲究封建忠义之士的手笔，对我的利益表现了关心，说得又是实在事：

遗老与爱新觉罗氏有何仇恨
胡为必使倾家败产而后快？

> 点查清宫之结果，而知大宗古物多数业已抵卖，即历代之金宝金册皆在抵押中，虽以细人非至极穷，尚或不至卖其祠庙坟墓之碑额，奈何以煌煌历代皇后金册，亦落于大腹长袖者之手……吾敬为一班忠臣设计，应多激发忠义，为故主之遗嗣图安年，勿徒硁硁自诩，以供市井觅利者流大得其便宜货，使来路不明之陈设品遍置堂室也。

看了这样的文章，反而不能像在宫里时那样，能引起我对内务府人的疑心，我对于这份《京报》和短评作者，只看成是我的敌人。至于那些指责文章，更不用说，引起我的反应唯有仇恨。

我在日本使馆住着，有几次由于好奇，在深夜里带上一两名随侍，骑自行车去外游（后来使馆锁了大门，不让出去了）。有一次，我骑到紫禁城外的筒子河边上，望着角楼和城堞的轮廓，想起了我刚离开不久的养心殿和乾清宫，想起我的宝座和明黄色的一切，复仇和复辟的欲望一齐涌到我的心头，不由得心如火烧。我的眼睛噙着泪水，心里发了誓愿，将来必以一个胜利的君王的姿态，就像我的进关的第一祖先似的，重新回到这里来。“再见！”我低低地说了这两个双关含义的字，然后跳上车子疾驶而去……

在使馆的三个月里，我日日接触的，只有日本主人的殷勤照拂，遗老们的忠诚信誓和来自社会的抗议。我的野心和仇恨，在这三种不同的影响力量下，日夜滋长着。我想到长久地这样待下去是不行的，我应该为我的未来进行准备了，原先的打算又回到我的心中——我必须出洋到日本去。

使馆对我的想法表示了支持。公使正面不作什么表示，而池部书记官公开表现了极大的热情。罗振玉在他的自传《集蓼编》中提过这个池部，他说："予自随侍入使馆后，见池部君为人有风力，能断言，乃推诚结纳，池部君亦推诚相接，因密与商上行止，池部君谓：异日中国之乱，非上不能定，宜早他去，以就宏图，于是两人契益深……"

关于郑孝胥、罗振玉这两位"宠臣"的事，这里要补述一下。以我为中心的争夺战在日使馆中又进入了新的阶段，这次是以郑孝胥的失败和罗振玉的胜利而收场。

郑孝胥曾经拍过胸脯，说以他和段的关系，一定可以把优待条件恢复过来，段的亲信幕僚曾毓隽、梁鸿志都是他的同乡，王揖唐和章士钊和他半师半友（随他学过诗），这些人从旁出力，更不在话下。后来，段祺瑞许下的空口愿不能兑现，使郑孝胥大为狼狈。对郑孝胥的微词就在我耳边出现了。从天津来的旧臣升允表示了对郑的不满，他向我说了不少郑孝胥"清谈误国"、"妄谈诳上"、"心怀叵测"、"一手遮天"之类的话。当时，我并不知道，在前一个回合中失败的罗振玉，和这些反郑的议论，有什么关系。但是，我确实对郑孝胥有了冷淡，另一方面，经过升允这位先朝老臣的宣传，我对罗振玉增加了好感。

罗振玉在我面前并没有十分激烈地攻击郑孝胥，他多数时间是讲他自己，但这样做竟是比攻击别人的效果还大。我从他的自我表白中得到的印象，不仅他是这场风险救驾的大功臣，而且相形之下，郑孝胥成了个冒功取巧的小人。按罗振玉自己的话说，段祺瑞从天津发出反对冯玉祥赶我出宫的电报，乃是他的活动结果之一。他回到北京，找到了他的好朋友竹本大佐，因此才有了准备迎我入日本兵营的事情。后来"北府"门前的国民军撤走，据他说也是他找执政府交涉的结果。甚至我到东交民巷前决定的"先随便出入，示人以无他"的计策，也是他事先授给陈宝琛的……

罗振玉后来在《集蓼编》中记载了他说的这段经历，关于我出"北府"进日本使馆的这一段，对郑孝胥是一字不提，只是在叙述我进日使馆后的情形，说了一句："自谓能令段祺瑞恢复优待者，以不能实其言，亦不告而南归矣!”事实上，另外的一件事对郑、罗这场争斗的胜负，更有决定意义。那时我一心想出洋，郑孝胥并没有支持我，在庄士敦已经不宣传去伦敦做客的情形下，主张“东幸”的罗振玉自然更受到我的重视，而我对郑孝胥就不能再感到兴趣。于是，郑孝胥终于有一天郁郁地向我请假，说要回上海料理私事去，我当时还不明白他的意思，也没挽留，他就一气跑了。我叫人写信召他，他也拒绝了。后来我到了天津，他才又应召回来。

过了生日的不多天，罗振玉来告诉我说，他和池部已商量妥当，出洋的事应该到天津去作准备，在这里住着是很不方便的；到天津，最好还是在日本租界里找一所房子，早买好了的那房子地点在英租界，是不合适的。我听他说得有理，也很想看看天津这个大都市，他的主意正中下怀，我立即同意了。我派“南书房行走”朱汝珍去天津日租界找房子，结果看中了张园。不多天，罗振玉又说，张园那里已经准备好，现在国民军在换防，铁路线上只有少数的一些奉军，正是个好机会，可以立即动身。我和芳泽公使把这主意说了，他表示同意我去天津。为了我这次转移，他派人找了段祺瑞，段不但同意，还要派军队护送。不过罗振玉说，段没有兵，要派还是冯玉祥的人，我一听，又找芳泽商量，芳泽说除了池部之外，他还可以派天津日本总领事馆的警察署长和警察便装来京，由他们先护送我去，然后婉容她们再去。事情就这样谈妥了。

民国十四年二月二十三日下午七时，我到芳泽公使住的地方向他们夫妇辞行。我们照了相，我向他们表示了谢意，他们祝我一路平安，然后由池部和便衣日警们陪着，出了日本公使馆的后门，步行到了北京前门车站。我在火车上找到了罗振玉父子。火车在行进的一路上，每逢站停车，就上来几个穿黑便衣的人（都是日本警察和特务），车到了天津，车厢里大半都被这样的人占据了。日本驻天津总领事吉田茂和驻屯军的军官士兵们，大约有几十名，把我接下了车……

第三天，日本公使馆在《顺天时报》上发表了一个声明：

> 本公使馆滞在中之前清宣统皇帝，于二十三日夜，突然向天津出发，本馆即于翌二十四日午后，将此旨通知段执政及外交总长，备作参考。原宣统皇帝怀有离京之意，早为执政之政府所熟知，而无何等干涉之意，又为本馆所了解，但豫想迄实行之日，当尚有多少时日，不意竟遽离开北京，想因昨今一二新闻，频载不稳之记事，致促其行云云。

第四章

天津的“行在”（1924～1930）[①]

一、罗振玉的努力

到了天津，才知道并不像罗振玉说的那样，“住处准备妥当”。我在大和旅馆先住了一天，第二天，婉容、文绣和日本使馆里的那一套人马也都来了，才一同搬进匆忙布置起来的张园。

图26　天津张园

张园是一座占地约有十二三亩的园子，中间有一座天津人称之为七楼七底的楼房。这是前清驻武昌第八镇（相当于师）统制张彪建做游艺场用的房子。武昌起义时，张彪吓得连官印也不要了，带着他的金银财宝和家眷溜到天津，

① 编者注：这一章的标题，定本改为“在天津的活动”。

在日本租界里当了寓公。这位在清朝丢了脸的“名将”，在我以每月租金二百元代价租用他的别墅之后，每天清晨都带来一把扫帚，自动在张园里扫院子，大概是表示自己一贯矢忠之意。后来不知是经谁的劝阻，才丢下那把扫帚。我在这里住了五年，后来又搬到陆宗舆的“静园”住了两年，一直到我离开了天津。

我到天津来的目的原是为了出洋，结果却一连住了七年。这是我在各派遗老、各种主意之间摇摆的七年。这时，王公们对我的左右力量，早已大为减弱；我父亲起初不大来天津，后来虽然也常来（住在我原先买的英租界戈登路的房子里），对我并不发生什么作用。在这期间，庄士敦老师也离开了我，到威海卫去当他的专员，威海卫被中国政府收回之后，他就到英国接受爵士的爵位，做了伦敦大学的汉学教授兼英国外交部的顾问。这七年间，在我身边进行着钩心斗角的人物，大致可分为这几派：起初把希望放在恢复优待条件以复原还宫方面，后来又退缩为维持原状的，是以陈宝琛为首的一批“旧臣”，可以称之为“还宫派”。把希望放在出洋以取得外国主要是日本的援助上，是以罗振玉为首，其中有遗老遗少，也有个别王公如溥伟之流，按当时说法，可以称之为“联日”或“出洋”派。把希望放在联络、收买军阀方面，即所谓“用武人”一派，这派人物颇复杂，有前清遗老，也有民国的政客，中心人物却是我自己。后来又回到我身边的郑孝胥，起先并不属于哪一派，好像哪一派的主张他都赞成过，也反对过，他更提出过任何一派不曾提过的如所谓“用客卿”（外国人）、“门户开放”（向每个肯帮助复辟的国家勾结）等主张，因而也受过各派人的反对。但是，当他后来一拿定了投靠日本这个主意，一切反对派就都不成他的对手了。他不但胜过了他们，而且连他的老对手、“联日派”的老首领罗振玉，在这个阶段的争夺中又被他将多年经营来的成果，轻轻攫取到手。不过这也是后话，现在还是先说一说把我弄到天津来的罗振玉。

图 27　罗振玉（1866—1940）

罗振玉到宫里来的时候，五十出头不多，中高个儿，戴一副金丝近视镜（当我面就摘下不戴），下巴上有一绺黄白山羊胡子，脑后垂着一条白色的辫子。我在宫里时，他是袍褂齐全，我出宫后，就总穿一件大襟式马褂，短肥袖口露出一截窄袍袖。一口绍兴官话，说话行路慢条斯理，节奏缓慢。他在清末做到学部参事，是原学部侍郎宝熙的旧部，一个三品官，本来是和我接近不上的，在我婚后，由于升允的推荐，也由于他的考古学的名气，我接受了陈宝琛的建议，留做"南书房行走"，请他参加对宫中古彝器的鉴定。和他前后不多时间来的当时名学者，还有他的姻亲王国维和以修元史闻名的柯劭忞。陈宝琛认为"南书房"有了这些人，是颇为清室增色的。当然，罗振玉在复辟活动方面的名气比他在学术上的名气，更受到我的注意。他在辛亥革命那年东渡，在日本做了十年寓公，考古写书，自名"仇亭老民"。升允和善耆到日本活动，寻求复辟的支援时，他跟他们搅在一起，结了缘。后来升允灰了心，在青岛住了一阵后，跑到天津日本租界当寓公，善耆定居在旅顺大连，接受日本人的豢养。罗振玉在日本住到一九一九年，回国住在天津，后来在大连码头开设了一个叫墨缘堂的古玩铺，一边用假古董骗一种日本人，一边又和另一种日本人拉拉扯扯，继续寻求复辟的同情者。

罗振玉并不经常到宫里来，他的姻亲王国维能替他"当值"，经常告诉他，当他不在的时候，宫里发生的许多事情。王国维对他如此服服帖帖，最大的原因是这位老实人总觉得欠罗振玉的情，而罗振玉也自恃这一点，对王国维颇能指挥如意。我后来才知道，罗振玉的学者名气，多少也和他们这种特殊瓜葛有关。王国维求学时代十分清苦，受过罗振玉的帮助，王国维后来在日本的几年研究生活，是靠着罗振玉一起过的。王国维为了报答这份恩情，最初的几部著作，就以罗振玉的名字付梓问世，罗振玉也居然受之无愧。罗振玉早年是有远见的，放长债滚大利的办法是生效了。罗、王两家后来成了儿女亲家，按说两人又是老友又是近亲，王国维的债务总可以不提了，其实不然，罗振玉并不因此忘掉了他付出过的代价，而且王国维因他的推荐得以接近"天颜"，也要算做王国维欠他的情分，所以，王国维处处还要听他的吩咐。我到了天津，王国维就任清华大学国文教授之后，不知王国维在一个什么事情上没有满足罗振玉的要求，罗振玉又向他追起债来，继而又以要休退王的女儿（罗的儿媳妇）为要挟，逼得这位又穷又要面子的王国维走投无路，在一九二七年六月二日跳进了昆明湖里自杀了。

王国维死后，社会上曾有一种关于国学大师殉清的传说，这其实是罗振玉作出的文章，而我在不知不觉中，成了这篇文章的合作者。过程是这样：罗振玉给张园送来了密封的所谓王国维的“遗折”，我看了这篇充满了孤臣孽子情调的临终忠谏的文字，大受感动，和师傅们商议了一下，发了一道“上谕”说，王国维“孤忠耿耿，深堪恻悯……加恩谥予忠悫，派贝子溥伒即日前往奠缀，赏给陀罗经被并洋两千元……”罗振玉于是广邀中日名流、学者，在日租界日本花园里为“忠悫公”设灵公祭，宣传王国维的“完节”和“恩遇之隆，为振古所未有”，又在一篇祭文里更宣称他相信自己将和死者“九泉相见，谅亦匪遥”。但是那个表现着“孤忠耿耿”的遗折，却是个假的，编造者正是要和死者“九泉相见”的罗振玉。

那时我身边的几个最善于钩心斗角的几个人，总在设法探听对手的行动，办法之一是收买对手的仆役，因而主人的隐私，就成了某些仆人的获利资本。在这上面肯下工夫又肯花钱的是郑孝胥和罗振玉这一对冤家。罗振玉假造遗折的秘密，就这样被郑孝胥探知，于是在某些遗老中就传开了。这事的真相当时没有传到我耳朵里来，因为一则谥法业已赐了，谁也不愿担这个“欺君之罪”，另则这件事传出去也实在难听，这也算是出于遗老们的“爱国心”吧，就把这件事压下去了。一直到罗振玉死后，我才知道这个底细。近来我又看到那个“遗折”的原件，字写得那么工整，显然不是他的手笔，一个要自杀的人能找到代缮绝命书的人，这样的怪事，我当初却没有发觉出来。

罗振玉给王国维写的祭文，很能迷惑人，至少是迷惑了我。他在祭文里表白了自己没有看见王国维的“封奏”内容之后，以逆臆其心事的题目渲染了自己的忠贞。说他自甲子以来曾三次“犯死而未死”，头两次在我出宫和进日使馆的时候，他都想自杀过，第三次是最近。他本想清理完未了之事就死的，不料“公竟先我而死矣，公死，恩遇之隆，为振古所未有，予若继公而死，悠悠之口或且谓予希冀恩泽”，所以他就不便去死了。好在“医者谓右肺大衰，知九泉相见，谅亦匪遥”。这篇祭文的另一内容要点，是说他当初如何发现和培养了那个穷书记，[①] 这个当时“黯然无力于世”的青年在他的资助指点之下，终于“得肆力于学，蔚然成硕儒”。总之，王国维无论道德、文章，如果没有他罗振玉都是成不了气候的。那篇祭文当时给我的印象，就是这样。

我对罗振玉本人的文章，一直没有弄清底细，对他的道德，却逐渐发生了怀疑。早在北京日本使馆的时候，他曾主张把故宫的古物弄到东交民巷一个外国仓库里，筹设什么和外国人合办的博物馆，就有人背后和我说他存心不良，一贯骗人，我没有相信。到天津之后，我发现张园并没有像他说的已经收拾

---

① 王国维在光绪戊戌年为汪穰卿司书，后入罗所办的“东文学社”求学。

好，我心里开始有些不快了。以后陈宝琛、胡嗣瑗、郑孝胥屡次含含蓄蓄地说他善于招摇，言过其实，他和日本方面的关系，未必尽如其言。每逢罗振玉提出出洋计划，陈、胡等人必有一番驳辩，不是说罗振玉的办法冒险，就是说罗振玉虚构、夸大日本人的支持。我处在这种的争吵中，对罗振玉又想利用他为我活动复辟，又怀疑他靠不住。对陈宝琛这一派则是又相信他们对我的忠诚，又觉得他们不免太胆小，暮气沉沉。

这两伙人起初的争论焦点，是出不出洋的问题。当我从北京日本使馆跑到天津日本租界，社会上的抨击达到一个新高潮，天津出现了一个"反清大同盟"专门和我作对的时候，罗振玉这一伙人便向我说，无论为了安全还是为了复辟，除了出洋别无他路可走。这一伙人的声势阵容，一时颇为浩大、齐正，连广东一位遗老陈伯陶也送上奏折说："非外游不足以保安全，更不足以谋恢复"，并主张游历欧美之后可定居日本，以待时机变化。陈宝琛这一伙认为这完全是轻举妄动，因为一则冯玉祥未必能站得住脚，危险并不那样大，另则出洋到日本，日本未必欢迎，反而更刺激了社会舆论，弄不好连个立身之地都没有了。这时陈宝琛完全成了还宫派，认为段祺瑞和张作霖之流能让我回到紫禁城，恢复民国十三年以前的状况。我对陈宝琛等人所抱的希望，不感兴趣，但他们提出的倘若出洋不成反而会引起危险，引起了我的注意，因此对罗振玉的主张又犯了犹疑。

一九二六年，政局曾经一度像陈宝琛这一伙的希望那样发生了变动，张作霖又转而和吴佩孚联合了，张、冯终于发生了冲突，冯军遭到了奉军的攻击，冯玉祥撤走了天津的军队，北京的冯军处于包围之中。段祺瑞与张作霖勾结，被冯军发现，段祺瑞逃走了，但随后冯军也在北京站不住脚，退往南口，奉军张宗昌进了北京。七月间，张、吴两"大帅"在北京的会面，引起"还宫派"无限乐观，"还宫派"活跃起来了。不仅有我身边的陈宝琛亲自到北京，找他的旧交新的内阁总理杜锡珪去活动，在外面的康有为也致电吴佩孚、张作霖、张宗昌等人，呼吁恢复优待条件。康有为给吴佩孚写了一封长信，历数清朝的功德，什么"康熙三十六年定国税后永不加重"，"历朝百战力征……三百万方里之地归于中国"，以及遗老们一向恃之为理的"中华之为民国，以清朝让之，非民国自得之也"等等之后，请吴佩孚乘机复辟，并说张作霖等人都没问题，外交方面也有同心，甚至"国民党人私下亦无不以复辟为然"，"全国士大夫谈无不疑民国而主复辟"，因此"今但待决于明公矣"！

但是，这时已是北洋军阀的回光返照时期。虽然北方各系军人忽然又合作了，张作霖又被公推为安国军总司令了，但从一九二五年开始了国共第一次合作，国民革命军的北伐到第二年势如破竹，孙传芳、吴佩孚、张作霖的前线军队不住溃败下来，他们正自顾不暇，哪有心情管什么优待条件？陈宝琛没有活动出什么结果，吴佩孚给康有为的回信则说他的来信所云“金石不渝，曲高无和必矣”。过了一年，康有为抱着未遂之志死在青岛了。

还宫希望破灭了，陈宝琛这一伙泄了气，罗振玉这边又活跃起来。一九二六年三月，当我正因北伐军的迫近而陷入忧虑之际，溥伟派人从旅顺给我送来奏折，并致罗振玉一信，说他已和日方官绅洽好，希望我迁到旅顺去住，“先离危险，再图远大”，“东巡西幸亦必先有定居”。我对罗振玉，因为关于他的闲话听得多了，已经对这个人有些不放心，不过我对溥伟的印象颇好。到天津不久，溥伟从旅顺跑来给我请安，这是我第一次看见“恭亲王”。他向我说过一句很令我感动的话：“有我溥伟在，大清就不会亡！”我后来看了他的劝我到旅顺的信，有些动心，因为他通过了罗振玉来劝我，所以我对罗的怀疑也消除不少。后来，北伐军占领了武昌，北方军队全线动摇，罗振玉更向我宣传革命军全是“洪水猛兽”，“杀人放火”，倘若落在他们手里，绝无活路，说得我非常相信。但是，罗振玉这次还是胜不过陈宝琛，陈宝琛劝我静观变化，因为他们从北京的日本使馆方面得到的消息并不那么悲观。果然，一九二七年四月十二日国民党的清党消息来了，蒋介石成批地屠杀被看做“洪水猛兽”的共产党人了，在这前后时间里，连二接三地传来了英国军舰炮轰南京，日本出兵山东，阻挡南方军队北上的消息。这些消息让我相信了陈宝琛这伙人的稳健，觉得事情的确不像罗振玉这伙人说得那么严重。蒋介石既然和袁世凯、段祺瑞、张作霖一样地怕洋人，我住在外国租界，不是和以前一样的保险吗？

“还宫”和“出洋”这两派人的最后目的，其实并不矛盾，都是一致希望复辟的。陈宝琛这一伙人在“还宫”希望破灭之后，重弹起“遵时养晦”的老调，主张采取“一动不如一静，静待观变”的政策，但是他们在“联日”方面，也并非反对罗振玉这伙人的主张。例如，一位“南书房行走”叫温肃的遗老（张勋复辟做过十二天的都察院副都御史），他上奏说，“陈宝琛有旷世之才，与芳泽甚密”，“行在”设在天津，可由陈与芳泽就近联系，“密商协助饷械，规定利权”，以“厚结外援，暗树势力”，“津京地近，往返可无痕迹”。有一个比温肃更讨厌罗振玉的张琨（前清的顺天文安县知县候补直隶州知州），他对于出洋之所以不太支持，原因不过如此：“出洋如为避祸，以俟复辟转圜则可，若再以彼道义之门、治平之范，弃其学而学焉，则大不可也。”可见他也并不完全反对罗振玉的出洋理由。甚至陈宝琛也曾一度让步说，倘若非要出洋不可，只望我选可靠的扈从人员。原来问题的真正焦点，还是在反对罗振玉这个人上。现在我能记得起的最坚决反对出洋的遗老，只有在张勋复辟时当过邮传部侍郎的陈毅，① 他说过"日本唯利是图，不会仗义协助复辟"的话，他认为复辟只能放在"遗臣遗民"身上，在他的"遗臣遗民"里，是要把罗振玉剔除出去的。

两伙人既然不是什么主张、办法上的争执，而是人与人的争执，因此在正面的公开的条陈议论之外，暗地钩心斗角更为激烈。在这方面，罗振玉尽管花样更多，结果也仍是个失败者。

有一天，罗振玉得到我的召见，到我的小召见室里来了。他拿着一个长长的包包，对我说：

"臣罪该万死，不当以此扰乱天心，然而臣若为了私交，只知隐恶扬善，则又不忠不义。"

"你说的什么呀？"

我莫名其妙地望着他，只见他慢慢腾腾地打那个包包，就像个老太监洗脸梳头似的那么不着急。包包里面是一副对联，他不慌不忙地把它展开，还没展完，我就认出了，这是我写给陈宝琛的。

"还求皇上开恩，臣在小市上发现的，宸翰御墨之失，或非陈太傅故意的过失，但总算万幸，被臣请回来了……"

那时，我还不知道罗振玉这些人一贯收买敌对者的仆役，干些卑鄙的勾当，我只想到陈宝琛居然对"皇上"的"恩赐"是这样不尊敬，居然使我的御笔摆到小市的地摊上！我心中恼火得很，一时烦躁之至，不知说什么是好，只好挥挥手，叫罗振玉赶快走开。

这时，陈宝琛到北京去了，这件事叫胡嗣瑗知道了。他坚持说，这绝不是陈宝琛的过失，他也不相信是陈家的仆人拿到小市上去的，但陈家仆人为了钱拿出去倒是可能。至于不卖给小市又卖给谁？为什么会到了罗振玉手里？他却又不说出来。在我追问之下，他只说了一个叫我摸不着头脑的故事。

"嘉庆朝大学士松筠，皇上必能知道，是位忠臣。松筠的故事，皇上愿意听，臣就讲一讲。嘉庆二十四年，仁宗睿皇帝要御驾巡幸出关，大学士松筠知道了，心中不安，一则仁宗圣躬违和，如何能经这番奔波？另则和珅虽然伏诛，君侧依然未净，只怕仁宗此去不吉。松筠心中有话不能向上头明说。只好在奏折上委婉其词，托词夜观天象，不宜出巡。仁宗阅奏大怒，下谕一道，说自古以孝治天下，朕出关祭祀祖宗，岂有不吉之理？因此松筠夺官，派往禁卫

---

① 编者注：定本叙述这段史实时，删掉了这个人名，下文提及者亦删去。

军充打扫之职。仁宗后来果然在热河行宫龙驭上宾，宣宗（道光）即位还朝，看见了打扫宫门的松筠，想起了松筠进谏大行皇帝的那些话，明白了话中的含义，知道这才是忠心耿耿的重臣，立即官复原职……”

说到这里，胡嗣瑗停住了。我着急地问：

“你说的什么呀？这跟陈宝琛有什么关系？”

“臣说的是陈宝琛，跟松筠一样，有话不好明说。”

“那么，我是仁宗还是宣宗？”

“不，不……”胡嗣瑗吓得不知说什么是好了。我不耐烦地说：

“你是个干脆人，别也学那种转弯抹角的，干脆说吧！”

“嗻，臣说的陈宝琛，正是忠心耿耿，只不过他对上头进谏，一向是迂回的，皇上天禀聪明，自然是能体谅到的。”

“行啦，我知道陈师傅是什么人。”

我虽然还不明白松筠故事的含义，我也乐意听胡嗣瑗说陈师傅的好话，至少这可以除去那副对联所引起我心里的不舒服，但愿它真是贼偷去的就好了。

罗振玉经过一连串的失败，特别是在后面将要讲到的另外一件事上，更大大失掉我的信任，他终于在一九二八年末搬到旅顺另觅途径去了。

这里暂且不叙遗老们之间的争斗，先谈一谈使我留津而不想出洋的另外两个原因，第一个就是我对军阀的希望。

二、我和奉系将领之间

> 八月初五日，早七时起，洗漱毕，肖丙炎（遗老）诊脉。八时，郑孝胥讲《通鉴》。九时，园中散步，接见康有为。十时余，康辞去，适张宪及张庆昶至，留之早餐，赐每人福寿字一张，在园中分摄一影（张宪为李景林部之健将，张庆昶为孙传芳部之骁将），十二时辞去。接见济煦，少时即去。余用果品并用茶点，适英国任萨姆女士（婉容之教师）至，与之相谈。皇后所召之女画士亦至，余还寝室休息。在园中骑车运动，薄暮乘汽车出园，赴新购房地，少时即返。八时余晚餐，休息，并接见结保川医士。十一时寝。
>
> 八月初六日，早八时余起。十时召见袁励准。十一时早餐，并见结保川。十二时接见康有为，至一时康辞去，陈师傅来见。三时休息。鲁军军长毕庶澄及其内兄旅长常之英来谒，少时辞去。少顷吴忠才至，托其南下时代向吴佩孚慰问。六时毕翰章来谒，六时余辞去。

余在园内散步，适荣源至，稍谈，余即入室休息。

从这仅存的一九二七年的一页日记中，可以看出当时我的日常生活和接见人物。从一九二六到一九二八年，毕庶澄、张宗昌等人是张园的经常客人。除他们之外，我还接见过张学良、褚玉璞、徐源泉、李景林等奉系的将领。第一个和我见面的是李景林。我到天津时，正是刚战胜吴佩孚的奉军占领着天津，奉系的直隶督办李景林立即以地方官的身分拜访我，表示对我保护之意。尽管他和任何当时的中国将军们一样，靠军法政令是进不了"租界"的。

我在天津的七年，拉拢过一切我想拉拢的军阀，他们也都给过我或多或少的幻想。吴佩孚曾上书向我称臣，张作霖向我磕过头，段祺瑞主动地请我和他见过面……但是给过我幻想最大的，也是我拉拢最力、为时最长的是奉系的将领们。这是由张作霖磕头开的头。

我到天津的这年六月，荣源有一天很高兴地向我说，张作霖派了他的亲信阎泽溥，送来了十万元给我，并且说张作霖希望在他的行馆里和我见一见。这件事叫陈宝琛知道了，立刻表示反对，认为皇上到民国将领家去见人，而且去的地方是租界外面，那怎么可以？我听着，也觉得不能降这种身分和冒这个险，所以拒绝了。不料第二天的夜里，荣源突然把阎泽溥领了来，说张作霖正在他住的地方等着我，并且说中国地界内绝无危险，张作霖自己不便于走进租界，所以还是请我去一趟。经过荣源再三宣传张作霖的忠心，我也想起了不久前他对我表示过的关怀，早在宫里我就听说过，除了张勋（二张还是儿女亲家）之外，张作霖是对于清朝最有感情的。因此，我也没有再告诉别人，就坐上出发的汽车了。

这是初夏的一个夜晚，我第一次出了日本租界，到了张作霖的"行馆"曹家花园。汽车经过排列着手握古代刀枪剑戟和近代步枪的灰衣士兵的大门，在园中停下了。

我下了汽车，被人领着向一个灯火辉煌的大厅走去。这时，迎面走来了一个身材矮小、便装打扮留着小八字胡的人，我立刻认出这是张作霖。我迟疑着不知应用什么仪式对待他——这是我第一次外出会见民国的大人物，而荣源却没有事先告诉怎么见面——出乎意外的是，他毫不迟疑地走到我面前，趴在砖地上就向我磕了一个头，同时问："皇上好！"

"上将军好！"我就着劲，扶起他，一同走向客厅门。我心里很高兴，而且多少——虽然这已不像一个皇上的心理——有点感激他刚才那个举动，这把我从"降尊纡贵"中感到的不自在消除了，当然，我更高兴的是，这个举足轻重的人物看来是并不忘旧的。

客厅里摆的是硬木桌椅、西式沙发、玻璃屏风，非常讲究而又不伦不类。我们在一个圆桌边对面坐下，张作霖一支接一支地抽着纸烟，打开了话匣子。他一张嘴先痛骂冯玉祥“逼宫”，说冯玉祥是为了要拿宫中的宝物，而他是非常注意保护古代文化和财宝的，由于这个缘故，他不但把奉天宫殿里外保护得很好，而且这次把北京的一套四库全书也弄了去，一体保护。他又带着见怪的口气说，我不该在他带兵到了北京之后，还向日本使馆里跑，其实他有足够力量保护我。又问我出来之后的生活怎样，缺什么东西不缺，尽管告诉他。

我说，张上将军对我的惦念，我完全知道，当时因为冯玉祥军队还在，实是不得已才进了日本使馆。我又进一步说，奉天的宗庙陵寝和宫殿，我早已知道都保护得很好，张上将军的心意，我是明白的……

“皇上要是乐意，可以到奉天去，住在宫殿里，有我在，没有问题。”

“张上将军真是太好了……”

但是这位张上将军却没有接着再说这类话，就把话题转到我的生活上去了，“以后缺什么，就给我来信。”

我缺什么？缺的是一个宝座，可是这天晚上我无法把它明说出来，这是显然的事。

我们谈话时，没有人在场，和我们在一起的只有一屋子的苍蝇。我立刻意识到，深夜里还有苍蝇飞，这是在租界里没有的现象。

后来，有个副官上来说：“杨参谋长（宇霆）求见。”张作霖挥挥手说：“不着忙，待回儿再说！”我忙站起来说：“上将军很忙，我就告辞了。”他连忙说：“不着忙，不着忙。”这时似乎有个女人的脸在屏风后闪了一下（后来听说是张作霖的五姨太太），我觉得他真是忙，再度告辞，这回他不拦阻了。

在院子里，我不知道他看没看见在汽车旁穿西服的那个日本人，他大声地说：

“要是日本小鬼欺侮了你，你就告诉我，我会治他们！”

汽车又通过那个奇怪的仪仗队，出了曹家花园，开回到租界上。第二天日本总领事有田八郎向我提出了抗议：

“陛下如果再私自到中国地界去，日本政府就再不能保证安全！”

虽然张作霖说过他会治日本小鬼，而日本领事提过这样的抗议，但是在当时任何人的印象，都是日本人和张作霖很相好，如果不是日本人供给张作霖枪炮子弹，他的军队未必就能有这么多。所以，由这次会见所燃起的希望之火，并不受这个抗议的影响，更不用说陈宝琛那一派的反对了。

图 28　被清室寄予莫大希望的张作霖（右）访问日本公使芳泽

希望之火更被后来的事实所助燃，这就是后来以“田中奏折”[①] 出名的田中内阁，于一九二七年上台后所表现的态度。“田中奏折”迟于一九二九年才揭露出来，其实它的内容在一九二七年就露出来了。这里我引述一段《远东国际法庭判决书》上对当时情势的叙述：[②]

田中首相所提倡的“积极政策”是借着与满洲当局、特别是与

---

① “田中奏折”是田中上日本天皇的秘密奏折，说：“吾人如欲征服中国，要先征服满蒙，吾人如能征服中国，则其余所有亚洲国家及南洋诸国，均将畏惧于我，投降于我……当吾人得以支配中国全部资源之后，吾人将更能进而征服印度、南洋群岛、小亚细亚以至欧洲。”又说，“第一步征服台湾，第二步征服朝鲜，现皆实现，唯第三步的灭亡满蒙以及征服中国全土……则尚未完成。”

② 判决书于 1948 年公布。

东北边防军总司令及满洲、热河的行政首长张作霖的合作，以扩大和发展日方认为已在满洲取得了的特殊权益。田中首相还声明说：尽管日本尊重中国对满洲的主权，并愿尽可能地实行对华“门户开放政策”，但日本具有充分的决心，绝对不允许发生扰乱该地的平静和损害日本重大权益的情势。田中内阁强调必须将满洲看做和中国其他部分完全不同的地方，并声明如果争乱从中国其他地方涉及满洲和蒙古时，日本将以武力来保护它在该地的权益……

给我磕头的张作霖，得到田中内阁支持之后，成了东北各系军人的领袖，做了安国军总司令，后来又成了军政府大元帅。当蒋介石的军队北上的时候，“保护”满蒙地区“权益”的日本军队，竟开到远离满蒙数千里的济南，造成了惊人的“济南惨案”。日本军队在济南的司令官冈村的一份布告，由天津日本驻屯军参谋洋洋得意地给我送来一份抄件，以示对我的关切。蒋介石刚刚咬牙切齿地杀过了共产党人和工人、学生，但是见了这份布告，恭恭敬敬地下令军队退出了济南，禁止民众有任何反日行动。

在此同时，我和奉系将领之间也进入了秘密的紧张的接触。

公开的酬酢往还，是从我见过张作霖后就开始了。我父亲的大管家张文治在奉军将领中有不少他的把兄弟，现在他又和张宗昌换了帖，也成了奉军将领的引见人之一。前内城守卫队的军乐队长李士奎，成了奉军人物，褚玉璞、毕庶澄是他引进的。胡若愚给我带来了张学良。不过，这位少帅只来了一次，也不吃，也不喝，显然是发现我这里没有什么好玩的，以后再也不来了。顺便说一句，这些将领们到张园来，已和从前进紫禁城时不同，他们不用请安叩头，我也不用赏朝马肩舆，他们只给我鞠个躬，或握一下手，然后平起平坐。我送他们东西还是少不了的，宫里带出来的鼻烟壶、璧玺以及字画，我还有一些。我的福寿字和春条、对联，等等，已对一部分人失去了吸引力，对将领们也不好多用这些“水礼”了。我和奉军将领的交往，有一些人关系近些，有些就远些，事情决定于他们对复辟的态度。最先使我发生好感的是毕庶澄，因为他比别人更热心于我的未来事业，什么“人心思归”、“将来唯有帝制才能救中国，现在是群龙无首”，说的话跟遗老遗少差不了多少。他是张宗昌的一名军长，兼渤海舰队司令，曾请我到他的各舰参观过，我对他抱着较大希望。后来他被褚玉璞枪毙了，令我大为伤感。他死后，我的希望转移到了张宗昌身上。

张宗昌，① 字效坤，是山东掖县人。我在天津见到他的时候，他有40多岁，一眼看去，是个满脸横肉的彪形大汉，如果一细看，这彪形大汉的紫膛面皮上，笼着一层鸦片中毒的那种青灰色。张宗昌十五六岁时流浪到营口，在"宝棚"当过赌佣，成天与地痞流氓、赌棍小偷鬼混，在关东当过胡匪的小头目，以后又流落到帝俄控制下的海参崴，在华商总会当了门警头目。由于他挥霍不吝和善于逢迎勾结，能和帝俄宪兵警察紧密合作，于是成了海参崴流氓社会的红人，成了包娼、包赌、包庇烟馆的一霸。

武昌起义后，南方革命军派人到中俄边境争取胡子头目刘弹子（玉双）投效革命，双方谈判成功，将刘部编为一个骑兵团，授刘为骑兵团长。张宗昌是中间的介绍人，这样在当中插了一腿，一同到了上海。不知道张宗昌怎么一弄，他自己成了革命军的团长，刘弹子反而成了他下面的一名营长。其后，"二次革命"爆发，张立即投了反革命之机，以屠杀革命军人之功，得到冯国璋的赏识，当上了冯的卫队营营长，以后层层运动，得到了十一师师长的位置。不久在江南安徽战败，逃亡出关，投奔张作霖，当了旅长。从此以后，张宗昌即借奉军之势，从奉军进关那天起，步步登高，由师长、军长而山东军务督办、苏皖鲁剿匪总司令，一直做到了直鲁联军司令，成了割据一方的土皇帝。

图29　张宗昌（1881　1932）

张宗昌在山东的三年时间，把山东搜括得民穷财尽，无人不骂，山东地方上有不少关于他的歌谣，其中有几个是：

> 张宗昌，坐山东，山东百姓受了坑。
> 不怕风来不怕雨，怕的是兵来一扫清！
> 张督办，坐济南，也要银子也要钱，
> 鸡纳税来狗纳捐，谁要不服就把眼剜！
> 也有葱，也有蒜，锅里煮的张督办！
> 也有蒜，也有姜，锅里煮的张宗昌！

---

① 编者注：本书对张宗昌生活史的介绍，定本中做了删减。

南方报纸给这位流氓成性而又作战善跑的督军，起了两个外号：“狗肉将军”和“长腿将军”。张宗昌又以“三不知”出名，即一不知钱多少，二不知姨太太多少，三不知兵多少。张宗昌的军队向来不发饷，平日只靠打仗发洋财过日子。无论是胜仗败仗都可大抢一气。但是，后来对南方作战步步失利，士兵连败仗也不愿打了，张宗昌在退出山东之前，为挽回士气，不得不发一次饷，经过层层扣剥，每个兵只分了五角钱。拿到钱的兵士说：“咱只给张宗昌打五角钱的仗!”张宗昌只有一支队伍不扣饷，就是他的白俄军队，这支最遭山东人痛恨的抢掠奸淫、酗酒杀人、无恶不作的军队所造下的罪恶，却和张园有着一定的关系。这在下一节里就谈到。

一九二八年四月二日，在蒋介石和张学良夹击之下，张宗昌兵败滦河，逃往旅大，后来又逃到日本门司，受日本人的庇护。一九三二年他以回家扫墓的名义回到山东，暗地里运动刘珍年部下倒戈，打算以倒戈队伍为基础，重整旗鼓，夺取当时山东省主席韩复榘的地盘，恢复其山东的统治。一九三二年九月三日，他在济南车站被一个叫郑继成的当场打死，这位凶手自首说是为叔父报仇（他的叔父是被张宗昌枪毙的冯玉祥部下军长郑金声），这个报仇的内幕，实际是在山东省主席韩复榘的主使下的暗杀。据说张在车站上被打死后，他的尸首横在露天地里，他的秘书长花钱都雇不到一个肯搬他尸体的人，棺材铺的老板也不愿意卖给他棺材。后来还是主持谋杀的省当局，叫人收了尸。这个国人皆曰可杀的恶魔，曾是张园的熟客，是一个被我寄托以重大希望的人物。

最早，我在“北府”时，张宗昌就化装来看过我，向我表示过关心。我到天津后，只要他来天津，必定来看我。每次来都在深夜，因为他白天要睡觉，晚上抽了大烟，精神特足。谈起来，山南海北，过五关斩六将，滔滔不绝。

一九二六年，张、吴联合讨冯，与冯军激战于南口，冯军退后，首先占领南口的是张宗昌的队伍。我一听到这个好消息，立刻给张宗昌亲笔写了一封半信半手谕形式的东西：

> 字问
>
> 效坤督办安好。
>
> 久未通信，深为想念，此次南口军事业已结束，讨赤之功十成八九，将军以十万之众转战直鲁，连摧强敌，当兹炎夏，艰险备尝，坚持讨逆，竟于数日内，直捣贼穴，建此伟大功业，挽中国之既危，灭共产之已成。今赤军虽已远扬，然根株不除，终恐为将来之患，仍望

本除恶务尽之意，一鼓而荡平之，中国幸甚，人民幸甚。现派索玉山赠与将军银瓶一对，以为此次破南口之纪念，望哂纳。

汉卿、芳宸、蕴山①均望致意

丙寅七月十三日

这里顺便提一下，我得到张宗昌胜利的消息，并不慢于报纸上的报导，因为我这时也有自己的情报工作。有一些人为我搜集消息，有人给我翻译外文报纸。我特别关心的就是战事情况。这时根据中外报纸和我自己得到的情报，张宗昌的胜利和声势，简直是令我心花怒放。同时，我又很关心冯玉祥是不是真的垮了，我的情报多次说冯要派人杀我，这也是我要张宗昌“除恶务尽”的原因之一。

我希望张宗昌得到全面胜利，为我复辟打下基础。但是这位“狗肉将军”在飞黄腾达的时候，总不肯明确地谈这些事，好像只有变成了“长腿将军”的时候，才又想起来。

一九二八年，蒋介石、冯玉祥、阎锡山等人宣告合作，向北方的地盘上扑了过来，津浦线的这一路，绕过了给张宗昌帮忙的日本人，把张宗昌的根据地山东吞没了，张宗昌兵败如山倒，一直向山海关跑。这时，张作霖已被日本人炸死，少帅张学良拒绝张宗昌出关。张宗昌的军队困在芦台、滦州一线，在前后夹击中，危在旦夕。这一天，他的参谋金卓来找我，带来了他的一封信，向我大肆吹嘘他还有许多军队枪炮，规复京津实非难事，唯尚无法善其后，须先统筹兼顾，接着说他正在训练军队，月需饷银二百五十万元，他“伏乞睿府俯赐，巽令使疆场小卒，知所依附”。担当联络的金卓，一再陈说张宗昌胜利在望，只等我的支援。这时陈宝琛、胡嗣瑗听说我要花钱了，都来劝阻我，结果我只写了一个鼓励他的手谕。不久，张宗昌完全垮了台，逃到旅顺去，跟着又逃到日本去了。他离我越远，越有人在我们中间自动地来递信传话，张宗昌的信也越来越表现了他矢忠清室之志，但都有一个特点，就是向我要钱，而且都要由带信人带回。这些带信人也真多，除了前面说过的金卓（后来在伪满给我当侍从武官，因为太招摇，连日本人都不让他干下去了）之外，还有谢介石（此人后来当了伪满的外交大臣）、德州知县王继兴、津浦路局长朱曜、陈宝琛的外甥刘骧业（日本留学生，并到日本去替我卖字画，不少字画一去不复返）、费毓楷（后面还要提到他）、徐观晸（自称是张的秘书长）等等一

① 索玉山是前禁卫军的团长，汉卿是张学良，芳宸是李景林，蕴山是褚玉璞。

大帮。他们给我各带来不同的关于张宗昌得到外国人的帮助，即可重振旗鼓大举起事的消息。我已不记得给他们拿去了多少钱，我现在找到了一部分当时来信和去信的底稿，可以挑出典型一些的抄在下面：

> 朕自闻滦河熸师，苦不得卿消息，昕夕忧悬。昨据朕派遣在大连之前外务部右丞谢介石专人奏陈，知悉卿安抵旅顺，并闻与前俄谢米诺夫将军订彼此互助之约，始终讨赤志不稍挫，闻之差慰。胜负兵家之常，此次再起，务须筹备完密，不可轻率进取。谢米诺夫怀抱忠义与卿相同，彼此提挈呼应，必奏敷功。方今苍生倒悬，待援孔亟，朕每念及，寝食难安，望卿为国珍重以副朕怀。今命谢介石到旅顺慰劳，并赏卿巨鉴一部，其留心阅，追踪古人，朕有厚望焉。

> 皇上圣鉴，敬陈者，宗昌目前观光东京，得晤刘骧业，恭读
> 手谕，感激莫名，业经复呈，计达
> 天聪。宗昌自来别府，荏苒经年，对于祖国民生之颠顿，国事之蜩螗，夙夜焦灼，寝馈难安。一遵我皇上忧国爱民之至意，积极规划，罔敢稍疏。唯凡举大事，非财政充裕，不能放手办理，即不能贯彻主张，一木难支，众擎易举，当在
> 圣明洞鉴之中。去秋订购枪械一批，价洋日金贰佰壹拾万元，当交十分之五，不料金票陡涨，以中国银币折合约须叁佰万元。目前军事方面筹划妥协，确有彻底办法，不动则已，动出万全。唯枪械一项，需款甚巨，四处张罗，缓不济急。筹思再四，唯有恳乞
> 俯鉴愚忱，颁发款项壹佰万元。万一力有不及，或先筹济叁伍拾万，以资应用，而利进行。感戴鸿慈，靡有涯既。兹派前德州知事王继兴，驰赴行在，代陈一切。人极稳妥，且系宗昌至戚。如蒙俞允，即由该知事具领携回，一俟款到，即行发动。此款回国后两月内即可归还。时机已迫，望若云霓，披沥上陈，无任屏营待命之至，伏乞
> 睿鉴。恭请
> 圣安
>
> 张宗昌谨呈

上面说的那笔钱，我没有给那位德州县知事，这些事经陈宝琛、胡嗣瑗的劝止，我也就半信半疑地没有再去信。但同时，我仍不能忘情于奉系，虽然这

时张作霖已经死了。

张作霖之死①是尽人皆知的日本人的谋杀。我后来听说，日本人杀张，是由于张越来越不肯听话，张的不听话，是由于"少帅"的影响，要甩掉日本，另与美国结成新欢。因此日本人说他"忘恩负义，不够朋友"。他的遇害虽然当时也把我吓一跳，有的遗老还提醒我注意这个殷鉴，但是后来我没有理会那位遗老说的话，因为我自认是与张作霖不同的人。张是个带兵的头目，这样的人除了他还可以另外找得到。而我是个皇帝，这是日本人从中国人里再找不出第二个来的。那时的我身边就有这样一个论点："关东之人恨日本刺骨，日本禁关东与党军（指国民党与张学良）协和，力足取之，然日本即取关东不能自治，非得皇上正位则举措难施。"我深信日本是承认这一点的。"我欲借日本之力，必先得关东之心"，这是随之而来的策略，因此，我就从奉系里寻找张学良部下的老张的旧头目们，为我复辟使用。这时，有个叫商衍瀛的遗老，是广东驻防旗人，东北红卍字会的名人，出来给我活动奉系的将领。因为张学良已明白表示了要与蒋介石合作，所以行动就特别诡秘。简要地说，这个最后的活动并没有结果，只留下来这一点残迹：

上　谕

数日来肝火上升，每于夜间耳鸣头闷，甚感疲息，是以未能见卿。卿此去奉，表面虽为地款，实则主要不在此耳，此不待言而明也。余备玉数种，分与相（即张作相）、惠（张景惠）、关（×××）三人，到行带去。

再如降乩时，可否一问，余身体常不适，及此次肝热，久不能愈。

俟后为款事，自当随时与办事处来函。唯关于大局事，若有来函，务须格外缜密。

（商衍瀛的奏折及我的批语）

臣商衍瀛跪

---

① 关于张死的经过，东京判决书有一段叙述："1928年4月的下半月，张作霖被蒋介石的国民党军队击败了。田中首相劝张作霖，在还不太迟以前退回到日本阵线之后的满洲。张作霖对此劝告虽感愤恨，但不得不听从。根据日本将防止败军入满洲的田中声明，关东军解除了由北平向沈阳退却的中国军队的武装。张作霖带着他的卫队，搭乘了开往沈阳的列车。从朝鲜抵达沈阳的日本第二十工兵联队，在铁道上埋设了炸药地雷，并且一个日军的大尉在地雷的周围布下了他的兵队。地雷是埋设在京奉铁路横过南满洲铁道处下面的地点。1928年6月4日，当张作霖的列车到达那儿时地雷爆炸了。张作霖的列车被炸毁，日军的兵士并向张的卫队开火……"

奏

皇上圣躬欠安，务求静养，时局变幻不出三个月内。今日

皇上之艰难，安知非他日之福？望

圣躬勿过忧劳，以待时机之复。奉

谕各节，臣当敬谨遵

谕办理。古玉敬谨分

赐。臣拟明日出关。再往吉林，哈尔滨，如蒙

俞允，即当就道，臣恭请

圣安

宣统二十一年二月初九日

此去甚是。惟须借何题目，免启学良之疑。卿孤忠奋发，极慰朕志。当此时局犹乱，甚易受嫌，卿当珍重勤密，以释朕怀。

三、谢米诺夫和“小诸葛”

我在拉拢、收买军人方面，花了多少钱，送了多少玉器，都已记不起来，我记得比较大的数目，是白俄谢米诺夫拿去的。

谢米诺夫是沙俄的一个将军，被苏联红军在远东击溃，率残部逃到中国满蒙边境一带，打家劫舍，奸淫烧杀，无恶不作。这批土匪队伍一度曾想侵入蒙古人民共和国，被击溃后，想在中蒙边境建立根据地，又遭到中国军队的扫荡。到一九二七年，实际成了人数不多的股匪。谢米诺夫本人往来于京津沪旅以及香港、日本等地，向中国军阀和外国政客活动，寻找主顾，终于因为货色不行，变成了纯粹的招摇撞骗。第二次世界大战后，谢米诺夫被苏联军队捉了去，我在苏联时听到了他被处绞决的消息。这个双手沾满了中苏蒙三国人民鲜血的刽子手，我在天津的七年间一直没有和他断过往来，在他身上花了大量的钱，对他寄托了无限的希望。

谢米诺夫原是升允和罗振玉向我推荐的，我由于陈宝琛的反对，本来不想见他。后来郑孝胥经罗振玉的介绍，和谢会了面，认为谢是大可使用的“客卿”人才，给他“用客卿”的计划找到了第一个实例向我吹嘘一通，并且主张不妨先把谢给张宗昌撮合一下。那时正是我对张宗昌抱着希望的时候，谢米诺夫夸耀自己手下的白俄军队很多，愿意为我效力，在郑孝胥的直接活动下，张宗昌接受了谢米诺夫提供的外国炮灰，扩大了白俄军队。后来张、谢之间还

订了一项《中俄讨赤军事协定》。

经过郑孝胥的宣传，一九二五年的十月我在张园和谢米诺夫会了面，由他带来的蒙古人多布端（汉名包文渊）当翻译。这次谈话我很满意，相信了他的"犯难举事、反赤复国"的事业必能实现，立时给了他五万元以助其行。后来郑孝胥、谢米诺夫、毕瀚章、刘凤池等我这几个股肱之士在一起照了相，结成盟兄弟，表示一致矢忠清室。

那时正是继十四国进军苏联失败，世界上又一次出现了所谓"反苏灭赤"的高潮。我记得谢米诺夫和郑孝胥对我谈的，是英美日各国决定以谢米诺夫作为反苏的急先锋，要用军火、财力支持谢米诺夫，形势好像是我若不快些入股，将来巨大的红利就有分不到手的危险。谢米诺夫和多布端的计划中最动人的部分，是立刻发动他们在满蒙的党羽和军队，夺取满蒙地区建立起"反赤"根据地，而这个根据地是要由我就位统治的。为了供应谢米诺夫他们活动费，我专为他立了一个银行存折，由郑孝胥经手，随时给他支用。存款数字大约第一次是一万元。照谢米诺夫的意思，他并不需要我供给他全部活动费，因为手中有白俄侨民捐助的一亿八千万（后来又说是三亿）卢布，今后又有美英日各国的财政支援，但一时拿不到手，故此先用一点我的钱。不过后来屡次是因为"钱没到手"，总是找郑孝胥支钱，而每次用钱都免不了一套动人的用途。记得有一次是说日本驻津司令官高田丰树给谢米诺夫撮合张作霖，谢急待去奉天见张作霖商讨大计，一时没有川资；又一次说是苏联的驻沪领事奉上级命令找谢米诺夫，为了和谢取得妥协，表示愿把远东某个地区给他成立自治区，他因此需路费立即到东京去研究这件事。谢米诺夫究竟拿去了多少钱，我已经无法计算，只记得直到"九一八"事变前两三个月，还要去了八百元，这已是数目降低后的一笔了。

在谢米诺夫和我的来往间，出现了不少的中间联络人物。其中有个叫王式的，这个人自称，谢米诺夫对他十分信赖，而且和日本要人、张宗昌的部下等人也有密切关系。我从他嘴里最常听到的是这几句话："这是最紧要的关头"，"这是最后的机会"，"此真千载一时之机，万不可失"，"机不可失，时不再来"，等等，总把我说得心里痒痒的。下面是他上的奏折：

> 奏为外交军事，具有端倪，旋转乾坤在此一举，恭折仰祈
> 圣鉴事。窃臣于五月十二日面奉
> 谕旨，致书俄臣谢米诺夫，询其近状。臣行抵上海即驰书东京，并告以遣使赴德及联络军队二事，旋得其复函，言即将来华，不必东渡。

既又接其电报，约会于大连。臣得电驰往与之晤见。据称：自昔年面奉温诏并
赏厚帑，即感激
天恩，誓图报称。后在沪与臣相见，彼此以至诚相感，商订互助之口约，始终不渝；东旋以后，谋与彼邦士大夫游，复渐与彼执政贵族日益亲近，复以言恬之，迄不得要领。至今年春末，始获得苏俄扰乱满蒙及朝鲜日本之确据，出以示彼，日本方有所觉悟，毅然决然为其招募朝鲜子弟八千人，一切饷弹器械，悉以完备，欲更为其招募俄国白党万余人，现散处于满蒙一带者，其饷糈器械等等亦已筹备；英人闻此更首先与苏俄绝交，愿以香港汇丰银行所存八千万元，俟调查实在即予提取，特电英国政府派遣参谋部某官至奉天，候其同往察看；法意二国亦有同情均愿加入；美国则愿先助美金五百万元，后再接济，共同在满蒙组织万国反赤义勇团，推其为盟主，共灭赤俄。

今闻臣张宗昌已归顺朝廷，曾遣臣金卓至大连，订期面商，加入团体，两月之间成军可必，成军之后即取东三省，迎
銮登极，或俟赤俄削平，再登
大宝。所拟如此，不敢擅专，嘱臣请旨遵行。臣又闻日臣田野丰云，彼因政府虑赤祸蔓延将遍中国，中国共和以来乱益滋甚，知中国必不能无君，张学良勾结南京伪政府，必不能保三省治安，必不能为中国之主，故朝野一致力助谢米诺夫，使谢米诺夫力助皇上，光复旧物，戡定大乱，共享承平。臣闻其言，十七年积愤为之顿释……臣道出大连，有沈向荣者现充张宗昌部下三十军军长，来见臣于逆旅之中，谓已纠集南北军长十人，有众十万，枪炮俱全，布列七省，愿为皇上效力，待臣返大连共同讨论，听从指挥。此真千载一时之机，万不可失。伏愿
皇上效法
太祖皇帝，罗举七大恨，告
庙誓众，宣布中外，万众一心，扫荡赤化。
皇上纯孝格天，未始非天心厌乱，特趁此机，使
皇上践帝祚，复亿万年有道之基也。不然此机一失，人心懈矣……倘蒙皇上召见臣，更有谢米诺夫、周善培诸臣密陈之言，并臣与郑孝胥、罗振玉、荣源诸臣所商筹款之法，谨当缕面陈，请旨定夺，谨奏。

奏为兴复之计，在此一举，坐失时机，恐难再得，恭折仰祈
圣鉴事。窃臣于本月初一谨将俄臣谢米诺夫、日臣田野丰在大连所拟办法及臣沈向荣在彼俟臣进行诸事，已恭折具呈
御览。惟谢米诺夫因英人在奉天久待，无可托辞，故需款至急，
皇上行在帑藏难支，臣断不敢渎请，连日商诸臣罗振玉愿将其在津房产抵押，约可得洋四万以充经费，不足之数臣拟俟
皇上召见，面陈一切未尽之言，并有至密之事请旨定夺后，即赴大连上海再行设法……不然田野丰已有微词，倘日人稍变初衷，谢米诺夫即萌退志，各国不能越俎，张宗昌即不能支持，纵使谢米诺夫他日再起，我亦不能再责其践盟，九仞之山将全功尽弃……更有日人要求之事，谢米诺夫预定之谋，内部小有参商之处，均当面请乾断，惟祈训示祇遵，谨奏。

宣统二十年八月初九日

王式上这几个奏折的日子，正是郑孝胥出门，不在张园的时候。由于陈宝琛、胡嗣瑗这一派人的阻拦，他进不了张园的门，只好上奏折，但由于没有郑孝胥的掩护，这次遭受了很大的失败，遇到最激烈的攻击。

最激烈的是胡嗣瑗。胡嗣瑗在清末是个翰林，张勋复辟时与万绳栻同任内阁阁丞，我到天津之后到了张园，他被人起了个外号叫“胡大军机”，意思是有人要见我或递什么折子给我，是要先经他过滤一下的。我因为相信这个人“老诚忠实”，所以同意陈宝琛的意见，把这个类似秘书长的任务交给了他。他是最反对我和郑、罗等人接触的一个。当郑、罗和王式等人在我的信赖之下积极奔走于谢米诺夫的时候，他和陈宝琛、陈毅等人就在叽叽咕咕（我接见谢米诺夫并且给了那五万元都是背着他们干的，他们还是知道了）。胡嗣瑗看见了王式的折子，就给我上奏折，逐条分析王式和谢介石等的言行前后矛盾之处，指出这纯粹是一场骗局。罗振玉这时曾出来为郑孝胥和他自己申辩，但是处境颇为孤立，甚至连一向不说同乡半句微词的陈宝琛，也在我面前说：“苏龛（郑的字）真是疏忽之龛，已近于狂矣。”原先主张过我出洋联日的陈毅，这时也变了声调，向我慨叹中兴之难，劝我近贤远佞。就这样，驳斥郑、罗的话钻进了我的心里：谢米诺夫受到英、日、美各国这么大的支持，为什么非要我的一点钱不可呢？谢介石曾说谢米诺夫因为等不到我的支援，想要自杀，何以他的宏图壮举能如此轻易放弃？更重要的是，这时我也实在一下子拿不出多

少钱来，我比在紫禁城时代多少懂得了些钱的数目，也不是一张口就可以拿出多少古董金银去换钞票的时候了。因此，我没有给钱，只写了些不值钱的鼓励性的“手谕”，这一下子，王式也不来了。但是胡嗣瑗毕竟不是郑孝胥的对手，等到郑从外面回来，王式和谢米诺夫等人又得救了。我又拿出了钱供客卿们花用。记得后来郑孝胥还推荐过一个叫阿克第的奥国人和一个叫罗斯的英国人。阿克第是奥国从前的贵族，在天津奥国租界工部局任过职，据他讲他在欧洲很有地位，可以为我在欧洲展开活动，取得复辟的声援。因此，我派他为我的顾问，委他到欧洲去活动，并且一次支给了这位客卿半年俸金一千八百元。罗斯是个记者，说要复辟必得有报，叫我拿两万元给他办报。我给了他三千元，后来报是出来了，叫做《诚报》，可是没几天就关了门。

事实就是如此，尽管有个“胡大军机”拦关，有不少人只要是拿着“联络军人，拥护复辟”这张“门票”，即可走进张园。特别是从一九二六至一九二七年起，一批一批变成光杆司令的什么军长、参谋长之类的人物，在租界上多起来的时候。我的门客有了增加，而我的欲望，也被这些自称与台上有密切关系的台下人物，不断地挑动着。

这些人物里最值得一说的是“小诸葛”刘凤池。我和刘的相识，是由于张勋手下的奉系老军阀许兰洲的介绍，刘是许的旧部下，在许的嘴里，刘是个“现代的诸葛亮，得此一人，胜于卧龙凤雏，复辟大业，已有九成把握”。刘凤池那年大约四十岁左右，他见了我，在吹嘘了自己的通天手眼之后，立时建议我拿出些古玩字画和金器给他，去联络台上人物。“那些福寿字、春条，对这类人是不行的”，这句话我还是从他嘴里第一个听到，虽然有点不舒服，但又赏识这个人的直率。我认为他敢于讲别人不敢讲的，可见他的话一定可靠。于是我慷慨解囊，叫他一批一批地拿去那些最值钱的东西。后来，他竟点名要什么东西，以至说明要值多少钱的东西。例如，一次他说要去活动张作霖的部下邹作华，给我来信说：

> 姓邹者才甚大，张作霖胜，彼功甚大，张待之甚厚，小物品不能动其心也，应送其珍珠或好宝石，或钻石，按万元左右贵重物予之，当有几十倍之大利在也。

为了拉拢奉系的荣臻、马占山、张作相，他指明各要送十颗朝珠，为了拉拢一个姓穆的，他指明要我戴过的那顶皇冠上的珠子。这种要东西的信，三五天必有一封，内中不少这类词句：“要真才就得多花钱，求俭遭人轻，做大事不拘小节","应送端砚、细瓷,外界不易得之物"。如果他报告的活动情况都如实的话,差不多奉系的旅长以上(甚至包括团长,如富双英当团长时),以及拥有四十万众的红枪会首领、占山为王的草莽英雄,等等,都拿到了我的珍珠、古瓷、钻石,都在我"不拘小节"之下大受感动,只待我一声令下,就可以举事了。但是他拿了无其数的东西,人马却总不见动静。陈宝琛知道了我这些偷偷摸摸的举动之后,忙来劝阻,我又发生了动摇,钱给得就不太积极,于是"小诸葛"无论面谈和来信中又多了一种词句:"已耗费若干,旅费及招待,尚不在数","已倾家荡产,实难再代垫补","现在情况万分紧急,成败在此一举,无论如何先接济两万元","需款万分紧急,望无论如何将此款赐下,以免误此良机"。我后来觉出了事情不对,不肯再给钱,忽然接到了他的这样的信:

"皇上若每日不知研究,亦不十分注意时局,敢望其必成乎?若不猛进,亦不期望必成,又何必设此想乎……试将中国《史记》打开,凡创业中兴之主,有如此之冷淡者乎……"

写了这个惹了我一肚子气的信,他又来信说某人已任命他为参谋长,又某人请他当副司令,并有说他自己握有兵权,可为我直接效劳了,但是,需要我给一点联络费……后来,又写信说不但没得到我的接济,"反遭疑,甚感伤心",不得已,卖掉了自己的菊花青马,英雄失了坐骑,心痛不已。

这个"小诸葛"如何离开我的已忘了,大略记得一点的是他后来向我哭穷,只要十块钱救济。这和最初我给他的任何一笔款比来,不过是千分之一而已。后来听说他在东北各地招摇,给奉系万福麟枪毙了。

像刘凤池这类人物,我还可以举出一串名字,如毕翰章、刘维霖,等等;都用过差不多的手法,吊起了我的重登大宝的胃口,也钓走了不少现款、古玩、珍珠、宝石,等等。这些人最后和我的分手,是各式各样的,有的不告而别,有的被"胡大军机"或其他人硬给拦住,也有的是我自己不叫进来。其中有个绰号"费胖子"的安福系小政客费毓楷,他曾向我报告,他和炸死张作霖的日本河本大佐取得了联系,已组织好张学良的侍卫,即将举行暴动,在东北实行武装复辟,迎我"正位"。这个动人的然而难于置信的大话叫陈宝琛知道了,自然又劝阻我,连我岳父荣源也反对我再和他来往。费胖子最后和张园的分手,比别人多了一场戏。他遭到拒绝进园,立刻大怒,气势汹汹地对拦门的荣源嚷:"我出这么大的力,竟不理我了,好,我就到国民政府,去控告你们皇上颠覆民国的罪状!"荣源和三教九流颇有来往,听了毫不在乎,反而笑道:"我劝你算了吧,你写的那些东西还都存在皇上的手里呢!"费胖子听了这话，只好悻悻而退。

这些人物在我身边真正的绝迹，已经是接近“九·一八”事变的时候，也就是在北方军阀全换上了青天白日的徽章之后，还过了一段时间。这时，我对他们已经真正放弃了幻想。同时，由于其他后面谈到的原因，我已把希望放到别处去了。

四、东陵事件

一九二八年，对我是充满了刺激的一年，也是使我忧喜不定的一年。在这一年里，一方面日本的田中内阁发表了满蒙不容中国军队进入的声明，并且出兵济南，拦阻南来的军队前进，另一方面张作霖、吴佩孚、张宗昌这些和我有瓜葛的军队，由节节败退到溃不成军。为我联络军人的活动家刚报来了动人的好消息，同时，我却又读到那些向我效忠的军人逃亡、和被枪毙的新闻。我听说中国的南北政府都和苏联绝交了，英苏也绝交了，国民党宣布清党，郑孝胥、陈宝琛以及日本人和我谈的那个“洪水猛兽”，似乎对我也减少了威胁，但又据这些人说，危险正逼近在我的身边，到处有仇恨我的人在活动。我看到了报纸上关于广东有暴动消息，同时，一直被我看成“过激”、“赤化”分子的冯玉祥，已和蒋介石合作，正从京汉线上打过来。一九二八年下半年，使人气恼的消息越来越多，张作霖死了，美国的公使在给张学良、蒋介石撮合……除了这些上面已说过的事件之外，这年还发生了最刺激人的孙殿英盗墓的“东陵事件”。

东陵在河北省遵化县的马兰峪，是乾隆和西太后的陵寝。孙殿英是一个赌棍和贩毒犯出身的流氓军人，在张宗昌部当过师长、军长。一九二七年受蒋介石的改编，任四十一军军长。一九二八年，孙率部到蓟县、马兰峪一带，进行了有计划的盗墓。他预先贴出布告，说是要举行军事演习，封锁了附近的交通，然后由他的工兵营营长颛孙子瑜带兵挖掘，用三个夜晚时间，把乾隆和慈禧的殉葬财宝，搜罗一空。

乾隆和慈禧是清朝历代帝后中生活最奢侈的，有一个材料对他们的陵墓有如下叙述：

> 墓中隧道全用汉白玉砌成，有石门四进，亦全系汉白玉雕制，寝宫为八角形，上复圆顶，雕塑着九条金龙，闪闪发光。面积约与故宫的中和殿相等。乾隆的棺椁是用阴沉木制成的，安放在一个八角井的

上边。两座坟墓中殉葬器物，除金银元宝和冥器外，都是些罕见的珍宝。慈禧的殉葬物品，多是一些珠宝翠钻之类，她的凤冠是用很大的珍珠以金线穿制而成的；衾被上有大朵的牡丹花，亦全用珍珠堆制；手镯系用大小钻石镶成一大朵菊花和六小朵梅花，澄彻晶莹，光彩夺目；手里握着一柄降魔杵，长约三寸余，为翡翠制；她的脚上还穿着一双珠鞋。另外，在棺中还放置着十七串用珠宝缀成的捻珠和几双翠质手镯。乾隆的殉葬品都是一些字画、书剑和玉石、象牙、珊瑚雕刻的文玩及金质佛像等物，其中绢、丝制品都已腐朽，不可辨认。

我听到东陵守护大臣报告了孙殿英盗东陵的消息，惊动我的倒不是什么珠宝的损失，而是对我的宗族感情的伤害。因此，这个事件引起我的震动，竟超过了我自已被驱逐出宫。在宗室和遗老间引起的激愤也是普遍而高昂的。陈宝琛、朱益藩、郑孝胥、罗振玉、胡嗣瑗、万绳栻、景方昶、袁励准、杨钟义、铁良、袁大化、升允……等等，不论是哪一派的，也不论已经消沉和没消沉的，全都沸腾起来，纷纷到我这里，表示了对蒋介石军队的愤慨和对我的吊慰。各地遗老纷纷寄来重修祖陵的费用。在这些人的建议和安排下，在张园摆上了乾隆和慈禧的灵位和香案祭席，好像办丧事一样，每天要举行三次祭奠，遗老遗少们络绎不绝地来拈香行礼，以及痛哭流涕。同时，清室和遗老们都分别发出通电，给蒋介石和任平津卫戍司令的阎锡山以及各报馆，要求惩办孙殿英，要当局赔修陵墓。张园的灵堂也决定要摆到陵墓修复为止。

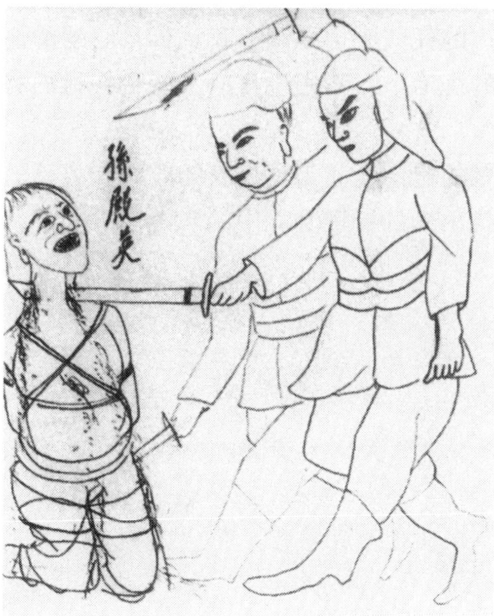

图 30　1928 年孙殿英“东陵盗宝”后，溥仪画的杀孙图

起初，蒋介石政府的反应还很好，说已派阎锡山查办此事，孙殿英派到北平来的一个师长也被阎锡山扣下了。但是，随后不久，消息传来，说被扣的师长被释放，蒋介石决定不追究了。孙殿英给蒋介石新婚的夫人宋美龄送去了一批赃品，慈禧凤冠上的珠子成了宋美龄鞋子上的饰物。我

心里燃起了无比的仇恨之火，我走到阴阴森森的灵堂前，当着满脸鼻涕眼泪的宗室人等，向着空中发了誓言：

“不报此仇，便不是爱新觉罗的子孙！”

我此时想起溥伟到天津和我第一次见面时说的：“有溥伟在，大清就一定不会亡！”我也发誓说：

“有我在，大清就不会亡！”

我的复辟、复仇的思想，达到了一个新的顶峰。

那些日子，我的心情既激愤又忧郁。郑孝胥和罗振玉是我最接近的人，他们所谈的每个历史典故和当代新闻，都能使我激动愤慨不已，增强了我的复辟和复仇的决心。和国民党的国民政府争斗到底，把灵堂摆到修复原墓为止，就是他们想出的主意，那些前来朝拜的遗老遗少，也被他们鼓动得义愤填膺，跃跃欲试。后来形势越来越不利，盗墓不追究了，北京、天津一带面目全非，当权的新贵中再没有像段祺瑞、王怀庆这类老朋友，我父亲也不敢再住在北京，全家都搬到天津租界里来了。

自从蒋宋两家结亲，张园里就明白了，英、美买办世家和安清帮兼交易所经纪人的这种结合，说明蒋介石有了比段祺瑞、张作霖、孙传芳、吴佩孚这些倒台的军人更硬的底牌。这年年末，蒋介石的国民政府得到了包括日本在内的各国承认，他的势力和地位已超过了以往的任何一个军阀。我觉得自己的前途十分黯淡，认为在这样一个有野心的人的统治下，不用说复辟，能否在他的势力范围内占一席地，恐怕也成问题。

我心里发出了恶毒的诅咒，怀着深刻的忧虑，我为蒋介石的政府和自己的命运，一次一次地卜过卦。下边是现在找出来的一堆卦辞中的几个：

> （一）辰年亥月寅日占见
>
> 至尊得恒之大过申官化进动而逢合之巳日，可见申酉实空之年可望光复。
>
> （二）辰日占国民政府能长久否，得天大同人变离，主申年化冲而散。
>
> （三）同日占功名，得罪之大蓄官虽旺相原神酉才旬空，亦主申酉实空之年大显。

这是阴历戊辰年十二月（一九二九年一月）卜得的，第一卦的意思是申年或酉年（最近的申酉是一九三二和一九三三年）可以“光复”；第二卦是说国民政府将在申年“化冲而散”；第三卦是说事业将在申年或酉年“大显”。①

但是，任何一个欲望强烈和报仇心切的人，都不会只记得“成事在天”而忘了“求事在人”这句话。我自己的几年阅历，特别是蒋介石的发家史，给了我一条重要的信念，这就是若求成事必须手握兵权，有了兵权实力，洋人自然会来帮助，而我这正统的“大清皇帝”有了军队，自然要比红胡子或者地痞出身的将帅更会受到洋人的重视。因此，我决定派我身边最亲信的亲族子弟去日本学陆军。我觉得这比我自己出洋还有必要。

促成我这个想法的，还有一个原因，就是溥杰本来正想投笔从戎，刚在家里闹得人仰马翻。他从军的动机本来也颇可笑，与其说是受到母亲遗嘱影响，立志要恢复满清，还不如说是赌气。原来他结婚之后，夫妇感情很不好。他的妻子是端康太妃的侄女，比他大三岁，很喜欢交际，羡慕那些手握虎符的青年将帅，对丈夫颇不中意。溥杰因之很受刺激，便打定主意要当个军官。张学良在张作霖死后，临回奉天之前对溥杰说：“你要当军官，我送你进讲武堂（奉军的军官学校）。”他把妻子送到张学良姨太太的天津公馆里，自己随后和张学良的家眷乘船离了天津。我父亲看到他留下的信时，他乘的日本汽船已在渤海上。我父亲急得要命，要我无论如何给想个办法把溥杰追回。天津日本总领事应了我的请求，发了电报给大连。大连码头上，溥杰刚从船上走下来，就给日本警察截住了。溥杰被我派去的人接回天津后，他向我诉说了投军之志，是为了恢复祖业，这触动了我送他去日本学陆军的心思，就告诉他不要着急，我一定会满足他的愿望。他听我说要送他到日本，自然觉着比上张学良的讲武堂更高兴了。

我决定派到日本学陆军的，除了溥杰，还有我的三妹夫。为了准备他们的留学，我请天津日本总领事介绍一位家庭教师，教他们日文。日本总领事推荐了一位叫远山猛雄的日本人。后来知道，这是一个日本黑龙会的会员，认识日本不少的政客。这个人后来也为了我的复辟理想，替我到日本奔走过。我到东北以后，因为他不是军部系统的，受到排挤，离开了我。这都是后话，暂且不提。这位远山教师教了溥杰和润麒不多一些日子的日文，就为了他们留学问题回到日本去活动了一趟，据说是入日本士官学校暂时还不行，但是可以先进日本贵族子弟读书的学习院，并且还得到了日本的大财阀大仓喜八郎的帮助。一九二九年三月，即东陵事件发生后七个月，我这两个未来的武将和远山一起到日本去了。

① 编者注：“光复”和“大显”的卦辞未收入定本。

五、领事馆、司令部、黑龙会

> 敬陈管见，条列于后：
>
> ……对日本宜暗中联合而外称拒绝也。关东之人恨日本刺骨，日本禁关东与党军和协，力足以取之。然日本即取关东不能自治，非得皇上正位则举措难施。今其势日渐紧张，关东因此以图存，日人亦无策善后，此田中之所以屡示善意也。我
> 皇上无一成一旅，不用日本何以恢复？机难得而易失，天予不取，后悔莫追。故对日本只有联合之诚，万无拒绝之理。所难者我借日本之力而必先得关东之心。若今关东之人，疑我合日谋彼，则以后欲由东三省拥戴，势有所难。此意不妨与日本当机要人明言之，将来
> 皇上复位，日本于三省取得之权，尚须让步方易办理……

这是一九二八年我收到的一份奏折中的一段。这段话代表了张园里多数人的想法，也是我经过多年的活动后，日益信服的一项结论。

我在前面已经说过，我自从进了“北府”，得到了日本人的“关怀”以来，就增长了对日本人的信赖。这种信赖，在日本公使馆里继续发展着，到了天津之后，我一天比一天更相信，日本人是我将来复辟的第一个外援力量。

我到天津的第一年，日本总领事吉田茂曾请我参观一次日本侨民小学。在我往返的路上，日本小学生手持纸旗，夹道向我欢呼万岁。这个场面使我热泪盈眶，感叹不已。当军阀内战的战火烧到了天津的边缘，租界上的各国驻军组织了联军，声言要对付敢于走近租界的国民军的时候，日本驻屯军司令官小泉六一中将有一天特意来到张园，向我报告说：“请宣统帝放心，我们决不让中国兵进租界一步。”我听了，大为得意。

每逢新年或我的寿辰，日本的领事官和军队的将佐们必定到我这里来祝贺。到了日本“天长节”，也要约我去参观阅兵典礼。记得有一次“天长节”阅兵，日本军司令官植田谦吉邀请了日租界不少高级寓公，如曹汝霖、靳云鹏等人都去了。我到场时，植田司令官特意骑马过来行致敬礼。当阅兵完毕，我们这些中国客人凑在一起，随着日本人同声高呼“天皇万岁”。

在这些敬意的表示中，那时我认为最难得的，是日军司令部每周有一位佐级参谋来给我讲演时事，多年来从不间断，无论是谁都是十分认真，有时还带来专门绘制的图表等物。

第一个来讲的大概是名叫河边的参谋，他调走之后继续来讲的是金子定一，接金子的是后来在伪满当我的"御用挂"的吉冈安直。这个人在伪满与我相处十年，从中佐逐步升到中将。后面我要用专门的一节谈他。

日军参谋讲演的时事，主要是讲解内战形势，在讲解中经常出现这样的分析："中国的混乱，根本在于群龙无首，没有了皇帝。"由此谈到日本的天皇制的优越性，谈到中国的"民心"唯有"宣统帝"才能收拾。中国军队的腐败无力是不可或缺的话题，自然也要用日本皇军作对比。记得济南惨案发生后，吉冈安直至少用了一个小时来向我描述蒋介石军队的惨状。济南日军司令布告的抄件，就是那次他给我拿来的。这些讲演加上历次检阅日军时获得的印象，使我深信日本军队的强大，深信日本军人对我的支持，我的复辟乃是"得道多助"的事业。

有一次，我到白河边上游逛，眺望停在河中心的日本兵舰。不知兵舰舰长怎么知道的，突然亲自来到岸上，尊敬地邀请我到他的船上参观。到了船上，日本海军士兵列队向我致敬。这次由于仓促间双方都没有准备翻译，我们用笔谈了一阵儿。这条军舰舰名"藤"，舰长姓蒲田。我回来之后，应他的请求送了他一张签字照片，他表示这是他的极大的荣幸。从这件事情上，我觉得日本人是从心眼里对我存在尊敬。我拉拢军阀、收买政客、任用"客卿"全不见效之后，日本人在我的心里的位置，就更不用说了。

起初，"日本人"三个字在我心里是一个整体的，这当然不包括日本的老百姓，而是日本公使馆、天津日本总领事馆和天津日本"驻屯军"司令部里的以及和罗振玉、升允来往的那些非文非武的日本浪人。我把他们看成整体，是因为他们同样地"保护"我，把我当做一个"皇帝"来看待，同样地鄙夷民国，称颂大清。在我最初提出要出洋赴日的时候，他们都同样地表示愿意赞助。一九二七年，我由于害怕北伐军的逼近，相信了罗振玉的劝说，决定赴日。经过日本总领事的接洽，日总领事馆向国内请示，田中内阁表示了欢迎，并决定按对待君主之礼来接待我，据罗振玉从天津日军司令部听到的消息，日军部方面已准备用军队保护我启程。后来由于形势的缓和，也由于陈宝琛、郑孝胥的联合劝阻，未能成行，但是我从日本军政方面的一致态度，得到的印象就是统一的整体，不像中国当局那样各自为政。但是，这种统一的整体的印象没有保持多久。后来，南京的国民党政府成立了，官方的"打倒帝国主义"、"废除不平等条约"之类的口号消失了，我逐渐发现，尽管日本人的"尊敬"、"保护"还是未变，但是在我出洋之类的问题上，他们的态度却有了不同。这种不同甚至达到令我惊奇与愤慨的程度。

一九二七年的下半年，有一天罗振玉又向我劝说，“虽然日租界比较安全，但究竟是鱼龙混杂，据日本司令部说，革命党（这是一直保留在张园里的对于国民党和共产党的笼统称呼）的便衣（这是对于秘密工作者的称呼，而且按他们解释，这都是带有武器的）混进来了不少，圣驾的安全，颇为可虑，依臣所见，仍以暂行东幸为宜，不妨先到旅顺，恭亲王在那边有了妥善筹备，日本军方也愿协助，担当护驾之责。”这时我正被“革命党便衣”的谣言弄得惶惶不安，听了罗振玉的话，特别是溥伟又写来了信，我于是再一次下了出行的决心。我不顾陈宝琛和郑孝胥的反对，立刻命令郑孝胥去给我找日本总领事，我要亲自和他见面谈谈。

郑孝胥听了我的吩咐，怔了一下，问我：“皇上请加藤，由谁做翻译呢？是谢介石吗？”

我明白了他的意思。谢介石是个台湾人，由于升允的引见，在北京时就出入宫中，张勋复辟时做了十二天的外务部的一名官员，后来由日本人的推荐，在李景林部下当秘书官，这时又跟罗振玉混在一起，什么“便衣队行将举事”，以及革命党将对我进行暗杀等情报，也有他供给的，劝说我去旅顺避难的，也有他一份。郑孝胥显然不喜欢罗振玉身边的人给我当翻译，而同时，我知道在这个重要问题上，罗振玉也不会喜欢郑孝胥的儿子郑垂或者陈宝琛的外甥刘骧业当翻译。我想了一下，便决定道：“我用英文翻译。加藤会英文。”

总领事加藤和副领事冈本一策、白井康都来了。听完我的话，加藤的回答是：

“陛下的问题，我还不能立即答复，这个问题还须请示东京。”

我心里想：这本是日本司令部对罗振玉说没有问题的事，再说我又不是到日本去，何必去请示东京？天津的高级寓公也有到旅顺避暑去的，他们连日本总领事署也不用通知就去了，对我为什么要多这一层麻烦？我心里的话没完全说出来，加藤却又提出了一个多余的问题来：

“请问，这是陛下自己的意思吗？”

“是我自己的。”我不痛快地回答。我又说，现在有许多不利的消息，我在这里不能安心。现在革命党便衣来了不少，总领事署一定也有这个情报吧？

“那是谣言，陛下不必相信它。”加藤说的时候，满脸的不高兴。我知道他说的是谁造谣言，奇怪他何以不重视这样的消息。我曾请他的警署增派警卫，警署也派来了，他却又说那是谣言。我实在忍不住地说：

“司令部方面也有这样的情报，这怎么会是谣言？”

加藤听了这话，没吭气，那两位副领事，不知道他们懂不懂英文，只见他们在沙发上像坐不稳似的蠕动了一阵儿。

"陛下可以确信，安全是不会有问题的。"加藤最后说："当然，到旅顺的问题，我将遵命去请示敝国政府。"

这次的谈话，使我第一次觉出了日本总领事馆和司令部方面之间的不协调，我感觉到奇怪，也感觉到很气人。我把罗振玉、谢介石叫来，再问了一遍。他们肯定说，司令部方面和接近司令部方面的日本人，比如工藤、佃信夫、岩田等人，都是这样说的。这些日本人都是黑龙会的人物，我从谢介石这里知道，日本军官里有不少黑龙会人物，日本军队的情报特务工作，总离不开黑龙会的骨干。他并且说：

"司令部的情报是极其可靠的。关于革命党的一举一动，向来都是清清楚楚的。不管怎么说，要有万一的准备，即使暗杀是一句谣言，也要防备。"

这次谈话之后，跟着是我岳父荣源向我报告说，他外边的朋友告诉他，英法租界已经发现了冯玉祥派来的便衣刺客，中国地界的南市一带更多。甚至连我的"随侍"祁继忠也报告说，他出门的时候，发现大门附近，有些形迹可疑的人伸头向园子里张望。我听了，赶忙又把管庶务的佟济煦和管护军的索玉山都叫来，叫他们告知日警，加紧门禁，嘱咐护军留神门外闲人（这时我雇佣着十多名"护军"，都有手枪，这倒真是些便衣武装）。这时，一个"随侍"报告说，晚上还有人很晚回来，没有遵守我曾三令五申过的不准夜间外出的禁令。我立刻下令给佟济煦记大过一次，对私自外出的"护军"，罚扣几个月的饷银（这时张园里的管束"底下人"的办法，根据师傅们的谏劝和佟济煦的恳求，已经取消了鞭笞，改为轻者罚跪，重者罚扣饷银。为了管束，我还亲订了一套"守则"和"纪律"）。

总领事的答复还没有来，我的神经绷得正紧的时候，这天晚上，我的后街窗外突然响起了很近的枪声。我从床铺一下子跳了起来，认为是冯玉祥的便衣开始向张园袭击了。张园里的人全惊动了，"护军"们布置到各处，大门站岗的日本巡捕（华人）加强了戒备，驻园的日本警察到园外进行了搜索。结果，真的抓到了放枪的人。出乎我意料的是，这个放枪的却是个日本人，就是罗振玉和谢介石说过的日本军队和特务机关不可缺少的黑龙会会员，也是他们所认识的日本浪人岩田。

这个给前台罗振玉的演出做"效果"的后台职员，显然很不称职，竟然被唱对台戏的领事馆给当场拆穿，免不了要受导演的处分。至于两台戏的后台老板如何私下了结，则更非我所能知。只是后来听领事馆的人向我说"那是岩田打鸟"，而轻轻一笔带过。因此，我当时也没有看透这场戏的底细。

我当时立刻发现的问题，只是罗振玉的不可靠。所以在郑孝胥和陈宝琛再一次联合劝告下，虽然后来加藤说了东京方面勉强的表示：“如果一定要去，可以保护，唯接待礼节上从简。”我也不想去了。

然而我对日本人的“整体”看法更动摇了。这时郑孝胥提醒我的一件发生在两年前的事，特别让我感到难于理解日本人彼此间的关系，不明白他们在闹什么纠纷。郑孝胥是这样说的：“罗振玉不善择交，轻信那班不三不四的朋友。前年的那个佃信夫，也是个黑龙会的。”

那是一九二五年初冬发生的事。罗振玉对我说，日本朝野对于我这次被迫出宫和避难，都非常同情，日本许多权势人物，连军部在内，都在筹划赞助我复辟，现在派来了他们的代表佃信夫，要亲自和我谈一谈。他劝我这个机会决不可失，应当立刻召见这位人物。佃信夫是个什么人，我原先并非毫无所闻，内务府堂郎钟凯认识他，说他在辛亥之后，常常在各王府跑出跑进，和宗室王公颇有些交情。罗振玉的消息打动了我，不过我觉得日本总领事是日本正式的代表，又是我的保护人，理应找他来一同谈谈，于是把有田八郎总领事请来了。谁知那位佃信夫一看到了有田入场，立刻停了嘴，悻悻然起身告辞，弄得在座的陈宝琛、郑孝胥等人都十分惊愕。后来郑孝胥去责问他何以敢如此在“圣前非礼”，他的回答是：“把有田请来，这不是成心不想听我的吗？”这件往事经郑孝胥的重提，我才知道那位权势人物的代表也是黑龙会的人物，而且还是骨干分子。

陈宝琛曾对我讲过，不管黑龙会也罢，还是什么权势人物也罢，都是些在野的势力，说话全可以不负责任，因此，除了日本公使和领事馆以外，谁的话也别信。

“那么，日本军部呢？罗振玉说过，权势人物主要的是日本军部，而黑龙会和军部的关系是很紧密的。罗振玉的黑龙会朋友，还是驻屯军司令部的人哩！”

“罗振玉的话，不一定全可靠。”郑孝胥说。

然而这一次郑孝胥却说错了，罗振玉的话，在这一点上并没胡说。我的英文翻译的一段经历，证实了罗振玉的话确是有所根据，而日本司令部方面在这类问题上与领事馆采取不同的具体态度，以及黑龙会与司令部方面的关系，也都由此进一步地暴露了出来。

这是过了不少日子那位翻译才告诉我的。感谢这位朋友，今天他又为我仔细地回忆了一下当时的情形，而且把过去不能告诉我的也告诉了我。

那天我和加藤谈过话以后，翻译员正准备离园回家，聚在楼下的荣源、罗振玉和谢介石三人拦住了他，打听楼上会谈的结果。翻译员这次接到这件从来没有过的任务（用英文给日本人当翻译），本来已觉得很奇怪，当他应命到达张园的时候，先就碰见了荣源等人，嘱咐他谈完之后告诉一下会谈情形（这按说也是不准的）。翻译员当时不安地回答：“我不过是个陪坐的罢了，白井副领事是会用中国话翻译的。”荣源说：“上头说了，让您用英文翻。”“何必用英文呢。幼安先生（谢介石字）不是在这儿吗？用日文翻译不是更好吗？”谢介石哼了一声说：“我才不跟他们说话哩！”罗振玉这时忙插嘴说：“上头是怕别人传话不切实。还是请您下来的时候透透信吧。”翻译员觉得事情有点蹊跷，不便拒绝，又不想遵命，心里打定主意，翻译完了还是溜走忙自己的事去。谁知还没走出大楼，就又给这三位拦住了。这位年轻人觉得脸上也磨不开，又觉得所谈的事情似乎很简单，就简单地告诉他们了。

这三位听完那结果，还是不放他走，再三向他叮问，等到确实知道了加藤说的仍然不过那几句话之后，三个人激动起来了。荣源骂了一句：“领事官都是些不阴不阳的东西，向来没有痛快过！”谢介石冷笑道：“我早知道他们要捣乱，找了他们就不会有好事，他们嘴里说得出什么好话来？你瞧，真事都成了造谣！”罗振玉捋着胡子，顿足叹息：“是何居心！是何居心！”

翻译员看得不耐烦，告辞要走，罗振玉立刻拦着说：“您别走，跟我们一起走走，耽误您一会儿，回头送您回家。”说着，那两位也站起来说：“对，一块儿去，当面把这事情告诉他！”说着，就不由分说，带着翻译员往外走。翻译员跟在他们后面，心里充满了好奇。他和荣源是近亲，悄悄问他：“上哪儿去？”荣源激情未消地说：“咱们上三爷公馆去！”① 不等他问下去，已经走到汽车跟前，那两位把他拥了进去，车就开了。

汽车走了不太久，在离日本花园不远的地方，一个路南的绿油大门前停下了。一直到此为止，这位翻译员还以为去的地方是荣源荣三爷的公馆，因为他听荣源的一个“看烟”（专伺候抽大烟的）太监说过，“三爷在外边还另有公馆呢！”他也听说荣源在日租界有座小楼，住着一个广东籍的“外家”，国民饭店里有个房间，包着一个“暗门子”（暗娼），这些地方也是荣源和银行界、金店业给张园办抵押、谈交易的地方，盐业银行的岳乾斋经理，在北京领业源开红货铺子的张德甫，都提过这些地方，只是没有人说过日本花园附近的这个绿大门。翻译觉得他这位风流亲戚对他公开了自己的秘密香艳窝，这回可有了开玩笑的资料，谁知一进大门，就知道不对了。

① 编者注：以下关于“三野公馆”的描写，定本做了很大删改。

图 31　溥仪的岳父荣源是三野机关的常客

罗振玉上前按铃后，一个号房式人物应声打开了半扇门，显然罗振玉是熟客，号房倒身让过他们，随即关上门，钻进号房去了。罗振玉带头，几个人绕过影壁，面前展开的一个颇大的院子，院子里正有二三十个穿日本军衣的人持枪练劈刺。奇怪的不仅如此，而是这群人看见了客人，忽然在一声号令下，全跑进一道月亮门里去了。更奇怪的是，翻译员从一阵人声中，听出了这些穿日本军装的是说着中国话的。

这当然不是荣三爷的公馆了。

院子北边是一座楼房，罗振玉带着他们绕过了陈列着盛开的夹竹桃的正门，从大楼侧门进去，里面是一条光线不太足的甬道。一个楼梯旁，摆着硬木八仙桌和几把硬木椅子，坐着几个彪形大汉，桌子堆着笔墨、算盘和一些蓝布皮的旧式账簿。罗振玉过去和其中的一个嘀咕了几句，这时不知从哪里走过一个穿长衫的茶房式人物，领着他们上了楼梯，经过一条光线仍嫌不足的甬道，把他让进了一间狭长的屋子。屋里陈设颇像一个中等旅店房间，一张床，一个梳妆台，一把梳妆椅。比旅馆多的是床上有个盛鸦片烟具用的那种带镜子的红漆盘，还有抽大烟用的一对大圆枕头。荣源进了屋，一歪身倒在床上，点上他的埃及纸烟，罗振玉坐他的对面，谢介石坐在椅子上。看起来，他们都很熟悉这个地方。翻译员很留心地听他们谈话，渐渐听出来，他们不久前在这地方见过一个刚从日本来的人，这个人是个黑龙会的重要人物——头山满的得力骨干，罗振玉他们就是根据这个人物的谈话，确信了日本人要把“宣统帝”送到旅顺，为满蒙方面的某种举动作准备。当然，这次举动在张园的人听来，就是复辟。罗振玉这些人认为必须把加藤对我去旅顺问题的不同回答，告诉那个人，为了让那人亲自听听第一手的消息，所以特意把翻译员带了来。至于这位人物叫什么名字，这个地方是个什么地方，他们都绝口不提。

那天的天气非常热，翻译员很想到卫生间洗一把脸，而这间狭长的屋子既没有茶，也没有水。后来他打听厕所在哪里，谢介石告诉他在楼下某个地方。

他下楼去了。谁知又发现了一个不解的现象：原在楼梯的那几个大汉，连同桌椅、账本，等等，全不见了。

翻译员越发觉得蹊跷，心中不安起来。他本来是专门给我担任对各欧美国家驻津领事馆和兵营方面的翻译的，日本人很不愿意接近他，他早已感觉出他们对他的戒心，如今他来到这个会见东京来人的地方，并非是由日本人的邀请，日本人是什么态度呢？他忐忑不安地回到楼上。这时只见罗振玉等人垂头丧气地告诉他：那位人物不来了，咱走吧！

翻译员如释重负，跟着走出大门（一路上除了那个号房式人物，谁也没碰上）。罗振玉要用汽车送他，他也不坐了，赶忙雇了洋车回自己的家。

过了不久，我要给离任回国的驻屯军司令官高田丰树送一份礼物，顺手抓了在跟前的这位翻译，叫他送去。他奉命去找司令部的通译官吉田忠太郎。吉田的中国话很好，中国风俗习惯也很熟悉。因为他长的很像“群英会”上的蒋干，所以我这位爱看戏的翻译员背后就叫他“蒋干”。他回忆这段经过说：

“我到了‘蒋干’那里，说了没几句，突然进来了一个矮胖子，气冲斗牛地对吉田嚷了起来，像要打架似的。他们的日本话里，似乎屡次说到荣源的名字。那矮胖子嚷得很凶，‘蒋干’却笑嘻嘻的，像听了什么笑话。那胖子足吵了一个小时才走。我就问‘蒋干’，荣源是不是惹了他？‘蒋干’说：‘荣源真是个色鬼，昨晚上不知怎么弄的，三爷公馆叫人，弄错了，把大熊的女人叫了去，荣源见了就不饶，哈哈！’

“这段话，又勾起了我的好奇心。这个三爷公馆究竟是个什么地方呢？我不敢问‘蒋干’，我办完了事，把礼物交待清楚，离了他的地方，决心再到那个三爷公馆那外面看看。我到了日本花园附近，果然找到了那个绿大门。走到跟前一细看，原来门角上钉着一个小小的原色木牌，上面明白地写着四个墨笔字：‘三野公馆’。原来这是跟荣源很熟的那个三野友吉的公馆！”

这段经历，是我决定不去旅顺之后他才告诉我的。当时我听了，对日本人这种相互不协调，感到了气愤，觉得日本人真是不统一，但也没有想到其他的问题。三野友吉这人我是认识的，他是司令部的一个尉级参谋，常作为司令官的随从到张园来祝寿、贺年和做客。我觉得我和司令官有交往，我的下边人和司令部的下边人有交往，那是很自然的事。却没有去想：这个尉官何以能拥有一座“公馆”？而罗、荣、谢等人竟是这种奇怪的公馆的常客，这又是件什么事？

翻译员后来还有一段经历，当时并没有告诉我。他曾经向荣源探问过三野公馆的事：

“你在三野公馆惹了大熊的女人，‘蒋干’告诉我了！你是怎么惹的她？”

“你也知道？”荣源躺在大烟榻上，兴高采烈地聊起了他怎样惹那女人，那女人的草屐子上的绊儿怎么给挣断……说得兴头很足。我这位翻译看出机会来了，就乘他的兴头问道：

“三野公馆是个什么地方？”

“是个好地方。”

“什么好地方？”

“你别急，也许将来有机会带你去开眼。”

“得啦，要是你三爷的乌龙院，小生可是不敢去的！”

“怎么是我的乌龙院？”

“不是你三爷的公馆吗？”

“你别胡嚷啦，那是三野友吉的公馆！”

“三野不过一个小参谋，干吗要那么大的一座公馆？”

“唔，你既然不知道，”荣源警惕起来，抽了几口烟才说：“我也不便往下说，以后有机会咱再谈。”

以后，他再也没说。

这位翻译员后来实在憋不住了，在一次宴会上，借了一个题目和白井康谈天，一下子扯到那个三野公馆，说他曾到那里去过一次，就在上次见过面之后。白井康听了他的话，非常诧异地看了他几眼，一言未答。他心中很懊丧，以后总躲着这个白井康。可是在又一次宴会上，白井康主动地找他攀谈。也不记得是借了个什么题目，忽然扯出了这么一句：“那个三野公馆已经不存在了！”

图 32　专做张园工作的日特三野机关负责人三野少佐

现在回想起来，白井康所充当的这种角色，一定很没滋味。上次园后放枪事件发生后，告诉张园“那是岩田打鸟”的，也是由他扮演的。

自然，后来我终于渐渐明白了，在司令部和领事馆的互相遮盖之下的钩心斗角，其激烈与错综复杂，是不下于我身边“遗老”中间所发生的。我也弄明白了许多“并行活动”，现象并非全是偶然巧合，比如：司令部派了参谋每周给我演讲，领事馆就介绍了远山猛雄做皇室教师；领事馆每次邀请我必同时请郑孝胥，司令部的邀请中就少不了罗振玉；领事馆在张园派驻了日本警官，而司令部就有专设的三野公馆为荣源、罗振玉、谢介石等预备了女人、鸦片，等等。

至于黑龙会，我知道得最晚，还是郑孝胥告诉我的。这个日本最大的浪人团体，前身名为“玄洋社”，成立于中法战争之后，是日本浪人平冈浩太郎创立的在中国进行间谍活动的最早的特务组织，最初在福州、芝罘、上海都有机关，以领事馆、学校、照相馆等为掩护，如上海的“东洋学校”和后来的“同文书院”都是。“黑龙会”这个名字出现得比组织的诞生要晚，是在一九〇一年。这个名字的意思是“超越黑龙江”，换言之，也就是要做一个与帝俄争夺满蒙殖民地的开路先锋。在日俄战争中，这个团体起了很大作用，它的间谍工作，在《对马》这部小说里是有过描写的。传说在那时黑龙会会员已达几十万名，拥有巨大的活动资金。头山满是黑龙会最出名的领袖，在他的指挥下，他的党羽深入到中国的各阶层。从清末的王公大臣如升允之流的身边，到贩夫走卒如张园的“随侍”中间，无一处没有他们在进行着远虑深谋的工作。日本许多著名的人物，如土肥原、广田、平沼、有田、香月等人都是头山满的门生。郑孝胥说头山满是个佛教徒，有一把银色长须，面容“慈祥”，平生最爱玫瑰花，终年不愿离开他的花园。就是这样的一个佛教徒，在玫瑰花香气的氤氲中，捋着银须，面容“慈祥”地冥想出一个又一个的骇人阴谋和惨绝人寰的凶杀。

郑孝胥能认识到黑龙会和日本军部系统的力量，是应该把它归功于罗振玉的。郑、罗、陈三人代表了三种不同的思想。罗振玉认为军部人物以及黑龙会人物的话全是可靠的（他对谢米诺夫和多布端的信任，也一半是出于谢、多二人和黑龙会有关系），陈宝琛则认为除了代表日本政府的总领事馆以外，别的日本人的话全别相信。郑孝胥公开附和着陈宝琛，以反对罗振玉，心里起初也对司令部和黑龙会存着怀疑，但他逐渐地透过罗振玉的吹嘘和黑龙会的胡作非为，看出了东京方面某种势力的动向，看出了日本当局的实在意图，最终看出了这是他可以仗恃的力量。因此，他后来决定暂时放下寄托希望于各国共管上的计划，而束装东行；到日本直接寻找一下黑龙会和日本参谋总部。

六、郑孝胥的理想

郑孝胥在北京被罗振玉气跑之后，转年春天又回到我的身边，环境比在北京时开始好转。罗振玉逐渐遭到怀疑和冷淡，敌对的人逐渐增多，而郑孝胥却受到欢迎和日益增长的信赖，陈宝琛和胡嗣瑗跟他关系也相当融洽。一九二五年他被派总管总务处，一九二八年又派总务外务，儿子郑垂承办外务，做了我对外联络活动的代表。如果可以这样比拟一下的话，他与我之间的关系，已达到了荣禄与慈禧之间的那种程度。

回想起来，郑孝胥之所以使我那样信赖，原因是很多的。他比陈宝琛更随和我。那次我会见张作霖，事前他和陈宝琛都表示反对，事后，陈宝琛鼓着嘴不说话，郑孝胥却说："张作霖有此诚意表示，见之亦善。"他和胡嗣瑗都是善于争辩的，但是胡嗣瑗出口或成文，只有些老古典，而他却常用一些洋知识，如墨索里尼创了什么法西斯主义，日本怎么有个明治维新，英国《泰晤士报》上如何评论了中国局势，等等，这是胡嗣瑗望尘莫及的。陈宝琛是我认为最忠心的人，然而讲到我的未来，绝没有郑孝胥那种令我动心的慷慨激昂，那种满腔热情，以至声泪俱下。有一次，在给我讲《通鉴》时，话题忽然转到了我未来的"帝国"：

"帝国的版图，将超越圣祖仁帝一朝的规模，那时京都将有三座，一在北京，一在长安，一在帕米尔高原之上……"

说时是秃顶发光，唾星四溅，终于至四肢颤动，老泪横流。

有时，在同一件事上说的几句话，也让我觉出陈宝琛和郑孝胥的不同。在康有为赐谥问题上，他两人都是反对的，陈宝琛在反对之余，还表示以后少赐谥为安全，而郑孝胥在发表反对意见时又添了这么一句："戊戌之狱，将来自然要拿到朝议上去定。"好像我不久就可以回紫禁城似的。

郑孝胥和罗振玉都积极为复辟而奔走活动，但郑孝胥的主张更使我动心。虽然他屡次反对我出洋和移居旅顺、大连的计划。

郑孝胥反对我离开天津到任何地方去，是七年来一贯的。甚至到"九·一八"事变已发生，罗振玉带着关东军的意思来找我的时候，他仍然不赞成我动身。这除了由于他和罗振玉的对立（不愿我被罗垄断居奇）以及他比罗（也仅仅是比罗）略多一点慎重之外，还有一条被人们忽略过的原因，这就是：他并不是把日本当做实现他的理想的唯一依靠。他所追求的东西，是"列强共管"。

在天津时代，郑孝胥有个著名的"三共论"。他常说："大清亡于共和，共和将亡于共产，共产则必然亡于共管。"这个论调起于第一次国内革命战争的一九二五年，但这次革命战争失败后，他还是念不绝口。他说："又闹罢工了，罢课了，外国人的商业受到了损失，怎能不出头来管？"他的"三共论"表面上看，好像是他的感慨，其实都是他的理想，他的愿望。

如果考据一下郑、罗二人与日本人的结交历史，郑孝胥到日本做中国使馆的书记官是一八九一年，罗振玉办上海《农报》，由此结认了给《农报》译书的日本藤田剑峰是在一八九六年，郑结交日本人比罗要早五年。但是，罗振玉自从认识了日本方面的朋友，眼睛里就只有日本人，辛亥后把复辟希望全放到日本的身上。而郑孝胥却在日本看见了"列强"，从那时起他就认为中国老百姓不用说，连做官的也都无能，没出息，中国这块地方理应让"列强"来开发，来经营。他比张之洞的"中学为体，西学为用"更发展了一步，不但要西洋的技术，西洋的资本，而且主张要西人来做官，连皇家的禁卫军也要由"客卿"训练、统帅。不然的话，中国永远是乱得一团糟，中国的资源白白藏在地里，"我主江山"迟早被"乱党"、"乱民"抢走，毁灭。辛亥革命以后，他认为要想复辟成功，也决不能没有"列强"的帮忙。这种帮忙如何才能实现呢？他把希望寄托在"共管"上。

那时的"列强"，关于共管中国的言论是时有所闻的，从天津的外文报纸上经常可以看到。郑孝胥对这类言论极为留意，当时还认真地抄进他的日记、札记里。同时，还要叫他的儿子郑垂译呈给我。这是一九二七年六月九日登在日文报纸《天津日日新闻》上的一篇：

英人提倡共管中国

联合社英京特约通信。据政界某要人表示意见谓：中国现局，日形纠纷，旅华外国观察家曾留考察一切，以为中国人民须候长久时期方能解决内部纠纷，外国如欲做军事的或外交的干涉，以解决中国时局问题，乃不可能之事。其惟一方法，只有组织国际共管中国委员会，由英美日德意六国各派代表一名为该会委员，以完全管中国境内之军事。各委员之任期为三年，期内担任完全责任，首先由各国代筹二百五十兆元以为行政经费，外交家或政客不得充当委员，委员人才须与美国商部长贺华氏相仿佛。此外，又组织对该委员负责之中外混合委员会，使中国人得在上述之会内受训练之。

郑孝胥认为，这类计划如果能实现，我复位的时机便到了。

那年夏天我听了罗振玉的劝说，决定要到日本去，郑孝胥就根据那篇文章勾起的幻想，向我提出了“留津不动，静候共管”的劝告。这是他记在日记里的一段：

> 五月戊子二十四日（六月二十三日）。诣行在。召见，询日领事约谈情形（即去日事）。因奏曰：今乘舆狩于天津，皇帝与天下犹未离也。中原士大夫与列国人士犹得常接，气脉未寒，若去津一步，则形势大变，是为去国亡命，自绝于天下。若寄居日本，则必须为日本所留，兴复之望绝矣！自古中兴之主，必借兵力。今则海内大乱，日久莫能安戢，列国逼不得已，乃遣兵自保其商业。他日非为中国置一贤主，则将启争端，其祸益大。故今日皇上欲图中兴，不必待兵力也，但使圣德令名彰于中外，必有人人欲以为君之日……

图33　溥仪经庄士敦引见，与天津各国驻军及总领事馆首脑人物以及过境名人有了来往。加拿大总督威云顿夫妇与溥仪会见于张园

他提出过不少使"圣德令名彰于中外"的办法，如用我的名义捐款助赈，用我的名义编纂《清朝历代政要》，用我的名义倡议召开世界各国弭兵会议，等等。有的我照办了，有的却办不了。不过，我总还是表示了赞许和同意。

我委任奥国亡命贵族阿克第男爵到欧洲为我进行游说宣传，临行时，郑孝胥亲自向他说明，将如蒙各国支持"复国"，立刻先实行这四条政策："一、设责任内阁，阁员参用客卿；二、禁卫军以客将统帅、教练；三、速办张家口—伊犁铁路，用借款包工之策；四、国内设立之官办商办事业，限五年内一体成立。"他对我讲的，以后又有发展。

"帝国铁路，将四通八达，密如蛛网，矿山无处不开，学校教育，以孔教为基础……"

有一次我问他：

"列强真的会投资吗？"

"他们能赚钱，自然争先恐后，唯恐不及。臣当年承办瑷珲铁路，投资承包的就是如此，可惜朝廷给压下了，有些守旧大臣竟看不出这是件便宜之事。"

"可是辛亥国变，不就是川湘各地路矿闹起来的吗？"

"所以，臣的方策中有官办有商办。不过中国人穷，钱少少办，外国人投资钱多多办，这也是公平合理。"

"那么，外国人肯来做事当差吗？"

"待如上宾，许以优待，享以特权，绝无不来之理。"

"那么，利益均沾，机会均等，到时候弄不好，他们争起来如何？"

"唯其如此，他们更非尊崇皇上不可。"

这就是由"共管论"引出的日益体系化的郑孝胥政策，也就是为我赞许的政策。我和他共同认为，只有这样，才能取回我的宝座，继续大清的气脉，恢复爱新觉罗宗室、文武臣僚、士大夫等等的旧日光景。

郑孝胥在我出宫后，曾向段祺瑞活动"复原还宫"，在我到天津后，曾支持我拉军阀、拢政客的活动，但是，在他心里始终也没忘掉这个理想。特别是在其他活动屡不见效的情况下，他在这方面的愿望尤其显得强烈。这在使用谢米诺夫这位客卿的问题上，分外地让人看得出来。

当我刚把接见谢米诺夫的问题提出来的时候，陈宝琛很担心这件事会引起外界的责难，郑孝胥着急的却是怕我背着他和罗振玉进行这件事，所以他对陈宝琛说："反对召见，反而使皇上避不咨询，不如为皇上筹一妥善谨密之策，召见一次。"结果，是谢米诺夫这个关系叫他拉到手上了。

他对谢米诺夫最感到兴趣的，是谢和“列强”的关系。当谢米诺夫吹嘘着列强都在如何支持他，而各国干涉中国的政局之声又在甚嚣尘上的时候，郑孝胥认为时机来了，兴高采烈地给张宗昌和谢米诺夫撮合，让谢米诺夫的党羽多布端到蒙古举兵起事，并且亲自跑上海，跑青岛，他进行了些什么具体活动，我现在已记忆不清了，只记得他十分得意地写了不少诗。现在我从他日记里又看到自我欣赏的描写，如：“晨起，忽念近事，此后剥极而复，乃乾旋坤转之会，非能创能改之才，不足以应之也。”“如袁世凯之谋篡，张勋之复辟，皆已成而旋败，何者？无改创之识则枘凿而不合矣！（一九二五年十一月）“诸人本极畏事，固宜如此！”“夜与谢米诺夫、包文渊、毕翰章、刘凤池同至国民饭店……皆大欢畅，约为同志，而推余为大哥（一九二六年五月）。”

英国骗子罗斯，说是为了我复辟要办报纸，骗了我一笔钱，后来又托郑孝胥介绍银行贷款，郑孝胥因罗也是谢米诺夫和多布端（包文渊）的朋友，就用自己的存折作押，给他从银行借了四千元。郑垂觉得罗斯不可靠，来信请他父亲留心，他回信教训儿子说：“不能冒险，焉能举事？”后来果然不出他儿子所料，罗斯这笔钱到期不还，银行扣了郑的存款抵了账。尽管如此，当罗底下的人又来向郑借钱的时候，由于谢米诺夫的关系，经多布端的说情，他又掏出一千元给了那个骗子。当然，经他手送出去的别人的钱就更多。所以被他讥笑为“本极畏事，固宜如此”的陈宝琛，后来时常叹息道：“苏龛，苏龛（郑字），真乃疏忽之龛！慷慨，慷慨，岂非慷他人之慨！”

后来，他由期待有各国支持的谢米诺夫的成功，转而渴望日本多对谢米诺夫加点劲儿，他又由期待各国共管转而渴望日本首先加速对中国的干涉。当他的路线转而步罗振玉后尘的时候，他的眼光也比罗振玉高得多，什么三野公馆以及天津日军司令部和领事馆都不在他眼里，他活动的对象是直接找东京。不过就是这样，他还是没忘了“共管”，他不是把日本看做唯一的“外援”，而是第一个“外援”，是求得“外援”的起点，也可以说是为了吸引“共管”的第一步，“开放门户”请的第一位“客人”。

他提出了到东京活动的建议，是得到了我立刻赞许的。当时加藤总领事认为不太合适，曾经劝阻过。他说：“这并无妨，我以私人名义作为游历去的。”这次去日也得到了芳泽公使的同意，所以加藤就再没说什么。和他同去的还有一个在日本朝野间颇有“路子”的日本人，他的好朋友太田外世雄。他经过这个浪人的安排，和他原来不太相信的军部以及黑龙会方面都发生了接触，而且后来很满意地告诉我：大多数都对我的复辟表示了“关心”和“同情”，对我们的未来的开放政策感到了兴趣。总之，只要时机一到，我们就可以提出请求支援的要求来。

关于他在日本活动的详细报告，我已记不清了。但是他留下的日记里，多少还可看出些斑斑点点：

八月乙丑初九日（阴历，下同）。八点抵神户。福田和其友来迎。每日新闻记者携具来摄影。偕太田、福田步至西村旅馆小憩，忽有岩爱之助者，投刺云：兵库县得芳泽公使来电嘱招待，兵库县在东京未回，今备汽车唯公所用。遂同出至中华会馆。又至楠公庙，复归西村馆，即赴汽车站买票，至西京，入京都大旅馆。来访者有大阪时事报社守田耕治、太田之友僧足利净圆，岩田之友小山内大六，为国杂社干事。与岩田、福田、太田同至山东馆午饭。夜竹本多吉来访，谈久之。去云：十点将复来，候至十二点，竟不至。

丙寅初十日……将访竹本，遇于门外，遂同往。内藤虎来谈久之。太田之友松尾八百藏来访，密谈奉天事。

丁卯十三日。福田以电话告：长尾昨日已归，即与太田、大七走访之。长尾犹卧，告其夫人今日勿来，遂乘电车赴大阪……岩田爱之助与肃邸四子俱来访。宪立（定之）密语余奉天事，消息颇急，欲余至东京日往访藤田正实，宇垣一成。朝日、每日二社皆摄影，复与肃四子共摄一影，乃访住友经理小仓君……

庚午十四日。长尾来谈，劝取奉天为恢复之基……

壬申十六日。长尾雨山以电话约勿出，当即来访，遂以汽车同游天满宫金阁寺而至岚山。高峰峭立，水色甚碧，密林到顶，若无路可入者。入酒家，亦在林中，隐约见岩岫压檐而已，饮酒食鱼，谈至三时乃去。

癸酉十七日……长尾来赠画扇，遂至圆山公园，左阿、婆家、狩野、内藤、近重、铃木皆至，顷之高濑亦至，唯荒木、内村在东京未归……

丙子二十日。作字。雨。诣长尾辞行……太田来云，东京备欢迎者甚众，将先往约期。

辛巳二十五日。十一时至东京下火车。至车站投刺者数十人。小田切、高田丰树、冈野皆来帝国旅馆。雨甚大。岩田、水野梅晓亦来。冈野自吴佩孚败后遁而为僧。夜宿于此。

壬午二十六日……水野谈日政府近状颇详，谓如床次、后藤、细川侯、近卫公，皆可与谈。

癸未二十七日……遂过水野，复同访床次。床次脱离民主党而立昭和俱乐部，将为第三党之魁。岩田来。小田切来。太田、白井、水野、佃信夫来。山田来。汪荣宝来……夜赴近卫公之约，坐客十余人，小田切、津田、水野、太田皆在坐。近卫询 上近状，且极致殷勤……

甲申二十八日……川田端穗者，称长尾雨山之代理人，与松本洪同来约九月初八日会宴，坐客为：平沼骐一郎，枢密院副议长；桦山资英，前内阁秘书长；牧野谦次郎，能文，早稻田教授；松平康国，早稻田教授；国分青崖，诗人；田边碧堂，诗人；内田周平，能汉文。此外尚十余人……岩田与肃邸第十八子宪开来访，今在士官学校……津田静枝海军大佐邀至麻布区日本料理馆，为海军军令部公宴。主席者为米内少将，坐客为有田八郎，水野梅晓，中岛少将，园田男爵（东卿之婿），久保田久晴海军中佐等……

九月丙戌朔。太田来。参谋本部总长铃木，次长南，以电话约十时会晤。与大七、太田同往。铃木询 上近状，且云：有恢复之志否？南次长云：如有所求，可以见语。对曰：正究将来开放全国之策，时机苟至，必将来求。吉田茂外务次官约午饭，座中有清浦子爵奎吾，冈部长景子爵，高田中将，池田男爵，有田，岩村，水野，太田等……

丁亥初二日……岩田偕宪开、李宝琏、刘牧蟾来访。李刘皆在士官学校。……

庚寅初五日……水野、太田来。与水野同访后藤新平，谈俄事良久。……

癸巳初八日……工藤邀同至白井新太郎宅，晤高山中将，野中、多贺二少将，田锅、松平皆在座，颇询 行在情形……

戊戌十三日太田送至神户登长崎丸。长尾雨山自西京来别。富冈、福田皆来。十一点半展轮……

到伪满成立以后，强盗已经走近了打开的“门户”，他仍然没有忘记“共管”的理想，一有机会便向外面宣传“门户开放、机会均等”。这犹如给强盗做底线的仆人，打开了主人家的大门，放进了一帮强盗，当了一帮强盗的大管事，犹感不足，一定还要向所有各帮强盗发请帖，以广招徕。这自然就惹恼了已经进了门的强盗，一脚把他踢到一边。

七、"行在"生活

我在张园里住了一段时间以后，就觉得这个环境远比北京随便而又舒服。我有了这样的想法：除非复辟的时机已经成熟，或者发生了不可抗拒的外力，我还是住在这里的好。这也是出洋念头渐渐冲淡的一个原因。

张园（和后来的静园）对我说来，这里没有紫禁城里我所不喜欢的东西，又保留了似乎必要的东西。在紫禁城里我最不喜欢的，首先，是连上街逛逛都没有自由的那套规矩，其次，是令我生气的内务府那一批人。如今我不仅能逛街，我也有了直接为复辟而任意行事的自由，别人只能进谏而无法干涉。在紫禁城里，我认为必要的东西，就是我的威严，在这里也依然存在。虽然我已不穿笨拙的皇帝龙袍，经常穿的是普通的袍子马褂，更多的是穿西装，但是这并不影响逢年过节王公大臣遗老遗少们到这里来给我叩拜。虽然我住的地方从前做过游艺场，没有琉璃瓦，也没有雕梁画栋，但还有人把它称做"行在"（我也觉得抽水马桶和暖气设备的洋楼远比养心殿舒服）。北京的宗族人等还要轮流来这里给我"值班"，从前张园游艺场售票处的那间屋子，就等于"乾清门侍卫处"。虽然这里已没有了"南书房"、"懋勤殿"、"内务府"这些名堂，但在人们的心日中，张园那块"清室驻津办事处"的牌子就是它们的化身。至于人们对我的称呼，园子里使用的宣统年号，更是一丝不苟地保留着，这对我说来，都是自然而必要的。

在张园时代，内务府大臣们只剩下荣源一人，其余的或留京照料，或告老退休。我到天津最初发出的"谕旨"有这两道："郑孝胥、胡嗣瑗、杨钟义、温肃、景方昶、萧丙炎、陈曾寿、万绳栻、刘骧业皆驻津备顾问。""设总务处，著郑孝胥、胡嗣瑗任事，庶务处著佟济煦任事，收支处著景方昶任事，交涉处著刘骧业任事。"陈宝琛、罗振玉、郑孝胥是每天必见的"近臣"，他们和那些顾问们每天上午都要来一次，都坐在楼外西边一排平房里等着"召见"。这排平房里还有一间给请求"觐见"的预备的屋子，供他们坐候传唤。曾经在这间屋里坐过的人，是数不胜数的。除了武人，还有政客，除了"遗老"，还有各式"时新"人物，除了骚人墨客，还有医卜星相。像青年党党魁曾琦，网球名手林宝华，《新天津报》主笔刘冉公，国民党监察委员高友唐……都曾加入张宗昌、刘凤池的行列，在这里恭候"奏事官"的"引见"。驻园的日警（天津人称之为"白帽"），就驻在与这排房相对的平房里，每日登记着这些往来的人物。每当我外出，这里的日警就有一人便衣跟随。

张园里的经济情况，和紫禁城比起来自然差得多了，但是我还拥有一笔可观的财产，这主要是我从宫里弄出来的一大批财物，一部分换了钱，存在外国银行里生息，一部分变为房产，按月收租金。此外，在关内外我还有大量的土地，这是清朝入关后“跑马圈地”弄来的所谓“皇产”，数字我不知道，据我从一种历史刊物上看到的材料说，单直隶省的皇产（不算八旗的）约有十二万垧。即使把这数字打几个折扣，也还可观。为了处理这些土地的租赁与出售，民国政府和清室专设了一个“私产管理处”，两家坐地分赃，卖一块分一笔钱，这也是一项收入。此外，前面我已说过，我和溥杰费了半年多工夫偷出来的大批珍贵字画古籍，这时还在我手里。

我到天津之后，京、奉、津等地还有许多地方须继续开支月费，我设立了“留京办事处”、“陵庙承办事务处”、“驻辽宁办事处”、“宗人府”、“私产管理处（与民国当局合组的）”、“东陵守护大臣”和“西陵守护大臣”等去分别管理。我找到了一份材料，这上面只算北京和东西陵这几处的固定月费、薪俸、饭食，就要开支一万五千八百三十七元八角四分。① 至于天津一地的开支，每月大约需一万多元，② 但是最大宗的开支——收买和运动军阀的钱，不在此数。这类的开支，可能一笔就超过北京天津两地的经常月支的几倍。每月平均开支中的购买一项，约占全月开支三分之二，这也没有包括大项的，比如

---

① 这个数字包括以下各项：

敬懿、荣惠两太妃 8000 元	醇亲王 2800 元
寿皇殿总管太监等饭食 72 元	太庙首领太监等钱粮 19.44 元
东陵奉祀 960 元	西陵奉祀 832 元
东西陵守护大臣 200 元	醇贤亲王园寝祭品每季 266.4 元
园寝翼领官兵口分 144 元	太妃邸内管领值班饭食 80 元
太妃邸内护军住班饭食 32 元	留京办事处长官及留用司员薪水 1932 元
宗人府办公经费 500 元	

以上共 15837.84 元。

② 员工薪资约为 4000 元，婉容、文绣月银 1800 元，房租约 200 元，其他开支，据“驻津办事处”的司房写的一份“谨将各项用项缮呈御览”的表格，其中核计出的每月平均开支如下：

膳房 536.511 元	电灯 234.947 元	番菜膳房 215.115 元
邮费 1.877 元	茶房 168.782 元	自来水 61.341 元
办事人员饭食 236.194 元	车费 110.642 元	电话 113.947 元
旅费 38.364 元	奖赏 142.902 元	购物 4128.754 元
马乾 85 元	杂费 236.825 元	

合计 6311.201 元

汽车、钻石之类的项目。这种开支比在北京时大得多，而且月月增加，因为在这十里洋场上见什么喜欢什么，喜欢什么买什么，像钢琴、钟表、收音机、西装、皮鞋、眼镜，买了又买，不厌其多。婉容本是一位天津大小姐，花钱买废物的门道比我更多，她买了什么东西，文绣也一定要，我给文绣买了，她于是又买，而且花的钱必须多，好像不如此而不足以显出"皇后"的身分。文绣看了，又是叽咕着要。这种竞赛式的购买，弄得我后来不得不规定她们的月费定额，自然，给婉容定的数目要比文绣的大一些，记得起初是婉容一千元，文绣八百元，后来财政困难，减到三百与二百。至于我自己花钱，当然是没有限制了。

这种昏天黑地的挥霍，很快恢复了紫禁城时代的窘状，张园里有时竟弄得过不了节，付不出房租，后来连"近臣"和"顾问"们的俸银都索性不给了。郑孝胥在一九二六年的日记里曾有这一段话："行在有三人皆自甘报效者：张彪不受房租，王九成愿供来米粮及牛羊豕肉（其实没办到），郑孝胥求逐日进讲《通鉴纪事本末》，此亦张园之掌故也。"

我花了无数的钱，买了无数用不着的东西，也同时买来了一个比庄士敦给我的更强烈的观念：外国人的东西，一切都是好的，而对照之下，我觉得在中国，除了帝制之外，什么都是不好的。

一块留兰香牌口香糖，或者一片拜耳的阿司匹林，不要小看它仅卖个几分钱，这几分钱的东西就足够使我发出喟叹，认为中国人最愚蠢，外国人最聪明。当然，我想到的中国人，并没有包括我自己，因为我自认是凌驾于一切臣民之上的人。我认为就连那些聪明的外国人也是这样看我的。

那时我在外国租界地上，受到的是一般中国人绝对得不到的待遇。暂且不说日本人，即使是美国的、英国的、法国的、意大利的……等等，各个欧美国家的总领事、驻军长官、洋行老板，对我也极为恭敬，称我"皇帝陛下"，在他们的国庆日请我去阅兵，参观兵营，参观新到的飞机、兵舰，在新年和我的生日都来向我祝贺……

庄士敦没走以前，给我介绍了英国总领事和英国驻军司令官，以后他们又辗转介绍，历任的司令官和我酬酢往还不断。英王乔治五世的第三子过津时访问过我，带去了我送他父亲的照片，后来英王来信向我致谢，并把他的照片交英国总领事送给我。通过那些总领事，我和意大利国王、挪威国王都互赠过照片。

我看了不少兵营，参加过多次外国军队的检阅。这些根据我的祖先——西太后应许的"庚子条约"而驻在中国土地上的外国军队，耀武扬威地从我面

图 34　溥仪和弟弟妹妹们

前走过的时候，我却觉得颇为得意，认为外国人是如此地待我，可见他们还把我看做皇帝。

天津有一个英国人办的名叫“乡艺会”（Country Cluk）的俱乐部，是只准许有钱的外国人进去的豪华的游乐场所①，中国人是根本走不进那个大门的，只有对我是例外。我可以自由出入，而且可以带着我的家人们，一起享受当“特殊华人”的滋味。

① 在后期也准许中国人去，但仅限买办资本家之流，由外国会员带去。这个地方在解放后被人民政府接收，改为人民俱乐部了。

为了把我自己打扮得像个西洋人，我尽量利用惠罗公司、隆茂洋行等等外国商店里的衣饰、钻石，把自己装点成《老爷杂志》上的外国贵族模样。我每逢外出，穿着最讲究的英国料子西服，领带上插着钻石别针，袖上是钻石袖扣，手上是钻石戒指，手提“文明棍”，戴着德国蔡司厂眼镜，浑身发着密丝佛陀、古龙香水和樟脑精的混合气味，身边还跟着两条或三条德国猎犬和同样奇装异服的一妻一妾……①

这也是我早年在紫禁城里渴望的自由的一部分。在这方面，曾引起过陈宝琛、胡嗣瑗这派的遗老不少的议论。

他们从来没反对我花钱去买东西，也没反对我和外国人来往，但是当我到中原公司去理发，或者偶尔去看一次戏，或者穿着西服到外国兵营去做客时，他们就认为大失帝王威仪，非来一番苦谏不可了。有一次，胡嗣瑗竟因我屡谏不改，上了自劾的请求告退的奏折：

> 奏为微臣积年溺职，致圣德不彰，恐惧自陈，仰恳恩准即予罢斥事。窃臣粗知廉耻，本乏才能，国变以还，宦情都尽，只以我朝三百年赫赫宗社，功德深入人心，又伏闻皇上天禀聪明，同符圣祖，虽贼臣幸窃成柄，必当有兴复之一时。辄谬与诸遗臣密图大计，丁巳垂成旋败，良由策划多歧。十年来事势日非，臣等不能不尸其咎。而此心耿耿，百折莫回者，所恃我皇上圣不虚生，龙潜成德也。洎乘舆出狩，奔向北来，猥荷录其狂愚，置之密勿，时遭多难，义不敢辞。受事迄今，愆尤山积，或劾其才力竭蹶矣，或斥其妒贤嫉能，或病其性情褊急矣，或诋其贪縻厚禄矣。经臣再三求退，用恤人言，乃承陛下屡予优容，不允所请。臣即万分不肖，具有天良，清夜扪心，能勿感悚……前者臣以翠华俯临剧场，外议颇形轻侮，言之不觉垂涕。曾蒙褒赉有加，奉谕嗣后事无大小，均望随时规益，等因，钦此！仰见皇上如天之度，葑菲不遗，宜如何披露腹心，力图匡护。讵近来商场酒肆又传不时游幸，罗振玉且扬言众中，谓有人亲见上至中原公司理发，并购求玩具，动费千数百金等语。道路流传，颇乖物听。论者因

① 惠罗公司是英国人开的专售日用品的百货店，是有钱人才买得起东西的地方。隆茂洋行是法国人开的珠宝店。老爷杂志是美国杂志。密丝佛陀是美国牌化妆品，并非特别名贵，而且是专供妇女用的，把这样的东西和名贵的古龙香水混用，只证明使用者是入主出奴思想支配下的人物而已。

疑左右但知容悦，竟无一效忠骨鲠之臣。臣既未能执奏于事前，更不获弁明于事后，则臣之溺职者又一也……是臣溺职辜恩，已属百喙难解，诚如亮言，宜责之以彰其慢者也，若复觍颜不去，伴食浮沉，上何以弼圣功，下何以开贤路？长此因循坐误，更何以偷息于人间？如鲠在喉，徬徨无已，惟有披沥愚悃，恳恩开去管理驻津办事处一差，即行简用勤能知大体人员，克日接管其事，则宗社幸甚！微臣幸甚……

胡嗣瑗说的，“俯临剧场”，是指我和婉容到开明戏院看梅兰芳先生演“西施”的那一次。他老先生也去了，看见了我，回来之后就大惊小怪地向我苦谏一番，并且闹着要辞职。这件事的结局，是我再三慰留，以至拿出了两件狐皮筒子赏他，再次表示我的决心，他才又转嗔为喜，称赞我是从谏如流的“英主”，于是双方满意，了事大吉。这次由中原公司理发引起的辞职，也是叫我用类似办法解决的。我初到天津那年，婉容过二十整寿生日的时候，我岳父荣源要请一洋乐队来演奏，“遗老”丁仁长闻讯赶忙进谏，说“洋乐之声，内有哀音”，万不可在“皇后千秋之日”去听。结果是罢用洋乐，丁仁长得到我的二百块大洋的赏赐。以物质奖赏上谏，大概就是由这次开的头。

从此以后，直到我进了监狱，我也真的一直没有在外面看过戏，理过发。我遵从了胡嗣瑗的意见，并非是怕他再闹，而确实是接受了他的教育，把到戏园子看戏当做失身份的事。有一个例子可证明我的“进步”。后来有一次，一位瑞典王子到天津，要和我见面，我因为在报上看见他和梅兰芳的合照，便认为他失了身份，为了表示我的不屑，我拒绝了他的要求，没和他见面。

陈宝琛这一派的胡嗣瑗、丁仁长、陈毅这些遗老，到了后期，似乎对于复辟已经绝望，任何冒险的想法都不肯去试一试，这是他们和郑孝胥、罗振玉等不同之处，但他们对于帝王的威严，却比郑孝胥他们似乎更重视，这也是使我对这些老头子特别发生信赖的原因。尽管他们的意见常常被我视为迂腐守旧，遇到他们有矢忠表现的时候，我总还采纳他们的意见。在那种十分新奇的洋场生活中，我始终没忘记自己的身份，牢固地记住了“皇帝”的“守则”，确实离不开他们的作用。

一九二七年，康有为去世，他的弟子徐良求我赐以谥法。按我起初的想法，是要给他的。康在去世前一年，还不断地来张园，第一次见到我的时候，曾泪流满脸地给我磕头，向我叙述当年“德宗皇帝隆遇之恩”，后来他继续为我奔走各地，寻求复辟支持者，叫他的弟子向海外华侨广泛宣传，欲救中国非我“君临天下”再造“帝国”不可，他临死前不久，还向吴佩孚以及其他当权派呼吁复辟。从这些举动上看来，给以谥法是足可以了，但是陈宝琛出来反对了。这时候在他看来，分辨忠奸不仅不能只看辫子，就连复辟的实际行动也不足为据，他说：“康有为的宗旨不纯，曾有保中国不保大清之说。且当年忤逆孝钦太皇太后（慈禧），已不可赦！”胡嗣瑗等人完全附和陈宝琛，和徐良不对劲的郑孝胥也说光绪当年是受了康有为之害。后来郑孝胥还主张“戊戌之狱，他日当付朝议以定之”。就这样，我又上了一次分辨“忠奸”的课，拒绝了赐谥给康有为。后来徐良为此声言要和陈、郑等人老拳相见，也无济于事了。

一九三一年，文绣突然提出了离婚要求，在得到解决之后，遗老们还没有忘记这一条：要发个“上谕”，贬淑妃为庶人。我自然也照办了。

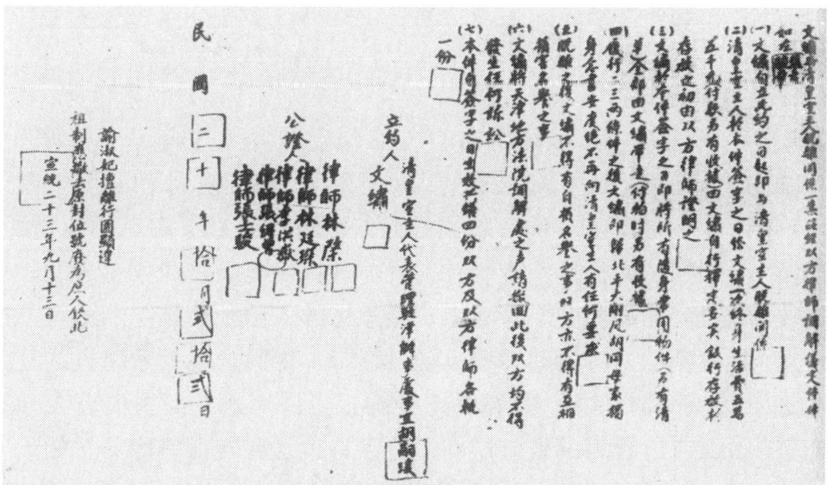
立约人 文绣
民国二十年拾月贰拾贰日
谕淑妃擅离行园显违
祖制着撤去原封位号废为庶人钦此
宣统二十三年九月十三日

图 35　文绣离婚与清室立约

说起文绣和我离婚这一段，我想起了早已存在于我的家庭夫妇间的不正常的生活。这与其说是我对对方的感情上的问题，倒不如说是由于张园生活上的空虚。这是对于一个年轻妇女无法忍受的空虚。

我前面说过，我从结婚之后，并不时常和婉容、文绣接近。因为在宫各住各的地方，距离都挺远，她俩因此十分猜嫉（两个太妃的矛盾，当然对她们也有影响），每个人都以为我不在她那里的时候，必是在另一个那里（其实我不过在我自己那里）。特别是婉容霸道一些，总存心排挤文绣，文绣是比较老实的，受气的地方就少不了。我为了减少和婉容的啰嗦，曾经索性不到文绣的宫里去，婉容仍是不满意。到天津之后，闹得尤其厉害，有时三个人就不能在一起，在一起也不说话。

其实即使我只有一个妻子，这个妻子也不会觉得有什么意思。因为我的兴趣除了复辟，还是复辟。老实说，我不懂得什么叫爱情，在别人是平等的夫妇，在我，夫妇关系就是主奴之间的关系，妻妾都是君王的奴才和工具。

这里是文绣在宫里写的一篇短文，这篇短文中多少流露出了她当时的心情：

文绣：吊苑鹿

> 春光明媚，红绿满园，余偶散步其中，游目骋怀，信可乐也。倚树稍憩，忽闻囿鹿，悲鸣婉转，俛而视之，奄奄待毙，状殊可怜。余以此鹿得入御园，受恩俸豢养，永保其生，亦可谓之幸矣。然野畜不畜于家，如此鹿在园内，不得其自由，犹狱内之犯人，非遇赦不得而出也。庄子云：宁其生而曳尾于涂中，不愿其死为骨为贵也。

文绣从小受的是三从四德的教育，不到十四岁，开始了“宫妃”生活，因此，“君权”和“夫权”的观念，无疑是很深的。她在那种环境中敢于提出离婚，不能说这不是需要双重勇敢的行为。她破除万难，实现了离婚的要求，离婚之后，受到的压力仍然不少。有人说，她提出离婚是受家里人的教唆，是为了贪图一笔可观的赡养费。事实上，她家里的人给她精神上的迫害不见得比外来的少，她拿到的五万元赡养费，经过律师、中间人以及家里人的克扣、占用“求助”，也剩不了好多。她精神上受的，也许比这方面损失更大。甚至那些向她发出讥讽、辱骂声的人们中间，也没有少了觊觎那笔赡养费的人。比如她的一位哥哥，就是其中的一位。这位道貌岸然的先生，曾在天津《商报》上发表了一封公开信给他妹妹，其中有这样的话：

> 我家受清帝恩达二百余年，我祖我宗四代官至一品。且慢云逊帝对汝并无虐待之事，即果然虐待，在汝亦应耐死忍受……汝随侍逊帝，身披绫罗，口餍鱼肉，使用仆妇，工资由账房开支，购买物品由账房开支，且每月有二百元之月费，试问汝一闺阁妇女，果有何不足？纵中宫待汝稍严，不肯假以辞色，然抱衾与裯，自是小星本分，实命不犹，抑又何怨……

这封信曾在“遗老”们之间传诵一时。文绣后来的情形我就不知道了，

图 36　（左起）文绣、婉容、唐怡莹（端康的侄女）

后来只听说她在天津当了小学教师，殁于一九五〇年，终身未嫁。

如果从表面现象上看，文绣是被“中宫”挤跑了的。这虽非全部原因，也是原因之一。婉容当时的心理状态，可以从她求的乩辞上窥得一斑（文内金荣氏指婉容，端氏指文绣）：

婉容求的乩文

吾仙师叫金荣氏听我劝，万岁与荣氏真心之好并无二意，荣氏不可多疑，吾仙师保护万岁，荣氏后有子孙，万岁后有大望，荣氏听我仙师话，吾保护尔的身体，万岁与端氏并无真心真意，荣氏你自管放心好了。

顺便提一下，这种令人发笑的扶乩、相面、算卦、批八字等活动，在那时却是不足为怪的社会现象，在张园里更是日常生活不可少的玩意。我后来住的“静园”里，就有房东陆宗兴设的“乩坛”。简直可以这样说：那时乩坛和卜卦给我的精神力量，对我的指导作用，是仅次于师傅和其他“近臣”们所给我的。我常常从这方面得到“某年入运”“某岁大显”之类预言的鼓舞。北京商会长孙学仕自称精通麻衣，曾预言我的“御容二十二岁入运，二十五岁将握大权。”日本领事馆里的一位日本相法家说过我三十岁必定成大事。信不信由你，这都是我开倒车中得到的动力之一。

第五章
到东北去（1931～1932）

一、不静的“静园”

一九二九年七月，我从日租界宫岛街的“张园”，迁到协昌里的“静园”。这是租的安福系政客陆宗舆的房子，原名“乾园”，我给它改了名字，是含有一层用意的。

北伐后，国民党的势力伸到了北方，和我有交情的军阀纷纷垮台，被我寄托过希望的东三省，宣布“易帜”，这个变化，一度引起张园上下一片悲观失望。那时，一部分“遗老”门客作鸟兽散，和我厮守着的“近臣”们，除了郑孝胥和罗振玉等人之外，几乎再没有别人谈论什么复辟的前景。像陈宝琛这样的人，以前嘴边上挂着的“天与人归”、“卧薪尝胆”也一时听不到了。他们唯一在考虑着的问题，是得到了江山的新王朝，将会怎样对待我这个末代皇帝。我自己，更是陷入深沉的忧虑之中。但是，这种情形并没有继续了多久。我们很快地就看到，五色旗才摘下来，打着青天白日旗的又彼此厮杀起来，今天甲乙联合反丙，明天乙丙又合作倒甲，情形和从前并没有什么两样。蒋介石所达到的“统一”，越看越不像那么回事，蒋介石脚底的江山，越看越不像料想中的那么稳。“张园”犹如绝路逢生，于是重温旧梦，认为“定于一”的大业，仍然非我莫属。不但“遗老”和门客中又恢复了这个论调，就连每周给我进讲一次时局的日本驻屯军司令部的参谋们，也不避讳这种观点。我取名新居的“静园”的意思，并非是求清静，而是要在这里“静观变化，静待时机”。

“静园”里日日望着，月月盼着。果然，在一九三〇年的夏天，盼来了消息。

“九·一八”事变前的两个月，在日本东京“学习院”读书的溥杰正待回国度假之际，忽然接到鹿儿岛来的一封信。鹿儿岛驻军某联队的吉冈安直大队长，曾经是天津日军司令部的参谋，常到张园来讲演时局，与溥杰也算是认识，这时他向溥杰发出邀请，请溥杰到鹿儿岛做客几天，然后再回国。溥杰应邀到了鹿儿岛，受到了吉冈少佐夫妇的殷勤招待。到了临别的时候，吉冈单独对溥杰神秘而郑重地说："你到了天津，可以告诉令兄：现在张学良闹得很不像话，满洲在最近也许就要发生点什么事情。……请宣统皇帝多保重，他不是没有希望的！"七月十日溥杰到了天津，把这个消息告诉了我。七月二十九日，日本一位华族，水野胜邦子爵前来访问，在郑孝胥和溥杰的陪侍下，我接见了他。在这次平常的礼貌的会见中，客人送了我一件不平常的礼物：一把日本扇子，上面题着一联（据溥杰解释，是日本南北朝时代一位忠臣写在樱树皮上，暗传给失掉了江山的君主的）诗句："天莫空勾践，时非无范蠡。"

这时正当是"山雨欲来风满楼"，东北局势日益紧张，而我的"重登大宝"的美梦又连做了几天晚上。这时来了这样的暗示——无论它是出于单纯的私人关怀，还是出于某方的授意，对我说来，事实上是起了行动信号的作用。

"九·一八"前后那几天的静园动态，郑孝胥日记里留下了一些记载：

> 乙亥初六日（九月十七日）。诣行在。召见，商派刘骧业、郑垂往大连……
>
> 丙子初七日（九月十八日），诣行在。召见，咨询出行事宜……
>
> 丁丑初八日（九月十九日）。日本《每日新闻》送来号外传单云：夜三时二十三分奉天电云：中日交战。召见刘骧业、郑垂，命刘骧业先赴大连。作字。遇弢庵（陈宝琛），谈预料战事恐复成日俄之战。午原（刘骧业）来，求作书二纸，遗满铁总裁内田及日军司令本庄。大七（郑垂）往行日领馆。云：昨日军已占奉天，华军自退，长春亦有战事……
>
> 戊寅初九日（九月二十日）。诣行在，进讲。报言日军据沈阳，同时据长春、营口、安东、辽阳。东三省民报送致十八号，报中毫无知觉……
>
> 己卯初十日（九月二十一日）诣行在，进讲。蒋介石返南京，对日本抗议，张学良令奉军勿抵抗……佟揖先（济煦）来，自言欲赴奉天，谋复辟事。余曰：若得军人商人百余人倡议，脱离张氏，以三省、内蒙为独立国，而向日本上请愿书，此及时应为之事也……

我本来一听见事变的消息，恨不得立时就奔到东北，但这样的行动不经日本人的同意是不行的。郑孝胥对我说，沈阳情况还不明朗，不必太着忙，日本人迟早会来请我，不如先和各方面联络一下。因此，就决定了派刘骧业去找日本人在东北的最高统治者内田和本庄，叫我的管家头目佟济煦先去东北看看"遗老"们那边的情形，商衍瀛继续找找那些有过来往的东北将领。去办"及时应为之事"的人派去了不久，果然又应了郑孝胥的话，关东军派人找我来了。

九月三十日的下午，日本的天津驻屯军司令部通译官吉田忠太郎来到"静园"，说司令官香椎浩平中将请我到司令部谈一件重要的事情，并且告诉我不要带随从，单独前往。我怀着对"喜事"的预感到了海光寺日本兵营。香椎见到了我就说，从满洲来了两个人要朝见我。说着，领我进了他的客厅。在这里我看见了两个人恭恭敬敬站着，一个是长袍马褂的罗振玉，另一个穿西服，脸面陌生，从他的鞠躬姿势上看出是个日本人。香椎介绍了一下，说他是关东军参谋板垣大佐派来的人，名叫上角利一，介绍了之后，香椎就出去了。

屋子里只剩下了我们三个人。罗振玉恭恭敬敬地给我请了安，然后拿出一个大信封给我。这是我的远支宗室，东北保安副总司令张作相的参谋长熙洽写来的。张作相是兼职的吉林省主席，因为到锦州奔父丧，这时不在吉林，熙洽利用职权，下令开城迎进了日军，他的日本士官学校时代的老师多门师团长的部队，不费一弹，占领了吉林。他在信里说，他期待了二十年的机会，今天终于来到，请我不失时机，立即回到"祖宗发祥地"主持大计。说可以在日本人的支持下，先据有满洲，再图关内，只要我一回到沈阳，吉林即首先宣布复辟。

罗振玉等我看完了信，除了重复了一遍信中的意思，又大讲一番他自己的奔走和关东军的"仗义协助"，说东北全境"光复"指日可待，三千万"子民"全都盼我回去。关东军也愿意我去复位，所以派了上角来接我，总之是一切妥善，只等我拔起腿来，由日本军舰把我送到大连了。他说得兴高采烈，满脸红光，全身颤动，眼珠子几乎都要从眼眶子里跳了出来。罗振玉的兴奋是有来由的。他不仅有熙洽的欲望，而且也有吕不韦的热衷。他现在既相信不久可以大过其蟒袍补褂三跪九叩的瘾，而且看到利润千万倍于"缘墨堂"的"奇货"，他几年来花费的"苦功"，在他的自传《集蓼编》里曾透露了一部分：

> ……予自辛亥避地海东，意中日唇齿，彼邦人士必有明辅车之相依，燎原之将及者，乃历八年之久，竟无所遇，于是浩然有归志。遂

以己未（一九一九年）返国，寓天津者又十年，目击军人私斗，连年不已，邪说横行，人纪扫地，不忍见闻。事后避地辽东又三年。衰年望治之心日迫，私意关内麻乱，无从下手，惟有东三省尚未糜烂，莫如吁恳皇上先拯救满蒙三千万民众，然后再以三省之力，戡定关内。惟此事非得东三省有势力明大义者，不能相期有成。乃以辛未（一九三一年）春赴吉林，与熙君格民（洽）密商之。熙君夙具匡复之志，一见相契合，勉以珍重待时。又以东三省与日本关系甚深，非得友邦谅解，不克有成。故居辽以后，颇与日本关东军司令官相往还，力陈欲谋东亚之和平，非中日协力从东三省下手不可；欲维持东三省，非请我皇上临御，不能洽民望。友邦当道闻之，颇动听……

一九二八年末，罗振玉搬到旅顺大连以后的活动，他曾来信大略向我说过，在郑孝胥和陈宝琛等人的宣传下，这个“言过其实，举止乖戾”的人，不能引起我太大的希望。但这回他来的却正是时候，说出的一切话也不容我不信，因为不只有熙洽的来信，更有关东军赫赫有名的板垣大佐的代表——上角利一。上角向我转达了板垣的意思说，关东军“完全没有领土野心”，这次行动不过是为了“保护日本的利益”，关东军“诚心诚意”地愿意帮助我在满洲建立新的“友好”的政权，希望我立刻动身先到大连，然后转往“盛京”就位。日本关东军现在连沈阳也给恢复了旧名了。

在会见罗振玉和上角的头一天，郑孝胥刚给我看过一份大连的报纸，上面登载着沈阳“各界准备迎立前清皇帝”的消息，而当地的报纸上也登了国际联盟讨论国民党提出的对日本的控诉，英国代表显然在袒护日本。同时，郑孝胥刚接到他的留学英国的孙子寄来的一段英国报纸节译，其中由一个英国少年在中国失踪的事件，说到“民国之不足信任”，并且指出“美国官场并不以满洲之变动为日本违背凯洛非战公约”。国民党南京政府方面，除了口头抗议和同样无济于事的呼吁之外，只见步步退却，并无真正想抵抗的意思。总之，一切现象都表明，东北所发生着的事情，对日本是顺利的，因此对我也是顺利的。我认为时机确乎是到了。

我心里一团高兴，但是还能矜持地向罗振玉和上角利一表示，待我回去先考虑一下，然后再做答复。

在回园去的路上，我心里盘算着“复位”的时间，想象着“登极大典”的场面，越想越高兴，浑身的血液都像沸腾了起来。但是，回到了静园，马上碰见了泼冷水的。

头一个表示反对的是陈宝琛，追随他的是胡嗣瑗、陈曾寿（婉容的师傅）。他们听了我的叙述，立即认为罗振玉又犯了鲁莽乖戾的老病，对于关东军的一个大佐的代表，他们也表示不能贸然置信。他们认为东北的局势变化、国际“列强”的真正态度，以及“民心”的趋向，等等，目前还未澄清，至少也要等刘骧业探得真相之后，才能决定行止。听了这些泄气话，我颇不耐烦地直摇头：

“熙洽的信，决不会说谎。”

八十四岁的陈宝琛听了我的话，样子很难过，怔了一阵儿后，他沉痛地说：

“天与人归，势属必然，光复故物，又岂非小臣终身之愿？唯局势混沌不分，贸然从事，只怕去得容易回来难！”

我看和这几个老头子说不通，就叫人马上催郑孝胥来，郑孝胥虽然今年七十一了，但在我眼里却是劲头十足的。他的“开门户”、“借外援”、“三共论”以及“三都计划”，等等，已使我到了完全倾倒的程度。不久前，我又按他的意思给他最崇拜的意大利的墨索里尼写了一块“举世无双”的匾额，他显然是以我的墨索里尼自居。他曾说：“意大利必将成为西方一霸，大罗马帝国必将再兴，与未来的大清帝国，分霸东西，其天意乎？”为了嘉勉我的未来的黑衣宰相，这年春天我特授意我的父亲，让我的二妹和郑孝胥的长孙订了亲，给以“皇亲”的特殊光荣。我估计他现在听到熙洽和关东军请我出关“主持大计”的消息，必定是与陈宝琛的反应不同，该是大大高兴的。没料到，他并没表现出我所料想的那种兴奋。

“辗转相垂，至有今日。满洲势必首先光复，日本不迎圣驾，也不能收场。”他沉吟一下，“不过，何时启驾，等佟济煦回来之后再定，更显妥帖。”

这意思，竟跟陈宝琛一样，也是不以为时机完全成熟。

其实，郑孝胥脑袋里所想的，并不是什么时机问题。这可以由他不多天前的一篇日记来证明：

报载美国罗斯安吉（洛杉矶）十月四日合众社电：罗斯安吉之出版人毕德，为本社撰一文称：世界恢复之希望（按那时资本主义刚从一九二九年起发生了经济大恐慌，报上经常有谈论如何把资本主义世界从危机中拯救出来这类问题的文章——作者）端赖中国。氏引英国著名小说家韦尔斯之最近建议，“需要一世界之独裁者将世界自经济萧条中救出”，氏谓此项计划，无异幻梦，不能实现。毕德建议：美政府应考虑极端之独裁办法，以拯救现状。第一步，应组一国际经济财政银行团，以美国为领袖，供给资金，唯一目的，为振兴中国。氏主张美政府应速草一发展中国计划。中国工业交通之需要如能应付，将成为世界之最大市场，偿还美国之投资，当不在远。此时集中注意于中国，美国社会经济制度皆有改正，繁荣可以恢复，人类将受其福利云。

今年为国二十年……彼以双十为国庆，适二十年整矣。此诚巧合，天告之也：民国亡，国民党灭，开放之期已至！谁能为之主人者？计亚洲中有资格者，一为日本天皇，一为宣统皇帝。然使日本天皇提出开放之议，各国闻之者，其感念如何？安乎？不安乎？日本皇帝自建此议，安乎？不安乎？若宣统皇帝，则已闲居二十年矣，其权力已失。正以其权力已失，而益增其提议之资格。以其无种族国际之意见，且无逞强凌弱之野心故也……

可见，他不但看到满洲，而且看到全中国，全国的“开放之期已至”，更遑论东北！以后的事实也证明，那时他考虑的主要问题，不在于去东北的时机，而在于如何应付罗振玉的新的“挑战”。

“挑战”是从我去日军司令部的前几天就开始了。那天，我接到了两封信，一封是罗振玉的，一封是给溥伟当秘书的周善培（在清末给岑春煊做过幕僚）的，都要求我“给以便宜行事”的“手谕”，以便为我活动东北各方面。照他们的话说，是时机已至，各方面一联络即成，目前只差他们的代表身份的证明了。我把这事告诉了郑孝胥，他慌忙拦阻道：“此事万不可行！此类躁进之人见用，必有损令名！”

正好在几个月前，罗振玉又给了我一个“躁进”的印象。那一天，罗振玉从旅顺来到了天津，兴冲冲地给我带来一件出于日本浪人田野丰手笔的“劝进表”。他解释说，田野丰和关东军司令官的旧上司高山公通联络上了，这两个日本军界的宿耆最近得到日本参谋部的委托，根据已得到的“赤党即将在奉天举事”的情报，制定了一个计划。将由白俄将军谢米诺夫率白俄武装乘机夺取“奉天”，日本军队同时给以支持，到时候并由他们联络好的东北官吏“迎驾归满，宣诏收回满蒙”。为了实现这计划，希望我马上先提供一部分活动经费。这件事，我想可能是日本在东北阴谋的一部分，也可能是某些流氓浪人知道了事变的阴谋，想乘机打一次秋风。不管怎样，我听了却是很高兴的。但是高兴了不过两天，日本参谋部派驻北京使馆武官森纠，到天津找到郑孝胥，说田野丰的话完全是瞎吹，况且军部方面即使有此计划，也不会找我拿活动费。本来田野丰也是郑孝胥的朋友，曾是谢米诺夫集团的一员，郑孝胥听了森纠的话，他自己和田野丰的来往是一句不提，只是对我埋怨罗振玉的荒唐。所以，罗、周二人“便宜行事”的请求，也就没有得到我的允准，罗振玉的信誉在我心里又下降了一步。这无疑更形成了郑孝胥的优势地位。

郑孝胥怕的是我被罗振玉垄断了去，对这一点，我当时自然理会不到，我只觉得既然他们一致主张等派到东北的人回来再说，而他们也该就回来了，所以只好捺下性子等一等。这时的陈曾寿唯恐我又变了主意，又给我上了一个“奏折”。这是代表了陈宝琛这派人当时思想的一个典型文献：

> 奏为密规近日情势，宜慎赴机宜，免误本谋，恭折仰祈圣鉴事。窃闻凡事不密则害成。所当暗中着着进行，不动声色，使人无从窥其际。待机会成熟，然后一举而起。故不动则已，动则必期于成。若事未实未稳，已显露于外，使风声四播，成为众矢之的，未有不败者也。今皇上安居天津，毫无举动，已远近传言，多所揣测。若果有大连之行，必将中外喧腾，指斥无所不至，则日本纵有此心，亦将阻而变计。彼时进既不能，退又不可，其为危险岂堪设想。且事之进行，在人而不在地。苟机有可乘，在津同一接洽；若机无可图，赴连亦属罔济。且在津则暗中进行，而易泯群疑，赴连则举世惊哗，而横生阻碍。在津则事虽不成，犹有余地以自处；赴连则事苟无着，即将悬寄而难归。事理昭然，有必至者。抑在今日局势未定，固当沉机以观变，即将来东省果有拥戴之诚，日本果有敦请皇上复位之举，亦当先察其来言者为何如人。若仅出于一部分军人之意，而非由其政府完全谅解，则歧异可虑，变象难测。万一其政府未能同意，中道改计，将若之何？是则断不可冒万险以供其军人政策之尝试。若来者实由其政府举动，然后探其真意所在。如其确出仗义扶助之诚，自不可失此良机；如其怀有利用欺诱之意，则朝鲜覆辙具在，岂可明知其为陷阱而甘蹈之。应付之计，宜与明定约言，确有保障而后可往。大抵路、矿、商务之利，可以酌量许让。用人行政之权，必须完全自主。对外可与结攻守之同盟，内政必不容丝毫之干预。此当预定一坚决不移之宗旨，以为临事应付之根本者也。昔晋文公借秦力以反国，必有栾、郤、狐，先为之内主；楚昭王借秦兵以却吴，亦有子西等归臣收合余烬，以为先驱。自古未有专恃外力，而可以立国者。此时局势，亦必

东省士绅将帅先有拥戴归向之表示，而后日本有所凭借，以为其扶助之资。此其时机，似尚未至。今日东省人士犹怀观望之心，若见日本与民国政府交涉决裂，当有幡然改图者矣。今列强外相群集于日内瓦，欲借国联局面施其调停。日本不肯开罪于列强，闻已提出条款大纲，若民国政府应允，即许退兵。在民国政府虽高唱不屈之论，实则色厉内荏，恐终出于屈服之途。日本苟尝所欲，必将借以收场。若交涉不能妥协，则或别有举动。此时形势犹徘徊歧路之间，万不可冒昧轻动，陷于进退维谷之地也。观今日民国情形，南京与广东虽趋合并，而彼此仇恨已深，同处一堂，互相猜忌，其合必不能久。彼等此时若与日本决裂，立将崩溃。如允日本要求，则与平日夸示国人者完全背驰，必将引起内乱，无以自立。日本即一时撤兵，仍将伺隙而动。故此时我之所谋，即暂从缓动，以后机会甚多。若不察真相，轻于一试，一遭挫折，反永绝将来之望，而无以立足矣。皇上天纵英明，饱经忧患，必能坚持定见，动合机宜，不致轻为所摇。臣愚见所及，是否有当，理合恭折密陈，伏祈圣鉴。谨奏。

在这各种不同想法里，静园里越不能安静了。而同时，另一件出乎意料的事情又发生了。

二、日本人意见分歧

还不等“静园”里对出行的事商量出一致意见来，日本驻津总领事馆的后藤副领事第二天就找上了门。他们对我去日本兵营的事全知道了，总领事馆表示：他们对我的心情和处境是完全理解的，但是认为最好是慎重从事，现在不要离开天津；他们负有保护的责任，不得不作这个劝告。

从这天起，这位后藤领事不是来直接见我，就是找陈宝琛舅甥或是郑孝胥父子，进行劝阻。同时，日本驻屯军的通译官吉田，却一再向我宣传，最好是立刻动身出行，日本军方是决心支持我上台的。

我在天津住了七年，对日本军政方面的摩擦、猜疑，多少是有点知识了。这时我对于军政双方的“发言权”上，也有了新的看法，这是和陈宝琛那一伙人不同的。陈宝琛一向认为文人主政是天经地义，所以他的朋友是日本芳泽公使，他的外甥专门和领事馆以及东京的政友会人物来往。这时他坚定认为如果东京方面没有表示，就千万别听军人们的话。我的看法不同，认为能决定我的命运的，现在不是日本政客，而是军人。我并没有什么高深的见解和情报，我是凭着直觉，从当前摆着的事实上看出来的。我看到的是，日本方面在外交上宣称准备和南京政府通过和平途径解决“中日纠纷”，同时关东军却一路不停地前进着，攻打着退却着的中国军队。我那时还不太明白，这和蒋介石、汪精卫一边嚷着抵抗，一边把国土让给敌人原都是用以欺世的两面手法，但我能看出决定问题的还是日本军人。陈宝琛指出国际列强的暧昧态度可虑，也和我的直觉印象不同。我去过日本兵营后不多天，英国驻津军队司令官牛湛德准将忽然来到“静园”访问。他对“九·一八”事变给我造成的机会，表示了“私人的祝贺”，并且说：“如果陛下能在伟大的满洲重新登极，陛下的仆人牛湛德，愿意充当龙旗下的一名士兵。”这话不但使我飘飘然，而且更相信郑孝胥说的英方袒日的消息。牛湛德来访之后，庄士敦也突然和我久别重逢，据他说这回是为了代表英外交部来和中国政府办理庚款和归还威海卫的余留问题，因此顺便前来看望。他为了我的“前途”表示高兴。他同时请我为他的著作《紫禁城的黄昏》书稿作序义，他说将在这书的最末加上一章，叫做“龙归故里”。

刘骧业和佟济煦先后从东北回来带来的消息，对我也是一种鼓励。佟济煦先回来，说和沈阳的遗老袁金铠等人见了面，都认为时机已至，不必迟疑。接着刘骧业也来了，虽然他没有能见到内田康哉和本庄繁，这有点令人失望，但他见到了板垣和金梁，证实了罗振玉和上角并不是骗人的。金梁对他说的尤其充满了乐观：“奉天一切完备，唯候乘舆临幸。”他也去过吉林，证实罗振玉说得不错，日本军队已控制了全省，熙洽等人是随时可响应复辟的。

除了这些之外，当时出现的一些谣言也是促使我急于动身的因素。那时天津的新闻界消息真是灵通，我去日本兵营的事很快就传到社会上，有的报纸甚至登出了我已乘轮到了东北。与此同时，“静园”里忽然不知从哪里传来谣言，说中国人要对我有不利的举动。因此，我更觉得不能在天津待下去了。

但是，尽管我一心想走，我毕竟是日本行政当局的客人，必须和总领事馆说通了才能行。我派了郑垂去拜会日本总领事桑岛，说“既然时机不至，我就不一定一直去奉天，不妨先到旅顺暂住。这总比在天津安全一些。”桑岛立刻表示，到旅顺去也不必要。他叫郑垂转告我，满铁总裁内田康哉也不同意我现在动身，内田是日本政界老前辈，日本军部对他也是尊重的，因此我还是慎重从事的好。至于安全，他认为并无危险，愿负完全责任。最后说，他还要和驻屯军司令官香椎交换一下意见。第二天，副领事来找郑垂说，桑岛和香椎商量过了，意见一致，都不主张我现在离开天津。

这个消息令我非常糊涂，为了弄清真相，不得不把那位司令部的通译官请来问问。不料吉田回答说所谓总领事和司令官的会商，根本没这么回事，香椎司令官是主张我立刻随上角利一走的。他给我出个主意，亲笔写封信给司令部，把坚决要走的态度告诉他。我在糊里糊涂中写了这封信。可是不知怎么弄的，日本总领事又知道了这件事，连忙来找陈宝琛、郑孝胥探听有没这回事，那封信是真的假的……

日本军政两界的这种意见分歧和暗中摩擦，令我非常生气，可是又没什么办法可想。这时二次去东北的刘骧业来了信，说是探得了关东军司令官本庄的真正意思：现在东北三省还没全部控制，俟“三省团结稳固，当由内田请上（指我）临幸沈阳”，请我暂时在津等候着。既然决定命运的最高权威有了这样的表示，我也只好遵命静候了。

从那以后，我多少明白了一点，不仅天津的领事馆与驻屯军之间意见分歧，就连关东军内部步调也不太一致。我对某些现象不由得有些担心：前恭亲王溥伟在日本人的保护下祭祀沈阳北陵，辽宁省出现了“东北地方维持会”的组织，旧东北系重要人物臧式毅在受着关东军的“优待”，前民国执政段祺瑞的行踪消息，又出现于报端。对这些不能和我并立在一个屋顶之下的牌位，日本人正做什么打算？那时我还不明白，日本人长期豢养着的有各式各样材料，我这个被尊敬地称为“陛下”的，不过是其中之一，可不可用，用我还是用别的，还都在主人的考虑之中哩。假如我当时知道日本人曾一度想用段祺瑞（这是最近从一个文史资料稿上才看到的），又一度要用“东北行政委员会”的空架子（这是我到东北之后听到的），又一度要用溥伟搞“明光帝国”（这是很快就知道的）以及其他的一些可怕的主意，我的“等候佳音”的心情就更加难受了。

我给了罗振玉和上角利一“暂不出行”的答复之后，度日如年地等着消息。在等待中，我连续发出“谕旨”，让两个刚从日本士官学校毕业的侄子宪原、宪基到东北宣抚某些蒙古王公，赏赐首先投靠日本占领军的张海鹏、贵福等人以美玉。我根据日本武官森纠的请求，写信给正和张海鹏对抗的马占山和具有民族气节另一些蒙古王公，劝他们归降。我封张海鹏为满蒙独立军司令官，马占山为北路总司令，贵福为西路总司令，赐宪原、宪基等以大佐军衔。我预备了大批写着各种官衔的空的封官“谕旨”，以备随时填上姓名……

特别应当提到的一件事，是我按照郑孝胥的意见，直接派了人去到日本进行活动。自从罗振玉遭我拒绝，怏怏离去之后，郑孝胥一变表面上的慎重态度，越来越和陈宝琛意见相左。他反对再行观望，主张积极行动了。这时他认为在日本和铃木、南次郎以及黑龙会方面所谈的时机已经到了，提出要求是时候了，同时，他大概也看出了有人在和我竞争着，所以主张派人出去到东京活动，甚至不等本庄派人来请，自己就先到旅顺去。这种突然变化使我感到的不是惊异，而是十分高兴。我于是就背着陈宝琛，采纳了郑孝胥的意见，派了日本人远山猛雄到日本，找刚上台的陆相南次郎和“黑龙会”首领头山满进行联络。我根据郑孝胥起的草，用黄绢亲笔给这两个大人物各写了一封信。后来一九四六年在东京国际法庭上，南次郎曾拿出了那封信，给律师作为替他辩护的证据。我因为害怕将来回到祖国受到审判，在法庭上只叙述日本人的罪状，而把自己的责任一推干净，当场否认了这封信，引起了一场轩然大波。可惜此信的原文现在没有得到，只好暂时从日本书籍上转译如下：

图37　南次郎

此次东省事变，民国政府处措失当，开衅友邦，涂炭生灵，予甚悯之。兹遣皇室家庭教师远山猛雄赴日，慰视陆军大臣南大将，转达予意。我朝以不忍目睹万民之疾苦，将政权让之汉族，愈趋愈紊，实非我朝之初怀。今者欲谋东亚之强固，有赖于中日两国提携，否则无以完成。如不彻底解决前途之障碍，则殷忧四伏，永无宁日，必有赤党横行灾难无穷矣。

辛未九月一日（十月十一日）

宣统御玺

今上御笔

郑孝胥（签字）

我就这样地一边等待，一边活动着。这封信由远山猛雄带走之后三个多星期，我终于等到了这一天。

九月辛酉二十三日（十一月二日）。诣行在。召对。上云：“商衍瀛来见，言奉天吉林皆望速幸；吉田来言，土肥原至津，与司令部密商，谓宜速往。”对曰：“土肥原为本庄之参谋，乃关东军之参谋，乃关东军中之要人，早来迎幸，则不宜迟。”明日以告领事馆。夜召土肥原……

三、会见土肥原

在这里所处理的时期之初，土肥原是日本陆军大佐，一九四一年升到将官阶级，在“九·一八”事变前约十八年间居住中国，被视为陆军部内的中国通。他对于在满洲所进行的对华侵略战争的发动和进展以及嗣后受日本支配的伪满洲国之设立，都具有密切关系，日本军部派对中国其他地区所采取的侵略政策，土肥原借着政治的谋略、武力的威胁、武力的行使，在促使事态的进展上担任了显著的任务。

土肥原当军部派其他指导者设计、准备和实行将东亚及东南亚置于日本支配之下时，曾和他们保持密切联络而行动。

当他的对华的特殊知识和他的在华行使阴谋的能力已无需要时，他就以现地将官的地位来担当实现他本人曾经参与的阴谋目的。他不但曾参加对中国的侵略战争的实行；并且也参加了对苏联以及对各国，即一九四一年到一九四五年日本曾对其实行侵略战争的各国，除法国以外的侵略战争的实行……

——《远东国际军事法庭判决书》

图38　土肥原贤二

土肥原和板垣是“远东国际军事法庭”审判的二十五名战犯中被判定犯罪条款最多而最重的两人。他们两人罪状相同，都犯了七条“破坏和平罪”，[①]和“违反战争法规惯例及违反人道之犯罪”中最重的一条，即“命令准许违约行为”的罪。远东国际法庭对这批战犯拖到一九四八年十一月才判决，土肥原与板垣和其他五名战犯被判处了绞刑。

土肥原，可以说是个完全靠侵略中国起家的日本军人，他在陆军士官学校十六期步科和陆军大学毕业后，做过日本参谋本部部员，第十三步兵联队

① 这七条是：十八年间一贯为控制东亚及太平洋的阴谋、对华实行侵略战争、对美实行侵略战争、对英实行侵略战争、对荷兰实行侵略战争、对法实行侵略战争、制造张鼓峰事件、制造诺门坎事件。

长，一九一三年起他来到中国，在关东军中服务，给担任着许多东北军阀的顾问的坂西利八郎中将当了十多年的副官。他和张作霖的关系特别深，一九二四年奉直战争中，他策动关东军帮助过张作霖，一九二八年关东军决定消灭张作霖，在皇姑屯炸死张作霖的阴谋的主持者，也正是他。不久，他即因功晋级大佐，担任了沈阳特务机关长的职务，从此开始了判决书上所述的那些罪行，也开始了他的飞黄腾达的时期。判决书里对土肥原的许多“杰作”都没有提到，除了伪满的诞生之外，一九三一年十一月的天津骚动事件、一九三二年热河战争的爆发、一九三五年五月的丰台事变和冀东伪组织的成立、十一月香河流氓暴动和冀察的特殊政权的出现，都离不开土肥原的策划活动。可以说，在那段时间里，土肥原走到哪里，灾难降临哪里。大约他的失败只有过一次，即在他拉拢之下叛国的马占山，后来又反正抗日。但这并没有影响他后来的升迁，他被调走当了不多时间的旅团长，又调为关东军的特务机关长。一直到“七七”事变，日本人要成立的伪组织都成立起来了，骚乱、暴动等等手段也被武装进攻代替了，土肥原才脱去了白手套，拿起了指挥刀，以师团长、军团长、方面军总司令等身份，统领着武装到牙齿的士兵，在中国大陆和南洋进行屠杀和掠夺。就这样在尸骨和血泊中，他从“九·一八”事变起不过十年间，由大佐升到了大将。

那时关于他有种种充满了神秘色彩的传说，西方报纸称他为“东方的劳伦斯”，中国报纸上说他惯穿中国服装，擅长中国方言。根据我的了解，他在中国的活动如果都像鼓动我出关那样做法，他并不需要传说中的劳伦斯的诡诈和心机，只要有一副牌桌上的面孔，能把谎话当真话说就行了。那次他和我会见也没有穿中国服装，只不过一套日本式的西服；他的中国话似乎并不十分高明，为了不致把话说错和听错，他还是用了吉田忠太郎充当我们的翻译。

他那年是四十八岁，眼睛附近的肌肉已出现了松弛的迹象，鼻子底下有一撮小胡子，脸上自始至终带着温和恭顺的笑意。这种笑意给人的唯一感觉，就是这个人说出来的话不会有一句是靠不住的。

他向我问候了健康，就转入正题，先解释日军行动，只对付张学良一人，“因为他把满洲三千万人闹得民不聊生，日本人的权益和生命财产也得不到任何保证，这样日本才不得已而出兵。”他说关东军对满洲绝无领土野心，只是“诚心诚意地要帮助满洲人民建立自己的新国家”，希望我不要错过这个时机，很快回到我的祖先发祥地，亲自领导这个国家；日本将和这个国家订立攻守同盟，它的主权领土将受到日本的全力保护；作为这国家的元首，我一切可以自主。

他的诚恳的语调，恭顺的笑容和他的名气、身份，完全不容我再用对待罗振玉和上角利一的眼光来对待他。陈宝琛所担心的——怕罗和上角不能代表关东军，怕关东军不能代表日本政府——那两个问题，我认为更不存在了。土肥原本人就是个关东军的举足轻重的人物，况且他又斩钉截铁地说："天皇陛下是相信关东军的！"

我心里还有一个极重要的问题，也得到了满意的答复。我问道：

"这个新国家是个什么样的国家？"

"我已经说过，是独立自主的，是由宣统帝完全做主的。"

"我问的不是这个，我要知道这个国家是共和，还是帝制？是不是帝国？"

"这些问题，到了沈阳都可以解决。"

"不，"我坚持地说，"如果是复辟，我就去，不然的话，我就不去。"

他微笑了，声调不变地说：

"当然是帝国，这是没有问题的。"

"如果是帝国，我就去！"

"那么，就请宣统帝早日动身，无论如何要在十六日以前到达满洲。详细办法到了沈阳再谈。动身的办法由吉田安排吧。"

他像来时那样恭敬地向我祝贺一路平安，行了礼，就告辞了。土肥原走后，我接见了和土肥原一齐来的金梁，他带来了以袁金铠为首的东北遗老们的消息，说他们可以号召东北军旧部归服。总之，我认为完全没问题了。

土肥原去后，吉田告诉我，不必把这件事告诉总领事馆；关于动身去大连的事，自有他给我妥善安排。我也决定，除了郑孝胥之外，我再不找别人商量。

但是，这样的事是任何人都瞒不住的。这回消息比上次我去日本兵营传得还快，第二天报上就登出了土肥原和我见面的新闻，而且揭露出了土肥原此行的目的。陈宝琛那几天本来不在天津，得到了消息，匆忙从北京跑回来了。一下火车直奔郑孝胥家，打探消息。然后又奔向"静园"。这时正好刘骧业从日本东京发来一封电报，说日本军部方面认为我出山的时机仍然未至。看了这个电报，我不得不把会见土肥原的情形告诉了他，并且答应即刻和大伙再商量一下。

这天是十一月五日，"静园"开了一个别开生面的"御前会议"。记得被我召来的除陈宝琛、郑孝胥、胡嗣瑗之外，还有在天津当寓公的袁大化和铁良（升允是刚刚去世，否则也会有他一个）。在这次会议上，别人几乎没有说话，只有陈宝琛和郑孝胥两人展开了针锋相对的辩论，辩论的激烈，最后竟发展到

"伤尊害礼"的地步。

"当前大局未定，轻举妄动有损无益。罗振玉迎驾之举是躁进，现在启驾的主意何尝不是躁进！"陈宝琛瞅着郑孝胥说。

"彼一时，此一时。时机错过，外失友邦之热心，内失国人的欢心，不识时务，并非持重！"郑孝胥瞅着陈宝琛说。

"日本军部即使热心，可是日本内阁还无此意。事情不是儿戏，还请上头三思而定。"

"日本内阁不足道，日本军部有帷幄上奏之权。孝胥三思再思，如此而已！"

"我说的请皇上三思，不是请你三思！"

"三思！三思！等日本人把溥伟扶上去，我们为臣子的将陷上头于何地？"

"溥伟弄好弄坏，左不过还是个溥伟。上头出来只能成，不能败。倘若不成，更陷上头于何地？更何以对得起列宗列祖？"

"照你意见，一辈子等下去。眼看已经山穷水尽了！到了关外，又恢复了祖业，又不再愁生活，有什么对不起祖宗的？"

在郑孝胥的飞溅的唾星下，陈宝琛脸色苍白，颤巍巍地扶着桌子，尽力让上身接近对面的秃头顶，冷笑道：

"你，有你的打算，你的热衷。你，有何成败，那是毫无价值可言……"

一言不发的袁大化，低头无话的铁良，以及由于身份够不上说话，只能在旁喘粗气的胡嗣瑗，觉着不能再沉默，于是出来打圆场。袁大化说些"从长计议"的话，意思透出是支持陈宝琛的，铁良嘟囔了几句，连意见都听不清楚。胡嗣瑗是想支持陈宝琛，可是说不明白。我在会上没有表示态度，但心里认为陈宝琛是"忠心可嘉，迂腐不堪"。

我觉得最好的办法，还是不要表示自己的想法，不透露自己的意图。对身边人如此，对社会上更要如此。在这里我要插叙一下，大约是土肥原会见后两三天，我接见高友唐的一段事。

那几天要求见我的人非常多，我认为全部加以拒绝的办法，只能证实报纸上的推测，那是对我更不利的，尤其是这个高友唐更不能不见。他以前也是张园的客人，张园把他看做遗老，因为他是清朝仕学馆出身，做过清朝的官，后来办过几种报纸，这时是国民党的监察院委员。他曾自动为我向南京要求过"岁费"（没有结果），我想他可能透点什么消息给我，所以接见了他。没想到他是给蒋介石来做说客。他说国民党政府给他来了电报，叫他转达，希望我不要到东北和日本人搅在一起，国民政府愿意恢复优待条件，每年照付优待费，或者一次付给我一笔整数也可以，请我提出数目。至于我住的地方，希望我到上海，或者出洋到外国也可以，或者由我提出除了东北和日本以外的任何地方。

我听了他的话，心里气上来了。我冷笑说：

“国民政府早干什么去了？优待条件废了多少年，孙殿英渎犯了我的祖陵，诈管也没有管，现在是怕我出来丢蒋介石他们的人吧，这才想起来优待。我这个人是不受什么优待的，我也不打算到哪儿去，你还是个大清的旧臣，也不必替他们说话！”

高友唐不理睬我的挖苦，而且还很愿意用遗老身份，以完全为我设想的口气，说国民政府蒋总司令的条件对我是有利的，并且说：如果我不相信这些条件，可以由外国银行作担保。对民国过去一向不讲信用，他也表示不满意，他说：“不过如果外国人作保，蒋介石这回是绝不敢骗人的。”他甚至颇似懂我心理地说，恢复优待条件，当然帝号也要恢复，假使想回北京，也可以商量。

我对他的话并不相信。我早听说蒋介石的手腕厉害，又听说他为了和英美拉拢而娶宋美龄，连他的发妻都不要了，根本不讲信义。我认为这人专欺软怕硬，因为他怕日本人，现在看见日本人和我接近，就什么条件都能答应，等我离开了日本人，大概就该收拾我了。就算他说的都算数，他给了我一个空帝号，又哪比得上土肥原答应的真皇帝呢？他能给我的款子，又怎么比得上整个的东北呢？蒋介石再对我好，他能把江山让给我吗？想到这里，我就不打算再跟高友唐说下去了。

“好吧，你的话我都知道了，这次谈话可以告一段落。”

高友唐看我沉思之后说了这么一句，却误认为事情有希望，连忙说：“好，好，您再想想，等过几天我再来。”

“嗯，再来吧。”

他满怀希望地走了。后来我听说他在北京向我七叔活动之后再回来，正好遇上“天津事变”，日租界戒严，他被截在租界外边，等他设法进了日租界，我已经不在静园了。

那两天里陆陆续续还来了些探听消息的或提出忠告的人，那些天我也收到了不少的来信。人们对我有忠告也有警告，甚至也有姓爱新觉罗的我所不知道的本家，劝我不要认贼作父，要顾惜中国人的尊严。我已经被复辟的美梦完全迷了心窍，任何劝告都没有生效。我决定对外绝不说真心话。有个天津小报的记者，叫刘髯公的，也是张园和静园常来的客人，常在他的报上写文章恭维我，他这时也跑来打听我有没有要出关的意思。我极力地否认了，他于是在报上又替我尽辟谣的义务，正是在同一天，报上登出了这段新闻，我登上了去营口的日本轮船。

不用说，对于高友唐的活动，“静园”陈宝琛这一派人的反对，社会上给我的各种忠告，等等，土肥原是全掌握了情况，作出了估计。否则的话，就无法解释他为什么又使用上最后的“道具”——就是在陈宝琛对郑孝胥大发雷霆的次日出现的特殊礼物。

那天我正在唾星喷射之下听着“进讲”：

“勿失友邦之热心，勿拒国人之欢心……此乃英雄事业，绝非书生文士所能理解……”

“不好了！”我的“随侍”祁继忠慌慌张张进来说，“炸弹！两个炸弹！”

我吓得从沙发上连站也站不起来了。在混乱中，好容易才弄明白，刚才有个陌生人送来一份礼品，附着一张原东北保安总司令部顾问赵欣伯的名片。来人放下了礼品就扬长而去。祁继忠按例检视了礼品，竟在水果筐子里发现了两颗炸弹。

在静园上下惊魂未定之中，日本警察和日军司令部的军官拿走了炸弹。第二天，永远缺不了的吉田翻译官来向我报告说，那两个炸弹经过检验，证明是张学良的兵工厂的。

“宣统帝不要再接见外人了。”吉田忠告我，“还是早些动身的好。”

“好！”我说，“请你快些安排吧。”

“遵命！请陛下也不要对不相干的人说。”

“不说。我这回只带郑孝胥父子和一两个随侍。”

后来听说，第二天北平晨报上就登出了炸弹是土肥原安排，可是我不记得看到这张报。如果不是有人故意藏起了这张报，那也是由于紧接而来的其他惊险事件把我吓昏了。那两天我接到了不少恐吓信。有的信文很短，而措辞却很吓人。有一封只有这一句话：“如果你不离开这里，当心你的脑袋！”更有惊人的，是祁继忠突然接到一个电话。据祁继忠说，对方是我认识的维多利亚餐厅的一个茶房，他警告我这几天不要去那里吃饭，因为有些“形迹可疑的人”到那里打听我。这个关心我的朋友还说，他看见“那些形迹可疑的人衣服里面藏有电刀”，更奇怪的是，他还认出那些人都是张学良派来的。

那个茶房是怎样的人，我已说不出了，但关于祁继忠这人值得介绍一下。他是我从北京带到天津的男仆，宫里遣散太监后，他来到宫里，那时候还是个少年，很受我的喜欢。在天津时代，他是我最宠信的随侍之一。在伪满时，我送他到日本士官学校培养，可是后来我发现了他是“内廷秽闻”中的一个，我又气又怒，又不敢向日本人说明，正巧听说他在日本和同学吵架，就借了破坏日满邦交的题目请日本把他开除出校。后来他经日本人介绍到华北伪军当上军官，以后又摇身一变为国民党的上校，解放后因反革命案被镇压。我离开天津去东北，他是随我同去的三个随侍之一，也是其中最受我亲信的，我的举动他无一不知。我到很晚才明白过来，日本人和郑孝胥对我当时的动静是那么清楚，对我的心情掌握得那么准确、及时，而演给我看的那出戏——虽然演员们相当笨拙——但效果又那么好，祁继忠实在是个很有关系的人。

紧接着炸弹、黑信、电话而至的，是“天津事件”的发生。日本人组织的汉奸便衣队，其首领之一，是从前那位北京警察总监张璧。他们十一月八日这天对华界大肆骚扰，这也是土肥原导演的“杰作”。日租界宣布戒严，断绝了与华界的交通。静园门外开来担任“保护”之责的铁甲车。于是静园和外界隔绝起来了。当时能拿到通行证的，只有郑氏父子二人。

后来我回想起来，土肥原这样急于让我到东北，如果不是关东军少壮派为了急于对付他们内部的反对派，而仅仅是怕我再变了主意的话，那就把我的外界影响估计得太高了。事实上，不但我已下定决心，就连陈宝琛影响下的胡嗣瑗、陈曾寿等人，从我和土肥原会见那天起，态度上也起了变化。他们已不坚持坐着观望，也开始想主动和日本进行些接触，不过是担心和军人接触靠不住，仍认为还是找日本政府为好。这些人的变化，心理和我一样，是怕错过了机会，同时，又害怕羊肉没吃成反而惹上一身膻。这些人对于和日本人交涉的条件，也各有自己最热衷的地方，我最关心的是能不能当皇帝，他们关心的是能不能当上大官，因此主张“用人权”必须在我，至于什么民族荣誉、经济权利等等，是完全可以当做换取自己地位的代价送出去的。陈曾寿在我会见土肥原后立刻递上奏折，代表了这种心情：

> 奏为速赴机宜，以策万全，恭折仰祈圣鉴事。今日本因列强反对而成僵局，不得不变动东三省局面以自解于列强，乃有此劝进之举，诚千载一时之机会。遇此机会而无以赴之，则以后更有何机之可待？惟赴机若不得其宜，则其害有甚于失机者。今我所以自处之道，可两言而决：能与日本订约，酌让路、矿、商务之利，而用人行政之权，完全自主，则可以即动，否则万不可动，如是而已。现报纸喧腾，敌人疑忌，天津已有不能安处之势。欲动则恐受赚于日本，欲静又失此良机，进退两难，惟有请皇上密派重臣往赴日本，与其政府及元老西园寺等商洽，直接订约后再赴沈阳，则万全而无失矣。臣愚昧之见，

是否有当，伏祈圣鉴。

四、白河偷渡

到了预定的动身日期，十一月十日。按照计划，我必须在这天傍晚，瞒过所有的耳目，悄悄混出静园的大门。这件事很使我费了一番脑筋。我先打算根本不走大门，索性坐汽车从车房的门出去，我叫一个随侍去看看能不能打开车房门，他说车房门久未使用，门外已经被广告招贴糊住了。后来还是祁继忠想出个办法，把我藏在一辆跑车（即只有双座的一种敞篷车）的后厢里，然后叫人把车从大门开出去。为了机密，他连司机也没有叫，而是从随侍里面挑了一个勉强会开车的，对他说“上头”的命令叫把车开到指定的地方去，那里有人等着。就这样，祁继忠坐在司机旁边，押着这辆“空车”，把我载出了静园，直奔我和吉田商定的地点——曙街敷岛料理店。

在离静园大门不远的地方，吉田忠太郎坐在一辆汽车上等着，一看见我的汽车出了大门，他的车便悄悄跟在后面。

那时正是“天津骚乱事件”的第三天。日本租界和接近的中国管区一带整日戒严。这次布置的戒严，给我的出奔造成极为顺利的环境。在任何中国人的车辆不得通行的情况下，我这辆汽车走到每个路口的铁丝网前，遇到日本兵阻拦时，经后面的吉田一打招呼，便立刻通过。虽然祁继忠找来的这个二把刀司机技术实在糟糕，刚一出了静园大门就撞在电线杆子上，我的脑袋给厢盖狠狠碰了一下，一路上还把我颠撞得十分难受，但是也总算顺利地开到敷岛料理店的门口了。

汽车停下之后，祁继忠又把开车的人支到一边，然后吉田打开了车厢，扶我出来，一同进了敷岛料理店。有一个早等候着的日本军官，叫真方勋大尉的，拿出一件日本军大衣和军帽，他和吉田把我迅速打扮了一下，就带着我、祁继忠和随后赶到的两个“随侍”，坐上了一辆司令部的汽车。汽车畅行无阻地在白河岸上走了一阵儿，到了一个码头。

码头上很清静。我很快就明白，这不是日租界，我有点发慌，吉田低声安慰我说：“不要紧，这是英租界。”我在他和真方勋二人的夹扶下，快步地在水泥地面上走了一段，一只小小的没有灯光的汽船出现在眼前。我走进船舱，看见了郑孝胥父子俩如约候在里面，心里才稳定下来。坐在这里的还有三个日本人：一个是上角利一；一个是从前在升允手下当侍卫官的工藤铁三郎，是土肥原手下的浪人；还有一个叫大谷的，现在忘了他的来历。我也见到了船长西长次郎，知道了船上还有十名日本士兵，由一个名叫诹访绩的军曹带领着，担任护送之责。这条船名“比治山丸”，是日军司令部运输部的船。为了这次特殊的运输任务，船上堆上沙袋和钢板。过了二十年之后，我从日本的《文艺春秋》杂志上看到工藤写的一篇回忆录，才知道船上还暗藏了一大桶汽油，准备万一被中国军队发现，无法脱逃的时候，日本军人就放火烧，让我们这几个人证与船同归于尽。那时我的屁股距离汽油大概不会超过三米之远，我却认为离着“幸福”是越来越近了呢！

吉田和真方勋大尉离开了汽船，汽船离了码头，电灯亮了。我隔窗眺望河中夜景，心中不胜感慨。白天的白河我曾到过几次，在东北海军毕庶澄的炮舰上和日本的驱逐舰上，我曾产生过幻想，把白河看做我未来奔向海洋彼岸，寻找复辟外援的通路。如今我真的航行在这条河上了，不禁得意忘形，高兴得想找些话来说说。

可是我高兴得未免太早，郑垂告诉我：“外国租界过去了，前边就是中国人的势力。军粮城那边，可有中国军队守着哩！”

听了这话，我的心一下子提到嗓子眼。看看郑氏父子和那几个日本人，也都板着脸，一语不发。在每根神经都绷得紧紧的情形下，至少过了两个小时，突然间从岸上传来一声吆喝：

“停——船！”

我像神经切断了似的，几乎瘫在地上。舱里的几个日本兵呼噜呼噜地都上了甲板，甲板上传来低声的口令和凌乱的脚步声。我探头到窗外，看见每个沙包后都有人伏着，端枪做出准备射击的姿势。但是船的航速却好像在下降，航向也好像是靠近河岸。我正不解其故，忽然电灯全熄，岸上响起了枪声，几乎是同时，机器声突然大作，船身猛然加速，只觉一歪，像腾起来似的掠岸而过，岸上的喊声、枪声，渐渐都在后面消弱了。原来日本人早准备好这一手，先装成听命的样子，然后乘岸上不备，一溜烟逃过去了。

过了一会儿，灯光又亮起来，舱里有了活气。半夜时到了大沽口外，在等待着商轮“淡路丸”出口外接我们的时候，日本兵拿出了酱汤、咸白菜和日本酒来，郑孝胥活跃起来了。高谈其中日同文同种，把这一场惊险经历描绘成“英雄事业”的一部分。他和日本兵干杯，诗兴大发。即兴吟了一首诗道：

> 同洲二帝欲同尊，七客同舟试共论；
> 人定胜天非浪语，相看应在不多言。

因为这晚上饭吃了大米大麦合制的日本饭，郑孝胥后来刻了两个图章给我，一枚是“不忘在莒”，另一枚是“滹沱麦饭”。前者是借鲁昭公奔莒的故事，暗示我安不忘危，也就是别忘了我和他在一起的这一晚；后者是借刘秀败走滹沱河，大树将军冯异为他烤衣服、做麦饭充饥的故事。郑孝胥把我比做刘秀，他自己自然是比做大树将军了。

郑孝胥这天晚上的高兴，除了由于他在我周围那一群人中间，又成了一个胜利者外，大概还有另一层不便说出的原因，是他从日本军政的表面摩擦和分歧中，比任何人更早地看出他们的一致。这是我最近才从他日记上找出来的。在我会见土肥原后的第二天（十一月三日），他的日记上写着：

> 大七（即郑垂）到日本领事馆，后藤言：土肥原谓此来即为迎上赴奉天，领事馆可佯为不知……

二次大战后被发现的日本外务省的档案中，有十一月六日外相币原给天津桑岛总领事的一封密电稿，说明了白河偷渡的戏剧性：

> 关于拥戴宣统帝的运动。认为如果过度拘束皇帝的自由，对内、外的关系反会不好。曾把这种意见在外务方面协议过，外务方面虽然也同意，但关于满洲目前的局势，各方面都有拥戴皇帝的运动，因此，对于帝国国策的执行上，难保不受到连累。同时，皇帝身边的保护也属必要，所以做了相当的警备。再外务方面也表示，现在满洲方面的政局，也稍安稳，东三省的民众总的意志，也想拥戴皇帝。如果对于国策的执行没有妨碍，听其自然也无不可。

五、在封锁中

在“淡路丸”上，郑孝胥讲了一整天的治国平天下的抱负，十三日的早晨，我们到达了辽宁省营口市的“满铁”码头。

为什么去沈阳要从营口登陆，这个问题我根本不曾考虑过，我想到的只是东北民众将如何在营口码头上来接我。在我的想象中，那里必定有一场民众欢呼的场面，就像我在天津日租界日侨小学里看到的那样，人们摇着小旗向我高呼万岁。但是船身越靠近码头，越不像那么回事。那里并没有人群，更没有什么旗帜。等到上了岸，这才明白，不但迎接的人很少，而且全是日本人。

图 39　溥仪和郑孝胥（后排左一）在“淡路丸”上

经过上角利一的介绍，知道这都是板垣派来的人，为首的叫甘粕正彦。这个人当时中国人知道他的不多，我也是后来才听说，他在日本却大有名气。他原是个宪兵大尉。日本关东大地震时，日本军部趁着震灾造成的混乱，对于日本进步人士进行谋害，这次遭难者之中，大杉荣夫妇和七岁的孩子就是死在甘粕正彦手里的。震灾后，这个惨案被人揭发出来，在社会舆论压力之下，军部不得不让甘粕正彦充当替罪羊，交付军法会审，处以无期徒刑。但过了不久，甘粕获得假释，被送到法国去念书。甘粕正彦在法国学的是美术和音乐，几年之后，这位艺术家回到日本，随即被派到关东军特务机关。据二次大战之后，日本出版的一本书上说，作为“九·一八”事变信号的柳条沟铁道的爆炸，就是甘粕正彦的一件“杰作”。在营口码头上，我怎么也不会想到，这个彬彬有礼的戴细腿近视镜的人会有这么不平凡的经历，如果没有他，也许我还不会到东北来哩。

甘粕正彦没有讲什么话，就把我和郑氏父子让进预备好的马车，把我们载到火车站，上了火车，坐了大约一个多钟头，又换马车。这样，我稀里糊涂地就到了离营口约有百里的一个叫汤岗子的温泉疗养区。我怀着狐疑的心情走进了对翠阁温泉旅馆。

对翠阁旅馆是日本“满铁”的企业，是一所日本风格的欧式洋楼，设备相当华丽，只有日本军官、满铁高级人员和中国的官僚才有资格住。我被带进了楼上一间非常讲究的客房，在这里我见着了罗振玉、商衍瀛和佟济煦。看见了他们，我立刻高兴起来。罗振玉告诉我，他正在和关东军商洽复辟建国的事，又说在商谈结束前不宜把我到达这里的消息泄露出去，而且除了他之外别人也不宜出头露面。他这话的真正用意我没有领会，我却自以为弄清了一个疑团：怪不得没有热烈欢迎，原来人们还都不知我来。我相信和关东军的谈判是容易的，不久就可以宣布我这个大清皇帝在沈阳故宫里复位的消息，那时就不会是这样冷清的了。我想得很高兴，全然没有注意到郑氏父子听了罗振玉说话之后的异样神色。我痛痛快快地吃了一餐别有风味的日本饭菜，在窗口眺望了一会儿这个风景区的夜色，然后心旷神怡地睡觉去了。

过了一宿，我才明白这次又是乐得太早了。

漱洗之后，我招呼随侍祁继忠，说我要出去溜达一下，看看左近的风景。

“不行啊，不让出去啦！”祁继忠愁眉苦脸地说。

“怎么不行？”我诧异地问，“谁说的？到楼下去问问！”

“连楼也不让下啊！”

我这时才知道，对翠阁旅馆已经被封锁起来，不但外面的人不准进到旅馆范围来，住在楼下的人也休想上楼（楼上只有我们这几个人住），尤其令人不解的是，为什么连楼上的人也不许下去呢？找罗振玉，已不知何往。他又怎么可以出去呢？郑孝胥父子都很生气，请我找日本人问问是怎么回事。陪我们住在这里的日本人，领头的就是上角利一和甘粕正彦。祁继忠把上角找来了，他笑眯眯地用日本腔的中国话说：

“这是为了安全的，为了宣统帝安全的。”

“我们在这里住到什么时候？”郑孝胥问。

“这要听板垣大佐的。”

我不耐烦了，“熙洽他们呢？不是罗振玉说熙洽要接我到奉天吗？”

“这，也要听板垣大佐的。”

“罗振玉呢？”郑垂问。

“到沈阳找板垣大佐去了。现在还在讨论着新国家的问题，讨论出一致的意见，就来请宣统帝去的。”

“糟！”郑垂一甩手，愤愤地走到一边去了。这个“君前失礼”的举动很使我看不惯。不过，这时更引起我注意的，是上角说的“新国家”问题还在讨论。这可太奇怪了，不是土肥原和熙洽都说一切都没问题，就等我来主持大计了吗？上角现在说“还在讨论”，这是什么意思呢？我提出这个问题，上角利一含糊其辞地回答说：

“这样的大事，哪能说办就办的。宣统帝不必急，到时候自然要请宣统帝去的。”

“到哪里去呢？”郑垂匆匆地走过插嘴，“到奉天吗？”

“这要听板垣大佐的。”

我很生气地躲开了他们，到另一间屋子找佟济煦，问他从沈阳拍来电报说“万事俱妥”是什么的意思。佟济煦说这是袁金铠说的，不知这是怎么闹的。我又问商衍瀛对这件事怎么看，他也说不出个什么道理来，只会叹息这地方没有“乩坛”，否则，他一定可以得到神仙的解答的。

这时我不知道，日本人现在正忙着。因为在国际上日本处势孤立，内部对于采取什么形式统治这些殖民地，意见也不统一，关东军自然还不便于立刻让我出场。不过我已经感觉日本人对我，已经不像在天津那么尊敬了，这个上角也不是在天津驻屯军司令部看到的那个上角了。这样，在一种不安的预感中我等待了一个星期，上角才接到了板垣的电话说请我搬到旅顺去。

为什么不去沈阳呢？上角利一笑眯眯地解释说，这还要等和板垣大佐谈过才能定。为什么要到旅顺等呢？因为汤岗子这地方附近有“匪”，很不安全，不如住旅顺好，旅顺是个大地方，一切也都很方便。我听着也有理。这样当天晚上又搭上火车，第二天一早到了旅顺。

在旅顺住的是大和旅馆。又是在对翠阁的一套做法，楼上全部归我们这几个人占用，告诉我不要下楼，自然楼下的人也上不来。上角和甘粕对我说的还是那几句：新国家问题还在讨论，不要着急，到时候就有人请我到沈阳去的。不过，在这里也有了一个变化，就是住了不多天，郑孝胥父子也获得了罗振玉一样的待遇，上上下下不受阻拦，而且还可以到大连去。郑孝胥脸上的郁郁不乐的样子没有了，说话的调子也和罗振玉一样了，什么“皇上天威，不宜出头露面，一切宜由臣子们去办，待为臣子的办好，到时候皇上自然就会顺理成章地面南受贺”。又说在事成之前，不宜宣扬，因此也不要接见一切人员。关东军目前是这里的主人，我在登极之前，在这里暂时还算是客人，客随主便，也是理所当然。听了他们的话，我虽然心里着急，也觉得有道理，就只好耐下心等着。

事实上，这些口口声声叫我皇上和宣统帝的，这些绞尽脑汁不辞劳苦为我奔波着的，他们心里的我，不过是纸牌上的皇帝。这种皇帝的作用不过是可以吃掉别人的牌，以赢得一笔赌注而已。日本人为了应付西方的摩擦和国内外的舆论压力，所以才准备下我这张牌，他们在需要打出这张牌之前，自然要严密保藏起来。郑、罗之流为了应付别的竞争者，都想独自用我这张牌，去赢得日本人犒赏，因此也要用心把持着我。这样就形成了对我的封锁，使我处于被隔离的状态中。在汤岗子，罗振玉想利用日本人规定的限制来断绝我和别人的来往，曾阻止了我和郑孝胥与日本关东军的接触，以保障他的独家包办。到了旅顺，他没有准备好，郑孝胥也和日本人方面发生了关系，和他唱上了对台戏，于是他只好亡羊补牢，设法再不要有第三个人插进来。同时，在防范我这方面，他和郑孝胥联合起来，这又出现了郑、罗二人一方面联合垄断我，一方面又钩心斗角地在日本人方面争宠的形势。

这些事实内幕，我当时自然是不明白。我只觉出了罗振玉和郑孝胥父子和日本人沆瀣一气，要把我和别人隔开（这种行为在郑孝胥父子身上越来越明显），对佟济煦和只知道算卦求神的商衍瀛，他们倒不怎么注意，对从天津来的要见我的人，则防范得很厉害，甚至连对婉容都不客气。

我在离开静园以前，留下了一道“手谕”，叫一名随侍交给胡嗣瑗，命他随后来找我，命陈曾寿送婉容来。这三个人听说我在旅顺，就来到了大连。罗振玉派人去给他们找了地方住下，说关东军有命令，不许他们到旅顺去。婉容对这个命令起了疑心，以为我出了什么问题，她拿出了那时某种女性的本事，大哭大闹，非要去不可，这样才得到允许来旅顺看我一次，不过说好要第二天就回大连。过了大概一个月，关东军把我迁到善耆（这时已死）的儿子宪东的地方去住，这才让婉容和后来赴到的我的二妹和三妹搬到我住的地方来。

我本来还想让胡嗣瑗、陈曾寿两人也到我身边来，但郑孝胥说关东军规定，除了他父子加上罗振玉和万绳栻这几个人之外，任何人都不许见我。我请求他去和甘粕、上角商量，结果只准许胡嗣瑗见一面，条件是当天就要回大连。胡嗣瑗在这种情形下，一看见我就咧开大嘴哭起来了，说他真想不到在我身旁多年，今日落得连见一面都受人限制，说得我心里很不自在。一种孤立无援的恐惧压迫着我。因为，日本人是听郑、罗的话的，我担心如果弄僵了更要吃亏，也只有安慰胡嗣瑗一下，告诉他等我到了可以说话的时候，一定“传谕”叫他和陈曾寿到身边来。胡嗣瑗听了我的话，止住了哭泣，趁着室里没人，一五一十向我叙说了郑、罗对他们的多方刁难，攻击郑、罗二人是“架空欺罔、挟上压下、排挤忠良”。

其实，胡嗣瑗和陈曾寿对郑、罗的攻击，也不完全是为了我。他们住在大连，一有机会就托人带“奏折”、“条陈”给我，在痛骂郑、罗“虽秦桧、仇士良之所为，尚不敢公然无状、欺侮挟持一至于此”之外，总要酸劲十足和焦急万分地一再说些“当兹皇上广选才俊，登用贤良之时，如此掣肘，尚有何希望乎”这类的话。胡嗣瑗曾劝我向日本人要求条件，头两条就是先恢复天津的形势，身边应有亲信二三人，这意思就是他仍要当个代拆代行的胡大军机。陈曾寿对我大谈“建国之道，内治莫先于纪纲，外交莫重于主权”。所谓纪纲“最要者魁柄必操自上”，主权最要者是政令必出自我，总之一句话，我必须有权能用人，因为这样他才能做官。这些纸上谈兵的人自然斗不过郑、罗，在后来封官进爵的时候，显贵角色根本没有他们的份，还是经我要求，给了陈曾寿一个秘书职，但他不干，请假走了，直到以后设立了内廷局叫他当局长，他才又回来。胡嗣瑗曾和陈曾寿表示决不做官，“愿以白衣追随左右”，我给他弄上个秘书长的位置，他也不提“白衣”了。由于他恨极了当国务总理的郑孝胥，后来和被郑挤掉下来的罗振玉联合起来攻郑，结果没有攻倒，自己反倒连秘书长也没有做成，不过这是后话，这里暂不提了。

我到旅顺的两个月后，陈宝琛也来了。郑孝胥这时已成了关东军的红人，罗振玉眼看就要败在他手里，正当他接近全胜——和关东军的交易接近成熟的时候，看见威望超过他的“帝师”出现在大连，立刻引起了他的警惕。他生怕这位同乡会引起日本人更大的兴趣，急忙地想撵陈回去。陈宝琛在旅顺一共住了两宿，和我匆匆忙忙见了两面，就给郑孝胥借口日本人要在旅馆开会，不让闲人住，把他给撵走了。

天津和北京的遗老为了找官做，借口服侍我跑来的还有不少人，全都给郑孝胥和甘粕正彦挡了驾。就连恭亲王溥伟想见我也遇过拦阻。只是在我过生日的时候，他们再找不到借口，只好让一部分人见了我，给我祝寿。其中有：宝熙、商衍瀛、沈继贤、金卓、王季烈、陈曾寿、毓善等人，这些人后来在伪满成立时都成了大小新贵。

当时互相倾轧、你争我夺的不但有遗老，在日本浪人特务之间也不例外，得势的当然是板垣手下的上角和甘粕这一伙儿。当过我父亲家的家庭教师的远山猛雄，本想到我身边沾光，由于不是军部系统的，最后都给上角和甘粕挤走了。

最重要而激烈的，还是发生在郑、罗之间的斗争，这是这对冤家最后的殊死战，因此都使用出了毕生的力气。罗振玉利用他和板垣、上角利一这些人的势力，对郑孝胥一到东北时的封锁，是他的头一“招”。他自恃有首倡“迎立”的功绩，相信只要能把我垄断在手，用我这张牌和日本人谈判，一定可达到位居首辅的目的。可是他在谈判中，提出了要大清复辟，至少也要我做满洲一隅的皇帝（在我还没有到旅顺以前，这个谈判刚刚开头），日本方面对他这个意见不感兴趣。他和我一样地不明白，复辟的做法和日本人宣传的满洲民众要求独立自治的说法，是配不上套的。这时日本人在国际上十分孤立，也不是这场傀儡戏立刻搬上台去的时候。因此，关东军也不急于定案，暂时还是用什么自治指导部、维持会等名目支撑着。罗振玉认为郑孝胥被他封锁住，我身边原来的其他人更无法靠近我，也无从代表我和日本人去说话，他就可以居于独家经理的身份，不慌不忙地和日本人交涉。复辟大清和另立国家之争正悬而未决，我和郑孝胥到了旅顺，出乎罗振玉的意外，他对郑孝胥的封锁很快就失了效，郑孝胥到了旅顺，就被关东军方面请去会谈。罗振玉既不知道郑孝胥和东京军部的关系，也想不到郑孝胥经过康有为门徒徐良的介绍，在离津之前就认识了上角利一。就像我出宫那样，罗振玉的关系日本竹本大佐变成了郑孝胥的关系一样，这回罗振玉带来的上角也很快让郑孝胥交上朋友，变成了自己与关东军之间的桥梁。因此，罗很快地丧失了优势。郑氏父子到了营口旅顺之后，又和甘粕正彦屡次有过"谈心"。于是关东军很快对他有了了解——不但了解到他对我们的影响，也了解到他父子远比罗振玉"灵活"，不像罗振玉那样非有蟒袍补褂、三跪九叩不过瘾——因此乐于以他为交易对手了。郑孝胥被看中了之后，第一次和板垣会面（一九三二年一月二十八日在旅顺），听到板垣要叫我当"满蒙共和国大总统"，还是很惊讶的，并且劝我不可赞成，向日本人表示了"共和之制断不可行，假共和尤为不可"。可是后来他们明白了日本军方一定不肯给我一顶皇帝帽子，知道了"标底"，他马上改了"价钱"。据说这件事是他儿子给他办妥的。不知靠着什么机缘，郑垂勾搭上了军方选中的殖民地总管驹井德三。他代表他父亲向驹井表示，如果日本方面认为"帝国"称呼不适于这"新国家"的话，只要同意他父亲任未来的内阁首揆，一切没有问题，他父子可负责说服"宣统帝"接受元首称号。顺便说一句，这时抢这个首揆椅子的，却大有人在。不但有罗振玉，还有张景惠、臧式毅、熙洽等人，熙洽就几次派人送钱给我共有十几万元，求我授他"总理"之职。郑孝胥自然很着急，这也是一个压力，所以忙不迭地叫郑垂从旁抢先递"价码"。驹井德三把这袖筒里来的"价码"告诉了本庄和板垣，于是郑孝胥又成了"奉天"关东军司令官的客人。就这样，关东军的第一交易对手由罗振玉变成了郑孝胥。

自然，这些真相是我在封锁中所看不透的。我所见到的是另外一样……

六、我的所见与所思

我到旅顺以后，感到最惶惑不安的，倒不是因为受到封锁、隔离，而是从上角这几个日本人口中听到一种模模糊糊的意思，是关东军似乎连新国家的国体问题还没定下来。

这对我说来，比没有人迎接我更糟糕。没有人迎接，还可以用“筹备不及”、“尚未公布”的话来解释。“国体未定”又是怎么回事呢？国体既然未定，土肥原干吗要请我到满洲来呢？

郑孝胥和上角向我解释说，土肥原确实没有说谎，关东军支持我复位和主持大计的话全不错，不过这是满洲的事，当然还要和满洲的人商量，没商量好以前，自然叫做“未定”。

我已经不像在汤岗子那样容易相信这些人的话了，但除了听他们的话以外，也毫无办法，因为我身边没有另外可以商议的人。这还是我第一次离开我的师傅，在没师傅指点的情形下，我曾经采取过商衍瀛的办法，找神仙帮忙来解答问题。我把从天津带来的一本《未来预知术》打开，摇起了金钱神课。记得我摇出了一课“乾乾”卦，卦辞还算不坏。于是，我就这样地在郑、罗和诸葛神课[①]一致劝导下，耐着性子等待了。

有一天，上角来问我，是不是认识马占山。我说在天津时，他到张园来过，算是认识吧。上角说，板垣希望我能写一封信给马，劝他归顺。我说，我在天津已写过一封，不过如果需要，还可以再写。这第二封劝降书并没有用上，马占山就投降了。虽然我的信未发生作用，可是关东军请我写信这件事给了我一种安慰，我心里这样解释：显然这是日本人承认我的威信，承认这块江山必须由我统治才行。我是谁呢，不就是大清的皇帝吗？这样一想，我对于等待倒比较安心了。

这样的等了三个月，到我过生日的第二天，即一九三二年二月十九日，忽然传来了一个对我宛如雷击一样的消息，说是刚刚复会的东北行政委员会通过了一项决议，要在满洲建立一个“共和国”。所谓东北行政委员会是二月十八日复会的，这个委员会由投降的原哈尔滨特区长官张景惠、辽宁（这时被改称奉天）省主席臧式毅、黑龙江省代理主席马占山和被这委员会追认的吉林省主席熙洽组成，张景惠为委员长。二月十九日，这个委员会在板垣（一说是石原）导演下通过了那项决议，接着又发表了一个“独立宣言”。这些消息传来之后，可以说除了郑氏父子以外，我身边的所有人，连罗振玉在内，无一不大感恐慌而又十分愤慨。

---

① 《未来预知术》是香港出的一本迷信书，伪称是诸葛亮的著作，可是其中的卦辞中有汉代以后的诗文典故。

这时，占据着我全心的不是东北老百姓死了多少人，不是日本人要用什么办法统治这块殖民地；它要驻多少兵，要采什么矿，我也一概不管，我关心的只是要复辟，要他们承认我是个皇帝。如果我不为了这点，又何必千里迢迢跑到这里，又何必肯于受到封锁和挟制呢？我如果可以不当皇帝，我在世界上的存在还有什么意义呢？陈宝琛老夫子以八十高龄，风烛残年之身来到旅顺一趟，也是由于听到了这个风声，所以才特意来给我作一次最后的教导，他说："共和、总统之说，皇上万不可应，若非复位以正统系，皇上将无以对待大清列祖列宗在天之灵！"

我咒骂着土肥原，咒骂着板垣，咒骂着关东军。一个瓷茶杯在我的恼恨之下变成了碎片。当然，这些举动都是在没有人知道的情形下发生的。陈宝琛师傅给我的教导，这时完全发生了作用，我一走出寝室，立刻能做到喜怒不形于色。不但如此，我还从随身带来的小件珍宝玉器中挑选了几样，交罗振玉给板垣作讨好的礼物。另外，就是根据陈宝琛上次给我进行的最后一课教导，把我认为必须"正统系"的理由亲笔写下，交给郑、罗，要他们拿给板垣看。这时板垣正邀请他们到沈阳去。

我写的那些理由共十二条（后四条是陈曾寿后补上的）：

一、尊重东亚五千年道德，不得不正统系。

二、实行王道，首重伦常纲纪，不得不正统系。

三、统驭国家，必使人民信仰钦敬，不得不正统系。

四、中日两国为兄弟之邦，欲图共存共荣，必须尊崇固有之道德，使两国人民有同等之精神，此不得不正统系。

五、中国遭民主制度之害已二十余年，除少数自私自利者，其多数人民厌恶共和，思念本朝，故不得不正统系。

六、满蒙人民素来保存旧习惯，欲使之信服，不得不正统系。

七、共和制度日炽，加以失业人民日众，与日本帝国实有莫大之隐忧；若中国得以恢复帝制，于两国人民思想上、精神上保存至大，此不得不正统系。

八、大清在中华有二百余年之历史，在满洲有百余年之历史，从人民之习惯，安人民之心理，治地方之安靖，存东方之精神，行王政之复古，巩固贵国我国之皇统，不得不正统系。

九、贵国之兴隆，在明治大帝之王政。观其训谕群工，莫不推扬道德，教以忠义。科学兼采欧美，道德必本诸孔孟，保存东方固有之精神，挽回濡染欧风之弊习，故能万众人心亲上师长，保护国家，如手足之捍头目。此予之所敬佩者。为趋步明治大帝，不能不正统系。

十、蒙古诸王公仍袭旧号，若行共和制度，欲取消其以前爵号，则因失望而人心涣散，更无由统制之，故不能不正统系。

十一、贵国扶助东三省，为三千万人民谋幸福，至可感佩。惟予之志愿，不仅在东三省之三千万人民，实欲以东三省为张本，而振兴全国之人心，以救民于水火，推至于东亚共存共荣，即贵国之九千万人民皆有息息相关之理，两国政体不得歧异。为振兴两国国势起见，不得不正统系。

十二、予自辛亥逊政，退处民间，今已二十年矣。毫无为一己尊崇之心，专以救民为宗旨。只要有人出而任天下之重，以正道挽回劫运，予虽为一平民，亦所欣愿。若必欲予承乏，本个人之意见，非正名定分，实有用人行政之权，成一独立国家，不能挽回二十年来弊政。否则有名无实，诸多牵制，毫无补救于民，如水益深，如火益热，徒负初心，更滋罪戾，此万万不敢承认者也。倘专为一己尊荣起见，则二十年来杜门削迹，一旦加之以土地人民，无论为总统，为王位，其所得已多，尚有何不足之念。实以所主张者纯为人民，纯为国家，纯为中日两国，纯为东亚大局起见，无一毫私利存乎其间，故不能不正统系。

郑孝胥知道，这次沈阳之行是决定自己命运的关键。因为关东军在拿出所谓“国体”问题的定案，叫“东北行政委员会”通过之前，要最后排定“开国元勋”们的位置。因此，他在动身之前，对我的意思尽量表示顺从，以免引起我对他发生戒心，不让他去沈阳。等到他的目的已达，再从沈阳回来，他就不管我这一套了。这种变化，从他的日记里也可以看出来：

（正月）辛亥十五日（二月二十日）。旅顺电话：命赴行在……与大七同赴行在。召见，商对日本司令部措辞大略。奏曰：“共和制谢以未达，如议君主立宪，则告以事体繁杂，须研究讨论，果无流弊乃试行；预备以三年为期，三年之内，惟以独裁君主集权政府办理一切政务。如议国号年号，则告以国号不可改，年号或可酌改。”上颔之……得旅顺电话云：派郑孝胥、郑垂、罗振玉、上角，明日同往奉天。

壬子十六日。奉上谕："郑孝胥、罗振玉、郑垂：卿等赴奉，当示朕无私天下之心，其次，关于我方既定办法，决不变更，且详为释导，以破群疑，钦此！"附九时半快车赴奉天，寓大和旅馆。即至司令部晤板垣。夜板垣宴于粹山酒馆。晤张景惠及诸代表。

癸丑十七日。与张燕卿密谈，使告各方代表以将来论功行赏之大意。板垣示官制及"人民保障"诸法。至行政委员会旁听。是日议国体。吉林蒙古皆主君主，奉黑龙江、哈尔滨皆主先行，未定试行之制，将来改为君主……夜附十时半快车。(郑住大连)

甲寅十八日……九时半至旅顺复命。召对。极言当借力试行……

郑孝胥在日记里没记的，陈曾寿（此时住大连）的日记里记下了：

十七日……苏厂（郑）、叔言（罗）自奉归。此次郑氏父子充代表赴奉，系日军部邀请，上加派。雪堂（罗）到奉后，苏厂出席，上所命传之语，一字不提。言："皇上的事，由我包办，无所不可。"郑垂向板垣言："皇上是一张白纸，由你们军部爱怎么样画均可。"

当天我还不知道这回事，但是郑孝胥由主张坚决保留国号变为向我"极言当借力试行"，即所谓借日本之力，试行先当一下没有"宝座"的"满洲国执政"，这个变化就足够让我生气的了。当我听他说完了板垣执意不肯同意"大清复辟"之后，立刻跳起来说：

"土肥原说的不是帝国吗？连帝国也不是了吗？"

"连帝国也不是。这是'民本制'，这是行政委员会通过的呵！"

"什么委员会！我用不着'委员会'！我也不当什么执政，我回我的天津！"

"皇上还是再三思考为好。回天津已经不容易了。复辟必须依赖日本，眼前与日本反目，将来的希望也完了。将来复辟不是没有希望呵！"

他又讲了一堆历史例子，劝我答应，可是那些故事我早听够了，而且无论是刘秀还是重耳，都没有放弃君主称号的。我再三地固执不依，他却是胸有成竹地说：

"下午板垣就来觐见，请皇上对板垣说吧！"

"让他来！"我气呼呼地回答。

七、会见板垣

板垣征四郎是一九二九年调到关东军当参谋的，据远东国际军事法庭上的揭露，他在一九三〇年五月就对人说，他对解决“满洲问题”已有一个“明确的想法”，他认为必须以武力解决中日间的问题。至少在“九·一八”事变前一年，他就主张驱逐张学良，在东北建立一个“新国家”。判决书上说他“自一九三一年起，以大佐地位在关东军参谋部参加了当时以武力占领满洲为直接目的阴谋，他进行了支持这种目标的煽动，协助制造引起所谓‘满洲事变’的口实；他压制了若干防止这项军事行动的企图，同意了和指导了这种军事行动。嗣后，他在鼓动‘满洲’独立的欺骗运动中以及作为其结果的树立傀儡伪‘满洲国’的阴谋中，都担任了主要的任务。”

他于一九三四年任关东军的副参谋长，一九三七年“七七事变”后是师团长，一九三八年做了陆军大臣，一九三九年是中国派遣军的参谋长。以后又做过朝鲜司令官、驻新加坡的第七方面军司令官。在华北内蒙扶植伪政权、进攻中国内地、树立汪精卫伪政权、发动哈桑湖对苏的进攻等等重大事件中，他都是重要角色。

板垣是个小矮个，有一个剃光的头，一张刮得很干净的青白色的脸，眉毛和鼻子底下的小胡子的黑色特别显眼。在我看过的日本军官中，他的服装算最整洁的了，袖口露出白得刺眼的衬衫，裤腿管上的圭角也很触目，再加上他的轻轻搓手的习惯动作，给了我一个颇为斯文和潇洒的印象。板垣先对我送他礼物表示了谢意，然后表明，他是奉关东军本庄司令官之命，来向我报告关于“建立满洲新国家”的问题。

图 40　板垣征四郎

他说出了题目，却不立刻讲正文，而是慢条斯理地先从“张学良的虐政不得人心，日本在满权益丝毫没有保障”谈起，又大谈了一阵日军行动的“正义性”，“帮助满洲人民建立王道乐土的诚意”。我听着他的话，看着他的青白脸和忠岛比多吉的皱脸，不断表示赞同地点点头，心里却希望他快些把我关心的答案说出来。好不容易，他总算谈到了这个正题：

“这个新国家名号是‘满洲国’，国都设在长春，因此长春改名为新京，这个国家由五个主要民族组成，即满族、汉族、蒙古族、日本族和朝鲜族。日本人在满洲花了几十年的心血，法律地位和政治地位自然和别的民族相同，比如同样地可以充当新国家的官吏……”

不等忠岛翻译完，他从皮包里又拿出了《满蒙人民宣言书》、《执政即位宣言》以及五色的“满洲国国旗”，放到我面前的沙发桌上。我气得肺都要炸了。我的手颤抖着把那堆东西推了一下，问道：

“这是个什么国家？难道这是大清帝国吗？”

我的声音变了调。板垣照样地用他的不紧不慢的声调说：“自然，这不是大清帝国的复辟，这是一个新国家，这是东北行政委员会通过的决议，这个委员会代表满洲群众，一致推戴阁下为新国家的元首，就是‘执政’。”

听到从板垣的嘴里响出个“阁下”来，我觉得全身的血都涌到脸上来了。这还是第一次听日本人这么称呼我呢！“宣统帝”或者“皇帝陛下”的称谓原来就此被他们取消了，这如何能够容忍呢？在我的心里，东北二百万平方公里的土地和三千万的人口，全抵不上那一声“陛下”呀！我激动得几乎都坐不住了，大声道：

“名不正则言不顺，言不顺则事不成！满洲人心所向，不是我个人，而是大清的皇帝，若是取消了这个称谓，满洲人心必失。这个问题必须请关东军重新考虑。”

板垣轻轻地搓着手，笑容满面地说：

“满洲人民推戴阁下为新国家的元首，这是没有疑问的。这就是人心所归，也是关东军所同意的。”

“可是日本也是天皇制的帝国，为什么关东军同意建立共和制呢？”

“如果阁下认为共和制不妥，就不用这个字眼。这不是共和制，是执政制。”

“我很感谢贵国的热诚帮助，但是别的都可说，唯有这个执政制我却是不能接受。皇帝的称谓是我的祖宗所留下的，若是由我取消了，即是不忠不孝。”

“所谓执政，不过是过渡而已，”板垣露出十分同情的样子，“宣统帝是大清帝国的第十二代皇帝陛下，这是很明白的事，将来在议会成立之后，我相信必定会通过恢复帝制的宪法。因此，目前的执政，不过是过渡时期的办法而已。”

我听到“议会”这两字，又像挨了一下烫似的，连忙摇头说：“议会没有好的，再说大清皇帝当初也不是什么议会封的！”

我们这样的争来争去，总也谈不到一起。板垣态度平和，一点也不着急，青白脸上浮着笑容，两只手搓来搓去；我不厌其烦地重复着那十二条不得不正统系的道理，翻来覆去地表示，非要这个皇帝的称呼不行。这样谈了三个多钟头，最后，板垣收拾起了他的皮包，表示不想再谈下去了。他的声调没变，可是脸色更青更白了，笑容也没有了，一度回到他口头上的宣统帝的称呼又变成了阁下："阁下再考虑考虑，明天再谈。"冷冷地说完，他就告辞走了。

这天晚上，我又和板垣见了一次面。这是根据郑氏父子和上角的意见，在大和旅馆里专为板垣举行了一个宴会。照他们的话说，这是为了联络感情。

我在宴会上的心情是颇为复杂的。我所以敢于拒绝执政的名义，多少是受了胡嗣瑗、陈曾寿这些人的影响，即认为日本人把东北弄成目前这种局面，非我出来就不能收拾，因此，只要我坚持一下，日本人就会让步。但是在我拒绝了板垣之后，郑孝胥就提醒我，无论如何不能和日本军方伤感情，伤了感情一定没有好处，张作霖的下场就是殷鉴。我一听这话，又害怕起来。我原来认为，土匪出身的张作霖和我这"自与常人殊"的"龙种"按理不能并列，不过谁知现在日本人心里又是怎么样的呢？因此，我不得不时时注意着板垣的那张青白脸。那张脸竟是个没有春夏秋冬的脸。他大口喝酒，对任何人的敬酒都表现十分豪爽，他绝口不提白天的争论，那就好像根本不曾发生过似的。也好像约定好了一样，宴会上的人除了风花雪月，烟酒饮食，再不说别的。一直到晚上十点钟结束宴会，我还是没看出板垣脸上的气候。

可是用不着我再费多少时间去试探，第二天早晨板垣把郑孝胥、罗振玉、万绳栻和郑垂都叫到大和旅馆，让他们向我传达他的"气候"：

"军方的要求再不能有所更改。如果不被接受，就只能看做是敌对的态度，军方也只有用对待敌人的手段作答复。这就是军方最后的话了。"

我愕然地看着他们每人的脸，看到罗振玉的垂头丧气和万绳栻的惊恐神色，我相信郑孝胥传达的话不会是假的了，我的腿一软，跌坐在沙发上，半晌说不出话来。

别人都不言语，我只听见郑孝胥一人的声音："臣早说过，不可伤军方的感情……不过现在还来得及，臣已经在板垣面前极力担承，说皇上必能乾纲独断。"

我没有做声。

郑垂这时说话了："中国不是有句古语吗？不入虎穴焉得虎子。又说识时务者为俊杰。咱君臣现在是在日本人掌心里，不能吃他这个眼前亏，与其跟他们决裂，不如索性入虎穴将计就计，以通权达变之方，谋来日之宏举。"

昨晚的宴会上郑垂是最活跃的一个，他和板垣一再干杯，宴会后又拉着板垣去喝酒。今天他的通权达变、将计就计论说得又是如此娓娓动听，我没把它和昨晚的特殊举动联系起来，但觉得很奇怪，前两天他和他老子去沈阳之前，还说过非大清复辟不干，怎么变得这么快呢？

郑孝胥看我还是不做声，又换上了激昂的声调说，日本人说得出做得出，眼前这个亏不能吃，何况日本人原是好意，让我当元首，这和皇帝是一样。“臣伺候皇上这些年，还不是为了今天？若是一定不肯，臣只有收拾铺盖自己回家。”听了他这话，我发了慌。这时他儿子又接着说：“现在答应了日本军方，将来把实力培植起来，就不愁没有办法按着咱的意思去办。”这时罗振玉垂头丧气地说：“事又已此，悔之不及，只有暂定以一年为期，如逾期仍不实行帝制，到时即行退位，看以此为条件，板垣还怎么说。”我再没有办法，叹一口气，叫郑孝胥去和板垣说说看。过了不多时候，他头顶闪着光来了。

“板垣同意了！今晚上板垣特为未来的执政举行一个小规模的宴会！”

我就是这样，一方面是浑身没有一根骨头是硬的，一方面还幻想着未来的“复位登极”，公开走上了这条卑鄙无耻的道路，确定了头号汉奸的身份，给血腥的统治者充当了遮羞布，在这块布底下，从一九三二年二月二十三日这天起，祖国的东北完全变成一块殖民地，三千万同胞开始了染满血泪的苦难生活。同时，我也给本庄、板垣之流增添了信心，奠定了“发家”的基石。郑孝胥日记里这样记下了本庄、板垣等人的命运关头：

> ……上乃决，复命万绳栻往召板垣。遂改“暂为维持”句。板垣退而大悦。昨日本庄两次电话来询情形，板垣今日十一时当去。暂许之议，十时乃定。危险之机，间不容发。盖此议不成，则本庄、板垣皆当引咎辞职，而日本陆军援立之策败矣……

这天晚上，板垣、上角等几个日本人和随我到东北的几个遗老都出席了这个宴会。板垣变了另外一个人，他叫来了一大群日本妓女，给每人配上一个，他自己左拥右抱，拼命喝酒，斯文相全没有了。

一个日本妓女拿了一杯酒给我，用生硬的中国话问道：“你是中国人的？你是做什么的？”

板垣听见了，哈哈大笑，那女人吓了一跳，惊慌地缩了一下脖子。她的涂满了白粉的脖子和那副惊慌样，叫我想起了瓷人，我因之一下子忽然想到，我这“临时执政”也是瓷制的，说不定什么时候就会摔个粉碎……

第六章

伪满十四年（1932～1945）

一、同时上演的另一台戏[①]

——摘录一个参与者的记述

（1931～1932）

日本人建立这个“国家”组织，首先是建立地方的组织，要解决这个问题也并不难，因为他们早已准备好培养好一批“人才”了。

九月二十三日，关东军大佐参谋兼奉天特务机关长土肥原贤二受本庄繁的命令，就任了沈阳市长。但是土肥原感到他到底是一个日本人，做事有些不太顺手，不如利用汉奸来做，既省事，收效也大。于是他把豢养多年的大汉奸赵欣伯拿出来做替身。

赵欣伯原是满族旗人，曾任清末禁卫军的卫兵，辛亥革命后，在北京参加文明新剧团，因其面首还不恶，常饰旦角，颇为某阔老（忘其名，据说是国民党某要人）所赏识，因而被拉进国民党。一九一三年，袁世凯驱逐国民党，赵欣伯也在北京站不住脚。他在演剧时曾与某王公的爱妾勾搭成奸，此时见事不妙，便诱拐她一同逃往大连。赵欣伯改名为刘笑痴；他拐带的王公爱妾改名为王爱痴。赵欣伯两手空空，生活困难，幸而他能说一口好的北京话，合乎那时某些日本人的要求，就以教日本人学中国语维持生活。王爱痴也粗知文字，经日本人介绍在大连公学堂（初高小和初中程度）做初小教员。同时，赵欣伯因国民党的关系，与逃往大连的国民党有联络，为当时大连日本财阀相生由太郎（此人因包办大连码头装卸车船货物，榨取中国劳动工人的血汗而大发横财）、石本贯太郎（此人包办贩卖鸦片致富）和日本大浪人大连泰东日报社长金子平吉这三个家伙所豢养。这三个人承担替日本军阀政党财阀豢养中国的

① 编者注：本节在定本中被整体剪裁。作者不详，俟考。由于摘录其他人文字，故某些内容与本书第五章第六节不符。这次出版遵循作者原稿。

胡匪党徒扰乱中国治安的任务，以便发动中国内乱，给日本帝国主义造成侵华的机会，因此，赵欣伯夫妇得到这三个日人的资助，于一九一五年到日本留学，进入明治大学法科，这时才把刘笑痴的假名改为赵欣伯。他虽得到资助，生活仍不富裕，还是边读书边教中国话，因此认识了一些日本陆军士官学校和各高等专门大学的师生。王爱痴也因教中国话而结识了不少日本人。王爱痴后因怀孕难产，在东京帝国大学医学院施行手术时死去。赵欣伯失去了这个摇钱树，生活收入大成问题，心殊不甘。日本军人和各大学教授素与王爱痴有来往的，也支持赵欣伯提起诉讼，控告东京帝大医师，要求赔偿损失。日本帝大医科以名誉关系，尽力运动东京地方法院不予起诉。该法院根据日本法律和法院判例，对于医师因用药或施行手术而危及病人的生命时，从来不以杀人论罪为理由，仅以“过失”的轻微处分了事，并没有判处任何赔偿。各教授们就以“刑法过失论”为题，让赵欣伯向东京帝国大学提出“博士论文”，赵在各教授帮助之下，抄袭一些前清“大清律”的旧东西，用日本刑法的条文加以解释，作为论文向东京帝国大学学士院提出。论文内容平常，实在没有通过学士院授予博士学位的价值，但是，日本有些人极力主张对于赵的论文，应当从政治意义方面去看，予以通过，授予赵以博士学位。理由是：出身日本各大学的中国留学生，还从来没有获得过法学博士称号者，这次赵欣伯享受日本法学博士的荣誉，一方面既可略酬赵夫妇多年来对于日本的各种贡献，又可以取得中国留学生的好感，使他们积极亲日，以便归国后为日本做更多的贡献，对于日本实现“大陆政策”也是有帮助的。日本帝国主义的军阀、财阀们都支持这个主张。加上赵欣伯到处奔走，哀求各方面帮助，因此，日本学士院居然通过了他这个毫无价值的论文，授予赵法学博士称号。赵在日本的社会地位，随之提高。日本军阀认为这只可以利用的走狗，长期放在日本，没有多大意义，让他回中国对于日本会有更大的作用，因而通过张作霖的日本军事顾问本庄繁（也可能是另一位日本军人，记不清楚了），于一九二六年把赵推荐给张作霖，并加以吹嘘，说赵欣伯博士品学兼优，尤其精通法学，为今日有名的学者。张作霖对于一个日本留学生本来无所谓重视与欢迎，现在赵欣伯既有本庄的介绍，每月拿出几百块钱赏他碗饭吃，也不算什么，便用赵为东三省巡阅使署法律顾问。赵欣伯获得了这个头衔，在东北政治舞台上总算有点活动资本，就大肆招摇起来，往来于军阀官僚与日本军阀之间，相当活跃。当时大多数有爱国心的中国人都不屑与他来往，但是他总想联络一帮人造成一股势力，便以提倡研究中国法学为名，组织一个所谓“法学研究会”，地址设在沈阳博物馆内，又从张作霖那里每月骗去一千元津贴作为经费，从日本法学杂志里翻译一些没有什么价值的稿子，登载在他的“法学研究”刊物上，粉饰门面。从此，“赵欣伯”三字逐渐在东北政学各界露出头来，他也就越发招摇撞骗，拉拢一些日本浪人匪徒，以壮声势，尤其与日本特务头子土肥原贤二最为亲密。因此，在“九一八”事变的第三天，土肥原居然就从衣兜里把他掏出来，叫他做沈阳市长，作为自己的替身。

赵欣伯钻营多年，一旦如愿以偿，就依靠他主子的淫威，勒索敲诈，大发横财，旧军阀官僚巨商如汲金纯、张仙舫等都遭殃及。他在三个月里获得巨款六十万元，贵重财物不计其数。这种行为也引起了其他汉奸头目的嫉恨和议论。十月二十八日袁金铠、阚朝玺等正在伪委员长室里和大家胡说乱讲赵欣伯的德行的时候，赵欣伯忽然带领伪警察五十多人闯进省政府院内示威，表面上说市面不靖，用来保护大家的安全，实际上是由于袁、阚在对赵的恶劣行为私下议论，为赵所知，致有此举。阚当时忍不住大怒，便和赵口角起来，并到庭中大喊大叫说：“我姓阚的外号阚大刀、阚屠户，从来不怕死，警察弟兄们如果和我过不去，不要客气，就把我枪毙好了。若是面对面不好意思开枪的话，我可以转过身来。”说着便把脸转向里面，大叫道：“请开枪吧！”当时大家把阚朝玺拉到屋里，并没开枪。赵欣伯耀武扬威而去，一场小小的闹剧至此收场。这时又有一个曾充北京政府财政总长、东三省边业银行理事长的阎廷瑞，持有某日本人的介绍信，来沈阳见关东军某参谋，自称以私人资格奉张作霖五妾之命，提取存款，求赵欣伯从中帮忙。赵要求先给他二十万元，才能相助。阎说，手下无钱，候款取出时再给。彼此相持多日未决，事为别人闻知。赵认为阎既不行贿，又破坏他的名誉，恼羞成怒，密告日本宪兵队长三谷清说：“阎廷瑞来沈阳表面上说是为人提款，实际上是为张学良侦探日军的秘密。”日本宪兵便把阎廷瑞抓起来拷打折磨，一星期后阎即惨死。

九月下旬，本庄繁派板垣征四郎到辽阳城里见老牌汉奸于冲汉，说：“本庄司令官很挂念你，现在身体怎样？如果能到沈阳住，医疗既方便，早晚又可以和本庄司令官与我们谈谈，我想于先生不会拒绝吧。”

原来，于冲汉当日寇走狗的资格更老，与日寇的不少当权人物有来往，尤其是与日寇在华的人物更有其良好的关系。

于冲汉是辽宁省本溪县人，生于一八六九年，家里是大地主，有一所大院，并霸占了院的前后两个山头，此外还开了一个杂货店。他父亲曾在热河平泉当“州判”，不久即被因受不了蒙古王公压迫剥削借宗教力量起义的汉族农民杀死了，因此，清廷赏了他的子孙为世袭云骑尉，并赐给其“五品顶戴”的衔级。

于冲汉在前清时曾考上过秀才，一八九一年因镇压人民有功授县丞，一八九三年升候补知县。一九〇〇年于冲汉到了东京，在外国语学校中担任了中国语教师。从此开始，于冲汉与日本的统治者勾搭上了，走上了无耻的当汉奸的道路。日本统治者看到他能专心研究日本的情形，讲起日本话来也明晰流畅，认定他是奉天派唯一的“老日本通”。一九〇四年日俄战争爆发之后，日本派他到辽阳日本军司令部当翻译，以后又到沈阳日本军政署当翻译，因其肯卖力气，善于奉迎讨好，日本为了酬劳其功绩，赠予了一枚六等勋章。战后于冲汉当过“奉天省巡警总局提调（相当于参事）”，亲手创办了辽阳城内的巡警局，做过“奉天交涉司随办”、“民国外交部特派奉天交涉员”。这时于冲汉已成了日寇的重要奴才之一，每当举行什么公开的活动都要让他参加。如一九一三年秋，日本“驻满洲师团”在长春到大连铁路沿线演习结束时，在“奉天附属地”举行了“师团长阅兵式”，也邀请了他去陪阅。

一九一五年日寇的走狗张作霖任二十七师师长时，于冲汉在张师中任顾问。张作霖凭着日本的势力当上了奉天督军兼省长，于冲汉也当上了“东三省官银号”总办。这个肥职给了他尽情搜刮老百姓的大好机会，大大地发了洋财。特别是张作霖为了取得外汇，无止境地发行“奉大洋票”，以此来收买大豆去换“金票”，于是“奉大洋票”价值暴跌，造成了通货膨胀。为了把这个负担转嫁给劳动人民，就又发行“现银元票”，原来的一元“奉大洋票”只值二分“现银元票”。劳动人民吃了大亏，而这些军阀汉奸却朋比分肥发了洋财。于冲汉从一九二〇年至一九二四年，仅仅红利就分得了五十余万元，其他用见不得人的手段搜刮来的更不用说了。于是新置了大批田地，修了华丽的住宅和别墅。

在这同时进行的另一件更大的卖国勾当是：袁世凯与日本订的二十一条卖国条款中，有一条是日本有鞍山铁矿的采矿权。根据这条，于冲汉的活动不遗余力，把祖国的权利拱手出卖给日本。一九一六年夏，日本在鞍山成立了一个名义上中日合办的“鞍山铁矿采矿振兴无限公司”，于冲汉出任中国方面的总经理。可是于冲汉对这条卖国条款的实现并不满足，为了取得主子的欢心，也为了自己更好地发洋财，他与张作霖一块儿在这条款的基础上更发展了一步，把开采出来的矿石就地炼铁，以便减低成本。所以在鞍山附近强买农民的土地万余垧，作为建设炼铁高炉、炼焦炉及修筑运输铁矿石的铁道用地。又在铁道沿线海城、盖平两县境内强买苦土矿、长石矿、骨石矿等十余处。由于这个汉奸的势力，使许多农民流离失所无家可归，而于冲汉却又发了一笔洋财。一九三一年“九·一八”事变之后，这个公司由“中日合办”名义改为“日满合办”名义。次年于冲汉死去，其子继承了其总经理职位。于冲汉一手出卖祖国矿权的结果，使国家的资源受到极大损失，供给了日本战略物资支持了其侵略战争，而于冲汉父子俩前后共捞到了一百八十万的横财。

因为于冲汉有了上述卖国“功绩”，一九一九年日本政府又赠给了他一枚“二等瑞宝勋章”。第二年，于冲汉又作为张作霖的特使，赴日本东京，乞求日本谅解，数次会见了币原首相，上原参谋总长，内田外相，田中陆相。日本见其对主子的忠实，对其更有好感，非常信任。

以后他官运亨通，先后兼任奉系保安总司令部总参谋，东省特别区行政长官等，直到一九二七年因病辞职闲居。

所以，板垣一见了于冲汉就说了上面一段话。在九月上旬，关东军司令部从旅顺移到沈阳时，本庄繁路过辽阳，借口慰问于冲汉的病，下车到城里见过他。本庄繁于一九二六年后充张作霖军事顾问时期，与于冲汉很熟悉，彼此可以谈心。这次见面，本庄繁把日本帝国主义对于东北局势的看法和将来的行动已暗示一些，于冲汉心中早已有数。他现在听到板垣的话，便知道本庄繁让他出来，因而想到他自己过去很得张作霖的宠信，和杨宇霆一样，充任张作霖的总参议。张学良当权以后，对于老一辈人很冷淡，自己也就只好待了下来。再说现在本庄既这样看得起我，我怎能不听命呢？因此，他便回答板垣说：“谢谢本庄司令官的关怀和你的厚意，我这几天就想到沈阳见见司令官，只是身体不大做主。请回答司令官，无论如何我明天一定到沈阳。”

当时于冲汉患的是“烟后痢”病，大便带脓血，病情不轻，但是他听到主子赏脸呼唤，怎敢不听从。果然，第二天他便到沈阳，住在军署前的通天街的自己住宅里。从此日寇大佐参谋板垣征四郎，中佐参谋石厚莞尔，少佐参谋和知清，大尉参谋今田四郎和满铁奉天公所长镰田谦吉等出入于家，催促他组织伪政权。

于冲汉在东北政界虽然是个老资格，要比赵欣伯高出多少倍，但终究由于他臭名远扬，人人齿冷。这次又是干的这样一种大逆不道的勾当，煞费力气，他也自知招呼不动，恐怕误了主子的大事，遭到责罚。因此，他想把自命为“关外大儒”的同乡老友袁金铠拉出来做帮手（袁曾做过张作霖父子的秘书长，借势力卖官鬻爵，赚了不少钱，在辽阳占买了一千多垧好地）。他把袁金铠请到他家里（袁住在于的对门），躺在大烟榻上作了如下一段谈话。

于冲汉说：“我看东北局面必将彻底改变。日本处心积虑想要占据满蒙，为日已久，这次得机会进军东北各地，是实现它的大陆政策的开端，不是简单能够退兵的，并且根本也没有退兵的样子。

“其次，老将（张作霖）在世的时候，还能听听我们的意见，遇事有个商量。现在小六子（张学良乳名）这孩子，子承父业虽有李世民的雄心（张学良曾以李世民自居），却没有李世民的才具。他跑到关里贪图玩乐，把军政中心无形中移到北京，置东北老家于不顾。我们还捧他有什么意义？

“第三，日本图谋侵占东北领土，已非一日，几个月来的情况尤为明显。蒋介石、张学良有兵有将，但是他们居然事前商量好，决心把东北奉送给日本。我们两手空空，无拳无勇，拿什么去抵抗日本，反对日本呢？我们既然离不开家乡，离不开东北这块土地，也不能像蒋介石、张学良那样狠心，坐视东北人民陷于水深火热之中而不去设法拯救。那么，只好将计就计，暂时答应日军的要求，起来组织临时地方政府，维持治安，恢复秩序，既可稳住日军，徐图挽救的方法，又可避免人民遭受日军的蹂躏，这也不失为救国爱民的义举。如果日后有了办法，国际出来干涉，日本能够撤兵，张学良重归东北，我们也不失为守土保民之士，于国于民，可告无愧。我身体本来不好，现又有重病，不能出去应付。你的精神还好，我希望你出头收拾这个难局。对于日军方面无论有何困难，我当负责交涉，尽力帮助你担当难局，你看怎样？”

袁金铠原是个张作霖手下的红人，但自张学良得势后，他这个“袁大儒”就被冷落下来了，他自然很不满意张学良。他本是个利欲熏心官瘾十足的家伙，听到于冲汉这番怂恿，早已心旌摇摇，认为好机会到了，但是他表面上却假惺惺地装着颇有难色的样子。他说：“这样做，岂不是有失我们一生的名节，叫人笑骂吗？并且我在东北的政治地位也不高，能力也有限，尤其对付日本人我是一点经验也没有。我看还是你出来撑着门面，我在后面帮助你比较妥当些。”

于冲汉大笑说：“你这个老奸巨猾，还在我眼前说假话！我问你：自古以来所谓名节二字值几个大钱？胜者王侯败者寇，识时务者为俊杰。关于这些，你要比我明白得多了，还装什么腔？我实在病得动不了，请你不要迟疑。过了这个村，可就没有这个店了。你放心，我说到哪里，就做到哪里。你只管出来，我决不能捧你上去，再撤梯子叫你摔下来。我明天就答复本庄。我们就这样办吧。”

袁金铠说：“假如我硬着头皮勉强出来，用什么名义呢？”于冲汉说：“先打出东北地方自治委员会的招牌来，还不是顺理成章的事情吗？”袁金凯沉思了半天说：“不大妥当吧？”于冲汉说：“为什么？”袁说：“自治二字岂不是脱离中央独立了吗？”于冲汉说：“你又装糊涂了。南京的蒋介石、北京的张学良拿出不抵抗主义对付日本，就等于不要东北，置东北人民的生命财产于不顾，我们出来维持地方，保护广大人民安居乐业，这不是我们见义勇为、责无旁贷的好事情吗？还管那中央做什么，难道独立自治不是蒋、张逼着我们去做的吗？”袁说：“你说得固然有道理，只是东北二字我看用不得。据说熙洽已在吉林独树一帜，黑龙江群龙无首，正陷于混乱状态。我们的力量实际上达不到吉黑两省，我看用辽宁两字比较妥当。并且阚朝玺（张作霖时代的热河督统，奉军军长）这个家伙已纠合一帮无赖流氓，在沈阳城内打起所谓“四民维持会”的招牌，听说还利用一帮日本浪人小仓正治、水上等，勾结满铁总裁内田康哉作为靠山，想拥戴恭亲王溥伟为首领，恢复满清，进行复辟。我看可以把阚朝玺拉过来，加入我们的组织。我们的组织添了这样一个军人代表比较有利，又可以瓦解‘四民会’，恭亲王非分的野心，也就无从施展。你看怎样？”

于冲汉沉思半天说：“这也使得。但是委员人选不宜过多，越多越乱，不好办。据我看，你担任委员长，我和阚朝玺，再拉上赵欣伯担任委员，省得他们背后捣乱。本来还有些人可以拉出来，但是怕他们畏首畏尾，不肯出来，暂时只我们四个人也就够了。”

袁金铠说：“还是你担任委员长，对日军方面办事容易。你身体不好，一切事务由我来负责。”于说：“你担任委员长最相宜。你怕麻烦，就叫阚朝玺担任副委员长，麻烦事叫他去挡。我帮助你对付日本人。这样，赵欣伯就无从施其伎俩了。”

袁金铠还是半推半就地说：“好吧，待我明天召集大家商量一下再说吧。”

十月二日，袁金铠在辽宁省政府召集各厅处长开会。当时，财政厅长张振鹭，建设厅长鲁穆庭，[①] 警务处长黄显声等都在北京，只有教育厅长金毓绂和沈阳县长出席。此外，商务会长、农务会长、教育会长和各法团代表们也都参加。袁金铠说：“目前时局不定，群龙无首，人民无所适从。我们本诸天下兴亡，匹夫有责的大义，拟组织辽宁地方维持委员会，代行辽宁省政府职权，以安民心。一俟秩序恢复正常，这个会立即解散，决不拖延，大家以为如何？”到会的人面面相觑，默无一言。还是沈阳县长很机灵，首先发言说：“我看洁老（袁金铠别号洁珊）的意见很对。事到今日，只好这样办。”大家原无成见，便说：“洁老识多见广，老成练达，看怎办就怎办吧。”于是沈阳县长又提议推举袁金铠为委员长，阚朝玺为副委员长，于冲汉、赵欣伯为委员，大家

① 编者注：据辽宁省政协文史办公室所提意见，鲁穆庭应为刘鸣九或袁绢群，因鲁穆庭时任东三省官银号总办。

都无异议通过。袁金铠提议张某（忘其姓名）为该委员会秘书长，大家无意见，辽宁省伪政权就这样产生出来了。

十月三日，袁金铠即以伪委员长的名义把成立伪政权的经过通令各市县，并发出布告。

伪政权成立后，日寇关东军司令官本庄繁以下僚属，都不满意，认为该委员会的声明，既无东北脱离中国、独立自治字样，却有等待张学良归来的说法，这等于是为张学良看家而敷衍日本的表示。因此，板垣征四郎等对于冲汉说，本庄司令官对于辽宁地方维持委员会的组织很不满意，认为不合乎日军的要求。于冲汉只得哀求日寇主子息怒，容许他日后徐图补救。同时，日军立派满铁公司卫生课长、满洲青年联盟理事长、医学博士金井章二为该委员会最高顾问，升巴二郎为顾问，监督指挥该会遵照日军的意旨办事。金井对于辽宁省政本来一窍不通，因又拉上阮振铎（当时吉长铁路局医院院长，曾在满铁公司设立的南满医科大学读过书，与金井有师生关系）为该会顾问，作为帮手。但是这个伪政权的政令，几乎不能出沈阳城一步，袁金铠坐在辽宁省主席办公室里所委任的一些伪县长，由于地方秩序没有恢复，也不能到差。一群大小汉奸聚在会客厅里，除了胡说乱道一阵，便大摆宴筵，每饭成席。金井、升巴、阮等除了作威作福，大吃大喝外，也无从施其伎俩。

日寇侵占了沈阳、长春、吉林各大城市，树立了地方的伪政权，组织了伪军警，但是沈阳的伪地方维持委员会，既不合于日军的要求，也无实际作用，除在满铁沿线上的六七个县外，对于其余全辽宁四十几县完全无力控制。加上东北边防司令长官公署和辽宁省政府在九月底后都已移到锦州，并调辽西一带东北军队四五万人据大凌河南岸抵抗日军前进，使日军不能渡河。日寇采取以中国人打中国人的手段，把豢养多年的流氓汉奸凌印清拿出来，委为东北自卫军总司令，占据盘山县一带，招集胡匪天下好（盖中华），老北风（张海天），项青山，卑庭秀等五万多人，由日寇供给枪械子弹，打起青天白日旗，以“救国救民，保卫地方，实行自治”为幌子，但不久即为东北军黄显声部所消灭，凌印清被枪决。

但是日寇心殊不甘，声称为凌印清报仇，又想利用张学良的叔伯兄弟张学成（素与张学良不睦，有野心）。关东军司令官本庄繁把张学成找到沈阳旅馆（关东军司令部所在地）利诱他说：“日本进军东北，原无侵占东北领土之意，本想促进令兄张学良的觉悟，脱离蒋介石的牢笼，速归东北，实行中日亲善，共存共荣，以便共同保卫满蒙，防御赤化势力的侵入。不想令兄张学良执迷不悟，反友为仇，因此请你出来，共同协力剿灭东北残军，恢复东北秩序。我保障你做一个东北军政两方面的大首领。请你想想，大好机会不可错过。”张学成是个利欲熏心不知国家民族为何物的家伙，当即向本庄表示愿做犬马。本庄就委他为东北自卫军总司令，供给枪械子弹，在黑山一带招收胡匪四万多人，打起红蓝白黑满地黄的旗帜，宣布独立自治，打击东北军。不料还不到二十天光景，就被东北军打散，张学成也被枪决于黑山县。

据当时南满铁路公司顾问日本陆军中将高柳保太郎说，日本关东军侵占东北发动“九·一八”事变的善后方案有三个。一个是估计张学良失去了老家，即丧失了政治上的根据地，等于丧家之犬。他为恢复实力，可能改变排日的态度，自动地投降日本，承认和履行所谓“二十一条”，和日本合作，实行中日亲善，开发满蒙资源，共同防御共同的敌人（指苏联）。另一个是，如果张学良不肯归来投降日本，日本就从现在东北的中国人物中选一个堪作东北代表的人物，支持他实行东北独立自治，组织一个实行中日亲善的政权。再一个是，如果找不到这样的人物，就把在天津的溥仪弄来做傀儡，组织伪政权，从历史关系来说也讲得下去。尤其大佐参谋土肥原贤二竭力赞成这个方案。高柳保太郎又说，无论哪个方案，都必须把整个满蒙完全侵占后才能实现。现在辽吉两省大部分虽已侵占，黑龙江省还没拿下，辽西一带也有问题，必须军事政治两方面双管齐下，才能较快地达到侵略的目的。

关东军因为现有的辽宁伪组织很无力，汉奸人物也不够用，板垣征四郎、石原莞尔等再三催促于冲汉成立新的伪组织。同时，本庄繁又和南满铁路公司总裁内田康哉联络，要他赶快选定大批青年人物以便应用。因此，十一月一日，所谓“奉天地方自治指导部”的伪组织便突然出现。这个伪组织设在沈阳城内女子同泽中学，内部组织为部长由于冲汉担任，他的长子于静远，沈阳税捐局长王家鼎，满铁公司文书科长中西敏宪，日本律师中野琥逸（大连民政署长，著名鸦片贩子中野有光的儿子）为顾问，辽宁省政府咨议、大连关东报总编辑王子衡为秘书，满铁公司庶务课长结城清太郎为总务科长，本溪湖煤铁公司秘书王秉铎为调查课长，满铁公司参事笠木良朋为联络课长，于静远兼任青年训练所长。担任参事的有：曲秉善、张贤才、吕作新、张汉江等二十多人，和满铁职员中参加日本青年联盟和雄峰会组织的其他各方面的日本人二百多人。这个伪组织的任务是宣传日寇侵占东北的大陆政策是“除暴安良，合理合法的义举”，监督指导各县行政，调查研究东北人的思想情况，以便做出对策，并且还要导演“民众自治”和“要求独立”的一出戏。因此派出大批日寇和汉奸，穿着中国旗袍马褂（当时东北人民爱国仇日情绪很高，日寇穿洋服怕遇害，因而都换上中国便服，避免招祸，进行所谓“宣传宣抚”工作也比较方便）。十二月下旬，他们叫嚷着要为凌印清、张学成复仇。这些人随着关东军第八师团前往锦州、锦西一带各县，大散宣传品，说什么“日军仗义兴师，讨伐残暴，如有暗藏敌军，援助匪徒，破坏日本军事行动者严加惩处，如有帮助日军密报敌人的行动者给以重赏。”东北军终以众寡不敌，于一九三二年一月上旬自动地向西退却。日寇军迫近山海关后即不再前进，整个辽宁省至此完全被日冠侵占。辽西八县政府改名为县公署，派有日寇充“县公署”参事，并有汉奸翻译，指导监督县政，进行所谓宣传抚慰以麻痹人民的“自治”工作，为进而建立伪国创造条件。

辽宁省政府主席臧式毅因为拒绝与日军合作，于九月二十二日被监禁后，虽然物质生活供应不缺，鸦片也得以大吸特吸，而身体不自由，精神太苦恼，感觉生命根本没有保障，因而决定叛国投敌，服从日寇的驱使。一九三二年一月中旬，本庄繁命令金田大尉把他接到沈阳旅馆内。本庄对他说：“委屈你了，对不起。因为阁下在中国的地位很高，影响也很大。听说阁下谅解日本的立场，愿意与我们合作，太好了。”臧说：“过去我想到自己身负政府的委托，个人出处如不审慎考虑，恐难见谅于国人。多日以来，熟思的结果，感到中国中央政府和张学良副司令既都没有抗日的心理，区区如我，更不应有违背中日提携的精神。愿尽绵薄，讲求两国亲善之道，以便对中日合作事业有所贡献，也无损于互爱自己国家的精神。”本庄说：“对了，那好极了。阁下疲乏了，请回去休息休息，我们再谈吧。”

一九三二年一月十三日，臧式毅由他家来到辽宁省政府。他看到省政府大门的左边挂着“辽地方维持委员会”的牌子，右边挂着“辽宁省政府”的牌子，心殊不快。走进屋里，他看到日寇金井章二和汉奸阮振铎高踞在省主席办公室里，袁金铠占据了主席小会客室。臧式毅由差役领到大客厅，愈发感觉到“衙门依旧，景物全非”。袁金铠等一群人都进来向臧道喜，由袁说明“辽宁地方维持委员会”的一切情形。臧听后意气沮丧，激动地说：“我这次回来，是本庄司令官让我照旧支持辽宁省政府的，现在这样，我还像个什么主席?”袁说：“这只好请示本庄司令官取消辽宁地方维持委员会，我们得以卸却重肩，倒是很愿意的。”又说：“即使能够这样做，恐也不能恢复辽宁省政府昔日的权威。一则日本最高顾问好像太上皇一样，坐在主席的座位上发号施令，已成为省政府的中心。二则现在又有个‘奉天地方自治指导部’的机关，监督指导各县行政，县长都得听他们指挥。并且他们任意更换县长，也不通知‘辽宁地方维持委员会’，今后是否能通知奉九（臧式毅别号）也未可知。”臧式毅被袁金铠奚落了几句，真是啼笑皆非，越发冲动起来，气愤地说：“于云章（于冲汉别号）也太胡闹了。他躺在家里做个维持委员，还不够瞧的吗？为什么又组织什么指导部来篡夺省政府的职权呢？岂有此理！”说着涕泪交流（并非义愤而是鸦片瘾发作起来），起身就走，回家吸鸦片去了。

臧式毅过足烟瘾后，寻思于冲汉这个老汉奸（他忘了自己也正做着汉奸）真是可恼，浑水摸鱼，投机卖国，我委屈了好几个月，好容易才出来了，他却躺在家里不动，也不来看看我。第二天，他到省政府，下条子撤销所谓“自治指导部”委任的十几个伪县长，使旧县长复职。“太上主席”最高顾问金井章二说：“这样做不好吧？请把条子收回，以后慢慢再说吧。”臧式毅碰了这个软钉子，气愤难平，便到于冲汉家里想跟他争论一番，出口闷气。于冲汉见臧面说：“恭喜恭喜！我近来老闹病，起不来，没能去看你，对不起。我以既老且病之身，替你维持了这几个月的局面，实在累得不得了。你出来了正好，我可得休息一下了。”实际上于冲汉早已知道臧式毅被放出的原因和他的行动，所以说一些先发制人的话逗逗他。臧式毅又被于冲汉奚落了一顿，只好说：“哪里的话，哪里的话。”便同于冲汉倒在床上边吸鸦片边谈话。臧说：“我们辽宁省现在有了三个行政机关（指省政府，委员会，指导部）并立，有些不好办，你看怎样？”于说：“你说得一点儿不错，一国三公，这教人民听谁的好呢？请你设法把三个摊子归拢在一起，我是很希望的。”实际上袁金铠坐上维持会委员长的高椅，岂肯轻易下来？于冲汉正想利用“自治指导部”的招牌扩张势力，做他的政治资本。臧式毅本想尽点儿犬马之劳，报答他主子不斩之恩，但又有个太上主席（最高顾问）掌握实权，岂能容他随便做去，真是内外交攻，很不得劲。他们三人之间的矛盾也就越来越深，日寇更是利用他们之间的矛盾加以操纵，因而发出了建立一个统一东北的伪政权的命令。

关东军因为张学良、张作相、万福麟都不能回来，现有的张景惠、臧式毅、熙洽又都不是能够代表统一东北的人物，而东北则需要一个统一的政权。因此，一九三二年一月中旬，本庄繁于沈阳旅馆特召于冲汉会谈。本庄繁说：“现在辽吉两省秩序基本上已经恢复，马占山已经投降，黑龙江省的治安也没有多大问题。只是各省分立，政治无法推行，经济不易恢复，人心不好安定。需要建立一个统一政权，对于政治、经济、文化等政策才能顺利进行。你看怎样？”于冲汉早已明白本庄的意图，便说：“阁下的意见很对，东北地方长此分立，不仅对于中国人的生活无法改善，贵国援助中国开发满蒙的大计划也无法实现。必须成立一个新政权，才能完成这个使命。”本庄繁说：“是那样的。那么，就请你研究一下新政权的名称、性质和内容，下次见面请你告诉我。再就是新政权出现以前，需要有一种民意的表示，才合乎要求，我看你的‘奉天地方自治指导部’正好做这一运动的先导者，请你筹划一下详细办法，回头我告诉他们（指“自治指导部”的日人）办好了。”

于冲汉回家后，先把本庄的话告诉其子于静远（指导部顾问）。于静远说：“我留学瑞士，知道瑞士是个复合民族的国家，人民说的是德、法、意三种语言，风俗习惯各有不同，没有军队，只有少数警察维持秩序，人民安居乐业，倒很幸福。我们东北现在四五个民族，性质有些像瑞士，如果建立一个像瑞士那样的国家倒也不错。”于冲汉又请袁金铠、臧式毅到他家，对他们传达本庄繁的意见。袁金铠说：“这样说来，是要建立一个新国家，可得好好研究研究，不能马马虎虎的。我看尽可能让些权利给日本。经济尽管合作，政治却要独立。我们自己干自己的，不能让日本人乱参与。”臧式毅说：“实行东北联省自治，采用委员会制度，共同推出几个人来各负专责，再举一个总其大成的人来，也是一个办法。”于说：“二位的意见虽好，只是恐怕行不通。我们自己干自己的，不让日本人参与，这是办不到的想法。至于推举一个人总其大成的说法，将推举谁呢？谁是最有力的候选者呢？我们之中哪一位是合乎日本要求的人物呢？据说，宣统已到旅顺，你们听到这个消息没有？”袁臧二人都愕然良久。袁说：“汉卿（张学良别号）既不能回来，我们之中又没有一个适当的人物，宣统皇帝回主东北，于情于理也说得下去。”（袁原是个保皇党，曾充任清史馆馆长。）于说：“无论联省自治也好，民主共和也好，像日本那样君主立宪也好，只要能巩固东北的治安，咱们得以安居乐业，就是好政治。至于首领人物，我们选不出来，也没有成见，让关东军给想想。就这样答复本庄吧。”臧式毅被放出后，自己认为可能是将来东北首领的候选者，现闻溥仪已到旅顺，当然是将来的东北首领。他眼看大势已去，很不愉快，便说：“好吧，怎样办都可以。”袁的心中却很高兴，认为自己忠实于清朝，很得溥仪赏识，他当皇帝，则国务总理一席可能落在自己的头上，因此说：“那使得。”实际上于、臧、袁三人都有做伪总理的野心。一月底，于冲汉就把他们的意见告诉了本庄繁。

一九三二年二月上旬，关东军中佐参谋石原莞尔在沈阳八千代（日本饭馆）设宴，招待当时在沈阳的曾留学日本以及在东北的日本各专门学校和大学出身的中国人。日军方面出席的，还有少佐参谋和知清，大尉参谋金田四郎等。中国人方面除于冲汉、臧式毅、丁鉴修、赵欣伯等未出席外，其余阮振铎、徐绍卿、王庆璋、曹承宗、王子衡、王秉铎、曲秉善、王席珍、洪公余、张汉仁、王士香、庞奉书等五十多人（多半是在辽宁省政府、地方维持委员会、自治指导部各方面服务的汉奸）都出席了。首先由石原莞尔代表致辞，大意谓："今天本庄司令官因为有事不能前来，派我代为招待，请诸位谈谈。我想诸位都是留学日本和日本在东北创办的专门大学读过书的有为青年，对于日本历史可能知道一些。日本在明治维新以前，和现在的中国一样，是个遭受欧美强国侵略压迫的国家。明治维新以后，才一跃而为世界的强国，不但日本人享到文明国家的幸福，即东亚首先是中国在经济文化上也受到日本很好的影响。如果没有日本这一强国的存在，中国早已被瓜分了。但是中国不但不感谢日本，还排斥日本。尤其张学良受到日本的支持保护，才有今日，他反而采取远交近攻的中国传统方法，亲近欧美，压制日本，直至今日，还没有反省的表示，令人愤慨。回想满蒙地方是日本的生命线，我们流了无数的鲜血，才换来今日的地位，保持今天的繁荣。你们都是有为之士，张学良既不回来，你们应当和日本青年合作，积极起来吸取明治维新时日本青年的精神，进行一个建设新国家运动，促进中日亲善的实现，才能谈到中日共存共荣，进而保障东亚的安全。尽力于这样一个划时代的事业，我想是很有意义的。"

徐绍卿代表大家致辞，略谓："石原参谋所讲的，实在是披肝沥胆的话，我们深受感动。我们都在日本学校念过书，知道日本为何这样富强，同时，也知道中国为何这样贫弱的道理。东北是我们的家乡，张学良只顾骄奢淫逸，不爱惜故土，但是我们爱惜它。贵军仗义，除暴安良，我们很感激。援助人民建立新政权，这是当务之急，是人人希望的事情。我们基于善邻友好、互助共存的精神，愿尽绵薄，促进新局面早日见诸事实。"

此后，这些人就向各方面散布空气，宣传为了发展经济，安定民生，必须树立一个新政权。同时，于冲汉也将本庄繁叫他制造一个民意运动的话，告诉了于静远和自治指导部的日本顾问等。因此，这些人即以自治指导部为中心，开始伪造民意的活动，为制作传单、标语和各种旗帜，筹备召开省、市、县各界代表大会，等等，终日奔走，忙碌不休。

二月十八日，张景惠（东北特别区行政长官）奉行本庄繁的命令，利用"东北政务会议"（张学良时代的组织）的名义，召集沈阳臧式毅，吉林熙洽，黑龙江马占山和于冲汉，袁金铠、赵欣伯等，在沈阳大和旅馆举行所谓东北政务会议（外传四头会议，实际是七头会议），出席者除上述七人外，日军方面为司令官本庄繁，参谋长三宅光治，参谋板垣征四郎、土肥原贤二、石原莞尔和驹井德三等。会议开始时，本庄繁高居上座，其余诸人分左右围坐。张景惠说："本会基于本庄司令官的意旨，以东北政务会议的名义，请诸位到此商议一下。目前，东北各省分立，终非常局，需要有一个统一组织才好。究竟用何形式，请大家研究一下。"臧式毅说："现在南京政府和张汉卿既都放弃东北不管，我看就组织一个东北联省自治政府，推行一切政治如何？”大家还没有如何表示，赵欣伯便抢着说：“我这里倒有一个方案，也是本庄司令官所同意的。”说着就把那个方案拿出来念道：“东北地方脱离南京政府的统治，另组织一个新满蒙国家，名叫满洲国，暂设执政府、参议府、国务院、立法院、监察院。国务院下分设总务厅、民政部、军政部、财政部、外交部、司法部、文教部、实业部、交通部。执政一席，拟请清朝宣统皇帝担任。国务总理由执政推荐任用，各部长除由现任各省省长兼任外，其余各院部长另由别人专任。首都原拟在沈阳或者哈尔滨，但是沈阳偏南，哈尔滨又偏北，都不相宜。长春位于东北的中心，最为适宜，并且便于建设，因此，首都拟设在长春，改名为新京。大家以为如何？”大家沉默了一下，于冲汉说：“我想此案已经过本庄司令官考虑再三，很完善，没有什么研究的必要吧？”张景惠说：“我们就照这个方案赶快开始筹备吧。”熙洽说：“宣统皇帝回主满洲，名正言顺，可以不称执政，即登上皇帝宝座，亦有何不可？”本庄说：“满洲国是新国家，不是满清的继续。溥仪皇帝就任执政，是新国家的元首，不是满清宣统的继续。宣统皇帝将来如何登极，这是另一个问题，现在还不能研究。”熙洽不语，他心中以为：总理一席既取决于溥仪，我是皇族，当然有望。袁金铠也以为自己是保皇党，曾任清史馆馆长，很为溥仪皇帝赏识，也有总理的希望。臧式毅本来认为关东军释放他，就是为了让他收拾东北政局，无论如何变动，东北首领位置是非他莫属的，可是现在听说主席和总理两席人选已定，很觉失望，因而无精打采地说：“既然这样就没有什么可说的。我们就推叙五（张景惠别号）为东北政务会议委员长，负责筹备一切吧。”本庄说：“诸位阁下如果没有什么异议，就请签字决定吧。”张景惠、臧式毅、熙洽都签了字。马占山说：“黑龙江省现在情况还复杂，我想回省同大家说一下后再签字，比较妥当。”本庄明知马占山还有反复的意思，如果马上逼他签字，恐怕这个会议流产，惹起麻烦，好在别人都签字，他一个人不签，也没有多大关系。便说：“马阁下回省商量一下再签字，也可以。大家既推张阁下（张景惠）负责筹备，我很赞成，就那样办吧。但是本月底必须筹备妥善，越快越好。”袁金铠推荐辽宁省政府秘书长金毓绂担任伪建国宣言的起草人。臧式毅说：“他还年轻，不大相宜。”熙洽说：“叫荣叔章（荣孟枚别号，当时是吉林省政府的秘书长）干吧。”大家又说：“叫叙五的秘书长宋文林和荣叔章共同负责起草吧。”大家都无异议。这一出卖祖国，建立伪国的会议，就此闭幕。

本庄繁指挥的建立伪国会议成功以后，为了欺骗世界，制造民意，把建立伪国说成是出于东北人民的要求，便催促于冲汉快搞一个民众运动，召开民众代表大会，以促进伪国的建立。这个运动由留日出身的汉奸和满铁公司的日本社员（主要是青年联盟和雄峰会的会员）以奉天地方自治指导部作中心，筹备多日早已妥善。二月二十日，在自治指导部大礼堂，有辽宁省各县长带领各县的所谓法团代表，满铁沿线各组织单位和沈阳城来的各种人物共一千多人，开了促进建立伪国运动的所谓代表大会。首先，由奉天地方自治指导部部长于冲汉致辞（于冲汉有病，坐在台上，由秘书王子衡代读），大意说：

“慨自辛亥革命，清室退位，民国成立，二十年以来，中国兵连祸结，迄无宁日。北洋旧军阀混乱火并，恶斗不已。南方新军阀又复穷兵黩武，方兴未艾，胡匪称王，流氓称霸，横征暴敛，奸淫掠夺，未有甚于今日者。以致政治废弛，经济凋敝，民生困穷。我东北人民朴质，土地肥沃，素称富饶之区，地上地下宝藏无穷，一切资源不仅应有尽有，并且他地所未有者我东北也一一俱有。似此大好河山，欧美侵略者垂涎于前，赤色威胁者觊觎于后。张作霖统治十余年，敲骨吸髓，榨尽人民的膏血。张学良子承父业，变本加厉，勾结流氓政权于南京，骄奢淫逸于北平，举其罪恶，擢发难数。又复以远交近攻，以夷制夷的手段拜倒于西方，竟至背信弃义，反友为仇，不惜开罪于邻国，不幸事件经常发生，侨居东北之友人感到人人自危。此世人之所愤，群情所不容也。善邻日本，本着悲天悯人的意志，兴起吊民伐罪的义师，今日恶军阀铲除净尽，旧势力不复留存，建设新邦，化地狱为天堂，安居乐业，拯斯民于水火，此吾人之所志，想亦天下所乐闻也。我等不敏，生居东北，爱护桑梓，不敢后人，本乎天下兴亡匹夫有责的大义，召开此会，愿听舆情的呼吁，出任艰巨，端赖众擎以共举。凡我邦人君子，盍兴乎来。”

各县各界各单位代表听到这一套丧心病狂的鬼话后，争先发言（事前准备好的），表示拥护建立新国，并由大会做出决议书，向东北政务会议请愿，促进新国早日实现。散会后，一千多人敲锣打鼓，游行示威，大街小巷贴满了标语传单，如“打倒张氏父子的家天下”，“铲除两张（张学良，张作相）、一万（万福麟）的恶势力”，“建设安居乐业的天堂”，“欢迎吊民伐罪的日本王师”，“实现中日亲善共存共荣的理想政治”，等等。这样乌烟瘴气地闹了三个多小时，才在人民群众的嘲骂声里解散。

二月下旬，关东军政治部长驹井德三，满铁参事松本侠等在关东军参谋石原莞尔的指挥下，已将伪满洲国政府的临时组织法草拟完毕。各府、院，部单位的日本负责人员，已于三月一日前受到内部任命，前往长春筹备，安排人事，准备庆祝伪国建立典礼等事。

二月下旬，张景惠奉行本庄繁的指示，率领辽宁臧式毅，吉林熙洽和赵欣伯等到旅顺“请愿”……

二、登　场

我和板垣谈妥了交易——以一年为期，如届时不改为帝制，我就不做这个“临时执政”，上角利一来告诉我说，军方的意思是由郑孝胥出任第一任国务院总理。我点了头。他又拿来第一任各部总长的名单，我也点了头。过了几天，即二月二十九日，关东军参谋部四课包办的“自治指导部”在沈阳搞了个“全满洲会议”，作出了“拥戴”我为执政的“决议”，并选了九名请愿代表。上角和郑孝胥都来告诉我说，在请愿代表团第一次来请愿的时候，要表示谦逊辞谢，第二次请愿时，才应允。我又点了头，并且叫陈曾寿替我把“辞谢”和“应允”的台词都给我准备好。

在旅顺的最后几天里，还有些其他的嘱咐，我都一律照办，一律点头。

我从此开始了对日本人百依百从的历史。这并非完全由于害怕，也不像后来关内某些报纸上揣测的“迫不得已”。固然自从和板垣打过交道之后，我有了“瓷人”的感觉，觉得处境有如踩着老虎尾巴，但另一方面，有了日本租界的七年生活，我的灵魂的根子已深深扎在这种特定土壤内。我相信要满足自己的欲望——从最低的生命安全到最高的复辟清朝，只有借用日本人的势力，求得日本人的庇护和慷慨。我这种思想经过胡嗣瑗、陈曾寿这些重新得到我宠信的旧臣的一番引经据典，很快就明确地树立起来，而且扫掉了满天愁云。

胡、陈等人这时又自由地回到我的身边。虽然他们的复辟大清的主张失败了，“正纪纲”、争用人权等等也未成功，但是他们对于能回到我的身边任职是满意的，因此就劝我不要着急，举出历史上晋重耳、汉刘秀等等的例子说明，中兴大业都免不了委曲求全。

这时，表示后悔的罗振玉也如此主张，商衍瀛则以“老祖”的乩语证实这个想法的正确。有了这些理论和预言，我的懊丧心情逐渐平复了，甚至郑垂的通权达变论我也认为有道理。最后，我不再对“执政”的称谓觉得是侮辱，而看做是通往皇帝宝座的阶梯了。

这种思想，反映在我叫陈曾寿写的两篇不可少的祭文中：

祭告关帝文

伏维护国英灵，赫昭显应，深蒙加被，久矢皈依。今以丰镐旧邦，渝于水火；群情推戴，勉为其难。拨乱反正，懔大义于春秋；尝胆卧薪，效畏天于勾践。变五铢钱之业，窃有慕于前规；秉九顿首之诚，惟祈夫灵佑。

祭告列祖列宗文

二十年来，视民水火，莫由拯救，不胜付托，丛疚滋深。今以东三省人民之拥戴，邻邦之援助，情势交迫，不得不出任维持之责。事属创举，成败利钝，非所逆睹。惟念自昔创业之君，若晋文之于秦穆，汉光武之于更始，蜀先主之于刘表、袁绍，明太祖之于韩林儿，当其经纶未展，不能不有所凭借，以图大举。兹本忍辱负重之心，为屈蠖求伸之计，降心迁就，志切救民；兢兢业业，若履虎尾。敢诉愚诚，昭告于我列祖列宗之灵，伏祈默佑。

我的“降心迁就”和“兢兢业业”的表演，由逼真、认真而日趋神形合一。

三月一日，“全满洲会议”的请愿代表等九人到达旅顺，这是上角说的第一次“请愿”，是要辞退的，我于是拿出了第一次用的台词表演了一番，并且把那个三天前写好的台词交给了“代表”们：

予自经播越，退处民间，闭户读书，罕闻外事。虽宗国之玷危，时轸于私念，而拯救之方略未讲。平时忧患余生，才微德鲜。今某某等前来，猥以藐藐之躬，当兹重任，五中惊震，倍切惭惶。事未更则阅历之途浅，学未裕则经国之术疏，加以世变日新，多逾常轨，际遇艰屯，百倍畴昔。人民之疾苦已臻其极，风俗之邪诐未知所届。既不可以陈方医变症，又不可以推助徇末流。所谓危急存亡之秋，一发千钧之会，苟非通达中外，融贯古今，天生圣哲，殆难宏济，断非薄德所能胜任。所望另举贤能，造福桑梓，勿以负疚之身，更滋罪戾。

三月五日这天，“代表团”二次出场，人数增加到二十九名，张燕卿、马涵清、林鹤皋、谢介石、赵仲仁和蒙古王公凌陞等人都来了。于是我又拿出了另一个台词，表演之后交给了他们。这里面说，“承以大义相责，岂敢以暇逸自宽；审度再三，重违群望。”并且说，“勉竭愚昧，暂任执政一年，一年之后，如有陨越，敬避贤路。傥一年之内，宪法成立，国体决定，若与素志相合，再当审慎，度德量力，以定去就。”

“代表”们当然也有备好的台词，表示了同意。当天，胡嗣瑗和后赶到的前内务府大臣宝熙，押了行李先去长春准备。次日，我和婉容以及郑、罗等人先到汤岗子，张景惠和赵欣伯等人也到了这里来迎接。过了一夜，动身去长春，三月八日这天的下午三时，火车到了长春站。我的脚踏上了长春的站台，我的神形也达到了完全合一的程度。在军乐声中我看见了一列列的人，手里握着太阳旗和板垣给我看过的黄色旗子，在这种行列间发现了一群拿着黄龙旗的跪在地上的满族，我竟忽然流下泪来……

汽车穿过了沉默的街道，穿过了扎着纸花的粗陋的彩牌楼，把我送到一座古旧的院落中。这是从前清朝道尹衙门的旧房子，这就是匆忙拾掇出来的“执政府”。第二天，在这里举行了所谓执政就职典礼。关东军的本庄、三宅光治（参谋长）、板垣（高级参谋）、石原莞尔（参谋）和“满铁”总裁内田康哉一律参列。参加典礼的旧臣除了郑、罗之外，还有商衍瀛、宝熙、陈曾寿、胡嗣瑗、万绳栻、林棨、王季烈、三多、善宝、赵景祺、毓善、凌升等。同时登场的还有被称为“建国元勋”的张景惠、臧式毅、马占山、熙洽、张海鹏。那天我穿了西式大礼服，接受到场的中国人三鞠躬，我行了一鞠躬答礼，然后由臧式毅和张景惠送上黄绫包的“执政印”。郑孝胥代我念了“执政宣言”。完了就是接见外宾，内田康哉致“祝词”，罗振玉代我致答词。然后，到院子里升旗、照相。照完相，在院子里举行了庆祝酒会。

酒会未散，一个发光的秃头晃到了我的身边，我耳根响起了一种非常恭顺的声音：

“本庄司令官向孝胥表示了，要孝胥担任国务总理的重担。孝胥固辞不受，可是这是日本军方的意思，再说也要上头同意呀……”他把写得很整齐的任命书送到我的眼前，除了特任总理的之外，还有各部总长的。我自然又是点头，一声不响地在公文上签了字。①

---

① 伪满大汉奸及其职务：国务总理郑孝胥、民政部总长臧式毅、外交部总长谢介石、军政部总长张景惠、财政部总长熙洽、实业部总长张燕卿、交通部总长丁鉴修、司法部总长冯涵清、文教部总长郑孝胥（兼）、奉天省长臧式毅（兼）、吉林省长熙洽（兼）、黑龙江省长程志远（兼）、立法院院长赵欣伯、监察院院长于冲汉、最高法院院长林棨、最高检查厅厅长李槃、参议府议长张景惠（兼）、参议府副议长汤玉麟、参议府参议张海鹏、袁金铠、罗振玉、贵福、执政府秘书处处长胡嗣瑗、执政府秘书处秘书万绳栻、商衍瀛、罗福葆、许宝蘅、林廷琛、内务处处长宝熙、内务官特任张燕卿、金璧东、王季烈、佟济煦、王大忠、商衍瀛、警备处处长佟济煦、侍从武官长张海鹏、国务院秘书官郑垂、国务院秘书官郑禹。

经我亲手升起的“满洲国国旗”，像一块黄色的破补丁，贴上了祖国东北的天空。在这块天空下面，二百万平方公里的山河从此完全沦为日本帝国主义的殖民地，三千万同胞成了地狱中的奴隶。日寇有了日后发动全面侵略战争的基地，为“南进”或“北进”铺起了启程的道路。

我当时即使能看出祖国人民以至东南亚人民将要为我付出的代价，但为了我的欲望，也是在所不惜的。一九三五年我做了“康德皇帝”，我的欲望得到了某种程度上的满足。这时，我不是完全看不到掠夺，不是完全听不到屠杀，但我仍是视而不见，充耳不闻。在整整十四年中，在人民的反抗、痛骂、怨恨和呻吟声中，我为了一项私欲——从君临天下的野心降到维持皇帝的招牌，再降到生命的安全——我尽力讨好强盗和凶手们，顺从地为他们效劳，给他们搽脂抹粉，把掠夺和屠杀都变为合法的行径。

我和强盗凶手们的第一个交换条件，是我和本庄繁签订的《日满密约》。在这项交易中，日本人允许承认我为“满洲国”的“元首”，我允许就任“执政”后实行这五项条款：

> 一、将满洲国的国防及维持治安权委托于日本；
> 二、日本军在国防上认为必要时，得以管理满洲国的铁路、港湾、水路和空路等，并得增设；
> 三、对于日本军所需要的各种设备，满洲国须加以援助；
> 四、推荐日本的贤达名望之士为满洲国参议；
> 五、以上各条，作为将来两国向正式条约的基础。

根据这个密约，一九三二年九月十五日新任关东军司令官武藤信义带着“日本驻满洲国大使”的头衔来到“执政府”的“勤民楼”① 上，煞有介事地宣称日本承认“满洲国”，并且签订一个公开的“日满议定书”：

> 日本政府因确认满洲国系根据其住民之意志而自由成立一独立国家之事实，而满洲国又宣言中华民国所有之国际协定，凡可适用于满洲国者，概予以尊重之事，故日本政府及满洲国政府为使日满两国间

① 伪执政府起先用的房子是前道尹公署，后来迁到前吉黑榷运局的地方，将办公楼起名为“勤民楼”，住的地方名为“缉熙楼”，伪帝制以后，又在空地上盖了一座黄琉璃瓦的楼叫同德殿。后来，又要另起宫殿，因战时财政困难而停建，这就是解放后完工的地质宫那座建筑。

永远巩固其善邻关系，并互相尊重其领土权，以期确保东洋和平起见，乃订立左之协定：

（一）满洲国除将来日满两当局未另缔结协定外，对于满洲国内之日本国或日本臣民根据从来中日间之条约协定及其他公私契约所获得之一切权利利益，应予以确认尊重。

（二）日本国及满洲国对于缔约之一方其领土及治安蒙一切之威胁，确认为缔约国之他方之安宁及存立亦同时受威胁之事实，故约定两国共同以任国家之防卫，为此所需之日本国军乃驻扎于满洲国内。

……

原来的密约成了议定书的不公开的附件，在议定书的烟幕下，日本“主人”从我手里拿去了一切要拿的东西。①

根据“主人”的意志，我亲手“裁可”了他们需要的和拟好了的一切政策法令。为了奴役和镇压东北人民，经我“裁可”了“治安警察法”、“暂行保甲法”、“暂行叛徒惩治法”、“思想矫正法”、“保安矫正法”……建立了各级警察机构，豢养着十万多名警察，在日本警官和特务们操纵下，制造了一连串的惨案。

经我“裁可”，把全东北划为十二个军管区，先以所谓“寓征于募”的办法，后来实行“国兵法”，强征东北青年当炮灰，组织“讨伐队”，“搜查班”，采用“集家并村制”，制造“无人区”，协助日本侵略进攻华北，侵犯苏联和蒙古人民共和国，在一九三二至一九四四年间，杀害了杨靖宇、赵尚志、王凤阁等抗日爱国的人民战士六万七千二百余人，烧毁住房三千一百余处，屠杀居民八千八百余人。

一九三七至一九四二年间，经我裁可了“物价物资统制法”、“株式会社法”、“钢铁统制法”、“矿业统制法”、“重要产业统制法”、“物品贩卖统制法”、“贸易统制法”，把所有行业统交到“满洲产业开发株式会社”等六十家日本财阀手里。同时，又“裁可”了“米谷统管理法”、“粮谷管理法”、“特产物专管法”和一系列的“税法”、“储蓄法”、“金融法”。每年强征粮食，输日和交关东军，数量年年增加，一九四四年增到一年强征粮八百万吨。到一九四四年止，滥发钞票一百二十多亿，苛税四十七多亿，强迫储蓄八十多亿，公债三十三多亿。

---

① 编者注：定本未收入本节以下检讨性文字。

一九三七年，又签订了“日满拓植条约”，规定日本在二十年内移民五百万人。到一九四四年实移了三十九万人，强占土地二千六百五十万公顷。

图41　溥仪在《日满议定书》换文会上发表演说

我颁布了所谓五大诏书：“即位诏书”、“回銮训民诏书”、“国本奠定诏书”、“建国十周年诏书”、“时局诏书”，将“日满精神一体”作为学校教育方针，建立“神社”，规定了东北人民要称日本为“亲邦”，深入奴化思想教育。

我“裁可”了“劳动统制法”，实行所谓（公务员）“勤劳奉仕”、“学生奉仕”和“全民皆劳制”（十八岁～五十岁），每年强征奴隶劳工五十万以上。一九四四年辽阳市的一次“防水事业”强征两千名青年中，其中就有一百七十人因过劳而死亡。

我“裁可”了“鸦片法”，据此各地设立专卖公署及十几个大制毒厂，据一九三七年统计，种烟面积四百六十二万一千亩，年产一千多万两，烟民登记的有八十一万余人。鸦片获利在一九四四年的收入是一点一四亿元，成为日本军费的一项重要来源。

最后，还有“日满华宣言”、“日德意反共同盟协定”的参加，和德意日的“防共协定议定书”的签订……

在密约掩护下，由日本统治者直接犯下的滔天罪行还没有在这笔血腥账之内。

在那十四年间，“傀儡皇帝”曾经成了我的绰号。诚然，一切听从别人的摆布，这像是个傀儡的行径。但是，肯于听从，而且为了某种欲望而自以

"听从"为得计，这正是"傀儡"的灵魂。

三月九日和我一起登场的，从某种意义上说，都是傀儡。但同时又都具有灵魂，而且各有一套理论，作为以升官发财或复辟满清为目的的行动根据，各有具体的思想活动，使他甘愿听从摆布并自以为得计。这里面有于冲汉的"成者王侯败者寇"，袁金铠的"不甘寂寞"，赵欣伯的趁火打劫，郑垂的"通权达变"。臧式毅的话最有代表性："中央既无抗日心理，区区如我又将如何……"

图 42　就任"执政"的溥仪

我和他们不完全相同。我不是为了升官发财，而是为了复辟。后来我的目标由复辟降低到只求苟全性命，我的理论也与别人不同，因为我认为"我在，即大清在"，我即国家和大清，我自己就是国家的化身。我，是最高利益的代表，我爱自己的生命，就是爱"国"。为了保存我自己，我可以牺牲一切——除了我自己之外的一切。

所以，十四年的血雨腥风没有使我的灵魂感到不安，所以，我欠下祖国人民一笔不能偿还的血腥账，直接间接地造成祖国人民一千万人口的死亡和相当五百亿美金的财产的损失……

三、"元首"的"尊严"

就职典礼之后不多天，我忽然起了散步的兴头。我带了婉容和两个妹妹，坐上汽车，来到了"大同公园"。我还没有看清楚这个小花园究竟是个什么样儿的，忽然听见四处响起了摩托声，接着便看见游人们有的惊惊慌慌地乱奔着，好像遇到了什么祸事。摩托的响声越来越大了，似乎园子外面来了成群的汽车。过不大时间，走道上远远地出现了日本宪兵、伪满警察，还有外貌颇似官员模样的人，纷纷向我这里走来。原来我这次出游把日本人惊动了。起初他们都不知道我到哪里去了，日军司令部下了全城戒严令，到处搜索失踪的元首，很快地在公园门口发现了我的汽车，于是把公园包围起来，把我找到，劝我回家。我看这种声势不对，乖乖地跟他们走出公园，搭上汽车，回到我的“缉熙楼”来。

执政府内务处的日本人内务官对我解释说，这是为了“执政”的尊严和安全。

在“满洲国组织法”的第一章“执政”里，一共有十三条文字，都是表明着“执政”的权威和尊严的：

> 第一条　执政统治满洲国；
> 第二条　执政代表满洲国；
> 第三条　执政对全国国民负责任；
> 第四条　执政由全国国民推举之；
> 第五条　执政得立法院之协赞以行使立法权；
> 第六条　执政统督国务院以执行行政权；
> 第七条　执政依据法律组织法院以执行司法权；
> 第八条　执政为维持与增进公共之安宁福利或执行法律，得颁发命令，但命令不得变更法律；
> 第九条　执政为维持公安或防预非常之灾害，于不能召集立法院时可得参议府之同意而颁布与法律同一效力之紧急训令，但须于下次会议中报告立法院；
> 第十条　执政得制定官制、任免官吏，并定其俸给，但依本法或其他法律所特定者不在此限；
> 第十一条　执政有宣战、讲和及缔结条约之权；
> 第十二条　执政统帅陆海军及空军；
> 第十三条　执政有大赦、特赦、减刑及复权之权。

如果在每条的“执政”二字下面加上“名义上”三字，这个组织法倒也是真的。事实上，我这个“统治满洲国、代表满洲国……”的“元首”，从那次游公园被搜索回去之后，除了经过日本人安排好的以外，我再也没出过一次大门。“大同公园”到底是个什么样儿，我到现在也说不清楚。如果说到我的权力，那就只有对关东军的点头同意权和逢迎谄媚权。假若我竟敢认真地要按照“组织法”行使起那上面的权来，那就等于自己不要关东军给我装扮起来的尊严和赏赐的安全。

然而，这个显而易见的道理，我一开始竟有时会忘掉，在得了许多教训之后，才牢牢地记在心里。

我所以会忘掉自己的尊严是装扮起来的，也许由于是关东军起初做得太像了。首先，我脑中留下的天津七年的印象很深，那七年间，没有一个日本军人或官吏不是在我面前毕恭毕敬地呼我为宣统帝；其次，我到东北后，无论是板垣还是本庄繁，当着我的面都是彬彬有礼的，凡需用厉害颜色的时候，却都经过中国人向我转达，所以我从没有直接看见过他们的红脸。在三月九日那天，“满铁”总裁内田康哉的十分恭维的祝词和庆祝酒会上本庄繁的十分有礼地向我祝酒，又给了我一个深刻印象。我竟忍不住地想道：“看样子日本人是真的承认我这个元首的。陈曾寿和胡嗣瑗他们说得大概不错，日本人不请我出来不好收拾东北这烂摊子，既请我出来就得对我有所尊敬。他们劝我不要太让步，可能是有道理的。”

典礼后的第二天，我在兴奋之余，曾向胡嗣瑗和陈曾寿发过誓愿说，“我有三愿，现在告诉你们。第一，我要克除掉过去一切毛病，陈宝琛说过我懒惰和轻佻，从今誓不再犯，一定振作奋发，勤劳从公；第二，我将忍耐一切困苦，誓必由此开始，逐步恢复祖业，重登大宝；第三，求上天降一皇子，以承继大清基业。此三愿实现，我死亦瞑目。”

从这天起，我真的不再睡懒觉，早早起来便到“执政”办公室里去办公。我那时最忙的“公事”就是接见求见的人。求见的人很多，除了各部总长，还有前清遗老，当地绅商。我是有求必见，往往从早晨六时起，到晚上十一时止，除了吃饭，我都在“办公”。这些求见的人有的是来给我请安磕头，有的送点土产，有的和我叙叙家世，有的求我给个职业，有的则纯粹是怀着好奇心，要看一看我，要谈什么话他都没准备好。不久，我就发现这些人，包括总长们在内，有个共同特点，就是谁也不是找我谈“国事”的。那些总长们根本没有人向我请示什么“公事”，只不过和我闲聊天。当我向他们问起的时候，他们总是说：“次长办着了。”次长就是日本人，他们是向来不找我的。

唯一向我谈国事的是郑孝胥。他每星期按例要来向我报告一次“国务会议”通过的案件，这个国务会议，十足地证明了以我为首的这一伙人的身价。

所谓国务会议，“国务院”每周举行一次，由各部总长参加，主持者名义上是“国务总理”郑孝胥，其实是总务厅总务长官日本人驹井德三。驹井从前在满铁做过事，曾发表过一篇“满洲大豆论”的文章，在日本得到“中国通”的称号。他被日本军部请来担任“满洲国国务院”总务厅总务长官之后，日本杂志《改造》称他为“满洲国总务总理”，“新国家内阁总理大臣”。每次举行“国务会议”，都是他给郑孝胥准备好议案，由郑在会上照本宣科。国务会议上的通过和郑孝胥向我报告，完全是走一下形式。在国务会议上没有人能反对，到了我这里依然是反对不得。据说在第一次会议上，讨论到各部各省机构日本人官吏的比率数字表。财政部总长熙洽打开牛皮纸口袋，一看那个准备好的数字，就不高兴了，居然向驹井德三提出质问："新政府刚成立，第一次阁议还没开，这些表格是谁给作出来的？"不料驹井命令道："别说话！"熙洽一听，火上来了，站起来问："为什么不让说话？连日本军司令官也没跟我喊过，你喊什么？"驹井德三大怒，把桌子一拍：

"我叫你别说话，就是不许你说话！这是关东军决定的，你就得赞成！"

"我不干啦！"熙洽要走。

"你拿了钱，不干行吗？你们在座的，哪一个没拿关东军的机密费？你们要知道，满洲国可是日本人拿鲜血换来的！给你吃现成，你们还要想捣蛋，可要放明白点！"

本来有几个"总长"都很气愤，只要熙洽一走，就一齐给驹井亮一下台看，可是一听这话，都低下了脑袋，连熙洽也乖乖地坐回位子上去了。所谓机密费，郑孝胥最多，是一百万元，其他各"总长"各拿了二三十万不等。这笔数字是和忠顺程度成正比例的。这场风波也就是拿了一百万元的郑孝胥给圆了场，大家乖乖地通过了日本官吏比率表。①

我虽然不像熙洽那样被日本人直接骂过，可是在郑孝胥面前也听到不少对元首尊严大为贬价的话，这就是每当我对国务会议的议案有所挑剔时听到的：

"这是关东军决定的！这是不能改动的！"

在不多天前，伪满的中央银行行长荣厚，因为说话不慎，被关东军扣押了几天。驹井拍桌子和荣厚的事提醒过我，为了尊严和安全，还是不挑剔的好。但有时，另外一种想法又钻到我心里："我总归是个元首，和熙洽、荣厚不同。难道驹井敢向我拍桌子，关东军能把我关进司令部吗？"

在关东军决定成立"协和党"的时候，我决定要反对一下。

这是"大同元年"（一九三二）七月间的事。郑孝胥在一次例行的国务报告中，提到国务会议通过了一项建立"协和党"的议案。我对于什么"接受旧海关"、"追索关余"等议案全不留心，唯有听到这个"党"字像触了电似的吃了一惊，忙问他成立个"党"是什么意思。他说，世界先进国家全都有

① 据说熙洽这天回家怨气难消，把张燕卿和谢介石这两个心腹叫来，硬充好汉地说："咱满洲国建国，用不着关东军机密费，你们把我这三十万元退回给他们去！"可是谢、张二人每人分了十五万元下了腰包。熙洽当了战犯之后，才知道这件事。

政党，所以“满洲国”也该有一个。“协和党”的用处是“组织民众协力建国”，让民众树立“尊重礼教、乐听天命”的思想，这是“王道乐土”所不可缺少的……

我不等他说完，便忍耐不住地打断了他的“朗诵”，摇头说：“我不要这个党！要党干什么？辛亥亡国就是叫乱党闹的，孔子说君子矜而不争，群而不党，又说君子周而不比，小人比而不周，你难道都忘了吗？不要！不要！”

“这是日本关东军决定的，这是不能改变的。”郑孝胥冷冷地说，“上头要是不愿意，就直接跟他们说吧。”

“好，我就要跟他们说！”我不在乎地说，“你去告诉他们吧，叫他们找我来！”

过了两天，关东军第四课的片念惠参谋来了，向我解释了成立“协和党”的必要，理由和郑孝胥说的没有两样。后来关东军的参谋长桥本虎之助又来向我劝说，桥本回去之后，板垣又亲自出马，但是不管谁来，都没能说服我。

我的理由越辩论越充足，我觉得连日本人也不该反对。我的最大理由是任何政党只会造成国家的不宁，“满洲国如果不安宁，对日本也颇不利，故将有碍于邦交”。我认为这样坚持下去，不会发生什么危险，所以我决定坚持下去，看究竟怎么样。

这次争论的结果，日本人表面上让了步，把协和党改名为协和会。后来我听说，这种更改，主要是因为日本人有了新的考虑，要用这个组织容纳下全体“国民”，才采用了“会”的名称。“协和会”规定凡二十岁以上的人全得做会员，十五岁到二十岁的青年则组织到“协和会青年团”中，十岁到十四岁的则是“协和会少年团”团员，妇女们另有一个组织，即“协和会”领导的“国防妇女会”。这样，协和会便成了一个网罗一切人口的进行奴化教育、监视人民和组织奴役劳动的庞大的特务性机构。

经过协和会这件事，我有了这样的一个看法：日本人毕竟还是尊敬我的，而郑孝胥却十分可恶，他是处处利用关东军的名义吓唬我，他竟敢不拿我当主子看待。

接着是发生了“日满密约”的事件。

这个密约的内容，我在前边已说过了。使我难忍的并不在于祖国的领土主权和民族尊严的丧失，而是它不啻证明我这元首根本没有发言权和决定权。这个密约是八月七日由郑孝胥为代表和本庄繁签订的，过了一个多星期郑孝胥才拿来给我看，叫我承认。

“为什么你早不拿来？”

“这都是不关紧要的事。板垣在旅顺不是早提出过吗?”

“什么早提出过?就算提出过，就不该先问问我吗?”

“板垣说过，要是早送上来，免不了叫胡嗣瑗这些人多嘴添麻烦……”

“我这个执政还算不算哪?”我拍了一下桌子，心里恨透了板垣，但我更恨这秃头。

如果是在紫禁城里，我这一拍桌子等于是“跪下”的口令。可是现在这秃头面不改色地冷冷地答道:

“这也不是正式条约，等日本的正式大使武藤来了还要订立正式的。本庄这次调职，走得也太急……”

“走开，走开!”

郑孝胥一走开，胡嗣瑗就来了。

胡嗣瑗这时是我最信任的人。胡嗣瑗是“执政府”秘书处长，算是在我身边为我个人服务的差事，出了我的家门他也没有任何权力，地位是和郑孝胥比不上的。他的最大兴趣就是要弄倒郑孝胥和劝我向日本人争权。在郑孝胥拿来密约前不久，我们就听说本庄要调职回国，接替他的是武藤信义，与这消息同时传来的是日本将要承认“满洲国”，武藤兼日本大使。这给了我很大的希望，认为本庄之走和武藤之来，形势很可能发生变化，既然日本承认这个国家，一定能“平起平坐”地谈一谈。根据胡嗣瑗的意见，我派了两个人到日本，先和武藤以及天津时代的熟人香椎浩平和日本陆军总参谋长直崎这些军部人物联络一下。这两个人一个是给张园做过法律顾问的律师林廷琛，一个是叫蔡法平的台湾人，都是胡嗣瑗给找来的。他们带去了我向武藤等人提出的几点要求，主要是以下几条:

一、执政府依组织法行使政权;

二、改组国务院，由执政另提任命名单;

三、改组各部官制，主权归各部总长，取消总务厅长官制度;

四、练新兵，扩编军队;

五、立法院克期召集议会，定国体。

总起来一句话，就是要求用人权和改帝制。这都是胡嗣瑗给我出的主意。据他讲，他在东京有个叫徐丙的台湾籍朋友，和日本军部要人都有交情，通过这条路线活动，是很有希望的。正好我和郑孝胥发过脾气，胡嗣瑗就来告诉我，林廷琛和蔡法平来了信，消息非常之好，甚至帝制问题都大有希望。我于是更认为一切坏事都是郑孝胥干的，除了板垣，别的日本人并不坏。我的腰硬起来了。我又接受了胡嗣瑗的意见，决定免去郑孝胥国务总理职务。

郑孝胥也知道了我的打算。他先采取了以退为进的办法，向我告老辞职。我心里明白，这是奕劻从前对付我父亲的办法，但我有了东京的“好消息”，并不怕他。我说：

“你也到了休养的时候，我也不好留你，那么，你推荐谁来继任呢？”

秃头的脸上变了色，我心里非常得意。不料他看我一点儿不挽留他，又变了话：

“孝胥的意思，上头没有明白，是请上头给几天假……”

我想，你请假也好，你一走，我就派别人顶你。

我准了郑孝胥的假，立刻派胡嗣瑗去找臧式毅，授意给他，要让他当国务总理。这位臧式毅比我和胡嗣瑗聪明得多，他知道我这执政的命令的价钱，没有关东军说话，他答应了我只有找麻烦，就拒绝了。为了拉住他，我又叫他去代理国务总理，可是不等他表示态度，郑孝胥赶忙销了假，回到他的总理办公室去了。

我还没想出进一步的对策，他的儿子郑垂找我来了。他没有提他父亲的事，却先从更叫我生气的问题谈起。

“听说上头等武藤来，就要提出由满洲人主事，各部权力归满人，这件事要三思呵！”

“这有什么三思的？日本人都同意了，你倒不同意？”

“不是郑垂不同意，只怕日本人不同意。”

郑垂见我不高兴答理他，笑了一笑，接着说：“如果真的把权力全拿到满人手里，就怕各部长官驾驭不了吧？”

我听了这话，心中大怒。我明白他的意思是说，从他父亲起到各部总长只不过听命于日本人，而不是我这个“真龙天子”。

“你说的是……什么话！”

我愤然站起来，走出我的“执政办公室”，不想再看见他那张可恶的笑脸。

我回到了“缉熙楼”，晚饭摆上来了，我不想吃，只是气愤地在地上来回走，寻思着撵走郑氏父子的方案。我没有想出任何办法来，只有把希望寄托在和武藤的会面上。

九月间，武藤来了，比武藤早到一步的是去东京活动的林廷琛和蔡法平。他们带来的消息还是那样美妙，说除了取消总务长官问题尚待研究之外，其余都不成问题。因此举行了日满议定书签字仪式之后，我单独和武藤会面的时候，我抱着很大希望正式地把那几项要求提了出来，在改组国务院那一条，我要求首先把郑孝胥免职。

武藤是日本大正时代晋升的陆军大将，做过参谋本部次长、教育总监、军事参议官，第一次世界大战率日军占领过苏联的西伯利亚。他这次以大将资格来东北身兼三职——关东军司令长官（从前都是中将衔）、关东厅长官（“九·一八”事变前日本设在辽东半岛的殖民总督）和“驻满洲国大使”，到任不久就晋升为元帅，是这块土地的事实上的最高统治者，“满洲国”的太上皇。日本报纸称他为“满洲的守护神”。在我的眼里，这个六十五岁的白发老头确实像一个神似的那么具有威灵。当他十分有礼貌地向我鞠躬致敬时，一种得天独厚、求必有应的感觉竟在我心中油然而生。等我把话说完，他很礼貌地回答道：

“对于阁下的意见，我必带回去认真地加以研究。”

他带走了胡嗣瑗写的那几条要求。可是一天一天过去，不见他的研究下文。

按规定，我每月有三次和关东军司令兼大使的会见。第二次会见时，我催问他研究的结果，他仍是说：“研究研究。”

研究的最后结果，驹井德三拿了一百万元的酬劳费下台去了，但另一个日本人坂谷希一又接替了他的职务，官衔虽然由总务长官降低为总务厅长，名义上位于各部长之下，而实际权力和从前一样。国务总理也仍然是郑孝胥，只不过他的儿子郑垂被免去国务院秘书官之职，给了个航空会会长的名衔。此外，可以说是一点儿没有变化。

过了不久，胡嗣瑗被“升”为参议府参议，实际是把他从我身边调走。后来，日本人索性请他退休，连生活也弄得非常困难，我只好每月供应着他。胡嗣瑗这一调走，我立刻又想起了熙洽和荣厚的遭遇，就再也不敢向武藤询问他的研究结果。从此，每次和武藤见面，只有陪他谈佛学、讲天气；每次听郑孝胥的国务报告，就只有点头、“裁可”。我又明白过来：这是保持尊严和安全的最好办法……

四、李顿调查团

在天津日本租界七年的影响和遗老们十几年的教育的基础上，又有了到东北后不到一年的训练，我已被造就成了一个完全的软体动物，已弄到了离开日本人就不能生存和思想的程度。为了虚假的自欺欺人的尊严，为了保住一条性命，为了“重登大宝”的幻想，我只有依附在关东军的皮靴上。一九三二年国际联盟派了一个调查团到东北，曾经引起郑孝胥父子发生过把东北变成国际共管的幻想，我却连这种幻想也没有过。

“九·一八”事件发生后，蒋介石一再电致张学良，指示了“为免事件扩大，绝对不抵抗”，九月二十二日又在南京全市国民党员大会上说要“以公理对强权，以和平对野蛮，忍辱含愤，暂取逆来顺受态度，以待国际公理之判断”。所谓“国际公理”，照他说就是在国际联盟这儿。九月二十一日国联接到南京政府代表提出的“立即采取办法，使危害国际和平之局势不致扩大”的请求，九月三十日国联行政院（或译理事会）开始讨论这个问题，南京政府又提出由国联派中立委员会到满洲调查的意见。国联在开了许多次没有结果的会之后，十二月十日，在日本人同意下，决议组织一个调查团，到东北调查“中日纠纷”的实情，并向行政院提出报告。过个报告自然要包括解决“纠纷”的意见，也就是蒋介石所宣传过的要等待的“公断”。

调查团由五国委员组成，即英国的李顿爵士、美国的佛兰克洛斯·麦考益少将、法国的亨利·克劳德中将、意大利的格迪伯爵、德国的恩利克希尼博士。团长是李顿，所以当时又被称为李顿调查团。与调查团同行的除了一批秘书人员和专家之外，并有中日双方各派委员一名协助工作，日本派的是驻土耳其大使吉田，中国是前外交总长顾维钧博士。

一九三二年二月三日，调查团出发了，先到日本，又到上海、南京、汉口、九江以及湖北的宜昌和四川的重庆，四月初到北平又停了十天，四月二十日才进入东北，到长春时已是五月。在这期间，南京政府宣传着等待“公理之判断”，而日本军队却占了锦州，发动了淞沪战争，逼着蒋介石签订了不得驻兵淞沪的协定，同时也制造出了“满洲国”的既成事实。究竟这个调查团到中国来是打算干什么，蒋介石希望的又是什么，我都被闹得糊里糊涂的。

五月三日这天，我和调查团的五位委员进行了十分钟的会见。在这十分钟内，他们向我提出了两个问题：我是怎么到东北来的？“满洲国”是怎么建立起来的？在回答他们的问题之前，我脑中闪过了一个念头，大概他们做梦也没想到。这五位绅士的彬彬有礼的风度让我回忆起天津时代我和他们同国人的交往。闪过我心里的念头就是：他们的那些同国人，特别是调查团长李顿爵士的同胞庄士敦，曾向我说过伦敦的大门为我打开着，如果我现在对他们说，我是叫土肥原骗来又被板垣威吓着当上“满洲国元首”，并且要求他们把我带到伦敦，他们干不干呢？这个轻微的念头刚一闪过，我就打了一个寒噤，因为我想起来身边还坐着关东军的参谋长桥本虎之助和高参板垣征四郎。我不由得地向那青白脸瞄了一眼，然后老老实实地按照他事先嘱咐过的，念我的台词：

“我是由满洲人民推戴才来的。满洲国是满洲人民自愿建立的……”

调查团的五位委员一齐对我点头微笑，然后我们一同照相，喝香槟。他们走后，板垣的青白脸上泛满了笑容，赞不绝口地说：“执政阁下的讲话响亮极了，风度好极了！”

图 43　溥仪与国联调查团会谈（前排左三为调查团长李顿）

引起我那个想入非非之念的，除了上面说过的天津时代的影响之外，还有我对日本人的不满情绪。由于这种影响和情绪，我发生了投靠其他洋人的幻想。但这个幻想和郑氏父子比起来，是太微弱了。

早在旅顺的时候以及调查团和我见面之前，郑氏父子就几次说过：“别看日内瓦、巴黎开会开得挺热闹，其实哪一国也不打算和日本硬碰。现在有点力气碰得动日本的，只有美国，可是美国头一个就不热心。美国虽然不是国联的会员国，国联可是要听美国的。”精通英日两国文字的郑垂还告诉我，美国的不少代表官方意见的报纸，时常登出一些袒护日本行为的舆论，甚至还告诉过我一件不知他从哪里听说的消息，说美国和日本曾经有过密约，美国对日本在东北的行动表示过谅解。郑孝胥还说过，美国早在“九·一八”以前就劝过中国政府，索性把满洲卖给日本，因为这样不但可以省掉许多麻烦，而且还可以让日本去对付苏联，于中美都有好处。这些情报都是令我半信半疑的。

“调查团到咱这来干什么呢？”郑孝胥在通知我将要会见调查团时说：“他们在咱们满洲建国前不来，建国后才来，可见他们不是打算否认新国家的，他们根本也不打算制裁日本，他们希望的是机会均等、门户开放。他们在东京跟内田（此时内田康哉已调任日本外务相）谈的也是这个。他们同时关心的是希望日本替他们打俄国。这也不是跟咱们过不去，对咱没坏处。”

郑垂摇头晃脑地给我讲了个比喻。他说，英国有位学者曾说过，英国的绅士们有如豪猪，因为是同类，所以相聚，又因为各个身上有刺，所以又都保留着一个距离，郑垂说：“我看列强也就是豪猪。用中国人的话说，他们是冤家，又是亲戚，既是亲戚，咱就得认他们是姑舅。”

事实上，喜欢吹牛的郑氏父子并没有撒谎。在当时的《东方杂志》上，就可以找到《纽约论坛报》和《纽约日日新闻》等报纸上的袒日言论的译文，比如前者有这样的话：“日人军事行动为对中国废除不平等条约政策所不能免之反响”，后者：“日本继承俄国在满洲开发，至于今日，其功绩之伟大，为世人公认。”国联通过派遣调查团的决议，确曾遭受到美国的反对，理由是“此种行动足以刺激日本国民的情绪”，国联在一次会议上，打算做出要求日军退出满洲的决议时，美国国务卿凯塞尔就公开表示，对此并未附议。这些事实的记载可以从当时的许多报刊上看到。后来美国国务院发表了一些秘密文件，其中有个《一九三一年美国外交文件》一书，公布了那年十一月二十七日美驻日大使福白斯交给日本外务大臣币原的一份密书，透露了美国政府当时“曾劝中国政府采取妥协步调”。至于日美秘密对东北问题的谈判，则在一九三五年十二月号的《国际事件》（International Affairs，一九三五 Dec.）上据西·莱特的一篇文章《美国人对远东问题的观点》（Q. Wright：American View of the Far Eastern Problem）中揭露了出来。

虽然我当时不大注意《东方杂志》之类的报刊，可是调查团对于“机会均等”、“门户开放”的关心，我也能很快就知道。这年 10 月，我从日本的《中央公论》上发现了驹井德三写的一篇文章，题目是《满洲国是向全世界宣称着》，写的是他和调查团的会见。文章说第一个提问的是李顿，问他“满洲国的建设不稍嫌早些吗？”他回答了一大套“非但不嫌其早，且嫌其晚”的“道理”，然后——

> 其次麦考益将军问：“满洲国宣扬着门户开放主义，果真实行了吗？”
>
> 我立即回答说：“门户开放和机会均等是满洲立国的铁则。门户

开放政策，在昔围绕着中国的诸国中，美国是率先所说的精神。但这主义政策是列国之所倡，中国本身是抱着门户闭锁主义，我们在中国的何处可以看到门户开放的事实？我们以极强的钥匙使满洲国门户开放，我们只有受诸君感谢的理由而没有受抗议的道理……不过我须附带声明的就是关于国防事业断不能门户开放，即在世界各国亦断无此例。”

李顿再询问着说：“满洲国实行着机会均等吗？”

我略不踌躇地说：“机会均等，贵国在中国已有其先例，即前清末叶，中国内政极度糜烂，几全失统一之际，罗浮脱·赫德提议于清廷说，倘然长此以往，贵国将完全失其作用于国际间，故此际不如依赖西洋人，即单是海关行政，亦有确定之必要。于是清朝立即任命罗浮脱·赫德为总税司，海关行政方得确立。在这海关上，使用着许多的英、法、日等国人，这海关在中国是被认为最确实的行政机关了。因此而列强借款给中国，中国遂得在财政上有所弥补。英国人亦以海关为施行机会均等者。但是我们日本人，要想做这海关的事务员，则非受等于拒绝的严格的英语试验不可。”

“……却说我们满洲国，是满洲国人和日本人协力而建设的国家，因之新国家的公文，均以满洲国语和日本语而发表的。所以任何国人，倘能完全使用满日两国语言，并能以满洲国所给与之待遇为满足，则我们当大大的欢迎。这就是我所说的机会均等。”

我继续着问：“你们各位还有旁的询问吗？”

旁的人都说：“此外已无何等询问的必要了，我们已能充分理解了满洲国的立场，愉快之至！”

国联调查委员在离开新京时，我送到车站上，那时候李顿握了我的手小声地说：“恭祝新满洲国之健全的发达！”同时用力地握了下手就分别了。

这篇文章使郑孝胥父子感到了极大的兴奋，郑垂甚至还估计国联很可能做出一个国际共管满洲的决议来。过了不久，即这年的十月，调查团的报告书公布了，果然叫郑垂猜中了。首先，调查团的报告书中所代表的国联，正是以郑氏父子所希望的那种中国的管理者的态度出现的。报告书明白地说：“目前极端之国际冲突事件，业经中国再度要国联之干涉……中国遵循与国际合作之道，当能得最确定及最迅速之进步，以达到其国家之理想。”其次，这位管理者确认它的同行“日本，为谋满洲之经济发展，要求建设一能维持秩序之巩固政权，此项要求，我等亦不以为无理。”但是，这位管理者认为最重要的是，“唯有在一种外有信仰内有和平，而与远东现有情形完全不同之空气中，为满洲经济迅速发展所必要之投资始可源源而来。”这就是说，要有列强各国共同认为的那种“信仰”才行，这就是郑氏父子所向往的由各国共同经营、利益均沾的局面。

郑氏父子关于反苏问题的估计，也得到证实。调查团说，它理解日本称满洲为其生命线之意义，同情日本对“其自身安全之顾虑”，因此，“日本之欲谋阻止满洲被利用为攻击日本之根据地，以及为在某种情形之下满洲边境被外国军队攻击时，日本欲有采取适当军事行动之能力，吾人均可承认”。不过调查团又认为，这样做法日本的财政负担必大，而且日本在满军队受时怀反侧之民众包围，其后又有包含敌意之中国，日本军队能否不受重大困难，亦殊难言。因此，可以考虑另外的办法，则“日本甚或又因世界之同情与善意，不需代价而获安全保障较现时以巨大代价换得者为更佳”。调查团于是提出意见说，问题的解决，恢复原状和维持现状都是不能认为满意的办法，认为只要“由现时（满洲国）组织毋须经过极端之变更或可产生一种满意之组织”，这就是实行“获得高度自治权”的“满洲自治”，由各国洋人充当这个自治政府的顾问；由于日本人在东北的权益大些，日本人比例也大些，但其他外国也要有一定比例。为实现这个新政体，“讨论和提出一种特殊制度之设立，以治理东三省之详密议案”，要先成立一个由国联行政院掌握最高决定权的，由中日双方和“中立观察员”组成的顾问委员会。调查团并且认为“国际合作”的办法不但适于“满洲”，也适于对全中国使用。其根据理由也是郑氏父子屡次表示过的，是因为中国只有劳动力，而资本、技术、人才全要靠外国人，否则是建设不起来的。

这个报告书引起日本的反应，是令郑氏父子很失望的。调查团尽管再三谈到尊重日本在满洲的权益，甚至把“九·一八”事变也说成是日本的自卫行为，日本人对它提出的这种列强分肥的想法，仍然表示完全不能接受。日本的外务省发言人只表示同意一点，就是“调查团关于满洲的建议，大可施于中国与列强间的关系而获得裨益，如制订国际共管计划”！至于对“满洲”本身的共管方案，根本给个不理睬。所以郑氏父子和蒋介石政府以及连声为报告书叫好，称之为“世界之公论”的胡适博士，都不免垂头丧气了。郑孝胥后来的失宠和被弃，也是因为在对“门户开放，机会均等”问题存在幻想上。一九三五年，他在自己办的一个“王道书院”里演讲。宣传了这个理想，结果是日本人请他退休。他退休后，因为日本人不让他往北京迁移，存在银行里的那一百万元“机密费”又不给他兑现，一九三八年一气之下丧了生。至于郑垂的失宠和去世更早，是一九三三年年初暴卒的，究竟怎么死的，至今还是个谜。

在国联调查团的报告书发表之前，我也确曾有些想法，假如真的像郑氏父子希望的那样，将东北归为国际共管，我的处境必定比日本独占情形下好得多。但是，我还有两点不同的考虑，一是怕“共管”之中，中华民国的政府也有一份，如果这样，我还是很难容身；另一点是即使民国管不上我，国际共管也未必叫我当皇帝，如果弄出个“自治政府”来，那还有什么帝制？更重要的是，日本的横蛮，在国际上居然不受一点儿约束，给我的印象尤为深刻，使我相信，自己是绝对逃不出它的手掌心的。因此，事后我一想起了调查团会见时我心里闪过的那个念头，不禁暗想道：“幸亏我没有傻干，否则我这条命早完了……现在顶要紧的是留下这条命，说不定日本人还让我当皇上呢！”

五、第三次做“皇帝”

> ……京津旧臣，闻皇上就任执政，疑尊号自此取消，同深悲愤。即曾任民国官吏如曹汝霖、汪荣宝等，亦以名义关系甚重为言。臣以皇上屡次坚拒，及最后不得已允许之苦心，详为解释，闻者始稍知此中真相，而终无以尽祛其疑……

这是我就任“执政”一月后，请假回津的陈曾寿寄来的“封奏”中的一段。来自京津的类似的封奏还有好几件，都曾引起过我的无限烦恼。

按照约定，我当“执政”一年期满，如果关东军不实行帝制，我是可以辞职不干的。胡嗣瑗和陈曾寿早在满期前两个月，就劝我催促关东军履行前约，他们认为关东军必不肯舍得我下台，因此是会接受帝制要求的。我没有照他们的办法去将关东军的军，我早已没有这样的胆量，而且万一关东军让我辞职，我能到哪里去呢？所以烦恼归烦恼，对关东军的顺从还是要顺从。

在将近我就职一周年的一天，出乎我的意料，在一次例行会见中，武藤先向我提起了这个问题。他说，帝制的问题现在日本还正研究着，意见尚未一致。据他看，到时机成熟时，这个问题自然会解决的。听了他的话，我自然就更不去想什么辞职不辞职的事了。

比我还着急的人倒有的是。除了胡嗣瑗、陈曾寿之外，郑孝胥、熙洽等人也忘不了这件事。郑孝胥在一九三三年的重阳节写过一首诗道："雪后重阳夕照明，高台纵日俯神京，平原已觉山川伏，报老翻教岁月轻，燕市再游非浪语，异乡久客独关情，西南豪杰休相厄，会遣遗民见后清。"他不仅要在满洲行帝制，还想着回燕京，实现"后清"的幻想。熙洽不只是幻想，而且在我就职一周年时还有实际行动，他支使手下一名心腹叫林鹤皋的，借长春一个小学校的地方召集了一个五百多人的会议，到会的有满族"遗民"，也有前东三省国会议员，在会议上通过了一项请求实现帝制的决议。这个会没开完，叫日本宪兵给冲散了。但是关东军司令长官倒也没发脾气，却找了他去解释说帝制非不可为，不过是时机未至而已。

究竟时机什么时候来呢？我很想早一点知道。曾陪我到东北来的日本人工藤铁三郎，我的"侍卫处长"，这时他表示愿意为我到东京去刺探一下。我觉得这个日本人对我很好，我在旅顺时，有一次发现茶水变色，疑心有人下毒，叫人去化验一下，工藤拿起这杯茶，一仰脖喝了下去，这个举动使我相信他的忠心，于是赐改他的名字为工藤忠。现在他又提出这样的主意，我自然十分高兴，就把这个刺探时机的任务委派了他，并嘱咐他从侧面去活动，千万不要说是我派的。他到东京去了一趟儿，找到了南次郎，他探得来的消息虽非十分理想，也还是乐观的，据他说日本军部方面大致上同意实行帝制，实行的日期也不会太远了。

究竟时机是指的什么呢，我始终也没弄明白。这年的三月二日，日军已完成了东北四省的全部占领，三月二十四日，国联通过一项宣布日本为侵略者的决议，二十七日日本退出了国联，宣称再不受什么约束。五月三十一日，长城战役以塘沽协定宣告了结束，划定长城以南为非武装地带，中国军队也奉命全撤退了。在我看来，这些叫每个真正的中国人都不胜激愤的事件，都是做皇帝的时机，但一个一个的都过去了。一直到"时机"真的来临，继任的关东军司令菱刈隆在这年年底突然告诉郑孝胥说，日本政府可以承认我为皇帝时，我也没弄清楚"时机"是个什么东西。我由于过分的高兴，也没有心思研究它了。

我当时第一个念头，就是要准备一套清朝皇帝的龙袍。我把帝制的实现，看做是走向大清复辟的起点。在日军发动长城战争时，我就幻想过由日军替我把"大清疆土社稷"全部恢复过来，送我到北京重登大宝。后来听说打到密云就停了战，心里很是不满意。现在我又想，我先把清朝皇帝的架子准备好，将来我必能走进我的紫禁城。谁知这套龙袍刚从北京敦庆隆买来（旧的全没带出来），就出了岔子。关东军派了人来告诉了郑孝胥，说日本承认的是满洲国皇帝，不是大清皇帝，因此，皇帝登极不能穿清朝衣服，要穿关东军指定的礼服，即陆海军大元帅服。

我这时又忘了日本人批准的皇帝身价，忘了日本人所以要实行帝制，不过为了好利用“皇帝”的名义更省事地统治这块殖民地而已。我的脑子只顾发热，就不知天高地厚地一定要郑孝胥给我向关东军去交涉，非得穿清朝服制不可。陈曾寿这时曾提醒我说：“皇上要争的不该是衣服，倒是应该把君主实权和关东军说好，如果有了实权在手，就是学赵武灵王的胡服骑射，也未尝不可。”可是在脑子发热的时候，清朝袍褂——我从小看惯穿惯的服制，就像童话里的法宝似的那么代表权威，好像有了它，什么实权、威风就会一齐来到我身上一样，因此别人的话我全听不进去。

结果，挨了关东军一个硬钉子，关东军坚决表示，登极典礼是非穿指定的制服不可，这是没有什么商量的。最后，只允许在祭天的时候，穿一次清朝袍褂。我看实在没办法争了，才又有点清醒过来，明白了皇帝的称呼本是人家赏的，再争下去说不定连皇帝也当不成了，也只好答应下来。一九三四年三月一日这天，在长春郊外一个叫杏花村的地方，在临时垒起的一个土坛——代替天坛，举行了告天而后即位的祭天古礼。我总算穿了一次龙袍，过了一次瘾。

图 44　溥仪到长春郊外杏花村祭天告祖

举行过登极典礼之后，日本天皇派来了他的弟弟秩父宫雍仁为代表，前来祝贺，并且给了我日本大勋位菊花颈饰和菊花大绶章，给了婉容一个宝冠章。

真是“山河好改，本性难移”，日本人的这些举动，又让我飘飘然忘其所以。如果这是我的情绪的起点，那么，到一九三五年四月，我到日本回拜天皇时，则是到了高涨的顶点，也是我的美梦最浓的时刻。在这个美梦里，我把自己看做是和日本的裕仁的兄弟辈，认为开始“时来运转”了。

其实这次访日，全是关东军安排出来的。他们说，为了答谢日本天皇派御弟秩父宫来对我“即位”的祝贺，也是为了对“日满亲善”的躬亲示范，需要这样办一办。

日本政府以枢密顾问官林权助男爵为首组织了十四人的接待委员会，派了战舰比睿号来迎接，白云、丛云、薄云等舰护航。我从大连港起航时，又有球摩、第十二、第十五驱逐舰队接受我的检阅，到达横滨港时，又有百架飞机编队的欢迎……记得我在这次晕头转向、受宠若惊的航程中，写下了一首谄媚的四言诗：

海平如镜，万里远航。
两邦携手，永固东方。

在航行的第四日，看了一次七十艘舰艇的演习，又在晕船呕吐之中写了一首七言绝句：

万里雄航破飞涛，碧苍一色天地交；
此行岂仅览山水，两国申盟日月昭。

总之，还未上岸，马屁先拍过去。因为我不仅对日本所示之威力深感惊异，我还把这看做是对我真心尊敬，真心帮助。过去的一些不愉快，只怪自己误会了。

到了日本东京，裕仁亲自到车站迎接我，为我设宴，然后又是向我住所回拜。我接见了日本元老重臣，受他们的祝贺，同裕仁一起检阅了军队。我也跑到他的家庙“明治神宫”去参拜，给他父亲“大正”上坟。我到日本陆军医院慰问那些侵略中国挨了打的伤兵伤官，又到裕仁的母亲那里，献献殷勤。日本报纸曾报导过我和她散步的情形，说有一次上土坡，我用手搀扶了日本皇太后，这和我在长春宫内府中，搀我父亲上台阶是一样的心情。其实，我还从来没有搀扶过自己的父亲，如果问到我扶搀裕仁的母亲的心情，坦白说，那纯粹是为了巴结。

图45　日本天皇在东京车站迎接溥仪

最后一天，雍仁代表他哥哥裕仁在车站向我送别，他致欢送词说：

“皇帝陛下这次到日本来，对于日满亲善，是有重大贡献的。我国天皇陛下对此感到非常满意。务请皇帝陛下抱定日满亲善一定能做到的确实信念而回国，这是我的希望。”

我就又用了那种巴结的心情回答道：

“我对这次日本皇室的隆重接待和日本国民的热诚欢迎，实是感激已极。我现在下定决心，一定要尽我全力为日满的永久亲善而努力。我对这件事，是抱有确实信心的。”

临登船出发时，我向担任接待的林权助又讲了一遍，临了，我请他代向日本天皇和裕仁母亲致谢，提到裕仁母亲，我居然两眼含满了无耻的眼泪，而且这样一弄，把那个老头子也给逗哭了。回想起来，一点儿中国人味也没有了。

总而言之，日本皇室这次对我的招待，使我头脑更加发热，感到自从当了皇帝之后，连空气都变了味。我脑子里出现了一个逻辑：天皇与我平等，天皇在日本的地位，就是我在满洲国的地位。日本人对我，当如对其天皇者同。

在这种飘飘然中，我回到长春，立即请来新任的关东军司令长官南次郎大将，向他发表了我的感想。次日（即四月二十九日），又到南的住宅，兴高采烈地参加了裕仁的生日庆祝会；再次日，我便急不可待地下谕，把在长春的所有简任职以上的官吏，不论中国人日本人全召来，听我训话，发表访日感想。我在事先全没有和日本人商议，我也没预备讲话稿，人到齐了，我便讲开了。我讲了访日的经过，绘形绘声地描写了日本天皇对我的招待，讲了日本臣民对我的尊敬。最后我说：

“为了日满的亲善，我一定拼命去干。因此，我认为：如果日本人有不利于满洲国者，就是不忠于日本天皇陛下，如果有满洲人有不利于日本者，也就是不忠于满洲国的皇帝；如果有不忠于满洲国皇帝的，就是不忠于日本天皇，有不忠于日本天皇的，就是不忠于满洲国皇帝……”

不料这些话讲过之后，“大臣”们单独来见我的，越来越少，终于成为绝迹，除了日本规定的例行官样文章的“上奏”和年节行礼之外，我再也见不到他们了。

早在我去日本之前，关东军司令官菱刈隆就和我说过这样的话：我应当养“君之德”，所谓“君之德”，就是不要过问什么事，不要“察查为明”，一切都让“下边”办去就行了，他同时演出形象来，捂一下耳朵，捂一下眼睛，又捂一下嘴，说：“就这样子，我们当司令官的，也是如此。”这些话，我并没有十分注意。后来南次郎来当司令兼大使了，他倒简单，没有说这些话，也没做什么形象动作，我从日本回来发表了那篇演说之后，索性禁止了“大臣”们和我见面了。

从此以后，我除了和关东军指定的人见面之外，就不能任意地会见任何人。我办公的“勤民楼”也不去了，因为既无人可见，也无公可办。关东军要我办的公事，不过是要我在现成的文件上画上一个“可”字，这件事在我卧室、厕所里就都可以办了。

关东军指定我会见的人，除了每周一次向我报告“国务”的总理大臣、参议府议长之外，其余的“大臣”们只有逢年过节举行大典时见见面，当然说不上话。到了太平洋战争发生后，限制得更严，我的亲属除了在长春的妹妹、妹夫和留在“内廷”念书的侄子们之外，关内亲属只准关东军指定的几个人来看我。任何人如果想偷着来会见我，那根本办不到，因为“帝宫”里住着几个日本宪兵，来往人是瞒不过他们的眼睛的。这几个宪兵穿着非日非“满”的特制的墨绿色制服，他们的屋门口有一个木牌，没头没脑地写着三个字“宪兵室”。

最重要的是，一个过去有事才来、无事不来的关东军参谋吉冈安直，有了一个“帝室御用挂”的新官衔，成了每天有事无事必到的关东军代表，我的一切举动都必须在他的指导下进行。

六、吉冈安直

关东军好像一个强力高压电源，我好像一个精确灵敏的电动机，吉冈安直就是传导性能良好的电线。

这个高颧骨、小胡子、矮身材的日本鹿儿岛人，从一九三二年起来到我身边，一直到一九四五年八月十五日日本投降，和我一起被苏联俘虏时止，始终没有离开过我。十来年间，他由一名陆军中佐，步步高升到陆军中将。起先，他的身份只有关东军高参，从一九三四年起又增添了一个“满洲国帝室御用挂”的官衔，这个官职是日本的名称，据说意思好像是“内廷行走”，又像是“皇室秘书”，究竟应当译成什么合适，我始终也没有认真去查问过。这也没有什么关系，因为它的字面含义无论是什么，都不会说明吉冈的实际职能的。他的实际职能就是一根电线。不过，这职务一连干了十几年，也必须有他的本事。

图46 “登极”与真正的统治者关东军司令官菱刈隆（左五）合影

有的书上说，吉冈是我在天津时的好友，后来他当了关东军参谋，正好这时关东军要选一名帝室与关东军之间的“联络人”以代替解职的侍从武官石丸志都磨，觉得他最为合适，因此当选。事实上，我在天津时有一段时间，经常听他给我讲时事，谈不上什么好友，他被派到我这里当“联络人”，也不是先当了关东军参谋才恰逢其时的。如果说他是溥杰的好友，倒有一半是真的。

伪满成立之后，溥杰进了日本陆军士官学校，吉冈正好在这学校当战史教官。几乎每个星期日，吉冈必将溥杰请到他家做客，殷勤招待，培养了“友情”。不久，溥杰就听吉冈透露出关东军有请他到我这里任职的意思。那时他曾表示，如果他不作为关东军的高级参谋而来到满洲，他就不想干，因为忠岛比多吉（任“执政府”的咨议）和石丸志都磨都由于没在关东军里扎下根，所以全没站住脚。

后来，他果然以关东军高参的身份来到我这里充当“联络人”来了。他在未上任之前，先请溥杰到他家去做客，请溥杰写信把这消息告诉我，并且说希望我能预先为他预备好一间办公的屋子。我接到溥杰的信，因为早知道他对溥杰的殷勤照顾，“九·一八”事变前他叫溥杰透消息给我的事当然我更不会忘记，我觉得吉冈对我不坏，于是欣然照办，在他还没到长春之前，就给他把屋子预备好了。这件完全多余的举动，过了许久之后我才明白，原来他这是有意给关东军看的。他在关东军眼里既有和我的不平凡的关系，在我的眼里以及其他“日满官吏”眼里又有关东军高参这张老虎皮，自然就左右逢源，得其所哉了。

吉冈很喜欢画几笔水墨画。有一次，他画了一幅墨竹，请郑孝胥题了一首诗，又请我题了几个字（什么字，早已忘了），然后带到日本，送给了裕仁的母亲——日本皇太后。不久，这幅画在日本报纸上刊登了出来，并称誉吉冈为“采笔军人”。吉冈的艺术声名是否就从这次出现的，我不知道，我只知道他指望这幅画带给他的，并不是什么“采笔军人”的称号，却是比这称号更有价值的，位于日“满”皇室之间的身价。我从日本访问回来，日本皇太后和我有了经常的往来，不断互相馈赠些小礼物，“联络人”就是这位吉冈。从那次他送了墨竹之后，东京与长春的往来就更加频繁了。

他大约每年都要往返东京几次，每次临走之前，总要叫我做点点心之类的食品，由他带去送给日本皇太后，回来时还带回日本皇太后的礼物，其中必不可少的是日本点心。那位老太太和我都闲着没事，我们又都有现成的做点心的师傅，彼此送来送去也都不费什么事。不过由于我的疑心病，吉冈每次带回来的点心，我总是叫别人先吃，我才敢吃。

当然，吉冈每年一次往返于日“满”皇室之间，这决不是他的擅自专断，但每次往返的内容，我相信主要是由于他的独创设计。比如有一次，他看见了我的四用联合收音机，忽然像发现了奇迹似的问我：

“这个机器也能 Record（录音）？”

他的中国话不大好，但我们交谈起来还不困难，因为他还会点英文，程度和我也差不多，我们平时就中国话夹着英文，同时又用笔谈帮忙，倒也能把意思说清楚。

“Record 是大大的好。”我说，并且拿出一片录音片试给他看。

“好，好！”他高兴地笑着，看我安好片子，便说，“我教陛下几句日本话说说吧！嗯——我祝天皇陛下身体健康……”

我照他说的日本音说一遍，“我祝天皇陛下身体健康……”这句话录到唱片上了。他把那唱片放送了两遍，满意地拿了起来。

“好，这次我到东京，嗯！把它贡给天皇陛下！”

吉冈说话，总带几个“嗯！哈！”眼眉同时一挑一挑的。这个毛病，越到后来越多，我觉着越不受用。和这种变化同时发生的，还有他对于我们之间的关系的解释。

一九三四年我访问日本，日本皇太后给我写了几首和歌，那时吉冈的话是我最顺耳的时候。

“皇太后陛下等于陛下的母亲，我如同陛下的准家属，也感到荣耀！”

他那时对溥杰说：“我和你有如手足的关系。我和皇帝陛下，虽说不能以手足相论，也算是手指与足指关系。咱们是准家族呀！”

但是到一九三六年前后，他的话有了变化。这时他每天必到，我接见外国人时有他在旁“侍立”，他认为我该对什么人讲些什么话，也由他预先写好，由我照本宣科，每年一次“军管区司令”会议或“省长”会议，那是必定要叫我讲一次话，以示“鼓励”的。在他写好的台词上，免不了的是这类“协和语”：“努力日满亲善，作皇军的一翼”，“一心一德，达成大东亚圣战”，“断乎支援亲邦圣战”，等等。我可以见什么人、不可以见什么人，都由他决定。关于我祭祀祖先的事，关于各处陵寝的管理，田庄收入的处理，北京家族谁能来看我，他一概都要管。外边寄给我的信件，一律要先经过他看，起先，我还能看到外面寄来的信，帝制以后，一封也没有了。他这时最常说的话就是：

“日本犹如陛下的父亲，嗯，关东军是日本的代表，嗯，关东军司令官也等于是陛下的父亲，嗯！父亲的意思是要听的！哈！”

日本军队前线景况越坏，我在关东军和吉冈面前的辈分也越低，后来他竟是这样说的：

“关东军是你的父亲，我是关东军的代表，我是拿你当做自己的子侄看待的！嗯！”

有的书上说，吉冈和我的关系极亲密，这话也许是根据我对他的言听计从，向来不敢违犯一句说的。这也是实情，原因就是我就怕关东军怀疑我，而关东军是靠吉冈来了解我的。

“七七事变”后，关东军对我的监视特别加紧，如限制关内亲戚来长春，检扣我的信件，等等，原因是防止我和北京天津的王公旧臣们联结起来，共谋在关内复辟，这是不符合他们分而治之的方针的。其实，这时我已经不敢存这个幻想了。

吉冈后来每天进“宫”极为频繁，也并没什么非谈不可的事必须见我。有时来了不过十分钟就走了，走了不到五分钟又来了。去而复返的理由都是很不成道理的，比如刚才忘了说一句什么话，或者忘了问我明天有什么事叫他办，等等。因此，我不能不疑心，他是成心想用突然袭击的办法来查看我在干什么的。

我应付他的办法，就是只要一听说他到，我立即接见，尽力减少他等候的时间，免他起疑心。甚至他来时正赶上我在吃饭，我也立刻放下饭碗去见他。对于他，我算做到了“一饭三吐哺，一沐三握发”的程度。

后来，我每次和他见过面之后，总是提心吊胆，不知其用意何在。因此，当他一走，我必拿出铜钱来算一次卦，算算这次见面给我带来的是吉是凶。

七、我的恐惧[①]

经过十四年奴隶生活的东北人民，家家都有一本血泪账，都在我裁可的镇压人民的伪满法令下，遭受到程度不同的牺牲。起初，日本人根据这些法令所制造出的惨案，我还听不到，因为郑孝胥、张景惠向来对我不谈这些，关东军司令和我的御用挂吉冈安直更绝口不提。我从他们嘴里听到的和“满洲国通信社”的新闻一样，都是“王道乐土”的描写，或者“扫荡胡匪的赫赫成果”的报道。一直到一九三六年，即日本发动全面侵华战争的前夕，日本军阀需要以大规模的血腥镇压来为新的战争扫清道路了，情况发生了变化，日本关东军不但不想再瞒我，而且有时还有意要叫我知道一下。

凌升案就是一个例子。凌升是蒙古的贵族，前清蒙古都统贵福的儿子，他做过张作霖的东三省保安总司令部和蒙古宣抚使的顾问，是第一批投靠日本关东军的“满洲建国元勋”之一。伪满划东北为十四省时，他是第一任的兴安

① 编者注：这一节的基本内容在定本中仍有，但文字有许多变动，尤其是删去了节末作者的打油诗。

省省长。这年他刚和我结成亲家（我的四妹和他的儿子订婚）不久，我忽然听说他被关东军捉了去。是什么原因，是死是活全不知道，我正感到十分不安，盘算着是不是可以向关东军司令官植田谦吉打听一下，植田却先找我来了，他像谈论天气似的那么平常地对我说："前两天关东军特务机关处理了一个案子，这个人皇帝陛下大概记得，是凌升，他勾结外蒙（指蒙古人民共和国）图谋叛变，关东军已经将他正法了。"

"已经正……法?"我吓了一跳，疑惑我耳朵听错了。他的翻译官连忙重复一遍："正法，不错，杀了。"植田也狞笑一下，点头说："这是杀一儆百，陛下，应该杀一儆百!"

我吓得目瞪口呆，植田走了之后，我要做的第一件事，就是根据吉冈的意思，告诉人赶快把说好的这门亲事退了。

一连许多天，植田的"杀一儆百"在我耳边响着，我不住地揣摩它的含义。我早听人说过，日本关东军是最多疑的，总在疑心"满洲官员"是不是在反对它。而我也是个多疑的，总在疑心关东军不放心我。我不由得回忆起到东北后的一连串经历，从逛公园被宪兵包围起，一直到最近不准许我接见"大臣"，我肯定这都是关东军对我提防的表示。因此，我越想越觉着植田的"杀一儆百"这句话不妙。我怕他说这话是"项庄舞剑，意在沛公"。

后来，给我当过英文翻译的吴沆业失踪了。听说他被调到驻东京的伪满使馆后，因为和美国使馆有来往，被日本宪兵逮捕。后来听溥杰说，这个翻译曾托监狱的看守带信出来给他，说他受的折磨实在忍不住了，求溥杰找我想办法救他，如果救不了，索性让他早点死，免得继续受罪。溥杰没有答应，因为他明白，如果他真的向我转达了，不但无效反而会挨我一顿骂的。

有一天，我的"警卫处长"佟济煦愁眉苦脸地告诉我，日本人正在哈尔滨附近建筑一个秘密工程，在将近结束时，将劳工全部秘密消灭，以图保密。他有个亲戚也是劳工之一，万幸地逃了出来。这件工程据我后来在战犯管理所和别人一起判断，大概就是平房区的日本细菌部队。当时虽然还不知道这个惨绝人寰的魔鬼事业，但成批消灭劳工也足够骇人听闻的了。可是我听了这个消息，唯一的反应就是嘱咐佟济煦千万不要和别人说。

然而我越怕牵累，事情却又像故意找到我头上来。有一天，佟济煦心神不宁地和我说："咱们的护军，好像很遭关东军的忌。"我问他发生了什么事，他精神恍惚地说："没发生什么事，可是我总觉着要有事情发生似的。"

佟济煦的担心，我是明白的。所谓护军，即在宫内担任警卫任务的军队，这不同于"军政部"统辖的宫内"翊卫军"，是由我自己直接供应和组织的一支三百人的部队。当初我建立这支部队原来有个用意，我想用它培养出一批军队骨干，以便将来建立自己的武装实力。为了这个目的，熙洽给我从旧东北军中调拨了一些兵士，我又叫人从京津、内蒙古一带招募了一批青年，这样编成了这支部队，名义上都是士兵，实际是按照军官的要求加以训练。这支队伍成立后，“军政部”不肯发供给，连枪支也不给，我从自己的收入中分出一部分供应它，并且枪支弹药也是自己派人买来的，因此这就遭到了关东军的忌讳。以前，我并不怎么注意到这件事，可是现在发生了“杀一儆百”的凌升案，加上佟济煦这一说，我全想起了，也担起心来了。我还没想好处理办法，事情也就发生了。

事情发生在一个星期日里。护军里几个士兵到大同公园游玩，因为管理游艇的朝鲜人不肯卖票给他们，他们和朝鲜人发生了口角，这时突然从四周来了一群便衣的日本人和朝鲜人，还带着狼犬，向他们动起手来。护军这次却也给逼急了，便使出了他们平时学的武术，居然打退了日、朝人的围攻，而且连狼犬也给踢死了。护军回队后，日本宪兵队立即用大卡车把他们抓走，施以酷刑，赤体鞭打，灌凉水和辣椒水，打了之后又叫他们赤体跳舞，以为取乐，并且逼他们承认“反满抗日”。原来，被护军打伤的日本人，里面还有穿便衣的关东军官佐，踢死的狼犬是关东军的军犬。这显然是关东军的一场预谋。当时我一听这情形又气又怕，忙托吉冈代向关东军说情，后来按照对方提出的条件，派了管理护军的警卫处长佟济煦去赔礼道歉，将肇事的护军逐出东北，保证了今后永不发生此类事件。这些条件一一照办后，护军又被缩减了编制，缴去了长武器，一律换上手枪，同时佟济煦被革职，警卫处处长换上了个日本人。自然，我的建立实力的梦也不用再做了。

应该提一下的是，我为了建设未来的军队，同时还送过一批青年到日本学陆军，其中包括在学习院毕业的溥杰和润麒。可是，这批青年学成回来之后，除了溥杰和润麒之外，我也无权支配，都在“军政部”的分配下，“化”到日本人指挥下的“国家”和军事机关里去了。

一九三六年在接连的恐惧、忧虑中过去了。到了一九三七年，关内风云日紧，平津附近日军剑拔弩张，战事有一触即发之势。这时我已没有了一九三二年长城战争时等着日军进占平津以便重返故宫的心情，而是日益为自己的命运担着忧。这一年，我从日本军部为溥杰安排的婚姻等等的举动上，又感到了新的危险。

溥杰去日本留学前，和他的前妻就已经分居了。他一九三五年从日本回来，我从吉冈嘴里听到一个风声，说日本关东军想给他找个日本姑娘做妻子。

这个消息令我非常不安，由于皇室贵胄的传统优越感，觉得爱新觉罗的正统男子如果选汉女为元配，已是破例，如果和外国人结亲，更是祖制所无的，何况日本关东军是不是在打主意，要制造一个混着日本血统的皇帝，更要提防呢。我和二妹商量了一下，认为必须赶快趁关东军的主意未定的时候，抢先一步，快给溥杰找个满族妻子。这意见溥杰也同意了，于是我二妹便和婉容家的一门亲戚商量，要把这家的女儿给溥杰撮合。双方都同意了，消息传到了吉冈的耳朵里，他把溥杰叫了去，提出了干涉，说关东军希望他和日本女性结婚，这是为了日满亲善的大事，他既为皇帝陛下御弟，自然应该出头做这个亲善的表率。最后他说："这是军方的意思，因此你不要自己进行那边的亲事了，至于在日本方面的活动，有我为你张罗，你等着就是了。"

本来已接受了我的劝说的溥杰，现在又接受了吉冈的意见。据他后来自己说，几年的日本生活不但造就了对日本武力和政治的崇拜，就连日本人的妻子也使他不胜羡慕，所以，吉冈一说，他就点了头。

吉冈说服了溥杰，关东军司令官立即命令他到北京，去给溥杰办理和前妻离婚的手续。因为唐石霞早已搬到上海，吉冈扑了个空，他竟疑心唐家的人骗他，便拿出日本军队的威风，叫日本宪兵把住唐家的大门，他自己闯进内院，逼唐石霞的弟弟交出人来。这两个弟弟再三说明姊姊的确不在家，他没了办法，只好叫这两个弟弟替他们姊姊具结，承认和溥杰离婚。为了牢靠，他又把当地的警察派出所长找来，签字作证，这才算完事。

吉冈办完了这道手续，在日本的本庄繁和南次郎便又忙起来了。他们选中了日本华族嵯峨实胜侯爵这户人家，经过一番奔走和准备，一九三七年四月三日，溥杰和嵯峨浩在日本东京的军人会馆结了婚。

在这个亲善婚姻之后不过一个月，"立宪院"在日本人授意下通过了一个"帝位继承法"，规定了："皇帝"驾崩之后，由其子继之，无子，由其孙继之，无子无孙，由其弟继之，无弟，则以其弟之子继之……

溥杰和他的妻子回东北后，我拿定了一个主意：不在溥杰面前说出任何心里话，溥杰的妻子给我送来的食物我一口也不吃。假若溥杰和我一起吃饭的食桌上摆着他妻子做的菜，我必定等他先下箸之后才略动一点，也只是略动一点，绝不多动一口。

当我听说溥杰快要做父亲的时候，我整天提心吊胆，我为自己的前途不知算过多少次卦。我甚至也为我的弟弟担忧，因为我相信那个帝位继承法，前面的几条都是靠不住的，靠得住只是"其弟之子继之"这一句话。关东军要的是一个日本血统的皇帝，因此，我们兄弟两个都可能要做未来的混血儿的牺牲

图 47　溥杰与嵯峨浩

品。后来听说他得的是个女儿，我这才松了一口气。

我也曾想过，假若我自己有了儿子，是不是会安全？有了这个念头之后，我竟像个封建家庭的媳妇那样，盼望有个儿子来挽救自己的命运。可是，连我这完全渺茫的儿子，关东军也都打了主意。有了这个主意，即使我真的有了儿子也不见得有什么好处。因为关东军叫我写下一个字据，在这字据上写明，我若有皇子出生，五岁时就必须送到日本，交由关东军专门指派的人从事教育。据吉冈说，这是日本皇室的制度，非这样办就不足以表示两国亲善。当然，我只好从命，写下了这个未来儿子的卖身契。

一九三六年，日本人在内蒙古扶持起蒙古王公德穆楚克栋鲁普，即被称为德王的，成立"自治政府"。德王我早在天津就见过，他曾送过我钱，送给过溥杰名种马。有一天，他得到关东军的允许来见我，当时吉冈还没有"侍立”，所以，只有我们两个在屋里谈话。谈着谈着，他发起牢骚来了，说日本人在他那里很跋扈，他样样都做不了主，不听日本人的不行。他的话触痛了我的伤口，我对他表示了同情，安慰了他几句。不料第二天，吉冈便来板着脸问我。

“陛下昨天和德王谈了些什么?”

我觉得有些不妙，就推说不过是闲聊而已。

他不放松我，追问道：“昨天的谈话，对日本人表示了不满了没有?”

我心里怦怦跳了起来，我知道唯一的办法就是坚决不承认，而更好的办法则是以进为退，我便说：“那一定是德王故意编排出什么假话来了吧?”

吉冈虽然再没穷追下去，我却被他问得心惊肉跳，疑虑丛生。我考虑这件事只有两个可能，或者是吉冈在我屋里安上了什么偷听的机器，不然就是德王在日本人面前真的说出了真话。我为了解开这个疑团，费了好大工夫在屋里寻找那个可能的机器，自然我没有找出它来。因此，我又怀疑是德王成心出卖我，可是也没有什么根据。这两种可能都不能断定，也都成了我的新的魔障。

有一天，我忽然想到院里打打网球。我走到院子里，忽然看到迎门墙上有一行粉笔写的字：

“日本人的气，还没受够吗?”

看见了这行粉笔字，我连网球也忘了打了，赶紧叫人快擦了去，然后急忙回到我的卧室里，心里怦怦跳个不停。

这行粉笔字，引起的恐惧更大了。我怕日本人发现之后，不分青红皂白地在我这内廷来一个“大检举”，那不定会闹成什么样子。这行字是谁写的呢?显然在我这“内廷”之中，是有了“反满抗日分子”，他敢于在大庭广众之下写字，就不敢杀我吗?

从此我怕的东西更多了。我怕日本人，怕家里人，怕大臣们（像德王那样可能出卖我）。后来我连睡觉也怕人害我，我不敢叫随侍守夜，更不敢叫童仆们为我站岗，找护军来我也不放心。最后，我想出个依靠假人守卫的办法。我叫人给我用草和泥做了几个和真人一般大小的假人，给穿上军装，放在我的屋后。当然，我不把用途告诉别人。到晚上临睡时，我把它们搬到我的卧室里，排列在我的床前。我想，谁要是半夜里想进来害我，至少可以把他吓一跳。

在种种事件之后，我的神经变得十分衰弱，我的思想也有了进一步的变化。在我心头的天平上，一边放的是虚假的尊严，一头是我的生命安全。生命安全越来越下沉，虚伪的尊严——皇帝的宝座、称呼等，越来越不值钱。我最后终于给自己得出这样的结论：

自由诚可贵，
面子价更高，
若为性命故，
二者皆可抛。

八、四大“诏书”及其他

对于日本帝国主义来说，吉冈安直必定是个好人才，因为他确确实实把我弄得服服帖帖，百依百顺。到了后期，也就是他把天皇与我的关系说成父子关系以后，我不但早已不敢再生什么专制独裁的妄想，而且逐渐学会了逢迎谄媚。

“七七事变”后，日寇每攻占一个大城市，吉冈必定来向我宣传一番“大日本皇军赫赫战果”。每次说完，必定绷起了那张由颧骨撑起来的脸皮，面向南方站起来，念念有词：

“为圣战而死的忠勇武士，嗯，应该致默哀！”

说罢，他深深鞠了一躬，然后闭眼低头。我也忙不迭地照他的样子做。

到了武汉沦陷的时候，我已被他训练得不等他下命令，就会主动先站起来，向南深深一躬，低头闭眼。

从这次起他又给我添了功课。他指示我给攻占武汉的大刽子手冈村宁次亲笔写祝词，赞颂他屠杀的功绩，祝他“武运长久”。以后几乎每当日寇占领一个城市，每当又有数以万计的同胞遭到屠杀和奴役的时候，我都要给日本天皇去一封祝贺的电报。

这些恭维谄媚的辞令，还充斥于每一次的“皇帝诏书”中。这种“诏书”，不但是进行奴化思想宣传教育的材料，而且也是用来镇压任何反抗的司法根据。东北人民任何一种即使是消极的反抗，都可以借口违犯了“诏书”的某一句，而加以治罪。

起这样作用的“诏书”，主要的有四个，第一个是我第一次访日回来的“回銮训民诏书”。这是由伪满国务院总务厅长远藤柳作授意，由郑孝胥起草的。

朕自登极以来，亟思躬访日本皇室，修睦联欢，以伸积慕。今次东渡，宿愿克遂。日本皇室，恳切相待，备极优隆，其臣民热诚迎送，亦无不殚竭礼敬。衷怀铭刻，殊不能忘。深维我国建立，以达今兹，皆赖友邦之仗义尽力，以奠丕基。兹幸致诚悃，复加意观察，知其政本所立，在乎仁爱，教本所重，在乎忠孝；民心之尊君亲上，如天如地，莫不忠勇奉公，诚意为国，故能安内攘外，讲信恤邻，以维持万世一系之皇统。朕今躬接其上下，咸以至诚相结，气同道合，依赖不渝。朕与日本天皇陛下，精神如一体。尔众庶等，更当仰体此意，与友邦一心一德，以奠定两国永久之基础，发扬东方道德之真义。则大局和平，人类福祉，必可致也。凡我臣民，务遵朕旨，以垂万禩。钦此！

其中“依赖不渝”、“精神如一体”的话原来并没有，是吉冈奉关东军之命来告诉我，由我亲笔加上的。吉冈原说要写成“依存不渝”，后来因为郑孝胥说这话不通，结果将“存”改为“赖”。从此以后，伪满的司法和警察机关就有了治罪的一条，叫做“破坏依赖不渝”或“违反与友邦一心一德”。

第二个是“国本奠定诏书”，颁布时间是一九四〇年，事情却要从一九三九年说起。

有一天，我在缉熙楼和吉冈呆坐着。他要谈的话早已谈完，仍赖在那里不走。我正狐疑着，料想他必定还有什么事情要办。果然，他站起了身，走到那间屋子的摆佛像的地方站住了。这尊佛原是紫禁城里的，我供奉了已经几十年了，从我一到长春就把它供在那里，吉冈从前也看见过多少次，从来没有表示注意。他这回站在那里把这尊佛像注视了很久，鼻子发出了一阵嗯嗯之声，然后回头向我说：

“佛，这是外国传进来的。嗯，外国宗教！嗯，日满精神如一体，信仰自然应该相同，哈？”

我凭着经验，知道这又是关东军又通过这条高压线在送电。但是他说了这么几句，就没电了。叫我费了好几天工夫，也没思索出结果来。

事实是，关东军又想出了一件事要叫我做，不过，关东军司令官植田谦吉被张鼓峰和诺门坎两次战事弄得心神不宁，一时来不及办这件事。植田指挥的这两次战役都失败了，终于被调回国卸职。在他临走的时候，大概又想起了这件没办完的事，所以在辞行的时候说了：日满亲善，精神如一体，因此，满洲国也不能信外教，在宗教上也该与日本一致才是。关于这件事，希望我要考虑一下。

我觉着日本关东军管得太宽了，这实在是没有什么值得考虑的事，而且我也不知怎么去考虑，就把这件事撂到一边去了。但是关东军并不把它撂到一边，继任的关东军司令官梅津美治郎到职后不久，就叫吉冈告诉我，日本的宗教就是“满洲国”的宗教，应当把日本的天照大神迎到“满洲国”来，立为国教，并且还要叫我亲自去迎接它去。

这个令我哭笑不得的决定，据说在日本军部酝酿已久，意见原来也很不一致。有一部分人，比如本庄繁，多少懂得一点中国人心理的，就不赞成这个只会引起更大恶感的举动，但是当权派还是坚持，认为暂时虽然会引起反感，但只要时间一久，就会发生预期效果。大概这派人认为自己是世界上最聪明的人了，其实凡是认为自己最聪明的，往往就是最愚蠢的。他们不知道，这个决定不但遭到东北人民的极端仇恨和耻笑，就是在一般汉奸心里，也不是一件受用的事。以我自己来说，这件和我的敬天法祖思想完全抵触的事，是让我非常气愤的。

图 48　“康德皇帝”溥仪

我当了康德皇帝之后，第一次要祭祖陵时，吉冈就出来拦阻过我，曾叫我心里非常不自在。他说我是“满洲国”的皇帝，不是清朝皇帝，因此不应祭过去的清朝皇帝。我解释说，我是爱新觉罗的子孙，我这是祭我爱新觉罗的祖先。他说，那可以叫爱新觉罗别的后人去祭，用不着我自己去祭。我没办法，只好一面派人去代祭，一面在家里偷着自己祭。现在事情竟发展到不但祭不了自己的祖宗，还要把别人祖宗请来认做自己的祖宗，这和我的思想更不相容了。

但是我还是答应了关东军。因为在我的心里，个人的安全超过了祖国，也超过了祖宗。

一九四〇年五月，我第二次访问了日本。这次和上次比起来，既没有那么热烈的欢迎仪式，也没那么多的来往，时间也短，一共只有八天，事情只有一件，就是按着关东军的导演，去向日本天皇裕仁要那个天照大神。

会见裕仁的时候，我拿出了吉冈安直给我写好台词的纸条，照念一遍。原话我已不记得了，大意是“为了体现日满一德一心，不可分割的关系，我希望，迎接日本天照大神，到满洲国奉祀……他的答词简单得很，只有这一句：

“既然是陛下愿意如此，我只好从命了！”

我心里想：咱俩真是一对难兄难弟，专门被训练出来说反话的。我不由得想起了幼年时庄士敦教我念的《爱丽思漫游奇境记》，觉得真像爱丽思走到镜子里一样，一切都是反着的。

裕仁说完了反话，便站起来指着摆在一张桌子上的三样东西，一把剑、一面铜镜和一块勾玉，所谓代表天照大神的三件神器，讲解了一遍。我心里想，听说在北京琉璃厂，这种玩意儿多着呢，太监从紫禁城偷出去的零碎，哪一件也比这个值钱，这就是神圣不可侵犯的大神吗？这就是祖宗吗？

我回到了长春之后，在“帝宫”旁修了一所称之为“建国神庙”的房子，成立了“祭祀府”，由做过日本近卫师团长、关东军参谋长和宪兵司令官的桥本虎之助任祭祀府总裁，沈瑞麟任副总裁。从此，就按关东军规定的，每逢初一、十五，由我带头，连同关东军司令和“满洲国”的官员们，前去祭祀一次。全东北各地也都建立了一个这种“神庙”，都要照章祭祀，任何人走过这种地方，都要行九十度鞠躬礼，并且立以法律，违者严惩。因为人们都厌烦它，不肯向它行礼，所以凡有神庙的地方，也都是门可罗雀的地方。据说有一个充当“神庙”的“神官”（即管祭祀的官员），因为行祭礼时要穿上一套特制的官服，样子十分难看，常常受到亲友们的耻笑，有一次他的妻子的女友对他妻子说：“你瞧你们当家的，穿上那身神官服，不是活像《小上坟》里的柳录景吗？”这对夫妻羞愧难当，终于悄悄丢下这份差事，跑到关内谋生去了。

在全东北的人民耻笑、暗骂中，我发布了那个定天照大神为祖宗和宗教的“国本奠定诏书”。这回诏书不是郑孝胥的手笔，（郑孝胥这时已死了两年）而是“国务院总务厅嘱托”，一位叫佐藤知恭的日本汉学家写的日本味的中国文言。其中有这样两句：“我国自建国以来，邦基益固，邦运益兴……莫不皆赖天照大神之神庥，天皇陛下之保佑……”这两句成了以后每次“诏书”都少不了的谀词。

为了让我们这些拔尖的汉奸首先接受这种神道思想，让我们真正奉信这邪门歪道，日本关东军不怕麻烦，特地请来一位著名神道专家叫筧克彦的，据说是位日本皇太后的神道讲师，给我和大臣们讲课。这个神道专家讲课时带来了不少奇奇怪怪的教材。比如一张纸上，画着一棵树。他讲道：这棵树的树根，是日本的神道，也是日本天皇的祖先。上面的枝，是各国各教。所谓八纮一宇，就是一切根源于日本这个祖宗。又一张纸上，画了一碗清水，旁边又画了若干酱油瓶子醋瓶子，说清水是日本神道，酱醋瓶子等，是世界各宗教如佛教、儒教、道教、基督教、回教等，说明全世界尽管有各种宗教信仰，但都不纯粹。只有日本神道如同纯净的水，别的宗教的发源本是来自日本的神道（净水），可是已经夹杂了各自的派别，所以不是净水，而是酱油，醋……还有不少奇谈，详细的已记不清了，后来我听到关于一贯道的说法，想起那棵大树来，觉得好像有点相像。这个笕克彦给日本皇太后讲课时，她听着有什么反应，我不知道，但是我知道我的伪大臣们，有的虽道貌岸然，也忍不住要笑，有的就索性睡着了。伪军政部大臣，绰号叫于大头的，就因为听道的时候歪着大头打呼噜，结果被撤了职。

这位笕克彦临走，还给我留了一大套画着大树和酱油瓶的书，总有一尺多高。我不知道日本这碗清水在酱油瓶子的占领之下，日本皇室的人是否还在听笕克彦先生的课程。①

一九四一年十二月八日，日本对美英宣战，在关东军的指示下，伪满也同时宣战，由我颁布了"时局诏书"。这第三个诏书也是佐藤知恭的手笔（原无标点，是我后加的）。

奉

天承运大满洲帝国皇帝诏尔众庶曰：

盟邦大日本帝国天皇陛下兹以本日宣战美英两国，

明诏煌煌，悬在天日，朕与日本天皇陛下，精神如一体，尔众庶亦与其臣民咸有一德之心，夙将不可分离关系，固结共同防卫之义，死生存亡，断弗分携。尔众庶咸宜克体朕意，官民一心，万方一志，举国人而尽奉公之诚，举国力而援盟邦之战，以辅东亚戡定之功，贡献世界之和平，钦此！

这些恭维谄媚的辞令，和"天照大神之神庥，天皇陛下之保佑"一样，以后都成了我的口头禅，一用起来，顺理成章。

我见了每次来访我的关东军司令官，一张嘴便流利地说出：

"日本与满洲国乃是一体不可分的关系，死生存亡的关系，我一定举国力

① 编者注：这一自然段在定本中被删削。书中类似俏皮话被删削者甚多。

为大东亚圣战的最后胜利，为以日本为首的大东亚共荣圈、各国的共存共荣而奋斗到底。”

一九四二年，日本首相东条英机到伪满作闪电式的访问，我见了他，便忙不迭地说：

“请首相阁下放心，我当举满洲国之全力，去支援亲邦日本的圣战！”

这时已经把“盟邦”改称为“亲邦”。这是伪满“建国十周年”所带来的新的屈辱。是写在第四个诏书“建国十周年诏书”里的。

在这个“十周年”（一九四二年）的前夕，吉冈和我说：“没有日本，便不会有满洲国，嗯，所以应该把日本看成是满洲国的父亲。所以，嗯，满洲国就不能和别的国家[1]一样，称日本国为盟邦友邦，那就没有区别。所以，应称做亲邦，同别的国家就有区别了。”

与此同时，“国务院”的真正统治者，“总务长官”武部六藏也把“国务总理”张景惠和各部伪大臣召到他的办公室里，讲了一番称日本为亲邦的道理。接着“建国十年诏书”就出来了：

> 我国自肇兴以来，历兹十载，仰赖
> 天照大神之神庥，
> 天皇陛下之保佑，国本奠于惟神之道，政教明于四海之民，
> 崇本敬始之典，万世维尊，
> 奉天承运之祚，垂统无穷，
> 明明之鉴如亲，
> 穆穆之爱如子。夙夜乾惕，惟念昭德，励精自懋，弗敢豫逸。尔有司众庶，亦咸以朕心为心，忠诚任事，勤勉治业，上下相和，万方相协，自创业以至今日，终始一贯，奉公不懈，深堪嘉慰。宜益砥其所心，励其所志，献身大东亚圣战，奉翼亲邦之天业，以尽报本之至诚，努力国本之培养，振张神人合一之纲纪，以奉答建国之明命。
> 钦此！

从此，“亲邦”二字便按规定成了“日本”的代词。

这样自认是他的儿子还不够，武部六藏和吉冈安直又决定，要我写一封

---

① 伪满于一九三九年参加了日德意三国于一九三一年订的“防共协定”，这就是所谓盟邦。太平洋战争爆发后与伪满建交的国家又有了日本统治的南洋各傀儡国家。

“亲书”，由伪总理张景惠代表伪满，到日本去“谢恩”。我在这里把“谢恩”二字加引号，并非是杜撰，而是真正引用原文的。张景惠的正式身份，就是“满洲帝国特派赴日本帝国谢恩大使”，这是写在“亲书”里的。

一九四四年，日本的败象越来越清楚，连我也能察觉出来，日本军队在倒霉了。有一次吉冈跑来，转弯抹角地说，“圣战正在紧要关头，日本皇军为了东亚共荣圈各国的共存共荣，作奋不顾身的战争，大家自应尽量供应物资，特别是金属……”最后绕到正题上来，“陛下可以率先垂范，亲自表现出日满一体的伟大精神……”

记得好像这回没有听到他的嗯、哈，可见其急不可待，连装腔作势也忘了。而我是浑身毫无一根硬骨头，立即遵命，命令首先把伪宫中的铜铁器具连门窗上的铜环、铁挂钩，等等，一齐卸来，以支持“亲邦圣战”。过两天，我又自动地拿出许多白金、钻石首饰和银器交给吉冈，送关东军。后来吉冈从关东军司令部回来，又说起关东军司令部里连地毯也都捐献了等等的话，我连忙又命把伪宫中所有地毯一律卷起来送去。我后来在关东军司令部看见，他们的地毯还是好好地铺着，究竟吉冈卷了我的地毯是为什么，金银首饰拿去了多少，我自然是不敢问了。

我又自动地拿了几百件衣服，让他送给山田乙三，即最末一任的关东军司令长官。

当然，经我这一番带头，报纸上一宣扬，于是便给日伪官吏开了大肆搜刮的方便之门。听说当时层层逼迫之下，小学生都要回家去搜捡一切可搜捡的东西。交不上来的，还要受体罚。

一九四五年，东北人民经过十几年的搜刮，已经陷入衣不蔽体、食无粒米的境地，几次的“粮谷出荷”、“报恩出荷”的掠夺，弄得农民们更是求死无门。这时，为了慰问日本帝国主义，又进行了一次搜刮，挤出食盐三千担，大米三十万吨，送到日本国内去。

本来这次打算让我亲自带去，到“亲邦”进行慰问，我听到关东军有这个意思，心中怕得要死，因为日本已开始遭受空袭，我很怕在日本遇见炸弹。我不敢流露出不愿去的意思，只得推说“值此局势之下，北方镇护的重任，十分重大，我岂可以在这时离开国土一步？”不知道关东军是怎么考虑的，后来决定，我可以不去，派一个慰问大使就可以了。于是，张景惠又轮上这个差使，去了日本一趟。他此去死活，我自然就不管了。

九、在羊的面前是狼

我不能干涉政事，不能随便外出走走，不能找个“大臣”谈谈，当关东军那边的电流不过来的时候，我就无事可干。我发展了迟眠晏起的习惯，晚上总要后半夜，甚至过三点才睡，早晨要十一点起来，每日两餐，早餐在中午十二点至下午一两点，下午四点到五六点睡个中觉，九至十一点吃晚饭，有时十二点吃晚饭。我的日常生活，除了吃睡之外，大概用这八个字就可以概括了，即：打骂、算卦、吃药、害怕。

这四样东西是相互有着关联的。随着日本崩溃迹象越来越明显，我也越是恐怖，我害怕日本在垮台之前，杀我灭口。在这种心理下，我对外是越加积极看日本鬼子的颜色，谄媚逢迎，对内则是脾气越加暴躁，动辄对家人佣人打骂。同时，我的迷信思想也更发展，终日吃素念经，占卜打卦，求佛神保佑。在这种精神不宁和不正常的生活习惯下，本来就糟蹋坏的身体，越发虚弱，因此又拼命地吃药打针。总而言之，这四样东西构成了我的昏天昏地、神神癫癫的生活。

如果倒溯看一看，我的残暴、多疑的性格，早在紫禁城时代就种下了根子，到了天津，又发展了一步。如苛待佣人，在天津就订过这样的“家规”：

> 一、不准彼此随便说话，以防结党营私。
> 二、不准互相包庇袒护。
> 三、不准舞弊赚钱。
> 四、当同事犯有过错时须立即报告。
> 五、上级对下级犯过的人，须在发现之后立即加以责打。如果放任看管，罪加一等。

因为我的性格中，既有统治阶级所具有的冷酷无情、残忍凶暴的一面，又有一种害怕因果报应，极其浓厚的迷信思想。所以，在定好这些杜渐防微的种种条款后，还在后面附加了一项预备好的誓词，叫他们对天盟誓。誓词是：

“如果我违背了上述规则，甘心承受‘天罚’，定让我遭‘天打五雷轰’的恶报！”

到了伪满以后，我在狼的面前是羊，在羊的面前却是只狼。在我的大门内，我的残忍暴虐行为，越发有了发展，例如除了打手心、打耳光和用板子打屁股，又有了“灌凉水”、“跪铁链”、“过电”、“站木笼”之类的刑罚。打人的花样也很多，最常用的是叫别人代替我打。受到这种委派的人往往不是一两个，而是全体在场的人。在动手打的时候，必须打得很重，否则我便疑心他们朋比为奸，可能临时转移目标，让所有人改打这个不肯使劲打人的人。有时，我心里不高兴，对屋里的人都不满意，我就下令叫他们都跪下，成一环形，命令他们彼此互打耳光。

我的打骂对象除了我的妻子、弟弟和妹夫之外，几乎包括家里的一切人。那时我有七八个侄子，在宫里念书，这原是我培养自己亲信的意思，这些学生同时又是陪我说说话，伺候我的人。可是我一样的打骂他们。他们那时最怕我说的一句话就是“叫他下去”！这就是说，要叫这个人到楼下挨打去。

至于每次打人的原因，说起来更使我无地自容，除了说明我的蛮横、狂妄暴虐和喜怒无常的可耻性格之外，实在不能说明别的问题。有一次，一个童仆在我的椅子坐了一下，别人根据我订立的家规，把他告发了，我立即大怒，认为是冒犯了我，就命人重重责打了他一顿。其实，我这个宝座，不是我也坐得心惊肉跳吗？

在长春，我时犯痔疮，买了不少坐药。有个小侄子见到这种药很稀奇，无意中说了一句“很像个枪弹”，立刻触了我的忌讳，“这不是咒我吃枪弹吗！”我没有直接下令责罚，却叫别的侄子们给了他一顿板子。

在我这种统治下，境遇最惨的是一批童仆，这是我的“侍从武官长”张海鹏从长春的一个所谓慈善团体要来的孤儿，大约有十几个。他们的父母大都遭到了日本人的屠杀，把他们遗了下来，日本人怕这些后代记仇，便叫汉奸政权用慈善团体名义收养了他们，把他们完全改了姓名，进行奴化教育，同时又用奴役劳动摧残他们。这个慈善会的孤儿，在种种折磨下，很少有活得长的。这些孩子听说被送到我这里来的时候，有的还抱过很大希望，认为生活一定能比慈善会里好些，事实上不但没有什么改善，反而是更糟。他们在这里，被看做最低贱的人，任何人——包括男仆和女仆——都可以随便打他们，每天要干十五六个小时的活，白天干，晚上还要坐更守夜，吃的是最坏的高粱米，因为干活常误了饭，饭总是凉的，有时不管吃完没吃完，又被叫去干活，所以也总吃不饱。衣服是破烂不堪，成年不给他们洗澡，虱子会自动从破衣服里掉在地上。冬天因为又冷又饿，有的孩子在暖气管旁打扫，不知不觉地伏在暖气上睡着了，把皮肤烤焦了也不知道。挨打是比吃饭还容易的事，干活睡觉要挨打，扫地不干净要挨打，说话大声要挨打，被心里不高兴的男仆人（被称为随侍的）们碰上，也会打他们出气。为了处罚他们，负责管理他们的“随侍”还预备了禁闭室和设有木笼、铁链、电刑等刑具的刑室。这些被日本鬼子杀了父母的孤儿，在我的这个汉奸窝里的折磨下，长到十七八岁还是矮小得像个十岁的孩子。

有一次，一个专干打扫的童仆，因为经常吃不饱，饿得跑到我的厨房里拿点东西吃，也是挨了一顿打。

有一个叫孙博元的童仆，因为受不了这种家规的经常折磨，便想找机会逃走，其实他也是个孤儿，即使逃出去也无依无靠，但这也说明在伪宫里的生活实在是太难忍受了。他在逃跑时，不幸被抓住了，除了挨了一顿毒打之外，还被禁闭在空房子里，用铁链拴住了两腿。在这求生不得求死不能的折磨下，他苦苦哀求，立誓不逃之后，才把他放出来。当然，他的日子一点也没变好过，终于又跑了。禁卫森严的伪宫内府，是难于逃脱的，这可怜的孩子以为地下的暖气管道可以通到外面，便钻了进去，他在里面转来转去转了两天两夜也没找到出口，后来为了找一口水喝，被人发现抓住了。当我的随侍报告我这件事的时候，我便命令："让他先吃点东西，然后再管教他！"可是这时他早被随侍管教得奄奄一息了。我一听说他快死了，又吓得个要命。我怕他死了变成冤鬼，来向我索命，便立刻命令把医生叫来。这时抢救也来不及了，这孩子终于在我的"家规"下，丧失了幼小的生命！

这件事发生后，我并没有受到良心的责备，由于害怕因果报应，我花了几天工夫在佛坛前磕头念经，超度亡魂，同时责令毒打他的随侍，在半年时间内，每天要用竹板打自己的手心，以示忏悔。好像这样措置之后，我便可以摆脱了一切干系。

我对使用的仆人的苛刻，到了后来，已经是到了神经过敏而又极无聊的地步。我经常像贼似的，防备厨司务买菜时赚我几角钱。我甚至于派人秘密跟踪，看他是怎么买的，或者向我的妹妹们调查："你们吃的肉多少钱一斤？一只鸡多少钱可以买到？"有时候认为菜做得不好，或者发现有点什么脏东西，立刻口头发出谕旨："罚他几块钱！"至于罚多少，是随心所欲，并无标准。有时因为做得好，也下旨赏钱，但总是罚的多赏的少。在物价飞涨时期，拿工资不多的佣人，自然禁不起这样罚，但是他们也有窍门，就是看我高兴的时候，可以哭穷，这叫做"求恩"。遇到这种时候，我常是有求必应，传旨给钱。我就是这样，对我的主子奴颜婢膝，谄媚讨好，对我的佣人则又凶残暴虐，苛刻刁难；我在自己屋子外面无权无力，只能在鬼子决定的法令上画可，我在自己屋子里面，则又作威作福，实行我自拟的"家规"。

我的迷信活动，第五章里已经说过，自幼在宫里受的神话鬼话教育，早在脑中生了根。比如，在天津时，我住的静园外面正对着一个大烟筒，我在自己的楼上设置了许多木刻的剑头符咒等，以便镇压大烟筒的不祥，因为它高于住楼，据说所在地又不知犯了什么风水忌讳，虽然我当时不完全明白这个镇物的用意，但是我却很放心地住进这个大楼，认为纵有什么不祥也给这个镇物给镇住了，我在这里可以居住平安。在天津时，社会上的一些鬼名堂，又让我发展了一步。比如我岳父荣源迷扶乩，总和我宣传这一套，我也信了。有一次，我也想弄一弄，于是他便拿来一套家伙——沙盘、乩笔等。我和他扶了半天，也不见动。荣源后来告诉我：在别处，还是灵的，据他请来的大仙说，那次因为是皇帝扶的，大仙不敢上来，又说那位大仙因为迟到，还受了“上级”（我忘了是玉皇大帝还是谁了）的“处分”。我也就信了，而且内心很得意。

我不但是一只狼，而且是一只带念珠的狼。我念佛、吃素，成天算卦拜神，迷信到了发狂的地步。

从前在北京、天津，我求签问卜所得到的解释，大都是关于复辟成功的乐观希望的。到了东北以后，我的迷信活动，就不再包含什么幻想和希望，而是充满了忧郁、悲哀，充满了阴森森的鬼气。

在长春我供的佛神和牌位，大概有这些角色：各种佛，天神地祇，关圣帝君，王爹爹王妈妈，神杆，满族历代祖先，清朝历代帝后，长白山天女，大成至圣先师孔子历代帝王师，醇贤亲王侧福晋，醇亲王福晋，福神喜神财神贵神，太岁，灶神，四太妃。

我除了供祖宗，还杂七杂八地供了这些神与佛，我又看“佛学”和各种迷信书，看得入了迷。自从在书上看了什么六道轮回，说一切生物都有佛性，前世有德的升天，作了孽的变畜生变饿鬼，我紧张起来了。我生怕来世变畜生，又担心我吃的肉是死去亲人变的。我念起经来了。原先是每天早晚念，后来每顿饭都要念一遍“往生咒”，给吃的肉主超生。开头是我自己默默地念，后来我索性在饭前，让同吃的人先出去，我一个人嘟嘟囔囔念完，再让他们进来吃，以后他们每逢吃饭，都自动地先在外面等着我嘟囔完了再进来。有一次，在空袭警报中，我在同德殿的地下防空洞里吃饭，我念了咒还不算，还把要吃的一个鸡蛋拿起来，对它磕三个头，才敢把这个“佛性”吃进肚去。这时，我索性吃起了素，除鸡蛋外，荤的一概不动。厨房里的苍蝇也不许打，只许向外轰。所以厨房里常可以听见轰苍蝇的战斗的闹声，当然是无济于事。如果菜里发现苍蝇腿，还要罚钱。但我也知道苍蝇是会带病菌传染病的。苍蝇落过的饭菜，我就不吃，如果在我的嘴唇上落一下，我就拿酒精棉花擦一下——我身上总带着一个盛酒精药棉的小铁盒。

越看“佛书”越迷，有时做起梦来，游了地狱，就越发相信。有一次，因为从书上看到，念经多日之后，佛就会来，还要吃东西。我便布置出一间屋子，预备了东西。我念过经之后，对众人们宣布道：佛来了！我跪着爬进屋去。当然里面是空的，但连我自己也相信了自己的胡说八道了，战战兢兢地向空气磕起头来。

我家里的人叫我弄得也都是神神癫癫的，有时我还给他们讲课。于是家中终日佛声四起，木鱼铜磬响声不绝，像居身于和尚庙里一样。

与念经同时，我还自己给自己问卜算卦。算起来没完，不得上吉之卦，誓不罢休。避凶趋吉，几乎成了支配我一举一动的中心思想。弄得行路穿衣吃饭，脑子里也是想着哪样吉，哪样不吉。至于吉凶的标准，并无一定，不过见景生情，临时自定，然后有趋有避。比如走路时，前面有个砖头，心里便规定道：“从左面走过去，吉祥，从右边，不吉祥，”于是从左面走过去。什么迈门坎用左腿右腿，夹菜是先夹白先夹绿，真是无穷无尽。婉容也随我入了迷，她给自己规定，对于认为不吉的，就眨巴眨巴眼，或是吐口唾沫。后来弄成了习惯，时常无缘无故地眨巴一阵眼，或者是嘴里“啐啐啐”连着出声，就像患了精神病似的。这一家子，就这样弄得人不像人，鬼不像鬼。

我的随侍们，真被我这种生活折腾得够戗。比如我打坐时，不准有一点声音。所有的人在我打坐时，都大气不敢出一声。我院里养了一个大鹤，它不管这套，高起兴来就要“鸣于九皋”一下子。我就交待给仆人负责，如叫一声，就罚钱五角。仆人们被罚了不少钱之后，也居然研究出一个办法，鹤一伸脖子他就打它脖子一下，这样就不叫了。

因为怕死，所以也怕病。我嗜药成癖，给我的家人和仆人不少罪受，也是给自己找罪受。我嗜药不但是吃，而且还包括收藏。中药有药库，西药有药房。我有时因为菜的口味差一些，硬叫扣出厨司务几毛钱来，但为了买药——特别是伪满末期药品奇缺时，可以花几千元几万元去向国外订购用不着的药品。我的一些侄子，上学之外要为我管药房药库。另外我还专雇了医生，他们每天为我打针，总要忙上几小时。我每天要打赐保命和葡萄糖之类的补品，打针的时候，我的侄子要从大量的注射剂中拣可用的药。因为存药太多，大都过了期，注射液类药往往都有毛状沉淀物。他们把这工作叫做“拣毛”，拣一次毛，就要两个钟头。然后由另一个侄子执行注射，医生则是一旁守候。就这样，要消磨掉好几个人半天的时间，而这大半是在夜里人家该休息的时候。

从前我在紫禁城里时常“疑病”，现在用不着疑心，我真的身体虚弱了。记得有一次例行“巡幸”，去看日本人新建的水丰发电站。到了那里，走了不多远，我已喘得透不过气来，由于穿着军服，还要在鬼子面前撑着架子。回来的时候，真的吃不住了，眼看就要倒下来了，随行的侄子们和医生赶快抢着给我打赐保命和葡萄糖，这才把我抢救过来。

这种虚弱的身体，加上紧张的心情，让我那时总觉得死亡迫在眉睫，日本人、中国人、我的虚弱，都在要我的命。这成了我那时思索一切问题的核心了。

十、“后”与“妃”的命运

我先后有过四个妻子，按当时的说法，就是一个皇后，一个妃，两个贵人。如果从实质上说，她们谁也不是我的妻子，我根本就没有一个妻子，我有的只是摆设，为了解决不同问题的摆设。虽然她们每人的具体遭遇不同，她们都是同一个制度的牺牲品。

在很长时期内受到我冷淡以及恼恨的婉容，她的经历也许是最使现代新中国的青年不能理解的。她如果不是在自己的家庭一出生时就被决定了后来的命运，也是从一结婚就被安排好了下场。我后来常想，她如果在天津时能像文绣那样和我离了婚，很可能不会有那样的结局。当然，她毕竟和文绣不同。文绣的思想里，有一个比封建的身份和礼教更被看重的东西，这就是要求自由，要求有一个普通人的家庭生活的思想。而婉容的思想里，她更看重了“皇后”的身份，她宁愿做个挂名的妻子，也不肯丢掉“皇后”的身份。即使她忽然想开了，也起了离婚的念头，她的处境也和文绣不同，文绣从亲友中还能找到一些支持的力量，而婉容的父亲、兄长、师傅都不但不会支持她，恐怕还要加以阻难，甚至是加以压力。

自从她把文绣挤走了，我对她有了反感，很少和她说话，也不大留心她的事情，所以，我没有从她嘴里听她说过自己的心情，苦闷和愿望。后来发生的事情说明，她究竟是个人，有一般人的正常需要。她是在一种非常奇特的心理下，一方面有正常需要，一方面又不肯或者不能丢开皇后的尊号，理直气壮地建立合理的生活，于是就发生了私通行为，还染上了吸毒（鸦片）的嗜好。

这种事情，无论如何不能由她负责任，至少不该全部都由她自己负责。事实上，当时我把全部责任都放在她身上，我根本没有责怪过自己，当然更谈不上责怪那个吃人的制度。

事实上是，她的吸毒是由于她的父兄给出的主意，甚至在私通问题上，也受过她哥哥（已死）的鼓励。直到很晚我才知道，早在她那次离津去大连的路上，她的哥哥就由于换取某种利益，把自己的妹妹卖给一个同行的日本军官了。

1935 年，由于她有了身孕并且将近临产，我才发现了问题。我当时的心情是难于描述的，我又愤怒，又不愿叫日本人知道，唯一的办法就是在她身上泄愤。我除了把和她有关系的人和有嫌疑的人，一律找词驱逐之外，还决定和她离婚，用当时我的说法，是把她“废”掉。由于当宫内府次长的日本人和关东军都不准许，我不敢冒犯日本人，于是又做出一个成心给婉容看的举动，即另选一个“贵人”。

婉容也许至死还做着一个梦，梦见她的孩子还活在世上。她不知道孩子一生下来就被填进锅炉里烧化，她只知道他的哥哥在外边代她养育着孩子，她哥哥是每月要从她手里拿去一笔养育费的。①

“八·一五”后她和我分手时，烟瘾很大，又加病弱不堪，第二年就病死在吉林了。

一九三七年，为了表示对婉容的惩罚，也为了作为“皇帝”必不可少的摆设而新选的牺牲品——谭玉龄，经北京一个亲戚的介绍，成了我的新“贵人”。

图 49　谭玉龄

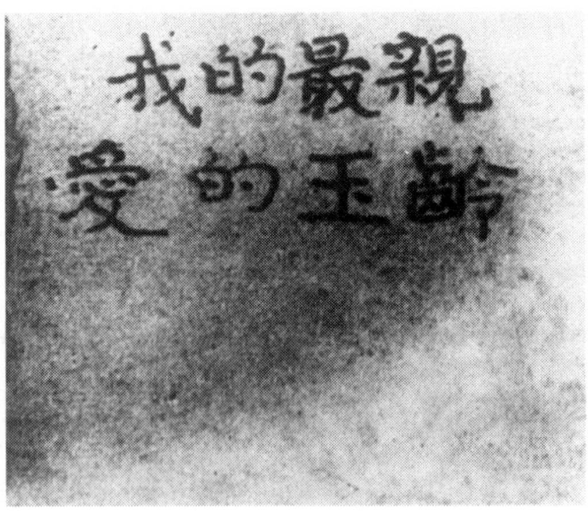

图 50　溥仪在谭玉龄照片后留下的手迹

① 编者注：婉容初生婴儿被填进锅炉焚烧之事，被定本删削。

她原姓他他拉氏，是北京一个初中的学生，和我结婚时是十七岁。她也是一名挂名的妻子，被我像一只鸟儿似的养在“宫”里，一直养到一九四二年死去。

她的死因，对我至今还是一个谜。如果我的疑心属实的话，她还是双层的牺牲品。

她得的病，据中医诊断说是伤寒，医生并不认为是个险症，我也知道，中医对伤寒是有把握的。后来，我的医生黄子正介绍了市立医院的日本医生来治，吉冈表示“不放心”，破例地搬到宫内府的勤民楼里来住，说是要“照料”。日本医生来了，给谭玉龄诊断说是颗粒结核，在进行治疗的第二天，她突然死去了。

令我奇怪的是，日本医生一开始治疗，表现得非常热心，在她身边守着她，给她打针，让护士给她输血，一刻不停地忙碌着。这时吉冈突然出现了，他把日本医生找到另外一间屋子里，关上门谈了很久时间的话。正当医生忙着治疗，有什么更重要的事必须在这时候要谈，而且谈得这么久呢？更奇怪的是，那个热心的日本医生走出了那间屋子，再也没有了原来的治疗热情，没有再忙着注射、输血，而变成了沉默而悄悄的。吉冈这天在勤民楼里整夜不住地叫日本宪兵给病室的护士打电话，讯问病况。这样过了一夜，次日一清早，随侍报告我说：“贵人殡天了！”

她的死讯我刚听到不久，吉冈就来了，说他代表关东军司令官向我吊唁，并且立即拿来了关东军司令官的花圈。我心里越发奇怪，他们怎么预备得这么快呢？

由于我犯了疑心，就不由得回想起谭玉龄的生前，她是时常和我谈论日本人的。她在北京念过书，知道不少关于日本人的事，也说了不少学校里的抗日活动的事。自从德王那件事发生后，我有时疑心德王乱说，有时又不能不疑心日本人是用什么玩意儿偷听了我们的谈话。谭玉龄死得奇怪，我就又想起了这些事。

吉冈在谭玉龄死后不久的一个举动，更叫我相信，即使不是吉冈偷听了什么，她的死还是和关东军有关。吉冈的这件引人疑心的举动，就是他太快地给我拿来了一堆日本姑娘的相片，让我选妃。

我拒绝了。我说谭玉龄刚死，我很悲痛，无心谈这类事。他却说，正是因为要解除我的悲痛，所以他要早日为我办好这件大事。我只得又说，这确是一件大事，但总得要合乎自己的理想，能谈得来，不能这样草率地决定，此外语言不通，也是个问题。

“语言通的，嗯，这是会满洲语言的，哈！”

我怕他看出我的心思，忙说：“民族是不成问题的，但习惯上理想上总要合适才好。”

我是拿定了主意，绝不能要个日本妻子。这不是等于在我床上安上个耳目吗？这话不好明说，只好推三推四，找各式借题来抵挡他。

这个御用挂，真像挂在我身上一样，使我无法摆脱他。他死皮赖脸，天天纠缠我，我怕把他惹恼，又不好完全封口。后来他明白我是不要日本人的，也许关东军有了别的想法，吉冈又拿来了一些旅大日本人办的学校的中国女生的相片来。我后来在这批相片里，也挑出了一个对象，可是我二妹提醒我说，这是日本人训练好的，跟日本人还不是一样吗？我一想也对，又推回去了。吉冈催问我的时候，我就推说还没挑上中意的。当然，这样总拖也不是办法，我又怕总不挑出一个，也许关东军硬做主给我指定一个，那时我还不是也得认账？我忽然想出一个办法，就是挑一个年岁幼小的，文化程度也低些的，也就是说，要一个孩子。这样的对象，即使日本训练过，也还好对付，只要我功夫做好，还会把她训练回来呢。这个办法我认为不错，于是向吉冈说了，我要一个小学的，十四五岁的。

就这样，一个后来被称做“福贵人”的十五岁的孩子，成了第四名牺牲品。

十一、大崩溃

在战犯管理所的时候，有个前伪满军的旅长给我说过一件事。太平洋战争发生的那一年冬天，他在关东军的指挥下，率伪满军前去袭击“抗联”部队。他的队伍在森林里扑了一个空，只捉到了一个藏在地下小屋的生病的抗联战士。这个人衣服破烂，头发胡子挺长，提到他跟前审问的时候，就像关了很久的囚犯似的。他看这俘虏的这种外貌，不禁嘲弄地说：

“看你们苦成这副模样，还有什么干头！你知道不知道，大日本皇军把新加坡、香港都占领啦……”

“俘虏”突然笑起来。这位“满洲国”少将拍着桌子制止道：“笑什么？你知道你这是受审判吗？”那战士对他的威风的回答，叫他大吃一惊。

“谁审判谁？你们的末日不远了，要不了多长时候，你们这群人，都要受人民的审判！”

这类情形，别的伪满军官也有遇到过的。在一九四二年以前，也就是日本的败象还没有暴露以前，正是张牙舞爪、气焰不可一世的时候。他们都无法明白，武器简陋的抗联士兵，何以那么充满了信心，在死刑判决面前，竟然宣布审判者末日将至。我当时还不知道这类故事，但是我知道这样一件事：伪满的小学生在唱“国歌”时，竟普遍地敢于对“满洲国”进行嘲笑，把“天地间，有了新满洲，新满洲，便是新天地……”的歌词（这是郑孝胥的作品）唱成了“天地间，有了大馒头，大馒头，谁拿去喂了狗……”我从“福贵人”口中听到过不少这类故事。我只知道东北人民仇恨日寇汉奸，但不能理解他们何以有这么大的胆量，何以那么相信自己的力量，相信强大的统治者会必败无疑。确实，很久以来我就把日本帝国主义的力量看得强大无比，不可动摇。在我心里，勉强能放在日本统治者对比地位的只有清朝、北洋政府和国民党的中华民国。至于“老百姓”，是没有地位的，或者说，是更软弱无力、无关轻重的。

究竟是谁强大无比，又是谁软弱无力？其实这个问题早有无数的事实告诉过我，但是我极不敏感，一直到从吉冈嘴里给我透露了出来，才开始模模糊糊知道了一点儿。

有一次，关东军安排我外出“巡幸”（一年有一次），去的地点是延吉朝鲜族的地区。我的专车到达那里，大批的日本宪兵和多至六个团的伪军，把那里层层围住了。我问吉冈这是为什么，他说是“防土匪”。“防土匪何用这么多的兵力？”“这土匪可不是从前那种土匪，这是共产军啊！”“怎么满洲国也有共产军？共产军不是在中华民国吗？”“有的，有的，小小的有的……”吉冈含含混混回答着，转移了话题。我再不懂数学，也能发现了这个比例：小小的共产军，却要大量的宪兵和军队去防御。

又一次，关东军参谋在例行的军事形势报告之外，特地专门地向我报告了一次“剿匪”胜利，因为在这次战役中，找到了抗联的领袖之一杨靖宇将军的尸体。他兴高采烈地说，杨将军之死，消除了“满洲国的一个大患”。我一听“大患”二字，忙问他：“土匪有多少？”他也是这么说：“小小的，小小的有。”那时我还不知道“满洲国的大患”，是中国共产党领导的人民武装，也没明白“患”之所以大，这也是吉冈后来告诉我的。

那还是一九四二年前后，华北和华中的日本军队发动了“大扫荡”，到处实行“三光”政策，制造无人区，在南洋的日军也正横行无忌，“马来亚之虎”山下奉文来到东北向我吹过自己的战绩不久的时候。有一次，吉冈和我谈到日军对华北“共产军”的种种战术，如“铁壁合围”、“梳篦扫荡”，等等；说这给“大日本皇军战史上，增添了无数资料”。我听他说得天花乱坠，也凑趣说："共产军小小的，何犯上用这许多新奇战术？"不料这话引起了他的嘲弄：

"皇帝陛下倘若有实战体验，必不会说这话。"

我逢迎道："愿闻其详。"

"共产军，这和国民党军不一样。军民不分，嗯，军民不分，举例说，嗯，就像赤豆混在红沙土里……"他看我茫然无知的样子，又举出中国的"鱼目混珠"的成语以及日本的某些我已记不得的故事来作比喻，说明日本军队和八路军、新四军作战时常常陷入"人山人海"的困境中。后来他竟不怕麻烦，边说边在纸上涂抹着解释："共产军"不管到哪里，百姓都不怕他；当兵一年就不想逃亡（开小差），这实在是大陆上从来没有的军队。这样队伍越打越多，将来不得了。"可怕！这是可怕的！"他不由自主地摇头感叹起来了。看见这位大日本皇军将官居然如此评论"小小的"敌人，我惶惑得不知说什么才合适，拼命地搜索枯肠才想到了这么两句：

"共产党杀人放火，共产共妻，真是可怕！"

"只有鬼才相信这个！"他粗暴地打断了我的话。我不敢说了，他又用嘲弄的眼神看着我说：

"我这并不是正式评论，正式的还是请陛下听关东军参谋长的报告吧。"

说着，他把刚才涂抹过的纸片都收了起来，放进了口袋。

我逐渐地觉出了吉冈的"非正式评论"，比关东军司令官和参谋长的"正式评论"更近乎事实。植田谦吉发动诺门坎战役时，为了证实他的"正式评论"，把我和张景惠等都请了去，参观一架日本制飞机超过苏联制飞机的速度表演。事实上，那次日军被打得落花流水，损失五万多人，植田也因此撤职。吉冈在非正式评论时说："苏军的大炮比皇军的射程远多了！"

藏在吉冈心底的隐忧，我渐渐地从收音机里越听越明白。日军在各个战场失利的消息越来越多，报纸上的"赫赫战果"、"堂堂入城"的协和语标题，逐渐被"玉碎"字样代替。物资匮乏情况严重，我在封锁重重中也能觉察出来，不但是搜刮门环、痰桶等废铜烂铁的活动，伸进"帝宫"里来，"内廷"官员家属因缺乏食物，也纷纷向我求助来了。"强大无比"的日本统治者开始露馅，"无畏的皇军"样样表现出了畏惧。因为怕我知道军队供应质量低劣，关东军司令官特地展览了一次军用口粮请我去参观；因为怕我相信从收音机听到的海外广播，送来宣传日军战绩的影片给我放映……连我的侄子们看了这些，都表示不相信了。

我印象最深的，正是日本军人身上流露出来的软弱和恐惧。

占领了新加坡之后到东北来任关东军某一方面军司令长官的山下奉文，当时的趾高气扬不可一世还留在我的记忆里，可是到了一九四五年，当他再次奉调到南洋，临行向我告别时，却对我捂着鼻子哭了起来，说："这是最后的永别，此一去我是不能再回来了！"

在一次给"肉弹"举行饯行式时，我又看到了更多的眼泪。"肉弹"就是从日本军队中挑选出来的，受了"武士道"和"忠君"毒害的士兵，用肉体去和飞机、坦克碰命，日本话这叫做"体挡"。吉冈从前每次提到这种"肉弹"的"体挡"，都表示无限崇敬，那些所谓"英勇"的事迹也确实叫我很吃惊。这回是关东军的指示，叫我对这批中选的肉弹鼓励一下，为他们祝福，我才看出了"肉弹"真正的形象。那天正好是阴天，风沙大作，饯行地点在同德殿的院里，院里到处是一堆堆的防空沙袋，更显得气象颓丧。"肉弹"一共有十几个人，排成一列站在我面前，我按吉冈写好的祝词向他们念了，然后向他们举杯。这时我才看见，这些"肉弹"满脸灰暗，个个都是泪流双颊，有的竟哽咽出声。干杯后，一齐喊"天皇陛下万岁"时，声音都像是哭号了。

仪式在风沙中草草结束了，我心中慌乱，又急着要回屋里去洗脸，吉冈却不离开，紧跟在我身后不去。我知道他一定又有话了，只好等着他。他清了清嗓子，嗯了几声，然后说：

"陛下的祝词很好，嗯，他们很感动，嗯，所以才流下了日本男子的眼泪……"

听了这几句多余的话，我心说："你这也是害怕呵！你怕我看出了'肉弹'的马脚！你害怕，我更害怕啦！"

这时，我还不能明白，真正强大的是决定着历史命运的人民，反映着人民力量的盟国军力，我知道得也模模糊糊，我只能从日本这方面看出四面受敌的形势。一九四五年五月德国战败后，这个形势就更明显了，苏联的出兵不过是个时间上的问题。日本过去给我的印象，不管如何貌似强大，我也明白了它的孤立劣势。孟子就说过："以一服八，何异于邹于楚哉！"

"要完啦！"我恐惧地想……

一九四五年八月九日晨，关东军司令官山田乙三、参谋长秦彦三郎、吉冈安直和通译官们一阵风似的来到同德殿。

"苏联已经向日本帝国宣战，大日本皇军已有万全准备，具必胜之信念……"

山田乙三正说到这里，窗外传来了警报声和飞机声。"敌机来了！"山田叫了一声。我赶忙就出门奔防空洞跑，这一群人跟着我一窝蜂似的都钻进了防空洞。这是长春遇到的第一次空袭，苏联空军只投了两枚炸弹，是一次象征性的轰炸。有一颗落在离“帝宫”不远的监狱附近，响声也远比张勋复辟那回落在御花园里的大得多，我吓得不住地高诵佛号。警报解除后，山田又和我说了些什么，我也听不清楚了。我急忙叫人在关帝像前设供烧香，祈求保佑。

从这天夜里起，我再没有脱衣服睡觉。我的衣袋里总放着一支手枪，我亲自规定了“内廷”的戒严口令。

次日，山田乙三和秦彦三郎又来了，宣布日军要退守南满，“国都”要迁到通化去，并限我当天就动身。我也没工夫问他，怎么强大的“帝国之花”关东军这么没用，我只想到我的财物人口都太多，无论如何当天也搬不了，经我苦苦哀求，总算给了三天的宽限。吉冈临走狠狠地对我说：

“你如果不走，苏军来了首先就会杀你！”

我打了一个冷战。我怕的不是后一句话，而是前一句暴露出来的日本人对我的怀疑，怀疑我不想随他们走，怀疑我还不忠诚。

“他们怕我这个人证落在盟军手里，会不会杀我灭口？”这个问题一冒头，我的汗毛都竖起来了。

我想起了十多年的故伎，我得设法在吉冈面前表现“忠诚”。我灵机一动，叫人把“国务院总理”张景惠和“总务长官”武部六藏找来。我向他们命令道：

“要竭尽全力支援亲邦进行圣战，要抗拒苏联军到底，到底……”

说完，我回头看看吉冈的脸色。但这个形影不离的“御用挂”，却不知道什么时候出去了。

我莫名其妙地起了不祥的预感。整天在屋子里转来转去，不知如何是好。我被死的恐惧折磨得不成人样了。

十一日这天，我走进了同德殿，“福贵人”正收拾东西，抬头看见我，脸上现出一种异象，对我就像看见一个生人似的。我吓一跳，忙问：

“你怎么啦？你瞅什么？”

“没什么，没什么……皇上的头发怎么这样乱哪？”

我向镜子里照了一下，原来一向用油抹得亮光光的头发乱成一团。

“头发算什么？咱们要遭殃啦！”

我在她屋子还是坐立不宁，来回乱转。这时忽然我从窗子看见刚给伪宫增设的日本兵端着枪进了同德殿。我的魂简直飞出了窍，以为是来实现灭口毒手了。我觉着反正没处可躲了，索性迎上他们问：

“干什么？”

这个东张西望的日本兵看见了我，像放了心似的，支吾道："好像有坏人进来，看看的没有……"他转身走了。

我对"福贵人"说："这是来查看我是不是跑了，真可怕！"我拿起电话找吉冈，电话怎么也叫不通。我又以为日本人已经扔下我走了，这叫我同样地害怕。我发着抖说："真没想到，这就要完啦？"

"皇上不会遇上危险的，皇上平时处处为百姓，吃斋念佛，自有菩萨保佑。"

"叫你跟我受苦啦。上'缉熙楼'去吧，要死咱就一块儿死吧。"①

图 51 "福贵人"

后来我又给吉冈打电话，电话通了，吉冈接了我的电话，他的声音很微弱，说他病了。我连忙表示对他的关怀，说了一堆好话。听他说了"谢谢陛下"，我放了电话，松了一口气。这时我想起肚子饿了，原来一天没吃一点东西。我叫剩下来的随侍大李给我传膳，大李说厨师全走了。我只好胡乱吃点饼干。

十一日晚上九点多，吉冈来了。他对我和准备随行的一些人——只有我的妹妹、妹夫们，侄子们，"后和贵人"，以及一些"随侍"，其他的人全都遣散了——用命令的口气说：

"无论是步行，或是上下车辆，由桥本虎之助恭捧'神器'走在前面。无论是谁，经过'神器'，都须行九十度鞠躬礼。"

我知道这真到了出发时候了。我恭恭敬敬地站着，看祭祀长桥本虎之助捧着那个盛着"神器"的包袱，上了头辆汽车，然后自己进了第二辆。一个长长的汽车行列走出了"帝宫"。我回头看了一眼，在建国神庙上空，升起了一股火苗。

在通往通化大栗子沟的路上，火车走了三夜两天。本来想从沈阳走，为了

① 编者注："大崩溃"一节在定本中未被收入的内容很多，包括溥仪和福贵人的这段描写。

躲空袭，走的是吉林——梅河口的路线。两天里只吃了两顿饭和一些饼干。沿途到处是日本兵车，队伍不像队伍，难民不像难民。在梅河口车停下来，从车窗的布帘缝隙里，我看到车站上布满了日本宪兵，正疑惑间，关东军司令官山田来到了车上。他向我报告日军打了胜仗，击毁了多少苏军飞机和坦克。在吉林站上，在瞬息间车站站台给我看到一副相反的景象：成批的日本妇女和孩子叫嚷着拥向火车，向拦阻她们的宪兵哀求着，哭号着……在站台尽头处，一个日本士兵和一个宪兵两人厮打着……

大栗子沟是一座煤矿，在一个山弯里，与朝鲜一江之隔。清晨，白雾迷漫着群山，太阳升起之后，青山翠谷，鸟语花香，景色极美。当时在我眼里，这一切都不过是灰暗的。我住的地方是日本矿长的住宅，有七八间房，这种日本式房间都不能很好地隔音，成天闹哄哄的。

八月十三日到了这里，过了两天惊惶不安的生活，八月十五日日本宣布投降。我的奴才相并没有因此告终。

当吉冈告诉了我“天皇陛下宣布了投降，美国政府已表示对天皇陛下的地位和安全给以保证”，我立即双膝跪下，向苍天磕了几头，念诵道：“我感谢上天保佑天皇陛下平安！”吉冈也随我跪下来，磕了一阵儿头。

磕完了头，吉冈愁眉苦脸地说，日本关东军已和东京联系好，决定送我到日本去。“不过，”他又说，“天皇陛下也不能绝对担保陛下的安全。这一切要听盟军的了。”

我认为死亡已经向我招手了。

张景惠、武部六藏和那一群“大臣”、“参议”找我来了。原来还有一场“退位”的戏要演。他们拿来了那位汉学家的新手笔——我的第五号退位诏书。还是由当年做代表拥戴我的张景惠交给了我，我照着念了一遍。诏书的字句我全不记得了，我记得的是这件事：这篇诏书原稿上本来还有那少不了的两句“仰赖天照大神之神庥，天皇陛下的保佑”，可是叫桥本虎之助看出了不妥，苦笑着给划掉了。桥本任过守护天皇的近卫师团长，后来又做了守护天照大神的祭祀长，他是最了解天皇和天照大神的了。

我念完了“退位诏书”，就像要溺死的人抓稻草似的，当着吉冈的面，又跪在地下，向天空念念有词：

“我太对不住天皇陛下了！尽管我退了位，我仍和日本一心一德！”

我又打了自己几个嘴巴……

我假如知道，这时我的身价早降在张景惠那一批人之下，心情一定更糟。日本人在决定我去东京的同时，布置了张景惠和武部六藏回到长春，安排后

图 52　溥仪第三次登极的宝座

事。他们到了长春，由张景惠出面，通过广播电台和重庆的蒋介石取得了联系，并宣布成立了“治安维持会”，准备迎接蒋介石军队接收。他们打算在苏军到达之前，尽快变成“中华民国”的代表。但没有料到苏军来得如此神速，而共产党领导的抗联军队也排除了日军的抵抗，逼近了城市。苏军到了长春，他们迎接到的第一位苏联指挥官说了一句：“等候吩咐吧。”张景惠他们以为维持会被承认了，不禁对苏联又产生了幻想。张景惠回家对他老婆说：“行啦，这又捞着啦！”不料第二天，苏联军官对“邀请”来的伪大臣们宣布道：“都到齐啦，好，用飞机送你们到苏联去！”

八月十六日，我的周围全换上了日本兵守卫。随我来的一连护军被缴了械，因为这里的日本人听说在长春的护军已和日军发生了冲突。这时吉冈通知我，明天就动身去日本，我当然连忙点头称是，装出高兴的样子。

吉冈叫我挑选几个随行的人。因为飞机小，不能多带，我挑了溥杰、两个妹夫、三个侄子、一个医生和随侍大李。“福贵人”哭哭啼啼地问我：“我可怎么办呢？”我说：“飞机太小，你们坐火车去吧。”“火车能到日本吗？”我不假思索地说：“火车能到。顶多过三天，你和皇后、二格格他们就见着我了。”“火车要是不来接呢？我在这里一个亲人也没有呀！”“过两天就见着了，行了行了！”

我心乱如麻，反复思索着如何能逃脱等着我的死亡，哪还有心顾什么火车不火车呢？十七日早晨动身时，我又当着吉冈的面，向告别的家人和“官吏”们讲：“我在满洲国没干好，我对不住天皇……”

但是我也知道，这些话早把吉冈耳朵磨出了茧子，必须换些新的。这时我一眼看见了向我举枪致敬的日本兵，于是我突然走近一士兵，做了一个拥抱姿势。这个举动给吉冈的印象如何，我不知道，我却听见那个日本士兵的嗓子眼咕噜咕噜直响。

古人说，人之将死，其言也善。其实这也要看是什么人。有的人，在死亡临头时，是“其形益丑”的。

飞机飞行的第一个目标是沈阳，我们要在那里换乘大型飞机。从通化出发的我们分在两架小型飞机里，和我在一起的是吉冈、桥本、溥杰和一名日本神官（随桥本捧“神器”的），其他人和一名日本宪兵在另一架上。这天我先到了沈阳机场，在机场休息室里，等候着那另一架飞机。

等候了不久，我忽然从窗口看见天空出现了大批机群，接着是一片震耳的飞机马达声。先头的飞机盘旋了一下，低头下降了，接着又是一架，又是一架。着陆的飞机一停下，马上从里面走出一队队的手持冲锋枪的苏联士兵。他们走下飞机，立即将机场上的日本军队缴了械。不大的时间，机场上到处是苏联的飞机，也到处是苏联的军人。这是苏军受降的军使来到了。

这时我的心情，觉得平稳起来。我明白，我可以不去日本了！这是我的第一个念头。跟着第二个念头是：日本人看他们把我带走的计划失败，会不会趁现在苏联人未进门，先把我杀了？

这时，迟到的那架飞机也来了，我的妹夫侄子们到了我的身边，只有吉冈等日本人不在这里。我蓦地把身上的手枪掏了出来。家人们看见我这举动还以为我要自杀，就要上来夺，我忙向他们摆摆手，布置他们都掏出枪来，分别站在门口和窗口防备日本人。这样一直到旋梯口的日本兵也被缴械，换上苏联兵站哨时为止。

一个苏联兵士走进来，看看我们都站着，他做了一个手势，让我们坐下。我看他好像找水，就亲自倒水给他。这是我平生第一次给别人倒水喝。我当时还以为人家和我一样，时时防备别人下毒，因此我倒了两杯，打算自己喝一杯，以示无妨，可是不等我喝完，他已经喝完了那一杯。

这时，那个桥本虎之助慌慌张张跑进来，直奔那堆和他形影不离的神器，伸手一掏，把那个天照大神的铜镜掏出来，鬼鬼祟祟地掖在怀里，又慌慌张张地出去了。后来，据一个苏联军官说，他从桥本身上检查出了这个铜质的镜子，莫名其妙，不知是干什么用的，桥本也不肯说明，在一旁急得手舞足蹈，又想要回，又不敢动手去夺，围着那军官直转。那军官后来明白了这不过是一面镜子，就扔还给他。

我们在屋里待了不久，吉冈和桥本陪着一位苏联将军进了屋子。这个将军朝我笑笑，和我握了一下手，就靠近一张圆桌子坐下来了。

原来桥本还会俄文，他和溥杰俩人，成了我们一俄一日的翻译，他们俩人和吉冈也随苏军将军围桌而坐。我独自坐在靠窗的沙发上，听他们开始了谈话。

吉冈后背正冲着我，我看不见他的脸，只听他说话声音直哆嗦。溥杰后来告诉我，吉冈的脸色苍白，说话时满脸是泪。他简直是用哀求的声音向那位苏联将军说：

“请允许让溥仪，随我们一同到日本去吧……”

溥杰把这话一翻译完，我的心几乎要跳出腔子来。我很想说我不去日本，又怕开口之后，苏联军不理，反而答应了吉冈的要求，那么我到了日本更要倒霉。我急得没法，只好在吉冈的背后，向苏联将军又打手势又努嘴，想叫苏联人明白，我不赞成吉冈的话。苏联将军对吉冈的要求和我的哑谜全无反应。等吉冈说完，桥本翻译完，他宣布道：

“所有的人，今后的一切行动，须全听从苏军的命令。”

这一下子，我心里的一块石头落了地。吉冈却低下脑袋，再也不发一声。

将军站起了身，又和我握一下手，走了。

过一会儿，又进来一位将军，还带进不少的苏联军官。这位将军宣布道：谁有武器，就交出来。我们立刻把手枪、子弹都拿出来，放在桌上，由苏联兵收了去，也没有搜身。我的侄子给我携带的一只盛着珠宝首饰的大黑皮箱，也没有检查。

这时吉冈、桥本在门外，向里面伸头探脑，想进又不敢进，不进来却又像对我舍不得撒手。我想向苏联军官们暗示一下：“那里还有日本鬼子，你们快带走吧。”我没法子说话，就向他们挤挤眼示意，可是没有人理。有一个年轻的军官大概以为我是和他开玩笑，也向我挤挤眼。我干着了一阵儿急，也没办法。

后来我们被领出去搭乘苏联的巨型运输机。在飞机降落休息时，我看见了有一位少将在那里散步，我走到他跟前，想试一试能不能交谈。我用英文问了他好，巧得很，他也会说英文。他问明了我的身份，很有兴趣地和我交谈起来。我的英文很不够用，也凑凑合合表示了我的意思：我不愿意和日本人在一起，希望能把我们分开。他答应可以为我向上级转达，就去了。

这时，过来不少苏联兵。我一看，里面还有中国人，吓我一跳，我以为是蒋介石的人，后来听他们说，才知道是苏联籍的汉族人和其他东方民族的人，都是苏联军队的军官和兵士。有的还和我握握手，很好奇的样子看着我。我们言语不通，互相瞧着打手势的时候，那个少将请示回来了，笑道：

“你看，苏维埃的兵士和皇帝握了手了，哈哈。”

他告诉我，我的要求已经得到了准许。他说：

“由你叫吧，你叫谁谁就跟你一起。好，开始！”

我把我们那一堆中国人一个一个地叫了过来，中国人都过来了，可有个日本宪兵，也偷偷摸摸地想混过来，我发现了，忙嚷道：

“他不是！他不是！”

于是，这家伙又给苏联士兵赶回去了。吉冈安直远远站在那里，瞪着眼。

这天晚上，苏联军官把我们送到苏军的一个临时医院（中国人开的）里，休息了一夜，次日上午便从通辽乘飞机飞往苏联。

第七章
在苏联的五年（1945～1950）

一、疑惧和幻想

飞机飞到赤塔，天差不多快黑了。我们是第一批到苏联的伪满战犯，和我同来的是弟弟、妹夫、侄子们和一个佣人。我们这一家人乘坐苏军预备好的小汽车，离开了机场。从车中向外瞭望，好像是走在原野里，两边黑糊糊看不到尽头。走了一阵儿，穿过几座树林，爬过几道山坡，道路变得崎岖狭仄，车子速度也降低下来。忽然间车停了，车外传来一句中国话：

"想要解手的，可以下来！"

我不觉大吃一惊，以为是蒋介石派来接我们的。其实，说话的不过是一位中国血统的苏联军官。在我前半生中，我的疑心病可把自己害苦了，总随时随地无谓地折磨自己。明明是刚刚坐着苏联飞机从中国飞到苏联来，怎么会在这里向蒋介石移交呢！但我犯起疑心病来，不是根据事实，而是恐惧心理，我怕什么，就疑心什么。这时我最怕的就是落在中国人的手里。我认为这次未去日本，没被中国人捉去而落在苏联人手里，实在是万幸。我自以为对苏联没有过什么怨仇，其实这也是糊涂之极，我帮助日本帝国主义建立伪满反苏的基地，好像可以不算在账上似的。我们解完手，上了汽车，又继续走了大约两个小时，进了一个山峡间，一座灯火辉煌的楼房出现在我们面前了。

我们这一家人下了车，看见这座漂亮的建筑，就有人小声嘀咕说：

"这是一家饭店呵！"

大家都高兴起来了。走进了这座"饭店"，迎面走过来一位四十多岁穿便服的人和一些苏联军官。我心里想，那位穿便衣的大概是饭店经理吧？一听他说话，知道又弄错了。他庄严地向我们宣布道：

"苏联政府命令：从现在起对你们实行拘留。"

原来这是赤塔市的卫戍司令，一位苏联陆军少将。少将的样子，并没有我们想象中的严厉。他宣布完了命令，就很和气地告诉我们说，可以安心地住下，等候处理。说罢，指着桌上一个盛满了清水的瓶子说：

“这里是有名的矿泉，矿泉水是很有益于身体健康的饮料。”

这种矿泉水乍喝有点不大受用，后来却成了我非常喜欢的东西。我们就在这个疗养所里开始了颇受优待的拘留生活。每日有三顿丰盛的俄餐，在午晚之间还有一次俄式午茶。有服务员照顾着，有医生护士经常检查身体，治疗疾病，有广播收音机，有书报刊物，有各种文娱器材，还经常有人陪着散步。对这种生活，我立刻感到了满意。

这比我在伪满帝宫里的生活好多了。首先，我身边没有了那个吉冈安直，没有了随时被暗害掉的危险。其次，在这里还可以出去散散步，到山上玩玩雪，这在伪满帝宫里是根本不可能的事。我现在最大的愿望，只是但求活命，只要能保全性命，我的愿望足矣。

住了不久，我又生出一个幻想：既然苏联和英美是盟邦，我也许还可以从这里迁到英美去做寓公。我还带着大批的珠宝首饰，够我后半生用的。

但是，我在这里要拘留到何时呢？问不出来。会不会要引渡到蒋介石那里去呢？这个危险仍存在。于是，我又不安起来。忽然我想起了一个办法：上书给苏联政府。

我在苏联五年，除了口头以外，共上书三次给苏联当局，申请准许我永远留居苏联。到赤塔不久申请了一次，两月后迁到离中国不远的伯力，我感到十分不安，又申请了一次，后来又申请了一次。这三次申请，全无下文。①

伪满的其他拘留者，在这个问题上，自始至终与我采取完全相反的态度。他们的幻想和我不同。

我到赤塔后不几天，张景惠、臧士毅、熙洽等这批伪大臣也到了。大约是第二天，张、臧、熙等三人到我住的这边来看我。我还以为是来给我“请安”，不料这些“大臣”却是向我请愿。张景惠先开的口：

“听说您愿意留在苏联，可是我们这些人家口在东北，都得自己照料。再说，还有些公事没办完。还是请您跟苏联人说一说，让我们早些回东北去吧。”

他们有什么“公事”没办完，我完全不知道。后来明白，他们在被押解来苏之前，在长春已组织好了“维持会”，于静涛是他们内定的长春市长，就等国民党来接收。我不知道这些事，也不关心这些事，对于他们的请求，我心里毫无兴趣。

---

① 拘留中的伪满文官身份是抑留者，武官是战犯。

“这个我怎么办得到呢？连我是留是去，还要看人家苏联的决定。我没办法说！”

这些家伙一听我不管，就苦苦哀求起来，就像我真可以决定问题似的，他们说：“您说说吧，您一定做得到。这是大伙儿的意思，大伙儿推我们做代表来请求溥大爷的。”

他们现在不能叫我“皇上”、“陛下”，就没口地乱叫起来。我被缠得没法，只好找负责管理我们的苏联中校渥罗阔夫。

渥罗阔夫听了我告诉他的伪大臣们的要求，便说：“好吧，我代为转达。”

在我提出要求留苏申请的时候，他也是这样回答的。以后的情况也相同，没有下文。

但是，这些大臣和我一样地不死心，迁到伯力市郊之后，我申请留在苏联，他们就申请回到东北，还是逼着我替他们申请。

我当时很不理解，他们何以与我如此之相反，何以这样对蒋介石感兴趣。那时我不明白，他们比我了解国民党的政治内幕，知道国民党那些人对他们的特殊需要，相信回去不仅保险，也许还能捞一把。也许这个诱惑太大了，有人想回去想得几乎发了疯。在伯力市郊的时候，有一次，一个充当打扫职责的伪满俘虏大约是发羊角风之类的病（也许是故意寻开心），倒在地下胡说八道。有一位崇信乩坛的伪大臣，认定这是有大神附体，立刻跪在这个俘虏面前大叩其头，嘴里念念叨叨，恭请“大神”示知，什么时候他能离苏回家。

当然，这位大神更解决不了他们的问题。

在苏联，苏联翻译人员常给大家讲新闻，我们还看到旅大苏军发行的中文《实话报》，经常可以听到国内的战事消息。我对这些很不关心，我认为无论是谁胜谁败对我反正是一样，都会要我的命，我唯一的希望就是永远不要回国。这些伪大臣们都很留心国内的形势。他们把希望放在蒋介石的统治上，他们相信，有美国的帮助，蒋介石是可以打败人民解放军的。起初听到人民解放军的胜利消息，谁也不相信。后来事实越来越真，又发起慌来。新中国宣告成立了，有个自认为经验丰富的人，又提出打个贺电的意见，这个意见得到了广泛的响应。

二、放不下来的架子

在苏联的五年拘留生活中，我始终没有彻底放下架子。

从赤塔到伯力，从伯力市郊到城里，我始终是和弟弟、两个妹夫、三个侄子和一个佣人在一起的。我们这“一家人”住处是和别人分开的。到伯力之后，收容所里没有苏联姑娘做服务员，就由家里人给我叠被，收拾屋子，端饭，洗衣服。不过我还算有点自知之明，不让他们再叫我皇上了，他们就用“上边”两字代替了那个称呼。

刚到伯力郊外的时候，有一天我从楼上下来，想在楼下散散步。楼梯底下椅子上坐着一个人，见了我眼皮也不抬一下，这人我认得是伪满的一个大臣。我心里很生气，为什么连个礼也没有了？从此，我就不想下楼了，终日在楼上泡，吃喝拉撒睡全不下来。我每天大部分时间用在念经上，一念便是整部的《金刚经》、《般若波罗蜜多心经》，还有大悲咒，饭前的往生咒等等。

我自己不但不干活，还不愿意我家里的这些人给别人干活。我的弟弟和妹夫有一次吃饭时，给大家摆台子，叫我给禁止住了。我的家里人怎么可以去伺候别人！

后来，一九四七至一九四八年间，我家里的这些人被送到同一城市的另一个收容所里去了，剩下我一个，被调到跟其他汉奸一起去住。我感到了很大的不方便。苏联当局还很照顾我，容许我单独吃饭，可是谁给我端饭呢？我的岳父自告奋勇，愿意伺候他的女婿。于是，我们这两个一个愿打一个愿挨地凑到一起了。更丢人的是，我连衣服也让岳父来洗。后来，自己觉得有点不大对劲儿，自己也洗一点儿衣服，但他依然要抢着代劳。在苏联的五年，每逢过旧历年包饺子吃，第一碗还是要先盛给我吃……

总而言之，我的架子总是放不下来，我的生活方式总是和别人不能一样。那时，苏联的工作人员，曾诱导这批寄生虫做些轻微劳动，先从自己管理自己，从打扫住处讲卫生开始，但并没有要我也去做。我为了讨好，有一次也自动拿起了拖把，拖起了地板，一个苏联人员看见了，笑道：“好啊，连溥仪也干活了！”我听了，很得意。如果我能更自觉一些，还能更多放下点架子，这对我思想是会有好影响的。但是我的动机既如此不纯，架子又是如此放不下，洗起衣服来又是如此不情愿，所以，我家里的人一从另外的收容所转送回来，我又是依然如故，把架子完全恢复起来了。

收容所在我们院子里划出了一些地块，给我们种菜。我和家里人也分了一小块，种了青椒、西红柿、茄子、扁豆，等等。看着青苗一天天在生长，我很觉得新奇和高兴。每天提个水壶接自来水去浇，也很有趣味。这种趣味，是以前从来没有过的。但主要的兴趣，还是在于我很爱吃西红柿和青椒，因此，有时也很着急，埋怨青椒和西红柿为什么不快点长起来，还常常想，这到底不如从菜铺买起来方便。这就是我的“劳动观点”。可是不管怎么说，这一段短短的种菜生活，在我身上埋下了我所意识不到的种子。虽然是非常微小的种子，毕竟是一颗好的种子，对我后来回到祖国进行改造，是有一定好处的。但那时我不懂得在这方面感激苏联，我感激的只是没让吉冈把我带到日本去。

收容所当局还给我们一些中文书籍，供我们学习。有一个时期，叫我的弟弟和妹夫给大家照着本子讲《列宁主义问题》和《联共（布）党史》。讲得莫名其妙，听得更是无精打采，糊里糊涂。我自己心里只是纳闷，这和我有什么关系？假如不让我留在苏联，一定把我送回去，我就是能背下这两本书，大概也救不了我的命吧？

“学习”这两个字，那时对我说起来，还不如青椒、西红柿现实一些。每次学习，我都坐在一个特殊的座位上（在讲桌旁边），一边听着“教员”结结巴巴地讲着听不懂的什么“孟什维克”、“国家杜马”，一边胡思乱想：“如果能住在莫斯科，或者伦敦，这些珠宝首饰够我用几年……苏联人不吃茄子，这回收下的茄子，怎么个吃法……”

讲课的地方是个走廊，走廊尽头的门外有苏联士兵巡逻。为了让他不至于看出我胡思乱想，我还能装得很像用心听的样子。但有的人却打起呼噜来。等我的妹夫把“国家杜马”和“克伦斯基”一讲完，这个大厅才又出现了活气。特别是晚饭后，更是人声嘈杂。几张桌子上有人噼里啪啦地打麻将，麻将牌有的是用木头自己做的，也有的是从东北带来的。我很奇怪，他们被捕的时候，还有心从家里带一副麻将牌走。在走廊另一头靠窗的地方，有人向窗外天空合掌，大声念着“南无阿弥陀佛！观世音菩萨！”楼上日本的战犯那里传来“呜呜……”的日本戏的调子，楼下的对台戏是一把二胡和青衣小嗓，更稀奇的是有人摆起测字摊，四面围着一群人，问什么时候可以回家，家里发生什么事没有。还有些人背着苏联收容所当局，在宿舍里偷着扶乩，问的大都是有关回家的问题，闹得乌烟瘴气……总而言之，无奇不有。最初几天，门外的苏联哨兵被吵声惊动，曾经十分惊奇地瞅着这群人，直摇脑袋，后来连他们也习惯了。

我在这种时候，就像游魂似的，东转转，西望望。麻将、京戏、扑克我全不会，我也放不下架子和他们一起玩，结果还是回到自己的屋子，摇我的金钱课，念我的《金刚经》……

三、我不认罪

既然放不下架子，又不肯学习，我的思想根本不起变化，认罪自然更谈不到。

我知道，在法律的面前，我是犯有叛国罪的。但我对这个罪名和可能得到的惩罚，只看做是一种命运的偶然性的安排。“强权就是公理” 和 “胜者王侯败者寇”，这就是我那时的思想。我根本不去想自己该负什么责任，当然更想不到支配我犯罪的是什么思想，也从来没有听说过什么思想必须改造。

为了争取摆脱受惩办的厄运，我采取的办法仍然是老一套。既然在眼前决定我命运的是苏联，那么，就向苏联讨好吧。于是，我便以支援战后苏联的经济建设为由，向苏联献出了我的珠宝首饰。

我并没有献出我的全部财产，我把最好的一部分留了下来。在献宝之后，我的侄子替我把留下的那部分藏进一个黑色皮箱的箱底夹层里，后来还剩下一部分，无法再装进去，弄得不知怎么办是好。我对苏联人说过我献出的是我的全部财产，我恐怕苏联人发现我说了瞎话，又怕别的拘押者知道了我的秘密。再藏吧，实在没处藏了。连肥皂里都已经塞满了。最后我决定，把它扔掉。

有一天，苏联的翻译和一个军官走进了我们的房间，手里举着一个亮晃晃的东西向大家问道：

“这是谁的？谁放在院子里的废暖气炉片里的？”

大厅里的人们都过去看，看出军官手里的东西是一些首饰。有人便说：“这上面还有北京的银楼的印记呢，奇怪，这是谁搁的呢？”

我立刻认出来，这原是我叫侄子们扔掉的。这时他们都在另一个收容所里，我也就不去认账，连忙摇头道：

“奇怪，奇怪，这是谁搁的呢？”

不料那翻译手里还有一把旧木梳，他拿着它走到我跟前说：

“在一块还有这个东西。我记得，这木梳可是你的呢！”

我慌起来，连忙说：“不是不是！木梳也不是我的！”

弄得这两个苏联人没办法，大概他们认为不便给我拆穿，怔了一阵儿，最后只好走了。他们可能到现在还没弄清，我这个人到底是什么心理。其实我只有一个心理：我怕这件事引起对我有什么猜疑来，不如一推干净少麻烦。我推得竟这样笨，不由得他们不发怔了。

我不但扔了一些首饰，还放在炉子里烧了一批珍珠。在临离开苏联之前，我叫我的佣人李焘把最后剩下的一些，扔到房顶上的烟囱里。我有这种糟蹋偷盗祖国人民的珍宝的行为，怎么谈得上认罪呢？

我对日本鬼子是怨恨的。苏联在向我调查日寇在东北的罪行时，我以很大的积极性提供了材料。后来我被召到东京的远东国际军事法庭作证，也痛快淋漓地控诉了日本鬼子。但当我每次谈起那段历史，从来都不谈到我自己的责任，而是把罪过全放在日本战犯身上去，尽力使自己摆脱出来。我怕的就是自己受审判。

四、远东国际军事法庭[①]

我到东京的“远东国际军事法庭”作证，是在一九四六年的八月间。我共计出庭了八天，据说这是这个法庭中的作证时间最长的纪录。那些天的法庭新闻，成了世界各地某些以猎奇为能事的报纸上的头等消息。

图 53 溥仪在东京法庭上验看被告辩护律师提出的证据
——庄士敦所著《紫禁城的黄昏》中的插图

证实日本侵略中国的真相，说明日本如何利用我这个清朝末代皇帝为傀儡以进行侵略和统治东北，这是我的作证任务，也是检察官要解决的问题。

被告日本战犯们的辩护律师在法庭上所作的努力，是要从质问中取得相反

① 编者注：这一节未被定本收入。

的证言，以证明我不是个傀儡。这种努力当然是失败了。

然而，我今天回想起那一次作证来，仍然感到很大的遗憾。由于那时我害怕将来会受到祖国的惩罚，心中顾虑重重，虽然我确实说出了日本侵略者的一部分罪恶事实，但是为了掩护自己，我又掩盖了一部分与自己罪行有关的历史真相。

例如，日本帝国主义者和以我为首那个集团的秘密勾结，这本是在“九・一八”以前就开始了的，日本人对我这伙人的豢养、培植，本来也是公开的事实。“九・一八”事变后我这伙人的公开投敌，就是这场长期勾结和豢养的结果，这是帝国主义进行侵略活动的惯用手法之一。但是，我为了摆脱自己，把这一切都回避了。

不仅如此，我还力图把我历史道路上的几个关键事件，歪曲成为我希望别人能相信的那个样子。例如，我到东北，是被强迫的；我出任“执政”，乃是深入虎穴，以备将来“里应外合，收复失地”，等等。

外国的帝国主义和里边的反动势力的勾结，就和任何黑帮搭伙一样，内部摩擦是不可免的，俗语说，“狗咬狗，一嘴毛”。而我把这类冲突，说成好像是善与恶的冲突。

我在法庭上曾有几次表现了激动。谈到了迎接“天照大神”那回事，一个日本律师向我提出，我攻击了日本天皇的祖宗，这很不合乎东方的道德，我激昂地大声咆哮：“我可是并没有强迫他们把我的祖先当他们的祖先！”引起了哄堂大笑，而我犹愤愤不已。提起了谭玉龄之死，我把自己的怀疑当做了已肯定了的事实，并且悲愤地说：“连她，也遭到了日本人的杀害！”固然，这里面有我的（虽然纯粹的私人的）怨恨，但同时我也愿意人们把我看成是一个被迫害者。

法庭上所要知道的只是我是否是一个傀儡，从而由这方面证实日本战犯是东北的侵略者，至于我为什么要当这个傀儡，他们并不关心。这傀儡毕竟不是戏台上的，毕竟是个活人，是人就有其一定的灵魂，而法庭也不管这个。但是，我仍然要把自己的灵魂封得严严的，以致前后矛盾，暧昧含混，并且给辩护律师造成反扑的机会，我却仍然一步不肯放松，到作证结束为止。

第一次出庭是八月十六日。上午九时半开庭，检察官凯南（美国人）先进行讯问。他问了我的姓名、出生地、出生以来的经历，一直问到我如何离开的天津，我开始警惕了。我只讲了那时发生的“恐怖事件”，讲了“来历不明”的炸弹，当凯南问我有没有著名的日本人来访问我时，我只提到了香椎浩平，我说[①]：

“香椎强迫我去旅顺，我不得已才去的。”

“到了旅顺之后，做了什么？”凯南问。

“什么也没有做。后来，板垣来了。”

我讲了在会见中板垣对我说的要建立“一个独立国家的新政权”的话，我承认板垣对我提出了由我充当“新国家的元首”的要求。

“你接受了吗？”

“我拒绝了。”

“为什么拒绝呢？”

“板垣希望新政权要用日本人做官，要求和满洲国人享同等待遇。”

关于我根据“不得不正统系”的理由，向板垣争皇帝来当的事，我根本一字不提。后来检察官问到板垣的反应和最后的结果，我描述了郑孝胥和万绳栻转达的板垣的恐吓之后说：

“我不得已而屈服了。因为首先是板垣说过，如果拒绝，将采取断然手段，其次是郑孝胥等人的劝告，第三是怕日本防我拒绝后泄露秘密，杀我以灭口。”

凯南问了一下我所知道的东三省人口、面积等，就宣布休庭。我回到苏联陪同人员给我准备的安歇地方，思忖了这天的讯问，觉得自己还是太老实。我认为我必须说的，应该还要多一点儿。八月十九日，我第二次出庭，当凯南再问起我接受板垣要求的理由时，我又说：

“当时我年轻，也没有政治经验，由于郑孝胥等人的劝说，如果拒绝也许要遭到杀害，我有了恐惧心理。另一方面，我又为满洲的人民着想，在中国军队用武力尚不能抵抗日军之前，我可以在满洲秘密地训练军队，培养人才。如果得到了机会，就和中国军队互相呼应，收复失地。我就是在这种理想之下跳入虎穴的。”

这番话引起了座无虚席的大厅里一阵低语声。检察官却未因此而对我这类的表白发生什么兴趣，他把问题转向我在伪满时实际作用方面的问题上去，而这也正是我要说的。在一系列的问题下，我讲了自己在颁布法令、签订条约、决定政策、任命官吏等重大事情上的无能为力；讲了处于日本人直接监视下和李顿调查团的会见；讲了连会见自己的亲属也没有自由；讲了“火曜会议”；

---

① 从这里起，我引用的一些对话，并非是法庭上的原始记录，这是我根据当时记者们的报导和有关出版物上的记述，加以回忆后写出的。

讲了日本总务长官日本人次长和关东军参谋第四课操纵一切的真实情况。我讲到了谭玉龄的死，大厅里陷入一片沉寂；我讲到了“天照大神”的可耻的来历，引起了一个日本律师的争辩。我最后回答了关于日本的鸦片政策，显然引起了各类人物的注意。这一天的法庭历时比上次长得多，到结束时，我觉到有一种胜利者的滋味。第二天，我第三次出庭的前一段时间里，检察官凯南继续讯问我日本在伪满的各种有关掠夺、奴化、奴役、备战等政策的时候，我满怀信心地继续提供出了我所知道的一切事实材料。但是，凯南结束了讯问，到了被告们的律师走上来开始了质问，样样问题都触及了我个人的时候，情形就越来越不对了。

第一个上来质问的是日本律师团的首席，提过东方道德问题的鹈泽聪明博士。他问：

“证人在一九〇九年继承清朝皇帝之位后，是在北京的天坛，行过祭天告祖之礼的吗？”

“那是不消说的。”我答，“当时我还年幼，那是由我父亲代祭的。”

鹈泽得到了我的答复，一下子扯到我一九三四年当伪满皇帝，也曾在长春南郊举行同样的告天之礼，以此证明我是成心要做皇帝的。这时凯南检察官提出了抗议，说这是超出了范围的讯问，但是韦伯庭长驳回了抗议，说这种讯问是针对证人是否真正帝王问题的，可以问。于是，那位对东方文化具有热忱的博士就问我在辛亥退位后，是否也曾经希望过重现康乾盛世的事业。我明白了他的意图，含混地答道：

“由伟大的人物办卓越的政治，这希望是自然的。如果孔子出世治世，世界自然要好些。”

“离题太远了！”庭长插言：“双方的问答，不论何方所谈，都离题太远了！”

在哄堂大笑中，瘦小的白发博士严肃地继续问我：

“郑孝胥和罗振玉等人，是否想把清初的王道政治，在现代的条件下加以重现呢？”

“这不只他们吧，人们都愿意出现好政治。”我越发觉得他在弄圈套。这时，庭长不耐烦了，阻止道：

“离题太远了，对法庭没有价值。”

这位先生最后又解释一番，他这是为了使法庭重视东方文化，等等；才告结束。这个圈套虽然消失了，但我知道从律师团那边来的名堂只是开头。果然，跟着就来了猛烈的火力。

担任“主攻”的是梅津美治郎的律师布累尼克。这位美国律师的讯问历时三天，占了全部反讯问时间的一半。东京的报纸把他的讯问形容为“令人恐怖的冲锋肉搏式的”。当律师们发现了无法证明我在伪满不是个傀儡的时候，布累尼克律师首先声言，他要使我丧失我的证人资格。他明白地说，我的证言基础既然是说我的行为出于被迫，那么，他如果证明了我的行为实非被迫，就推翻了我的证言，宣告我是个说话不可靠的人。因此，正如我前面所说的，我由于不肯把某些历史真相赤裸裸地泄露出来，就在他一系列的逼问下，陷入了几乎不可自拔的困境。我在法庭上的其余六天，真像俗语说的是过了六天的“热堂”。

布累尼克律师开头先让我确认一些事实：我退位后仍保留着帝号，我历史曾有过一次复辟（我说“是张勋搞的”），我曾因民国当局不履行《优待条件》而不满（我说“不太知道”），等等。然后，又为了给他的某种逻辑创造前提而拿出一些莫名其妙的，或无中生有的“历史”，叫我承认：“一九二四年满洲不是土匪横行吗？”“一九二四年满洲治安混乱，外国不是为了保护本国的权益而必须出兵吗？”“那时不是俄国侵略北满吗？”“张作霖张学良统治之下，算是善政吗？”我一概回答以“不知道”，但是他仍然不放松，像连珠炮似的放出了一连串问题：

布：“是不是可以说：当时满洲如果没有个善良的统治者出现，是可以统治好的？”

我：“张学良统治时期的满洲是中国领土，与满洲国情形根本不同，但如果你说张学良统治下的情形不够理想，那我也可以承认不够理想。”

布：“证人自己是否有过要在满洲施行善政的理想？”

我：“唔——请再说一遍，没听明白。”

布：（又说了一次）

我：“这种事情嘛，我，连想也没想过。”

布：“证人对满洲的情况，一向是如何了解的？”

我：“那很难说，可能有各种方式。”

布：“比较经常的呢？看不看报纸呢？”

我：“报是人人看的。”

布：“当时的报纸上的满洲消息，治安情况如何呢？”

我：“隔了那么多年，我怎么能记得？”

布：“那么，你看过李顿报告书吗？”

我：“记不清了。”

布："三百年前，你的祖先不是想到中国建立王朝的吗？"

我："那是因为明朝已经处于混乱中，吴三桂邀请满族入关的。"

布："证人没想到过自己的复辟的可能性吗？"

我："我没这种想法。我想的是要以人民的幸福列为第一位。"

布："一九三一年以前，没有向任何人提到过希望复辟的话吗？"

我："我一点也想不起来了。我想似乎没有向任何人提过。"

布："究竟说了还是没说？"

我："忘了。"

布："是有说与没说的两种可能吗？"

我："记不起的事，我说不出来。"

在我步步设防之下，第二天，布累尼克把问题追到我为了当皇帝，曾派郑孝胥和板垣办交涉的事上来了。

布："在会见板垣之前，为了商量让证人当执政或皇帝，曾派郑孝胥和罗振玉去找板垣吗？"

我："根本没这回事！连执政都是后决定的，更谈不到皇帝的问题。"

布："当时罗振玉是什么身份？"

我："私人朋友，没什么身份。"

布："他作为你的代理人，是否有关于政治和复辟问题的发言权呢？"

我："他的个人行为，我不能负责。"

布："板垣有没有和你说过，他是听了罗振玉说你要复辟，才找到你的？"

我："不记得了。也许罗振玉说过，但他不能代表我。"

我开始感到了情势越来越严重了。我料想很可能是郑孝胥和罗振玉之流留下的什么文字落到日本人的手里，现在又转到了律师的皮包中。但是我没料到，还有比郑孝胥之流的文字对我更不利的东西，已到了他们的手里，这却是我自己亲笔写的证据。

"在一九三一年九月之后，在会见板垣之前，你曾经给日本政府高级官员两封信，希望复辟，是事实吗？"

自从这个问题提了出来，虽然我还是用"没有这回事"一推了事，但是我知道危机是到了。我心中慌乱起来，我要在庭长给律师决定的交验证据实物的时间（下午）到来之前，努力扎好阵脚。所以，当他们在反讯问中提出了就任执政的动机，我就又说了一遍是要利用这个机会以图谋恢复失地。我又说：

"我接受了板垣的要求，到了长春，我又想出一个新方法，就是伪装自己，取信日本人，以便能掌握军队。这是个冒险的办法，能成功则为爱国者，否则，即身败名裂……”

这时，布累尼克突然又出我意料地提到从前庄士敦介绍的英国记者伍德海作的一本书①中的记载，说我在长春时告诉过他我是凭着两点理由而就任执政的，一是由于民国当局毁弃了《优待条件》而生的仇恨，一是由于清朝“让政”之后，二十年来的民国搞得很糟，因此，我要出来改变这种局面，“以救民于水火”。这也是实有其事的。现在律师根据这本书证明我现在是对法庭撒谎的。我听了慌忙说：

“伍德海的事，我全不记得了，但是可以肯定那会儿是反宣传。因为我在那样环境下，如果不对日本人作出那种欺骗来，是什么也干不了的！”

法庭的空气，逐渐地紧张起来，到了下午，当那个证据——我给南次郎的亲笔用黄绢写的那封信——被拿出了来，而且传到我的手要我辨认的时候，这种紧张就达到了极点，而我的神经也快要拉断了——我把那黄绢一下子扔到地上，大声嚷道：

“各位法官，这完全是捏造的！”

“上面的宣统御墨也是假的吗？”布累尼克似乎有点慌张。

“完全是假的！”

这时候最高兴的是检察官凯南——我现在心里对他真是充满了歉意——立时提出：这封信应当作为集团阴谋的证据。庭长同意了这个要求。

布累尼克显然不甘失败，他又追问我这是谁的笔迹。（我说不知道。）是不是副署人郑孝胥写的？（我说不像，而且他的签字也是假的。）印鉴归谁管？（我说小印鉴在我自己手里，这个上面盖的是大的，我不知道，在天津我是个平民，没盖过皇帝玉玺。这时我暗暗庆幸：幸亏中国皇帝向来没有那种签名的外国规矩）在天津用过“皇帝的黄纸”写信吗？（我说向来用中国普通信纸。我又庆幸：中国皇帝向来不使用那种带着皇冠徽号的御用信笺信封）……他问来问去，不得要领，于是使出了他的撒手锏：

“一九三一年，中国政府把你当做卖国贼通缉，你知道吗？”

这简直是向我的要害刺来了。布累尼克大概看出了这种战术的效用，也许是太控制不住自己，所以，后来他竟对我更直接地咆哮起来：

“你把一切罪行都推到日本人身上，可是你也是一名战犯，你知道中国也要审判利敌行为的人吗？”

---

① H. G. 伍德海著：《在中国的记者生活》，一九三四年，伦敦出版。

这正是我最最担心的，正是我掩盖某些真相的根本原因。但是我越是担心，越把那一部分掩盖得严密，或者歪曲得不像样儿。同时，我越是觉得没办法应付他的追问，反而越是有了办法，这就是万变不离其宗，说什么我也是那几句：不知道，记不得，记不得，不知道！

前后有六位律师上阵，都想尽办法地打算叫我认输，可是都在我的“不知道、记不得”面前弄得束手无策。他们曾拿出了庄士敦的《紫禁城的黄昏》中的一段——说我预先就告诉了庄士敦要去东北——依然不能改变我的答案。他们翻来覆去讯问我是不是在受着威胁，是不是与“某方”作了某种约定。他们再次用李顿调查报告书上的材料证明东北从前有土匪，用只有他们自己才讲得通的道理来说苏联对满洲的“侵略”，以便根据某种特殊的逻辑，使我得出满洲民众有“望治之心”，我有治乱之意，日本有出兵之权。总之，我的回答有真有假，他们的问题也有是有非。质问与答辩，乱成一团，不得结果。后来，法庭庭长说，问题既然在于我当时是不是傀儡，而我为什么要当傀儡，就没有再问的必要。因此，虽然后来原告被告双方都有专家进行了黄绢上的笔迹的鉴定（根据庄士敦书上我写的一个扇面的照片），而且据说得出了两种不同的结论，可是法庭没有再给继续争辩的时间，这件事情也就不了了之。

第八天临退庭的时候，检察官照例地问我下次要谈什么。这时我想起还漏了一件事要说，就声明：“我还要谈谈日本天皇的问题。”可是这次退庭之后，就再没有召我出庭。

关于南次郎那封信的问题，在一九五三年以前，我只对五妹夫悄悄地说出过事情的真相，其余的人（无论是中国人和外国人）我对谁也没有坦白过。一九五三年我向抚顺战犯管理所自动作了交代，以后，曾在东京法庭上被我严密地封锁起来的内心世界，逐渐地全展露出来了。

那是一个痛苦的过程，然而也是一个获得新生的，通向我今天的幸福的唯一道路。

第八章
由抗拒到认罪[①]（1950～1954）

一、回到了祖国

一九五〇年七月的最末一个夜晚，押送伪满战犯的苏联列车到达了中苏边境绥芬河车站。接交要在明天早晨进行，因此，我必须在这里度过一个难熬的夜晚。伴随我的阿斯尼斯少校在卧铺上发出了均匀的呼吸声，我独自伏在窗边，疑惧丛生地眺望窗外。站台上灯光惨淡，冷冷清清，站台外面是夜幕笼罩着的原野，远远有些灯火，不祥地闪烁着。在视线达不到的什么地方，有时传来一阵脚步声，听不清的简单短促的谈话声，都像是暗示着越来越近的凶险。我屏息静听每一个响声，一直到它完全消失。我聚精会神注视窗外出现的每一个人影，一直到它走出我的视线。我担心着晨光的出现，我宁愿黑夜永远没有尽头，因为我相信太阳一出来，我的性命也将如同窗外的露水一样，很快就消失了。有时，一个相反的念头也在我心头冒了一下，希望索性快些天亮，看看新的中国政府对我究竟怎么样，是不是像阿斯尼斯少校他们所说的那样宽宏大量，那样文明。在他们的安慰话之中，有一句我很不理解的话，是一位军官说的："祖国，这是一个幸福和骄傲的字眼！"在我的前半生中，"祖国"这个字眼从来没有引起过我的什么感触。现在我已来到她的身边，站台的那边，便是她的领土，可是我在这天晚上所感觉到的总是恐怖。这一夜的一切思索，最后总是归向一个结论：阿少校他们的一切解释，连同今天给我拿出的洋酒和糖果，都是对我的哄骗，哄骗我老老实实由他们交给站台的那边。在十几米之外的那边，只能有血的报复和难忍的侮辱在等待着我。只要天一亮，这一切就都开始降临了。

天色终于按着钟点亮起来了。

……阿少校把我领到另一节车厢里。一位身材高大穿中山装的人从座位上

---

① 编者注：本章及以后诸章某些内容，在定本中或被删削，或变动较大。

站起，迎面向我们走过来。

“我奉周总理的命令来接收你们回国。现在，你们回到了祖国……”

祖国的字眼又一次跳进耳朵里，我的眼睛却在搜寻脚镣手铐。但是这个人不但没有拿出这类东西，而且脸色平和，毫无怒容厉色。和他在一起的是一位好像军官模样的人，穿了没有任何军衔标志的布制的黄绿色军装，胸前符号上有“中国人民解放军”的字样，也是一副和蔼文明的态度。我顿时想起阿少校他们的话，觉得不像是哄骗我。我放了一点儿心，同时又觉得迷惑不解。

和中国政府接收人员见了面之后，阿少校和翻译领我下车，通过了两旁有中苏军队分列的站台，把我送进了中国列车。伪满的那一伙人都已经坐好了。我被领到一个座位上坐下（那只黑色大皮箱也被放在行李架上），这时，我看见车厢两头都站着手持冲锋枪的中国兵士，又看见了糊上报纸的车窗，我的心又凉了。

正在疑惧之间，一个工作人员走到车厢中心讲话了：

“好，现在你们回到祖国了。中央人民政府对你们已经作好安排，大家可以放心……车上有医务人员，有生病的就来报名……”

又是“祖国”，又是和颜悦色，又是给治病。这是什么意思呢？我百思不得其解，最后给自己解释道：这都是为了稳定我们，让我们老老实实地坐车，让火车装到不可知的刑场去。

列车开动了不久，几个工作人员拿来饭碗和筷子，每人发给一副，发完了碗筷，有个工作人员嘱咐道：

“小心不要把碗打了，在旅途中可不容易补充。”

我认为这句话里包含着一种暗示：这段旅程还不太短，不然为什么叫小心保存吃饭的家伙呢？

车上的公安人员抬过来一大桶大米稀饭，还有酱菜、咸鸭蛋等等，作为早点。对于这久别的家乡风味，人人吃得很香，竟把整桶稀饭全都吃光，以至公安人员把他们吃的一桶也让给了我们。这顿早餐加上政府人员的态度，使我略略感到了祖国这个字眼的亲切，但是随着这顿早餐的结束，这种感觉也瞬息消失，代替它的仍是那个压在心上的问题。

“下顿饭在哪儿吃？我还能吃上几次？时间越来越少了，我该怎么办呢？”

在苏联的时候，有一次一个会说中国话的苏联军官和我谈天，他问我：“你知道社会主义吗？”“不知道。”“那么，你知道一些三民主义吗？”“不知道。”“你知道中国共产党的事吗？”“一点儿也不知道。”“啊呀呀！”他摇着脑袋笑起来，“你还是一个中国人，可是关于中国你知道些什么呢？”老实说，关于旧中国我知道的就不算多，对新中国我更是什么都不知道。中国之“新”，对我说来不过是又一次改朝换代，而任何一次改朝换代，对于上代君主都是厄运。辛亥那年我没死在汉人手里，这次就再也逃不脱了。我这时把自己完全设想为一个掉进水里的人，火车到达终点，就是我沉底的时候。我不知道火车向哪里开，不知道旅程究竟有多远，但我深信不疑的是我的生命和旅途同是越走越短。我这时也就真像一个快淹死的人一样，举目四望，看有什么救命的东西可以抓住，即使一根稻草也不放过。

我很想找一位政府官员谈一谈，以便向他表白，让他相信我是不应该死的。我观察靠近的工作人员们（我坐在工作人员们坐的这一头），无论从服装上，从他们互相谈话上，还是从年龄上我都弄不清谁是官谁是兵，最后只有把最靠近的一个年轻的兵士选做谈话对象。话是从他胸章上七个字说起的。我说自己是信佛的，佛不但要解放人类，还要解放一切生物。我没有杀害过任何生命，连臭虫也没掐死过一个……

我一面叨叨着，一面用心观察他的脸色。他的年轻的脸上浮着令我琢磨不透的笑容。我哪里知道，这个年轻战士对我感到的迷惑不解，正不亚于我对他的迷惑不解呢。

我终于沉默下来，而心弦是绷得更紧了。车轮轧在轨道上发出的不停的闹声，突然汽笛的一声长啸，都似乎暗示着我和坟墓的距离是越走越近。我在座位上坐不住，索性站起来在走道里踱来踱去。我东张西望、竖起耳朵探听四周，寻找能带我浮出深渊的物件。这时，从身后我的侄子那边传来似乎关于什么“君主和民主”问题的议论。真像看见一根稻草那样，我猛然站了起来，嚷道：

“谁还在讲什么君主呵？我……我要和他决斗！”

人们都被我这突如其来的“英勇姿态”给弄呆了。我歇斯底里地又说下去：

“你们也不用害怕……该枪毙的不过是我溥仪，你们不用害怕……”

我不记得又说了什么语无伦次的话，后来还是政府工作人员把我扶到座位上，安慰我说：

“你太疲倦了，还是休息一下吧。”

我安静了一会儿，到底憋不住，又低声和那个年轻的公安人员说：“我知道，那个反对民主的是我的侄子秀山，这人思想很坏，还有那个赵××，你们更要注意这个人，在苏联的时候，他常常表示赞成蒋介石，对解放军说了不少坏话，他很靠不住……”

我还说了几个别的名字，还有诸如此类的告密材料，我这时的卑鄙心理是巴不得能有点什么更有价值的告密材料，作为拯救自己的垫脚石才好。年轻的战士还是满脸迷惑的笑容，连声说：

“你累了，睡一会儿就好了，睡一会儿就好了。”

我在座位上躺了一会儿，觉得列车慢下来，终于停了。不知哪个犯人低低说了一声“长春!”我又像弹簧似的一下跳起来。我相信这就是旅途终点了。车窗糊着报纸，外面景物看不见，只听见外面不远的地方有许多人唱歌。我在苏联时，看过中文报纸上的关于斗争恶霸的群众大会的描写，我现在认为窗外的歌声就是从群众公审大会上来的，地点一定就在车站不远的地方。群众正在那里等着对我举行公审……这天夜里，我发现那个年轻战士和持枪守着车门的战士，都是东北人，我认为他们会半夜私自把我拖下火车，发泄他们受了伪满十四年罪的仇恨。我就这样一夕数惊地胡乱过了一夜。第二天早晨睁开了眼睛，我诧异何以逃过了昨夜的谋杀……

火车上最后一幕怪剧，也是失常状态的高峰，是在到达沈阳前不久发生的。这时我觉出了火车是向南开行，我认为沈阳必是我的生命终点，神经又一刻比一刻紧张起来了。我又不停地在走道上踱来踱去。踱了一阵一眼看见我昨天检举的赵××坐在那里，呆呆地瞅着自己的手背出神。我忽然想到，他一定是知道了由于我的告密，不久要被处死，因此现在正怜惜自己哩。这时，十八层地狱的迷信传说强烈地攫住了我，我认为这个人死后变鬼必不饶我。为了禳解这个灾难，我身不由己地走到他跟前，突然一下子跪在地上说：“请你饶了我吧!”说罢，给他叩了一个头，然后又歪歪斜斜地站起来，继续踱来踱去。据别的犯人事后和我说，本来人人都对未来吉凶惴惴不安，心情十分恶劣，这时又叫我闹得个个哭笑不得，心中更加不是滋味。我弟弟溥杰说，我在火车上总是来回走个不停，嘴里不知嘟囔些什么，脸上的肌肉不停地抽搐，两眼发痴，吓得他不敢看我。和我在苏联同住过的伪满文教部大臣老振对我说：“从那以后，我算看透你这皇帝，是什么馅儿的了!”

列车到沈阳站停下了，一个政府工作人员宣布说，因为天热，年岁大的人可随他去休息一下。他按名单把张景惠、熙洽、我，还有几个伪大臣都叫出来，让我们坐进一辆大汽车。我一看车旁腰插盒子枪的四个兵士，认为这可真完了。在汽车里，尽管随车的工作人员向我们解释，叫我们不用怕，可是我还是绝望地对我的侄子秀山叨叨着：“你算什么？你是白饶上的……我现在带你一块儿见祖宗去吧……”别的犯人都沉默不语，秀山瞪着眼，一声不响而脸色煞白地听我叨叨。他后来说，那天他叫我吓得两条腿都麻木了。

汽车停在东北公安部门口，随行的政府工作人员，拿出名单点名，头一名就是我。我已经豁出去了，应了一声，把外衣脱下来一团，掖在肋下，跟着就向大门里走。进门上楼，我一步两蹬地飞快地跑上楼梯。带路的人对我不胜惊愕，连忙赶到我的前面，把我领进一间大屋子。这屋子中央，有一张长长的台子，摆满了各种点心、水果和纸烟。我想起了从前太监们讲故事说的，死刑犯人吃的什么催命酒。好吧，反正是全完了！我把团起来的衣服扔在台子上，还未落座，也不等后面的人到齐，就哆哆嗦嗦地抓起一个苹果，狠命地咬了一口。我已经弄不清别人怎么进来的，怎么坐下的，政府的首长们又是什么时候到的。站在桌子尽头，有位首长，他在说什么话，我也听不见。我只是不知其味地咬嚼着嘴里的东西，费力气地咽着，等待五花大绑。看那位首长说个没完，我着急了，站起来嚷道：

"不用再说了，赶快走吧！"

首长的话叫我打断，他笑着说：（这几句话我是听清楚了）"你是太紧张了，应当镇静镇静。"在他旁边坐着的另一位首长也对我说："你想不想看看你的侄子宪东？他在解放军里，想看他，可以叫他来……"

这几句话听得我莫名其妙，不明白是什么意思。首长接着又讲的话，我听了更加糊涂，什么"要好好学习，改造"，什么"到了抚顺好好休息，注意身体"，这都是什么意思呢？正想着，带领我们来的那个工作人员走过来，把那个名单交给那位首长，报告说，除了熙洽因为身体不好没有来，其余的全来了。我急于明白是怎么回事，竟一把从首长手里把名单抢了过来，看那上面写的什么。许多政府人员都笑起来，那位首长还是说：

"用不着紧张呵！"

这时，如果不是屋里出现了一个熟悉的面孔，我的笑话还不知闹到什么地步。一个穿着整齐的干部服的青年，笑眯眯地站在我们面前，我认出这是在苏联陪我们住着的张景惠的儿子，在伪满时，他是个学生，到了苏联，我们才知道他是中共的地下工作者。小张的出现，使犯人们都活跃起来。他和他的父亲见了面，又向一些犯人谈了些他们家属的情况，谁的儿子在哪个大学读书，谁的女儿在哪里工作。这一说，满天乌云全散了。死不了啦！这个思想一在脑际出现，我的眼泪也就如同潮水一般，汹涌而至。

对死刑的恐惧，并不是从此就消失了的。八月五日到达了战犯管理所监狱时，在沈阳出现的乐观情绪又一扫而空，恐惧又重新占据了内心。与前所不同的，只是掺和了更多的迷惑不解。

从沈阳到抚顺这段火车上，有人乐观地估计，到抚顺休息几天就会分头回家，还有人说，他到过抚顺，知道日伪时那儿有个豪华的俱乐部，他断定那是我们“最合适的休息地方”。当汽车把我们从车站载到管理所，监狱的青灰大墙、高高的岗楼出现在面前的时候，刚吹散的乌云又回到所有的犯人的心上。我和荣源、溥杰和三个侄子被领着通过一条站立着全副武装的哨兵的通道，进了一间有着一条长长板炕的房间。随着身后响起的关门上锁的声音，我在公案小说中看到的监狱生活，特别是我在长春对付孙博元那些孤儿的电刑具、木笼子、铁心包皮的马鞭，立刻涌现在我的脑际……

这一天，尽管伙食很好，我们都吃得很少。一整天大家都垂头丧气，不说一句话。第二天，军医们给我们检查身体，检查得十分详细，连过去得过什么病，胃口好不好，平常吃什么不吃什么都问到了。接着，牙刷毛巾等日用品都发下来了，新的被褥是昨天就给了每人一套，今天又发新衣服，黑色的外裤褂和白色的衬衣。随着这些举动，大家也有了活气，可是全闹不清是怎么回事。过了不多天，一个身材不高、大约不到四十岁的穿军装的人，走进我们的屋子，问我们的姓名，在苏联的生活，看过什么书。我们回答了之后，他说：“好好学习吧，思想一定要改造。”后来知道，这就是所长，解放军的一位上校。所长的话让我们更迷惑了。究竟是坐监牢，还是上学？说是上学，这里明明是一座军事监狱；说是监狱，我自然想起我听说过的前清的、民国的、伪满的监狱，以及我自己设的监狱，可是这里一无脚镣手铐和刑具，二无竖眉瞪眼的狱卒。和所长谈话后不久，报纸和书籍都送来了，每天还有游戏，晚上还有纸牌、棋等文娱活动。

这是什么学校呢？“学生”都不用名字，叫号码。我的号码是“981”。这不是犯人吗？

没有审讯，只是每人发来一张表格，叫自己填上姓名履历。我填写得再简单不过：“前清皇帝、伪满洲国皇帝”，交给了穿军装的看守人员之后，也没有人再问我一句什么。这又不像是犯人了。

还有许许多多奇怪的事。这天是我们洗澡的日子，我们看见有些人挑热水到浴室里去。我知道这个刚刚改建好的浴室，热水管还没安好，所以，每次要用人力担水。我总以为担水的自然该是由犯人轮流，这时才知道担水的就是那些看守我们的和其他穿军装的人。究竟我们是不是犯人呢？这是不是监狱呢？

我的岳父荣源，自从进了房门，总是摇头叹息说：“看着吧，受罪在后头！”这天出去散步，他把从苏联带来的一包纸烟忘在院子里的窗台上，回到屋里想起来，很惋惜地说，如果不是在监狱里，非把这包烟找回来不可！可是不等他去找，看守人员把烟给他送来了。这个深信要受罪的人，也迷惑了。

“他们都很文明哩！这必定是专门挑出来管我们的。”

有一天，一个同犯发表了这个见解，同室的人都同意他的看法。在没有别的更合理的解释下，这个解释也就是唯一可用的了。这种看法，竟保留到外出参观看到整个社会的变化时，才告失效。

在抚顺这一次一共住了两个月。这是由恐惧到迷惑，由迷惑到盲目乐观，又突然跌进恐惧的两个月。盲目乐观是由于报纸上一篇文章引起的。先是大家对学习莫名其妙，没有人讲课，叫我们自己学，第一本书是《新民主主义论》。我感到很新奇，伪大臣们也和我一模一样。什么主观、客观、意识形态、主观能动性，等等，谁也不懂。每天的讨论大部分时间是抠名词，抠得毫无兴趣。但是为了对所方表示积极，只好硬着头皮学习。后来不记得是哪一位，看到报上一篇谈新中国建设需要大量培养和提拔干部的文章，他忽然大彻大悟地议论道：原来共产党缺人才，所以叫我们学一学，不久就要让我们出去工作的。这个看法居然有许多伪大臣们都表示同意。盲目的乐观情绪一出现，居然有人很用功地念起书来。但是到了十月间，志愿军出国到朝鲜，抗美援朝运动起来了，所方突然宣布向哈尔滨迁移，这次盲目的乐观又一扫而空，一种新的恐惧又出现在每人的心上，而我大概又是其中最严重的一个。

在火车上，我悄悄地问溥杰：

“你看这个战事怎么样？”

“唉，烧香引鬼。至少南满快完了！”

这几乎是当时全体犯人的看法。还有人估计，不等我们到达哈尔滨，美国军队就先到了沈阳。也有人认为，不久以后给我们打开监狱门的，必是美国人。总之，都认为尽管共产党打垮了日本人和蒋介石，这次的对手却是手里拿着原子弹的美国人，必然是引火烧身，最低限度，东北的江山是保不住了。我由此联想自己的命运是三条：一是再被送回苏联，这是最好的；二是被美国飞机炸死或是炸伤；三是不等美国兵到，中国人先把我们全杀掉。有这样的想法的也不只我一个人，这就是车厢始终保持宁静，整个旅途中大家全吃不下饭的原因。

到了哈尔滨，一看见这所监狱，我不禁倒抽了一口冷气。监房好像扇面似的排列成半圈，每个房间前后全是铁栏杆，好像动物园里装野兽的笼子。这是伪满遗留下的监狱（我们住了一年左右就搬了家，后来听说政府把这所铁笼子拆掉了），后来听一个当过哈市伪警署署长的伪大臣说，这个铁笼子原是日本人关押抗日爱国人士的地方，那时进了这里的人很少有能活着出去的。我住进去的那天，还没听到这些故事，可是那个铁栅栏门开关的响声，已够我受的了。从这天起，我心情日益恶化，不可终日地疑神疑鬼，外面无论是汽车声、开关门声，还是换岗哨的脚步声，都会引起我的惊慌。有一天夜里，一个犯人做梦叫唤起来，把我惊醒了，同时似乎又听到甬道里哨兵拉枪栓的声音，吓得我整整哆嗦了一夜。

到了哈尔滨不久，突然停发了报纸，也引起犯人们纷纷的猜疑。有一天，广播器放送完一段音乐，电台广播员刚讲了半句话："伟大的镇压反革命运动正在大张旗鼓地……"突然广播器被关上了。所有的监房也立刻屏息无声。大家都明白了，原来现在正镇压反革命，所方向我们封锁了消息。我想到的是：现在必定是百姓们在控诉我，说不定今天明天就要被拉到公审大会上，我一定是头一名！

正在惶惶然不可终日的时候，这天甬道里出现了所长和一位穿着军服的中年人。所长向大家宣布，有一位公安机关的首长，代表人民政府要向我们讲话。穿军服的人站到甬道上，对我们讲了大约有三个钟头。可惜我现在已经不完全记得了，因为我那时还听不大懂。他谈了政策、改造、学习，我们应该抱什么态度。这段讲话，实际上就是后来近十年我们走的道路。不过，当时我不能理解那么多，我只从他一再讲学习学习的话里，听懂了一个意思：共产党并不打算杀掉我。只明白了这一点就够了，我绷得紧紧的每一根神经，又松弛了下来。

接着，我们度过了第一个供应丰盛、情绪轻松的春节。

二、第一次写自传

那位首长讲过了话，让我们吃了一颗定心丸，过了不久，所方叫我们伪满战犯每人写一份自传。

我根据自己的"知识"，对自己解释说，这就是审判前夕的调查。

我原先认定不容分说就杀头的想法是没有了，这时我又猜测我的最后命运，大概还要经过审讯来决定。对于审问，我倒是早有了现成的一套。

到达哈尔滨的那天，刚走下汽车，还没有进监房的时候，我的侄子子显悄悄走近我的身旁，低声在我耳边说："还是在苏联的那套说法！"我微微点了点头。

在苏联时，我曾经给苏联内务局写过一个"陈述书"，叙述了我一生的经历。这个经历是写得非常不老实的。我隐瞒了早在伪满成立之前，我在天津当"寓公"时就勾结日本军阀图谋复辟的事实，我把自己到东北说成是被土肥原绑架，隐瞒了我自愿前往的真相。关于前者，最有力的证据就是在东京法庭上南次郎拿出过的我写的亲笔信，我在法庭上矢口否认了它，一直也没向苏联政府承认这件事。关于后者，社会上早有我被土肥原绑架到东北的传说，我也就将错就错说成是自己被迫不得已。此外，我把伪满十四年的处境，说成是完全处于日本人的摆布之中，既不自由又很悲惨。关于我对日本人的谄媚，对家人的凶暴，我一字不提。经过这样粉饰，“陈述书”中的溥仪，就成了一个完全受命运捉弄而自己无能为力的可怜的傀儡了。

这个“陈述书”里的历史，是我对外一贯的发言基础，也是我的家里人们对外的统一说辞。事实上，他们对我的底细都很清楚。从十四岁起就从北京跟随我的李焘一直没有离开过我，我从天津动身到旅顺之前，是他给我准备的行李，我坐上汽车从大门溜出来，他在旁看见。我到旅顺之后，也是由他服侍我。他也知道我在长春时代对仆役们的凶暴无情，他自己就挨过我不少打。我的三个侄子在长春“内廷”做学生的时候，等于是我的仆役，他们知道，也听我说起过我与吉冈和日本人的来往情形。我的两个妹夫，知道的事情就更多。在长春时，我有的事情还愿意和五妹夫康庆商量商量。南次郎手里的那块黄绢，我在苏联就告诉过他，那确是我亲笔写的。我掩盖起的主要历史问题全在家里人的肚里，他们虽然到了苏联仍受我的役使和侮辱，动不动挨我骂，特别是三个侄子和李焘动不动还要挨我的打，甚至要围跪在我面前互相打嘴巴，但他们仍对我忠心耿耿，为我掩饰，连对他们的虐待侮辱也对外讳言。他们给我处理珠宝，替我偷偷销毁，连一粒珠子也不曾私自留下，这就可见他们对我的忠诚。

在苏联的五年生活，证明了家里这些人对我的无限忠诚。不幸的是我从北京时代就有了这样一个逻辑：越是接近我、熟悉我、服侍我的人，就越带有危险性。我已经说过，我对仆役立下那些不近人情的规矩，我采取的那些制造矛盾、叫他们彼此监视、有了过失叫他们互相体罚等统治手法，都是来自这个看法。因此，我生活上既要依靠他们，同时我又不信任他们，这就给我自己带来了无限的苦恼。我虐待和侮辱他们，在他们心里种下怨恨，这就给我自己带来了对于报复的恐惧。被我当奴才使用的几个侄子，是最接近和熟悉我的，又是始终伺候着我的，我对他们的心情也最复杂。

刚到抚顺不久，让我首先感到不安的是秀山侄。我自己记得火车上拿他当垫脚石使用的那件事，因此对他不得不特别和气，也不得不特别留意。有一天他在桌上写字，我走过去的时候，他偏躲着我，恍惚间我看见了“走着瞧吧”几个字。从此，我对他起了疑心，天天担心他会向所方检举我，说我的坏话。

我想了许多对他防范的办法，最后认为最好的办法就是尽可能和他厮守在一起，尽可能把他放在我的约束之下。我竟没想到，所方突然调整住房，把我和几个侄子分开了。

分开之后，我在屋里坐立不安，熬了不过两天，就实在熬不住了，我忍不住流着眼泪向看守员恳求道：

“请先生给所长说说，还是让我家里的人和我住在一块儿吧。我实在不习惯，我从来没离开过他们。”

这也是实情的一部分，我长这么大，还没和家里人分开过，离开了人的伺候，对我确是一件大事（后边我还要说）。但这仅是一部分原因，别的原因我自然不会说出来。所长亲自来了。我把生活上如何不惯、在苏联分开一次后来也还回到一起等等说了一遍。所长说：

“为了照顾你和年岁大的人，你们的伙食和那些年轻人是不一样的。你们住在一起而伙食不一样，对他们恐怕不大好。”

“没关系，没关系！”我一听就是为了这个原因，便满口替他们包下来，我认为他们吃得比我再差，也不值得考虑。

那天我还以为我的理由和眼泪真都生了效，侄子们果然又和我住在一起了。可是我很快就明白，即使真是眼泪和理由的作用，那时效也未免太短。过了不过一星期，再度调整房屋，我又和家人们分开，被拨到和几个伪大臣们一起去了。

我又像丢了魂似的熬了一阵儿。经过再三考虑，我又去敲门板招呼看守员。我已经知道他姓刘，便叫：

“刘先生！刘先生！我有句话和刘先生说。”

这时，我考虑到再合住是无望的事，只好降低要求，由要求与家里人同住降为要求每天见一见面。

这要求被答应了。

在我听说又要分开的时候，曾悄悄写了一张小纸条递给溥杰，让他交其他人传阅，条上写的大意是：“我们分开了，以后大家要和和气气，和衷共济。”意思就是防止他们互相乱说，特别是不能把我的事情说出去。以后每天我们在院中散步，就聚在一起，他们仍是和以前一样地对我恭顺。特别是真瑞侄，仍是引以为荣地给我洗缝脏破衣袜，秀山和子显侄态度也没什么变化，我渐渐地安了心。

到了哈尔滨，子显十分机灵地抓空和我讲了这句话，我觉得有了把握。他这句话与其说是提醒我，倒不如说是告诉我，他们几个对我仍是耿耿忠心，信誓旦旦的。

我所谓有了把握，就是说我还要进行欺骗。在监狱初期，为了逃避惩罚，我有两种不老实的活动，一种是装作善良的公开表现，另一种是依旧使用家长权威，暗地里管束家里人。为了对付迟早必将到来的审讯，在一次院中游戏时，我悄悄走近了我有点放心不下的李焘身边（院中四周都有警卫哨兵），低声问他：

“你记得在天津有一次要搬家吗?”

“不记得搬家的事，我记得那次临动身去东北，收拾过行李……”

“那就行了。”我很满意他的理解能力，我就嘱咐他说：“我和所方说那是要搬家。问起你来，就说收拾过行李，别的全不知道。”

看他忠诚地点点头，我走开了。

过了些日子，不知为什么，院中游戏的安排改为分批进行。有一段时间我和李焘见不到面。这天真瑞在院中看到我，（我的几个侄子和几个年轻的犯人担任了送饭打水的勤务，他们可以跑来跑去）悄悄地说：

“李焘叫传句话：他和贾科长谈话的时候，说起‘上边’（这时侄子们对我还是这样私下称呼），从来不打人，在长春每月给他工钱三百元（其实是四百元），又说到在旅顺的时候，锁着大门，没有接触什么日本人……”

我听了，很满意这个不知挨过我多少打的李焘。可是，为什么谈旅顺呢，这很不必要。我就嘱咐真端，叫他见着李焘告诉他，“所方问起旅顺的事，就说全不知道。”

有了在苏联的一套，又有了这些安排，我把骗人的“自传”写好了。“自传”的最后有这样一段：

> 我看到人民这样受苦受难，自己没有一点办法，心中十分悲愤。我希望中国军队能打过来，也希望国际上发生变化，使东北得到解救。这个希望，终于在一九四五年实现了……

三、乾隆的田黄石印

我交上了这份自传，心中并不宽松，因为我知道光凭我的公开历史，也足够我戴上头号汉奸的头衔。我在等待着起诉。

我们监房的铁栏门外面，有一个岗台，整天有一名哨兵在那里站立着。监房前后栏外，各有一条甬道，看守人员不时地从甬道上走过。我一会儿偷看看岗台上的哨兵，一会儿偷看看走过的看守员，努力想从他们脸上看出点什么气候来。如果来了所方的管教人员（这是慢慢才分辨出来的，他们不像看守员轮流换班，经常坐在甬道的一头，而是偶尔出现的），就更加紧张和留意。

在提心吊胆之中，我不断地绞着脑汁，寻思着讨好所方的办法。在当时，犯人想讨好、想表现自己也是普遍心理，途径也离不开两条，一条是学习上装进步，另一条是在值日劳动上充积极。那时已经恢复了报纸的供应，最初的学习是读报，表现的方法也就是大声地读。既然人同此心、心同此理，所以轮到谁读，谁就尽力放大嗓门，这个监房读得响，那个监房就更响，表现积极就成了比赛嗓门，越喊越响，好像一大群蝈蝈似的嚷成一团。直到看守员不得不过来干涉，人们才让自己缓一口气，暂时放低了声音。可是过了一会儿，又逐渐变成了喊叫。

值日劳动，在抚顺的时候我没有干过。从我侄子们和我分开房间之后，我忙自己的事已够头昏眼花的，加上我从心里看不起劳动，伺候别人我更不愿意干。所以，在所方刚一规定这种制度的时候，我简直非常为难。这天，刚要轮到我来收拾屋子、扫地擦桌子了，所方的贾科长来到了我们的监房里，向同屋的犯人说："溥仪他有病，值日的事不必叫他干了。"我心中的得意，自不用说。每顿饭吃完，我连自己的碗筷也不收拾，那些同屋的伪大臣，对我还有一定的尊敬，虽然已不叫我皇上，还称我为先生，他们替我收拾碗筷，也没有意见，我也觉得理所当然。

到了哈尔滨，贾科长没有来说我有病，我也自动干起活来。这与其说是我自己过意不去，倒不如说是为了给所方看看。"新中国是劳动人民的国家"，这句话我从报纸上看到多次了，知道了在所方眼里，劳动是衡量人的标准。我们这个监房连组长老梦一共五个人，也就是每五天轮一回洗饭碗、提水桶、擦地板和接递铁栏外送来的饭菜。这种活儿其实不算重，我在里面也是比较年轻的，可是初干起来，觉得很吃力，而且非常笨拙。特别是头一天，我在伪大臣们面前总不免有些落价之感，后来一想到这关系到所方的看法，我也就顾不得许多了。

一开头顶使我苦恼的是，我在这方面表现出的成绩，不但没能使我在同犯之间显得突出，而且正相反，越来越显出了我比别人更无能，更无知。

我们的学习，到哈尔滨有了变化。在读报纸之外，我们在所方管教人员领导下开始学"什么叫封建社会"。每次先由领导学习的李科员讲一次，然后由各监房的小组自己讨论。我对"主观"、"客观"还没弄清楚，又啃"封建主义"，感到十分困难，理解上也就比别人慢得多。最要命的是写学习心得。我从前在毓庆宫念了十一年书，至多不过是对过对联，从来也没有向老师交过作文。我在宫里只给“皇后”和“淑妃”写过些无聊的信，写过几首莫名其妙的诗，还从来没写过正经文章。现在为了使所方认为我学习得好，非干这苦差事不可，没有别的办法，就只有抄书。我东抄西抄，抄书抄报，常常抄得同房的犯人都笑个不停。有时为了一篇心得，急得我做梦也在抄。好容易抄出了一篇心得，交了上去，却毫无下文。写过几篇心得之后这才知道，我算是白费了力气。

在另一方面，我不但在值日劳动上显出笨拙，在自己的生活起居上，也表现得很狼狈。自从和侄子们分开住以后，我每天都处在忙乱之中。那一段的生活到今天想起来还令我感到羞耻。我从出生到四十多岁，一天没有离开过别人的伺候。在苏联的时候，无论吃饭、穿衣、叠被、打洗脸水，以至洗脚、剪指甲，也全有人代劳。侄子们离开了我，除了一度担心他们变心之外，最大苦闷就是说不出的那么不方便，似乎连吃穿睡这些事也乱得找不出头绪来了。衣裳穿不好，觉也睡不着，而且天天是眼泪鼻涕一起流的。

当时我也不明白，究竟是什么原因让我那样邋里邋遢，忙忙乱乱的。闹了笑话，人家在笑，我还不知笑什么，总是事后才能明白。早晨起身，我刚要洗脸，一个同犯说了：“你怎么不叠被？”原来人家把被叠得好好的，我是胡乱卷起来的，人家不指出，我也看不出这个区别来。于是，我去叠被，叠来叠去，好容易叠好了，再去洗脸，水又没有了。或者漱口的时候，牙刷上蘸好了牙粉，才想起没有弄漱口水。

有一天，在院子里散步，所长过来和几个犯人说话，忽然对我上下打量起来，弄得我心里直嘀咕。原来所长对我的服装发现了问题。

“溥仪，你的衣服是和别人一起发的，人家穿得全整整齐齐，干干净净，你的怎么就折折囊囊的成这样子？”

我看看自己，又看看别人，确实像所长说的，差别很大。我无法回答所长的话，也不知道怎么回事。所长一直是笑着，又说：

“这里面可有学问哩，你不妨研究一下。你总比别人又忙又乱，这两个问题可以一块儿研究。”

所长是个很风趣的人，和蔼而幽默。但是我从来不敢把他的话当做笑话，而且事后每次的经验都证明，他也从来没对我说过一句没有意思的话。我听了他的话，不得不开始留心，想了很久，终于有一天我得到了问题的答案。这天晚上临睡的时候，我发现了别人的一个与我不同的举动——顺便说一句，他们那时对我已不像刚来、更不像在苏联时那样客气了，他们敢于批评我不卫生，并且一定叫我头朝相反的方向睡，因此，我倒有机会看清他们躺下之前的这个举动——就是他们都把自己的衣服叠好，压在枕头底下。我这才明白，我每天脱下衣服从来没有叠过，都是团成一团儿扔到一边。怪不得有人说我穿的像“八大市”（哈尔滨卖破烂的地方）了。

每逢我剪脚指甲或手指甲，总要在旁边先准备好一撮牙粉，因为自从自己的事自己办以后，十回有九回要剪了肉的。如果忘了牙粉或者伤口太大，就不免要到医务室去一次。所以，医生和护士们对我生活上的能力，全都是很清楚的。

生活上自己是这样，值日劳动的笨拙就不用说了。我为了这些事很忧愁，我忧愁的是，我在所方眼中的印象，一定不会好。

交上了“自传”之后，想要表现一下的思想更强烈了。这一天，我又想起了在苏联用过的故伎——献珠宝。可是，我的珠宝都是偷藏着的，怎么好拿出来？而且黑皮箱里剩下的都是最精选的，实在舍不得。如果只拿一部分，在这铁笼子里，也没有办法背着人去挑选。想来想去，想起了我手头的一套乾隆的太上皇玉玺，这是用一块田黄石精雕的由三条链子连在一起的三颗印，是我很心爱的东西。入狱时所方检查行李也看见过它，看来，现在只有拿出这样东西来了。

作出了决定之后，我又考虑最好找个地位最高、最能负责的首长，直接交给他，可是我能找到谁呢……

这一天，我正按着我的老习惯，坐在铺上半闭眼睛，默念经文祷告平安的时候，楼梯上的响声把我惊醒。原来上来了几个参观的人。这几个人服装整齐，在所长陪伴下慢慢走来。中间有个中等身材的人，似乎是一位首长，他看看建筑的四周，又向前走，在我的栏杆前停下了。

“溥仪，你身体好吗？”

我忙站起来，忽然认出，这个人我在沈阳东北公安部楼上的大厅里见过。记得我在那里发神经的时候，他还说过叫我不要太紧张的话。我相信他一定是一位高级首长。他站在我面前问了几句话，转身要走的时候，我连忙抓住这机会，把要献出乾隆田黄石印的愿望说了。他却未置可否，只回答道：

“你可以找所方谈这个问题。”

我略为感到一点儿失望。在他走后，我只好还是找所方。我提笔写了一个报告：

所长先生：

我请求

所长转代呈请我们人民政府，我希望将我家存的宝贵的古物田黄石精致雕刻的图章三件（连锁结成一个）和另一件田黄石图章，献给祖国，做博物馆的陈列品，供给各界人民的观览。如蒙

政府采纳，我非常觉得光荣和感谢……

报告送上去了，田黄石的乾隆印也献上去了，所方也收下了。可是关于反响，依然看不出来。我想，这可真是石头扔到大海里去了。

日子一天天地过去，没有一点儿审讯的意思，也没有追究“自传”写得对不对，所方谈话中仍是再三要我们好好学习、改造。这时，抗美援朝的胜利消息接二连三地传来了，我由半信半疑而逐渐相信了，认为共产党的江山既然坐定了，大概就不会对我们这些人操之过急。我逐渐又放松了心弦。我想：石沉大海，总比惊涛骇浪要好。

但是一年后，海里真正起了惊涛骇浪。这个“海”不是所方，而是我原先认为已经风平浪静了的小家族。

图 54　溥仪交出的乾隆田黄玉三连环玉玺

四、黑色的皮箱

有一天，轮到了我值日。值日的任务之一，是吃饭的时候，把栏杆外面的饭菜接过来。那天，在栏杆外给各房送饭的，是对我最好的一个侄子——真瑞。他一样一样地把饭菜都递给我之后，出我意料地把一个纸条悄悄放进我的手里。

这是监规所不允许的举动。我忙偷偷地把它藏在自己的饭碗底下，藏好之后，这才转过身来把饭菜转递给同犯们。

吃过午饭，是午睡的时刻，我躺在铺上偷偷打开纸条。那条上写的是这几行字：

> 我们都是有罪的，一切都应当向政府坦白。我从前给您藏在黑皮箱里的东西，您坦白了没有？自己主动交代，政府一定宽大不究……

这个纸条所给我的震动，可以说不亚于当初乍一听见把我送到中国的时候。

这种震动，不但包含着恐惧，而且包含着恼怒。我恼怒的是，不过一年多以前还称我为“上边”的人，现在居然也把政府人员的语汇，什么有罪咧，坦白咧……拿来教训我。我恐惧的是，我所担心的、最不愿意发生的事情——家里人的“叛变”，终于出现了征兆。

我不由得不回想这一两年间，我这个小家族究竟有了些什么变化。认真地一想，这种变化就一个比一个更带有威胁性。

最早令我感觉到的，是楼下住着的这些年轻的小家伙，总比楼上伪满那些老家伙话多，有时隔着笼子和看守员呱啦呱啦说起来没完。铁笼子的建筑是这样，楼上下说话可以互相听见。有一次，他们谈起了刚回国时的害怕心情，谈起每个人的疑神疑鬼的笑话，还笑个不住。这是他们离开我身边之后，开始无拘无束的表现。他们这种轻松的心情，让我发生了不快之感。

一九五〇年过第一个春节的时候，所方给我们组织了文娱活动，除了玩扑克、下棋、唱歌之外，犯人们自己也演了一些小节目，如京剧清唱、说快板之类。在节目中间，有一个引起我惊奇的是，我的侄子子显表演了一段他自己编的破除迷信的活报剧，引起不少笑声。他所编演的故事，暗指当时年岁大的战犯中间普遍存在着的念经信佛的活动，而我也是其中之一。刚进监狱时，老家伙们几乎人手一挂数珠，不学习的时候，就偷偷地咕咕哝哝地念经。我的岳父荣源连学习时间也不肯放过。到哈尔滨以后不久，所方把数珠都收去了，我有个挂在脖子上的银质护身佛，是蒙古一个活佛送的，也给收去了。可是我还是偷着念，直到一九五二年才停止了这种无聊的活动。子显用活报剧讽刺了这种活动，大大刺痛了我。这个变化比起和看守员说说笑笑来就更严重了。

还有一个变化，是几个侄子担任了挑水送饭的值日劳动之后，时时流露出一种情不自禁的高兴。他们从甬道匆匆走过，脸上带着和我在一起时从来没有过的笑容，这加上他们和看守人员谈话时那种自然而亲近的态度，使我不由地疑虑暗生。

从一九五二年起，我逐渐由自己洗手绢、袜子进步到能洗衣服、洗被子了。这一方面是由于逐步锻炼，另一方面也是迫于家人变化的情势。这种变化就是他们对我的服侍不但不表示积极，甚至已经很不耐烦。有一次，我的眼镜架子有点活动，我请看守员替我送到李焘那里修一修。我原先没看出来，李焘是个很灵巧的人，进了监狱他居然连钟表也能修理了，在苏联的时候，就短不了有犯人找他修修表，弄弄坏钢笔。这个眼镜由看守员拿到楼下之后，过一会儿就从下面传来李焘的嘟囔声音，我虽听不清他说的什么，却觉出了他正表示从来没有的不高兴。在过去，李焘在我眼里是低于一切家人的一个“随侍”，而今天（眼镜虽勉强修理过了），这一阵嘟囔却是高于一切家人变化之上的变化。

有了这些前述可虑的变化之后，到一九五二年夏天出现了这个纸条，我越想越觉着不是一件小事。

我利用上厕所的机会，把纸条放进抽水马桶里去了。纸条冲掉了，纸条上的话可从心里怎么也抹不掉。我的心被它搅得七上八下，不知怎么是好。恼恨逐渐变成次要的，更重要的是，事情会不会发展成“同盟”的瓦解和“内部”的“叛乱”？我必须要考虑一下，是不是不等他们进一步变化，就先把黑皮箱交出去。现在已不仅是个舍得舍不得的问题，而是会不会从此查出我过去的一切欺骗。两年来，天天学习，天天口头上表示认罪，可是满满一箱底的珠宝还瞒着不说，过去表现的一切悔恨、认罪，人家还相信吗？对这样的欺骗又怎么能宽大？

我反复思索纸条留在我心里的那几句话。越思索越感到最后“自己主动交代……一定宽大”那句话的吸引力。关于宽大政策，公安机关那位首长讲话时提过，报纸上也讲过，所长讲话中也常说过，我总是半信半疑，认为这只能适于一般犯人，至多适于一般的汉奸。而我是头号战犯，我是“首恶”，是属于“必办”一类的。

更重要的是，一堆珠宝的交代，等于承认了我对政府不老实，等于承认我过去一切表现，连那份自传，都是靠不住的了。

后来的思考又回到能不能瞒住的问题。想来想去，还是那个苦恼的结论：瞒不住的！

这些翻来覆去的思考不是经历一小时，也不是经历一天，而是持续了十天之久！在这十天里，每逢真瑞侄送饭来，我总觉得他的视线直透过铁栏杆，盯着那个黑皮箱。这皮箱简直成了压在我心坎上的越来越沉的黑色负担。在苏联时，有一天夜里举行防火演习，我一听见警报，连衣服也顾不得穿，首先是扛起这个皮箱向外跑。小张用嘲弄的口吻向我说：“君王的江山都已没有，还舍不得这些破烂！”看来他的话真是不错，难道我真要叫它把命都送了吗？究竟还是命值钱，有一分宽大的机会也要争一争，何况自己交出来总比被人告发出来强啊！

我请求所长接见我。我在所长面前，流着眼泪说：

“我真混蛋！政府对我这样宽大和关怀，我竟这样没有良心！”然后以坚决的态度表示：“我唯有把这些掠夺人民的宝物，归还人民，献给我们的人民政府。”

所长让我坐下，倒水给我喝，叫我镇静。然后说：

“这些东西我们当初没有检查出来，你现在自动坦白了，这很好，说明你有了一定的进步。”

我从沙发上连忙站起来：“我良心上现在很难受。”

“现在给你登记一下，这些东西你还拿回去……”

“不！不！”我又跳起来，“我看到它很刺激，一定献给政府！”

这个结局是太出乎我意料了。所长叫人办理登记手续，一定叫我把存条收起来。我把存条夹在笔记本里。黑色包袱卸下来了，一片乌云过去了。但是，在这种新的风平浪静中，我预感到了新的风暴就要到来。我已经明白，存在于我这个封建小家族中的“神圣同监”和我的精神统治，是快要完了。

五、交代一段历史真相

“首恶必办、胁从不问、立功受奖！”

“坦白从宽、抗拒从严！”

这是进了监狱之后，从报纸和书籍中常常可以看到的，绝不会看漏掉的句子。每次看到眼里，感到最触目惊心的是“首恶必办”四个字，其他的话全被这四个字给顶到脑子以外去了。反正我是首恶，坦白也好抗拒也好，都是必办的，我何必这样傻去坦白说老实话呢？说老实话的在世界上只有吃亏。这便是我的哲学。

珠宝交出去后，没有受到惩罚，反而得到了所长的称赞和一张存条。真瑞侄纸条上写的话应验了，虽然还不到根本改变我的哲学的地步，却让我心动起来。“首恶必办”是一定的，怎么“办”，是不是也有宽有严？

政策的吸引力对我增加了，而同时，我又感到了另方面的压力。记得就在那几天，我从报纸上看到了这段消息：

> 杀害方志敏同志的刽子手曾匪中俊，已于一九五一年十月在湖南石门县被捕获。
>
> ……方志敏同志……一九三五年七月在南昌慷慨就义……
>
> 解放后，曾匪起初隐匿在常德，企图逃入川投奔宋匪希濂。宋匪被我活捉后，曾匪决伏在石门深山中，继续进行反革命活动。一九五一年十月，我石门县人民政府公安局终于在七区青龙寺捕获这一罪大恶极的反革命分子。

这篇新闻里的“一九三五”、“在……深山中”、“终于……捕获”、“罪大恶极”这些词句，跳进我视线里，引起了一种异样感觉。我联想起在这以前看到的一些历史案件，像捕获杀害刘胡兰的凶手、杀害李公朴、闻一多的凶手的新闻里，其中某些词句，都引起过我这种感觉。这和我在苏联从《实话报》上看到农民斗争恶霸的消息时一样，我感觉到的是令我恐惧的那种来自群众的仇恨。与这篇消息同时登载的，还有志愿军在朝鲜捉到美国空投特务的一则新闻。美国为了调查细菌战效果，用飞机投下化装成志愿军的特务，第二天就被捉到了。不论是隔了十六年还是第二天捉到的，这些消息，都使我感觉出那种仇恨。我从前本来就认为世间没有客观的是非曲直，只有主观的恩仇利害。我认为就由于这种仇恨力量，所以，十六年前的旧账也不放过，藏在深山里也要被揪出来，化装得多么巧妙也会被识破。仇恨加上监狱，一想到这个现实，我心里就只剩下了无处躲藏的恐慌，而无取巧幸免之念了。

看了这个消息之后不久，在我面前也发生了一个让我得到同样感觉的故事。这天，所长陪着一个生人出现在楼梯口上。听他们边走边谈的对话，我猜测来的这生人必定又是一位上级首长。他身材粗壮，年岁总有五十上下，面色红润，神情愉快。(每次有首长来，向例不向犯人介绍，因此，到现在我不知道他究竟是谁）他和别的首长一样，仔细地看了监狱建筑，看了铁栏里的环境，犯人的用具，随便问问正学习什么，生活如何。他走到我住的监房这里，所长向他报告了犯人们的名字。我听到念了我的名字，习惯地走到跟前，准备第一个回答他的问题。我这个举动是很叫同犯讨厌而嫉妒的，但由于某种愚蠢想法，我总无法克制自己这样做。首长问我们正在干什么，我回答说，我正响应所方号召，写检举日寇在东北的罪行的材料。

“这和我的罪恶分不开，由于我自己认贼作父，日寇给东北人民造下极大的灾难，大批屠杀我们的同胞。今天我以悔罪的心情，尽量揭发他们的血腥罪行……”

“你知道日寇在东北的罪行吗?”首长问。

我把佟济煦曾告诉过我的，几万修建秘密工事的民工被屠杀灭口的惨案说了，这是我正在写的一份材料。这位首长听我叙述这个惨案时的面容，我到现在还记得，刚才还在脸上的愉快的神气全没有了。我这个残缺不全的故事使他受到这样大的刺激，殊非我意料所及。我不安地说：

“我当时也很受刺激，想不到日寇是这样残忍……”

“你当时为什么不向日本鬼子抗议呢?”

他的严峻的目光逼视着我的脸，他的严峻的声音震动着我的耳鼓，又像棒子似的打在我的头上。我一向被同犯说成“干活愚笨、外交擅长”，也被问得张口结舌，半晌才低声回了一句：

“我不敢……”

“你不敢，你怕日本人，是不是?”他的神色和声音又恢复了平静。

我还是仓皇失措，想不出回答的话来，结果又是那老一套的空洞地责骂自己，说一切都是我的罪恶造成的。“我只有向人民认罪，我犯的罪，虽万死也不足以蔽其辜……”

我不知他听见我这老一套的话没有，他在审视着我们的被褥、洗脸用具，以及甬道里的环境。然后点点头，对我说：

“好好学习，好好改造吧。要真正地认识自己。要用事实和行动而不是用嘴巴来说明自己进步。共产党说话算数，同时，也是实事求是的。”

他走了之后，我的心沉重得厉害。我拿起了今天刚写的“揭发日寇罪行的补充”，从头再看一遍，似乎今天才感觉到这些事情的严重性。我用心回味首长刚才说的话和神情，测度其中包含的吉凶，我有了一种一时说不出来的和看到报纸上那则通讯时相似的感觉。这是一种承受重压的感觉。我又一次感觉出了那股不追究到底，誓不甘休的冲力。在这种冲力面前，是躲也躲不开，瞒也瞒不住的。

首长最后的几句话也让我觉得不是滋味。“要用事实而不用嘴巴”，“共产党说话算数，同时也是实事求是的”，这不是明明表示对我是不相信的吗？我这时还不懂得马列主义的透视灵魂的威力，我却从这位首长的眼里似乎看出这么一句话：“你骗不了人的，你瞒不过去的，你不老实！”

另外，还有一种压力，别人也许很难理解，这是我从学习上感觉到的。为了说明这问题，让我先把当时学习的情况说一下。

图 55　溥仪等人开始学习新课题

我们在学完“关于封建社会”之后，又学了“中国如何沦为殖民地和半殖民地的”？为什么叫我们学这些课程，这些课程里所讲到的理论和历史，与我们这些犯人出身的政治集团有什么关系？在学习进行之间，大家都逐渐地明白了。在讨论的时候，我们重复着书上的论点，好像都已经接受了这些论点，思想都有了转变，可是在平时闲谈时，一碰到像“你为什么当汉奸，投降给日本帝国主义当帮凶”的实际问题，就自然流露出真正的汉奸理论。“蒋介石不抵抗，东北大员全跑了，不要我们了，怎么能怪我从敌？”“我不干这差事，全叫日本人干，中国百姓就要更遭殃！”“日本人请我出来，我不出来全屯百姓都要活不了，这样的条件我能不屈服吗？”

一面口头上接受革命理论，一面用汉奸理论为自己辩护，这在我们大汉奸们中间是普遍的现象。最突出最有代表性的，是一个被大家叫做“大下巴”的伪司法大臣。他就是抚顺人，“九·一八”事变前是东北军的航空司令，事变时正在北平办事，伪满洲国成立后，他自己跑回东北，为了挤到上层汉奸的队伍里来，他千方百计地向日本人下工夫，好让日本人相信他和使用他。他的出名的举动之一，是接连向日本占领军上了四十二个条陈，向鬼子献策，如何去统治东北。另一件使他更出名的是，他是第一个在自己家里供奉日本天皇的祖宗（神武天皇）的人。为了让他家里这个小神庙起到预期的作用，曾花费了他不少脑汁。他把神庙设在从客厅的窗户望出去一眼就可以看到的院子角上。他在大门上还安好了透视门镜（在门里可以看见门外叫门的人），每逢有日本人来，不等走进来，他早已先到院里的小神庙前跪好。等日本人被仆人让进客厅，很自然地就会看到，这个神武天皇的膜拜者正在那里磕头。经过这些刻苦的“基本功”，他终于当上了“司法大臣”。也许正因为他的许多这类事情尽人皆知、无以掩盖，所以，他表现的对抗就不是隐瞒而是拿出一套理论。比如他回到东北来当汉奸，是为了让家乡人民的生命财产少受损失，他犯了罪也是由于“个人好强”，至于代表不代表封建地主阶级的问题，回答是否定的，因为他早于“少年时代，就因为要脱离这种地主家庭，所以才投身政界的”。谈到新社会以为人民服务为光荣，他说：“我愿意呀！可是关着不放，怎么服务呢？”说学习要联系实际，他也是用这个道理来反驳，“我在监狱里和社会隔离了，怎么好联系实际？”他不同意别人说地主资本家和官僚军阀都是寄生的懒汉，他说这些人为了“立功劳、求荣誉”，都“日夜奔忙十分辛苦”。他的道理，简直说不完。他受到了批判，还委屈得不得了，说他是和平得如一潭静水，可是别人总是搅出波浪来。

我也有一套道理，可是无论在讨论会上或是私下闲扯，我都不说。在讨论的时候，我向例不先发言，到最后，也常常是以同意某某人的发言了事。别人对我这种取巧的办法很不满意，常常追问我：

“说一下你自己的意见。”

“我不是说了同意老光的吗！”

“还同意谁的？”

“还同意老梦的。”

“可是老梦是反对老光的呀！”

“我同意他不反对的那一点。”

“那一点是什么？”

我被逼得只好说几句，结果是更叫人不满意。

为什么我总不说呢？我的理解力比谁都差，刚学的东西我说不清楚，自己原有的一套，越学习越自觉得理亏，自然拿不出来。

我觉得所方给讲的这些课程，就好像专门对着我来的，和我原来的观点，完全是针锋相对。我原先认为自己是奉天承运的统治者，应占有一切。所谓“普天之下，莫非王土，率土之滨，莫非王臣。”我认为是皇帝养育百姓，地主资本家养活农民工人；我认为“劳心者治人，劳力者治于人”是天经地义的。可是现在所学的道理全反过来了，皇帝不过是一切地主里最大的地主，是一切寄生虫中最大的寄生虫。不管我愿意还是不愿意，这个道理却很像是对的。我这奉天承运皇帝的昏天倒运的经历和无知低能、不断露馅的事实表现，也不管我愿不愿意，每天都在给这个道理提供例证。我有了“殖民地”、“半殖民地”、“帝国主义”、“官僚资本主义”和“封建主义”等等的概念，我思索了近百年的中国历史，回忆了我过去对晚清历史的感知，回忆了自己的经历，也不管我愿不愿意，我更无法不承认中国在百年之内沦为殖民地和半殖民地的事实。

一个人在没有抛开个人得失而又不承认历史事实之前，真理对他越真实，他越是感到它冷酷无情。我这次学习的结果，就是这样的心情。我今天也才明白，无论是“大下巴”的逞强狡辩，还是我的避免冲突（当然，也有理解能力差的原因），事实上都是内心空虚和自馁而又不知悔恨的表现。面对冷酷的真理，随着空虚和自馁而来的是一种恐惧。对我说来，这个恐惧便是：无论是在法律上还是舆论上，汉奸皇帝都是不能宽赦的。

更重要而不能回避的问题是：中国之曾经沦为殖民地半殖民地、中国的东北曾经沦为日本的殖民地是个事实，帝国主义、官僚资本主义和封建主义这三个“亲戚”的勾结也是个事实，我作为封建阶级代表人物，怎么还能说是原来老老实实地在天津住着，又怎么能说是被绑架到东北当的傀儡呢？我所隐瞒的和伪造的历史，这还能骗得了谁呢？我从前在苏联还以为能骗得过去，其实，苏联不过把我当做抑留者，不曾追究我而已，现在新中国政府追究起来了，我还能瞒得过去吗？

又到了写学习感想的时候。这是要我自己对问题作出答案了。东北变成日本的殖民地，有没有我的份儿——“是用空话来回答，还是用事实回答？”

对这问题，我睡了想，醒了想，在屋里也想，在院子里运动也想。迟疑不决，决心难下。

规定交“感想”的日子是星期一。星期日这天，我把该洗的衣服全洗好，有了一点儿空闲时间，我在院子里散着步，思虑着我怎么写这个感想。正低头想着，所长迎面走了过来。

“溥仪，你今天有了进步了。”

我一点儿也不明白所长指着什么说的，一时答不上话来。所长指一指我晾的衣服，“你这个星期日休息得早啊。”我才明白，原来是说我这个星期日干活干得快。以前，每个星期日总是别人早干完了，我还在疲于奔命，等我忙完了，也该吃晚饭了。自己也没想到，今天的活干得比每次都快，别人干完了不多时间，我也跟着完了。

我随所长散步到院中心，走到我晾的衣服跟前，所长仔细地看了我洗的衣服，说：

“这个地方还没洗干净。可是你总是有了进步。”一面走着，他一面又说：“学会劳动是件重要事情。你从前当皇帝，你不劳动，还以为这是高人一等。进了监狱，和别人一样了，可是你不会劳动，别人干完了，你还忙得要命，你还是和别人不平等。现在你学会一点儿了，人家玩的时候你也可以玩了，这才平等了。对不对？”

“对，对。”

“我们祖国是劳动人民的国家，人人都要劳动，也都有权利劳动，可是一个不残不废的人不劳动，叫人养活，这就是寄生了。你从前靠别人劳动来生活，离不开人服侍你，这是你犯罪的根本原因，也是人家笑话你的原因。”

我们走到花池子跟前了。他俯下身把一朵刚刚开放的小花扶正了，把花边的一根杂草拔了下来，又说：

“要进步，首先要有勇气，胆小是不能进步的。”

这天傍晚，我抱着晒干的衣服回到监房，所长的称赞话在心里回荡起来。更重要的还是他的态度，一方面如此厉害地暗示说我缺乏勇气，另一方面又如此和蔼，如此富于人情。他虽然一句也没有直接说到宽严政策，可是这比直接讲更让我感到它的吸引力。

这天回到监房，我把学习组长老光拉到一旁，和他商量：

“我想起过去的一些事，在学习之前认识不到它的性质，现在看起来正是罪恶，把这些写到感想里你看好不好？”

老光为人比较和气，他不像别人那样不留情面地批评人。他曾在北平念过法律，在伪满当军法少将，好像懂得点法律上的事儿。学习组长又是经常接触所方干部的，我觉得从他这里多少可以得到一点气候。像这种在学习感想里坦白历史的办法，所方满不满意的问题，我就想从他这里知道点消息。他听我说完了之后，很高兴地说：

“当然可以写出来，这样联系实际，这是你学习有了进步嘛！”

听了他的话，我拿起笔来了。

六、检举与认罪

我的学习感想，有一段的大意是：

> 祖国的东北怎样沦为殖民地的呢？历史的事实是，日本帝国主义的侵略、蒋介石的妥协、以我为首的封建势力集团和日本帝国主义的直接勾结，这三方面结合起来而造成的。我从前把自己充当大汉奸说成是被迫的，这是我对政府的欺骗，事实是我和土肥原会谈之后自愿到东北去的。不但如此，我在去东北以前，为了复辟封建王朝，早就在积极勾结军阀和帝国主义，我还亲笔给日本陆相南次郎写信，以求得他对我的支持。我在当了东北头号汉奸之后，更多方对日寇谄媚奉迎，卖国求宠……

关于勾结敌人，我把最重要的具体事实说出来了，关于谄媚取宠，可一点具体例子没有。我认为把叛国投敌这样严重罪行讲出来，已经差不多了，谄媚取宠的事情啰啰唆唆，说了反而麻烦。我在东北受着吉冈的摆布本是事实，我如果说了一些在他摆布之外的举动，是不是反而把情况弄乱了？我在自己家里的凶暴专横，我也认为越说越会使情况弄得复杂。至于属于自己道德品质方面的，像虚伪、残忍等，我连想也没想到它。自己不觉得美也不觉得丑的东西，总是记不起来的。

到了一九五四年春，来了一场风暴，这些记不起来的、怕惹麻烦的、怕复杂化的事情，就再也藏不住，全抖露出来了。

一九五四年三月，我们又迁回了抚顺战犯管理所监狱。搬回来的第一天，战犯们被集合到大礼堂里，说是听政府人员的讲话。

讲话的人是最高人民检察院派来的工作团的团长。他说，你们已经学习了几年，应当有了一定认识，已经到了认罪的时候了。

他说，政府有必要来弄清你们的罪行，你们自己更应当对过去有认识。如果你们不知道自己对人民究竟干的是什么坏事，就谈不上改造自己。

他说，政策是坦白从宽，抗拒从严。政府能够查清你们每个人的问题，你们也要自动交代。要自我认罪，也可以对别人揭发检举。无论对己对人都要不扩大、不缩小、不包庇、不隐瞒，这才是正确态度……

听了这个讲话，犯人们都认为：我们毕竟还要受审判，现在是真到了审判前夕了。我自己写过两次书面材料，每次都为等待审讯而弄得神情不安，每次又以无结果而自流松弛。我不懂得什么法律诉讼程序，那些懂得旧法的伪大臣也闹不清新中国的办法，现在又都好像明白过来，认为程序也差不多，也是先由检察官进行讯问调查。

回到监房，就看见了刚贴在墙上的“监房守则”，上面规定了不许和其他监房犯人私相招呼，不许相互串通交换供词，不许……我越发觉出气氛的紧张。对惩罚的恐惧又回到了我的心里。从这天起，我又做起了噩梦。

由于最近几年来自己的体验，现在觉得和过去不同的是，这次政府人员所讲的坦白从宽，对我有了更大的吸引力。我看出我现在只有拼命抓住“坦白从宽”和“检举立功”这个救生圈，才有可能万幸逃出这场死亡的风暴。

我已经不记得在“检举认罪”的九个月间，一共写了多少次坦白认罪书和检举材料。听过了最高人民检察院负责人的讲话，我就把自己从头到尾的经历写了一遍。以后更不断地今天一条明天两条，左也认罪、右也检举地往上补充，特别是每次被讯问以后，总要写上一两条。

我把一批认罪材料和检举材料交出之后不久，就开始了断断续续不定时的讯问。讯问是在中央甬道的一间约两丈见方的屋子里进行，大部分是在白天。老实说，这样的讯问实在出乎我的想象。没有站立两边的法警，没有迎面刺目的强光灯，只不过是讯问员和我隔着一张桌子坐着谈话，而且允许我照常吸烟、喝茶。讯问员是一位圆脸的青年人，他的年龄至少要比我小三分之一，也许还多。我一开头，很想看出讯问我的人是个什么官阶，但是很快就放弃了这个念头。因为我接触了不过几次，我就从他身上觉出了比官阶更让我放心的东西。这倒不在于他的平静的语气和有时出现的严肃认真的微笑，也不仅是从他口中又听到了有关政策的解释，而是在讯问中间，越是我估计他要着急和追问的地方，他越是不慌不忙。在第一次讯问中，我叙述自己的经历的时候，有许多事件的日期我记不得了，心里不免着急，想到如果在这些地方叫他怀疑，可实在冤透了。正紧张着，他说话了："这个问题且放过去，以后你想起来再说。"

大约是在第二次讯问中，他一开头就提出了关于日本向东北移民的一系列问题，我是一点儿也记不得了。看来，这是个今天他主要想解决的问题，我却一问三不知，又担心着我给他这种失望会造成什么后果，这时，他看什么也问不出来了，还是那一句："你再想想，想起来再说。"

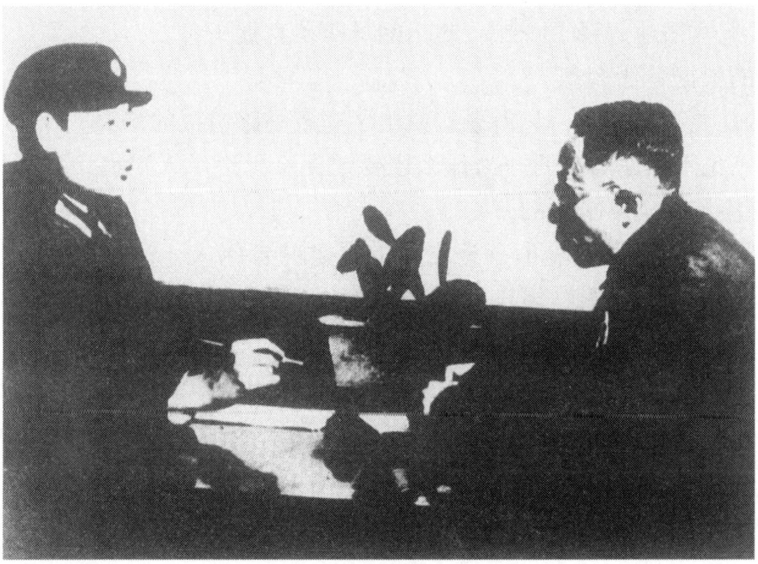

图 56　所方人员李福生与溥仪谈话

从"检举认罪"一开始，我就担心着别人的检举。我一则怕别人（特别是侄子们）说了我所没交代过的事，另则怕他们说了我没做过的事。我深怕他们不负责任地乱用这个"手段"来表白他们自己，而同时，我自己却拿了这"手段"不负责任地对待别人。特别是对日本人，我更不管三七二十一，想起点什么便写什么。我自己想不起来，怕写得少而立不了"功"，怕被看做是不积极，我就注意偷听别人的谈话，想从中偷些材料，算做自己的东西。我们同屋的做过伪满经济大臣和文教大臣的老振，伪满的上将军区司令老佑，他俩常说日本人的事，有一次我索性坐在他们旁边，拿出本子来记，叫老振看出来了，问：

“老溥，你记什么？”

“不记什么。”

“得啦，你把我们闲扯的闲话记去干什么？”

“随便写写，随便写写。”

我收起本子来，装作干别的事，却竖着耳朵继续注意着他们的谈话。

这天，赵讯问员问我：

“你检举的这一条：在日本战犯古海忠之的策划下，日寇一年掠去六百万吨粮食，说得不具体，现在说说你的根据。”

我张口结舌了。我没办法具体，因为老振和老佑扯得本来就不具体。我对讯问员乱七八糟地解释了一顿。赵讯问员听了直摇头：

“你的根据是什么？”

我看是混不下去了，只得老实说出了这条马路情报的来源。

“自己也不相信的东西，为什么还要说呢？无论对人对己，要求别人要求自己，都应该是实事求是的。”

我望着这个比我年龄小三分之一的严肃的青年人，没有话说。我回到监房，和每次一样，赶紧写坦白和检举材料。正写着，伪满经济大臣老振回来了，一进来他就十分感慨地说：

“我告诉你们，瞎讲可是没用的。我刚才对讯问员说了日本人从东北每年抢去多少钢铁。他一声不响，给我拿了一支笔一张纸，叫我算一算，这个数字需要多少矿石……”

听了他的话，我又在坦白和检举材料之外，另写了一份对自己不该道听途说的检讨书。

这天，赵讯问员问我第一次访日时的情形。说到我和裕仁的母亲在一起的情形，他插问道：

“你扶她的时候，是流了眼泪吗？”

“我不记得流过眼泪。”

“你对你的侄子秀山说过的吧？”

“好像是……可是我不记得了。”

“是不是叫他来问问？”

“不，不，还是让我想想。”我心里想，见面对质了再承认，那岂不糟糕。我想了不大工夫，虽然没有想起来，我认为这类问题承认了比说想不起来好，就承认了。当时我还认为这是很聪明的做法哩。

大约是第三次讯问中，讯问员对于“内廷”勤务班的孤儿们的受虐待很注意。这次讯问之后，我一连写了三次坦白认罪的补充材料，反复交代这件我从前不愿说的事，唯恐这位目光突然十分严峻起来的讯问员仍不满意。虽然那时我还不能理解，他的目光为什么变得那么严峻。

在那些日子里，人们的神经都是敏感的，周围发生的每一件事，都容易引起反射，有颓丧，有兴奋，可以说是五味俱全。我们同屋老宪闹出的几场活剧就让我们什么滋味都尝到了。他是伪满军医少将，前清肃亲王的儿子。在检举认罪中，三番五次地承认了又推翻，推翻了又承认，一会儿把日本七三一细菌部队的罪行算到自己头上，一会儿又推得一干二净。当时我还不知道他认了什么又推了什么，只看到他成天发神经，昏天昏地。有一天，他在讯问之后回小组里，声称他要碰头自杀，因为他又欺骗了政府，说罢就哭哭啼啼。所里的一位科长找他谈话，问他闹什么，他趴下就给科长磕头。过了几天，讯问员又来和他谈话，说到他不该自暴自弃，要老老实实地认罪才能改造自己，做个好人。他是一个医生，要知道一个好医生就是社会的财富。这次谈话之后，他也不闹了，因为听到财富两字，知道他还不致被杀。不但是他，让我们也放宽了心，于是又兴奋起来。像这样的颓丧和兴奋，都同样成为促使我多写几条坦白检举的动力。

七、震　　动

大约在两个月的时间里，我写出了不少材料。我交代了为了复辟，在天津如何收买军阀，如何结交外国人，如何给南次郎用黄绢写信，以求日本的支援，如何和土肥原、板垣先后会谈，然后当上了伪满洲国的执政和皇帝。我也交代了在天津长春对仆人的疑心和虐待。但是，任何一个罪犯，在没有彻底悔恨自己的罪恶以前，或者说任何一个人在丢不下患得患失的时候，他的坦白和认罪大概都不可能是无保留、无条件的。因为这种坦白和认罪的目的，不过是为了过关，为了保护旧的自己，而不是和这个旧的自己决裂。我自己当时就是这样。我害怕惩罚，逃避惩罚是我唯一的念头。我知道从法律上说我该受惩罚，我却感觉不出从道义上说我更该受惩罚。我承认有罪，我却看不见自己灵魂的丑恶。我把政府，把所方和检察机关的人员，看做是随时可以杀掉我的敌对权威，绝不可对之推心置腹，我还觉不出他们正是从死亡和腐朽中拯救我的生命和灵魂的人。我对祖国，只看做是绝不能放过我的债主，只可对之藏躲、赖混，而想不到这正是以奶汁喂大我，又受到我侮辱的母亲。我为什么反复交代虐杀孤儿孙博元的事？是不是“东北的孤儿”这几个字中所包含的悲痛打动了我的心？不是，完全不是！我再三地交代，只不过是由于讯问员的严峻的目光，只不过是为了换取他的信任，为了能在债主和权威手下逃生。我绝没有想起瘦小的孙博元在我的监狱中垂死前的那副惨相，更没有想到过他们的父母。那些死于日寇屠杀和饥寒、屈辱中的烈士，留下的儿女还要遭到日寇奴才的奴役和摧残，这些我全没想到过。当时，我便是这样的一个人：灵魂原封未动，心灵深处还堆着垃圾，虽然看到了“坦白”是个救生圈，但是这堆垃圾还有让我没顶的危险。

甚至连续的几次震动，都没有使我把这堆垃圾弄掉。

五月的一天，全体伪满战犯被召集在一起，开了一个坦白和检举的大会。伪满战犯公开坦白罪恶和面对面做揭发，这是第一次也是最末的一次。这个会是紧接着旁听了日本战犯的大会之后第二天举行的。在日本战犯的大会上，我们听了伪总务次长古海忠之的带翻译的认罪发言，和我在一起的犯人都认为他这个发言很真诚，交代了伪大臣们都不知道的大量的真实的罪行，例如鸦片政策就是一项。主持会场的政府人员也认为古海认罪态度是好的。关于日本战犯的这种变化，我以后还要说。这里我要说的是这个大会给了我极强烈的印象。古海的态度，受到了政府的欢迎，也感动了同犯们。我们伪满战犯们都相信他定会受到宽大。由于古海的真诚的发言的影响，日本战犯们情绪激动起来了。这个本来要结束的大会不得不延长了时间，因为有许多日本战犯都纷纷起来检举、揭发认罪不好的同犯。后来在许多日本人要求下，一个被检举的人（是一个大佐，他在监狱里远不如古海出名）走上台去交代，但他的情形就和古海完全不同了，他刚刚说完，台下便站起好些人要求说话，不等这个人说完，另外一个就站起来指着台上大声地呱啦呱啦说了一阵儿。别的日本人也都抢着说话，嗓门一个比一个响，一个比一个激烈。后来几乎全体的日本人都起来对台上那个日本人咆哮着。我虽听不懂他们的话，看那激昂愤怒的情形，就知道那人交代得一定很不够，不然就是扯谎（此人的态度也非常坏，在台上晃荡着胳臂，露出傲慢的样子）。会场主持人在最后说了这么几句话：“现在就是有这么一种人，态度不端正，面对事实，却要蒙混，把欺骗当做解脱自己的办法……”我觉得这话简直就像对我说的。第二天，我带着这种强烈印象，坐在伪满战犯的小露天会场里，一听检察人员宣布了开会的目的，我心里就起了狐疑，我看到许多人争先要求发言，我突然也作了一个决定：要求发言。

我为什么也要求发言呢？这不单是不甘“落后”，主要的是我怕被别人当做那个日本人似的被猛烈批判，我要让伪满的这些人知道，我已经交代了许许多多他们所不知道的事，不要认为我还是不老实的。固然，我下这个当众暴露的决心很不简单，但我还是很快地看出这样更为有利。

我被安排到第三或者第四个发言。我已不记得前几个发言者是谁，说了什么，我只记得他们认罪之后，又都接着揭发那个自有一套道理的“大下巴”。对这天的事我记得最深的，还是这件事：当我按着写过的认罪材料说了“我不该欺骗政府，隐藏了珠宝，后来终于认识了错误，自动地坦白了出来”，正准备说另外一条的时候，忽然有人打断了我的话：

“不对！是你自动交的吗？”这是我的侄子子显，怒气冲冲地问我：“真瑞给你的条子你怎不说……”

“我正要说，我底下正要说这件事……”我赶紧说下去，就怕他全替我说了。我当时认为自己很聪明，知道什么是紧急时刻，知道这就是主动交代和被迫承认的最后界限。我把那个冒充进步、冒充自觉，隐瞒真瑞的纸条的欺骗政府的行为讲了，但其他的欺骗行为仍然一字不提。紧接着，我就对“大下巴”进行检举，把我听来的他在伪满时给日本人扫神庙等说了一遍，责备他现在不该采取欺骗蒙混的办法……

我讲完了，立刻又有更多的人要求发言。我注意到我的侄子们、妹夫们，我的同屋犯人们都嚷着抢着要说话，而且有的人老是用眼盯我。我觉得我的厄运来了，幸好主持会场的检察人员宣布了大会结束。

回到监房，我擦掉了头上和脖子上的汗，心里抱怨着真瑞的疏忽，不该把纸条的事告诉子显，更恼怒子显，不该这样待我。我们到底是一家人哪！

比埋怨和恼怒更重要的是，要考虑一下这些小家伙还会说我些什么。我认真地想了一遍，认为他们知道的能讲的我都说出去了，至于进了监狱之后的“攻守同盟”，那是牵连到他们自己的，我就以己度人，认为他们不会去说。这样考虑之后，我叹息着写了一个书面检讨，把真瑞的纸条这件事又写了一遍，请看守员送给所长。

这次的震动从我身上滑过去之后不到一个月，又来了另一种的震动。

这是日本战犯第二次开检举认罪大会。一个叫乔木岬的前日本宪兵队长在会上发言。他交代出的罪恶给了我强烈的印象。他的罪行跟古海不同，是更直接地残害中国人民。他说他常常以反满的罪名拘来一批中国人，把他们排成一列，然后随便从中拉出一个来，当众用军刀把头砍了。他痛哭流涕地说：“我用这个办法前后就杀了三十多个中国人。我的双手染满了中国人民的鲜血……”

我从前很少这样具体听到日本人屠杀中国人的叙述，更没有听见屠杀者自己的叙述。我在听这些故事的时候，就觉得头皮发紧，听完了也还半天不能平静，可是当思想上一转到这笔债的债务人也有自己的时候，不禁打了一个寒噤，忘掉了被屠杀者的血，而怜惜自己的血了。

我没有忘记再拿起笔来写补充认罪材料，想叫讯问员尽快地知道我又有了认识，但是写来写去，心灵深处的那堆垃圾仍是不见减少。

就在这几天，讯问员问到我在长春时的活动，问到我和吉冈安直的关系。我仍然是采取过去的说法，一切推给日本人。讯问中提到了苏军进军东北时，我命令张景惠和武部动员全满军民支援“皇军”的事，我说：“这是吉冈的授意。”

我对伪满的每个法令、每个诏书以及我对日本人的每次谄媚举动，都说成“这是关东军决定的”，“这是吉冈叫我做的”，“那是吉冈叫我说的”。后来我自己也觉得不妥，就又写了一个检讨，说：

“我好像把一切都推给关东军和吉冈，似乎我毫无主动，其实这也都是我主动做的，无论是裁可法令，还是颁布诏书和命令，我如果不出自主动，也是不可想象的……”

说来说去，我还没说出究竟有哪一件是不经吉冈而由我自己办的。像我对张景惠和武部下命令的这类问题，还是怕说了反而麻烦，不敢说出来。

检举认罪的高潮过去了，大约是检察机关进入材料的研究整理阶段，不大找我们讯问了。这天所长找几个伪满战犯，包括我在内，去座谈这一段时期的感想。在谈话中间，所长对我说：

“我看了你的检讨。关于交代这批珠宝的经过，你以前谈了几次都不对，只有这次谈对了。”

我听出话里有点称赞的意思，我又检讨说：“我欺骗了政府，心里很不安。我当时也有这么一个顾虑，我怕说出了纸条，真瑞会受到处分。”

“你完全不必为你的侄子顾虑什么，最重要的还是你自己要努力。”所长停了一下又微笑说：“说到真瑞，我们不会处分他。纸条的事情我们知道，按他原来的要求，是要我们去搜查你，搜查出来没收。当然，这样做对我们来说更省事，可是问题还不在于珠宝，也不单是一个监规的执行问题，主要的是要考虑到在当时情况下，怎样对你的改造更有利，怎样使你懂得自觉，知道政府的政策对‘皇帝’也是有效的。所以，我们当时没有采取真瑞提出的要求，而是把主动权交给你。不过，你的侄子可是真的有了进步。你应当向他学习。”

这一番话，确实在我内心引起了惭愧，但是，让我现在想起来更感到羞耻的却是，我对所方的苦心体会到的是那么晚，而当时卑鄙的灵魂竟是那么麻木，我对自己的欺骗行为的丑恶，竟会用顾虑侄子受惩罚的温情轻轻冲淡，甚至于把其他的欺骗，还在为改造我而用心良苦的所方面前继续隐瞒。事实上，我是以欺骗来检讨，结果还是欺骗。

八、原形毕露

所方的反复动员，讯问员耐心的谈话，政府给安排的充裕的考虑时间，历史血腥罪行的揭露，武士道长期教育下的日本官兵的巨大变化，以及所方为了改造、挽救而用的苦心，这一切一切，竟仍然还不足以震动到我心灵的最深处，还没使我自动剥下最后一层皮，把那一堆垃圾情愿抛弃掉。

但是，风暴毕竟是风暴。

检举认罪进入了最后定案的阶段。十二月二十五日这天，我又被叫到两丈见方的讯问室里。青年讯问员把一大堆材料放在我的面前，照旧是平时那种平静的声音对我说：

“这是别人对你的检举。你认为对的，就在上面签字；认为有出入的，就写上你的意见；认为不对的，你可以指出来，可以不签字。一时记不起来的，可以想一想再表示态度。总而言之，实事求是。”

我怀着鬼胎，接过了检举材料，一页一页地看下去。伪大臣们的检举，都是那些公开的、作为伪满洲国政权所执行的那些罪恶的政策法令和它给国家人民造成的损害。对这些，我是有足够精神准备的。但是，我的家里人的检举，除了那些我料得到的、我也自己作了交代的之外，我竟发现原来还有我料不到他们会知道的事。我先看的是妹夫康庆写的，在“我参加溥仪的活动”这一小题之下，第一条便是：

> 一九四五年八月九日晚上，入宫见溥仪，他正在写一纸条（这时外面正有张景惠和武部六藏等候接见），溥见我即出示所写的纸条，内容是令全满军民与日军共同作战以击溃来侵之敌人（指苏军），问我有无意见，我答已只有此途别无他策……

我竟然把征求过他的意见的事全忘了！我加以否认吗？那就更糟。连我也看得出来，康庆的检举是很老实的，凡是他自己有责任的地方，他都不曾推诿，也一并交代清楚。连我不曾检举他的都写出来了：

临归国前，我曾向他献策，叫他不要怕死胆怯（我深恨他贪生怕死，遇事推诿，在东京法庭已有胆怯病之称），应堂堂宣布自己是为了恢复祖业，不幸一切不能如愿，反为日寇利用，应慷慨就死以谢国人。我屡次考虑回国后与溥仪同死……

我如果否认，政府是相信谁呢？这是很明白的。更糟糕的是在真瑞的又长又详细的检举里，第二十二条是：

一九五一年在哈尔滨道外，某次放风，李焘叫我转告溥仪，说他向所方贾先生说溥不打人，溥在旅顺锁着大门未见日人……溥又叫我转告李焘，说如所方再问旅顺事，就说不知道……

他写这材料的日期，是四月十六日，这就是说，检举认罪刚一开始，他就把这些都揭穿了！

再看下去，李焘的检举写得就更具体了。他检举的第三条题目是“溥仪到东北是有计划的”，里面详细描写了我去东北之前的种种准备，然后把我在哈尔滨时跟他订的那一段“攻守同盟”全揭出来了。我查看他的检举日期是六月十日。啊，这正是我在大会上交代之后不多天！显然，他看我不曾坦白这件欺骗行为而且假充进步，是很恼怒的，所以在检举上写道：

“溥仪这人是奸诈、好用权术而又伪善的这么一个人……”

除了这些之外，还有种种对我的描写，显然，他们所刻画出的形象，如果从我自己的交代里去找，是绝找不出来的。

溥仪这个人既残暴又怕死，特别好疑心，而且是奸诈、好用权术，十分伪善。把佣人不当人，非打即骂，打骂也不是因为犯了什么错，完全是以他个人情绪如何而定。如有点不舒服啦，累一点啦，用的人就倒霉了。拳打脚踢是轻的。可是他见了外人的时候，那种伪善样，就像再好也没有的。

打人刑具，在天津时有木板子、马鞭子（铁心皮包）、跪锁链，到伪满又加上电刑，灌凉水，站木笼，吊手……

把大家都教成他的帮凶，如果是打某人，别人没有动手打，或动作稍慢一些，他都认为是结党袒护，那么，动手打的人，要被打得厉害多少倍。侄子与随侍没有没打过人的……一个十二三岁的周博仁

（孤儿）有一次被打得两腿烂了一尺长的口子，叫黄子正大夫治了两三个月才好。这孩子治疗时，溥仪还叫我送牛奶等物，还让我对孩子说：皇上对你多好啊！你在孤儿院能吃到这么好的东西吗？

（李焘检举第十一条）

孤儿董维清、孙博元及另一二人，因在勤民楼坐过溥仪的椅子，其一被囚在×××（随侍）所做的囚笼中，只露一个头，不站不坐，靠颈处木板上钉了半圈图钉，尖朝上。

（真瑞检举第二十三条）

他用的孤儿，有的才十一二岁，有的父母被日寇杀害后收容到博济总会，前后共用过二十名。每天工作十七八小时，吃的高粱米咸菜，尝尽非刑，打手板是经常的、最轻的。站木笼、跪铁链子、罚劳役（强挑一担黄土或大石块在院中走）、灌凉水、过电、平时得互相监视，不亚于小宪兵队的犯人。孤儿长到十八九岁仍和十一二岁一般高矮。更有万恶，溥仪手下曾将一名孤儿活活打死，而他却吃斋拜佛，甚至不打苍蝇蚊子。

（真瑞检举第三段）

在伪官看电影时，有天皇出现即起立立正，遇有日兵攻占镜头即大鼓掌。原因是放电影的是日本人。

一九四四年实行节约煤炭时，溥仪曾令缉熙楼停止生火，为的是做给吉冈看，但在自己卧室内，背着吉冈用电火取暖。

（康庆检举第一题第三、四条）

吉冈曾对我说溥仪是真正的日满一心一德的体现者。曾根崎清臣（军校干事）说溥仪是日满亲善第一人。

（康庆检举第二题）

溥仪在大栗子沟，听吉冈宣布说日本无条件投降，他即跪在地上说："我不德，对不起天皇。"打了自己一阵儿嘴巴子。

（真瑞检举第一段）

> 逃往大栗子沟，溥仪把倭神与裕仁母亲像放在车上客厅内，他从那里经过必行九十度礼，并命我们也如此……直到被苏军逮捕，坐在苏军飞机内，溥仪还问吉冈与桥本："神体都平安吗?"
>
> （康庆检举第十四条）

我面前的这些熟悉的笔迹，不是文字，而是一面镜子。从这面镜子里，我看见了自己的面容，也看见了这些过去服侍我、顺从我、挨我打骂的青年们的愤怒。他们对我过去的媚敌求宠表现了极大的痛恨，他们也为了被我侮辱、摧残和玷污过的灵魂而向我抗议，他们更为了我对烈士们的孤儿的摧残而表现极大的悲愤。侄子们和李焘，过去的地位最低贱，现在他们的呼声也最使我震动。秀山在检举书中说的话，更是叫我又恼又怕，他说：

"现在我替死去的孤儿向政府要求，不要宽大他的罪，请政府替死去的和受折磨的孤儿报仇!"

……我的掌心沾着汗水的手，颤巍巍地拿起钢笔，在一份份的检举材料上签了字，垂头丧气地走出讯问室。我慢慢地顺着甬道向自己住的地方走着。甬道似乎显得比平日矮了，狭了，我觉得像喘不过气来，心里翻腾着。我想现在反正是一切全完了。我的一切所作所为，愿意说的和不愿说的，我看得见的和看不见的，我的凶暴和怯弱，我的表面和内里，全亮出来了。我像一个赤条条、一丝不挂地站在光天化日之下的人，任人展览，听候最后裁判。

第九章
认罪以后（1955～1956）

一、观测“气象”

一九五四年底结束的认罪检举运动，在某种意义上说，是促成了我从回国以来为保护自己而建起的防线的最后崩溃。这是仅次于伪满洲国垮台的一次崩溃。崩溃是由我这个封建小家族的变化而开始，到我对它的影响完全消失而结束。这次崩溃后的绝望程度也不下于上一次，使我最懊丧的是，我一直想站稳“自动坦白”这个阵脚，可是最后，还是在检举材料面前变成“被迫承认”的俘虏。我对未来的审判更失掉了任何乐观的想法。

一九五五年元旦那天，所长见到我就问：

“认罪完了，新的一年又开始了，你对今后怎么打算？”

我垂头丧气地说：“唯有束身待罪，等候政府和人民的处理。”

“太消极了。”所长大不以为然的样子，“这个态度解决不了什么问题。最重要的还是要争取改造，要好好学习，重新做人。”

改造？学习？——我心里想，不说判我个死刑，就算判个无期徒刑吧，我还改造个什么呢？所长就像听见了我肚里的话，他又说：

“在我们国家里，对于接受改造表现好的罪犯有减刑的，也有免予起诉的。所以，问题还在于自己是不是有决心重新做人。”

我对所长的话，只能是半信半疑。虽然几年来的事实，证实着所长说的话，从来不曾骗过我，可是所长只是管教犯人的管理所长，他的话能代表最高司法机关的意思吗？

对这个同一问题的关心，也不只我一个人如此。观测政府意图的气象，早已成了所有犯人最为操心的一件事（这些人都比我聪明和敏感得多了）。例如认罪开始前，报纸停发了，“聪明人”立刻断定是有了严重的事情在等待着我们。又如认罪后，又来给我们量棉衣的尺寸了，他们立刻判断出政府一时不会对我们处理。给我们注射霍乱防疫针了，所方人员给我们讲夏季卫生了，他们又首先流露出舒畅的心情，当然，这不是由于健康上有了保证或者是因为长了什么卫生知识。冬天用旧报纸糊窗户缝时，有人从一九五一年旧报纸上看到了张海鹏被镇压的新闻，也有人看到了同犯老佑的家产被没收的消息，于是一九五五年有几天好的气候，又被一九五一年的晴雨表弄得阴云满天。

总之，无论是“聪明人”和不聪明的人，或者说无论是神经过敏的和神经迟钝的人，全都喜欢观测气候，而测气候时所注意的征兆，空间范围不仅限于所方，时间范围也不仅限于眼前。

一九五五年刚过春节不久的一天，全体伪满战犯又得到一次气象大观测的机会。

这天中午，刘看守长推开门叫我：“溥仪！换衣裳！”

全屋的人都明白这句话的意思，这是有政府首长要找我谈话了。为什么要说换衣裳呢？虽然我已学会了一点洗缝，但是在服装整洁方面还是居于末位，衣服穿在身上的样子还不能把在哈尔滨得到的“八大市”称号取消。因此，有一天全组一致商量好，强叫我专门留出一套衣服，平常不许穿，以备必要时（比如见首长、开大会）使用，免得给大伙丢脸。看守员也知道了这回事，所长就把“换衣服”当做“见首长”的代用语了。同犯们每听了这句话，总有人帮我拿衣服换装，甚至有时还会嘱咐一句：“好好听听首长的指示教导！”他们这种殷勤并非没来由，原因是希望我在首长面前不要为了表现自己而喋喋不休，以至占去所有时间，不给首长说话的机会，而首长对我讲的每一句话，他们都看做是观测气候的最好根据。在哈尔滨，每逢我向铁栏杆外面的首长说个没完的时候，其他犯人在暗地都不断生我的气，事后我总得到这种埋怨：“你少说几句不行吗？你多说一百句也顶不上政府首长一句话有用！”

这回又叫我换衣裳，这是认罪后第一次见首长，我不用他们嘱咐也下定决心，一定要克制一下“表现欲”，多听听首长说什么。

和我同去的还有溥杰（他平时总是整整齐齐，用不着换装，可是现在就不如我神气了）。我们进了所长的大会客室，一眼看到摆成一个大U字的十几张大沙发差不多全坐满了，大都是带金晃晃肩章的。这么多的将军哩！他们看我做什么呢？我心慌意乱地向所长那个方向鞠了个躬。凭经验，我猜想坐在所长附近的必是一位最大的首长，虽然那里坐着的一个唇上留胡子的人，并没穿军装。溥杰也行了他那个日本式的挺胸的军人鞠躬礼。有人向我们招招手，示意我们坐下，我又向招手的人鞠个躬，坐下了。

“首长们想了解一下你们学习的情况。”所长说。

一看见将军们面容都那么和善，还带着微笑，于是我的难于克制的表白自己的欲望又发作了。我忘了要听听首长怎么说的想法，也忘了身边的溥杰，立刻滔滔然说起来了。我说的些什么，现在都不记得了，大致不外是叙述了过去的罪恶经历（当然比认罪前的内容丰富多了），我如何感激政府的宽大和人道待遇，我现在的学习情况，等等。

记得在哈尔滨时，有一次见首长。谈学习时，把我似懂非懂的名词都用上了，首长问了我一句："什么叫正义的？什么叫反动的？"我被问得一时愣住，底下谈的再接不上话。但这回这么多的首长，并没有人提出叫我说不下去的问题，只有在谈到东京法庭上我拒绝承认给南次郎写信时，有人问了一句："为什么不承认呢？"当我老实地说出我害怕将来中国政府惩罚的时候，将军们都笑起来。因此，我谈得更没有了拘束，把同犯们的忠告忘得干干净净，不但嘴里滔滔不绝，连眼睛也敢于东张西望了。

我忽然发觉那位留胡须的首长很面熟，极力想回忆在哪里看见过他，这就更分散了精神，忘了注意听他说话，一直到结束了谈话，所长说我们可以回去，这时候我才猛然想起来了。从会客室出来，在甬道里我问溥杰，"那位留胡子的首长好像是一位元帅吧？""怎么一位，有两位元帅哪！"原来贺龙元帅、聂荣臻元帅都来了。[①]

回到监房，他们一听有两位元帅来过，便一拥而上打听首长说了什么。

"问了我学习和生活的情况，我说我……"

"别说你啦，你说说首长。"

"首长没说什么，都是问话。"我说了这话，很怕又引起他们的埋怨。

"临末了还会不说几句吗？一定说的。"有人又追问我。

我把贺龙元帅最末说的几句话说了。我真没料到，老振立刻兴奋异常。

"这不是很重要的话吗？恭喜你，保了险啦。"

"什么保险？"

"首长说叫你好好学习改造，好好锻炼身体，还说你看得见社会主义，这还会杀你吗？"

叫他一分析，我也不禁大喜过望。这一屋子的人个个也都非常兴奋，为我祝贺。当然，他们实际上是为自己祝贺，我死不了，他们还会死得了吗？

由于首长的这一句话，这天真成了我们这个组的节日，甚至别的组的人也

---

① 编者注：一九五五年九月二十七日下午五时，中华人民共和国主席授衔授勋典礼在北京中南海隆重举行。故书中所述一九五五年春天作者见到"带金晃晃肩章"的将军，"贺龙元帅、聂荣臻元帅"的提法，似乎不确。这次出版，遵循作者原稿。

有过来凑热闹的。从认罪以后，各监房白天不再锁门，在自由活动时间串串门子的事也有了。这也是被我们引证那个乐观论断的根据之一。认罪以后，我们这里更加像个“学校”了。文娱体育活动比以前热闹，增添了室外各种球类，又有了俱乐部，添了不少乐器。伙食也统一了，不论年轻年老，都提到原来较高的那个标准上来。由于日本战犯们的启发，我们也有了演戏活动，我还登过一次台……

从这天起，过去听过所长说了多少遍的“争取改造”的话，又回到我的心里。如何争取？这又成了我不断思索的问题。

二、劳动滋味

我在这时候的劳动成绩，依然令人气馁。

我在前面说过，我起初给自己干的活，暴露出来我的愚蠢和低能，当时给我最大的苦恼还不是自尊心的伤害，而是深怕政府把我看成不堪改造的废物。在后来的糊纸盒的生产劳动中，我的苦恼又发展了一步。

一九五三年，所方和哈尔滨一个铅笔厂联系好，由我们糊一部分纸盒。每天下午三时以后，我们干两个小时的糊纸盒劳动。谁都知道我过去不仅没有糊过铅笔盒，就是使用铅笔也没有自己削过。我想不到铅笔会有这么多的盒子去装，不但要用小盒子还要用大盒子。刚一开始糊盒，我觉得这个活很新鲜、很好玩，可是糊了不大时间，我就给弄得跟糨糊一样的糊里糊涂。别人已经糊了好多个，我一个还没糊好。好容易糊出了一个，又和别人糊得不一样，一时怎么也研究不出究竟区别在哪里，如果别人不指出来，我也许要研究到收工，才能明白是把标签糊倒了。

这一天，担任准备材料、送材料的真瑞到我们的号里说：“几个号都赞成搞竞赛，你们老头参不参加？”

我们这个平均年龄最大的号，也一致赞成参加竞赛。为了提高效率，大家组织了一个流水作业线。使我痛心的是，进行了不久，我就被排除到这条线外，原因是有我在，“水”就流得比单干还慢。

这是我和侄子们分开之后，第二次感到孤寂的无依无靠的苦恼。在伪满的时候，我有时独自一个人在屋里坐半天，念一下午的经，倒没有这种感觉，现在在鲜明的对比之下，这由于低能而被剔除在生活外的滋味，觉得实在是不好受。假若有一个人给我做伴，另外一起糊糊盒也还好，在和侄子离开之后，我的岳父荣源还给我洗过衣服，可是不久他就老死了。我又不甘心像等着老死的张景惠那样，倚老卖老，什么也不干。我更怕所方误会我躲在流水线外游手好闲。我索性单干起来。不用说，相形之下，我的效率更显得低下，别人每两小时平均可以糊三四十个，我却只能糊六七个，其中还时常出现废品。有一次，我觉得很高兴，两小时糊出了八个，可是一经检查，有一个盒子竟打不开盖子。同屋的老振拿起这个盒子来笑道："溥先生糊的铅笔盒，是不打算叫人把铅笔装进去的。"

别人的讪笑，倒没引起我什么反响，我心中却在为自己悲哀。我任何财产都没有了，就算把我放在社会上，我连糊个纸盒都学不会，靠什么活呢？我这时已看过了《论人民民主专政》那篇文章，其中有一句说得明白："对于反动阶级和反动派的人们……让他们在劳动中改造自己，成为新人。"看我这样，政府认为我还能成为新人吗？

当我终于糊出了大体够格的八个铅笔盒的那天，我的高兴是空前的。我开始看到面前一点儿希望：看来我还能学会干活。那天，所方把我们的糊盒得到的酬劳，买了糖果发给我们，我拿起一块糖果不禁发生了感慨：这块糖不知是怎么做的，大概也不比糊纸盒简单，天底下的东西恐怕没有不费劲就生出来的。过去我从来没想过手边的东西都是怎么形成的，好像我所用的一切东西，最远的起源就是长春伪"宫内府"仓库，如果我还能想得更远一点儿的话，那至多就是想到换来这些东西的钞票了。这时，我忽然想到这样一个问题：假如叫我到社会上去自食其力，要花费多大力气呢？大约要把糊铅笔盒的纪录从八个提到八十个也还不够。我糊纸盒由七个提到八个，我从这件经历上看到了一点儿希望，可是这希望真是太微弱了。

到我进步到已能糊到十个纸盒的时候，进入了认罪阶段，劳动停止了。认罪之后，第一次劳动是美化园庭，我参加了平整院中土地、拔草的活儿。在拔草的时候，我心中仅有的一点儿信心和希望又受到一次打击。

那次拔草，我被分配给一块花台。我觉得这是一件最容易的工作，比我再笨的人也会做，不料我刚拔满了一把草，在我附近砌砖块的蒙古人老正，忽然气急败坏地向我嚷：

"老溥，你，你拔的什么？"

"我拔的不是草吗！"

"你看这是草吗！"他把我手里的草夺过来，把其中又粗又长的植物一下子挑出一半来，一伸伸到我鼻子尖，"你连草和花都分不出来吗？你啊，你啊，你真是个废物！"

过了不久，这天吃包子，我觉得它特别香，要求多给几个。王看守员

图 57　在温室劳动

问我：

“你喜欢韭菜吗？”

“韭菜？我不知道。”

“你不是说好吃吗？你吃的不是韭菜馅吗？”

我这才知道这是韭菜。王看守员很奇怪，问我：

“韭菜长在地里你没看见过？”

我说没有看过。

“那么，麦苗呢？”

“我就看见过玉米。”

当时我还没听说过“拿着麦苗当韭菜”的笑话。事实上，这个笑话里的知识分子比我强得多，他到底还知道有个韭菜呀！

我想起了另一个笑话。一位王爷在孙子吃饭的时候要考考孙子的常识，问他知不知道饭是哪里来的，孙子竟回答不上来，他的贝勒父亲觉得丢人，责备他道：“你连饭是米做的都不知道吗？”王爷一听生了气，对贝勒叹气道：“你也别说了，连你也不知道米是太仓里来的!”这个故事有人听了觉得是虚构的，可是对我却是真实的。我自己以及我的弟弟妹妹们，在伪满垮台以前谁都没进过厨房，连饭菜在做熟以前是什么样子都没看见过。

在劳动中感到的苦恼，到一九五五年下半年开始种菜以后，渐渐减少了。虽然像扎瓜架子、移苗这类比较细致的活我一干就出岔子，可是锄土掘地抬水之类的活我却出了风头。因为我到底比别人年轻，力气自然也足一些。而且似乎越干力气越足，越能持久。我索性专挑粗活来干。

后来到了每星期抬一次煤的时候，更出乎同犯们意料，也出乎我意料的是，我的能力竟和比我年轻的侄子们相近了。过去干细活时的苦恼都被干粗活的成绩冲淡了。这天抬煤，临结束时我和老宪又多抬了三筐，所长到院子里看见了，笑着问我：

“你最近饭量怎么样?”

“每顿三大碗!”

“身体呢?”

“胃病也不犯了。”

“睡觉呢?”

“躺下就睡着了。”

看守员们、同犯们都呵呵地笑个不停。我觉得非常高兴。后来看见所长询问那些会干细活的人，其中也有李焘，我心中又闪过这个问题，“为什么我干不了细活呢？我原来天生是个老粗吗？我怎么就这么笨呢？李焘为什么这么聪明呢?”李焘过去连学也没上过，不过在天津念了几年私塾。现在，在学习会上发言也比我强，看他写的检举材料，比我这念过十三经的还通顺。

在明白这个问题之前，我是苦恼的。我为自己的愚蠢、笨拙苦恼，我为自己无论在生活知识上、学习上、生活检讨会上和劳动上表现的无知低能、看不见进步、总是受到讪笑而苦恼。我处处从所方怎么看我这问题着眼，我摆脱不开这方面的包袱的累赘。

我不知道这些苦恼，对我正如解病的苦药一样。除了这服苦药之外，还有一服苦药，是生活检讨会。

三、生活检讨会

我们一共有四个监房——“号”，每号住着十人左右，各为一个学习组，生活检讨会就按学习组为单位，每星期六举行一次。自从一九五一年建立了这个制度以来，所方就不断地向我们讲解：要与人为善、互相帮助，要以对事不对人的态度，运用批评与自我批评的武器，达到互相提高、认识真理的目的。可是在一个很长的时间内，不管你讲多少遍，这个会一开起来，还是对人不对事，被批评者不相信别人对他“为善”，批评人的人也不像是懂得“为善最乐”，倒有点“攻击便佳”的劲头。特别是刚刚由一团和气、彼此恭维转为真刀真枪的那个阶段，简直是乌烟瘴气一大团。

如果星期六你走进我们的甬道里，听到左边的屋子里“大下巴”的哑嗓门在喊：“你们批评算什么！我走群众路线，不走你们汉奸路线！”或者“匹夫不可夺志！我凭什么听你的！”这就说明这个屋里正在开检讨会，批评与自我批评的武器又碰在花岗石的脑袋上了。不过，还有比“大下巴”更要命的，是当过军管区司令的老肖。这是我后来才知道的，他在哈尔滨时因为真瑞经常批评他不守监规，向看守员要死狗，有一次在检讨会上居然端起了炕桌就打，幸亏李焘手疾眼快把他按住，才没有出大事故。所方因他行凶，转送到单人监房押了一段时间，回来后才变得比较老实一些。

和“大下巴”、老肖完全相反的，大概就是我的杰二弟了。如果在星期六你听见×号房里出现了他的不够流畅的甚至还有点羞涩的声音，你不要认为他是和人家谈家常，这大半是他在检讨会上发言，如果他总提到他自己，这也不一定是自我批评，因为他的批评别人和批评自己本来就难分清。一般地说，他倒是宁愿把意见写在纸条上，如果叫他面对面向别人提意见，就很叫他为难。

我们这间屋子里的情况又另是一样。如果在开检讨会时有人走出上厕所，随后就听见屋里嗓门突然放大，这多半是对刚出去的这位同伴的议论，当面不说背后乱说，曾经是这个组里多数人的作风。也并非个个如此，另外，一些人也可以为了一个钉子或者一片阿司匹林互不相让，能在几个星期的检讨会上争个不休。当然，真正的问题并不在钉子或者药片上。

有一次，在伪满时当过驻外大使和邮政局长的老邦，在检讨会上向老光提了一条意见：

“我认为老光很不爱惜国家财物，比如药水不吃完就倒掉了，这是值得检讨的。”

“什么药水啊？”老光摸不着头脑。

“你吃的药水，你自己都忘啦？”

“我上个星期三就吃完了，还有什么药水？”

“我说的就是上星期三，你没吃完就倒了。”

“我为什么不吃完呢？”老光还是摸不着头脑。

“我亲眼看见的，星期二你还有四格，星期三还有一格，你没吃就倒了。你要很好地考虑考虑。”

听他说得这么具体，老光涨红了脸不说话了。过了一会儿，老邦出去上厕所，心眼多得用不了的老振就说：

“这个人真阴险！老光在壁报上批评他学习不好，他就天天注意人家的一举一动，这一天吃了几格药水他都记下来，作为报复之用！”

检讨会结束之后，老振跟老邦聊天：“你很细心，眼力也比我强，一眼就看出了剩下几格药水，可是药水如果变了质，你也能看出来？”

“不错，我还懂得点医药。不瞒你说，我还学过两天中医呢。”

“我当过西医，可是就不如你了。哈哈！”

老邦也得意地笑了，可是随后尝出这服药味，直翻眼珠，不笑了。

老振在伪满时就以机灵见称。他原是沈阳的一个医生，“九·一八”事变后官瘾大发，借着一个日本人的关系做上了满洲国的官，什么协和会的部长，国都建设局长，驻日大使，文教部大臣，经济部大臣，外交部大臣，等等；一切培养资历的，有油水的，在日本人手里得宠的，各种差事他都干过。他被公认为心眼多得使不了的人。如果他后来把多余的心眼都用在帮助别人和改造自己思想上，当然就更好了。可是在起初那个阶段里，他并不比别人出色，就以开生活检讨会来说，我记得在另一次和一格药水故事类似的事件上，他又有了不同的态度。这次受到报复的，正好是上次报复别人的老邦。老邦有一次批评了蒙古族的老正，说他借口养猪躲避学习。这老正和我年岁差不多，比起那些六十岁以上的老头，就算年轻人，他的秉性比他的年龄就更像年轻人，他比较容易暴露自己的思想，对别人表示意见也比较直率，有时候容易激动、赌气。他受了老邦批评之后，憋了一肚子火，好几天不理睬老邦。老邦在检讨会上向他明知故问地提出了这个问题：

“我很奇怪，你为什么总不理我？”

老正拙嘴笨舌没答上来，正在舌头打结，和老正私交很好的老振在旁开口了：

“住在一个屋子里哪有那么多的话？我就看不出有什么奇怪，老正本来就不善辞令，不爱说话。”

“对啦！”老正的舌头立刻灵活起来，“我本来就不爱说话。”

老邦吃了这服药，于是又翻了一阵儿眼珠。如果老正是这服中药里的君药，老振正好是一味臣药。

几十名全体伪满战犯中，最令所方头痛的，还数“大下巴”。在别人中间发生了无原则纠纷，管教干部一出面或者看守员说几句，至少暂时可以解决。在“大下巴”那里就不行了。如果谁批评了他，就等于点着了火药桶，他会大肆咆哮，还会坐在地上耍死狗。他引起公愤的事情也实在太多，比如借口痔疮非要在室内大便不可，看戏时非坐前面不可，发现前面只有矮凳，没有椅子舒服又非要换回后边不可。有一回他看见病号张景惠吃软糕，他也装病，一看非病号吃肉包子他又要吃普通灶。此外，什么用肥皂垫桌子腿，学习时打盹儿，等等，要写起来足可比我这本书还厚。有一次，别人批评他吃饭总是把饭粒掉一片，是糟蹋粮食，他反而见怪道：“吃饭哪有不掉饭粒的？”有一次别人批评他学习时打盹儿，他咆哮了一阵儿，说：“你们这是叫自己活，不叫别人活的个人主义！”别人没法，报告了看守员，看守员到了号里，叫醒了他，问他为什么坐着睡觉。他说：

“坐着还能睡觉？”

“你不是闭着眼吗？”

“闭眼是休息啊！”

“这不是休息时间，是学习时间！”

“学习，我正是学习，闭眼可以记得清楚。”

看守员报告了管学习的李科员。李科员把他叫去，对他说：“假如一个人一点儿不知自爱，能改造好吗？”

听了这话，他不说话了。可是一回到号里，又向同组的咆哮。

“我坐牢，真是陪你们的冤枉！我本来是一潭静水，都是叫你们这些外来因素搅乱了！”

在前一个时期里，我们这里的批评和自我批评，大致就是这样的情形。在我真正感觉出检讨会对我的改造所起的积极作用之前，我真像害怕火烧似的怕它。我信奉“小人溺于水，君子溺于口”和“无多言，多言多败”的教训，我不批评人，也怕人批评。检讨会上，轮到非叫我发言不可，我就还是学习会上的那套：“我同意××的意见。”还好，在认罪以前，大家对我还有些客气，老振不大给我“吃药”，老正的直率对我也使用不多，至于浑身是刺的“大下巴”，因为不同屋，我也没挨过他的刺。但是经过了那一场撕破了情面，全所气象起了很大变化。变化之一，是过去曾经对我有过的那种客气，再也不存在了，我竟经常成了检讨会里的众矢之的了。

不擅长口才的老正，有一次对我说出了有一定代表性的感想：

“我现在算是知道了皇帝是个什么玩意儿了。从前，我全家大小崇拜你，我从小发下过誓愿，为复辟我送掉性命都干，谁知你是个又自私又虚伪的废物！我真遗憾，不能把这些告诉我母亲，她简直把你看成活菩萨似的崇拜。真可惜，她早死了！”

民国初年在日本人支持下，率领蒙古土匪实行武装叛乱，图谋恢复清朝的巴布扎布，便是老正的父亲。巴布扎布死后，老正兄弟俩被日本浪人川岛浪速一起收了去，培养训练到长大（一起的还有肃亲王善耆的儿女，金璧辉就是一个）。他说的从前全家崇拜我的话，我相信都是真的，他说看穿了皇帝是什么“玩意儿”，我也不怀疑。在监狱里的这几年，我在生活中露出来的“玩意儿”，已经够他们欣赏的了，何况后来同屋里又添上了对我过去底细摸得透熟的李焘！

每组照例有两个最年轻的当学习组长和生活组长，分别负责召开学习会和生活检讨会，向所方汇报学习和生活情况。我们这组的学习组长这时是普明，他是汪伪的驻外官员，三十多岁。生活组长就是李焘。这个曾被我看做一家人中最卑下的，到了监狱还忠顺地为我打掩护的青年，现在成了对我生活最严厉的“上司”。在苏联时，连打洗脸水都轮不上他，而今天，当我刷牙时把牙粉水滴了一点在地上，便会受到他严厉的责备：

“就因为你的牙粉点，上次卫生竞赛又被别的组扣了分数，你还不吸取教训！你对于集体荣誉太不关心了！”

假如这不是李焘，我也许说一声：“哎哟，我怎么又忘了擦了！”事情就过去了。可是在李焘面前说这句话，就等于自找麻烦。

“什么忘不忘！你这是叫人伺候惯了的毛病，也是只顾自己不顾任何人的自私天性，你从前还不是一向把自己当做国家？为什么别人开了水龙头不会忘了关，别人开了门不忘关门，单单你容易忘？这不是记性问题，全是你叫人伺候惯了，改不掉的皇帝派头。”

所以，我最好是顺从地弯下腰把牙粉点擦掉，比别人过去伺候我还要恭顺。

严肃而认真的（对别人也是一样）李焘，并不只是在生活上对我严厉。有一次，所长到我们号里来看我们，他说起了日本战犯一个家属和战犯会见后来信的事，内容我现在记不得了，只记得这个家属把她看到的她丈夫受到的人道主义待遇，回去告诉了她婆婆，婆婆感动得流了泪。我听了所长最后一句话，不知为什么，也流出了眼泪。所长走后，李焘愤愤地说：

“溥仪，你流的是什么泪呢？”

“政府的人道主义待遇，太叫我感动了。”

“怎么康庆和你说这个故事的时候你不流泪呢？”

我一时回答不上来。他又愤愤地说：

“虚伪！真虚伪！真不知道你多咱才不虚伪！你好像很笨，可是比谁装得都像！”

我承认有虚伪的地方，但是认为这次很冤枉。我说：“我的感情就是这样，我也不知道有时就这样……”

“好像你很富于感情似的。你对苍蝇也表示慈悲，可是对百万个千万个人残忍。”

这样的批评，简直是火烧。记得烧得我最厉害的一次，是从批评我的学习态度引起来的。那次有人在检讨会上对我提意见说：

“别人学习文件，是用心地读，你为什么老是抄呢？连手纸都给抄没有了！”

我说：“我笔记记不好，文件又只有一份。”

“宪法草案报告是一人一份，你为什么还要抄？”又有人问。

“各人有各人的学习方法，我的理解力差，这个方法还适合于我。”

“不见得是学习方法问题，”老振说，“你抄，如果是为了阅读，还有话可说，可是你只抄不看，那是为什么呢？”

“给所方看的！”老正插嘴说。我生怕这句话写进记录里，连忙道：

“你们不要太主观，你们的知识都比我多，用不着抄就懂，我就不像你们，我懂得太少……”

谁知这样的话，又触燃了李焘的火性。

“你现在常说你知识少了，这是进步，可是这话也要看是怎么说。你没劳动过，连韭菜也不知道，这个我相信。要说你什么也不懂，也不见得。我看你从封建书和西太后那里一定学了不少东西。不然的话，从前你统治家里的佣人，怎么有那么多的办法呢？你叫人把孤儿打个半死，又叫我去送牛奶，可见你这种知识倒不少。现在做个人，一定要老实才是！你从前在北京、天津、长春看封建书不用抄就会，你现在学习总是抄，到底是干什么？”

要命的是，李焘的这种批评，常常是作为多数人，甚至是全组人一致的意见而载入记录的。于是在我心里就往往出现了这样的悲哀：我在一个星期之内，十分谨慎地时时记住遵守了监规，认真地写了学习笔记，一点也不马虎地进行了劳动，仔细地不让牙粉点落在地皮上……可是一到了星期六的生活检讨会上，我就觉得整整一星期的成绩，全被那记录毁灭了。

检讨会的记录中，这些记载是常有的：

——虚心接受，坚决不改，这八个字真可以送给你。你这回又把扫帚丢在院子里不管，和上回一模一样，这是虚心接受吗？——我看这还是溥仪的皇帝派头，目中无人、唯我独尊的思想表现！他用东西向来是随手一丢，自来水龙头向来是开了不关。不管出来进去，向来只开门不关门，这是叫别人伺候惯了的派头！——他开门连门环都不愿意拿手碰，不是用脚踢，就是推门板，有一回我看见他还用报纸垫着去抓门环……不用辩啦，我早知道，这是你嫌别人脏，怕门环上有毒，这是在长春生的毛病，到现在还不改。在长春看报纸还要喷酒精消毒哩！溥仪就怕死！——原来如此，怪不得那天把发下来的苹果推到窗户外去呢！那苹果上有个黑点，是不是？——我看溥仪的解释还是虚伪，你说无意中碰下去的，可是你的动作装得太不像啦……

——今天消灭苍蝇，别人都很努力，可是我对溥仪很有意见，你究竟是打苍蝇还是赶苍蝇……那为什么你的苍蝇拍打下的地方，总离苍蝇有一巴掌远呢？——你又是看不清楚，可是你把苍蝇赶出了窗户就住手了，你可是看得见苍蝇飞出去啦！你这不是搞卫生运动，这是破坏卫生运动。——溥仪是唯心主义原封未动，他这“不杀生”的思想还没交代出来……在长春有一次，猫捉了老鼠，他还下命令叫全体出动，一定要从猫嘴里救出老鼠来……

——溥仪今天拔完了草洗手，为什么不和别人在一个盆里洗？你的皇帝派头又来了。——洗澡的时候你抢先下去，别人一下去你已跑出来，这不是唯我独尊思想是什么？

老溥总是不接受教训，吃六个别人已经够了，你非吃八个九个不可，结果又去麻烦火夫。你当过皇帝什么好的没吃过？现在包子就这样了不起？——这也是太自私太贪婪的关系。他侄子从前待他那样好，他连一根烟都不舍得给侄子吸。

溥仪的个人主义不是一般的个人主义……

溥仪……

这样的记载，还可以抄出一大堆来。

一九五五年四月，伪满战犯成立了“学习委员会”。这是仿照日本战犯那边的办法组织的，在所方的指导下，由犯人们自己具体安排和管理自己的日常学习、生活、劳动。凡是生活检讨会的情况，学习中发生的问题，等等；都经学委会先集中起来，向所方反映，同时也提出学委会的看法和意见。学委会有五个委员，除了主任委员以外，其他四个委员分工负责学习、生活、运动、文娱等活动的召集安排。我们这个学委会第一届委员是由所方指定的，主任委员是康庆，生活委员是我的侄子真瑞，学习委员是我们组里的老楚。这个学委会的成立，给了我们很大的鼓舞，对前途命运增加了信心，对改造政策是更加信赖了。在宣布成立学委会的时候，我也是和别人一样兴奋。但是一听了委员们的名单，又给我增加了一份担心：对我那么不留情面的康庆和真瑞，他们将怎样向所里反映我的情况？

在刚成立学委会不久的一天，因为要进行院内的轻微劳动，由生活委员真瑞在院中集合队伍。不记得是由于什么琐碎事，我照例迟到了一步，刚跑进队伍，还没站好，真瑞便对我叫起来：

“溥仪！”

“到！到！”

“又是你迟到！看你服装七扭八歪的，扣子也扣错了！”

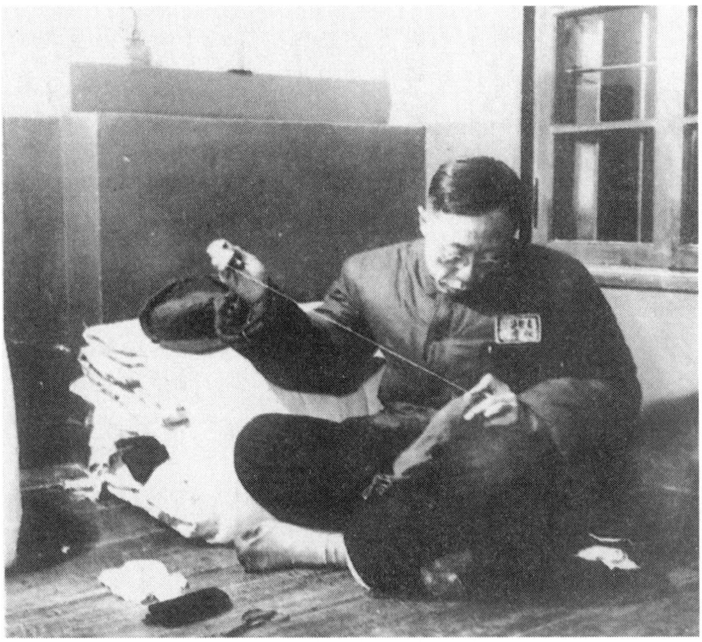

图 58　也会用针线了

我顺从地重新扣好衣扣，一边心里想：就看这件事，可知学委会里向所长反映我的情况就好不了。小组批评我的记录到他们手里，他不但完全同意，说不定还要加上什么旁证材料呢！

根据我对民主的理解，我认为共产党无论什么事是只相信多数的，既然多数人都说我一点进步没有，说我虚伪、自私和皇帝思想原封未动，我还有什么资格改造？政府凭什么还能宽大我？

四、血泪控诉

我这段时期另一个苦恼，也是在认罪之后引起我思想最严重波动的（同犯们的批评以及生活和劳动上的无能也没造成这样大的波动），就是东北人民的血泪控诉。

一九五五年六月，检察机关把根据伪满档案调查统计的材料拿来叫我阅看和签字。最重要的有这些材料：

> 一九三四至一九四〇年七年间伪满警察先后共逮捕东北和平居民二十六万四千余人。
>
> 伪满监狱里对反满抗日爱国志士施以非人道的折磨，造成大批死亡，仅一九三六年监禁的一万九千九百四十六人中，患病者达一万九千九百四十二人，死亡达二千零五人。
>
> 伪满洲国军队在各地讨伐抗日军（不算日本军的讨伐）几个年份的射杀与俘虏数字的统计……
>
> 伪满实行集家并屯政策，使一九四三年热河境内就有十八万户居民被强迫集中于三千个“集团部落”内。
>
> 据伪满三十六个惨案中的统计，逮捕了居民五千零九十八人，判死刑的四百二十一人，无期徒刑的一百二十三人，刑讯致死的一百八十四人，虐待致死的二十九人。
>
> …………

这些庞大的数字都是用无数血泪凝成的。日本军队和宪兵、特务不经过满洲国而直接的屠杀，还不在这个账上。我从陆陆续续送来的控诉书中，看到了由我签署的法令和由我的汉奸臣工们造成的地狱景象。这些经过查实的事实，使我无法相信，伪满洲国皇帝还能在今天的社会上活下去。

巴彦县振冈屯五十六岁的农民李殿贵，在“康德八年”（一九四一年）的春节里，给抗联军队送去了一斗小米，二升黄豆，四十七根麻花，一百二十个鸡蛋和两包烟卷。过了两年，被伪警察机关知道了，把他关押在伪警署里，成天上“大挂”、吊打、过电，并且把打得血淋淋的死难者放在他身边恐吓他，叫他供出抗联的线索，这个顽强不屈的农民没有吐露出任何关于抗联的口供，在监狱受尽折磨，一直坚持到光复得救。

姜树发，是天增屯的秘密抗日救国会的副会长，给抗联送过饭，带过路，他被特务们抓去了，一连过了七堂，上“大挂”、打钉板、过电、灌凉水全经过了，没有供出一点线索，特务拿他没法，判了两年徒刑。他被摧残得全身是病，还要做苦工。在这个所谓的巴木东案里共被抓去五百多人，判死刑的有六十多个。

已经残废了的肖振芳是××屯的农民，帮助他叔叔肖坤一同给抗联送饭、带路，做秘密的抗日工作。一九四三年四月二十一日的半夜里，六个伪警察突然闯进他的家，寻找他叔叔肖坤。查来查去没查到，就把他绑送到警察署，追问肖坤的下落。他说“我不知道”，警察们就一顿毒打。把他打死过去，然后浇凉水，醒过来又打，这样死而复活，活了又打死，折腾到第四次，凉水也浇不活了，就用“卫生车”拉到烂尸岗子，扔在那里。这个顽强的人在烂尸岗又活了过来，被一个拉卫生车的工人救去了，已经是全身没一块好肉……他写这份检举书的时候，还在吐血。他的叔父肖坤到后来也被抓了去，被弄死在哈尔滨的监狱中。那个监狱，我想就是我住过的铁笼子。

人和乡一个烈士的家属阎淑琴控诉说：

> 我丈夫叫侯玉国。康德九年（一九四二年）七月初，红军到了我家，在我家做了饭也没吃，背着走的，当时炒的辣椒，做的小米饭，我丈夫给拉道，引着于天放司令向徐家沟去了……康德十年四月二十那天晚上，天一黑，来了两个警察，将我丈夫绑上，把眼蒙上就往王道沟子去了，也不知送哪个监狱，过了一个多月才知道押在哈尔滨，受的刑我不知道，最后是用绳子勒死的，我去收尸，看见他的舌头奄拉到嘴外边……

一九四三年，金山屯的李英华还不过是个孩子，他曾给过路的抗联军队送过鸡蛋，被特务告发，提到警察署里。特务们先给他点烟，倒茶，请他吃饺子，说：“你是个孩子，不懂事，说了就放你。”李英华吸了烟，喝了茶，也吃了饺子，然后说：“我是庄稼人，真啥也不知道！”特务们便把他头朝下挂起来打，又过电，又火烧，又脱光了身子撞钉板，可是从这个孩子身上什么也没得到，最后判了二十年徒刑。

肇源县八家子六十一岁的黄永洪，是给抗联做通讯联络工作的，一九四一年被伪警察特务提去，刑讯三次未供出，连牙齿都被打落了。他在监狱里经历了一次大屠杀。他控诉说：

> 这年阴历二月二十六，伪警察提出我们被押的三十多人，让拿着洋镐到肇源西门外挖坑，天黑又回到监狱，二十七日又提出我和王亚民、高寿三、刘成发四个人，另一批又提二十人，到了西门外，把那二十人枪毙了，又提来二十二个人，又把他们枪毙了……枪毙以后，警察在他们身上倒汽油，点着了烧，在烧的时候，有一个人未死，被火一烧，就出来逃跑，又被警察用枪打死了……烧完之后，叫我们四个人将他们四十二人用土都埋了。现在肇源西门外还有那个大坑，我还能找到那个地方……

肇源县城二街的农民刘有三控诉说，他的父亲刘金山因为给打进肇源的抗联军队带过路和做过饭，就是被伪警察枪杀后埋在这个大坑里的。

鹤岗市翻身街的一个农民伪满时在鹤岗“新开基满洲土木”做工，一九四四年被以反满抗日名义抓到伪警察署，一起的有十七个人，被毒打之后，送到鹤岗矫正辅导院，强迫到东山煤矿挖煤，每天十二小时，每顿饭只有一个小高粱饭团，没衣服穿，没被子盖，经常受毒打。他说：

> 有一次，我母亲听说我在辅导院押着，就到我做活的地方隔着刺网看我。被辅导警看见，当时把我母亲揪着头发，脚踢拳打了一顿，打得我母亲躺在地下爬不起来。后来又用洋镐打我，打得我浑身是伤，昏迷不醒，七天人事不知。又有一次我们因为吃饭不给菜，同押的宋开通拿我的钱向过路人买些葱，被辅导科的汉奸王科长看见，把我和宋开通叫去，在我身上搜出五元钱，他们就先打我，把嘴和鼻子打得都流出血。他们又把我装在麻袋里，我不蹲下他们就敲我脑袋，装在麻袋里举起来摔，摔了三下我就昏过去了……每天都死人，每隔三四天就抬出七八个死人，我一同被抓的十七个人就死了九个。我得了肺病，到现在不能做活。那时，我母亲也得了疯魔，我三个弟弟那时最大的十一岁，他们每天讨饭过活，幸亏第二年祖国就光复了……

当时在鹤岗矫正辅导院用度科当用度员的尹影，在检举书上写道：

伪满鹤岗矫正辅导院从一九四四年成立至一九四五年八月九号……从成立至光复，囚禁人数达一千一百九十人，被囚禁之人员大部是由佳木斯牡丹江富锦县等地区监狱押送来的。因我是富锦县人，其中有一人陈永福我认识。他们都是工人、农人和商人。他是在娱乐场所和街上行走，而无故被警察逮捕，每天做劳工十二小时，每人每天规定给六两粗粮，更生布衣，吃不饱穿不暖，做工时间又长，坑内通风不良，室内空气非常恶劣……有了病不能干活之后不但不给营养的东西吃，反而将粮食减到四两至三两半，有的人怕减粮就带病上班挖煤。就这样造成大批死亡。在病室里有的死了很长时间才被发现，死后当时并不给抬走，经一二日才抬出去放在停尸场中，用小木牌写上号码拴在手腕上，按“井”字样堆成垛。一九四五年三月二十号，我亲眼看见使用黄毯子卷尸体三十四具，叫患病的人两人抬一个，送到鹤岗东山“万人坑”埋掉，将毯子拿回，再发给别人使用……为防止“浮浪者”（被押人）的逃跑，施行恐怖镇压手段，经常由监房提出被押人扒去衣服吊起毒打，打得人浑身发紫，还强迫劳动。我现在还记得有一次富锦县监狱押送来的所谓浮浪者刘永才，被打在小腹上，提回监房即死……另外，在一九四五年六月末，将十八岁以下的少年提出二十一名送交抚顺少年矫正辅导院，又在八月提出十六个少年送交哈尔滨少年矫正辅导院……

关于伪满抓劳工的控诉，许多控诉者是死难者的家属。沈阳南市区八纬路十九号当杂货店经理的陈鹤亭控诉说：

我岳父赵文魁在一九四三年由原籍……迁住沈阳市沈阳区沙土坑居住，和我同在鸿升铁工厂后院制皮革为生，他在一九四四年三月被伪奉天市公署强征去当劳工。在他被征去以后来信说，他是在兴安岭王义沟修筑高射炮阵地，那里有三千来个劳工，吃的不如牛马。以后他又来信说，他因劳累成病想回家休养未被准许，并说有的病人已上火车还被日寇推了下来。以后不久我岳父便死了。同年八月末，伪奉天市公署劳工科通知我去领骨灰，我去伪奉天市公署路本庙里领取骨灰时，看到那里有三百来个骨灰匣……

被抓去的九死一生，留下的命运也一样，吉林蛟河县靠山屯农民王盛才控诉说：

> 我哥哥王盛有在伪满康德十年旧历一月间，被拉法村公所抓去到东安省当劳工。在那里吃橡子面，还不让吃饱，夜晚睡在潮地上，还挨打受骂，共去了七个月，折磨成病，回来后九个月死去。嫂子改嫁，我父亲终日忧愁，不久死去了。我全家四口，只剩下我一个人，使我家破人亡。

蛟河县旧站屯的段考生是一个幸免者，他被抓去装在火车里运走途中，乘押车警熟睡，脱掉棉衣从车顶小窗里钻出逃掉。可是回到村里，被村公所以不服劳役罪名把他全家八口赶到叫“干饭盆”的一个无人烟的荒野地方。他说：

> 到那以后，没房子住，用树皮树梢搭了茅房住，头一年由附近的满铁煤矿贷了租谷米（秋后归还）度日。我们全家都开垦荒地，但开下的荒地又打不下多少粮食，秋后除还贷粮外，再剩下没有多少了。因此，只得吃野菜，天天挨饿，冬天受冻，夏天雨淋，就这样连饿带冻又不服水土，因此于一九四四年的阴历九月至十二月的四个月间，我家八口人中就死了四口，死了我父亲、三弟、二弟媳和我妻子……

在“抓国兵”的灾难里，辽阳县张岭镇的工人王庆有一段控诉：

> 我在一九四三年四月一日被征入沈阳伪陆军自动车学校教导团第二连当兵。自入伍后，每天早晨四点钟就得起床，用凉水擦身，吃饭时只给一碗。在教练中全得说日本话，不说就打，还用“柔道”打我们……我被打后嘴巴肿得像吹喇叭似的。就是大小便也得用日本话报告，稍一说不好就要挨打，每天还得背诵“诏书”和军人“誓文”，也得用日本话背，不会说就被按倒用木棒子毒打。家里面来人会见也不让见，有的青年实在忍受不了就自杀了，死得非常惨，是用刺刀刺进心口窝死的……

“勤劳奉仕队”也同样充满了血腥和仇恨。蛟河县拉法屯当职员的陈承财有一段触目惊心的控诉，他写道：

> 伪满康德十年的旧历五月一日，伪蛟河县公署把我和我乡国兵检查不合格的其他青年共一百九十八名编成勤劳奉仕队，集中在县城。第三日由日本兵押着，把我们拉到东安省勃河县小王站屯等地。由县里走时都痛哭流涕。沿路受到严密监视，好像我们都是犯了滔天罪行的犯人似的……去后也让我们在野地里挖了一米宽四十米长的沟渠，一栋挨一栋地搭起草席棚子，里边铺些野草，非常潮湿，让我们住在这里。吃的简直不能说了，每天就橡子面饭团，也不给吃饱，饿得几乎要死。在吃饭前还得排成队，双手举饭“默祷”三分钟后才能吃，晚上睡觉前同样默祷三分钟。每天重劳动超过十二小时，不管天气炎热与寒冷，叫我们全脱光衣服进行劳动。冬天把我们冻得起疙瘩，夏天晒成脓疱直流水。就在这样劳累苦难的环境下为伪满洲国修所谓“国境道”，我们都生了病。我乡富太河屯刘继生家一家只父子二人，刘继生就……于同年七月十七日死在工地上了，父亲在家得悉其子死后，也上吊自杀了，这就把一家绝门了。当然，挨打是经常的事了，我们实在忍受不了，但都不敢逃跑，在同年五月四日本县“奉仕”青年中逃跑了五名，不幸被鬼子抓回一名，当场把抓回的青年用绳子拴在马脖子上，人骑着马在地里拖，一直把这个人的肚子磨破，肚肠子流出……

此外，还有农民们在集家并屯政策、殖民开拓政策、粮谷的各种“出荷”政策中，工人们在非人的奴隶劳动中，东北人民在鸦片、捐税等等一切经我轻轻画上一个“可”字的政策法令之下发生的种种悲剧。罪恶统计表上，每个数目所包含的血淋淋的内容，在我脑中造成一片地狱的景象。我从每份控诉书里都仿佛看到，那些死难者的后代和亲友们的愤怒而仇恨的眼睛。我仿佛看见所有的东北人民都用手指着我怒吼着：

“不能饶恕溥仪！要为我们的亲人复仇！”

…………

在我的前半生中，在我还不明白什么叫做历史、什么叫做命运的时候，我曾自认为面临过三次绝境，三次都像奇迹似的绝路逢生。第一次绝境是伪满的崩溃，自以为准死无疑，未料到被苏联红军给救了出来。第二次是那次在检举认罪中最后“防线”崩溃时，又认为前途绝望，未料到又从直率的元帅的那里，看到了生机。第三次，是认罪以后这一年，我从学习、劳动和同犯的批评揭露中，本来已经越来越感到气馁，越来越感到受宽大的希望渺茫，我现在又看到了这样的血泪控诉，我觉得自己是又处在绝境之中了。但是，我又遇到了奇迹。这次意外，更超过了以往任何一次。因为给了我生机的不是别人，正是有着血海深仇的人民。

事情发生在一九五六年的春天……

五、平顶山的方素荣

春节刚过，我们学完了关于第一个五年计划、农业合作化、农业发展纲要和社会主义工商业改造的一系列文件，所长召集了全体战犯，报告国内的建设情况。在最后，他说了这一段话：

“党要改造旧世界，把不合理的社会改造为合理的社会，把自然界改造成为人类幸福的源泉，因此，就要把灾害变为有利，把消极的东西变为积极的东西。对于你们，过去犯罪，有害于社会的犯人，也要改造为有利于社会，适应社会发展需要的人，因此，实施着改造的政策。你们知道，叫你们学习就是改造措施之一。你们已经学习了一部分关于社会主义改造和建设的文件，为了使理论联系实际，为了让你们亲自去了解新社会的实际情况，以有利于改造，政府决定，不久要组织你们到社会上去参观……”

当时，我以为是自己听错了，便向身边的老振打听，这个“最聪明”的人也不知所措地发了怔。原来人们都是一样，会场里起了一阵嗡嗡的交头接耳的声音，接着，嗡嗡声又被雷鸣似的掌声所淹没……

这个旷古奇闻轰动了整个监狱。各个号的小组纷纷开会，表示感激和决心。我深信，至少感激是真实的。这个安全信号是来得多么受欢迎啊！

同时，一种顾虑又出现在我和一些伪大臣们的心里。老百姓们看见了我们，会像政府一样地表示宽大吗？

所长在这次讲话里，说过这么一段话：“改造，就是树立正确的人生观、世界观。这就要认识客观世界和主观世界，认识社会发展的规律，这就要有正确的认识事物的能力，这也就是要向真理和正义低头。真理只有一个……”

我从前也承认过真理只有一个（也就是在紫禁城的时候），我认为唯一真理在我这里。后来，也就是到了伪满时代，受日本人摆布的时候，我又进而相信在人世间没有真理标准，只有利害关系。在利害关系中，各有各的理，至于谁的理站得住，那就看谁的胳膊粗、谁的势力大了。小自吵嘴，大至战争，莫不如此，依此推演，人世间也就没有是非，只有利害和恩仇。由利害冲突发展为恩仇相报，这就是我对国际战争和国内战争不分青红皂白的唯一解释。说是改朝换代也好，说是革命也好，我认为历史不过是这种一仇一报的循环。虽然我已经学了社会发展史，理论上也讲得通历史是在向前进而不是转圈子，但是中外历史上，历朝末代皇帝的命运，时时提醒我，就算别的历史不转圈子，就算今后再没有循环，但有仇报仇、有冤报冤的这个循环，至少对我这个债主，还要重复一次才能算完。

所以，我不相信人民会对我宽大。这也就是说，我相信政府的宽大是真的，但我不相信它能行得顺利。比如说，在我出去参观的时候，人们不会要求把我留下来控诉和公审吗？从最好的情况说，人们不会用唾沫和辱骂，来表示对于宽大的反对吗？

这种顾虑，在犯人中间是带有普遍性的。越是在伪满地位高的，顾虑也越大。至于又有地位，又在抚顺露过面、直接作过孽的，像在抚顺强征民工修过日本神庙的“大下巴”，尤其睡卧不安。我也是伪满汉奸地位最高又是到过抚顺和露过面的。那是伪满成立后第二年，在日本人导演之下在这里扮过“巡幸”一幕戏。我那次参加了抚顺露天矿的一个新矿坑开采典礼，在日本工程师安装好的装置上，按过一下电钮，响起了一个爆炸声。抚顺露天矿必定还有不少人记得这件事。这回参观，偏偏首先就是到这个地方。

怀着这样的疑惧心理，三月五日那天一早，我们出发了。我记得那天大轿车一开出监狱的大门，车上便再没有人高声讲话。人们看到市区新修马路两边的新建筑，感到了新奇，也不过是低声交谈一两句，更多的时间是在沉默里。当过“经济部大臣”的老振和老于低声交谈，又轻轻地叹气；“大下巴”脸上带着惊慌，下巴显得更长了；在伪满时到抚顺巡视过高射炮队的老佑，垂着眼皮，一言不发。我自己一直面朝车窗外面，却一直是视而不见，只想着惨案统计表和那些控诉……

然而我没想到，在露天矿的现场参观之前，接待人员介绍矿史中给我讲的一个惨案，竟比我从控诉书中知道的任何一件惨案都要惨烈。惨案发生的地点就在这个矿的边上，这个矿的矿工就有不少是受害者的亲友，当时的一位幸存者现在是矿上的工作人员——方素荣。

在听矿办公室主任讲述那个方素荣的故事的时候，我从这个比过去所知道的惨案更惨的情节上，想象到这里人民的仇恨，想象到他们可能对我的举动，我的心都缩成一个疙瘩了。

但是我所遇到的现实，却是比任何一次意外的更大的意外……还是让我先

图 59　参观龙凤矿井

把这个故事简单地重复一下吧。

抚顺露大矿大坑的东部，距市中心约四公里，有一座住着一千多户人家的村镇，地名叫平顶山。这里的居民大部分都是穷苦的矿工。日本强盗侵占了抚顺，郊区许多英勇不屈的人组织了抗日义勇军，不断地袭击日本强盗，给占领者以严重的威胁。平顶山和其他郊区一样，也经常有抗日军活动。

一九三三年中秋节的夜里，南满抗日义勇军出击了日寇。袭击抚顺矿的一路抗日义勇军在平顶山和日寇遭遇，在战斗中击毙了日寇杨伯堡采炭所长渡边宽一和十几名日本守备队的队员，烧掉了日寇的仓库。在天亮以前，抗日义勇军又转移到新宾一带去了。

抗日义勇军走后，日本强盗竟然决定用“通匪”的罪名，向手无寸铁的平顶山居民实行报复。第二天，日本守备队六个小队包围了平顶山，一百九十多名凶手和一些汉奸，端着上了刺刀的步枪，挨门挨户把人们赶出来，有的还欺骗他们说，是要给他们照相。全村的男女老幼，一个不留全被赶到村外的山坡上了，有表示一点反抗的立刻被就地打死。等全村三千多人全聚集在山坡上的时候，日寇汽车上蒙着黑布的六挺机枪，就同时向人群张开了嘴。一时间女人孩子的哭喊声、人们中弹后的惨叫声和对日寇的怒骂声混成一片。机枪不断地扫射着，人们随着枪声一排排倒下去。有人在倒下的时候，向天空呼喊着，“要为我们报仇啊！”……

三千多人，大人和孩子，男人和女人，生病的老人和怀孕的妇女，全倒在血泊里了。但是强盗凶手还不甘心，又重新挨个用刺刀扎了一遍，有的用皮鞋把没断气的人的肠子都踢出来，有的用刺刀划开孕妇的肚子，挑出未出生的婴儿举着喊：“这是小小的大刀匪！”

这些貌似强大、手段凶残而内心虚弱胆怯的野兽们，害怕人民的报复，企图掩尸灭迹，用汽油将六七百栋房子全烧光，用大炮轰崩山土，压盖尸体，又用铁丝网封锁了四周，不准外村人通过。以后还向周围各村严厉宣布，谁收留从平顶山逃出的人，谁全家就要替死。那天，白天烟尘笼罩了平顶山，夜里火光又映红了半边天。外边人们只有怀着仇恨远远瞭望。从此，平顶山变成了一座尸骨堆积的荒山，日久天长，死难者的白骨露出在山坡上，任凭风吹雨打。以后，抚顺周围地区流传着一首悲痛的歌谣：

当年平顶山人烟茂，
一场血洗遍地生野草，
捡起一块砖头，
拾起一根人骨，
日寇杀死我们的父母和同胞，
血海深仇永难消！

但是，日本强盗杀不绝英雄的平顶山人，也吓不倒英雄的抚顺工人。杀不死的方素荣，一个五岁的小女孩，从血泊里逃出来，被一个残废的老矿工秘密收留下。她活下来了，今天她是血的历史的见证人。

当日本战犯参观露天矿的托儿所，托儿所人员在解答问题的时候，她抱歉地说：“我们没有让所长同志出来接待你们。我们觉得不找她比较好，因为她是平顶山的受害者。”

参观的人局促不安地面面相觑。不少人都是知道平顶山这件事的。他们低低地商议一下，由一个人代表他们全体向托儿所的接待人员表示，他们希望见一见方素荣所长，亲自向她表示谢罪。

面容严肃而沉静的方素荣所长被请来了。她的举止似乎有些迟缓，她的眼神却令人觉不出青年妇女的温静柔和，而是像男性那样率直，没有任何拘束。她答应了参观者的请求，说一说她的当时的经历。

“……我到现在还记得很清楚，前前后后都是街坊，爷爷领着我，我妈抱着我的兄弟——他还不会说话。鬼子兵和汉奸吆喝着说去照相。我问爷爷照相是什么，爷爷把一个刚用新高粱秆做好的风车给我，说，别问了别问了……”

五岁的方素荣就是这样随了全村的人，和做高粱秆风车的爷爷，守寡的妈妈和不会说话的兄弟，到刑场去的。机枪响了的时候，爷爷把她压在身子底下，她还没哭几声便昏了过去。等她醒过来，四周都是血腥，尘烟迷漫在上空，遮掩了天空的星斗……

八处枪弹和刺刀的创伤使她疼痛难忍，但是更难忍的是恐怖。爷爷已经不说话了，妈妈和兄弟也不见了……她从尸体堆里爬出来，爬向自己的村子，那里只有余烬和烟尘。她连跑带爬，爬出一道铁丝网，在高粱茬地边用手蒙住脸趴在地上发抖。一个老爷爷把她抱起来，裹在破袄里，她又昏睡过去。

老爷爷是一个老矿工，在抚顺经历了“来到千金寨，就把铺盖卖，新的换旧的，旧的换麻袋”的生活，在矿里被鬼子压榨一生，弄成残疾，又被一脚踢出去，晚年只得卖卖烟卷混混饭吃。他把方素荣悄悄带到单身工人住的大房子，放在一个破麻袋里。这个大房子里二百多人睡在一起，老爷爷占着地头一个角落，麻袋就放在这里，白天扎着口，像所有的流浪汉的破烂包似的，没人察觉，到晚上人们都睡下的时候，偷偷打开麻袋口，喂小姑娘吃喝。但这终不是长久之计，老爷爷从小女孩嘴里问出她舅舅的地址，装出搬家模样，挑起麻袋和烟卷箱子，混过鬼子的封锁口，把她送到不远一个屯子上的舅舅家里。舅舅也不敢把她放在家里，只好藏在野外的草堆里，每天夜里给她送吃的喝的，给她调理伤口。这样熬到快要下雪的时候，才又把她送到更远的一屯子的亲戚家里，改名换姓地活下来。

从心灵到肌肤，无处不是创伤的方素荣，怀着异常的仇恨盼到了日本鬼子投降，但是抚顺的日本守备队换上了国民党的保安团，日本豢养的汉奸换上了五子登科的劫收大员，大大小小的骑在人民头上的贪官污吏。流浪还是流浪，创伤还是创伤，仇恨还是仇恨。旧的血债未清，新的冤仇又写在抚顺人民的心上。为报复人民的打击，蒋介石军队又在这个地区实行日本强盗用过的“三光”政策。烧杀、奸淫、掠夺又降临在方素荣的家乡。

但是，方素荣仍顽强地活着，等待着，终于她胜利了，她的家乡解放了。党和人民政府寻到了她，她得到了温暖、关怀和培养，她得到了政治生命，她懂得了怎样对待未来，她成了抚顺市的劳动模范……

今天，站在这群对中国人民犯下滔天罪行的战犯们的面前，这个当年身受八处创伤藏在麻袋里的小女孩，她的心中是燃烧着仇恨吗？

是的！永远在心里燃烧着的是三千多名乡亲的血，那里面也有守寡的母亲的血，不会说话的小兄弟的血，用新高粱秆给她做风车的爷爷的血，还有她自己的血。

“凭了我心头的冤仇，今天见了日本人和汉奸，我一口咬死他也不会解恨！”她严峻地向站在面前的猥琐的、渺小的（大多数已是泪流满面的）战犯们扫了一眼，目光又恢复了先前的深邃，又以高昂和无比庄严的声调说了下去：

“但是，我是一个共产党员，党教育了我，我知道更重要的不是个人的恩仇，更重要的是我们的事业，这是最后要解放人类的事业。”

“我现在很幸福，我有两个孩子，但这也不是主要的，主要的是所有的孩子们，是他们……”

她向身后比画了一下。在这短短的一瞬间的肃静里，人们似乎听见了那一间间洁净安谧的屋子里，传来孩子们午睡的呼吸声，还有保育员们白色软鞋在油漆地板上的轻轻摩擦声。空气似乎凝结了起来。

“他们的爹妈都不愁吃穿了，爸爸和哥哥下井下坑的时候，妈妈也不守在外边担心他们了。他们的前途都是幸福的，再不会遇上我当孩子时候的事情。现在也不会有人给他们讲那些可怕的事。当然，等他们长大，我一定会告诉他们，方阿姨小时候遇到了什么，我也不能骗他们，叫他们一辈子不知道敌人是什么，也不知道怎么才保得住幸福。我们不喜欢打仗，可是如果敌人又来打我们，我们不能客气，我方素荣还可以再倒在血水里一次，从此爬不起来也不要紧。你们各位知道，过去的，我不会忘，我们一村人，我的爷爷，我妈和我的小兄弟……我是记住了的。可是为了将来，为了孩子们，你们既然放下了武器认了罪，我可以不提起那些……”

六、台山堡一家农民

我日夜盼望着宽恕，日夜不相信真的宽恕。如今真正的、无可置疑的宽恕已经降临了，它的响声猛如石破天惊，它的光芒好似万道闪电，我倒又被弄得失魂丧魄、神志昏迷、惑然不解起来。方素荣为什么要对杀害了她全村人、杀害了她的爷爷、妈妈和弟弟的日本战犯们宽恕？为什么共产党员可以不记私仇？为什么这个身受八处创伤的女人能这样容忍，却又可以为了孩子们再倒在血水里？这一切都是我所不能理解的。不，我已经学了不少理论了，历史法则、改造人类和改造社会、社会的发展、阶级斗争，等等；我也都知道一些了，对方素荣的话，我从理论上是可以加以解释的，但是从感性上和本能上，我还是理解不了的。我在迷惑不解之中，只能凭着没把握的经验，在心里这样解释：她是个共产党员，是个干部，她总归和老百姓不同，有更多的理智，至于老百姓——工人和农民以及抚顺的一般市民们，大概就做不到了。

走出接待参观者的小楼，在走向下坑电车的路上，看见远远的山头那边有青烟缭绕，接待人员说："这是煤在自燃，现在剩下的起火地方不多了。刚解放时有几百处在燃烧，上百万吨的煤炭变成焦土，这是日本帝国主义和国民党留下的罪恶……"他回溯日本人在这里的四十年的掠夺，日本人使用杀鸡取卵的方法开采，用对待奴隶的办法来使用中国工人……在边走边听他讲解的时候，后面来了一小群穿着工作服的工人，他们走得很快，我们这群参观者不由地都回过头去张望，"大下巴"像耗子似的蹿进行列的中心，他的脸都变成灰色的了，我也赶紧回身低下头来，又忍不住偷眼望望急忙走上来的工人们，只见他们漠然地扫了我们一眼，至多不过有个别人带点新奇的样子，匆匆从我们身边赶过去了……坐上了下坑的电气列车，我又注意地观察车尾的女司机，只见她专心地操纵她的列车，甚至连看我们一眼都不看……当我们走到工人住宅区，接待人员领我们走进一家住宅的时候，一个老太太（看来，这家只有她一人在家）笑嘻嘻地迎出来，又慌忙让我们进里面屋子。我们最前面的几个人局促不安地站在门口向里面张望着，嘟囔说："地板真干净，别回来踩脏了……"我们都站在过道里向屋内张望了一下，就转身走出，老太太十分失望地说："咋不进来坐坐啊？"我心里却在想，你是不知道你让的是什么人啊！如果你知道了，还肯让吗？

这个愚蠢的想法，第二天参观台山堡农业生产合作社的时候，就被粉碎了。

台山堡是距离抚顺市中心七公里的一个村庄，大约有二百多户人家。这个村庄，在伪满时期遭遇到的即使不是最好的，我相信也不是最坏的。这是一个普通的农村，就是在这个普通农村里的一个普通农民家庭里，我的"恩仇循环"观被完全打破，我的一套旧的看法从根本上发生了动摇。

在农业社办公室，社主任做了一般概况的介绍之后，领我们参观了他们的鸡场、羊场、蔬菜窖和牲口棚，看了新式农具，然后任我们分头访问了几个家庭。我和其他几个伙伴访问的一家姓刘，这家一共五口人：老夫妻都在劳动；大儿子在蔬菜暖窖管账，每月有四十元的收入；女儿在水电站工作；二儿子还在读中学（另有两个女儿已经出嫁了）。我们走进一座干净的小院落里，只有刘大娘在家，她从洋灰瓦顶的屋里迎出来。原来她正做着饭，她忙着解下围裙，一边把我们让进房间里，按照东北的规矩，让我们走进里间炕上去坐。我怯生生地坐在炕沿上，靠着躺柜的边上。这个躺柜上摆的是罩在玻璃框里的座钟、擦得晶亮的茶具、对称排列的瓷花瓶和茶叶缸。陪我们来的一位社干部告诉刘大娘说："这几位是来参观的，看看咱们社员的生活，你给说说吧！""咱哪会说话？等老大回来说吧！""不用会说话，你就说说从前过的什么日子，现在过的什么日子就行了。""这个咱可记得，到死也忘不了！"

刘大娘不擅长辞令，但是从她断续的、零散的回忆中，我还是听出了这个早先种着七亩地的七口之家，在伪满过的原是像乞丐一样的生活。"种的是稻子，吃的却是橡子面，家里查出一粒大米就是'经济犯'，稻子全出了荷。听说街上有个人，犯病吐出的东西里有大米，叫警察抓去了……一家人穿得邋里邋遢。可还有不如咱家的，大姑娘披麻袋……有一年过年，孩子肚子里没食，冻得别提了，老头子说，咱偷着吃一回大米饭吧，得，半夜警察进屯子啦，一家人吓得像啥似的。原来是抓差，叫去砍树、挖圩子，说是防胡子，什么胡子，还不是怕咱们抗日联军！老头子抓去了。这屯子出劳工就没几个能活着回来的……"

说到这里，她的儿子回来了，他的个子很小，我仔细一看，才知道他的腿很短，原是个先天残疾的人。他回答了我们不少问题，谈到过去，这个青年在旧社会里，先天的残疾使他就像一只狗似的活着，如今他却做了暖窖的管理员，像别人一样尊严地生活着，工作着。我从这不到三十岁的人的眼睛里，看到了更加露骨的对过去生活的仇恨和愤怒，这是让我立刻联想到那些控诉书的仇恨和愤怒的眼色。但是，当话题一转到今天的生活，他和母亲一样，又充满幸福和骄傲的声调。老大娘零零碎碎地讲了一阵家人的职业、学习、收入（虽然她等着儿子回来替她说，可是儿子回来她又抢着先说了），讲着讲着忽然像想起了什么，匆忙地走了出去，转眼工夫又走了进来，手里端着一个瓦盆。她的声音已是情不自禁地快乐了：

"你们各位瞧，瞧……"

原来她的瓦盆里，是刚淘过的正等下锅的雪白的大米。

残疾的儿子用嘲笑的口吻向母亲说："妈！大米谁没见过？"

"见过是见过，可是康德年间你见过几回啊？各位看咱这柜子上的这些座钟、茶壶、茶碗……"

同犯们都面面相觑，我更深深地垂下了头。我心里在想：要不要告诉他们我是谁呢？要不要说出来，要他们种稻子而又不叫他们吃大米的康德就在他们面前呢？我说出来他们会不会啐我呢？那个残疾的人会不会骂我，向政府要求留下我控诉呢？从他眼里可以看出来他是憋了一肚子冤苦的。然而，我又怎么能够隐瞒呢？难道我能再欺骗亲人们吗……我终于不能再沉默，十分吃力地站立了起来，垂头说道：

“我就是汉奸溥仪……我向您老人家请罪……”

“老大娘，搞那勤劳奉仕抓劳工的罪恶就是我干的，我就是那汉奸勤劳部大臣……”这是我身边老甫的声音。

老富也站起来低头说：“我就是汉奸兴农部大臣，那稻子……”

“我是抓国兵的罪犯，第一军管区司令……”

显然，老大娘和她的儿子都怔住了。我的心脏凝固着，我不知道它凝固了多久，但记得它是被老大娘一声沉重的叹息融化开了的。她和她儿子的那几句话，我永生永世也不会忘记。

“过去的就叫它过去了吧，只要你们学好，听毛主席的话……”

“我知道你们是正改造的犯人，”那身体残疾的但灵魂是完全健康的人说，“是毛主席说的，你们可以改造好，我是相信他老人家的话的……”

七、第三次崩溃

如果一九五四年的认罪算做前半生中第二次遇到的崩溃，那么，一九五五年我又陷入第三次崩溃的境界中。这是进入激变状态的旧思想体系——以奉天承运的自我认识为核心的世界观的崩溃。这是终究不可避免的，对我来说也是痛苦的历程。但是如果没有这种痛苦，也不会有新生的萌芽。

我是个什么人？——这样的问题，在我变成囚犯之前是不会产生的。我在北京、天津受到的教育，我整个前半生四十多年的生活方式，使我毫不怀疑我是个奉天承运的天生圣人，我是文殊师利菩萨降世，我是一切的统治者和所有者，我就是国家、天意、真理的化身。因此，我的存在是对人们最有意义、最重要的。到了伪满时代，虽然日本人的限制和摆布也叫我气恼，但另一方面，毕竟日本人也承认我是皇帝。在伪满临崩溃的前夕，当我担心日本人把我踢开以至害怕杀我灭口的时候，末日的心情也曾使我对自己的迷信有过怀疑。我这“奉天承运”的文殊师利菩萨的肉身是不是逆天悖运，会不会昏天倒运呢？我这“圣天子”何以不见“百灵相助”呢？由于关东军的司令官毕竟还称我为陛下，加上我还有佛经、乩坛这类东西，还能维持住了自我迷信。在我最害怕、最紧要的关头上，素不相识、毫不了解的苏联红军自天而降，把我从吉冈安直手里救了出来，我还看做果然是冥冥之中有百灵护助。后来，我对共产党人略有了一点了解，了解了它是无神论者，我不由得感到有些奇怪：神灵为什么安排了无神论者来搭救我？但是，我一想到冥冥中不可知的无限大的神灵威力，我也就不多去想了。何况我的派头还能维持着，犯人们对我还毕恭毕敬，过年我还能吃第一碗饺子。尊严的维持，也就是自我迷信的维持。

回国之后，特别是恐惧心越强、求生欲望越大，对宽恕的感激心也越容易产生的时候，我这才发现了一个缠搅不清的问题：我这代表天命天意和真理的菩萨圣人向谁求助才有效呢？不是神佛而是宽大政策。我感激谁不杀之德呢？是无神论者。一切神佛百灵全是无足轻重的了，我又算个什么呢？

当我的架子完全被打了下来，给我洗衣服的岳父也死了，侄子们也不高兴接受我的求援了，李焘也不情愿给我修眼镜了，我的“八大市”的评语也有了，我这时重新回忆在伪满的末日生活，我不能不承认那是真正倒运的生活。文殊师利菩萨的化身竟受关东军的摆布，仰其鼻息，观其颜色，这真是最大的讽刺！

那么，我究竟是个什么呢？

生活的现实开始在回答我的问题。正如不擅长辞令的老正告诉了我的：“简直是个废物！”

劳动的体验给我证实了书本上写着的冷酷的真理：不劳而获的寄生者是愚蠢的！我明白了为什么我是犯人中间最无知无能的道理。我原以为生来比谁都高一等，生活却证明我比谁都低一等，直到我学会了洗衣干活，才取得了起码的平等。“普天之下，莫非王土”，我却连土上长的花与草都分不清楚。这句话也像“奉天承运”一样变成越来越大的讽刺。

生活的现实又进一步不留情面地剖解着我，正如李焘写在检举材料中像照进我灵魂的火把似的那句话：“这个人是既残暴又怕死，特别好疑心，而且奸诈好用权术，十分伪善的这么一个人。”

我原有的一切“知”与“能”，都现出可耻的色彩，发着触心的恶味。曾经听人恭维过的什么“仁慈”、“慷慨”、“谦逊”等一切“美德”，一切曾使我自我欣赏，作为自欺欺人工具的东西，都在生活中、在揭发和控诉中现出原形。当我还认为自己的存在就等于国家和天意存在的时候，当我认为人人为我乃是天经地义、我不为我则天地不容的时候，我不择手段地来保存自己，我把这看做是无可非议的；即使这叫残忍、欺骗、自私、虚伪，也是天经地义的。但是一旦我从生活的镜子里看清了自己的真容，我开始有了起码的良知，有了起码的是非区别的时候，那一切超越的理由也都失去了根据。随着自己头上的“圣光”的消失，剩下来的也就是丑恶。

承认这个事实，是痛苦的。因为这是心灵上的崩溃……

我必须重新思索，思索我的过去和未来，思索我周围的世界，思索许许多多的我还不理解的问题……

第十章

一切都在变（1956）

一、最初的答案

三天参观结束归来时的情绪，和第一天出发时正是一个强烈的对比。兴奋的、无休止的谈论代替了抑郁、狐疑的沉默。一进了监房就开始了谈论，吃饭时谈，开小组会时谈，开完会还是谈，第二天也是谈，谈的全是参观。从各号里的议论里可以不断听到的是这句话：

"变了！社会全变了，中国人全变了！"

这真是一句最有概括性的话。"变了！"这本是几年来我们从报上，从所方的讲话，以及从一九五五年下半年开始的对外通信中常常接触到的事实，但是那毕竟是间接的，不是自己亲眼所见的直接的东西。何况许多饱经世故者的心理是越是间接知道得多，越是想直接地核对一下。甚至有这样的一位，他女儿写信告诉他说，国家已经按她的最大志愿分配她到艺术学院去学习了，他仍然要说："说得千真万确，还是不如叫我亲自看一看她才是真确。"这是和溥杰同组的老宾。他在参观后又怎么想的我不知道，但是我知道另一位饱经世故的人——他即使亲眼看见也不一定全信的——这次却真是心服口服。这是我们组里的老振。

这天晚上，我们谈到工人保健食堂的蛋糕（我们还亲自尝过），谈到工人的伙食（我们看见了菜单，也看见了营养丰富的菜），有人说："工人宿舍的瓦斯灶真是先进，可惜只看见烧水，没看见做的是什么饭。"这时候老振接口道："我倒看了一下。"大家很惊异，他是和别人一起走的，怎么他会看见？他解释说：

"我在一个工人宿舍的后门看了一下……"

老邦像是抓到了报复的机会，连忙高兴地插嘴说："我看见你总是东张西望，还打开人家垃圾箱，那是干什么？"

"不必这么大惊小怪。"老振冲他一笑，"我知道你要问我，我也正预备告诉你，我在垃圾箱里看见了鸡蛋壳和鱼骨头呢。”

别人没有注意老邦又翻眼珠的那副模样，因为老振说的话引起了大家无限感慨。同组的老甫，他曾由张作霖时代一个小职员做到东北军后勤部门管粮秣的中级军官，在伪满又爬到兴农部大臣的位置，他平常话很少，一说话老是“我可是小职员出身”。今天他也显得比平常活跃了：

“这在伪满的工人家里是找不出来的，不用说伪满，就是‘九·一八’以前也不多见。我可是小职员出身的……”

被日本人从小培养大的老正，坦率地说出了心里话：“我以前看报纸，学文件，有时信，有时就怀疑，我总想，什么东北工业基地，还不是日本人给留下的？这回看见了工业学校附属的工厂，把日本老皮带式车床挤到一边，到处都是国产的崭新设备，这才相信真是中国人翻了身。这真是变了！”

变了——这句话也引起我的共鸣，但我却另有自己的感受。我没有老甫的小职员的经历，也没有老正的关于日本设备的知识，更没有老振的那些心眼。我在三天参观中想到的不是去核对一下报纸和文件，我只关心着这个问题：为什么连台山堡的农民也肯宽恕我？参观得越多，我感到过去种下的仇恨也越多。人们的生活变化越清楚，今昔对比越强烈，按理说人们对过去我作的孽也看得越明显了，为什么还要宽恕我？

方素荣和台山堡的过去和今天，也是东北人民的过去和今天。标志着这种由悲苦到欢乐的变化过程，在抚顺到处都可以遇到。平顶山上的烈士碑和新生的丛林，露天矿四周的残留火区的尘烟和新建的电气火车的轨道，地下矿一百五十多公里巷道中的每根旧顶木和每段新砌的混凝土顶壁，露天矿旧址上臭油房的残迹和人民政府新建的工人宿舍大楼，以及市区里用日本高级旅馆改造的工人养老院，用日本高级员司宿舍改造的托儿所，还有各矿场新建的保健食堂、太阳灯室，等等。总之，每条街道、每座建筑、每台机器、每串数目字以至每块石头，都向我诉说着过去的血泪和今天的幸福，都告诉我这里经历了怎样的天翻地覆的变化。一切都让我思索着，刘大娘为什么要说“过去的让它过去”？那个残疾青年为什么会说他相信我能改造……

这些变化让我思索着，这些变化也给了我最初的答案。

变了！——这句话里包含着抚顺矿工过去多少血泪！

抚顺，这个过去闻名于关内的千金寨（现在露天矿矿址），在大半个世纪之前，关内就有一首歌谣形容它的富饶：“都说关外好，千里没荒草，头上另有天，金银挖不了。”但是从一九〇一年开采以来，挖出来的“金银”就不是矿工的，对矿工来说，是另一个歌谣里的生活：“一到千金寨，就把铺盖卖，新的换旧的,旧的换麻袋。”一九〇五年帝俄在辽东失败，这地方就成了日本人的囊中物。在整整四十年岁月中，抚顺矿工被折磨死的据估计有二十五万至三十万人。

从山东、河北被骗来的和东北当地破产的农民，每年成批地来到抚顺矿区，大多数是住在一二百人一间的“大房子”里，无论春夏秋冬只有一身破烂，每天十二小时以上的劳动，得到的有限的工资还得由大柜、把头剥几层。矿工说：“鬼子吃咱肉，把头啃骨头，腿子横着走，工人难抬头。”

有家室的工人住在“臭油房”里，过着少吃无穿的生活。有的孩子生下来，光着身子长到几岁，饿死了，还是光着身子埋掉。

更多的人是结不起婚，龙凤矿解放前单身汉占百分之七十。

矿井里谈不上安全设备。爆炸、冒顶、片帮是常事。工人说，“要想吃煤饭，就得拿命换。”一九一七年的一天，大山坑发生瓦斯爆炸，日本人为了减少煤炭损失，把坑口封闭，九百一十七个矿工于是被活活烧死在里面。一九二三年老万坑内发火，又因同样的措施有六十九个工人死在里面。一九二〇年大山坑透水，淹死工人四百八十二人。一九三九年……

伪满的统计是，一九一六年至一九四四年，伤亡二十五万一千九百九十九人次……

每次事故发生，矿工家属从四面八方拥向井口，哭声震野……

矿工死亡，每天每时在发生，炸死的、烧死的、冻死的、饿死的、病死的，除了在井里埋在煤堆和泥沙里的，全被扔到一个叫南花园的地方的北面山沟里。这个山沟早被死人填满了，它因此有了一个“万人坑”的名称。

日本人给工人的除了皮鞭、臭油房之外，还弄了一个叫“欢乐园”的地方，那里有上千名妓女，有赌场，有鸦片馆和吗啡馆，还有老君庙。

抚顺不仅有日本人华丽的住宅，有高耸入云的卷扬塔，还有老君庙旁成堆的乞丐，杨柏河旁和臭水沟里的死猫和死婴。冬天，天天有新尸体出现在杨柏桥下——这里，是被剥夺得无路可走的失业工人过宿的地方，它的外号叫“大官旅馆”。今夜在这里睡下的人，明早也许就是一具新的“路倒”。

伪满时期，抚顺增添了一个机构——矫正辅导院。这是“反满抗日”的矿工的集中营，进去的人在毒打之后，就在刺刀、机枪、警犬包围下进行奴隶劳动。像牲畜一样住在一个圈里，冬天常有人冻死在炕上……

但是，“变了！”这句话又包含着多少翻天覆地的事件！多少令人激动的欢乐！

在露天坑，我看见了日本人在三十一年间给工人建筑的三千五百平方米的臭油房的遗迹，我也看见了解放后七年间新建的十七万平方米的宿舍大楼。

在龙凤矿，我看见了工人宿舍里面的工人家庭的住室。这家也许就是从前那百分之七十里的一个。墙上的双人照片上，那个中年男人拘谨地微笑着，大概他便是解放后已婚百分之八十中的一个吧。

在这个家庭的厨房里，我看见了瓦斯灶的蓝色的火苗……

这个给人以安定、温暖感觉的火苗，它原是多么令人恐怖，它曾毁灭了多少家庭，叫多少妻子哭断肝肠啊！它今天给了人们温暖和幸福，但人们谈起那次征服瓦斯的斗争所引起的心中的温暖和幸福，更是无比巨大的！

我们走在空气新鲜的，略觉微风迎面的龙凤矿的巷道里，在有一望无际的日光灯照明之下，矿办公室王主任一边走着一边给我们讲了这个动人心弦的故事。

瓦斯，这一直是各国采煤史中的最凶恶的敌人，已不知有多少矿工的生命被它夺去。龙凤、胜利、老虎台三矿都是超级瓦斯矿。解放初期，三个矿井仍处在瓦斯的严重的威胁之中，尤其是龙凤矿，被日本鬼子和国民党先后破坏，井下巷道大都崩坍堵塞，空气不通，窝满了浓烈的瓦斯，以致采煤都不敢用爆破和电动设备。矿区当局为迅速消除瓦斯威胁，保证生产安全，采取了各种措施，依靠有经验的老工人对瓦斯进行了不懈的斗争，取得了初步的胜利，曾使采煤每吨的瓦斯喷出量由六十四点八立方米降到三十六立方米。后来，在矿区当局不断努力和工人们斗争信心不断加强的情况下，又出现了从根本上征服瓦斯的奇迹。

一九四九年秋天，正是东北工业掀起一个热火朝天的新纪录运动的时候，原龙凤矿的工程师，当时的抚顺矿局工程师费广泰，向党委提出一项在旧时代根本没有人理睬，而工人们多少年来梦想过的理想，这个具有科学根据的理想是：开辟井下瓦斯巷道，根据瓦斯比空气轻能透过煤层上升的原理，使煤层中的大量瓦斯自动聚在巷道里，然后用铁管引到地面上来，这样既可以利用瓦斯于福利之用，也根本解决了瓦斯为害的问题。

这建议立刻得到矿区党委的重视，党相信这个建议，并且给费工程师以最大的鼓励和支持。这个理想也引起了工人们，特别是老工人们和工人家属的热烈支持，有经验的老工人纷纷表示要为实现这理想贡献自己全部力量。于是，在党委组织下，费工程师和一批勇敢的工人们进行了伟大的试验。工人党员们走在战斗的最前面，在浓厚的瓦斯巷道里夜以继日地按设计奋战着。当然，就和所有的美好的理想刚一提出时所遇到的一样，他们遇到了不少的困难以致失败，受到过浓烈瓦斯的包围，也受到过胆怯和保守的议论冷风的吹袭，但一个个困难都克服了，终于在一九五〇年七月一日前夕完成了试验工程。“七·一”进行试验那天，在瓦斯出口管周围附近，自动集聚了矿区越来越多的工人家属和歇班工人，也来了无数的机关干部和上学的孩子们，人们都要亲眼看看自己的梦想如何变成现实。当一根火柴在管口燃起了猛烈的蓝色的火苗时，欢呼声响遍了矿区，震动了矿山。人们向工程师和勇敢的工人祝贺，所有的眼睛看看蓝色的火焰，又看看卷扬塔上光芒四射的红星，老工人和老大娘已是泪流满面，年轻的工人高呼着“我们又胜利了！”

这个故事立刻让我想起，昨天我在抚顺工人养老院看见的那位残疾的老人，这是一次瓦斯爆炸中的幸免者，他逃脱了爆炸，但是仍然未逃脱因残被赶出矿山的厄运。他过着乞讨生活，一直到解放，他几次几乎变成杨柏桥下的路尸。老人辛苦一生，没有结过婚，世上没有一个亲人。在他的床头上方，这个照例是放置最亲的人的照片的地方，老人也有一个用精致的镜框镶起的照片，这也是他的房间里唯一的一张照片：毛主席。

这个故事也立刻让我想起，上午在一个幼儿院里，系着雪白小围巾的孩子挥动白胖小手唱的歌曲：“没有共产党，就没有新中国……”

从这些联想中，使我从老人和孩子那里得到了一个统一的回答。我明白了为什么刘大娘要说过去的让它过去，我明白了为什么她的儿子会相信我们可以改造……

我们随着王主任在巷道里继续前进着。在一个拐角的地方出现了一个灯光耀眼的小卖部——里面有水果点心，毛巾手绢，木梳香皂——王主任在这里停下了，指着小卖部说：

“在伪满时，从这里起是一条长长的臭水沟。沟里沟外到处有老鼠跑，可是谁也不敢碰它，因为那时工人们很多还很迷信，说它是老君爷的马。工人们都是混过今天不知混不混得过明天，因此，有的人为了求平安，还敬老君爷呢。那时我们是又受鬼子气，又受二把头气，还要受老鼠的气。现在当然谁家也没老君爷了，把老君爷扔了，家家挂上毛主席的像了。”

他指着混凝土的干净平整的地面继续说：“那时到处是水，浅处也有一尺左右。工人一下井，就放鸭子。”

“什么放鸭子？”有人悄悄地问别人，叫王主任听见了。

“就是在水里走呗。”

“工人们一定都是光脚的？”

王主任笑起来：“不但光脚，浑身都不穿一点衣服，精光光的。坑下又闷又热，再说只有一身破烂，烂掉了也没人给你添，更不用说工作服了！”

我们继续前进着，走到电车道旁，载运着发光的煤块的列车开过来了，穿着深蓝色工作服的司机和王主任笑着打个招呼，驶过去了。王主任继续说：

“那时候有电车走的道，就没人走的道。电车在这个地方就常撞死人。不过比起爆炸死人，那又不算什么了。矿工过去有句话：说自己是‘四块石头夹一块肉’。在井下干了十几个钟头回到井上来，就算这一天又混过来了。在井口外面，天天下工时候有一群女人孩子等着，要是等不到自己的人，那就是完了。连尸首都不一定落着，不是压在石头底下，就是叫水沙埋了……在这里，”他停下了，指着上下左右一团混凝土说：“我亲眼看见在这里压死了四个人。我十四岁就下井，自己也说不清差点儿死掉多少次了。”

我这才知道这位精通业务的年轻的主任原是矿工出身。他是个爽朗活泼的人，他最后那句话是笑着说的，我绝没料到站在我们面前的这个年轻爱笑的人过去的经历是那样悲惨，使人难以想象他是怎么熬过来的。为了生活，当年的这个十四岁的少年每天要干十几个钟头，有了病也不敢不去，因为怕被看做传染病隔离起来。工人们住的大房子冬天当然没有火，大多数人没铺没盖，有条麻袋算好的，吃的也不够，每天每人只有八个蜂窝似的窝头，因此，传染病是极容易发生的。一九四二年，这里发生的一场流行病，工人们提起来，到今天还是余悸未定。但可怕的倒不是疫病，而是日本人的毒手。日本人把发生疫情的工人住宅区用层层铁丝网封锁起来，不准外出求医，然后又逐家检查。如果谁家有病不报告，日本鬼子就把整所房子大门钉起来封锁。如果有病报告了，又不管什么病一律填个霍乱，送进隔离所。人一进了隔离所就别想出来，外面还有电网围着，洋狗看守着。每人每顿一碗粥，有的半死不活的，就送到炼人炉里烧死了，或者和死人一起扔到万人坑里。

“刚才你们看见的煤车上的那个工人，他叫邢福山，他的父亲就是被活埋的一个。”

王主任脸上的笑容消失了。我们慢慢走着，巷道里有轻风迎面拂来，这是清新的温暖的气流，但我的心又觉得被冻结住了。一阵短暂的沉默过去，王主任又恢复了轻快爽朗的调子说：

“从前这里的空气是混浊的，不干活也可以把人闷出病来。有一回，我刚从井里上来，闷得要死，有了病了，二把头非叫我再下去不行，我不去，他就举起皮鞭打我。我在大房子里最小，大伙全疼我，便过来要和二把头拼命，那小子一看就吓跑了。日本鬼子和二把头最怕的是‘特殊工人’——这是鬼子给被俘的八路军战俘的名称，鬼子把他们押到矿上做工，这些战士对鬼子不买账，谁凶他们在井底下就揍谁，揍死了就埋在里面，还暴动了好多次。鬼子只好特别让步，给他们吃好一点儿，对他们也客气一点儿。鬼子和二把头怕普通工人受到‘特殊工人’的影响，总设法隔离开，可是我们也知道了他们的斗争，也就摸透了鬼子和二把头的底，所以，二把头只好扔下鞭子跑了，倒真像臭沟里的老鼠一样。从那天起，我就看透这些人日子长不了……”

这个当初生活在爆炸、冒顶和二把头皮鞭下的少年，他怎么熬下来的，我明白了，而且我的问题又一次得到了回答。在他身上这是多么强烈的自信！当初他在那样艰难的朝不保夕的生活中，就已经看透了鬼子和二把头的底细，而我在那时是什么样子呢？是已吃腻了荤腥，丢尽了尊严，天天打针吃药，内心充满了末日的情绪。这和当初的这个少年的心情是多么强烈的对照啊！在那样的日子里，他就把我们这类人看成老鼠，微不足道，在今天又是怎样呢？

我想起了试验瓦斯胜利的那个故事，想起故事里的老工人和家属们的眼泪，想起故事里的青年工人高呼的那句话：“我们又胜利了！”这句话里充满了多大的自豪和自信！在他们的眼里，社会、人类、自然，一切奥秘都是可以揭穿的，一切都是可以改造的！一个皇帝又算是个什么存在？未来是他们的！这是为什么方素荣、刘大娘和那个身体残疾但灵魂却是旺盛雄壮的青年之所以能宽恕我的又一个原因。

一切变了！变化是反映在任何事物上的。从平顶山上的新生的丛林到矿山上的每块石头，都是变化。变化也是反映在我们所看到的各种人身上的：养老院里正展开比健康、比长寿竞赛的老人是变化，工人宿舍的瓦斯灶和结婚照是变化，年轻的王主任也是一个变化……一切变化中最根本的，是人的变化。

说明这一切变化发生的原因的，是老人床头的照片，是幼儿院孩子们唱的歌，是龙凤矿卷扬塔上的那颗红星……

在那颗红星下发生了这一切——伟大的胸怀，无限的对领导的信仰，和看透一切的自信。有了这一切，才有了那个声出如雷鸣，耀眼如闪电的宽恕。

二、会见亲属

参观后的第三天（三月十日）的上午，看守员忽然通知我和溥杰，还有三妹夫、五妹夫和三个侄子，一齐到所长那里去。我们走进了所长的接待室，出乎意料地在这里看见了别离了十多年的七叔载涛和三妹五妹。

看着健壮如昔的胞叔和穿着棉制服的妹妹们，我好像走进了梦境。

载涛是我的嫡亲长辈中仅存的一人，也是现在的爱新觉罗氏中最高的长辈。在一九五四年选举中，他作为二百多万满族的代表被选入全国人民代表大会。他又是人民政协全国委员会的委员。几天前，在人代会第二次会议上，他看见了毛主席。周恩来总理把他介绍给主席，说这是载涛先生，溥仪的叔叔。主席和他握过手说，听说溥仪学习得还不错，你可以去看看他们……

当七叔把经过说到这里，颤抖的语音已经被淹没在哽咽声中，我的眼泪也早已无法止住了。我们一家人都在抹泪，真瑞侄竟已哭出了声音……

从这次和家族会见中，我明白了不但是我自己得到了挽救，我们整个的满族和满族中的爱新觉罗氏族也得到了挽救。

七叔告诉我，解放前满族人口登记是八万人，而这时是这个数目的三十倍。

我是明白这个数目变化的意义的。我知道辛亥革命之后，无论在北洋政府还是国民党统治之下八旗子弟的处境，知道如果不冒称汉族找职业都会遇到困难。从那时起，爱新觉罗的子孙也纷纷改成汉人的姓，姓了金、赵、王，我父亲在天津的家，报的户口就姓王。到了解放后，承认自己是少数民族的一年比一年增加，一直到宪法公布之后，满族全都登记了，于是才有了二百四十万这个连满族人自己也出乎意料的数目。

我还记得在天津时发生东陵事件时的悲愤心情，还记得在登极时向祖宗发下和汉族绝不两立，一定报此深仇的誓愿。我也记得听日本人讲的山源氏故事，把爱新觉罗氏和日本天皇家族列为世界上最优秀的氏族，曾在我心底引起过的优越感。但是事实上，我这个自认的长白山仙女库佛伦的后裔和自封的恢复满族祖业的代表人，对自己的种族一步步消失的命运，我不曾也不能加以扭转；我过去所做的，只不过在加速着这种命运的到来。而当推崇爱新觉罗氏族的和声称恢复满族荣耀的日本人和我这个以恢复祖业为天职的集团垮台之后，满族和爱新觉罗氏的后人才有可靠的前途。由八万变成二百四十万，这就是一个证据！

这个历史性的变化，包含有爱新觉罗的后人，包含有过去的“涛贝勒”和过去的“三格格”、“五格格”。

七叔这年是六十九岁，身体的健壮，精神的旺盛，几乎使我看不出他有什么老态来。我甚至觉得他和我说话的习惯都没有变。妹妹们已不叫我皇上，改口称大哥了。七叔虽然也不再叫我皇上了，可是也还没有叫我溥仪，但尽管如此，我还是从老人身上看到了变化。这位清朝的最末一个军谘府大臣（参谋总长），在民国、日本占领以及国民党时期三十多年间没有出来做过什么事。但解放后，他以将近古稀之年参加了解放军的马政工作，还兴致勃勃地在西北高原工作了一段时间。在谈到这些活动的时候，他的脸上露出了得意之色。在和我会面的时候，他正打算到外地去视察少数民族的工作，以尽他的人大代表的责任。提到这些，他的脸上更发出了光彩。

在那数目降到八万的时候，哪个满族的老人的脸上能发出光彩来呢？

解放军刚刚进入北京城的时候，有许多满族的遗老是不安的，特别是爱新觉罗氏的后人，看了《约法八章》之后还是惴惴然，惶惶然。住在北京的这些老人，大多不曾在“满洲国”和汪精卫政府当过“新贵”，但也都并非能够忘掉自己“天潢贵胄”的身分，放弃不了对我的迷信心理。所以，在我当了囚犯之后，他们比在民国时代更感到了不安，加上每况愈下的氏族人口的凋落和自身生活的潦倒，他们的生活是黯淡无光的，对解放军是不曾抱什么“幻想”的。出乎他们意料的是，先是听到东北人民政府给满族子弟专门办了学校，后来又看见有满族代表也走进了怀仁堂，和各界人士一同坐在全国人民政治协商会议的会场上，参加了《共同纲领》的讨论。接着，他们中间不少人的家里来了人民政府的干部，向他们访问，邀请他们为地方政协的代表，请他们为满族也为他们自己表示意见，也请他们为了新社会的建设提供自己的才能。在北京，我知道的我曾祖父（道光帝）的后人及以惇亲王、恭亲王和醇亲王这三支的子弟，溥字辈的除了七叔家的几个弟弟比较年轻之外，其余都已是六十岁以上的老人。我的堂兄溥伒（字雪斋），惇亲王奕誴之孙、多罗贝勒载瀛之子，擅长绘画书法和古琴，这时已六十多岁，他没想到又能从墙上摘下原已面临绝响厄运的古琴，他不但自己每星期有一天在北海之滨，能和新朋旧友们沉醉在心爱的古老艺术的享受中，而且也从年轻的弟子身上看见了民族古乐的青春。他被选为了古琴研究会的副会长、书法研究会的会长，被邀进了区政协，又是中国画馆的画师。溥伒的胞兄弟溥僴也是一位老画家，这时也被聘为北京中国画馆的画师，这位年近古稀的老人又挥笔向青年一代传授着中国画。他们的亲叔伯兄弟溥修，是载濂的次子，也是我真瑞侄的胞叔，他曾做过“乾清门行走”，我在长春时曾委托他在天津看管过房产。他后来双目失明，丧失了一切活动能力，生活潦倒无依。但是到了解放后，他的经历以及他肚子里的活史料也被新社会看做是财富，就把他聘入文史馆中。这种文史馆全国各地都普遍设立着，里面有前清的举人秀才，也有从北洋政府到蒋介石朝代各个时期各个事件的见证人，有辛亥革命以及更早的同盟会举事的参加者，也有最末一个封建宫廷内幕的目击人。新社会经过他们抢救了大量的近代的珍贵史料，也挽救了这些生活陷入困境的老人。双目失明的修二哥生活有了着落，心满意足地回忆着清代史料，想好一段，就口述一段，由别人代他记录下来。

这些已经被新的社会视为正常的现象，到了我心目里却是非常新鲜、印象强烈的新闻。而对我来说印象更强烈的、更新鲜的，是我亲眼看到的妹妹们身上的变化。

早在半年前，我就和北京的弟妹们通了信，从来信中我就感觉到了一种正发生在我的家族中的变化，但是我从未对这种变化认真思索过。在伪满时代，除了四弟和六妹七妹外，其余弟妹都住在长春，大崩溃时都随我逃到通化。我做了俘虏之后，最担心的是这些妹妹会不会因汉奸家属的身分而受到社会歧视。二妹的丈夫是郑孝胥的孙子，三妹、五妹的丈夫一个是“皇后”的弟弟，一个是张勋的参谋长的儿子，全是伪满中校。四妹的丈夫是在清末杀秋瑾的绍兴知府贵福的儿子，也是伪满的中校（早在伪满时期他就遗弃了妻子，后来又跑到海外）。只有六妹、七妹的丈夫是规规矩矩的读书人，不过她们会不会因为是汉奸头子的妹妹而受到歧视？我对这个问题，心里也是没有底。这类的顾虑也是同犯们共有的，可能我的顾虑比他们更大。后来在通信里，才知道这种顾虑完全是多余的。弟弟和妹妹和别人一样的有就业机会，孩子们和别人的孩子一样可以入学、升学以及享受助学金的待遇，弟弟和七妹还是照旧当着小学教师，六妹是个自由职业者——画家，五妹做了缝纫社工人，三妹还是个社会活动家。她因为检举过一名暗藏的特务，还被街道邻居们选为治安保卫委员。她们比以前生活降低得多了，她们自己做饭，照顾孩子，但是她们总是在信中流露出满意的，对人生肯定的情绪。我放了心，却没有仔细思索这些事情对于爱新觉罗后代的真正意义。那时我还为自己的命运担着心，也没有更多心情去思索另外的问题。现在情形不同了，当我一看到她们出现在我面前，听了她们说了不多几句话，特别是在她们和自己丈夫谈起别后经过的时候，我立刻想起了从信里感觉出的变化，我不由得联想起了在天津、长春那些日子的一些事。过去的那些印象一回到我的脑子，这些变化就越加明显，也越来越使我觉得这种变化的不可思议。

我还记得康庆睁了他那双大眼睛问五妹：“你真会骑车了？你还会缝纫？”这是在他接到她的来信后就感到十分惊讶的问题，他现在又拿出来问她了。显然，他的惊讶是不小的，在我看来也是有根据的。谁料得到从小连跑也不敢跑，长大了有多少仆妇和使女伺候，没进过厨房没摸过剪刀的“五格格”，居然今天能骑上自行车去上班，能拿起剪刀裁制衣服，成了一名自食其力的女裁缝工人呢？

更令我们学委会主任惊异的，是他妻子的回答是那么自然：“那有什么稀奇？这不比什么都不会好吗？”

要知道，假如过去的五格格说这样的话，不但亲戚朋友会嘲笑她，就连她自己也认为是羞耻的。那时候她应该会什么呢？是会打扮，会打麻将，会按着标准行礼如仪，这都是受到夸奖的。而现在这些都被她当做真正的羞耻了，她拿起了剪刀，她像个男子一样骑上自行车了，如果她丈夫老追问这些最自然的事情，她倒要见怪了。

三妹的经历比五妹更多一些，日本投降以后她没有立刻回到北京，因为孩子生病，她和两个保姆一起留在通化了。作为流浪的汉奸家属，财产是没有了，她恐怕留下的细软财物和自己的身份引人注意，就在通化摆香烟摊，卖旧衣。在这个期间，她几乎被国民党特务骗走，她上过商人的当，他们把划不着的火柴批发给她，她参加过群众大会……到一九四八年才回到北京。解放后，街道上开会，她不断去参加，因为在东北接触过解放军和人民政府，她知道些政府的政策，大概在会上发言也多，被推选出来做街道工作。她谈起来最高兴的一段工作，是宣传新婚姻法……

这个经历，在别人看来也许平淡无奇，但在我都是不小的惊异。这个摆过香烟摊、识穿特务诡计和上过商人当的社会活动家的过去生活，我不妨抄一段她从前和她丈夫一起住在东京当少奶奶时写的几封信（除第一封全文外，为了其余免于重复，都去掉了头尾），来对照一下：

其一：

××谨禀

敬禀者：顷奉到

手谕一件，×太高兴了。

皇上说肘花、肘棒、小肚、酱肉等，通通赏×等，×实在太不忍了，×真是心里太难过，吃着反不舒服，由北京带到东京也太不容易，

皇上一点也不留下，×觉得自己太有罪了。点心

皇上留下一半，也太少了。请以后别这样了，×真不知说什么好了，给皇上叩一万万个头。……谨此恭请圣安

康德四年二月八日

其二：

皇上谓近日用照相匣照许多相，为何不赏×数张？××买的什么首饰？

请

示×，并乞赏×。一共有几件？都是什么东西？千万请皇上公平的分配，别使××把好的都拿走。千千万万快赏×一信……

其三：

……现在×一个人坐在日本式屋子里写信。下女在旁用熨斗烫衣服，老头在院内种花扫地，小狗瞪着小圆眼睛，看着一匣糖果。

请

皇上闭上眼睛想想现在×的情形。现在没有词儿了。……

其四：

……现在刚吃完饭，今天晚上，吃多了，弯不下腰，有些出不来气，改日再禀……

谁料得到，这个娇慵懒散，什么也不懂，只知道谢恩讨赏的“三格格”竟会成了一名社会活动家？乍一听来，真是不可思议。但这个变化我是能理解的。我理解她后来为什么那么积极地宣传新婚姻法，为什么她会在向邻居们读报时哭出来，因为我相信她说的这句话：

“我从前那是什么人？那是个摆设！”

一个有着不低的文化水平的女人，除了要首饰，为吃肘子感到皇恩浩荡之外，无聊到只能在信里写写吃饭、小狗看糖果；名义上是个“贵”妇人，而实际上是多么空虚，生活是多么贫乏！怪不得她想到了自己是个家庭里的摆设。新的生活给她打开了眼界，在街道的读报会上，当那么多邻居殷切地等待她为她们读报的时候，她才懂得了她的存在的意义。

和五妹一样，在生活里已经使她感到十分自然的东西，也引起了我的惊奇。她后来谈过这样一段经历：

“在通化，有一天民兵找了我去，说老百姓在开会，要我去交代一下。我吓坏了，我早听说过斗争会斗汉奸那是很可怕的。我说，你饶了我吧，叫我干什么都行。后来见了干部，说不用怕，老百姓是最讲理的。我没法，到了群众会，吓得直哆嗦，我向大会讲了自己的经历。那次会上人多极了，也有人听说看皇姑，都来了。听我讲完，人们嘁嘁喳喳议论开了，后来有人站起来说：她自己没干过什么坏事，财产也都交出去了，我们没意见了。大伙听了都赞成，就散了会了。我这才知道，老百姓真是最讲理的。”

她这最后一句话，是我刚才懂得了的。而她懂得比我还早十年。

在会见的第二天，正巧接了二妹的一封信，说到她的大女儿，一个体育学院的二年级学生，已经成了业余的优秀汽车教练员，最近驾驶着摩托车完成了天津到汉口的长途训练。她又以幸福的语气告诉我，不但这个十二年前小姐式的女儿成了运动健将，她的其他的孩子也都成了优秀生。当我把这些告诉了三妹五妹，她们又抹了眼泪，并且把自己的孩子的情况讲了一遍。在这里，我发现这才是爱新觉罗的命运的真正变化。

我曾根据一九三七年修订的“玉牒”和妹妹弟弟们提供的材料，作过一个统计。爱新觉罗氏醇王这一支从载字辈算起，婴儿夭折和不成年的死亡率，在清末时是百分之三十四，民国时代是百分之十，解放后十年则是个零。如果把爱新觉罗全家的未成年死亡率算一下，就更令人触目惊心。只据玉牒上的记载，道光皇帝的九个儿子（奕字辈）就有若干是未成年死的，更下两代（载字与溥字辈）未成年死亡率男孩是百分之四十强，女孩是百分之五十弱，合计是百分之四十五。在夭亡人口中不足两岁以下的又占百分之五十八强。这就是说道光皇帝的后人每出生十个就有四个半早死，其中大半又是不到两岁就死了的。

我同七叔和妹妹们会见的时候，还没有作这个统计，但是一听到妹妹们屈起手指讲述每个孩子的回忆往昔现况时，我不由得就想起了因被我祖母疼爱以至于活活饿死的伯父，十七岁时就死了的大胞妹和不到两岁就死了的三胞弟，以及我在玉牒上看到的那一连串的“未有名”（来不及起名就死了）字样。问题还不仅仅在于死亡与成长的数字上，假使每个孩子长大除了提鸟笼子什么都不会，或者除了失学失业就看不见什么别的前途，那比起短命来也没有更多的意思。在民国时代，八旗子弟的命运大部分正是如此。长一辈的每天除了提着鸟笼溜后门，或者一清早坐着喝茶，喝到中午吃饭时十个八个碟儿的萝卜条、豆腐干摆谱，吃完饭和家里人发威风之外，再也不知道有什么好干。晚一辈的除了请安，服侍长辈，照长辈的样子去仿效之外，也很少有知道再要学些什么的。到后来坐吃山空，就业无能，或者有些才能的却又就业无门，结果还是个走投无路。这类事情我就知道的不少。但是，现在情况发生了变化。这些我早在来信中就曾感到而未加深思的变化，我从这次会见中更亲切地又感觉到了它。在北京的一个弟弟和六个妹妹，他们一共有二十七个孩子，除了未达学龄的以外，全部都在学校求学，最大的已进了大学。我七叔那边有十六个孙儿女和重孙儿女，他的二十八岁的长孙是一个水电站技术员，长孙女是军医大学的学生，另两个孙女都参加过志愿军，有一个是立过三等功的，从朝鲜回国后，一个做了政府干部，一个转入大学读书。四孙女是解放军一个文工团的团员，其他的除了幼儿之外也都或在校读书或者已经就了业。这些变化，这些具体的事实，以及妹妹们在叙述它的时候流露出来的激动，使我完全明白了她们，为什么谈起今天的生活，会表现了那么明确的肯定态度。

在谈到我们兄弟姊妹的第二代时，我忘了说杰二弟还有两个女儿，当时都在日本和她们母亲住在一起，最大的女儿已经十八岁。两年后，杰二弟收到妻子寄来一个不幸的消息，这个女儿因为恋爱问题和一个男朋友一起自杀了。后来，我听到关于那个男孩子的种种不好的传说。对他不管怎样传说，我还是认为这是个不幸的青年。他和我的侄女如果不是在走投无路的情况下，总不会演出这幕悲剧来的。在北京的那二十七名侄甥和在东京的这个侄女，成长在同一时代而不同的环境中，他们的命运竟又是那么不同！

三、日本战犯

外出参观和会见亲属之后，六七月间我到了沈阳，为审判日本战犯而去军事法庭作证。

从报上知道，在中国共关押着一千零六十二名日本战犯。绝大部分是在抚顺，少部分在太原。在抚顺的都是从苏联押解过来的关东军俘虏，是和我们差不多时间送过来的。一九五六年六七月间，有四十五名在太原和沈阳判了徒刑，其余都免予起诉，由中国红十字会协助他们回了国。在沈阳审判的是押在抚顺的战犯，两批审判共三十六名。有的是我在伪满时即已知名，有的是在抚顺管理所里见过。其中的前伪满洲国总务厅次长古海忠之就是早知其人，又在管理所讲坛上看见过的。他和伪总务长官武部六藏就是我和四名伪满大臣作证的对方。因为武部生病未能到庭，古海便是到庭的第一名被告人。他和武部都被法庭判为徒刑二十年。①

我走进这个审判侵略者的法庭的时候，忽然想起了朝鲜战争的胜利，想起了日内瓦谈判的胜利，想起了建国以来的外交关系，这都是一百多年以来没有的事情。如今，又在中国的土地上审判日本战犯了！这个地点也很巧，是在沈阳的北陵，是埋着我的祖先皇太极的地方。但这件为祖先扬眉吐气的事并不是

① 编者注：据中国人民解放军沈阳军区战犯管理所所提意见，古海忠之被判刑十八年。

图 60　溥仪在沈阳军事法庭作证（右方是古海忠之）

我这个子孙做的……

在志愿军和朝鲜人民一起打胜仗的日子，我还没有这样强烈地感受过。那时，担忧的心理占了上风，我只看到了这次改朝换代与前不同，看到共产党占的是铁打江山，我那时只想到自己的命运除了从共产党的手里去讨求外，别无出路。到这次审判日本战犯时，出现在我心头已不是什么忧虑，而是从来没有过的民族自豪感！

不，我得到的还不只限于民族自豪感。我从这件巨大的事件中，想到了更多更多的问题。

古海在宣判前的最后陈述时说了这样的话：

“在东北全境，没有一寸土地没有惨无人道的日本帝国主义暴行的痕迹。帝国主义的罪行就是我的罪行。我深深认识到我是一个公然违反国际法和人道原则、对中国人民犯下了重大罪行的战争犯罪分子，我真心地向中国人民谢罪。对于我这样一个令人难以容忍的犯罪分子，六年来，中国人民始终给我以人道主义待遇，同时给了我冷静地认识自己罪行的机会。由于这些，我才恢复了良心和理性。我知道了真正的人应该走的道路。我认为这是中国人民给我的，我不知道怎样来感激中国人民。”

我到如今还记得，我在法庭上作证发言后，庭上叫他陈述意见时，他深深鞠了一个躬，流泪说道：

“证人所说的完全是事实。”

这情景不由我不想起在东京远东国际军事法庭上作证的那一幕：日本战犯的律师们向我叫嚣着，质问我，攻击我。我知道那绝不仅是由于我抵赖了给南次郎的信，我也知道今天古海的陈述，绝不是因为我已经实事求是地叙述伪满的情况，也不是由于我再没想推卸自己的什么责任。在这里不仅是古海，不仅是我的作证对方，而是所有受到审判的战犯全部认罪服刑。

我还记得一九五四年，在日本战犯开的那次大会上古海认罪那件事，因此，古海今天在法庭上的表现，还不算最出乎意料的。出乎意料的是曾经在那次大会上表现了和古海态度完全相反的几个将佐。在那次大会上，这几个不认罪的人是曾引起过公愤的。其中有一个大佐级军官，他站在台上还荡着手，斜视台下控诉者，带着傲慢的样子，这个态度更激怒了台下的人，以致纷纷要求把他那双手铐起来。这几个人后来的态度如何，我因为再没有参加过他们的大会，所以不知道，但当时这几个人给我留下的顽固不化的印象是难忘的。在我看到关于受审战犯全部服刑，被释放的战犯纷纷向政府表示感激的报道时，我还想起这几个武士道人物来，料想他们绝不属于那类表示了最真诚的感激和悔恨的人。但事实正相反，我的五妹夫康庆告诉我，在那些人里面，正好有他们的名字。这就是前日本陆军中将铃木一藤田，少将长岛，大佐广濑……

关于日本战犯，我的弟弟和妹夫们，特别是记性好的康庆，可以讲几天也讲不完。他们从检举认罪开始，便参加翻译日本战犯大量的认罪材料，大批日本战犯遣送回国后，他们又协助管理所翻译大量的日本来信。妹夫们释放之后，这工作由溥杰和老邦几个人担任。从一九五六年起，我就不断地零碎地从他们嘴里听到不少日本战犯的故事。

那个叫铃木的前陆军中将，在一九五四年检察机关开始调查时，也许由于他害怕，也许是由于敌视，是从他嘴里查不出多少东西的。甚至在大会上，受到他部下官兵的指控时，也没放下自己的中将架子。但是，在法庭上，他承认了他的部队在冀东地区和河南浚县等地，进行过六次集体屠杀和平居民的罪行。一九四二年十月，他属下的一个联队，在潘家戴庄屠杀了一千二百八十多名居民，烧掉民房一千多间。他在证人面前承认了所有这些事实。他被判处二十年徒刑之后，向记者说：“在进行判决时，我按照我的罪行来判断，认为中国对我这样悖逆人道，违反国际公法的做法，当然要从严处断，处以死刑。”“在调查犯罪事实的时候，是非常正确而公正的，完全是用了我们在旧社会未曾见闻过的方法进行调查的。”他说尽管自己的罪恶没有什么辩护余地，可是法庭还是派了辩护人来，起诉书也是几天前送交他的，他觉得这是对他人格的尊重。说到犯罪，他说：“当我想到我曾经杀害很多的中国人民，使他们的遗属的生活遭到困难，而目前照顾我的正是被害人的亲人，这时候我的心有如刀割一般。”

那个叫长岛的陆军少将，一九五四年在大会上是被控诉者之一，据说在监狱里有几年的态度十分傲慢。有一次，一位管理员问他：“你有多大年纪了？”他说：“和你爸爸差不多！”……在判了他十六年徒刑之后，他很惊讶，向广播电台记者说：“中国的判决是如何的公正而且人道！”

那个曾在大会上向控诉他的下级冷笑过的大佐，是受到了不被起诉处分而被释放的。我的三妹夫曾翻过一封从日本的来信，是和这位大佐同船回日本的一个战犯写的。信里提到日本记者知道了这个大佐在大会上的那回事，所以，在船上就访问了他，希望他说点和别人不同的话，因为战犯们对新中国的称赞和感激，已经使某些记者早不耐烦了。可是，他们从大佐的嘴里也还没有得到希望得到的东西。记者问他：“你为什么还是说那些话？你现在还怕中国吗？”他答：“我现在是坐在日本船上，对中国有什么怕的？我说的不过是事实罢了。”

日本战犯里武士道型的人物或者调皮捣乱分子，原先远不止上过台的那几个。三妹夫曾经担任过病号室的组长，他就遇见一个住病号的日本兵战犯整天捣乱，不守监视，只会和护士和看守员找麻烦。一直到宣布了释放，在送别会上所长和他握手时，他忽然哭了起来，当众承认了自己的错误。

曾经有个叫佐野一的病号，虽然不像这个小兵那样捣乱，但也是根本不想认罪的。他得了直肠癌的病，因病情恶化把他送到医院里去急救，动了两次手术，做了人工肛门，而且医生为他输了自己的血，把他救活了。出院之后，他在一次大会上，当众叙述过去如何残杀和拷打中国人的没有人性的罪行，又对照了中国人民在他病危中如何抢救了他。他在台上一面哭一面讲，台下的人也一面哭一面听……

有一次，我们在平整场地修建花坛，从院子土坑里挖出了一具白骨，学过西医的老振和老邦都判断死者生前是一个少女。令我们最怵然的是在头骨上发现的一个小洞，显然是子弹打穿的痕迹。后来，康庆翻译了一个日本战犯的文章，这人就是从前抚顺监狱的典狱长，他描述了那时关押爱国志士时的地狱景象：那时这里只有拷打声、镣铐声、惨叫声；那时这里又臭又脏，冬天墙上一层冰，夏天到处是蚊蝇；那时囚犯每天一小碗高粱米，要终日做苦役，许多人被打死、累死，他自己就在这里打死过人。他又加以对照说：现在这里只有唱歌声、音乐声、欢笑声，如果有人走到围墙外，他怎么也不会想到这里是监狱；现在冬天有暖气，夏天有纱窗；过去苦役工厂成了锅炉房和面包房；从前爱国志士受折磨的暗室现在成了医务室的药房，从前的仓库现在修成了浴室；现在的战犯从没有任何人打骂过他们，他们人格受到尊重，他们每天可以学习，可以演奏乐器，可以绘画，可以打球，谁会相信这里是监狱？他说：现在中国正在建设给全人类带来幸福的事业，让我们走正当道路，不再犯罪，重新做人。

在不少战犯写的文章中都说过，当他们一来到中国的时候，是恐惧的，是不服气的，甚至是仇恨的。有的人和我的心理一样，刚来的时候只会用自己的方法来推测人民，完全不理解为什么中国人民这样对待他们。他们看到修建锅炉房时，以为是盖杀人房，看到修建医务所，安装医疗设备，以为也像他们干的那样，要用俘虏做细菌试验。还有人把宽大和人道待遇看做是软弱。有个宪兵，在刚到中国时是被日本战犯看做“日本好男子”的，终日大声叫骂。所方找他谈话，他说：“我是苏联军队俘虏的，你们有什么资格来问我？”他侧身站在所方干部面前，叉着腰拒绝回答问题。所方的人员对他说：“我们中国人民并没有请你到中国来杀人，但是有权利来向你追究你的血债！现在没资格说话的是你。你自己去想想吧。人到世界上来是要给人类做些有益的事，你做的什么呢？”他还以为要给他动刑，再给他一次逞硬的机会，可是就叫他这样去了，再没理他。不久，朝鲜战场上中国人民志愿军胜利的消息接二连三地传来了，他知道讲人道的人并不是软弱，而野蛮的却正是虚弱的。于是，这个“武士道”在日本战犯里首先垮了台，在广播器前作了检讨，承认错误。

日本战犯这些故事流传出来之前，日本战犯的变化是几乎人人皆知的。但我那时正当“昏睡朦胧”之际，就像从前看报和看家信一样，无心认真去思索。其实，从一九五四年前后起，日本战犯们的变化就不断地显露出来。我不如从溥杰的残缺的一九五五年的日记里抄些有关的段落，以为说明（溥杰在当时比我思想负担少，他又细心些。以下凡是圆括弧中的话是我加注的）：

〔一九五五年〕一月二十六日

晚间看日本战犯演舞蹈及音乐剧（这是我们第一次看他们表演，以前是他们自演自看，他们这时已拥有一个相当规模的管弦乐队。乐器是所方为他们筹办的），都是取材我国人民解放军如何爱护人民及反帝及国际主义精神，和反对原子战争的日本人民的奋斗实例而成的。(剧终后) 日本战犯们不少声泪俱下表示反对美帝的原子能垄断(不少战犯说到自己亲人是死在原子弹之下的),并感谢我国人民政府之宽大政策。

三月二十四日

今日所内开了大会(主要是对日本战犯),由李先生作了有关学习的报告,大意是批判过左的倾向,并引例证明在鸠山内阁尚未作出违反日本人民意志的具体反对行为时,即高唱打倒它的不正确;更引向家中妻子写信时有问她"是不是当上了胖胖女郎"的人,并批判这也是不正确的,并说即使当上了胖胖女郎,那么,这一罪责也应由军国主义的行为负责,由战犯本人来负一部分责任,不应认为由妻子来负的;更说有人对于检举自己罪恶的人怀着仇恨心,这是没有摆脱个人主义,致不能认识检举就是帮助的行为。并说明今后的学习,须要专门分组(如绘画,音乐)地学习,以便回国后可按自己的岗位来为人民服务,末了并说所方将对学习所需,予以尽量的援助等语。

五月二日

白天仍是游戏了一天(因为过五一节,连着两天举行娱乐庆祝活动),晚间看日本战犯们的歌舞晚会,第六所的老反动(这是将级的战犯)及第五所的前佐官级的战犯,也都参加了表演,这是向来所无的事,使我深刻地感到"新社会把鬼变成人"——《白毛女》影片上的话(《白毛女》里的这句话,我也常引用,诚然,那个鬼的意思和我们这种鬼不同,可是也算一种鬼吧)。

五月五日

晚间看了(日本)战犯们的演剧《原爆之子》,才演了一场,因为晚间院内太冷(这天忽然起了风),所方怕出演者及观众(演出者只有日本战犯,观众则是全体战犯)受了凉,遂临时中止,俟天气好时再演(这个露天会场,是日本战犯用了不过三四天就建筑起来的)。

五月六日

今晚看了《原爆之子》……情节颇感动人……(这是日本战犯

自己编的剧，是写长崎受到战争惨祸的故事)。

五月十五日

……参加亚洲会议的日本代表二十余人到这里参观，其代表团长声泪俱下地感谢了我国政府之对于战犯们的人道待遇。战犯代表也致答词，声言其改邪归正誓今后为保卫和平而斗争的决心，战犯们有很多人都感动得落下泪。所方并允许该代表团员与所认识战犯们的会见。

六月十一日

终日看（日本）战犯所举行的运动会（这个运动场也是日本战犯自己修的)，其组织性并其创意工夫，是可以供我们作参考的（在运动会上，他们的拉拉队很出色)。

七月四日

…………

晚间看（日本）战犯们的歌唱、音乐、舞蹈会。

七月二十三日

参加了战犯的运动会……

九月二日①

晚间战犯们（这是包括日、蒋战犯的）举行文娱晚会，有音乐、独唱、小剧、舞蹈等，并决定在下月国庆节时尽力公演，这是对我们很有启发的事。

九月五日

上午参加日本战犯的运动会。下午因骤雨改补习上午预定的学习。

---

① 编者注：据中国人民解放军沈阳军区战犯管理所所提意见，溥杰一九五五年九月二日和十月二十六日日记中，作者所加括弧“日、蒋战犯”的说法不妥。国民党战犯一九五五年尚未集中到战犯管理所。

九月六日

上午学习文件。下午参加补昨日的运动会——排篮球的比赛。

十月二十五日

午后参观了（日本）战犯的球类比赛，后因雨而散。

十月二十六日

平垫了运动场，觉得比人家（指日、蒋战犯）现成的满意得多（以前伪满战犯使用的运动场都是日、蒋战犯修的）。（日本）战犯有歌唱会，我们多数乐意劳动，未往参加。

十一月二十二日

今日日本战犯们兴高采烈地演剧，吃“寿司”……犹如过节日一般。

大约是片山哲来了罢，至深夜仍听到他们在欢呼拍掌。

回想了一下，就觉出了他们的变化是很明显的。为什么这些身为囚犯的人变得那样高兴、生气勃勃？为什么在释放之后，带着管理所送他们的那套管弦乐器沿途吹奏，一直到坐在“兴安丸”上还流着泪向逝去的中国的海岸吹奏着？为什么他们最爱唱“东京——北京”？为什么连每个被判刑的都在反复地说着：“我感激中国人民！”“我悔恨……”

古海这样说，铃木这样说，骂过中国干部的、在病号室要过无赖的、对控诉人冷笑过的也都这样说。从日本来的信里，常有这样的话：“我从中国知道了应当怎样活着”，“我认识了人生”，“在我踏出人生的第一步时，对于祝福我的身心健康与我握手的所长先生，你那手上的温暖是永不会失去的。”……

甚至还有一个这样的人，他在监狱里根本不学习，他到临走都不曾对中国说过一句感激的话，这个人回到日本之后却寄来了一封信：

……他们一定要说我是洗脑的人，我说出中国的真情实况他们一句也不相信，他们只相信美军必须占领着日本，美国大兵可以侮辱我们的女人……我后悔，为什么我在管理所没有好好学习？我现在感到本事不够和他们斗的……

是的，那些感激中国人民的人，不只是感激中国人民的宽大，他们更感激中国人民给他们认识了许多事情的真相。就像我认识了皇帝是怎么回事似的，他们也明白了军国主义的真相和日本的现实。他们在来信中叙说了美国大兵，他们谈到了少年犯罪数字的惊人，谈到了女人的“胖胖女郎”的命运。在管理所放映过的日本电影《基地的儿童》、《战火中的妇女》都是现实。塞班岛的妇女在刺刀逼迫下走进海水，绝望的母亲用双手把自己刚出生的婴儿举到头顶上。美军的基地、坦克压在他们的土地上，美军的飞机玷污他们的天空，美国大兵奸污他们的妇女……这都是他们亲眼看到的现实。……

一个回到农村的人，来信沉痛地说：“村中一部分青年变了，有当强盗的，有为了妇女问题而杀人的，有的参加了自卫队，沉溺在酒和妇女的堕落生活中。到了夜晚，如不把门窗关好就不敢安然地入睡。文化方面是腐败的，电影是诲淫诲盗的多，还有从前时代的戏以及剑道柔道和射击的游戏。儿童做着战争的游戏，对父母的吩咐也是不大听从。物资应有尽有，可是穷人是没钱买的……”

他们在中国认识到了真理，他们回去又看到了自己祖国的灾难的真相，他们一明白了这些道理，就组织起来、行动起来了。他们到处讲演，讲新中国，讲日本军国主义的罪恶，反对复活军国主义，要求民主独立与和平！这个变化是太巨大了。他们何以如此呢？他们受到当局的限制、监视，他们并不畏缩，他们有很多办法对付那些限制，表现了更大的信心。日本当局连他们演出中国的舞蹈都不准，但是他们把蒙古舞、扇舞、秧歌舞、红绸舞教给了一个职业歌舞伎座，于是中国的红绸舞和秧歌舞传遍日本全国各地。他们何以有这些办法呢？力量是哪里来的呢？

从妹夫们零星的但是兴奋的谈话中，我知道了在日本发生的许多关于归国战犯们的故事，这些故事归结出一个事实：他们到处受到日本人民的欢迎，他们把真理告诉了人民，人民又转而支持了他们，因此，他们有了力量。

有许多人来信叙述他如何被他的家人、亲友、同乡，以及团体、学校邀请去讲一讲他的监狱生活，讲一讲中国的事情。他们讲了中国人民对日本人民的友情，讲强大起来的中国对战争是什么态度，中国人民的希望和理想是什么。有人怀疑他们的话，有人取保留态度，有人相信他们。越来越多的是相信，是肯定，是对于回去的人的信任。对于回去的人，统治者越不喜欢，人民却是越相信他……

他们一回国便出版了一本书：《三光政策》。那些亲身参与了日本军队在中国暴行的人写下了他们如何在中国土地上制造无人区，如何拿中国人民做细菌武器的实验，如何把活人解剖，如何……这本书第一版五万册，在一个星期里便卖光了！

有几位前军人、退伍的将军们，听了他们一位回国的旧同事的几年生活和感受的陈述后，默然良久，最后说：“凭了我们的良知和对你人格的坚定不移的了解，我们相信你所说的每一句话。当然，这些话只能是在屋里说。”

有一个村庄，在听了刚从中国回去的这位同乡说完以后，凡是有什么问题，人们总爱说：“找××去吧。他是我们村里懂得最多的人。”

有一个村庄，他们的刚刚回来的同乡不大爱说话，只是改变过去在家的习惯，乡亲们很诧异这个人为什么对人如今这样和善、爱帮助别人。当知道了这是在中国发生的变化以后，他成了村中更加有威信的人。

还有一个村庄，他们拿着“武运长久”的旗子，像欢迎凯旋将军似的欢迎回国的人。但是这个受欢迎的人下了火车，向他的乡亲们发表了一篇沉痛的演讲，结果人们都流下了眼泪，明白广岛的灾难原因，“武运长久”的旗子跌落在地上……

有一个母亲，听她被释放回去的儿子讲述了十多年来的生活之后，便问道：“北京在哪里？”儿子告诉了她。她于是发现了褥垫放得不对头，不应当让双脚朝着这方面，急忙把褥垫倒一个头挪过来，叫头朝着北京——那里是和平与希望。这是一个母亲的希望。

许许多多的战犯的家属——他们许多都是朴素的劳动人民或者具有良知的人。他们从前有不少给中国政府写过信，要求释放他们的丈夫或儿子，说他们都是无罪的人。后来他们有人要求到中国来看看他们的亲人，他们来了，听了亲人们的讲述，有的听了中国人民在法庭上控诉的录音，他们和监狱里的亲人一齐痛哭了，他们承认了监狱里的人是有罪的，明白了他们也是上了军国主义的当。

所方担任翻译工作的一位崔科员，他说的一个故事是更有代表性的。在一九五八年全国出现的一次从写文章庆祝建国十周年的运动中，他也写了一篇不曾公开发表的文章（当时各个部门都有自己印行的文集或小报，登载这类作品）记录了这件事。题目是《一封日本来信》。这篇文章虽比我在一九五六年听到的简单些，却更传神些，所以借来摘抄在下面。

这两天，办公室里独我一个人，忙着写一份总结。由于精神过分集中，连有人走进屋来都一点也没察觉。

“老崔，你的信。”收发员小张拍了我一下肩头，把信扔在桌上，转身就走了。

拿起信，一看信封便知道这是从日本寄来的。信封的背面，签署着写信人的名字：荒川文子。日本来信是个很平常的事情，一般说来，只要看看签名便能一下子联想起来信人的一切。可是这个荒川文子是谁呢？我想从记忆中搜寻出这个人的影子，可是想来想去竟没有一点印象。我着急地撕开了信，急急地小声读起来：

“这次由于中国人民政府的关怀，管理所各位和崔先生的照顾，使我的老母和我的女儿，与她的亲人荒川武雄做了欢喜的相见。真是太谢谢了。我的老母亲和我的女儿，已经在九月七日从贵国回到家里。老母亲脸上增加了喜悦，逢人就讲她的儿子在中国如何如何的好；我的女儿也比以前更加活泼了，常常欢欢喜喜地把在中国的见闻，一样一样地告诉我：“妈妈！中国人都是好心肠的人，他们都很疼爱我……”

看到这，我知道写信人没有来过我国，她是随祖母来探望父亲的小和荣的母亲。这不由得使我回忆起日本战犯家属来所探望战犯时的情形。

那是一九五四年炎热夏天的一个午后，日本战犯家属一行五十六人，来到了战犯管理所。人群中有两个人很引人注意：一位看样子是年过花甲的老妇人，穿一身古铜色的大和服，一副慈祥的脸上布满了皱纹，头总是轻轻地摇动；依在老妇人身边的是一个十一二岁的小姑娘，穿白色的衣裙，脚穿一双小白鞋，看人时小脖一歪，大眼睛滴溜溜的，活像个“小白鸽”。这一老一小是来看战犯荒川武雄的。

我的任务是给家属们当翻译。她们听完所长对监狱情况的简单介绍后，我把她们引到与战犯会见的地方。

接见时，每一家人有一个单独的房间，干干净净。房间里有茶桌，并按人数多少摆上了椅子，还给年龄大一些的家属备上了床铺。这位老妇人一进到房间，就被感动了，连说：

“没有一点儿监狱的感觉，没有一点儿监狱的感觉。”

他们一见面感情都很激动。战犯荒川武雄刚一进门，他母亲扑过去，又惊又喜，呆若木人。荒川抱住他的母亲，一时说不出话来。

“我想一定隔着铁窗说话的。”母亲第一句话就说，“没想到谈话是这么自由！”她又上下打量儿子健壮的身体说，“你是这样的健康。”

“妈妈，从报纸上看到登载你的名字，我真高兴。”儿子激动地说，“妈妈，可是被我杀害的中国人再也不能见到自己的母亲了。”儿子哭了起来。

“你的姐姐、侄子，都是一九四五年在广岛被美国原子弹炸死了……”老人只顾抹眼泪，好半天才说了这么一句，可是又哽住了。

母子俩陷入沉痛的回忆中。“小白鸽”给惊呆了。

当我第二次来到这个房间时，正赶上日本记者在这里访问。只听荒川向记者说：

“……对中国政府不知怎样感谢才好。过去我对中国人民犯下了不可饶恕的罪行，不但给中国人民带来了深重的灾难，也给日本人民带来了无限的灾难，我的姐姐和侄子……这无疑等于我参与杀死了他们。”

“你如果回国后，打算做什么？”记者问他。

“坚决反对侵略战争，为世界和平事业贡献我的余生。”荒川回答。

显然，这位记者不愿意再听下去，转身向外走去。

“记者的职责是真实报道，我希望你们回去后要真实地报道这里的情况。”荒川高声对记者嚷道，尔后转身把母亲拉到我的面前，介绍说：“这位先生姓崔。”

“你们教育了我的孩子，比我这做母亲的还好，实在太谢谢了。”他的母亲用感激的目光上下打量着我，点头鞠躬，嘴里不停地叨念着最后这句话：“太谢谢了！太谢谢了！”

荒川给我解释说，刚才给他母亲讲述了他在中国所犯的严重罪行，无论根据什么法律也要判处死刑的，可是中国人民不但没处死他，还耐心地教育他认罪。又说那一次得了重病，生命有危险，管理所及时给他医治，使他恢复了健康。中国人民给了他生命，中国人民是他的再生父母。他母亲听了以后，遥向北京叩了头。

“中国人顶好，管理所先生顶好。”他的老母亲这时无拘束地笑了，感激地说。

“这是共产党和毛主席要我们这样做的。”我这样向她解释。她又操着生硬的中国话说：

“共产党顶好，毛泽东顶好。”

这个“小白鸽”呢，也歪着脖用天真的敬慕的眼睛看我。

半个月以后的一天晚上，我们用汽车从宾馆把战犯家属接来看电影，看完电影已九点多钟了。我随着人群顺着走廊往外走。走廊上有稀疏的灯光，外边天空更显得墨一样的黑。借灯光望去，外头正下着小雨，微风拂柳梢，雨水轻轻地洗涤着园里的菜蔬，菜叶儿显得又大又绿。我默然预想着合作化高潮后的第一个丰收景象。

“崔先生看电影了?”听声音回头一看，原来是战犯荒川的母亲在唤我。还没有等我回答，她又接着说下去：“一幕一幕的杀人，太可怕了。我好像看见了我的儿子在中国杀人、放火的情形。这些战犯统统的刽子手，想不到的，太可恶了。”老人的心情是激愤的。随后她的声音又充满了感激：“中国政府，彻底地叫他们认识错误，是完全应该的。我相信我的儿子在你们的教育下，会变成诚实、正直的人，太感谢了。”

“小白鸽”走在她祖母的身后。我问她：

“看懂电影没有?”

“爸爸是坏人。”她回答。说着低下了头。

我抚摩着她的柔软的头发说，“相信他吧，他是会改好的。”这是个很聪明很可爱的孩子。每逢见到我们时，便老远就喊“中国叔叔”，然后跑到我的身边，问这又问那。有一天她看见在监狱附近的空地上，一群小学生们在欢乐愉快地游戏，唱着《东方红》和《少先队员之歌》，有的小孩子的脖上还系着鲜艳的红领巾，她便把她那粉红色的纱巾系在脖子上，还非叫我教她唱歌不可。真没想到，在战犯家属们临别的晚会上，这孩子在台上唱了两支歌：一支是《东京——北京》，一支就是《东方红》……

我继续看下去：

“我的老母亲，已经向我们的亲人们作过好几次报告了。昨天，在一个院落里，居民们聚集三十人，一定要听一听关于中国的事情。母亲又给他们讲了两小时。

我的小女儿也总是跟着她的奶奶去，遇到熟人就讲中国人如何好啦，士兵给她糖吃啦，又是和管理所中国叔叔一块唱歌一块跳舞啦。她还跟我说：“还要到中国去，这回妈妈带我去吧!”我自己呢，也在积极地参加反对战争、保卫和平、促进中日友好的斗争。明日我就去参加反对日本军国主义化的游行。我立誓要把和荣抚育成为一个为保卫和平而战的健全的孩子……”①

四、离　　婚②

那些早就发生着的、在一切方面表现着的变化，从前在我眼里不过是些不相关联的、一个个孤立着的现象。到了一九五六年，我这才看它们原来是彼此呼应着，奔向同一个大海的激流。我虽然还不能理解它，但已经感觉出了它的不可抗拒的力量。在不可抗拒的冲击下，一切都要变。如果说从前我是在不自觉中随波逐浪，那么，现在就是明白了自己除了一起变，别无出路可走。任你是谁，任你是愿意还是不愿意，只要不想碰壁，你必须如此。一九五六年末时的我对我妻子的态度，就是出于这种感受的结果之一。

在苏联时，从溥杰的妻子来信中知道了婉容在“八·一五”后不久死在长春的消息，以后又从这同一消息来源听到李玉琴结了婚的消息。这些消息引起过我一阵悲哀，又都轻轻逝去。我对个人命运的忧虑远超过了对亲人生死的关心。以后几年一直没有听到玉琴的任何消息，偶然想起她来，那个最后消息能又引起我的思绪的，悲哀也次于不快，随即又当做一件已经了却的太虚公案，又轻轻让它在心里消失了。

一九五五年六月，我们的学习组长老普从学委会开会回来传达：所方允许我们和家属通信。这个消息激荡了每个人的心。各号都开起了热烈的小组会，小组会上每个人表示了对政府的感激——特别感激的是政府连失掉通信处的，不明下落的家属都给做了调查。我立即想起了北京的妹妹弟弟。这是我仅有的亲人了。在我正握笔作书的时候，管我们学习的李科员（就是被我们称为学习主任的）走进监房里递给了我一张纸条。

“你的妻子的地址给你查到了。”

“李玉琴？我的妻子？”

“她还等着你哩。”

李科员微笑着。这个年轻的大高个子端正的脸上总带点微笑。这种笑容总好像在说：“一切都是很清楚的。”

他把地址交给我，转身去了。我拿着纸条坐在那里，两眼热乎乎的……

我写去了一封信，但是，过了不多天，原信信皮上印着：“查无此人”，

① 编者注：崔科员这篇文章未被定本收入。

② 编者注：“离婚”一节在定本中被整体删削。

图 61　李玉琴

退回来了。

这天在散步的时候见到所长，我向他表示了对政府的感激，我说她一定嫁了人，也就算了。

“不会的，一定是地址弄错了，我们调查过，她确实没有结婚。”所长很自信地说，并且反对我这消极的态度。又出主意说，“我们可以再调查，你也可以写信给你的妹妹打听一下她的地址。”

我接受了所长的意见。果然五妹寄来了她的地址，这次再发信去，她的回信真来了。

> 亲爱的溥仪：
>
> 十年渴望的人来信了。我真不知高兴得如何是好。我害怕这又是做梦，可是接到北京五妹他们也来信告诉我这个难得的好消息。这可真是朝思暮盼的人来信了……

这封写了六七页的信的开头，立刻在我心头引起一种说不出的滋味，好像我这是有生以来第一次有妻子似的。从前，我有的不是妻子，只不过是“娘娘”、“贵人”，就像戏台上的那样。她们从来也没对我用过您或者你的字样，我也从来没有像个丈夫似的看待她们。

然而我自己还弄不清，从这封信我感到十分新鲜和十分惊奇的那个生疏的东西究竟是什么。是一个生疏的爱情？还是一个生疏的精神面貌？

她说这十年来为了打听我的音信，曾想尽了一切办法，她因不知我的音信而感到的痛苦，是难以述说的。她说："可是在我内心中，是觉得不会永远看不见的……一天天，一月月，一年年过了十年漫长的岁月，也有了今天了，首先感激政府的温暖、关怀、宽大，我们又能通信了。"她说："谢谢您还记着玉琴，我满意了！"

我感到了一种好像是从小说里看到的情感。这是和记忆中的同德殿里那个十五六岁的女孩子不同的。我对那时的"福贵人"的印象，只有恭顺、谨慎以及畏畏缩缩的形象。她服侍我，顺从我，也许还可以说是崇拜我。她称我为皇上，伺候我的颜色……我曾经因为各种莫名其妙的理由而对她发怒，吓得她下跪求饶。今天，她却在信中流露出了一种令人奇异的感情。

再看下去，我觉得除了语气还可以听出是她的以外，别的地方更加新奇。她叙述了分离后的经过。一九四五年在临江，她和一批伪满官员和眷属遇见了解放军，被收容去了。次年解放军进入长春，她被遣送回到娘家，住了两个月，又到天津投奔给我看管房产的我一位族兄，在这里住了五年半一直到一九五一年，她才走出这个大门。她在这里表示了很大的愤懑，批评了我这位族兄"非常落后，封建顽固得很，不同意我出去工作，可是生活方面除了吃饭外，连手纸都不给……"说她要找点活做做，还受到讽刺，说"饿死事小，失节事大"。她说：

> 但我终因受到新社会的影响和政府同志的帮助，使我思想逐渐明白，体会到自己还年轻，应当劳动争取独立，不应当再过依赖生活，所以，我不顾他们的阻碍，终于在一九五二年参加了夜校担任速成识字教员。参加革命后……见到许多青年男女都愉快地工作着，为祖国建设奔忙着，他们是多么光荣啊！

这就是在长春同德殿里逐渐长胖起来，逐渐变得满足，娇懒，讲究吃穿，整天向老妈子找碴儿挑错的那个"福贵人"写的吗？我记忆中的形象和今天要求独立生活的呼声，过去的"福贵人"今天对青年男女干部充满欣羡之情，这是多么令人惊异的事！我又想起在我三令五申之下，不准她和外界有任何接触，甚至她的父亲来看她也不准留饭。她为了叫人拿几个苹果给孤儿，受到我的责问，由于和我的侄媳开过那样的玩笑，挨过我的骂。如今，她向我愤愤地批评不让她抛头露面的人，称之为封建顽固落后了！

毫无疑问，今天她的愤懑和她的羡慕都是对的。我感到不安的已经不是这些，而是她对于那个封锁她、统治她，把她看做奴隶似的人，今天表示了这种温情是真实的吗？“亲爱的溥仪”这句开头的称呼，是真情的流露吗？还是被我的去信的开头无意识地引起的？还是由于别的我不知道的原因……

一九五三年，她请假回到长春母亲那里，请求劳动局分配工作，她做了一段时间临时的保育员，写信时正等着区劳动科分配工作。在这封信的末尾，她表示了最大希望：要来看看我。在所长同意下，我的信写去了。不到十天，她突然出现在家属会见室里。

家属会见室是这年新设备的房间，这是认罪检举时讯问员和我谈话的那间小屋改成的。我又在这里感到了一阵紧张，当然是和讯问员第一次时不同的紧张，但毕竟也是紧张。

我面前的那个小女孩，已经是个长成熟的、容貌焕发的，美丽而温柔的少妇了。花布衣代替了从前的绫罗绸缎的旗袍，脸上没有了脂粉，梳着两个小辫，正像在报纸和画册上所看到的青年女工那样。脸上已经没有长春时代的稚气和娇态。我第一次看见了最亲切的微笑和想念的泪眼。她给我带来了手绢、袜子、糖果、纸本、相片，就像我从书上看到的探望远地丈夫的妻子所做的那样。

在一年半的时间里，她来探望了我五次，探望的间隔里又不断写信。第一次见面时的谈话，她并不如信里说得多，但说得更富于感情。总之，从第一次会面起，我忽然似乎懂得了什么叫做夫妻，什么叫做恋爱。当一九五六年的春天降临时，我真感到了春天，政府的宽大，人民的宽大，妻子的爱情，这就是我的春天，我的希望。

她在一封信里有这样一段话：

“我们重新建立新社会的幸福家庭，那时我们才是幸福呢！”

这种不自觉中流露出的向往，也令我觉出了她对旧日生活的厌弃。我想起了我们过去的家庭生活。那时是什么家庭生活呢？对于她，我不过是当做一名奴仆，一个工具，一个用来听我说些无处可说的蠢话的收音机，一个用来解闷出气的物件。这可怜的姑娘被我训练成不能有一点儿主见，和对于“夫君”的怀疑。这段回忆对她无疑是不快的和耻辱的，她愿意重新建设和过去不同的生活，因此，她开始向我迂回地表示出她的意见了。

每次看见她出现在我身边，每次看见她的来信，我都怀着一种负疚的心情。这是一种奇怪的经历：越觉得负疚，感情却越是在滋长。我发现，随着见面和通信次数的增加，对她的感情和对未来的向往也逐渐强烈起来。“重新建立新社会的幸福生活”，这句话也越来越吸引着我。

她的向往，她的希望，她的一切变化都在吸引着我。我把它也看成了我的幸福和希望。但是，我并未料到，她的变化并没有静止下来。被同德殿两年的噩梦所蒙污过的贫民的女儿的心不过刚在苏醒。短短几年的解放后的生活，还没有让她完全苏醒过来，传统的习惯的影响也还没有从她身上完全消失，因此，她看到的事物还是模糊的，婚姻、家庭等旧日的概念还没有从根底动摇。所以，她只是迂回地表示了对过去的批评，用新的向往来表示对旧的否认。我当时还不明白这些，更不明白那个不可遏制的一个人的变化是怎么在进行的。只是在她后来的来信和会见中，发现她不太谈到未来家庭的生活，而更多的是对过去的怨恨。关于她的过去，有的我知道，有的我不太知道，她似乎不管这些，有时写得很多，显然是感触激发之际，不吐不快，至于对谁谈倒像是次要问题了。

在一九五六年儿童节后，她写了一封很长的信来。她一面说，总没有时间写信给我，但在这封长信里，几乎没有一句再谈到“我们的”未来，全篇写的都是她自己的无限怨苦的过去。

> 看你回来之后，我一直在忙。时间总是不够我用的；再加上筹备“六一”儿童节。我们行政上给了一笔钱，买了许多糖果点心，好为庆祝“六一”儿童节联欢会招待小朋友。“六一”的前夕更是忙。托儿所的全体同志，各有各的任务。有的在教孩子歌舞，准备在联欢会上演出节目；有的把买来的糖果分装在口袋里；有的布置会场等……午休时间也没休息，还在准备一切，唯恐忘掉某一件事。虽然这样忙得喘不过气来，可是同志们都很高兴。因为今天的儿童是幸福的，所以我们这样忙，给孩子们准备过节。
>
> 回想起来，我的童年时代太苦了，是处在日本帝国主义铁蹄践踏之下的东北。而我的家又是最穷苦的。爸爸一天劳动十三四个小时，一家人才不至于饿死。在旧社会里的孩子是父母的累赘负担，哪里能够谈到什么幸福呢！勉强念几天书，还交不起学费。没有学费，学校就要开除。回家跟妈妈哭，妈妈说，“以后下学缝袜子吧，挣钱交学费和买学习用品，不然，你爸爸是没钱供你们念书的。”于是，下学后，除了复习功课之外，还要缝袜子。
>
> 孩子都是喜欢玩的。记得有一次，我带着几个同学去到南岭

(这是长春的一个地名)西边一个日本的儿童体育场去玩，快要到体育场的时候，碰上了日本鬼子大人，不叫我们去玩，并且放出洋狗吓唬我们，叫洋狗咬我们。把我们吓得哭了起来；跑吧？人没有狗跑得快。于是，小朋友们大哭直喊妈妈。日本鬼子都哈哈大笑起来，孩子们都吓坏了，他们开心地笑起来了。以后回家，有两个小朋友吓出病来了，再也不敢去玩。可是日本孩子玩的体育场，是我们中国劳动人民建筑的，也是中国的东西做的，可是中国孩子不能去玩。当时在幼小的心灵上，引起了无比之愤恨。

我再不能细说旧社会孩子们的痛苦了。说起来使我伤心，真是和连环画中“三毛流浪记”漫画家张乐平作品所说的“人不如狗”一样。旧社会里，大官僚和资本家们家中养的狗，都是喂牛羊肉，大米白面，还有专人饲养。

有一次，我同几个小朋友到“宝山”(现在的长春百货公司)去玩，正赶上来一批消费品，价钱不太贵。先放票(放票是东北话，指发放注有号码的纸或木牌，购货先后以此为据)，于是我和小朋友也排着队等着领票，好给妈妈送回去，叫妈妈来买(在伪满时，许多日常生活用品是被禁止的，偶尔百货公司来一点儿，大家抢着买，时常挤伤人)。可是这时有一个官太太牵着一条狗，穿得很阔气，站在队外，对队里一个男人讲：“这些穷孩子怎么也来了？今天这些东西是给什么官人家配给的，一般穷户不给！快把这几个穷孩子轰走。小心！穷孩子偷东西。”这个官太太讲一句，那一个男人答一个“是”字。原来那个男人是官太太家里的采买佣人。于是这个男人就像喊狗似的，直冲向我们来了：“快走！快走！这不是你们待的地方！”我小声对小朋友们说：“不走。买东西还分人家？”可是这时过来几个伪警察，官太太和他们说了几句话，几个警察过来，把我们几个人一把抓住，使劲往外一推，嘴里不干不净地骂：“他妈的！谁叫你们穷孩子上这地方来的？是想偷东西吗？穿得这样破，这样脏，还想买东西！这东西是给官家买的。你爸爸干什么的？”我说：“不做官，拿钱买还不行吗？再说，这东西我们家也用得啊！”伪警察走前一步，举起拳头说：“你再废话，我就打你！”我和小朋友们愤恨地走开了。

不但社会对儿童这样，在家里孩子们也是很苦的。有病了，爸爸没钱买药，说：“快死了吧！活着给我添累赘，死了免得受罪。”女孩子在旧社会里不被重视的，就更苦了。父母认为女孩子长大了，也是吃闲饭，不能劳动挣钱养家，所以也不喜欢女孩子念书。

我以上所举的例子是伪满时候的。我和我周围的孩子，百分之九十几都是那样穷苦；百分之几是汉奸的孩子，他们的生活条件是比我们好得多，可是他们受的教育却是极坏的。因为父母的影响，他们的思想品质都是卑鄙无耻的。所以，在帝国主义侵略下的国家，儿童都是不幸的。再看看今天，新中国的儿童是多么幸福啊……

我写这一堆东西，什么都有。你从这里可以知道我这一个时期都做些什么和生活情况。再有，还在每天学习，经过两次考试，我都得五分……可是，就不能有时间多给你写信。我上次千里迢迢去看你，你说："几千句几万句也说不完，说两句就行了！"所以信写不写是没关系的。同时，再去看你也是遥遥无期了。一来我没有时间……再说路费虽少，却也没处弄去；都行了，千里迢迢去了，待不一会儿又得往回走。所以，现在我特别着急，着急的是什么？你也许知道。同时，我在工作中，或遇见为难时，我想起你来，我知道你有什么变化？对工作有什么作用？你体会吧，不用我说了。

我每礼拜日都回家看妈。妈妈总把我看成小孩子那样疼我。我若不回家去，妈要想我的。我回家妈高兴极了！问我生活情况，工作情况，等等，唯恐我在外边受委屈。明天过端午节不放假，可是大哥叫我回家过节去，不回家妈要难过的。可是别人不回家，妈倒不着急。明天下班后回家看看去。

你近来身体好吧？精神也好吧？近来学习情况如何？学习什么东西呢？你每天参加活动时，你参加什么？参加体育活动没有？下次我给你买点儿童连环图画寄去，非常好，对你是很有帮助的。希望你努力学习，争取早日改造好……

如果我当时能把这信仔细地研究一下，就可以明白，是不是真如她所说的"不能有时间多写信"了。显然，那个曾受过鬼子、官太太、洋狗和采买佣人欺负过的孩子，已经懂得了更多的事情。显然，她也想起了长春"帝宫"中那些孤儿的遭遇。显然，今天儿童的生活使她想起了自己的童年和长春同德殿内外的噩梦。这些回忆所激起的感情，是和信开头的称呼不和谐的。她说这封信是分做好多次才写成的，究竟是没有时间，还是由于那越来越不能和谐的感情？这也是明显的。但我当时对这些都没有懂得，特别是没有懂得：既然已经没有了值得回忆的过去，那又有什么值得向往的共同的未来呢？

当然，突然明白了这一切时，已经是事情到了最后结束的时候了。

一九五六年十二月中旬，是她第五次来看我。照例的，我走进了那间由讯问室改设的小单间，照例看见她从沙发上站起来迎接我，而且她脸上还浮着照例的微笑。我一坐下来，她便说：

“今天咱们研究一下，咱们生活上的事。”

我不明白有什么生活上的事要研究，但立刻也就明白了。

“你对我现在虽然很不错，可是我们年岁差得这么多，兴趣就很难一致，我喜欢的你不一定喜欢，你喜欢的我也不一定喜欢……我想来想去，还是离了的好……”

这一番话真像一桶冷水似的，直浇到我头上，一年半的往来，忽然有了这样的结果，真是难以令人相信的事。说实话，我对她的感情也正是在这一年半中才有的，我相信她对我也是如此，为什么会出了这样的事呢？我不得不表示了异议，我说出自己的感觉，我说，“我们感情不是很好吗？你说的那些，我并不那样想，为什么兴趣不能一致呢……”

我没想到，她的态度是那样坚定。我这时还不知道她先和所长谈过，当所长说出了调解的话来，她竟是越劝越坚决。我真没意料到的是从前那个百依百顺的人竟是这样。

她对我只是重复着那句话：“我想来想去，只好这么着。”

“既然如此，”我最后说，“这是勉强不了你的，我也不能把自己的幸福建筑在你的痛苦上。我希望离开之后，我们还是朋友，像兄妹一样……”

“那是一定的。”她竟然又掉了眼泪，表示了同意，“我们还是朋友，以后感情也不坏。”

送她走出了会见室，我心酸起来了。接着所长找了我，一看所长的表情，我已明白他全知道了。我还是把我们的谈话告诉了他。他听完，沉默了一会儿，问道：

“是不是就不可挽救呢？”

“她很坚决。”我说，“我想我比她也是太老了，她不幸福……”

“你的态度是很好的……且看看她是不是还有信来吧。”

又出乎我意外的是，不多天，她真又来了信，而且说她回去如何痛苦，她的母亲如何责备她，反对她，她方寸已乱，不知怎么才好。

所长又找了我去，出了个主意：“让她来，再谈谈，好不好？”

我的信去不久，她又来了。这时已到了年节，所里放了假，工作人员除了值班的都过年假去了，但是在所长的命令下，给专门布置了一个房间给她，如果她认为必要的话，可以尽量谈下去，明天再走也可以。

我们谈了很久。可是谈来谈去仍是那个结果。

我也明白了，这是不可挽回的事。不但是我没有这个力量，热心肠的所长和慈爱的母亲也都没有办法。她有了完全属于自己的意志，她真变了。

这是我当时唯一所想到的结论。但是，事后所长微笑着对我说：

“一切都在变，你在变，溥仪……不把自己幸福建筑在别人的牺牲上，这是对的！”

第十一章
“世界上的光辉”（1957～1959）

一、在我心里失掉过的

从一九五六年下半年起，经常有些外国记者和客人来访问我，还有些外国人写信给我，向我要照片，或者在寄来的照片上签名。一九五七年二月，我接到从法国斯梯林－温德尔寄来的一封信，里面有几张我过去的照片，有一封信，还有一篇不知要做什么用的很短的文章。这篇文章和那封信使我非常惊奇。现在把文章抄在下面，至于作者的姓名，我想不必去抄它了。

监牢里的中国皇帝

“世界上的光辉是无意义的”，这句话是对一个关在红色中国的抚顺监牢里等待判决的政治犯人的一生的写照。在孩童时期，他穿的是珍贵的衣料，然而现在却穿着破旧的棉布衣服，在监牢的园子里独自散步。这个人的名字是：亨利·溥仪。五十年前，他的诞生伴随着奢华的节日的烟火，但是现在牢房却成了他的住处。亨利在两岁时做了中国的皇帝，但以后中国的六年内战把他从皇帝宝座上推了下来。一九三二年对于这位“天子”来说，又成为一个重要的时期：日本人把他扶起来做“满洲国”的皇帝。第二次世界大战以后，人们再也没有听到关于他的什么事，一直到现在这张引人注意的照片报道他的悲惨的命运为止……

那封信以这样的话开头：“由于对陛下的仁慈和恩惠的坚强信心的鼓舞，我在这里谨向陛下提出一个请求……”他请求的便是要我在他寄来的照片上签个字。

类似的同情，在这以前我也遇到过。一九五六年八月，有两位英国记者

（可惜不记得名字了）就问过我：“作为清朝的最末一位皇帝，遇到这样的下场，你不觉得悲哀吗?”另外，还有人也表示了另一种同情，有位加拿大记者问过我，待了这些年还不审判是否觉得不公平。有位法国记者曾问我：“被捕后长时期没有审讯，是否感到惊奇?”当我回答他说，使我惊奇的是，历史上不管是在哪个朝代、哪个国家，像我这样的人都不会受到这样待遇。我的这个答案倒真引起了记者先生的惊奇。

一个罪人如果不承认他有罪，他在牢狱里待一小时也是认为不公平的。如果他仅仅是在法律上承认自己有罪，他也必定要从法律上斤斤计较他的刑期。但如果一个罪人在道义上也承认了自己有罪，那就完全是另外一回事了。

至于世界上的光辉，那是什么呢?

在我看来，这是方素荣的那颗伟大的心，是台山堡那家农民表示的宽忍，是在我的亲属身上反映出来的巨大变化，是抚顺矿山的瓦斯灶上的火苗，是工业学校里的那些代替了日本设备的国产机床，是养老院里老工人的晚年，是沈阳法庭的审判和日本战犯们的眼泪……难道这都是对我没有意义的吗?

我给那位要签名的法国人的回信是这样写的：“我不能同意你说的世界上的光辉是没有意义的话……因此，我没有在照片上签名。”我向记者们谈过我的生活，我对政府的宽待感到惊奇和惭愧，我也说到自己对真理和正义的理解，等等。我这些书面和口头的答复，后来都引起了什么反响，我不全清楚，但我可以断定，我如果再谈到这个监狱对我不是监狱而是一棵菩提树，那就准会引起一些人更大的困惑（当然，我确信不是所有的人，比如缅甸的议长肖恢塔先生，他是把这里比做一座学校的）。我把监狱的屋顶比做菩提树的华盖，是由于我这时确实已有这种感觉，确信自己领略到了像那位迦毗罗太子证菩提果时的一样的心情。当我经历了最后的三年之后，我回想起那些日子，就越发觉得这个比喻的恰当。首先，这是由于在这最后三年的五次参观中，我从自己周围的世界里看到越来越耀眼、越来越有意义的光辉。

这五次参观中，我们走了五个城市，看了两个农业社，两个人民公社。二十三个工矿企业和五个文教卫生福利事业单位，又看了许多住宅区，还看了水库、展览馆、体育宫、烈士纪念馆……

我看了许许多多未曾见过也未曾听过的东西。我既没有什么专业知识也没有足够的常识来理解那些标在产品前面的数字的含义，例如：一千五百一十三立方米的大高炉、二千五百吨的锻造水压机、一昼夜可选矿七万立方米的七A浮选机、一小时可抽水一万二千吨的四十八D水泵、五十八天完成的万吨巨轮船体工程、容量超过解放前一年生产总量的四万千伏安和二十二万伏电压的变压器……许多产品名称，许多的发明创造，对我都是神奇的。我把笔记本写满了两本，固然长了一些生产知识，但对我更重要的是这样的事实：有许许多多我们过去没有的、做不到的，现在都有了，都做到了，而且很多是以最高的速度和最好的质量做到的。大量的是由自己设计，有的还由进口转为出口。虽然有些设备现在不能制造，但也在试制或者将要去做，而眼前的事实证明，我们也是必定做得出的。我从这里明白了那些难记的数字和专有名词的中心含义：这一切足以引起一个真正的中国人的自豪。

从无到有！仅仅这一点事实，就足够让我这样的人去思索的了。我理解的还不是单纯的关于一个社会进步的问题，而是对我的祖国和民族的估价问题。

我是一个中国人，可是在前半生中，我的心里总是对"中国人"三字充满自卑感。清朝的后期历史中的对外关系，使我对"外国人"有一种莫名其妙的畏惧心。我自从认识了庄士敦，又发生了对西洋民族莫名其妙的羡慕心。庄士敦的谈话、送我的画报和自来水笔，以及他穿的衣服、皮鞋，衣服上的别针、袖扣，都曾使我对西方文明拜倒，因而自惭形秽。后来到了天津，从日本人那里我更得出这样的结论：爱新觉罗是中国的统治者，但要治理好中国还是要靠外国人才行。天津租界里的七年生活，"外国人"三个字成了我的灵魂的主宰。每参观一次外国军队的检阅或者参加了一次外国人的宴会，我必感叹一次外国民族的聪明、中国民族的低劣。甚至一本外国画报、一双外国皮鞋和一包外国纸烟，都能摄去我的灵魂，使我佩服得五体投地。我居然相信了白种人优于有色种人的论点，记得这论点曾是我和溥杰的共同话题。我的世界知识的课本，除阅兵、宴会、画报、电影之外，便是法国的香水和白兰地、英国的衣料和香烟、美国的汽车和留兰香糖、德国的拜耳药品和眼镜、瑞典的火柴和搪瓷、古巴的雪茄烟、挪威的鱼罐头、日本的玩具……在我的生活中所用的，全是大学士倭仁指为奇技淫巧的东西，除了作为财产看的中国古玩玉器字画之外，我看一切都是外国的好。就连我的财产也要存到外国银行里，甚至不惜倒贴保管费。我当了伪满洲国"皇帝"，还必须吸三五、三九牌烟，吃拜耳厂的西药，喝三星白兰地酒。在我看来，中国的东西什么也不行，也永远行不了。

不但是我，连我的侄子——十三岁搬到东北一连住了十四年的青年，刚从苏联回来坐在中国的火车上，还惊异地问："这火车是中国人开的吗？"比他更小的孩子就更惨。我的妹妹的大女儿在英国出生，在伪满长到十二岁，她一直到"满洲国"垮台以后才知道自己是个中国人。我承继了我的祖先——从接受第一个辱国条约的道光皇帝到"结与国之欢心"的西太后止——把祖国降为殖民地半殖民地的事业，变本加厉地又帮助敌人把东北变为完全的殖民地。这种殖民地半殖民地的空气毒害了我自己的亲人，也毒害了我自己，制造出一批软骨病和先天不足的人。

在朝鲜战场上胜利消息不断传来的时候，我还纳闷美国军队的精良装备何以会失败。到了美国克拉克将军说他是“第一个不是在胜利的停战协定上签字的美国将军”，我才相信了胜利，也才相信了解放军过去抗日的战史。但相信不等于理解。因为我对于一个世纪以来的中国对外战史印象是太深了，庄士敦和日本的参谋给我讲过的中国吃败仗的故事，在长春“帝宫”里放映的日本电影以及天津各国军队检阅给我的印象都是太深了。朝鲜停战开始谈判时，我看到那些谈判情况的报道甚至还担心过，觉得中朝方的代表那样板是板眼是眼的，弄僵了岂不糟？我在紫禁城里看过的恭亲王、李鸿章等人关于办外交的奏折和西太后用光绪名义发的上谕，使我习惯了那些“量中华之物力，结与国之欢心”的外交。一旦中国人真的腰板硬起来了，我首先感到的不是痛快却是担心。我这种软骨病，直到看到了无数的足以挺腰板的事实之后，才算治好。我知道了犯了中国法律的外国人在中国法庭上判了罪，关进了监狱，或者被驱逐出境；外国的水兵闯入到中国海防区，被不客气地扣了下来。我又听到，美国的企事业被中国政府管制的管制，接收的接收，美国的“总领事”被中国不客气地从大陆上赶走，美国的飞机闯进了中国的领空，中国飞机就把它不客气地打了下来，美国的将军在中朝人民军队面前在停战协定上签了字，美国政府嘴说不承认新中国，可是又不得不举行了大使级的会谈。后来，我亲眼看到日本战犯在中国法庭服了罪，我又听到自称无敌的美国的国务卿，叫嚷着说中国是他的最大的敌人……我看到了这一切从无到有的事实，这些事情和我在参观中看到的那些从无到有的汽车、轮船、拖拉机、水库，各样发明创造……联系起来，我这才真正有了一种新的心情，重新想起了我是一个中国人。

由于看到了这些从无到有的事物，我又自然地想起那些从有变成无的东西——殖民地奴隶的烙印。

我想起了从前每次“巡幸”，不管是到哪个城市，不管是乘车通过哪条街道，到处都可以看到日本文的招牌和仁丹、眼药的刺目的广告招贴。在天津租界时，我还比较自由地逛过商店洋行，印象最深的是到处可以看得见的红锡包、美孚油、棕榄皂、味之素、韦廉氏红色补丸、万国储蓄会等等的广告。我还记得，在旧中国，举目四望，几乎没有一样商品上面没有英文——无论是外国货还是中国货，除了同仁堂的丸散膏丹以外，几乎凡有包装的一律没有例外。我所接触到的青年，也无一不是以能说英文为荣，或者对能说英文的表示着最大的羡慕。早在北京时代，由于听到庄士敦宣传有知识的中国人都有个英文名字，因此我叫做亨利，婉容成了伊丽莎白，妹妹们就成了玛丽、莉莉……到了东北，日文又代替了英文，充塞着视觉和听觉所及之处。这些奴隶的记号，现在全没有了！我自己领到的日用品，再没有外国的商标和字样。我在那座由中国人当厂长、中国人当工程师和中国工人操纵一切机器的“汽车城”里，有生以来第一次在汽车上看见中国字：“第一汽车制造厂”。在无论巨型的涡轮机，还是精密的量具上，我看见印着：“中华人民共和国制造”。在鞍山钢铁公司，我站在一望无际的高耸的钢铁建筑前，听到了一个故事。日本人在离开那堆已变成破烂厂房的时候说：“把鞍山给你们种高粱去吧，要想恢复，平心静气地说，也要二十年！”可是，从一九五〇年到一九五二年这三年间，中国人从十五万吨产量提到了一百三十五万吨，过了一个五年，又提到年产五百三十五万吨，等于从一九一七年日本在鞍山建立昭和制钢所起到一九四七年止这三十一年累计的总产量！像这样的钢铁基地，在中国已经不是一个，而是好几个！

许多的资料档案说明，中国人在东北得到的不是什么基地，而是一个一个的烂摊子和各种各样的讥笑。从某种外国人嘴里发出的讥笑如果聚起来，大概可以变成一场台风。可是人民却像地球本身一样，不管地面起多大的风，扬起多大的灰尘，它还是按着时刻不差一分地转动着。中国人并没叫台风吓倒，农村恢复了，合作化又实现了；鞍钢恢复了，又成了现代化联合企业了；抚顺煤矿恢复了，产量在十年间提到了伪满时最高产量的几倍。要恢复的都超过了过去，没有的也建设了起来。这种事情在发出过讥笑声的人的心里发生了什么反响，我不大知道，但从古海忠之第二次参观大伙房水库的感想中，却听到了一种真实的回答。

我们第一次（一九五七年）看大伙房水库时，只看到一望无际的人群，活动在峪间，那时，我们从桌子上的模型上知道它将蓄水二十一点一亿立方，可以防护千年一遇的洪水（一点零七万立方）。同时，还可灌溉八万顷土地。第二次参观是两年后的一九五九年，已是完工了一年的伟大杰作，展开在我们面前的是一座浩瀚的人造海，一条高出地面四十八米、底宽三百三十米、长达一千三百六十七米的大坝，它的八米宽的顶面，犹如公园的露天舞池那么漂亮。古海忠之这次参观回来，在俱乐部大厅向全体战犯发表了他的感想，他有一段话说：

“站在……大伙房水库的堤坝上四面眺望，我感觉到的是雄伟、美丽、和平，我还深深地感到这是与自然界作斗争的胜利，这是正在继续战胜自然的中国人民的自豪和喜悦。看到这样的水库，使我脑海里回忆起来，在伪满时代当总务厅主计处长、经济部次长、总务厅次长等职务时，站在丰满和水丰水库堤坝眺望的往事；那时也认为是对大自然作斗争，认为能做这样世界上大工程的在亚洲只有日本人，而感到骄傲；蔑视中国人是绝对不可办到的（那时，为了准备战争非做不可的工作很多，在劳力方面虽强迫征用仍感不足，材料也没有，这个大伙房水库计划就打消了）。中国工人，衣服破烂不堪……我认为自己和这些人比，完全是另一种人；我以'伟大的、聪明的、高尚的'人的姿态，傲慢地看着他们……"

"在大伙房水库劳动着的人们，由于他们充满了希望，有着冲天的干劲，忘我的劳动，蓬勃的朝气，眉宇间显示出无比的自豪和喜悦。站在小高堤的一角眺望着的我，就是对中国人民犯下严重罪行的战争罪犯。哪一方面是对的呢……"

用自以为是伟大的、聪明的、高尚的人的姿态，傲慢地看着中国人的，在过去的列强中，哪一个国家不是如此呢？在一百零九年间，列强里有哪个国家没有欺负过中国人呢？那些带着从鸦片、十字架、大炮一直到口香糖、大腿电影的自以为高尚文明的人，在中国的土地上不但是傲慢地看过，而且残暴地屠杀过，敲骨吸髓地掠夺过；不但单个地干，还结成两国的、八国的联军来干；不但把军队开进边界、开进内地，而且还开进京城，还要永远驻在京城、通都大邑、交通要道和海防要塞上。从我伯祖父旻宁时代的《南京条约》到国民政府的《中美商约》，在旧中国的日历上，写下了多少个国耻纪念日，翻开旧中国的近百年对外关系史，可以找到一切耻辱的字眼：利益均沾、机会均等、门户开放、最惠国待遇、租界地、关税抵押、领事裁判权、驻军权、筑路权、采矿权、内河航行权、空运权，以及伤驴一条赔美金百元，杀死了中国人一命倒可以偿美金八十元了事，"盟邦"军人强奸中国妇女而不受中国法庭审判等等的权力。

中国近代外交史，就是一部屈辱史。也是从旻宁到蒋介石这一连串的软骨症病历。在我父亲的日记里，曾多次提到过赫德这个英国人，据说我幼时在故宫里曾接见过他，我已经不记得了。他是中国海关第二位总务司，许多外国书用了各种称颂的话来描写过他，后来上海外滩还给他建了一座铜像。这个很受恭亲王喜欢的人，不但是中国海关的主人，也实际是恭亲王的总理各国事务衙门（外交部）的灵魂，恭亲王办理重大涉外事务，几乎都有他的参与。他给恭亲王写了一篇《局外旁观论》，就像老师教学生似的告诉中国的外交部门怎样办外交，总起来就是一句话：要按着条约办，否则就要挨打！

中国在近代史上（一八六八年）正式派遣使节出使外国，是根据赫德的意思开始的，第一次派出的使节也不是中国人，却由一名美国人、一名英国人和一名法国人组成的一个使团，派中国人出去办外交还在以后。第一个作为特使（一八七一年）出国的中国人叫崇厚，那却是因为天津教案到法国道歉去的。中国外交官就是这样开始出现在世界上的。从崇厚起一直到解放，哪一个出使的中国人的腰板是硬的呢？不是去赔礼道歉，签订屈辱条约，就是挨了张家欺负跑到李家苦苦哀求什么公道、声援，再不然就是去借钱，或者不过在典礼上忝居末座，捧捧场。李鸿章到日本马关，我父亲在庚子后到德国，北洋政府外交官的参加巴黎和会，孔祥熙到伦敦参加英王加冕……无一不是去伺候别人的颜色。作为一个中国人,他们谁也没挺起过腰板来。假如那些软骨症患者都写一本回忆录,说一说那些办外交的掌故,必有丰富的内容。我就知道李鸿章是个最善于听洋人训斥的人。一八七五年英公使威妥玛就曾经当面教训过他："你们中国人办事,越办越不是,活像一个孩子长到十几岁,又变成一岁了。"

但是，这些日子都过去了。中国人站起来了。古海看得很清楚，现在的中国人"眉宇间显示出无比的自豪和喜悦"。古海的这句话，给了我很深刻的印象，以致我在特赦后看到一本美国人写的书时，又想起了它，而且明白了他敏感到能看见中国人眉宇间的神色，绝非夸大其词。在我看的那本书中，有一段作者本人经历的描写，让我相信那些曾经对中国人傲慢过的人，处于时代的转换期，是特别敏感的。那个美国作者住在北京西郊燕京大学里，他每星期坐燕京的校车进西直门的时候，车上的中国教职员和男女学生照例要走下车来，受那些国民党军警的检查，他这个美国人则照例稳坐车上不动，他就不免常常以白种人的优越感，坐在那里欣赏车外中国男女青年受检查时的表情。可是，时代变了，北京插上了红旗，西直门也换上了中国人民解放军的哨兵。在那些日子里，燕京大学的校车再走过西直门时，下车的再不是那些中国人，而是他这个有过优越感的美国人了。当他在中国人的目光之下，走到人民解放军哨兵面前，交验他的身份证时，他也看到了中国人眉宇间的变化。

站起来的中国人，自然要引起那些傲慢的人的愤怒。他们除了恶意的讥笑之外，还有他们认为最厉害的手段。间谍破坏是手段的一种。在西直门由看中国人受检查而变为被中国人检查的美国人李克，便是美国海军部门的一名间谍，北京解放第二年他被送进中国的监狱里去了。经济封锁是手段的另一种，但我在东北工业陈列馆里，在那些工矿企业里，亲眼就看到了不少属于禁运单上的东西，而且还听到了一个笑话。有一次，香港当局派人扣留了一个仓库的甘油。甘油的经销商去询问为什么扣下这批货，当局回答："这是战略物资，属于禁运范围的。”“对谁禁运呢？”“对中国。”经销商拿出货单来说：“请看，这批甘油可是中国出口的呀！”顺便说一句，我在参观中也看见了中国制造的甘油。

这里，一切凡是应当有的但还没有的东西，是必定会有的，而且已经不断地从无到有了。有的东西从前有过，但是被丧失掉了的，也终究会再有的，而且在不断地恢复了。我说的不但是机器和技术，不但是矿山和土地，更重要的是荣誉，是每个人心里都应该有的祖国。由于那些傲慢的人，也由于我这样软骨的人，使东北像我的外甥女这样的孩子，竟会连祖国的名称也不知道，但是祖国两个字，现在又成为东北每个儿童心里最引起自豪的神圣字眼。我参观长春第一汽车厂时，一位接待人员告诉我，汽车厂刚投入生产时，有一个小学校要求参观，厂方表示了欢迎，并且准备派出最舒适的轿车去接他们。孩子们一听说派来接他们的是进口的（该厂当时只生产卡车），立刻反对道：“不要！我们要坐我们祖国自己造的大卡车！”

孩子们的话，又一次让我想起了，在我心里曾经失掉过的神圣的字眼：祖国。

二、解放了的人

在庄士敦的那本书里，有好几个章节的标题都离不开个“龙”字。写我结婚，题为“龙与凤”，写我不打算闷在紫禁城里，题为“真龙展翅”……把皇帝看做什么真龙天子的神话，中国人早已对它没兴趣了，我一想起那些恭维和比喻，要多不自在就有多不自在。但是我在一九五八年，我忽然又想起关于龙的故事。作为神通广大、威力无边的象征的龙，我觉得能够配得上和它比喻的，不是别人，正是我祖国的人民。这是从参观中，从北京人们来信中，以及从我们整个管理所的气氛中，从一切方面的事实中所得出的必然结论。

一九五七年参观大伙房水库工程时的沸腾的场面还留在脑际，一九五八年新年更传来各地大兴水利的鼓舞人心的战鼓声，接着又出现了全民向天夺粮的大战。随着夏季大丰收的消息之后，各个工业战线上的各种发明创造和超英赶美的战果也频频传来。与此同时，管理所也出现了全新的气象，干部和管教人员们天不亮就推着车子扛着锹，出去参加义务劳动去了；犯人们办起了电机工厂、翻砂工厂，不多天里机器也开动起来，投入生产了；年纪大的老头，也按体力情况分工组织了菜窖、园艺、食品加工、医务……各个小组的劳动。这时，我又接到了北京的来信。二妹参加了街道工作，情绪高涨地在和居民们组织街道托儿所。在故宫博物院工作的四妹说，她参加了义务劳动，到德胜门外去修湖，被评选为五好积极分子。其他几个妹妹都纷纷告诉我，她们如何地投身于热火朝天的大生产运动。一九五七年被释放回去的侄子、妹夫们和李焘也都来信把振奋人心的消息告诉了我。三妹夫说，他和区政协的一些老头一起，也到十三陵去劳动了三天，得了一面红旗，他们这个队的老头们年岁加起来是七百六十六岁，工地上就称他们为“766 黄忠队”，他在劳动中还创造了一个“小小的先进经验”。五妹夫的信里以骄傲的口气讲了孩子们如何正向科学堡垒展开进攻，在北京大学的大孩子已参加了利用冰雪的科学研究工作，正在甘肃山区向一座积雪的高峰攀登。一进秋天，到处传来丰收的消息，接着又是一场令人不能想象的夺钢大战，全民展开了大炼钢铁的运动……这一年，在我眼前呈现的是一幅又一幅的壮丽的诗画。我看见在祖国的原野和群山里，到处有浩浩荡荡的大军，向自然发动猛烈的进攻，改变着大地山川的面貌；到处是高炉的炉火和鲜红的旗帜在飞舞，照红了一张张紧张而兴奋的、喜上眉梢、充满自豪的脸。这里面也有我认得的，有我在抚顺的矿坑里见过面的，有我在鞍山握过手的。有平顶山出来的方素荣，也有台山堡的那一家农民，有刚刚到家不过一年多的妹夫和侄子们，有我的妹妹和她们的儿女……就是在这些人的一锹一铲的手臂舞动之下，粮食棉花产量飞到一个历史空前的高峰，钢产量由世界的第二十六名提到第七名，煤电由第九名升到第三名，不驯的河流开始低下了头，傲慢的山岭开始让开了路……就是在这时候，我忽然想到，我的祖国的人民就是那神通广大威力无边的龙，这才是真龙展开了翅膀，开始凌空飞腾。

蜷卧了千百年的龙，何以会施展出如此惊人的威力来呢？在参观中，我听到无数的英雄的业绩，也知道了无数的英雄的身世，从那些在旧社会默默无闻的、被轻视的受苦人一下子变成了举国闻名的人物的经历中，我发现他们都有一个共同之处：过去的奴隶，变成今天的主人，这就是问题的答案。

在鞍钢有个无人不知的老人，他的事迹现在已传遍全国。一九四八年当日本的旧技术人员发出不如种高粱的讥笑的时候，这个有三十二年工龄的老管子匠，回到了几乎吸干了他的血汗的鞍钢。他问比他早回来的工人：

“做什么活？”

“活有的是！光是拔草就够干十天半月的！”

“那是小事！”老人的眼睛望的是铁水凝结在里面的高炉，严肃地说，“先弄这个！”

在蓬蒿塞路、野兔定居的炼铁厂里，一切设备都被国民党接收人员盗卖得残缺不全，能拆的都拆走了，仓库里没有备件，工人手里没有家伙。但是，工人们不种高粱，他们和刚摘下人民解放军胸章、捋起袖子的干部一起，立刻动起手来。跟着出现了一个献纳器材的运动，把自己家的工具、器材都送回了厂子，同时，政府又拿出了钱向收买过“接收大员”的器材的商人们购买那些机器材料。在那个冬季里，老人整天到工厂的废铁堆里，扒开一尺厚的雪层，把一切认为有用的东西都挑出来拿到空仓库里。起先还有人笑他，后来在恢复工程中，人们在他这个仓库里常可以找到擦得铮光煞亮的而且正适用的器材。于是，修理厂工人首先仿效他，把从前废弃的材料都收集了起来。到了一九四九年，开国大典举行的两个月前，被日本技术人员估计要二十年才能恢复的鞍钢炼铁厂，恢复时期才过一年，已经有三座高炉又冒起了浓烟。这三座高炉的全部管道工程，就是老人和他的修理厂用拾来的废弃材料安装成功的，没有花国家一文钱去买材料，也没有领过一文钱的献纳器材奖金。甚至一开始连厂长也不知道这个内幕。有两个经常采访高炉消息的记者，这年冬天每次来到高炉，总看见一个老头在高炉这里爬上爬下，有时在炉内摆弄水管，身上尽是些冰块块，走起路来嘁嘁喀喀直响，记者发现了他，告诉了厂长。当时，记者们曾问这个劲头像小伙子似的老头：

“你多大年纪了？”

“整五十二岁啦！”

“是谁叫你这样干的？”

“谁也没叫。”

“为啥自己这样干？”

“为啥？”老头觉得问得奇怪：“不当亡国奴了嘛，是为自己干的嘛。”

老人当了炼铁厂的修理厂长，但人们提起他，都喜欢叫他老孟泰、老英雄。他和修理厂的工人们放那些捡来废弃器材的屋子，就被人叫做“孟泰仓库”。在恢复时期的头两年里，这个仓库起的作用简直难以估计。但是关于老孟泰的故事，更远不是一座仓库能容得下的。一九五〇年八月，有一次高炉里铁水漏出，与冷却水接触发生了猛烈爆炸，老孟泰闻声不顾危险带头冲上炉台，从浓雾中和不停的爆炸中判明了情况，冒险抢救高炉的有他；在抗美援朝时终日睡在厂里，在第一次空袭警报中勇敢地跑上高炉炉台，提着一根铁管自动去保卫高炉的也是他；一听说产院里床位不够，不费公家一文钱，收拣废水管给产院制作了五十个铁床的也是他……他带出了数不清的徒工，许多人又成了新一代的先进工作者；他不服老，听说青年工人王崇伦发明万能工具胎，一年完成了四年多的任务，他提出了赶王崇伦的口号，回到厂里就和大家研究如何为祖国创造更多的财富，在一个月内，他领导的修理厂就真的搞成了八项重大的技术改进。他不只关心自己的修理厂，修理厂外的事也样样操心。他看见操纵矿石车的小伙子叫六百多摄氏度高温的烧结矿烤得浑身大汗，每十分钟就得浑身浇一次凉水来降温，心里十分着急，就和大伙商量，结果想出了安装水管用环水降温的办法，把矿车内温度由七十摄氏度一下降到三十摄氏度……

这位老管子工常常说的几句话是：“国家是咱们的啦!”“不做亡国奴了嘛，这是给自己干嘛!”这句话里流露出了老人今天的喜悦、自豪和责任感，也浸透了过去的辛酸愁苦。他生在河北省丰润县的一个贫农的家里，从记事时起，就很少吃过干饭。他少年时给一个举人家当长工，受不了欺压，十六岁时闯关东去了，到了千金寨。到千金寨的第二年（一九一七年）正遇上这里一次瓦斯大爆炸，这次胜利矿死了九百一十七名矿工，他亲眼看见鬼子在矿井周围拉上电网封锁，而成千的妇女小孩围在那里哭声震天，有的女人一看到自己亲人烧成木炭似的尸体，就一头撞上电网，电网里外，全是死人。他在千金寨日本鬼子工头手下做了十年钳工学徒，除了做工还要给鬼子工头做杂役。鬼子吃过饭午睡还要给鬼子捶背，有一次在捶背时碰掉了一个钢锉，挨了一顿耳光。实在受不了了，他又跑到鞍钢，一连干了二十二年的管子工。受气挨打，一直挨到日本鬼子投降，以为好日子来了，可是国民党接收大员只会盗卖器材，工人日子更难过，他只好带着女人孩子到乡下去种地。他三十多岁才娶上亲，一九四六年到妻子娘家海城乡下，国民党又天天抓兵，他只好天天藏到顶棚里躲着，不能做工又种不了地，全家快要饿死的时候，海城乡下解放军到了。从此，一个崭新的生活，在一个饱经沧桑的五十多岁的老人面前展开了。这是由奴隶变成主人的生活，一开始，他还不明白这个变化是怎么回事。他被介绍到后方通化去做工，到了解放区，当迎接他的干部亲切地抚摩着他小女儿头的时候，这是第一次受到的兄弟般的待遇，使他老泪盈眶。他看到解放区的铁厂厂长不但毫无架子，而且和工人一起干，一起生活，他明白了这些人是自己的弟兄，是完全的自己人。等他在解放区工作了一年，鞍山解放后又回到鞍山时，在他心里支配一切的只有一个思想：“这是给自己干，国家是咱们的啦!”

在我参观的厂矿企业里，到处都有老孟泰式的英雄，也都有类似老孟泰的旧时代奴隶的经历。单单这个鞍钢，我就曾听说过发明反围盘的张明山，会见过创造万能工具胎的王崇伦。王崇伦是个年轻的刨床工人，但是也受过旧社会的折磨。在解放后，他并非立刻明白了周围世界发生了什么变化，甚至在一九五〇年还因为没有涨他的工资，一怒之下三天没去上班。但是当他一想起了旧时代的生活，一想起了在旧时代患了十几年眼病的母亲是解放后的国家治好的，他一明白了这些亲身经历的事实，这个智力和精力惊人的小伙子的劲头马上出来了，连旧的劳动定额都成了他的敌人，一齐被他连同那些旧思想一件一件地丢在脑后。于是，在第一个五年计划的第一年就完成四年多的定额，被人称做走在时间前面的人。一九五七年我在鞍钢看见他的时候，他已是工具车间的主任，正领导他的车间生产着一九五八年和一九五九年的产品。后来在古海忠之谈到中国人民的眉宇间的喜悦和自豪的时候，我就很快想起了这个车间。这个车间的工人，似乎每个人的眉宇间都有着喜悦和自豪呢！

看见了人们今天的喜悦和自豪，自然令人想起旧日的那些灾难。在大伙房，我望着那浩瀚的人造海的波澜，眼前忽然浮起幼时在宫里雨天塞沟眼积水的游戏，耳边似乎又听见乳母讲着她幼年遭遇的水灾的故事。那时，水是我游戏取乐的对象，水灾也不过是引起我好奇和幻想的材料。到了长大，无论水灾旱灾，我从报上看到这类消息，想起的不过这是我利用赈灾手段以沽名钓誉、培植政治资本的机会。我看到不少民国时代关于赤地千里人相食的消息，看到一元钱可救一条命的呼吁，看到女孩子论斤出卖，不过几个铜元一斤的新闻。我也在光绪朝《东华录》里看见过各省大臣年年必有的关于灾情的奏折，其中也有惊心动魄的描写。可是那时所有这些描写加在一起，也没有叫我像听见孙殿英盗陵那么激动。如今，我再想起那些事情的感觉就不同了，因为正是那些人为的灾祸或人工加深的天灾，教育和锻炼了人民，正是它所造成的悲痛，变成人们的巨大的足以冲毁一切的力量，击碎了旧世界。也正是由于旧世界的毁灭，旧的灾难一去不复返，人们的眉宇间才出现了喜悦和自豪，才出现了大跃进的轰轰烈烈的形势，才出现了龙腾虎跃的局面。

如今，那些灾难已经过去了。其实，旧日的灾难岂止是水旱，岂止是血腥统治和贪婪的掠夺？受难者也岂止是工人和农民？每一个有正义或有美好的理想的人，谁不曾在那个黑暗的世纪里苦闷而彷徨？有些人在那个社会里不一定准愁吃穿，只要他们能够忘掉天良或者理想，肯做帮凶或者帮闲，还可以名利双收。但是有骨气的人不要那样的名利，于是在他们和革命斗争联结在一起之前，也就无望地屈辱地生活在另一种灾难中了。我国一位著名的建筑学家，他是祖国民族建筑的热爱者，旧社会的统治者没有人注意和尊敬他的学术思想，他只有眼看着那些心爱的艺术品任风雨之侵蚀和大兵们的糟蹋。解放军对平津形成了包围，在解放北平城的前夕，派人去向他咨询关于这座古城文物建筑的情况，以便万一攻城可以保护这古城文物建筑免受炮火损失，这位对共产党毫无了解而且抱定一生不问政治的建筑学家，从这个问题上立刻明白，“解放”这个字眼对于文明，对于人类美好理想以及对他本人的含义。

我之所以特别注意到这位学者的故事，因为他的先人和我的姨祖母有点瓜葛，他是维新运动领袖之一梁启超的后人。我在报上看到他参加了中国共产党的消息，还有他写的一篇文章，知道了他的事情，我就想到了旧日灾难，真是越想越觉其深重。在那个漫长的黑暗的世纪里，从另一个角度来看，对某一部分的儿童，包括了我自己的童年在内，也何尝不是灾难？我看了许多托儿所、幼儿院，访问了沈阳、哈尔滨、长春、抚顺的许多学校。我看着坐在显微镜前正探索着微观世界的孩子，我看着正严肃地审视小飞机引擎的小科学家，我竟一时不想从那些耀眼的仪器和神秘的机械面前走开，我不能不回忆起自己养蚯蚓、喂蚂蚁、看牛狗打架和听讲君君臣臣的童年时代。我参观了许多城市公园，每每看到在那里嬉戏的孩子和“过队日”的红领巾——在一处有一群孩子围听一个解放军海军讲故事——我就觉得这里任何一个公园的阳光，都比御花园的明亮而充足。我甚至现在还能觉出毓庆宫和御花园的那股霉烂东西的气味……

在参观间歇中，我连续地接到了北京的来信。五妹的大孩子参加了登山训练，已到了西藏，将探索祖国高峰的奥秘；二妹的大女儿获得了北京市女子摩托冠军的荣誉，又被选为女子欧洲式击剑比赛的北京选手……正当我更深地感到下一代的幸福，也包括了爱新觉罗氏的后代得到解放，因而内心充满了激动，这时候得到了从另一个世界传来的一个噩耗：我的侄女、溥杰的大女儿自杀了……

三、美与丑、善与恶

“人活到世上，总要做些对人类有益的事情，你所做的都是些什么呢？”

所长曾经问过一个日本战犯的这句话，在参观期间，忽然又回荡在我的耳边。这是一句非常平凡的话，但是对我们说来，又是一句非常严厉的话。一九五七年在哈尔滨的参观中，我特别感到了这句平凡的话的沉重分量。这是两次工矿企业以外的参观，一次是对平房区金星农业社的访问，一次是进谒东北烈士馆。

自从一九五〇年苏联政府公布了前日本陆军军人案以后，日本军队设立过细菌部队和对中国使用过细菌武器的罪行就公诸于世。据说后来查明，一九四〇年至一九四三年发生在浙江宁波、湖南常德等地区的鼠疫，就是日本用细菌武器所造成的灾难。这个部队原来的化名是“关东军防疫给水部”，后来又使用“第七三一部队”的番号。另外还有一个叫“一〇〇部队”的细菌部队，位置在长春南十公里的孟家屯附近，我们到长春参观时火车路过那里，没有下去看过。“七三一部队”位置在哈尔滨市郊的平房区，我们参观的金星农业社就在原来“七三一部队”的附近，而且是受到鼠疫菌灾难的一个村庄。

人活到世上，总要做些对人类有益的事。可是我不知道用什么字眼才能形容这个由人指挥和由人组成的部队对人类造下的罪孽。我看过一本参加过这个部队的人描写这个部队的书。他写的仅是部队一个角落里的见闻，从这个角落里可以看到的是，在这座周围四公里、内有现代科学设备的巨大建筑里，每天经过几次消毒穿着精致的防护服的人们，操作着最精良的仪器，运用人类独有的智能，干的事却是制造培养毁灭人类的各种病菌，用活的人进行各种病菌以及冻伤、爆炸的试验。这座“工场”工作人员有三千名，养着数以万计的老鼠，拥有所谓石井式孵育器四千五百具。用鼠血繁殖着天文数字的跳蚤，每月生产鼠疫病菌三百公斤。“工场”里设有可容四五百人的供试验用的活人监狱，囚禁的人都是战俘和抗日爱国的志士们，有中国人、苏联人和蒙古人民共和国的公民，这些人不被称为人，只是被他们叫做“木头”。每年至少有六百人被折磨死在里面，受到的试验更是令人惨不忍闻。在玻璃柜子外看试验的是人，在柜子里受试验的也是人：有的被剥得精光，在输进冷气的柜子里受冻伤试验，举着冻掉了肌肉只剩下骨头的手臂，抖索着；有的像青蛙似的放在手术台上，被那些穿着洁白的工作服的人解剖着；有的被绑在柱子上，只穿一件小裤衩，忍受着细菌弹在面前爆炸；有的被喂得很肥壮，然后接受某种病菌的感染，如果不死，就再试验，这样一直到死掉为止……

那个作者在七三一部队里曾听到他的上级说：日本培养的这些细菌，威力超过一切武器，准备杀掉一亿人口，说这是为了“圣战”事业所必需的。一亿人口的屠杀！据说这是很引起日本军人自豪的理想呢！

在苏联红军进逼哈尔滨的时候，这个部队为了消灭罪证，将遗下的几百名囚犯一次全都毒死，打算烧成灰埋进一个大坑里。由于这些刽子手过于心慌，大部分人没有烧透，坑里埋不下，于是又把半熟的尸体从坑里扒出来，分出骨肉，把肉烧化，把人骨用粉碎机碾碎，然后又用炸药把主建筑物炸毁（据那位作者说，这座建筑比东京市“丸之内”大厦还大四倍）。

苏联红军解放了这里一年以后，附近村庄有人到这里的废墟走过，看到一个破裂的陶瓷的罐子里，尽是些跳蚤。这人受到了跳蚤叮咬，万也没想到，一年前那些逃回日本去的刽子手遗下的鼠疫菌已进到他的体内。于是这个村庄便发生了鼠疫。人民政府马上派出医疗大军进行防治抢救，可是金星社这个一百多户的村子还是被夺去了一百四十二条性命。刘贤阁的一家，除了一个小孙子以外，老少三对夫妇不到半月全部死完，被叫做老靖的一家十八口，五天里死了十三口。一对新婚夫妇在婚后第二天一早便一同被鼠疫夺去了生命……

这是我访问的一家社员，一位劳动模范叫姜淑清的老大娘亲眼看到的血淋淋的事实。她给我们讲了这个村子在伪满时期受的罪之后，说：“日本小鬼子投了降，缴了枪，人民政府带着咱过上了好日子。有了地，给自个儿收下了庄稼，大伙高高兴兴地都说从这可好了，人民政府领导咱们就要过好日子了，谁知道小鬼子的坏心眼子还没有使完，走了还留下这一手！狠毒哪！”

从姜大娘的叙述和喟叹声中，我听到了这个村庄提出了的同样的问题：“人活着总要做些有益于人类的事，可是你干的都是些什么呢？”这是对日本军国主义者的质问，也是对我的质问，想到这里，我在姜大娘面前不能不低下了头。

在台山堡那家农民面前，我也是低下了头，如果说，那是由于恐惧的话，那么，这次则是由于羞愧，由于我无法回答那句严厉的质问。我的前半生，活在世上的目的是什么呢？不就是给人民带来了屈辱，带来了毁灭性的灾难吗？为了一个垃圾箱似的皇帝宝座，把散布鼠疫的瘟神请到这里来的不就是我吗？

假如在这个受过鼠疫灾难的小村庄里，有人唾我骂我打我，我也不会有一点埋怨的。难道一百四十二条性命不比我值钱吗？在这里附近还曾经有过一个二十多户人的小村，日本投降之前，七三一部队为了试验，派人到这里散发了带菌的馒头给小孩子们吃，结果全村发生了鼠疫，然后全村被日本军队烧毁掉。难道那些临死还不明真相的全村的性命不比我值钱吗？但是，在这里从农业社的社长到每个孩子，没有人骂我一句，甚至也没有人用手指指过我一下。姜大娘听我们这几个犯人向她认罪之后，依然是叹息一声——这一声叹息包含着多么复杂的心情啊！我再一次听到了那句又平和又严厉的嘱咐：

“听毛主席的话，好好学习吧！毛主席是叫你学好，做个好人吧！”

无论是在姜大娘的干净明亮的小屋里，还是农业社的宽阔的办公室里，我都有这样一个感觉：金星社的社员们谈到过去，是简短的，缓慢的，但是一提到现在和未来，那气氛就完全不同了。谈到今天的收成，特别是他们的蔬菜生产，那真是又仔细，又生动。并且为了证明他们的话，社员们领我们去看了他们的暖窖设备，看了新买到的农业机械——排灌机、载重汽车、各种各样的化肥，他们又带我们看了新建的学校、卫生所，新安设的电线，当他们谈到明年的计划指标，更是神采飞扬。社长说得很谨慎，他向我指着一排一排新建的瓦房说：“明年大秋之后，我理想着可能多盖几间。”他说到几间时，我们谁也不相信那是三五间或十来间，而他说的可能，那也必是“必然”。

在我们离开这个村庄的时候，社员们搬来了整筐的黄瓜、小胡萝卜送给我们。

“留下吧，这是咱社里刚收的，东西不值钱，可是很新鲜。”

社长笑嘻嘻地不顾我们的辞谢，硬把筐子送进我们的车里。

我在车窗内凝视着逐渐远去的金星社新建的瓦房顶，又低头看看筐里的果实，鲜红翠绿的颜色分外耀眼。我默想所长说过的那句话，又回味金星社社长说到的那几句话：“我理想着……”不知为什么，这句非常平凡的话，听在耳朵里，曾给我一种不同凡响的感觉。现在我明白了。这些曾被我轻视过的认为最没文化的人，他们用自己双手勤勤恳恳地劳动着，他们做的事情是平凡的却又是伟大的，因为他们让大地给人类生长出粮食和蔬菜瓜果；他们的理想也是平凡但又伟大的，因为他们要让茅屋变成瓦房，这是让人们的生活更好。而那些曾被我敬畏过，看做最优秀民族的代表的日本军国主义者，他们掌握着近代的科学技术，干的勾当的却是制造瘟疫，制造死亡，他们也有理想，这理想便是消灭掉一亿人口。在这两种人之间，究竟是谁文明谁野蛮呢？

理想都是理想，可是一种作孽，一种造福。一种为了私欲不惜陷人于水火，以及毁灭人类，另一种却宁愿牺牲自己的幸福以及自己的生命，以利众生和子孙万代。一种是那样丑恶，一种这样美善！

平房区“细菌工厂”遗留下的瓦砾，告诉人们什么叫丑和恶，东北烈士馆里每一件烈士的遗物又告诉了人们什么叫美与善。这里的每件陈列品都在告诉人们：它的主人当初为了人类最美好的理想，如何流尽了最后一滴鲜血，让生命发出了最灿烂的光辉。无论是细菌工厂的残砖烂铁还是东北烈士馆里血衣、遗墨，都是一面镜子，从这面镜子里照出了我们这群参观者过去的丑陋形象。

东北烈士馆是一座庄严的罗马式建筑，当初被伪满哈尔滨警察署占用过十四年，在那血腥年代里，这里不知有多少骨头最硬的中国人被审问、拷打、送上刑场。陈列在这里的烈士照片和遗物，仅仅是极小的一部分。烈士馆中每件实物和每件事迹，所指出的具体时间和地点，都可以引起一件使我羞愧的回忆。“九·一八”事变发生的第三天——一九三一年九月二十一日，中国共产党满洲省委召开紧急会议，号召东北的党员和一切爱国士兵立即武装起来和敌人作斗争，哈尔滨小戎街三号省委故居的照片，把我引回到二十多年前的天津静园的日子。为了挽救民族于危亡，东北人民在党的领导下，抛弃了对蒋介石的幻想，自己起来战斗了，而我在静园里却加紧了卖国的活动。我想起了土肥原和板垣，郑孝胥父子和罗振玉、胡嗣瑗，汤岗子和旅顺……

在讲解人员介绍杨靖宇将军事迹的时候，我又回忆起那几次“巡幸”到东边道——杨靖宇、李红光等将军的抗联第一军活动地区的情形。我在那里看见白顶尖的山峦，看见朝雾和初升的太阳，祖国的山野美景没打动我的心，引起我注意的倒是铁路两侧的日本宪兵、伪满国军、警察。日本人办的报纸上总在报导东边道的“土匪”已剿净，但是那次“巡幸”到这一带，还是如临大敌，惶惶不安。一直到最后逃亡到通化大栗子沟，我还听说这里“不太平”。抗日联军在这一带一直坚持到日本投降，最后被消灭的不是抗联，而是自称胜利者的日本皇军。抗联当时面对强大的关东军和装备精良的伪满军，处境的艰苦是难以想象的。但是从陈列的当时使用过的饭锅、水壶、自制斧头、磨得漆皮都没有了的缝纫机等生活用具上，我似乎看到了这些用具的主人的音容笑貌，这是我从方素荣和龙凤矿那位青年主任的脸上看见过的，是只有充满坚强信心的人才可能有的音容笑貌。在一双桦树皮做的鞋子面前，我似乎听到了那种自信、高亢的声调，唱出了那首流传过的歌谣：

> 桦皮鞋，是国货，自己原料自己做。野麻搓成上鞋绳，皮子就在树上剥。桦皮鞋，不简单，战士穿上能爬山；时髦小姐买不到，有钱太太没福穿。桦皮鞋，真正好，战士穿上满山跑，追得鬼子丧了胆，追得汽车嘟嘟叫！

日本人当初根据我“裁可”的法令，施行了集家并屯、统制粮谷等政策，封锁了山区，用尽一切办法去断绝抗联军队与外界的经济联系。它也确实做到了这一点，甚至杨靖宇将军和一部分部队被包围起来了，绝粮的情况是千真万确的事实了，但是战斗还是在继续着，继续到日本人怀疑了自己的所有的情报和所有的常识。为什么这些人没有粮还在打？他们吃什么？杨靖宇将军不幸牺牲，英雄的尸体被发现了，日本人为了解开这个谜，剖开了将军的肚子，他们从这个坚强不屈的人的胃袋，看到的只是草根。

我记起了吉冈安直发出过的叹息：“共产军，真是可怕！”在拥有飞机坦克的日本皇军眼里，草根果然是可怕的东西。

在杨靖宇将军和他的战友们歌唱着桦皮鞋，嚼着草根，对着那张旧地图上展望着祖国大地的未来的时候，我正在害怕着，怕日本人的抛弃，怕夜间的噩梦，我正吃烦了荤腥，终日打卦念经……

杨靖宇将军遗下的地图、图章、血衣和他小时候写的作文本，在我的眼前模糊起来。在我身后——我的同伴和日本战犯们中间传过来哭泣声，而且越来越多。参观到赵一曼烈士遗像面前的时候，有人从行列中挤了出来，跪在烈士像前一面痛哭一面碰头在地。

“我就是那个伪警署长……”

这是伪勤劳部大臣——于镜涛，他原就是这个哈尔滨的警察署长，赵一曼烈士当初就押在这个警署，就是在这间陈列室受到的审讯，而审讯者之中正有这个于镜涛。

走到冷云烈士像前，这里有一幅油画，八个女游击队员在射击着，背后是翻着白浪的大江，风鼓起了江浪，吹乱了她们的头发——八女投江的故事，我从《中华女儿》这部电影里看到过，但是在今天我才领会到那个悲壮场面所蕴涵的深意，才看见了松花江涛浪所闪烁着的光辉：由于我们祖国有着这样的女儿，这个古老垂危民族才得以复苏，一个伟大的理想才真正有了可能去实现。

走出烈士馆，我思索着，在最后一次参观回来的火车上，我思索着，看着被释放的妹夫和侄子们的来信，我也思索着，深夜里望着所长楼窗发出的灯光，我更深深地思索着。我明白了一件事情。这是在我已能分辨美与丑、善与恶的时候才开始明白的事情：由于这些光辉的人物和他们的光辉理想——改造社会、改造人类，我才得救，我才可能具有一个普通人的灵魂。

缅甸的肖恢塔先生说得好：这里不是监狱，这是一座学校。

四、“监　　狱”

人，这是我随启蒙老师太监张谦和念《三字经》时，认得的第一个字。但是我活了半个世纪，头脑里却只有个“我”字，没这个“人”字。整本的《论语》里，孔子说的一切话，凡提到“人”字的地方，似乎也没包括一切人，最多数的人是只算在“民可使由之，不可使知之”的“民”字里面，因此，在毓庆宫我也没有学会这个“人”字的真正解释。只是在我坐了这些年监狱之后，才懂得了这个庄严的字眼的含义，这个“人”字才真正进到我的脑中。这是由于我知道了世界上除了我自己，除了陈宝琛、郑孝胥、土肥原、吉冈安直、石井三郎等之外，还有像方素荣、老孟泰、台山堡的老大娘，还有杨靖宇、赵一曼和黄继光、邱少云这样的人。在这无数的为了光辉的理想和事业而生活的人们中间，还有我最熟悉的最感亲切的人，这是从管理所长到看守员的所方人员。这些默默无闻的人，使我知道了在今天，在我的祖国里，人被看做最有价值，人受到了真正的尊重，人道主义才有了真正的解释。

刚到哈尔滨不到一个月的一个深夜，我睡梦中突然被“铁笼子”的开关声惊醒。那时我正处在惊魂不定之中，铁门的声音特别刺耳，又是发生在深更半夜，吓得我浑身发抖，认为最害怕的事情终于发生了。偷偷睁眼看去，铁栏杆外有些穿军装的人，好像走进了隔壁，不久又拥着一个犯人出来，向楼梯那里走了。我看见里面好像还有所长。这些人走了之后，我又听见外面汽车马达声，显然，被拥走的犯人是上了汽车。我吓得一夜也没睡好。第二天早晨，从同屋的伙伴嘴里才明白，原来昨晚所长巡查的时候，看见我们隔壁的老曲没有睡下，问他干什么不睡，老曲说是犯小肠疝气症。所长回去不久，医生和护士就到了，立刻决定送到医院急救。我被吓得只看见了穿军衣的人拥着人出去，不但没认出那位前伪满四平省长的面孔，而且连护士的白衣衫也没看见。明明是在抢救人命，我却认做是去执行死刑了。

老光因痔疮发作，也住过一次哈尔滨医科大学的附属医院，出院后告诉过我一件事。在他进院前不多天，另一同犯前伪吉林市市长张子炳的胃病突然恶化，大量吐血，陷于昏迷状态，医院里两位主治大夫决定输血急救，可巧血库存血已用尽，两位大夫立即各抽出自己二百毫升的血输给张子炳。张子炳本来就是活不了多久的人，而且还是个犯人，但是监狱里还是为他求医，医院也想尽办法来延续他的生命。我听了这件事，简直都糊涂了。

犯人们都知道，如果不是在这样的监狱里，像熙洽、臧式毅和张景惠这些人都活不到这样大的年岁。熙洽由于从前生活荒唐，到老年已成瘫痪，他这个病连犯人们也不觉得应该同情。那天送他上医院，看守员背他下楼的时候，我就听见我们同号里有人嘟囔：“他还是早死的好，免得叫别人受罪。”但是在医院里，他还是得到了认真的治疗和照顾。住在同一间病室的老光，天天看见护士给他打针，换着方子给他营养药吃，衣服和床单一天要换个四五次。他就这样一直活到一九五二年。臧式毅的情形和他也差不多，也活到一九五七年。活得最长的是张景惠，他是一九五八年老死的。监狱里给他常年的特殊饮食的照顾，他满口牙齿脱落了，给他配了一套假牙，同时，还要供应他流汁食品和软鸡蛋，因此，把“大下巴”都馋得装起病号来。张景惠也不参加任何劳动，不开会，不学习，他每天除了吃就是睡，他也就倚老卖老，假痴假呆，人们常常弄不清他是真糊涂还是假糊涂。有一次，看守员指着我问他：“这是谁？”“大——总——统！”“你自己是谁总知道吧？”“卖——豆腐——的——”（张景惠原是布贩子，后来当了土匪，又与张作霖一起受了清朝的“招安”）他就这样地活到了八十多岁的高寿。

我的侄子真瑞刚开始干活的时候，有一次给医务室擦药柜，不当心把玻璃给砸了一块。护士听见了响声，急忙跑过来问："伤了人没有？"吓呆了的真瑞说："人没伤，玻璃可碎了！""人没伤就不要紧，玻璃算不了什么，下次可一定要注意安全！"

"注意安全"，这与其说是经常听到的一句话，倒不如说是经常感觉到的一种思想。为了修建我们"一所"（伪满战犯住的地方）自己的运动场，要平整一块土地，我选了临近一个大坑边的地方，正准备搬运砖头的时候，看守员把我叫走，去干拔草的活。到了这边，看见有几个年岁大的也来了，我向看守员说："我的体力已经很好了……"看守员说："你的眼可不行，还是在平地上好。"由于近视眼，登梯爬高的事，一概没有我的份，连擦高层玻璃，也被看守员阻止过。后来我参加了医务组的劳动和学习，每天上班前后都要打扫医务室。第一次擦玻璃的时候，我心想这里大概看守员管不到，可是刚上了凳子，又给护士给叫了下来。

在这最后的三年，也就是在我心里消失了对惩办的恐惧，相信了政府允许我重新做人，并且开始向往做个普通人之后，监狱，对我来说已是一个全新的概念，这就是：

监狱＝医院＋学校

说它是医院，不仅因为许多人在这里治好了宿疾（其中也包括了我的虚弱症和胃病），恢复了正常体力（其中也包括我抬煤运土和一顿饭三十个大饺子的纪录），而且也因为连生活起居、饮食以及自由活动，也要受到监狱医生的干预和检查。医生对人管得这样多，根据我的了解，在中国除了正式的医院，大概只有托儿所和监狱才有这样情况。回想起刚来时的体格检查，真和住医院情形差不多。除了身高、体重、血压、透视等之外，还有一个详细到连过去饮食习惯、烟酒量都有的调查。除了病号伙食要经监狱医生作出规定，一般犯人的伙食也要由医生每周作出规定，而且要经过具体的检查过目。根据经常的体格检查，不同体质和健康情况的人，有不同的活动。每逢季节变换时，监狱医生都要给犯人们讲一次季节卫生知识，而每次都像保育员似的，要数说一遍那些饭前便后和劳动之后不认真洗手的人。只有一样，也许是和真的医院不同：这里没有医院里那么多的医务人员，在九百多名日本战犯遣送走了之后，医务人员缩减到一名医生，一名司药兼化验员，一名护士长和一名护士。但是这里尽有他们的"助手"。有一次夜里，我因为靠近暖气觉得太热，把被子蹬开了，还没睡着，就有人走到我这炕边上，轻轻地说："把被盖好！"原来是值夜班的江看守员。他看我盖好了，又看了全号里每人的睡眠情形，才走了出去。假如谁生了一点儿不值得进医务室病房的小病，在护士巡视的间隙里，看守员总要来问几次，“现在怎么样？要什么东西不要?”号内有人生病，犯人组长如果不报告，便有责任。所以，在一定的意义上说，犯人组长也是医务人员的助手。至于学委会系统的生活委员，那更是医务人员在指导环境和个人卫生活动方面的重要力量。

如果看一下我们的作息时间表，这里就更像一座学校了。

6:00　起床（如果夏季提前半小时）早操和打扫（在我们小组里，这是振、邦和我的事）

7:30　早饭

8:00～12:00　政治理论学习

图 62　溥仪做早操

12:00　午饭（如夏季则午睡一小时）

1:30~5:30　劳动

6:00　晚饭

7:00　自由活动（这也是文娱时间，也可以自己干些别的事。每周看两次电影也在这时间内）

9:30　入寝

从日常生活上，令人感到这是一座医院或学校的，还有这样一种事实：凡是社会上普遍举行的活动，一般说这里也有。比如抚顺市开展消灭沙眼的运动，这在一段时间内，所有人的沙眼也全治好了。比如在朝鲜美军发动了细菌战以后，全国开展了爱国卫生运动，并且照所长的话说，由于细菌战带来了一个"好处"——中国人从此有了搞卫生运动的习惯，我们这里也就有了经常的除四害、大扫除运动。所以，当我们知道了抚顺市在一九五八年得到了"卫生先进红旗城市"的称号时，并不感到奇怪。又比如我们的经常学习的进度和内容也是和社会上职工的学习是一致的，在十年间，我们和那些职工一样，以自学、互助的方法学了政治经济学、社会发展史和农业合作化、工商业改造、五年计划、宪法草案以及中国社会主义建设诸问题的政策文件和著作，大约有五六十种。参观是结合实际的重要学习方法，报刊是研究这些问题的重要材料，自然，报刊尤其是研究国际问题——如和平与战争、殖民地的解放运动、不同社会制度国家的经济等问题的重要材料。

每结束一个问题的学习，一般要写一篇"论文"——在这里叫做学习心得或者学习感想，或者按自己的意思起个什么题目。这篇文章一般地是在小组里谈一下，但并不是通过的意思，尽管也会有争论。写完了就交到学委会，然后进入下一个课题。学习时间最长的是政治经济学，共计用了两年半的时间。

四个小时的学习，各组在自己室内进行，或自己阅读，或小组讨论，或三三两两进行互助。在互助或小组里解决不了的问题，由学习组长反映给学委会，对于带普遍性的问题，学委会召集全体开会举行大讨论，有时学委会主委也作解答。如果仍然不解决问题，就要由所方负责学习的干部出来解决了。

四个小时的劳动，在一九五八年以前，工种比较简单，也不太有计划。自从一九五四年结束了每天两小时糊纸盒的轻微劳动，可以说一般人都经过了劳动的启蒙期，或者说精神与体力的准备阶段。一九五五年就断断续续做些拔草、种花、平整场地以及扫雪抬煤（也仅是年岁较轻的一部分干的）的活动。一九五六年，有了经常性的种菜、园艺、温室、养鸡的轻劳动。到了一九五八年，劳动才更具有组织性和计划性，按照每人体质、兴趣和特长等条件，编成了更多的专业组。但这样的劳动，根据一九五七年我在沈阳参观东北对罪犯劳动改造成就展览会上所看到的，是比不上一般的劳改生产成绩的。我知道有许多劳改单位，为国家创造了财富，培养出不少技术人才。我们这里，至多不过给自己解决了一部分副食品而已。对某些人来说，这种劳动是进行了生产技能训练，但对更多的年老的人来说，主要不过是为了增强体质。各个专业组，都有所方请来的师傅（技师）带领着，自然也教授着技术，但从来没有提过生产定额和指标，也就是能干多少干多少。专业组调整过几次（比如伪满战犯首创的电机厂这一组，因所方考虑到虽然有人有这方面专业技术，但多数人体力条件不合适，所以调整给国民党战犯了），到我离开抚顺之前，有这几个专业组：

畜牧组——饲养鸡鸭羊猪。猪羊场后来设在狱外的山上。这是成绩最令人满意的一个组，因为生产的肉蛋可以自给而有余。

温室组——在温室里种菜蔬，到春夏季时也种时菜；大约可自给一部分。

食品加工组——主要是做豆腐豆浆等豆类的加工品，每天供应监狱全部的需要。

园艺组——他们的活动天地就是管理所内全部的场院。

医务组——这是我参加的那个组，因为过去我看了不少中医和药书，对这方面也有些兴趣。我们一共五个人。我们的业务是每天先用半小时搞清洁卫生，然后给医生和护士们当助手，最后两小时是我们的学习时间，五个人分学中西医，辅导者是医务所的医生。到我临走之前，我们已学到针灸。我在这里也学会了操纵电疗器械，每天我的工作便是给病人量血压和施行电疗。接受电疗的有个日本战犯，大概他不认得我，同时也被我身上白罩褂和一副眼镜给唬住了，每次医疗完毕，必向我行九十鞠躬礼，说：“谢谢医生先生。”一直到最后一次参观之后，我在全体大会上发表感想，大概才认出了这位医生是我，所以后来再来治疗，才改口说：“谢谢溥仪先生。”

关于学习中医，还有一点值得一说。一九五九年的夏季，第一学程结束，举行了一次考试。这是我有生以来第一次被考，也是在监狱里学习唯一的一次考试。我心里颇为紧张。考试结果，是令人满意的，得了个八十五分，这大大鼓舞了我。这不仅因为我对生活有了信心，特别是对做人的信心增强了。但是我现在回忆起来，这次考试的安排，实在又是所方有意给我的鼓励。这样的例子真是说不尽的。回想起所方对我们的学习、劳动和生活的种种安排，又哪一样不是为了让我们重新树立做人的决心和信心呢？

所以，我说我们这里等于学校和医院，这并不是根据它的形式，而是由于它充满真正人道主义的内容。重新做人，并不是只限于具有健全体格和具有正常知识。固然，这是这个医院和学校已经给了我的，但它更给我治疗了灵魂，教育了我如何生活。

图63 溥仪参加了学医组并在医务室劳动

五、“所 方”

医治灵魂和教我如何做人的“医生”和“教师”，是从所长起一直到看守员的每一个所方工作人员。

我们这里，对他们有一个习惯而笼统的称呼：“所方”。我每逢回忆起过去这十年的经历，想起了任何一个细节，我总有这样一个想法：他们的许许多多令我难忘的那些举动，与其说那是出于一种外来的职务上的规定，倒不如就是发于他们内心的精神的自然流露。

我参加医务组之后不久，有一次护士交给了我一个任务，把脱脂棉团成一个个的小棉球，供外科门诊使用。她大概没料到我会这么笨，所以给我做出几个样子来，便忙着去向别人交待其他任务去了。我们参加医务组的一共是四个人（我和老邦学中医，老振和老宪两人原是西医，所以，他们这次学的都是西医），他们都在另外屋子干着别的活。我一人团棉球，护士一走我就忘了棉球的做法，也没有人可以问问，结果团得大大小小，乱七八糟，到了下班时间，也没有做出外科半天需要的三分之一。和护士做给我看的标本一比，大小不合格，连颜色也似乎灰暗了许多。到护士来收成品的时候，我简直都抬不起头来。我知道如果是在号里，这必定又是老正向我嚷的话题。但是护士把那些足够引人嘲笑的宝贝拿起来看看，不过是笑笑说：“下班了，明天再做。”第二天上班的时候，心里嘀咕着医生和护士不知怎么来处理这件事。批评？给我另找粗活？限定时间叫我重新做？结果这些猜想都不对，不过是把学西医的老振他们叫到一起，让我和他们一起把团棉球再学一次，叫我跟着他们做。这几个当过几天西医的果然对棉花熟悉得多，做得很合乎规格，我一边看一边试，慢慢地也就学会了。

在哈尔滨的时候，就有许多在看守员来说也许很自然，而在我们心里却留下异样感觉的事。按规定，我们吸烟的犯人每月每人发给一条半纸烟。开头的时候，烟瘾大的人自己不知节制，不到月底就先抽完了。有位姓王的大高个看守员是吸烟的，他吸的是烟袋，他有个一尺长的小烟袋，上面挂着个小烟叶荷包。轮他值班的时候，发现犯人里面有人断了烟，就笑笑，解下了小烟叶荷包，隔着栏杆扔进去：“拿纸卷一颗抽，过过瘾。”

看守长姓刘，是一个准尉。有一回他在晚上文娱活动时间来巡查，经过我们这间的铁栏外面，像发现了新奇的问题似的问我：

“别人下棋、打扑克，怎么总不见你玩？”

“我全不会。”

“打扑克也不会？”

“不会。”我把小时候的游戏告诉了他。除了和小太监玩，我也和弟弟妹妹玩过，室内游戏我除了打手板，别的全不会，打扑克，我看别人玩，总是不明白。

“不会玩还行？好，我交了班来。”

这个矮壮身材红光满脸的准尉走了一会儿，果然来了。来了就坐在铁栏杆外面的地上，很有信心地教起我打扑克来了。

“我就不信玩扑克还有学不会的。我连一分钟不用就学会了打百分。”他一边教一边宣传，还回过头对王看守员说：“那时候行军打仗，一有空儿俺们就打。班长要不拦着，几个小伙子连觉都不睡了呢！”

我那时也不好意思不学，心里却充满了疑问：“他怎么有这大的兴趣教我打百分呢？”到后来我才明白，这里面原没有特别原因，原因就是他认为一个人不会玩，特别是不会打百分，那简直是件不幸的事。

我第一次捉老鼠的故事，也使我永怀不忘。那是除四害运动在监狱里刚开展了不久的时候。这天，我在所长的会客室里会见一位首长（就是在哈尔滨曾问过我为什么不向日本人抗议对中国人屠杀行为的那位），在谈完我的学习和劳动情况后，谈话转到零碎的生活上，谈起了这几天除四害运动的事情，所长笑着插进来问我：

“你打了几只老鼠？”

“没有打着。”我说。

“苍蝇呢？你还不杀生吗？”

这一句话，让首长和我都大声地笑了起来。我早已不干那糊涂事了。可是苍蝇打到的也不多，因为经过几次卫生运动，实在不容易看到苍蝇了。

“老鼠还有的是呢。”所长说：“给你一个任务：一星期之内捉两只老鼠，能不能办到？”

我有点畏难，想还一个价，可是最后还是把任务接受了下来。

我接受了任务，拿着一根棍子，跑了几个地方，也没有发现老鼠的踪迹。我心里非常愁，不用说两只老鼠，就是找一根老鼠尾巴，对我也比千斤担子还重。同伴们知道了我的任务，有人告诉了我露天会场的舞台下可以找到，有人说温室里有。线索有了，可是还没办法去捉。这时候值班的江看守员从门前走过，我又把困难向他说了一遍。谁知这一说，连不值班的王看守员、刘看守员也知道了，也全帮起忙来，有的教给我做老鼠夹子的办法，有人给找鼠洞，有人索性去给我借工具材料。简直好像办喜事一样，在四方支援之下，我有了老鼠夹子，我超额超时完成了任务，我捉了三只老鼠！

我像个凯旋的将军一样，向所长汇报了战绩。所长高兴地点头，笑得很开心。

“很好！你这又是一个进步！”

所长脸上的笑容，是真正高兴的笑容。这天有许多下了班的看守员看见了我，都是这副笑容。这种笑容以前也是常看见的，我第一次交出了合乎规格的纸盒，第一次和别人一样地收拾屋子、扫洗地板，第一次提前洗完了自己的衣服，第一次把抬煤的扁担放上肩膀……我都遇到过这种笑容，不过，这一次遇到的是更集中，也更令我兴奋。我忽然明白：每当我有了一点进步，就会引起从所长到看守人员的每个人的衷心的高兴。我就是这样，一步步被他们引到正路上来的。

想起刚回国时对所方人员的议论，真是可笑。因为看守员和我们想象中的不同，把我们当人待，就认为这是专门挑选来的，甚至猜测到挑选的条件首先是没有受过伪满的罪，对日本鬼子和汉奸没什么冤仇。事实上，在东北生长到三十上下的中国人，除了汉奸谁不受罪？由于这次捉老鼠的机缘，我和江看守员谈了一次天，我那种妄信完全被推翻了。至少，这个热心地为我设计捉老鼠，又因我捉到老鼠而衷心愉快的江看守员，是对伪满怀着血海深仇的。

江看守员在几个看守员里比较年轻，他不像稍有点岁数的王看守员那么稳重而略带潇洒，也不像满面红光的刘看守员那么从老远就令人觉出一股旺盛的火力，那年送熙洽去医院，熙洽背在他背上就像一个破口袋挂在一块大石头上似的。江看守员不到三十岁，比王看守员矮些，比粗壮的刘看守员瘦些。他平常说话不多，说起来很简短，又很温和，好像一辈子和谁也没吵过嘴。有人说，他很像刚进城不久的农村人，他这是忍受过压抑的、农民的脾气。事实上，他也真是一个农民，但并不是一个能忍受过分的压抑的人。那天我们从东北老鼠谈到了东北的农村，谈到了在北满的他的家乡。

“那个屯子早没有了。集家并屯给并掉了，并到第二个屯子，又要并，这个屯子也没有了……”他说。他原有父亲母亲，七个姊妹，一个兄弟，连他十一口人。九岁那年，抗日联军在他们屯子附近和日本鬼子打仗，日本鬼子把全屯的房子全烧了，把全屯的人赶出去，并到五十多里外的大屯子里。不到一年，因为屯子里百姓给抗日联军送粮，全屯又给鬼子烧光，又把全屯人赶出去并到另一个屯子。这次要过一条大河，鬼子汉奸通知说，限十天搬完，不搬的就杀头。老白姓吓得要命，连东西都顾不得拿。江看守员这一家就只拿出被子，牵了牛就跑出来了。新屯子里房子不够住，搬来的人只好搭窝棚睡，秋天来了，伤寒流行起来，成批地死人。他兄弟姊妹九个，这一年，死得只剩下他一个！

“活人都没衣服穿，死人更是光光的，大人还有个薄板棺材，死了的孩子就是光光地往山沟里一扔！我那死去的八个姊妹兄弟，全是这样扔到山沟里喂了狼……”

住的窝棚，屯子周围还叫挖了壕沟，垒了墙，鬼子兵在四门把着，不让随便出入。屯里五天就大搜查一次，鬼子兵搜起来就用刺刀东挑西戳，爱拿什么拿什么。实在也没什么可拿的，因为人人穿的都像叫花子。他说：“我有家亲戚，全家三口只有一条裤子，谁出去谁穿。有钱也买不到布，只有用豆秸做的更生布，穿不多天就破了。有一次说是可以拿户口证去抽签，十家能有一家买到青白布。我去抽签，只抽到几尺花布，就做了条花布裤子，穿了不到一年也破了。拿出荷粮的能买到好布，所以也只有地主家能有布。我家也租不到地，地主觉得雇工比出租合算。后来好不容易租到日本矿上的一垧地，没牲口，用十五个工换了地主的牲口工，收了三石，去了租子和出荷粮，只剩了一石。我父亲又总给鬼子拉去，这年我十三岁，父亲随鬼子讨伐给背东西累死了，就剩下我一个人干。十五六岁那年，鬼子和警察天天来搜粮食，我母亲把剩下的玉米楂子藏在酸菜缸里，警察看见缸里水变了色，查出来了，把我母亲打得快死了。我只得到地主家跪着求少东家行好，借点粮，借了五斗高粱，到秋要还十斗。这年收下的粮连一石都不到，我看是活不成啦。这时同屯的穷人商量，反正是活不了，抢地主的！我母亲听说，拦着不让我去，我拿起口袋和棍子就去啦！这一夜工夫，一百多人抢了他一百五十石粮。我把抢来的半口袋粮给了母亲，就上山找抗联去了……

"找到了队伍，说我太小，怕吃不了苦。我说，我一家十一口人，就剩下一口半了……这一句话，收下我了。"

这时，他笑起来。然后又说："那时觉悟不高，就知道自己家里死了九口。干革命嘛，那不只是为了一家的冤仇啊！"

这是多么熟悉的响亮的声音！

"干革命嘛！"就是由于这个崇高的思想，这个每天心里埋藏了巨大仇恨的人，在冬夜深更提醒我盖好被子，那样热心地帮助我捉老鼠，在捉到之后又那么由衷地为我高兴，而他在当年"康德时代"却是冬天连裤子也没有穿的；被"康德"裁可的集家并屯法令夺去了他的八个姊妹兄弟的性命！

为了伟大的理想和事业，这些默默无闻的人埋着头，做着世界上最复杂的史无前例的改造罪犯的工作。在这种工作中，他们要遇到千奇百怪甚至令人难忍的，只有具有高度涵养的人才能淡然处之的事情。应付罪犯的无理取闹，冬天给罪犯挑热水洗脸而他们自己只在洋灰池里洗冷水，罪犯按营养标准吃精米白面而他们只吃高粱米……这比较起来，还算是次要的，更重要的是，要为了事业而不去计较自己的得失，要在那些曾把屈辱和灾难放在他们头上的人们面前，心平气和地进行着一切必须做的工作，而且是真诚由衷地为这些人的一点微小的进步感到高兴。这是具有何等坚强的信念和高贵品质的人们啊！

由于出现了这样的信念和这样的人，因此才有了这样多得不可思议的奇迹，在我面前才现出了那么耀眼的光辉，也由于我终于明白了它，从而看到了自己的前途，这种光辉对我也就发生了不可比拟的巨大的意义。

六、命运是可以掌握的

一九五八年秋天的一天，我在医务室工作的时候，忽然听到一个消息，老所长被调动到一个更重要的岗位上，离开我们了。

一种说不出的不自在，占据着我的心。这天整个工作时间里，老是在想这一件事。这位花白头的老上校，我刚来这里时很怕他。这并不是因为别的，只不过因为他是所长，按旧经验说，这就是犯人命运的主宰者。可是谁料得到，在他的直接主宰之下，人们竟会有这样梦想不到的处境呢，大约每个人都可以回忆起，当我们有谁和所长谈话的时候，尤其是单独接触的时候，特别有一种轻松的感觉。这是在一个爽朗、幽默，能洞察一切又能回答你心里藏着的问题人面前的感觉。一听说这样的人离开我们这里了，我就特别自然地想起了那些过去的接触，那些有风趣的谈话。我从回忆中搜索着，所长给我最初的教育，是从哪一件事情上开始的。最先想起的是我向他坦白那一箱珠宝的事，不，还有比这更早的，在这以前，他还曾经到我住的监房来讲过话。但是，这也不是最早的。我又想了一会儿，想起来了，最早的教育竟是不曾直接见面的一回事：在我刚进监狱不多天，把我的一家人调分开来，这大概是没有比这再早的教育措施了。我记得在我和家人分开、失魂丧魄地去见所长，向他要求收回成命时，他的脸色冷冷的，毫无表情。虽然他答应了下来，让侄子们仍和我住在一起，但是当第二次分开以后，我想起他的表情和觉出了同犯的暗笑，终于放弃了那个念头。从那时起，我陷入几乎无法穿衣吃饭和提心吊胆的窘境中。但这正是所长对我开的第一个方子:放下皇帝架子,练习独立地生活。假如没有这个方子,我一辈子也不会考虑到如何做人的问题。然后,又出现了第二个方子:让真瑞动员我交出珠宝,把主动权交给我,让我知道体验一下政策是不是对我例外。以后,第三、第四以及无数的,不知让他花了多少苦心。他的心血都花费在这一个目的上,照他的话说是:让我们“学会分析事物的能力,掌握事物本身的发展规律,认识真理”。

下午，我正要学习的时候，被代理所长的副所长金少校召了去。听溥杰和妹夫们说，金少校的日文非常好，他原是专管日本战犯的工作，过去不常和我们一所的人见面。这回召我去是回答我几次的申请的一个问题：我要把我早交出的珠宝，由政府正式接收，不要再作为我私人存所的财物；那个存条，我早已毁掉了。金所长说，政府批准了我的要求。为了妥当地处理这批文物，叫我给每件东西提供些来历说明。

那些归还人民的珍贵文物，当初是怎样从人民手中转到宫里来的，我很少能说清楚它。因为我过去一向没从文物的角度想过，只不过当做可以换钱的珍宝罢了。我提供的介绍，也就仅限于它曾经在哪个帝后手里出现过，它是如何到了我手里，如此而已。记录的工作人员没办法，也只好由我怎么说，他怎么写。

在我一件件地介绍之中，当我拿起了一个水晶球的时候，忽然又想起了老所长，耳边又响起了他那句常说的话：

“要学会……掌握事物发展的规律……”

这句话对我说来，也就等于是：

“要会掌握自己的命运。”

这个水晶球，曾被我用做为祈求好命运的工具，球里面有一粒舍利，是一个大喇嘛送我的。另外还有一个小银盒，里面有个陶土制的菩萨塑像。从伪满时起，这个银盒就挂在我的脖子上。每次我拜佛念经，必先对水晶球磕一阵头。在苏联的五年，每天没有断过这种功课。目的，就是为了求得一个好命运。回国之后不久，这些东西连同数珠，全给所方存起来了。今天我又看见了它，不由得想起“命运”这个问题。

在通化大栗子沟日本式的房子里，有一次我听见随身的几个侄子悄悄议论着未来的吉凶福祸，最后谈到生死有命祸福在天的结论时，引起了我的共鸣，不由得合起手掌说：“倘能脱此当前大难，我誓必出家当和尚！”本来愁眉苦脸的侄子们，倒叫我这一句话惹得咧嘴笑了起来。对于这种“犯上”的举动我本要发作一番，随后一想，大家都在听天由命，正在谁也保护不了谁的时候，何必多得罪一个人呢。所以就按下了这股怒气。

在日本人最后导演下，扮演了退位这一幕后，我顿然感到“人生寄一世，奄忽若飙尘”，这句古诗对于许许多多的皇帝来说，完全恰当。从这时起，我又认为命运是不可捉摸的。回想我过去的半生中，每次卜算命运，我得到的预言总是最好的，而最后的结果总是最糟的。料想历史上每个倒霉的皇帝类皆如此。原先的恭维话听得最多，最后倒运也倒得最惨。

几十年来，我手边总有几本“未来预知术”、“烧饼歌”、“推背图”之类的东西，这与其说是为了给自己算命，不如说是给自己精神上以麻醉，以暂时忘却对未来的恐惧。我为自己摇出一课上吉的金钱课，读着那卦文，只那一瞬间是高兴的，过了那一会儿，心里照旧充满了忧虑。我最后的结论就是：世上只有事后诸葛亮，未来根本不可预知，否则世上就没有那么多的傻子了。

我第一次对不可知论发生了动摇，是朝鲜战场上中朝军队的胜利已成了确定事实的时候。固然历来两军相争，开初都自信必胜。但问题是这个真正的胜利结果是出乎意料的（在战犯中，像我这样大感出乎意外的怕不是少数）。一切战争的命运总是决定于强弱，在我们的眼里，只有美国是最强大的；不仅在当前战场上，就是人类的命运，似乎也要由它来决定。我们没有想到，所谓强大的美国军队终于乖乖地签了停战协定。在战争起初的什么复活节打过鸭绿江，什么冬至节前结束战争等的预言，全成了笑话。这就出现了一个问题：一边是手里拿着原子弹，年产钢一亿吨的美国，一边是武器相对低劣，上次战争的疮痍尚未平复的中朝人民，究竟谁强谁弱？谁是决定历史的力量？也就是说，谁能掌握命运？

最初胜利消息到达的时候，我，以及我所知道的某些同犯，还把它看做是偶然的现象。后来我发现了“帝国主义和一切反动派都是纸老虎”的论断的提出，是早在数量和装备远超过解放军的蒋介石军刚刚发动内战的时候，我接着又发现今天战胜了内外强敌，统一了全国的力量，在当年只不过是山沟里的一些红缨枪，而那时就有了“星星之火，可以燎原”的预言。知道了这些，我就不得不承认，我所亲眼看见过的并且当做是强大的势力——北洋政府、国民党、日本统治者和一切在中国横行过的帝国主义者——最后命运，是早经共产党人算定了的。

我最初的理论学习，心情是非常复杂的，这里面有讨好心，有疑惧心，也有厌倦心。但是自从我发现了这个奇迹之后，老实说，好奇心又占了上风。由于这种心理的推动，我自己浏览了不少“课外”的书籍。不管当初的心理如何，书籍毕竟是给我打开了一扇世界的窗户（同时，电影也起了这样的作用）。我从这里看到什么叫历史，什么叫进化，什么叫道德，什么叫学问，以及中国近百年来失地赔款丧权辱国是什么原因，等等；与过去听到的解释完全不同。有的地方，引起我的怀疑，有的地方又叫我恐惧，有的又令我折服，有的我又似懂非懂。但无论如何，在那些书籍和文件中，总有一个思想抓住了我，这就是承认一切事物的发展变化，有它自己的道理；事情做对做错的标准，就在于符合还是违背这个法则，而这个法则，人是可以了解它的。这也就是所长经常和我们说的：人是可以认识事物发展的规律的。

我对这个道理，真是越想越对。我自己前半生的经历就是最好的说明。我从前不是顺着历史本身的道路走，我总以为自己是奉天承运，自己是历史的创造者，然而事实上悖天逆运的正是自己。这就叫做开历史的倒车，结果就是碰壁。这也就叫做：“天作孽，犹可违，自作孽，不可活。”

这个道理真正成为我自己理解的东西，还是在我和社会发生了无数次的现实接触之后。这是我经过和自己亲属的联系，经过对日本战犯的所见所闻，特别是经过了历次的参观，我了解了自己祖国这十年来的翻天覆地的变化，我看到了祖国的人民的所作所为，所思所想。我也知道了世界上这几十年来出现的都是些什么事情。我也经过了一定的劳动，尝到了汗水滴在土上的滋味，也知道了一粒种子如何发芽成长为粮食和菜蔬。经过了这一切，我明白了上百本书上说的，成千个工人和农业社员们的事业所启示我的，都不过是这么一句话：历史的道路——这是人民的意志！

图 64　彻底认识自己之后在写检查

什么叫命运呢？我正像孔子所说的，是“五十而知天命”。我所知的“天命”就是历史的道路，就是人民群众的意志，人民群众的根本利益。我到最后才算明白，为什么孔孟都喜欢引用“时日曷丧，予及汝偕亡”的话来警告诸侯们，原来他们多少都感觉出了这发出咒语者的可怕。

老子说，“知常日明，不知常妄作凶。”应该知什么常呢？就是知道这个根本历史法则，知道了这个根本法则，才是掌握了自己的命运，知道自己该随着谁走。否则，就要妄作凶！

真理是早就存在着，像太阳那样的清楚。可是说来奇怪，尽管连孔孟的语言中也有它的一定光辉，但是陈宝琛、郑孝胥没有教给我，庄士敦没教给我，吉冈安直只说出了半句：“共产军可怕……”最后，我还是在监狱里明白过来的。这说明，对于历史注定它的灭亡命运的人，即使在光天化日之下，也等于盲人瞎马、夜半临渊。在我还没有放下皇帝架子的时候，不就是那样的命运吗？

我介绍完了文物的来历，出了记录人员的办公室，走在甬道里，不禁又回过头来，瞭望楼上所长的那个会见室的窗户。老所长在走前，没有和我们说几句，这虽是我的非分之想，但也确实无法叫我不感遗憾地去想它。长长的甬道走尽了，我忽然又给自己解决了问题。用不着再讲了，他早已把最根本的话告诉了我。今天，水晶球勾起了我前半生被命运拨弄的往事，而所长常说的一句话给它作了一个总结——命运，不是不能掌握的。

这一天，水晶球的回忆和所长留给我的那句话，让我觉得这真正是我的菩提树下的第四十九天。

让我再重复一遍：世界上的光辉，对我是充满了意义的！

第十二章

特赦（1959）

一、中共中央的建议

一九五九年九月十八日的清晨，学委会通知大家都到甬道里，等着听广播。学习委员说：

“所方说是一项重要的消息……”

是什么重要消息呢？各个甬道里都站满了人，伪满的、国民党的，各号站在离各号最近的播音器前，都很肃静。人人都在猜测着这项重要广播的内容。后来大家回忆起这段时间的想法，大致都认为是宣布大跃进新成绩，有的更想到是一个新的生产运动，也有人想到是苏联又有新卫星上了天，还有人想到是今天是“九·一八”的二十八周年纪念日，也许是关于纪念文章的发表……谁也没想到，在“九·一八”的二十八周年这天，我们听到的却是这样一个冲激神魂的消息：

中国共产党中央委员会的建议

全国人民代表大会常务委员会：

中国共产党中央委员会向全国人民代表大会常务委员会建议，在庆祝伟大的中华人民共和国成立十周年的时候，特赦一批确实已经改恶从善的战争罪犯、反革命罪犯和普通刑事罪犯。

我国的社会主义革命和社会主义建设已经取得了伟大胜利。我们的祖国欣欣向荣，生产建设蓬勃发展，人民生活日益改善。人民民主专政的政权空前巩固和强大。全国人民的政治觉悟和组织程度空前提高。国家的政治经济情况极为良好。党和人民政府对反革命分子和其他罪犯实行的惩办和宽大相结合、劳动改造和思想教育相结合的政策，已经获得伟大的成绩。在押各种罪犯中的多数已经得到不同程度的改造，有不少人确实已经改恶从善。根据这种情况，中国共产党中央委员会认为，在庆祝伟大的中华人民共和国成立十周年的时候，对于一些确实已经改恶从善的战争罪犯、反革命罪犯和普通刑事罪犯，宣布实行特赦是适宜的。采取这个措施，将更有利于化消极因素为积极因素，对于这些罪犯和其他在押罪犯的继续改造，都有重大的教育作用，这将使他们感到在我们伟大的社会主义制度下，只要改恶从善，都有自己的前途。

中国共产党中央委员会提请全国人民代表大会常务委员会考虑上述建议，并且作出相应的决议。

中国共产党中央委员会主席

毛泽东

一九五九年九月十四日

这是真的吗？——完完全全是真的！广播员又读了人大常委会的决定，读了刘少奇主席署名的特赦令。这也是真的：在瞬息间的有如空气凝结起来的沉静后，甬道里猛然响起了暴风雨般的掌声，欢呼声，万岁声……这一切都是真的！

后来，每个小组里都自发地开起了会，人们都争先恐后地谈了自己的感想。我也谈了，但是要谈的人太多了，性急的人就更多，每人都感到没有足够的时间来谈，我也觉得自己的话还没有说够。我说了还想说，真的，我所想的，说一天也说不完……

特赦，对我来说是什么意义呢？

特赦，自然，这就是说不经起诉而出狱，它的含义是什么？

在旧时代，或者在某些国度里，“出狱”两字的含义是和“狱”的性质关联着的。出狱，这意味着走出黑暗冰冷的牢房，意味着阳光，意味着苦难的终结，意味着和枷锁的告别。然而在这里，和黑暗、冰冷、苦难和枷锁的字眼是全不相关的。正相反，正是在这个“牢房”里，我才见到了太阳，才从又聋又瞎的黑暗中解脱出来，认出了世界和我自己，才从枷锁桎梏中伸展开了我的手脚，更重要的是舒开了我的蒙蒙眬眬的知觉……

在旧时代和某些国度里，出狱就是意味着自由的获得。然而自由有各式各样的自由，有各种情况下的自由。从前有位中国苦学生，热爱绘画的司徒乔，为了学画，走进了美国，想以半工半读的办法实现自己的志愿，因此犯了美国的移民法规，判刑一年。他的监狱窗口正对着美国的自由神像，他就面对着自由神像，过了一年最不自由的生活。他所渴望的自由，就决不是这个著名的自由神像站立着的土地上的自由，因为他在这土地上得到的，是不准他卖画以维持生活和完成学业，这就是美国法律给“中国移民”的自由。当然，长岛监狱里的美国籍犯人和他想的不完全一样，但是有一位美国作家就写过，有个美国人因为出了监狱得到的只有饥饿、失业、流浪的自由，因此，不得不再制造一起罪案，以达到返回监狱的目的。

对我来说最有价值的自由，这就是从封建、迷信、愚昧解脱出来后的自由，是认识世界，认识自己，认识真理和区别美丑善恶真伪的自由。这样的自由，我却是在“监狱”得到的。

在旧时代和某些国度里，在某些人心里，出狱意味着亲人的团聚。

亲人，这是一个多么温暖的字眼！

然而，我的亲人，连那已经去世的父亲和母亲，连我的过去的妻子，有谁能比这里的人更了解我呢？有谁曾像所方的人员那样为拯救我的灵魂而花费过心血呢？又有谁像他们那样，为我的一点一滴的长进而高兴过呢？

这里，我要再插叙一段一年前发生的故事。

这是由一次小组会引起的。在那次小组会上，我们谈的是这样一个问题：在改造的进程上，每个人都不可能一帆风顺，都会有各式各样的障碍，重要的是很多障碍并不是来自外界，而是存在于自己思想上的，于是形成了各种自为的精神负担，这种负担，我们称它为前进中的“包袱”。为了让改造进行顺利就要卸下这个“包袱”，把它交代出来，以便轻装前进。现在提到我们面前来的问题就是，我们是否还有没有卸下的“包袱”？

我已说过，小组会是一种经常的自我教育的形式，其内容就是通过批评与自我批评，互相帮助，检查思想，提高认识。从前，我对它是很憷头的，因为我在会上的表现，总叫别人不满意，因此常成了众矢之的。但是后来我的顾虑逐渐消失，使人不满意的地方也减少了，当然，更重要的由于我觉出了这是有益无害的互相帮助，明白了一切罪恶必有其一定的思想根源，挖出了思想根源才能更好地认罪。这一点也正是政府更为重视的，也许可以说，政府认为使我们每人从思想认识上解决问题，倒是比从法律上惩办我们更为重要。我从政府的种种措施——参观、学习、与外界通信等上明白了这个道理，小组会也变成对我是习惯而亲切的了。但是，在这回的讨论上，却又发生了问题。

“包袱”，每个人都笼统地谈了一些，后来问题趋于深入具体，就出现了这个问题：我们和日本帝国主义的关系可以说是源远流长，还有没有一些藕断丝连的留恋之情？这个问题是谁提出的我忘了，我记得很深的却是有几个同犯都讲出了一些心底深处的“恋情”，比如有人说，他看到日本出版的书籍，描写旧时代的某些生活，不由得有些动心；又有人说，当他从报纸上看到他熟悉的当年日本“朋友”，也不禁发生了亲切之感。也有人很不明确地说，当他看到日本电影，看见了银幕上出现的人物，听到日本话，很有兴趣……

我发言道：“我对日本鬼子，没有丝毫感情可言。”不料这句话，引起了一些人的诧异、怀疑以至惊讶。我解释说，无论从我过去的还是现在的立场来说，我和日本帝国主义都谈不上什么感情。单从我过去的立场来说，我只是和他们互相勾结利用，我想的只是利用它达到我复辟、统治人民的目的，由于不能如愿，处处受制，结果我又怨又怕，在贪生怕死、担心被弃的心情下，做出一连串的献媚举动，这当然也不是什么感情。如果说在我幻想尚未破灭、恐惧尚未发生之前，对日本人的一相情愿的勾结，那也叫做感情的话，那么，以后连这种感情也没有了。我这样说过之后，还是有人不相信，其余的人也半信半疑。只有老振说，“当皇帝的人对谁都是利用，连他父母在内，他都没什么感情。”可是多数人意见不同，他们举出许多例子，如我对日本皇太后流过泪，扶她上过台阶，我访日时作过诗，我发过“回銮训民诏书”，等等。我说，这些献媚举动，都不过是为了个人卑鄙的目的而使用的手段而已。当我做过了这一切，仍然达不到目的，我心里是很怨恨的。我这样说了，还是有人不信。这时忽然有人说：

“你在大栗子沟，日本人临送你上日本时，给你先汇到日本三亿日元，你心里不感激吗？”

“三亿日元？我不记得这回事了。”

“不记得？”人们都惊异了，各种不信任的话都来了，“这样大的事能不记得？”“这是张景惠、武部六藏经手的事，很多人都知道呀！”“你这是有顾虑吧？”“检举认罪时你一定也是没交代了？”

我说，在大栗子沟时，我只想到到了日本必定凶多吉少，因为吉冈说连日本天皇也表示了不能保证我的安全；什么三亿日元，就没进我的脑子里去。我是真的不记得这回事了。

“你到现在还是有顾虑！”这个意见一有人提出，就成了一致的意见，无论我说什么，也改变不了别人的看法，本来讨论正题时我还很自然，问题一转到三亿日元，而且被一致认为我仍存在顾虑，对政府隐瞒，我就真的又有了新的顾虑：“以曾子之贤与母之信，而三人疑之，则慈母不能信也！”我这里在众口一词之下，还能得到所方的信任吗？

我被这个问题苦恼了一夜，两夜，三夜……

不会相信的！——在深夜里，同伴们发出了酣睡的鼾声，我独自醒着，眼睛凝视着窗外走廊里的灯光，心里翻来覆去地想这件事。这件事又引起了无数的胡思乱想。“溥仪呀溥仪，你改造了八年，你受到了多么久的人道待遇，人民对你是以德报怨，为了让你像个真正的人那样知道好歹，花了多少心血？而你却说那三亿日元忘了，你还有一点点的人心吗？你欺骗人民还有个够吗？”“三亿日元，这样的大事会忘记吗？这可不是三十块、三百块钱呀！”“把它说成是隐瞒吧……这样，就……一切都过去啦……”

“可是，这不是欺骗吗？”我一惊，几乎从铺上跳了起来。过去，我动不动就写个检讨，至少其中有一半，是怀着取信于所方的目的，把它当做手段用的，难道我今天仍然还要这样无耻吗？

在第二天的小组会上，我首先发了言，多少带着些火气地说：“我忘了就是忘了！是不是有人和我说过这件事，还有问题哩！你们这不是成心吗？”谁知这句话一出口，就戳上马蜂窝了，连“中立”的都生起气来，说我是打击报复，拒绝批评，态度傲慢，甚至有人说这是“十足的抗拒改造”的表现。

问题又转到了我的态度，我慌了。我想这可缠不清了，三亿日元是隐瞒，小组会上又拒绝了帮助，这到了哪里也是说不清的问题了。完了，完了！这种悲观宿命的思想一出现，深埋在心底的、一度克服了的念头又起来了：还是承认一切，逃过这个难关吧。不就是检讨吗？一张检讨书可以换得安宁、信任，为什么不走这条最近便的路子呢？

我写下了：三亿日元我是隐瞒了，小组会上我的态度是对抗的……我对政府还有顾虑……

后来，有一个晚上，看守员通知我说，所长召见。

我怀着阴郁的、但更多是惭愧的心情，走上所长的小楼，敲了敲所长的接见室的门。

“进来吧，溥仪！”

这是老所长的声音。果然，在灯光下现出了老所长的花白头发。老所长自从调到别的机关，仍兼管这个管理所，不过，他已不经常来了。看到了许久不见的老所长，我感到了说不出的高兴。但是在他慈祥的面容上，从他的嘴角上，我看出了一点严峻，这是凭我八年的经验看出来的。

我坐了下来，顺从地点上了烟，我把烟拿在手里，低下头来……

“你写的检讨，我看见了。小组会的记录，我也看了。咱先说说这件事：受不住别人的批评，这到底不是件好事。我这个人从小念书不多，可是我从小就听念书人说过，孔子的徒弟子路很喜欢听人家的批评，你念过四书、五经，有这话吧？”

“有，子路闻过则喜，大概是这句话。”

“嗯，你记得就好。子路这人值得称赞，跟这个品质大概很有关系。你一定记得这几句话：知无不言，言无不尽，言者无罪，闻者足戒，有则改之，无则加勉。”

“记得。”

“记得，还要做到。”

“我没做到。今后一定做到。”

“有这个决心就好。现在再说第二个问题，你的检讨书里说的，除了对待批评的错误态度之外，还有哪条是真的？”

我惊愕地看着所长，对答不上来。所长接着说：“三亿日元是你忘了，还是隐瞒呢？”

我的呼吸急促了起来，但我怎能欺骗坐在我面前的这个人呢？有着黑皮箱的珠宝、除四害的任务……这一切经历，怎能容许我欺骗他呢？但我又怎么向他说清楚呢？这能说得清吗？

“你为什么不说话呢？你认为说了实话是坏事吗？”

“所长，我……可欺骗了政府，我怕……众口一词……”

“难道是非曲直是靠暂时的多数意见来判定的吗？”

“所长，”我的眼流汹涌而出，“我还有患得患失，顾虑，我，受不住考验……”

“认识到这个，就很好。你再不用胡思乱想，应当勇敢些，做人是要有勇气的！”

当我向所长告辞的时候，看着他满头花白头发，我猛然想起，八年前我第一次看见他的时候，他并没有这么多的白头发啊……

在世界上我还能有什么更亲的亲人呢？曾母尚且要疑心自己的儿子啊！

所长，所长，这是谁呢？这是共产党员。特赦，是谁提出的呢？是共产党的中央。共产党人，建议要赦的是谁呢？是那些过去对人民犯了滔天大罪的，屠杀了无数共产党员的国民党、汉奸，是帝国主义帮凶的阵营里的分子。这个建议者的署名者，毛泽东主席，他的妻子，两个弟弟和一个妹妹就是被国民党杀害了的，他的儿子，是牺牲在美帝国主义者对朝鲜的疯狂侵略战争中的……

我再说一遍，旧时代和某些国度里的犯人的那种对出狱的向往心情，我是没有的，因为我在这里已得到了他们所向往的阳光、自由和亲人。同时，我也有我所向往的事物。

我也向往着得到特赦。为了说明我的向往，我要先说一说在特赦令公布前我的心情，我在想什么……

二、一九五九年十二月四日

一九五九年四月，我接到了五妹夫妇给我写来的一封信，其中有一段说：

> “……你的外甥，学地质的那个，为了勘探祖国的宝藏，锻炼体魄，自从参加爬山队以来，变得更加坚强勇敢了。他和同学们在师长们领导下，征服了祁连山的一个雪峰之后，到了西藏。在这里正巧遇上了西藏农奴主的叛乱，他和同学们立刻勇敢地和农奴们一起，拿起了武器，跟着解放军参加了对叛匪的战斗。我们真想不到，他是这样的勇敢坚定，在最严重的关头上，毅然地为了藏族兄弟的利益，不吝惜自己的身上的血……在平定叛乱之后，他又和同学们向新的雪峰前进了……他来信和我们说：爸爸妈妈，我们的祖国是多么美丽雄伟啊！……”

这些平凡的、没有华丽辞藻的朴素的文字，引起了我不小的激动。我接到亲属们的来信，每看到他们叙述到自己的工作和生活所流露出的喜悦，特别是在提到他们的下一代而流露出的喜悦的时候，总是有一种激情产生出来。免诉释放的妹夫们，谈起他们的工作岗位，谈起他们如何忙于翻译工作、学习生活时，引起过我的激动；我的妹妹们谈起她们参加义务劳动，取得红旗，谈到自己的快乐的汗水，也引起了我的激动；我的远支亲族来信谈起他们自己和那些原已被社会遗忘了的老族人，正在为祖国的文史事业贡献着他们的力量时，也同样地使我激动。然而，激动人心的又何止这些呢！每天都有更激动的消息从报纸、广播、特邀的专题报告中打到人们的心上。

由于我参加了医务组，我对医药卫生消息特别发生兴趣。

云南大理白族自治县的一个解放前的鼠疫流行区，变成了一个无鼠乡！曾被称为瘴疠之地的云南边区，已经控制了疟疾的流行！

福建省、江苏省、上海市等许多地区基本上消灭了为害千百年的血吸虫病！

为了抢救一个烧伤的钢铁工人丘财康，上海的医务人员创造了医学上的奇迹。为什么呢？因为在从前，富翁们没有可能患这种病，这项医学课题就没有受到重视和钻研，但是现在不同了！

在一年中，农村的医院发展到十万多所！床位四十多万张！人，在我们国家里是最宝贵的！

我甚至对体育消息也发生了兴趣。

在一九五八年末到一九五九年初，短短几个月里，我不能不被这些体育消息吸引住：黄强辉以一百五十八公斤创造了轻量级挺举世界纪录，赵庆奎以一百七十七点五公斤成绩刷新了轻重量级挺举世界纪录，李增福以一小时十七秒二再次创造男子百公里自行车的世界最新纪录，穆祥雄以一分十一秒四成绩打破男子百公尺蛙泳的世界纪录，三个女跳伞运动员以距靶心平均二点六九米打破了世界纪录，陈镜开创造了三次轻重级的挺举纪录，容国团在世界乒乓球锦标赛中获得世界男子单打冠军……

在意气风发的主人公面前，有什么办不到的呢？

黄河清，是我们祖先历代的理想，在今天却成了现实。黄河，在历代诗人的笔下，是永不能驯服住的龙，在历代帝王眼中是永远与江山的统治有关的隐患，但一九五八年冬季，在中国人民手下截了流！

我常常从那些英雄而又平凡的人物报道中，也从我收到的信中，看到人们最常说到的这样的话：

“我的工作太平凡了，但是这可是祖国建设大业中的一部分呀！”

“我做得很少，为了实现总路线，我一定要做得更多！”

“为了大跃进，我又修改了自己的计划！”

这些主人公的自豪的语句，令我激动，令我暗暗地生出羡慕之情。我能不能也像他们那样说，“我的工作……这也是祖国建设大业中的一部分……”“为了祖国，我在做着……”

有一次外出参观，在抚顺的一个马路广场的边上，有一个巨幅油画，画着一个人用手指着，上面有一行文字：“在大跃进中，你做了什么？”我不禁想：这是指着我吗？这是在问我吗？我有资格被询问吗？我有资格回答吗？

我是多么羡慕那些有资格回答这个询问的人啊！我多么羡慕我的妹夫、我的妹妹和他们的孩子啊！

这就是我所向往的：我能像他们——我的亲属们，抚顺街道上走路的人们，露天矿和龙凤矿那些矿工们，这些有资格以主人公的自豪或向世界上任何人宣称：我是个中国人，我是个伟大事业的建设者！

我相信，这个前途是存在着的。但我从来没有像今天这样感到它是那么具有诱惑力。

当然，这要到了人民批准了的时候，到了承认我是确实改恶从善的时候，也就是我成了一个“人”的时候，也才会真正成为现实。

当我想到这里，那个三亿日元的欺骗的检讨书，又浮现在我的脑际。那次的考验，不过刚刚过去一年，无疑的，我是不够条件了。假如是在一九五〇年，或者是检举认罪以前，我听到了这个特赦令，倒也许想到自己的头上来，现在却完全不同了。

有许多人，也是和我同一个想法。在讨论中，有人说：“虽然第一次特赦一定不会有我，但我相信，只要我努力，将来总会有我。”这个说法也和我想的一样。

有一天晚上，代理所长找我谈话，问起我想到谁可能被赦的问题。我想了一阵儿，说出了组长的名字，他又问还会有谁，我又说了最近一次学习评比中成绩最优的一个，又说了学习委员会的一个。如果他问最后一批被赦的有谁，我倒会一定说出自己来。所长没有这样问，却微笑着说：

“我相信这是你心里所想的。老所长上次和你谈的，是对你有影响的。最近的批评与自我批评，你也有一定进步的表现。好好努力吧。”

他又问我，是不是我们组里有人在准备衣物。我说不知道。我倒没注意到这个。后来回来一留心，原来确实有人在悄悄收拾东西，把旧破的袜子丢进垃圾箱，把一些信和废物烧掉。在闲谈中，我听到这些对话：

“你大概一定有希望。”

“哪里，哪里，我总在你后头。”

“甭客气，你如果先出去，我倒希望你经过我的家乡，替我寄一点儿五香豆来。那是我们那儿的特产，好吃极了。我要出去，一定每位奉赠一袋。”

我心想，如果每人出去都寄点特产来，大概我和“大下巴”就会被各地特产埋起来了。

日子一天天过去，我对我心目中将要第一批出去的人，甚至连那些悄悄收拾衣物的人也越来越羡慕。我想象着他们会站在广场的那幅画前，满脸红光……

所以，当那个难忘的时刻到来的时候，我还是不胜疑惑的。十二月三日的晚上，副所长又找了我去。又问起我对特赦的想法。我的回答仍是那一句：“我是没希望的，但我决心争取以后……”

“假如你被特赦呢？你怎么想？”

“那是人民批准了我，认为我有了做人的资格。但是现在是不会有这事的。”

这天夜里，我一想起所长的那句话：“假如你被特赦呢？”我的心脏突然

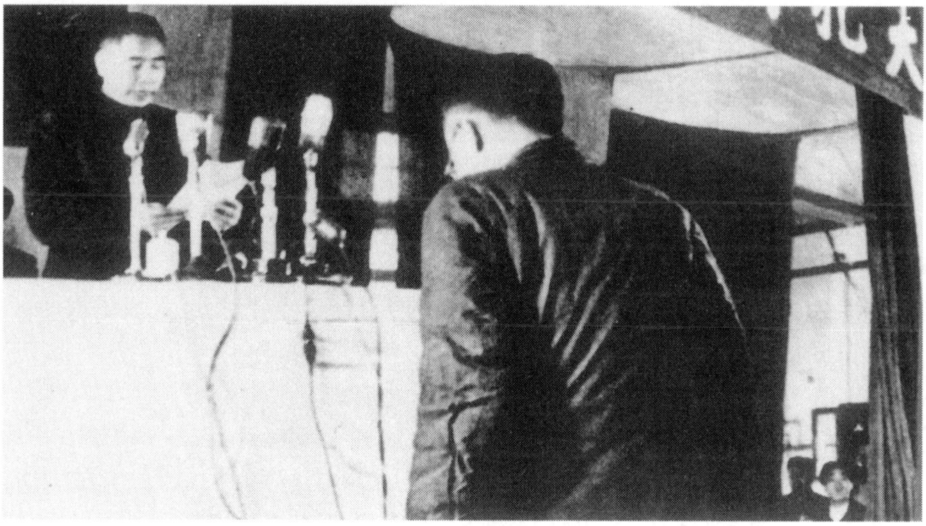

图 65　在特赦宣布会上

跳动起来。但随后对自己说：不会的吧？

第二天，得到了集合的通知，我们走进了俱乐部大厅，迎面的主席台上挂着一条大红横幅，我的呼吸急促起来了，我看见了横幅上写着："抚顺战犯管理所特赦大会"。

图 66　"祖国，我的祖国啊，
你把我造就成了人……"

台上坐着最高人民法院的法官，两位所长和其他一些人。台下是静悄悄的，似乎可以听见心跳的声音。

首长讲了简短的话之后，最高人民法院的人走到讲台当中，拿出一张纸来，念道：

"爱新觉罗・溥仪！"

我心里激烈地跳动起来。我走到台前，只听上面念道：

中华人民共和国最高人民法院特赦通知书

遵照一九五九年九月十七日中华人民共和国主席特赦令，本院对在押的伪满洲国战争罪犯爱新觉罗·溥仪进行了审查。

罪犯爱新觉罗·溥仪，男性，五十四岁，满族，北京市人。该犯关押已经满十年，在关押期间，经过劳动改造和思想教育，已经有确实改恶从善的表现，符合特赦令第一条的规定，予以释放。

中华人民共和国最高人民法院

一九五九年十二月四日

不等听完，我已痛哭失声。祖国，我的祖国啊，你把我造就成了人……

三、告　别

同所被特赦的连我一共十个人，伪满的是郭文林和我，国民党的是周振东、孟昭瀛、唐曦、白玉昆、赵金鹏、杜聚政、业杰强、贺敏等八人。我们暂时要搬到指定的一间空屋里，等候出发。这天晚上，我们伪满的四所开了晚会，第二天，全所又开了一个送别大会。会后在欢声中，国民党战犯把被特赦的八个人高高举起，又向上扔了去，我和郭文林也被伪满的如法炮制一番，大厅里响起了震动屋宇的欢笑声……

下午，代理所长召集我们开了个座谈会。所长说："你们学习了十年，这期间社会起了很大变化，你们不熟悉了，不妨稍住几天，先了解一下再走。当然，愿意马上走的也可以，愿意先参观一下的就留一留。"所长又说，所里正在给我们准备车票，每人都发给回家的路费和路上零用钱，到了家乡，都给安排职业，没有家的愿意留在当地的就给安排在当地工作。到了家里如果有什么困难不好解决，愿意回来的也可以到抚顺就业。有人说，他在所里的电机厂学会了电机制造，对车床也熟悉了，要求就留在电机厂工作。所长说："你是有家的，还是应该回家，至少看看。如果觉得那里不合适，你再回来，给你在抚顺安排一个电机生产的工作。"说到这里，所长又谈起回到家乡可能遇到的问题，说：

"我建议你们，回到家里，先向家乡的人们道个歉，因为你们过去对不住他们。你们道了歉，他们会原谅你们的，也会相信你们已经改好。即使一时还有人怀疑，只要你们用事实表现，怀疑也会消除的。

"回到自己家里，自然要明白，家庭是个新的家庭，旧的家长制度没有了，不能再拿出旧日的家长态度了。要和睦，互相帮助。

"你们在这里十年，现在要走了，对管理所有什么意见，也希望你们提给我们，这对我们改进工作是有好处的……”

他的话没完，我们就七嘴八舌地说了，我们没有任何意见，只愿多住几天，听所长再多和我们谈谈，到社会上去要怎么办？我们都成了刚学走路的孩子了……

“我已说了不少了。”所长微笑着，然后又严肃地说：“我最后要说的就是：希望你们珍惜自己的新的生命，新的灵魂。改造是长期的，在生活的道路上，每人都不断地要受到考验，在考验中，或者前进，或者后退。自满，永远是前进的敌人。”

这天晚上，所长又把溥杰叫来，让我们在分别前多聚一会儿。过去的日子对我们都像噩梦一样，那叫什么手足啊！只有这几年，我们才有了真正推心置腹的谈心。我们这次又谈起了他的家庭问题，子女问题。可是在十几年前，我防备着他，他的事也瞒着我……

八日早晨，我们都理了发，领到了零用钱，整理了行装。这时所长拿了一只怀表给我，这是我那堆“赃物”里的东西，我一眼便看了出来。我不肯接受它。所长说，“这不是发还，这是人民交给你的，你今后工作和生活，都是需要它的。”这只法国金表，就是我逃进日本使馆前夕，由庄士敦陪我在东交民巷一家商店里买的。它第一次来到我的手里，是我开始走上投敌叛国的最初道路的时候，第二次又回到我手中来，则是我新的生命的开始了。

所长和学习主任陪我们登上了去沈阳的火车。这是我第一次和劳动者坐在一起，这是我和人民在一起的生活开始了。在开始的最初几分钟里，就遇上了一件难忘的事。

我的后座上坐着一位中年妇女，带着一个八九岁的女孩。这个女孩似乎在发烧，显得很不舒服的样子，有人把座位让出来，情愿站着，给女孩子好躺下来。有人关心地询问她的孩子是什么病。经那中年妇女一说大家才明白，她们并非是母女，而是师生。中年妇女是个车站附近一个学校的教师，那女孩是她的学生。在上课的时候，女孩突然感到肚子疼，卫生人员担心是阑尾炎，建议到沈阳去检查。因为正好有一班车要开，不过一小时就可以到沈阳的医院，这比到抚顺医院还快些。但是孩子们的父母都在铁路上工作，去寻找已怕来不及，女教师断然作了决定，一面托人给家长送信，一面就把这件事担当起来，亲自送孩子到沈阳医院来了。

“老吾老以及人之老，幼吾幼以及人之幼”，孟子的这句话，陶渊明的“落地为兄弟，何必骨肉亲”的胸怀，在我生活着的时代都不再是空想……

我是生活在一个多么值得骄傲的社会啊！

我默默望着车窗外飞驰而过的景色，激情又从我心底升起。我看着这个赋予我这种骄傲之感的城市的景物，逐渐离我远去，让我想起过去的日子。在那里，我才懂得了什么叫人，什么叫生活，什么叫良心，什么叫是非。

在东北这块神圣的祖国土地上，我犯下了滔天的罪行，我又在这里得到祖国的宽恕和拯救，得到了新的生命。

再见吧，亲爱的抚顺，亲爱的城市和乡村。再见吧，把手伸给我的矿工！再见吧，让我初次发现天良的台山堡的农民！再见吧，平顶山的方素荣！

再见吧，为了教懂我做人而白了头发的老所长！再见吧，一切为我花费过心血的人们！

我永远不会忘记自己过去的罪恶，我一定要继续立功赎罪，为祖国和人民贡献我的一切，直到我的脉搏停止！

相信我的誓言，相信我一定会忠于我的誓言！

五十三年大事记[①]

1906 出生于北京。（清廷宣布预备立宪，时间未定。萍、醴、浏大起义失败。）

1907 （民党于钦、廉起事失败。清廷禁在京师聚众开会演说。）

1908 （西太后与光绪帝死。）即皇帝位，年号宣统。（载沣以摄政王监国。清廷宣布将于宣统八年立宪。）

1909 （清廷罢黜袁世凯。各省成立咨议局。）

1910 （国民党谋炸摄政王案败露。日本灭朝鲜。资政院开院。清廷宣布提前于宣统五年开议院。）

1911 （黄花岗起义失败，七十二烈士殉难。）开始毓庆宫读书，受业于陆润庠、陈宝琛、伊克坦。（武昌新军起义。清廷起用袁世凯。颁布宪法信条十九条。摄政王退位。）

1912 隆裕太后接受优待条件，颁“退位诏”。（孙中山辞中华民国临时大总统职，袁世凯继任。同盟会改组为国民党。）

1913 （隆裕太后死。张勋攻陷南京，“二次革命”失败。袁世凯强迫国会选为正式总统。光绪“奉安”。）

1914 （袁世凯公布中华民国约法，即袁记民三约法，设政事堂，任徐世昌为国务卿。第一次世界大战开始。）

1915 （日本提出企图灭亡中国的“二十一条”。筹安会成立。清室表示赞成袁世凯称帝。袁世凯申令清室优待条件永不变更，定明年为洪宪元年。）

1916 （云南发动“护法战争”。袁世凯帝制失败后死。副总统黎元洪代理大总统。段祺瑞任国务总理。清室授陈宝琛太保，朱益藩、梁鼎芬毓庆宫行走。巴布扎布在日本军人及浪人资助下叛乱，旋平息。）

1917 （劳乃宣化装来京密陈联德复清之策。奕劻死。东北“黑风会”、“宗社

---

① 编者注：“五十三年大事记”与通常的大事记体例有所区别。第一，编年不编月日；第二，时有编年处不记传主事迹。这次出版，遵循作者原稿。

党”在日本军人及浪人资助下叛乱，旋平息。“府院交恶”，段祺瑞被黎元洪解职。）接见陆荣廷。张勋拥扶复辟，二次“登基”，共十二天。（黎元洪逃日使馆，段祺瑞率“讨逆军”入京。冯国璋代理总统。北京政府对德宣战。社会主义十月革命爆发。）

1918 （段祺瑞复任国务总理。北京政府授吴佩孚为孚威将军，张作霖为东三省巡阅使。）生母瓜尔佳氏自杀。第一次出紫禁城。（徐世昌就任总统。）

1919 （清室赐张宗昌“紫禁城内骑马”。）开始学英语，庄士敦任教。（五四运动发生。冯国璋死。）

1920 （梁鼎芬死。）

1921 （庄和皇太妃死。中国共产党成立。）

1922 （世续死。）剪去发辮。（徐世昌辞总统职。）与溥杰合谋偷运珍宝古籍出宫。（授陈宝琛为太傅，朱益藩为少保，庄士敦头品顶戴。）结婚。

1923 （建福宫失火。）裁撤太监。派员至日使馆慰问日本震灾，以价值三十万美元之古玩助赈。（张勋死。曹锟以重贿当选总统。）

1924 （中国共产党、国民党合作，改组国民党，发表“中国国民党第一次全国代表大会宣言”。议员李燮阳等提出取消优待情况。）留参与婚礼的“遗老”柯劭忞、罗振玉等十余人授南书房、懋勤殿行走，授郑孝胥及金梁内务府大臣。郑整顿内务府失败，仍回懋勤殿行走，金梁回东北。（端康皇贵太妃死。冯玉祥倒戈入京。）接受冯军修正优待条件。迁入“北府”，旋逃往日本公使馆。（段祺瑞任临时执政。）

1925 （北京成立“反对优待清室大同盟”。）离日本公使馆潜往天津。（孙中山在北京逝世。上海“五卅”惨案发生。康有为至天津。北京政府任张宗昌山东军务督办。清室善后委员会公布甲子复辟文证。）

1926 （日军舰炮击大沽口国民军。北京“三·一八”惨案发生。“遗老”向吴佩孚请愿恢复旧优待条件。北伐军占领长沙、岳阳、武昌，吴佩孚军全面崩溃。张作霖发表反共宣言，组织安国军政府改称大元帅。）

1927 （康有为死。蒋介石发动“四·一二”反革命叛变。日本田中组阁。王国维自杀。）

1928 （张作霖被日本炸死。孙殿英盗掘东陵。张宗昌滦河兵败。张学良宣布东北易帜 。）

1929 送溥杰赴日本。派商衍瀛去东北活动复辟。

1930 （载泽死。陕西大旱灾。）

1931　(豫、皖、粤、湘、鄂大水灾。"九·一八"事变。)与文绣离婚。派远山猛雄致书日相南次郎、黑龙会头山满等联络，以求援助复辟。先后秘密接见罗振玉，关东军代表上角利一及土肥原、金梁等，接受土肥原条件，与郑孝胥父子搭日轮离津赴东北。(祖母刘佳氏死。升允死。)

1932　在长春任伪执政，定年号为"大同"。接见李顿调查团。(郑孝胥任伪满国务院总理。伪满成立协和会。武藤信义任关东军司令官兼驻满大使。武藤与郑孝胥签订"日满议定书"。)

1933　(日本退出国际联盟。菱刈隆任关东军司令官兼驻伪满大使。熙洽纠集汉奸请愿实行帝制。)

1934　即"皇帝"位，改元康德，吉冈安直任御用挂。(日本外务省发言人天羽发表欲独吞中国的非正式声明。南次郎继任关东军司令官兼驻伪满大使。)

1935　(东北抗日联军发表"统一建制宣言"。)第一次访日，发表"回銮训民诏书"。(郑孝胥去总理职，由张景惠继任。溥杰就职伪满军队。中国工农红军胜利完成二万五千里长征。关内爆发"一二·九"运动。)

1936　(日本外相广田发表对华"三原则"的演说。伪满颁布"帝位继承法"。植田谦吉任关东军司令官兼驻伪满大使。西安事变。)

1937　(中共中央致电国民党提出实现合作抗日的主张，国民党三中全会通过接受中共提议。抗日民族统一战线形成。)封谭玉龄为"庆贵人"。(溥杰与嵯峨浩结婚。护军被缴械，警卫处长佟济煦被免职，由日人继任。卢沟桥事变，抗日战争开始。)发表第一次"时局诏书"。(意大利承认伪满。)

1938　(希特勒德国承认伪满。日寇发动张鼓峰事件失败。郑孝胥死。抗日联军李兆麟部攻克讷河、北兴、克山。)

1939　(张景惠在长春与日德意签订"防共协定加盟"。英法对日宣战，第二次世界大战爆发。梅津美治郎任关东军司令官兼驻伪满大使。日寇发动诺门坎事件失败。抗日联军攻破肇州、肇源的"三肇事件"震动全满。)

1940　(抗日联军杨靖宇将军牺牲。)第二次访日，迎回"天照大神"，发表国本奠定诏书。(日满汪"宣言"公布。)

1941　(德寇进攻苏联。日本东条内阁成立。)发表第二次"时局诏书"。

1942　发表"建国十周年诏书"。(张景惠赴日谢恩。)谭玉龄死。(公布"国民勤劳奉公法"、"学生勤劳奉公法"。)给裕仁写"亲书"，称日本为

"亲邦"。

1943 封李玉琴为"福贵人"。(公布"金属类回收法"。意大利无条件投降。伪满实行集家并屯。)

1944 (反击法西斯战争的第二战场开辟。山田乙三任关东军司令官兼驻伪满大使。)

1945 (张景惠带三十万吨大米赴日慰问。德寇无条件投降。苏联对日宣战。)逃亡通化,第三次发"退位诏书"。(日本无条件投降。)被苏军逮捕。押往苏联赤塔。国、共缔结"双十协定"。)

1946 到东京"国际军事法庭"作证。(蒋介石撕毁"双十协定",发动对解放区军事进攻,全面内战爆发。中国共产党领导解放区人民进行自卫战争。)

1947 (解放战争转入战略进攻,发表"中国人民解放军宣言"。)

1948 (东北全境解放。)

1949 (中华人民共和国诞生。)

1950 (中苏两国政府缔结友好同盟互助条约。)押解回国,到抚顺战犯监狱。(抗美援朝。土地改革。)转移哈尔滨。(荣源死。)

1951 载沣去世。(镇压反革命运动。)开始值日——擦地、洗碗、分菜。第一次交代历史——自传。(三反运动。)

1952 第一次缝洗衣服。交出匿藏的珍宝。学习"由于封建社会,中国怎样沦为殖民地、半殖民地"。交代"九·一八"事变前后与日寇勾结的历史真相。(熙洽死。)

1953 (新中国第一个五年计划开始执行。)第一次劳动——糊纸盒。(志愿军某军长来所讲述抗美援朝。朝鲜停战协定签字。)

1954 由哈尔滨迁回抚顺。学习"帝国主义论"。最高人民检察院工作团来所进行调查讯问。回抚顺后开第一次生活检讨会。(《中华人民共和国宪法》草案公布。第一届全国人民代表大会第一次会议在北京举行。)

1955 第一次看日本战犯演出歌舞剧。伪满战犯成立学委会。学习政治经济学、历史唯物主义。参观日本战犯运动会。开始与亲属通信。在最高人民检察院总结意见书上签字。李玉琴首次来所探望。

1956 (农业、手工业、资本主义工商业社会主义改造出现高潮。)参观抚顺露天、龙凤煤矿,台山堡农业社等工矿企业,市容,学校,商店。会见亲属。(全国人民代表大会常务委员会决定按宽大政策分别处理悔罪的日本战犯。最高人民检察院对日本战犯三百三十五名宣布免予起诉并立即释放。）沈阳最高人民法院军事法庭审讯日本战犯，出庭作证。（中国共产党召开第八次代表大会。）与英法记者会面。（伪满战犯第一次演出话剧“从黑暗走向光明”。）和李玉琴离婚。开始抬煤扫雪等较重体力劳动。

1957 侄子妹夫等获释。到沈阳、哈尔滨、长春、鞍山等地参观工、矿、农、商、学等三十一个单位。（社会上开展“反右派”的斗争。）战犯改造学委会成立，溥杰当选学委委员。满族参观团来所。伪满战犯分组学技术；参加医务室学中医。（臧式毅死。）

1958 （第二个五年计划开始执行。）看国民党战犯演出新京剧“三十年如一梦”。（中共八大第二次会议制定了建设社会主义总路线的方针。）参观抚顺大跃进展览馆等三个展览会。战犯电机工厂开工。（中共中央扩大会议通过关于在农村建立人民公社的决议。）张景惠死。

1959 在沈阳、抚顺两次参观。（刘少奇主席颁布特赦令。）获特赦。来到北京。

附录一

1. 关于光绪“病重”的两封信

（一）

二哥大人座前福安。敬启者，想二哥欠安，应大愈也。各处添设技勇兵保护洋人，因前门外打了两个洋人之故耳。皇上脉案呈阅，病源许添不许撤，前与远斋谈及，他云：“皇上无病，所进的药也不吃。其他弟不知也。”家内均皆平安，余容再启，敬请福安，顺请二姐大人福安。庄格、四存均好。

弟增德增麟增绂谨启二三存随叩
弟妇等率忙格随叩

（二）

（上缺）懿旨每日著总管内务府大臣一员带领请脉拟方后赏饭吃，堂官又派堂掌犒八员轮流将医士带至五间房，掌犒人又约兄等十六人亦轮流帮同照料。所以兄近日差使连人情等事终日不得闲，故迟至而今方能复信，望祈原谅是幸。脉案一纸奉阅可也（略）。据医士云：此症不甚重，无非虚不受补之意，其脉案上话语，系由春季所有的病症，均奉
旨不准撤，全叫写，其实病症不是那样；要是那样，人就不能动了。虽然煎药，未必全吃了，故此一时不能见效。（下略）

（收信人是后来的总管内务府大臣增崇，当光绪病重消息传出时，他正在江宁织造的任上，写信向他的兄弟们打听消息，他的亲戚和三四五诸弟均为内务府司员，上面即他们的回信。据说这几封回信的内容后来传播到上海，颇有影响。原件存察存耆先生处。）

2. “进膳单”

八月十五日　子皇帝臣溥仪跪进

敬懿皇阿娘　早膳一桌　果桌一桌

海碗菜二品

金银鸭子　八宝奶猪

大碗菜四品

燕窝庆字红白鸭丝　燕窝贺字锅烧鸭子　燕窝中字三鲜肥鸡　燕窝秋字什锦攒丝

中碗菜四品

燕窝金银鸭块　大炒肉炖榆蘑　三鲜鸽蛋　莲子樱桃肉

怀碗菜四品

鸡丝煨鱼翅　溜鸭腰　溜鱼腐　荸荠蜜制火腿

碟菜八品

燕窝拌熏鸡丝　大炒肉焖玉兰片　芽韭炒肉　炸八件　青笋晾肉胚　烹鲜虾酥鸡　硇砂肘子

片盘二品

挂炉猪　挂炉鸭子

饽饽四品

白糖油糕　苜蓿糕　苹果馒首　如意卷

燕窝八仙汤

克食二桌

蒸食四盘　炉食四盘　猪肉四盘　羊肉四盘

（原件为红纸工楷，存国家档案馆）

3. 四执库更换穿戴表

四执库更换穿戴表

宣统十三年岁次辛酉

月份	更换穿戴	节气	日期
正月	十九日 换青白嵌皮袍褂一套	雨水 惊蛰	十二日 二十七日
二月	十一日 换天马皮袍褂一套 十三日 换洋灰鼠皮袍褂一套 二十二日 换灰鼠皮袍褂一套	春分 清明	十二日 二十七日
三月	初七日 换灰鼠皮袍褂一套 初九日 换小羊皮袍褂一套 二十日 换棉袍褂一套 二十八日 换夹袍褂一套	谷雨 立夏	十三日 二十九日
四月	十三日 换单袍褂一套 二十七日 换实地纱袍褂一套	小满	十四日
五月	初十日 换芝麻地纱袍袍褂一套 二十二日 换直径地纱袍褂一套	芒种 夏至	初一日 十七日
六月	初一日 换颜色葛纱袍褂一套 初二日 换彩色葛纱袍褂一套	小暑 大暑	初四日 十九日
七月	十八日 换颜色葛纱袍褂一套 二十五日 换直径地纱袍褂一套	立秋 处暑	初五日 二十一日
八月	初六日 换芝麻地纱袍褂一套 十七日 换实地纱袍褂一套 十九日 换单袍褂一套	白露 秋分	初七日 二十二日
九月	初二日 换夹袍褂一套 初十日 换棉袍褂一套 二十二日 换小羊皮袍褂一套 二十七日 换银鼠皮袍褂一套	寒露 霜降	初九日 二十四日
十月	初三日 换灰鼠皮袍褂一套 初八日 换洋灰鼠皮袍褂一套 初十日 换天马皮袍褂一套 二十六日 换青白嵌皮袍褂一套	立冬 小西	初九日 二十四日
十一月	初一日 换貂皮褂	大雪 冬至	初九日 二十四日
十二月		小寒 大寒	初九日 二十四日

(仿原件格式，原件存国家档案馆)

4. 张勋复辟奏折

奏为国本动摇，人心思归，谨合词吁请复辟，以拯生灵，恭折仰祈圣鉴事。窃经国以纲纪为先，救时以根本为重。我朝开基忠厚，圣圣相承，立教则首尚人伦，敷政则勤求民隐，是以皇灵赫濯，敬者懔若帝天，化泽涵濡，爱者载如父母，虽经发捻寇氛之巨，卒赖二三大臣效忠疆场，用能削平祸乱，弼我丕基；盖仁泽入人既深，而王纲又足以维系之也。廿载以来，学者醉心欧化，奸民结集池池，两者相资，遂成辛亥之变。孝定景皇后不忍以一姓之尊荣，罹万民于涂炭，勉徇所请，诏设临时政府，原冀惠安黎庶，止息干戈。岂意根本动摇，竟以安民之心，助彼厉民之虐。彼时臣勋臣国璋等，孤军血战，莫克回天，臣嗣冲臣怀芝等虽力遏妖氛，卒难荡决，贻忧君国，寝馈难安，忠愤填胸，积年成痗。然不敢不仰承庙略，幸冀升平。蒙难艰贞，于兹七载。乃共和实行以后，上下皆以党贿为争端，各便私图，以贪济暴。道德沦丧，民怨沸腾。内外纷呶，迄无宁岁。苍黎凋瘵，逃死无门。此实非孝定景皇后逊政之初心，我皇上所当收回政权，实行安民，以仰承先志者也。臣等伏查列强之世，非建设巩固帝国，不足以图存，此又近为各国所主张，尤深合我民之心理。以中国之皇王神圣，代有留贻，规复典章，易于反掌。而我皇上英姿天挺，圣学日昭，虽在冲龄睿逾往圣。况当杌陧之运，曾无匕鬯之惊，天殆默佑圣躬，以宏济艰难，俾延无疆之祚，而吾民迭婴荼毒，尤徯后以来苏。臣等蒿目时艰，痛心天祸，外察各国旁观之论，内审民国真实之情，靡不谓共和政体，不适吾民，实不能复以四兆人民敲骨吸髓之余生，供数十政客毁瓦画墁之儿戏。非后何载，穷则呼天，臣等反复密商，公同盟誓，谨代表二十二省军民真意，恭请我皇上收回政体，复御宸极，为五族子臣之主，定宇内一统之规。臣等内外军民誓共效命，竭忠保佑皇室，伏恳我皇上大慈至德，俯允所请，天下幸甚。所有国本动摇，人心思归，合词吁请复辟各缘由，谨恭折具陈，伏乞皇上圣鉴，训示施行。谨奏。宣统九年五月十三日

（原件存国家档案馆）

5. 金梁的奏折

此次奇变，中外皆为我不平，而各表同情者，以上之德化有以感人也。如历年之赈贫民则人心归之，如前岁之助邻灾则各国颂之，裁太监则众口同称，见新党则异已同化，非乎日之言行有以感人，何能得此于今日？今左右之为上计者，仅仅以身家性命为言，用心未尝不佳，所见未免太小。天子受命于天，自有天眷，无论目前决无危险，即此后待时而动亦不可过于忧虑。天下无饿死之志士，更无饿死之圣君。且古来只有化家为国，未闻化国为家，盖化国为家者，国破则家无不亡而身无不灭者也，观今日之人心舆论，实有转机，倘能发表宣言，昭示中外，使人人皆知天下为公，别无他意，然后复我自由，即谋出洋游学，否则时机一失，恐受人束缚，以此无超拔之望矣。

（原件存国家档案馆）

6. 《顺天时报》上的新闻

某太妃流血殉清朝

逊帝仍在监视中

师傅不得入醇邸

日前逼宫剧，立将逊帝及后妃等逐出皇宫后，而宫内尚有瑜、瑨两太妃及最近薨逝之瑾太妃遗骸残留宫内。讵于昨日外间人民交头接耳互相传说，残留宫内之某太妃，因遭此意外之变，愤懑已极，于前夜一时余，竟演出流血惨局，以头触柱，脑部迸裂身死殉难等情云云。兹查此种消息，系由散出之宫女所传出，而清室方面服务者，亦多盛传此事谓为确实云。昨日外间又有谣言。谓清逊帝已由醇王府强迫退出云云。据本报确息，逊帝仍如前日在醇王府，监视甚为严密，军警亦尚未撤销，除陈大太傅（宝）琛，及朱太傅益藩二十九人准许入内，其他一切人等概行禁止出入。

（原剪报存群众出版社资料室。其原文有漏误处，补于圆括号内。）

7. “清室内务府”致民国内务部函

敬启者：优待皇室条件成于辛亥年十二月二十五日，为议和代表与临时府政双方所订，经参议院议决正式照会各国驻京公使转达各国政府，十二年来履行有效，忽于本年十一月五日摄政内阁派遣鹿锺麟、张璧等以重兵突入禁城，威逼车驾出宫，并出修正条件五条，限三小时答复，事出仓促，并未先期商榷，当以暴力之来不能与校，不得已暂移醇王府，曾由内务府于当日函致国务院，声明此次条件及善后办法，应俟双方商妥再为交换等语在案。查法理原则关于刑律之规定，凡以强暴胁迫人者，应负加害之责任，其民法原理凡出于强暴胁迫欺罔恐吓之行为，法律上不能发生效力。兹特专函声明，所有摄阁任意修正之五条件，清室依照法理不能认为有效，至摄阁时之善后委员会条例，全出一方面所定，亦不能认为有效，相应函请贵部查照，此致

内务部

清室内务府谨启　十一月二十八日

（原件存国家档案馆）

8. “清室内务府”致各国公使函

敬启者顷奉大清皇帝面谕，我大清自世祖章皇帝入主中夏，满蒙回藏后先归附，列祖列宗以勤政爱民轻徭薄赋垂为家法，二百余年未之有改。迨武昌事起，海宇震惊，以尔时兵力未始不可戡定，我孝定景皇后不忍万民之涂炭，自愿让出政权。满蒙回藏俯首听命，民国成立实由于此，于是有优待皇室八条待遇、皇族四条、满蒙回藏七条以相酬报，由两方代表议定，参政院通过，载在民国约法，正式照会各国驻京公使转达各国政府。嗣于民国三年修改约法，复明令公布优待皇室修件永不变更效力各在案，迄今十有三年。虽民国府政未尽履行，然以时事多艰，予未尝不深加体谅。乃本年十一月五日民国摄阁突派警卫司令鹿锺麟、警察总监张璧率同李煜瀛带领军队入宫，逼令迁出，并出修正条件五款限时答复。予以军威胁迫，无力抵抗，即日移居醇王府；是后宫中所有员役次第驱逐，所存物品尽归掌握，此中外人士所共见无可讳言。近日过激传单公然遍布，报纸宣传甚至有援路易十六为例言诸执政者，不料予以爱民戢兵躬让大政，不获民国优待而反视若仇雠，危险在前，能不寒心？万不得已，始避居日本使署。自念本朝与各友邦讲信修睦，历有年所，方事之殷，各公使

奔走集议，警告频闻，义问热诚良深感佩。今予寄居日馆与各国使节比邻，岂容默无一言致孤厚意？夫优待条件者，乃民国产生之根本最初之信条，载在盟府，布诸友邦，一国之信用所关，即列邦之观瞻所注。今以片面之词，不待商榷，以众军之势，逼令允从，揆诸各国法理，断断不能生效。至于宫禁原为暂居，物品皆属私产，优待条件并无公产字样，今乃任意增入并欲巧立种种名色，以为侵夺之计，岂知热河奉天行宫所存诸物，民国政府均认为皇室私产，曾经估定价目见诸公文，行宫如此，禁内可知。此外房屋地亩亦均造册咨明内务部立案，租赋所得全归内府，十三年来未闻异议，是皇室所有权久经确定，通国皆知更属无可置喙。除饬该大臣等函照民国政府声明修改五条不能承认外，著将此意函告致北京各国公使转达各国政府，庶几事实昭然，公谕自在，唯各友邦其加察焉，等因，相应敬谨奉达
贵公使知照，请烦转达
贵国政府可也。专此敬颂

（原稿存国家档案馆）

9. 溥伟致罗振玉函

叔言先生如晤，前以京津不靖，曾倩徐子来津请
主人暂避凶锋，免生意外。乃胡公傅语有千平安万平安，属伟不必胡思乱想等语，又复缄一纸，中有迁徙转滋中外之疑等句，亦胡公手笔也。第近日毒氛日逼，使定兴一旦督直则特别一区必严守备，彼时欲走不能，其危险有不忍言者；若谓恐滋中外之疑，是恋虚名而受实祸也。伟日夕焦忧，寝食俱废，慨维左右唯先生胆大心细，能肩艰巨，是以昧死专函，请转达主人速自为计。倘蒙玉诺，乞先电知为盼。此请，伟言十月二十日。

（原件存国家档案馆）

10. 罗振玉祭王国维文（“祭海宁王忠慤公文”）

维丁卯五月三日，海宁王忠慤公既完大节，事闻天子哀悼，群伦震惊，其友罗振玉，（既）为位以哭，复至都门，经纪其丧，后七日，率子福成福葆福颐，孙继祖承祖绳祖，以清酌庶馐之奠，荐于公之灵，并为文（以）哀之曰：呜呼！公竟死耶？忆予与公订交，在光绪戊戌，［且］（于今）三十年矣。时公

（方）为汪穰卿舍人令书记，暗然无闻于当世。暨予立东文学社，公来受学，（相处稍久）知为伟器，为谋［月］（食）廪，俾得专力于学，寻资之东渡，留学物理学校，岁余，以脚气返国。予劝公专修国学，遂从予受小学训诂。（公年弱予十一岁，以师礼事予，并赠予诗，有"豫章生七年，荏苒未成株，匠石忽顾视，谓与凡才殊"之语，以志知己之感。予固不敢当匠石，而公则楠梓也，至于今而征信矣。）自是（予）所至（皆）与（公）偕，复申之以婚姻。及辛亥国变，相与避地海东，公益得肆力于学，蔚然成硕儒。暨癸亥春，以素庵相国荐，供奉南斋，明年秋，予继入，遂主公家。十月之变，势且殆，因与公及胶州柯蓼园学士约同死。明年，予待车驾至天津，得苟活至今，公则奉命就聘于清华学校，乃阅二年，而竟死矣。公既死，有遗嘱，有封奏。遗嘱腾于万口，封奏［他人］（予固）不得见，然公之心（事），予固可（臆）逆（而）知之也。忆予自甲子以来，盖犯三死而未死：当乘舆仓促出宫，予奉命充善后委员，忍耻就议席，议散（中怀）愤激［甚］，欲自沈神武门御沟，已而念君在不可徒死，归寓抚膺人恸，灵明骤失，公惊骇，亟延医士沈玉桢诊视，言心气暴伤，或且绝［姑投］，（始与强心及安神）剂，若得睡［方］（尚），可［疗］（治），［逮］（乃）服药得睡，（因）屏药不复御，而［竟］（卒）不死，后数日，危益甚，（乃）中夜起草遗嘱，封授叔炳兵部际彪，告以（中为要件俟）异日［苟］得予书［者］，以［此］授家人；寻乘舆［出幸］（至）日使馆，又得不死；两年以来世变益亟，中怀纡结益甚，乃［屏当］（清理）未了各事，拟将［所茹而］（两年中徘徊瞻顾）不敢［吐］（言）者，尽言而死。乃公竟先我死矣！公死，恩遇之隆，为振古所未有，予若继公（而）死，悠悠之口或且谓予希（冀）恩泽。自是以后，但有［谢］（闭门绝）人事，饰巾待尽而已。虽然予所未死者，七尺之躯耳，（若予）心则已先公死矣。至公既受殊遇，世人莫不羡其哀荣，然予知公之志，在行所言，非希恩也；今恩愈重，公九原之痛，且愈深矣。呜呼！予今与公，生死殊矣！公（能）以须臾之倾，维纲常于一线，至仁大勇，令我心折。而予今春（以来），衰病日加，医者谓右肺大衰，（知）九原相见，谅［已］（亦）非遥。挥涕举觞，灵其来格，呜呼哀哉！尚飨。

（此件原见于当时报纸，今据当时的剪报与罗振玉自印的《丁戊集》对照，发现罗将此文收入《丁戊集》时，已略加修改。上文中圆括号内的文字已不见于《丁戊集》，方括号内的则未见于剪报。剪报存群众出版社资料室。）

11. 关于去日本的函电

日本帝国政府发令三道于驻津总领事馆，关于清皇帝来日问题极为赞助，兹将其来电大意译下：

1. 帝国政府对于清帝来日极端欢迎。
2. 仍以外国君主资格待遇。
3. 关于礼节招待大略由政府派军舰来津迎迓，沿途经日本地境时该驻守军民均行礼致敬，该舰抵日时由日皇陛下派秩父宫殿下、高松宫殿下及各皇族要人并全体阁员均到站欢迎，另由陆军省派军队一连作为警卫，陆海军鸣炮一百五十响致敬，各通衢均悬国旗与欢迎纸旗，至于住地定在东京宫禁或赤坂离宫或西京离宫，一切礼节均照君主之礼待遇，至于一切经济用费统由帝国政府担任供给。

希将此意转达清皇室亟望答复。

清室对于日本政府之答复

大清皇室内务府奉谕

……

转达大日本帝国内阁首相田中大臣阁下

本日接贵领事来文欢迎宣统皇帝来日一节，极深感谢，惟敝国时局不靖，若贸然出外恐遭各界之疑，反于前途不利，目前暂缓前往，一俟稍有机会定赴贵国一瞻光采。

此致田中总理大臣阁下

陈宝琛、载润、朱益藩、胡嗣瑗、景方昶署名。

印　　年　　月　　日

（原件钢笔横写，似为抄录件，但不悉为何人所抄录。原件存国家档案馆）

12. 康有为致庄士敦函

献岁发春，伏维万福。去夏梁格庄欲望颜色，乃不可得，劳思不任，承赐玉照，如常相见。经年奔走，至除夕乃归，幸所至游说，皆能见听，亦由各方厌乱，人有同心。此行陕鄂湘江皆得同意，即未至之安徽江西，亦已托人密商，亦得同情，黔刘在沪时，往来至洽，亦无异言，滇唐向多往来，今惟歌舞自乐，则亦可传檄定，惟有浙不归款，只此区区不足计也。洛忠于孟德，然闻已重病，若一有它，则传电可以旋转。（鄂肃云一电可来，二月十八其生日或一赏之。）今年为中元甲子，又立春为元日，三者合符千年未有，此盖圣上德符，天佑中兴，非关人力，更非奔走之所能为也。各事已勒令善伯面告，顷承书告善伯者，过承存问，勤拳奖许，爱挚逾常，何敢当！何敢当！顷游西湖，稍为偃息，望以历代奏章，先慰圣怀。附呈汗瓦二，唐太宗昭陵砖一，奏游所得，聊供清玩，伏希督存。敬颂春祺，并问讲安，书不宣意。

志道先生执事，康有为谨启。正月十二日。

（原件存国家档案馆）

13. 康有为致吴佩孚函

玉帅贤兄执事：连奉两电，防纵敌之患生，决除恶之务尽，因彼穷蹙，灭迹扫尘，仰见讦谟定，赤化赖以除，中国赖以存，距跃三百，欢仰不任。闻雨效帅芳师定策皆有同心，汗马收京，为日不远。惟收京后万不宜听主和之说。昔人谓一人纵敌数世之患，冯贼或请俄兵南犯，尤可患也，必当追奔逐北扫穴犁庭，以晋兵援大同，以奉兵掩热河，驱至外蒙，顺收外蒙，俄且畏日未必出兵，则我北蒙可以收复，陇江可以全定，机不可失，在此时矣。惟北京收后，段必驱除，即政体亦宜商者。兹事体大，关于中国四千年之国命与四万万之人命，稍有错误，生民涂炭，中国危亡，悔无可追。谨为明公详陈之：中国十五年来，战乱频仍，割据分剖，民堕水火，盗贼遍地，原野暴骨，国势将亡，同于印度。虽以孙文、冯玉祥之暴乱，其一开口亦言十五年之争乱，此何以故，岂非民国共和之故哉？中国形势风俗与欧美格格相反，而必强行之只有共争共杀共亡耳，蒙虚名而受实祸，虽有圣者亦无能救之也。今以美国共和之美，众所艳慕也，然其立国在乾隆三十七年，当时渡海无汽船，行空无飞船，走陆无汽车，潜水无雷船，故能抗英而自立。其创业之人若华盛顿远非顺佛兰诗士，皆新教徒，清心寡欲。其民仅三百余万，其地介两海，旁无强邻，故华盛顿开国至同治年间，全国不养一兵，只有警察，及同治六年林肯定南美后始养兵一万，及麦坚尼增为十二万，吾游美时罗斯福增至八万，胜德后乃增为十二万，以无兵故无将帅，无将帅故无割据，无割据故无争乱，无争乱故上之宪法能行，下之实业能举。美之富强由此而起，在无兵也。我国自黄帝后皆养兵数十万，有兵则有将帅，有将帅则有割据，有割据则有争乱，故上之宪法难行，下之实业不举。吾与美情实相反而妄效之，故治乱亦相反也，岂独吾国与南美地理国俗相反不能行哉？法之拉非咽助华盛顿成功归，而师行于法巴黎，一城百日之内死人百二十九万，拉非咽既杀其身，大乱延八十三年，三改君主，十易宪法，然后国体乃定。且幸法为霸国之余，乃耐大乱业百年之久，若在弱国，亡之久矣。然今能安定者，以铁路遍于全境，银行属于公民，故共和政体能定耳。若如吾国西北二万里半境无尺寸之铁路，即东南繁美之地，自干道外岂有铁路哉？民情遏塞，民欲不达，以之共和，从何共之？今将欲全国铁路大通，电线遍设，银行坚定，待之何日乃能成之，而妄慕美法以生祸害何其反也？即以中南美二十国论，自阿根廷巴西智利三国颇能治安，其余十六国，日月革命岁时共争，生民涂炭无以救之。夫十六国宪法同于美，政体同于美也，而在美则治，在十六国则大乱者，以十六国有兵而美无兵也。墨西哥之易民主与吾辛亥同年，大乱至今，五将军竞争，今三将军兵争与吾同也。书曰：与治同道罔不兴，与乱同道罔不亡，吾既与中南美道同与北美道反，安得不争乱欲亡哉？故美之政治不独欧洲之法不能学，即其同洲之十六国亦不能学，而吾不察妄欲师之，殆哉殆哉！英人在彼十六纪时，克林威尔亦曾改立民主十四年矣，与我全同，惟鉴于祸变之惨，后此三百年不敢恢复民主，且英人并不欲言民主，虽与法临海百里，望衡对宇，然坐视法国之频仍大乱而国体终不少变，盖其所鉴戒深矣。英人最善政治斟酌损益，最能折衷，虽有君主绝无实权，盖借以保重心有恒，令民不争元首，不争则不乱，不乱则所得多矣。故诸国治安皆法英制故也。葡萄牙为争教而改民主，年月革命大乱至今，欧土前车之得失可为鉴矣。且夫国之有政体，尤人之有身体也，医身病而用药方但求愈疾而身安，不必问何药方也，医国病而讲政体但问去乱而国治，不必问何政体也。人身之强弱老少不同，国体之君民亦异，岂有万应之膏丹丸散能以一药而起万病哉？谓为世界潮流而必从之，则人服天雄大黄而愈疾者，吾老病龙钟亦妄服之，只有死耳。不审已国之形势风俗而妄从外人，其大愚不解矣，既已误饮毒鸩病且垂死然犹欲再服之，是恶中国之太长寿而自杀也，有是理乎？且大地共和之制只有四者，其一瑞士之委员制，七人合议不立总统，说者谓其可施之于简僻之小国，不宜行于繁重之大国，此姑勿谓广东既行之矣，仍岁争乱，卒复孙文元帅而统一之，而粤民遂苦乱至今，一粤且不可，况全中国乎？此瑞士制必不可行也。一曰美总统制，总揽军民大权，列卿皆拔用其党人，然袁世凯行之，则遍布私人而行帝制矣。假如美制有上议院之监督，然议员皆匹夫，故可收买，否则若法拿破仑第三，墨之胡理太将议员数百下狱岂能抗之哉？及改帝制，全国复乱，即曹总统非而形式类之，亦召兵争可不改哉！若段祺瑞之执政专制，伪开诸会亦乱而已矣，此美制之不能行也。若法责任内阁制，总统总理各有才望，私党必不相容，凡人能被举为总统，而欲其垂拱无为而坐视总理之党人遍握权要，必不能也，即在法国总统总理皆不能相容，故法政不修，不若英德为此也。若吾国黎段之争冯段之争，则公应熟闻之矣。以战德之大事实，始于黎段之争权，几亡中国，可不惊惧哉？段祺瑞之借日款二万万，许日本二十一条，卖全中国以争意气（原文如此——抄者注），非明公发愤，岂易逐之，则中国亡之久矣。故约法一误，无可救止。夫宪法三权鼎立与行政须得其平，今约法以议法以议员议宪法，则议员专制必大乱矣。夫总统乃一国之公举，美令全国民举总统，我约法乃数百议员举总统，故曹总统受贿选，议员之嫌令公败危至此又可不鉴乎？今法统宪统之争两造相讼，无一说能通，无一字能通，无人能通，频召大乱，糜烂生民，危险中国，公以此自累犹可不鉴乎？若察其根源，则约法者十七人议成之，岂四万万人所能服之？殆压迫而行，人必反对，即使其说可通，其事可行，又令何人为之？将举耆老之王聘卿为之耶，则王聘卿素淡荣利，频阅艰危，其告段祺瑞曰：凡事皆有拉人相陪，岂有自缢而有拉人相陪之理？今日徐黎被逐，曹总统被囚，王聘老之淡泊岂肯践身危地乎？则强立赵次珊耶，则次珊八十四老叟，精力岂能任事？且亦阅历极深，岂肯践身危地乎？抑再听议员之意再立黎宋卿乎？且权势之左右必欲争权，即主者无他，左右必挑诸藩以内争，战祸又从起。嗟乎！人非木石，岂忍再见中国内乱，日屠生民，以危亡其国乎？今者赤化漫天，若非公起定乱，又有效帅芳帅相助，则今中国已为俄化属国矣！宁能复高谈法统宪统哉！今中国十年之大乱，法统宪统为之也，法统宪统之乱国如此，国人之恨法统宪统刺骨，闻皆色变，言皆谩骂，然公不知，尚复抱守。嗟乎！一言以为智，一言以为不智，天下之议公者在此，公所以存中国亡中国亦在此矣。此约法乃孙文十七人之约法，非四万万人之约法，人心久抱不平，望公不扫荡之，公乃欲抱守之，以失天下之人心，以再乱亡中国何为？惟公昔与吾言，力排共和，然则欲行共和，公不得已对人之权言非公心也。必欲行共和，惟上有英国虚君共和一制耳。西一千八百四十八年奥国革命，奥王非迪南出奔，是岁德亦革命，德王威廉第一出奔，既而奥德迎归复辟，此两大国至近事者也，德王威廉第一遂以破奥法功垂大业矣。若谓满汉异族，恐人心不服，请得强辩之。满洲之地，在汉书地理志殷台县盖马县乃真汉人也，徒以后来分分割逐各异国，此犹春秋之视吴楚，虽在泰伯亦视断发之身而夷之，若夫江北之有淮夷淮戎，河南中州之有陆浑之戎，山西则有赤狄白狄，然至战国则戎夷皆不见，已化入中国矣。北魏之九十六大姓皆改华姓，若侯景陈崇元改姓陈，纥狄于之改姓于，富狄连之改姓连，高欢本出鲜卑拓跋氏改为元氏，唐阿史那契苾何力仆固怀恩之赐姓李，夏赵德明之赐姓赵。披阅金史，试问全中国人有何人必信为真华种乎？满洲入关三百年，全变华风，今失国十五年，亦几全改华姓矣，自宗室贵爵及旧达官外几无不改华姓者，复何从而辨为满汉乎？满洲之入主中国，挟其百战力征经营之东三省内外蒙古新疆西藏三百万方里之地而归之中华，比中华旧土三倍之，令吾华展拓为地球一等大国，此何如功德哉！圣祖仁皇帝定全国，钱粮岁三千六百万两，永垂后世，不许加赋，其言加者子孙不得入太庙，臣下斩，至宣统，二百数十年间无人敢言加税者，次又何如功德哉！是二事者皆全球所未见，故其遗泽在民深矣。今全国民无不念清朝之仁而恨民国之乱者，公位太尊或未闻知，若访之田夫野老当可知也。且英国历朝皆迎君于外，最初康熙初年迎立荷兰侯威廉第三而英遂得荷兰之轮船，英舰旗照日月出入，英以富强。及后迎立德国汉那华王子佐治第一为王，佐治尚一英语不通也。今英皇族乃德撒逊国撒师白哥王子孙，其迎立但须入英籍，发誓忠于英国而已。各欧洲国迎立者皆然也，若道光三十年比利时与荷兰战而自立，则其时将帅必才望甚高者也，然不自立为王，又不自立为总统，乃迎立德国滑顿伯王子为王。至同治三年希腊背土耳其而自立，则其时将帅必才望甚高者也，然亦不自立为王与总统，乃迎立丹麦王孙为王。同治五六年罗马尼阿背土耳其而自立，则其将帅必才望甚高者也，然不自立为王，亦不自立为总统，而迎立德国阿伦卜公之子为王。光绪三年布加利阿背土耳其而自立，则其将帅必才望甚高者也，然不自立为王，亦不自立为总统，乃迎立德国可逋可大哥侯之子为王。最近挪威背瑞典而自立，则其将帅必才望甚高者也，然不自立为王，亦不自立为总统，乃迎立丹麦王子为王。彼诸欧国必迎君于外者何哉，若塞维背土耳其而自立，其将帅自立为王，然其部将即力弑之而代立，此诸欧可以师英而迎君于外也。欧人历鉴变乱，故立法日新，不欲其元首有私党，虑干政也，不欲元首之有才望，虑其复权也，但重家世门第令其世及，其意但欲不乱而已。若其行政，则全在国会与国务院，令全国人尽心力于国会，从多数取决而得政权，仍立旧元帅，以其国之大将高勋充之。凡有兵事凡用将弁归其合议，以君主决之，故其力平行，不至偏重，自能弭乱无形也。且所以舍君主而立民主者，为改君主则必行革命流血，大乱将危国家也，民主则只凭众举行所无事，不危国家。然试问近立总统是否出四万万人公意举之乎？仰皆由兵力得之乎？近数年来，徐黎曹段皆借兵力战胜而得之，夫举总统而籍兵争，则一二年又复兵争，死民无数，如此则何必立民主以召乱而危国乎？若英之制则立君主，反得长治久安，绝无小乱。试悬之国门，问国民之愿治安仰愿大乱乎，则民主之不可行至明矣。惟中国而欲立君谁能任之？有议举衍圣公者，则其如佛耶回教，必不可也。况今中国立总统，尚无才望能任之人，若明公总统尚不肯为，况进而上之乎？然则舍复辟更无其人矣！皇上聪明睿智，久阅诸艰，既临四万万人于前，又废数千年阉寺之制于后，以之复辟，行用英制，恭己南面有天下而不与元首之位，永无兵争，然后政治可图，中国可安，为中国治安计无出此。乃者张效帅曾献品物，上赐御像奖其忠荩，张雨帅献金十万，上奉其室，雨帅跪迎。吾频遣孙惠敷、马天民见李芳帅，芳帅言非复辟则绝无纲纪法度，皆不能安。闻其在津频谒皇上，诸帅之意亦可见矣。今但待决于明公矣！今美国日本之报明言中国大乱，非复辟不能救，若英德诸人言中国事者，亦无不主复辟，公使尤多主之，此外交之同心也。若吾国内之民情，除国民党外无不望复辟者；即国民党人私语，亦无不以复辟为然。吾粤人受国民党之害至深，故尤望复辟。仆频年漫游，与全国士大夫谈，无不疑民国而主复辟，与各疆帅谈，言之尤激，盖未见有一主民国者。高定庵亦主复辟者，今刘雪亚、王孝伯尚在，可面问也。若明公力恨共工，主法禹而不主法圣，师关岳而不取爵位，仰见远识孤怀，倾仰不任。然明公所以隐忍迟疑者，虑中外人心之未集耳。今其时矣！且皆望之明公矣！明公以中国为体，以救中国为任，以于根本先定，然后枝叶乃布。于今复辟，以安中国，功齐宇宙，名并日月，实古今所无有，岂桓文所能比哉！盖今中国存亡所关，非桓文时也。杜少陵诗曰：神明汉代中兴主，功业汾阳异姓王，皆公只手为之，整顿乾坤，重立大地岂有比哉！若公坐弃时机，仍言法宪，中国冉乱亡，生民重水火，公忍之乎？中国存亡在于斯，不胜冒昧屏营之至，惟公图之。

（原件存国家档案馆）

14. 吴佩孚复康有为函

南海先生大鉴：久违道范，时接音尘，江东暮云，踯躅何已。君勉先生来汉，接诵手书，备悉一切，天下滔滔，必定于一，安危大计，无过于斯，足征微言大义，金石不渝，捧诵之余，为之心折，惟豺狼当道，赤文方张，治丝而棼，提纲未得，环顾当今，谁足语此？吾道既孤，曲高无和必矣；揆之天心人事，尚非悔祸之时，质之高明，当谅其苦衷也。余托君勉见面述，兹不赘言。春风东来，诸侯大教。专此布臆，即颂道祺。诸希爰照百益。吴佩孚拜启

（原件存国家档案馆）

15. 徐勤报告“中华帝国宪政党”情况

中华帝国宪政党副总长臣徐勤恭进

谨将海外党务最近大概情形缮呈

圣鉴：

一、美国西部各支部最近党员约一万余人，总会长陈敦朴，副会长黄金；

一、美国东部各支部最近党员约八千人，总会长赵万胜，副会长冯镜泉；

一、美国中部各支部约五六千人，总会长赵兴焕，副会长李才；

一、北美英属加拿大西方各支部约一万余人，总会长廖崇教，副会长蒋奈；

一、北美英属加拿大东方各支部约五六千人，总会长谭沧之、杨灵石；

一、中美巴拿马各支部约二千人，总会长岑子安；

一、南美墨西哥各支部约一万人，总会长黄宽焯，副会长黄锦源；

一、南美秘鲁各支部约七千人，总会长潘根；

一、美属檀香山各支部约八千人，总会长李启辉，副会长黄俊；

一、澳洲各支部约七千人，总会长梁创，副会长陈少霞。

所列各支部近年以来时有通信。自臣师康有为逝后，均来电促臣出国，并请示以后进行方针。其余如美洲古巴、巴西及南洋暹罗、缅甸，南非洲等处，向日均设有支部，党员逾十万人，但多隔绝，通信极少，臣不明其最近情形者，概不具列。

本党所办报馆，专为宣传党务，至今犹出版者于后：

一、美洲金山大埠世界报，

一、纽约维新报，

一、檀香山新中国报，

一、澳洲雪梨东华报，

一、南洋新加坡总汇新报。

（原件存国家档案馆）

16. 徐良致庄士敦函

师傅钧鉴：昨蒙

复示，敬悉种种，适在途中致迟奉答，甚罪甚罪。广西内部可分三派：一、边防系，即陆荣廷主之；二、广东系，即林俊廷主之；三、大河系，即沈鸿英主之。三派之力相等各不相下。全省无现金，仅用纸币，纸币每元换得铜元一分。因财政困乏，一切事无从着手，所幸陆林沈三人皆与我党同宗旨，他日有事必可相助对待反对党也。云南方面本派有代表姓冷者常驻洛阳，与吴氏联络，但恐吴氏得志于粤，则粤中滇军相率回滇，将于唐氏不利，故不得不起而攻川；苟吴氏真能得势，唐氏亦自然依附。孙在粤年来收入至一万万三千万，无钱不要，无恶不作，拉夫至二十万人，华严之广东已变成地狱。现孙陈相持于东江，北江空虚，北军若于此时进攻，孙贼之亡可计日而待。惜北中局面不定，恐失此千载一时之机会。孙文确实联俄，尝宣言必须全国无饭食然后革命乃可成功。若使孙文成功，必联俄德以乱世界。万望

师傅于言论界表白其罪，俾孙氏早亡，此关世界之和平甚大，不独中国之幸已也。

南中舆论对于

皇上驱逐太监及赈济日灾二事，非常佩服

皇上如此英明，均以此为中国前途之福，苍生之幸。敬乞代请

圣安。良明日赴沪入杭一见南海先生后，即赴日本，乃来北京。面南海时情形若何，容再禀。入秋寒暑不定，惟

珍摄为叩。恭此敬请

徐良（印）谨禀八月三日

（原件存国家档案馆）

17. “中俄讨赤军事协定”全文

第一条　大中华民国政府代表张（以下简称甲方）与大俄国远东政府代表谢（以下简称乙方）因讨宗旨相同，故特订攻守同盟之密约。

第二条　甲方之计划愿扫除中国之赤党，乙方之计划期扫除俄国之赤党，甲乙两方各本以上之计划克期实行。

第三条　为实行讨赤起见最所需要者，（一）颐项、（二）军械、（三）兵力，甲乙两方各视其能力之所及互相援助。

借用之饷械，无论何方先行记账，俟发展时设法陆续拨还，若借用兵士，其饷项抚恤等项届时另行规定。

第四条　如甲方发展乙方尚未收成效或中途失败时，甲方对于乙方同人应

尽力援助或设法聘用，乙方对于甲方亦然。

第五条　双方订约以后，为贯彻攻守同盟之宗旨起见，有与双方中之一方为敌或为友者，须经甲乙双方共同认定，甲方不得与乙方国内之他方面另订他约，乙方对于甲方亦然。

第六条　双方之军事计划有相互之利害关系时，得设立联合军总司令部，其组织与办事章程另定之。

第七条　本约自签字之日有效，其他未尽事宜随时商定。

大中华民国政府代表　张宗昌
大俄国远东政府代表　谢米诺夫
（原件系抄件，存国家档案馆）

18. 谢米诺夫求助函

奏为请赐借款事，恭折仰祈圣鉴事。窃仆于前五年努力组织充实之白俄及蒙古武装军队，现已实现，于蒙古今属仆指挥佩有来福枪之骑兵约八千人，现集中内蒙古，准备占取某目的地，届时开始复皇上之君位，克先帝之成业及进行蒙古驱共运动，皆以皇上御令为归依。此项工作既开，定博得世界文明国家之注意，因而方可提取敝国政府前存于各国银行之储款。若工作无效，世人将无知仆等之实力，而该项财政亦属无望。今者仆感财政之拮据，遂无法完成此项军事活动之计划，势将迟延，故仆不揣冒昧请皇上援助，赐借日金拾万圆。至银行存款之提取期已届，仆定当奉赵于皇上指定人无悮。若因某种情形此数不能一时拨下，先给半数，俟一月内再将余款凑齐。窃闻皇上左右劝阻再济仆以款项，因仆无所贡献。今敢声陈者，皇上不久即可知仆之一切工作，期于各种怀疑尽化乌有。上述所需之款，务于最短期间赐下，使勿错过时机。且此项秘密工作不得白于他方，只求皇上援助应允。前者赐仆之珍品已典于中国财政公司，得洋壹万贰千元，收条俱在。今以此事相扰，敬希宽宥。

伏乞皇上圣鉴　　　　仆谢米诺夫谨奏
三月三日　天津

（这是谢米诺夫来信的原来译文，谢米诺夫的英文亲笔原函及此译件均存国家档案馆）

19. “俄皇秘密代表”的一封信

本代表为俄皇秘密代表奉命来贵国，专为联合皇室之感情及同时联合谢将军暨其代表萨司诺夫司基并与之合作。萨与公素识且为同志，力谋兴复大计，因此由萨介绍而得识公，并悉尊处之事。复由萨详述，谢与尊处之联合，余已尽悉，将以上情形函告余之首领敝国宗社会会长之在欧洲者，密奏敝国皇帝，俾知谢在贵国破除赤党之计，使彼党在西比利亚及远东势力消灭无遗，并求俄皇力助谢早日成功。余对于公与对于谢无异，且甚愿贵国皇上亦与敝国皇帝联合，庶两国均得如愿以偿。因贵国一旦反正，则敝国西比利亚之赤化将无容足地，敝国反正必有希望矣。

尊处已知萨与敝国御前将军皮司哥拔司基时时通讯，盖萨为皮之旧部，二年前曾有极长之报告，由皮转呈俄皇请力助谢集白俄兵重兴西比利亚，在彼占根据地，以便反正。尊处亦知此事非先有数百万巨资不能办，后萨得皮复书，果得俄皇赞成，愿以巨资接济，惟欲其将各种证据备齐，特谕皮传萨往见。萨两接皮电欲行，因谢必欲在华先组一部军队，故未成行，过后谢欲使其往，则又以财力不足而止。倘各处款项略有所得，则诸事皆畅行无阻矣。故萨之行必待谢之款，谢款屡延，萨终难去，而萨之对于俄皇及皮遂深感不便，余悉知此中委曲，故特竭力设法为之解释报告余之首领转呈俄皇。

兹将余最简要之报告条于后：

一、谢在中国之所为，急欲组织白俄军队，曾与孙传芳、张宗昌及最高级之张作霖签订合同，余知此种联合已久，如果实行则在华之赤化早已消灭，西比利亚我早能立足矣，不幸谢屡困于财用，故各种计划迄未能行。

白党所存各处之款，谢本可早得，因种种阻碍致延时日。

二、中国宗社大计系与谢共图，谢则得西比利亚反赤派之助。

三、谢甚得中国皇上之信任。

四、俄皇于谢应有相当之资助。

五、中俄两国应有宗社之联合。

六、求俄皇检阅各据如余所报告者及给谢在华组军之费，并资助中国，俾中国早日成功，余知中国日后必有相当之酬报，助我成事。

以上各条经余条陈后，旋接敝首领回书，言均已代为上达，俄皇甚喜，传谕如谢能将各据进呈，必当实行接济，尤愿联合中国皇帝并尽力资助，更拟请中国皇帝证明谢据是否确实云。鄙意最好由谢派一妥员，带同各据赴欧进呈御览。大清皇帝亦派一亲信大臣携国书同往面递。

以上所言，余以为应当陈之左右者。今敢请求如下：

一、公已知谢之意在第一次收款后，即欲派萨赴欧，但为环境所迫迟迟至此，则萨之行期亦滞矣。

二、谢不得款，萨之旅费无所出，如蒙贵国皇上派公偕翁君赴欧晋谒俄皇更妙，因余报告中屡提大名欧洲均已知悉矣。

三、以上办法，鄙意以为急宜进行，深盼公即行密奏，倘蒙俞允略筹川资，早日成行，勿俟谢款再去，时不可失，迟恐有阻。此皆余之忠告，余自谓不啻在贵国服务，彼时并愿随侍赴欧，缘敝国与贵国同在至不幸之时，故余切盼共同努力进行，庶不背我辈之宗旨，是为至祷。

（此件似为译文，无上下款，原件存国家档案馆）

20. 胡嗣瑗的辩论辞

从前王式谢介石层次声言谢米洛夫与英日两国交涉存款一事极为圆满，可先得若干的款，到手即行遄返旅大一带，自筹进行办法云云。此次谢米洛夫果回大连，方以为其言并非无据，何以到连后又须另筹用项？此不可解者一。

王式、谢介石先后赴连与谢米洛夫晤见，即分头代之索借款项，忽云须款二十万，忽又云刘某已借给若干，张某可代借若干，但得十万亦可，忽又云在连设法凑成半数但须补助一半各等语，及该二人来津，则所谓某人借给若干，某人代借若干，如何凑得半数云云皆成空话，更须在津与某某等密商筹款之法。何以前后矛盾至此？不可解者一。

王式谢介石均经呈阅谢米洛夫与日政府所订条件，并有日政府允许助拨卫队饷项电文，何以向此间请款不到便至毫无办法，甚至有谢米洛夫迫欲自杀之语，前后两说究竟孰虚孰实？此不可解者一。

谢米洛夫效忠本国，人所共知，究与英日交涉如如，此次前来大连是何趋向，本非旁人所能干与，乃据谢介石称谢米洛夫实由王式面约而来，并告以一到中国便有办法云云。王式究奉何人使令？对于谢米洛夫所图之事究有何种把握？何以不顾一切贸然出此？以谢米洛夫之素来坚定，又何以甘受愚弄致陷于进退维谷之境？若竟捏称奉谕函约，则此间本无此谕，亦断无谕令函约之理，此不可解者一。

（原件存国家档案馆）

21. 致军阀胡毓坤、毕庶澄等人的“手谕”

胡军长鉴：

今于百忙之中，惠然来谈，极为欣感。念与将军初次相识，彼此即倾诚而说，虽系深交知己，不过如是。故对于将军期望最大。方今天下大乱，人人有逐鹿之野心，最后之胜负，不能全持武力，必须佐以道义，盖人心厌乱，有一人能倡德义于天下者，百姓孰不归焉？所谓处乱世易得人心，诚不虚也。望将军勤苦坚忍，体恤士卒，赏罚严明，纪律整肃，虚心克己，纳人直言，恕道对人，事先责己，外示忍耐，内结海内之豪杰，养兵蓄锐，静待时机，以拯救国民为己任，以提倡道德为己责，卧薪尝胆，正此时也。将来建万世之功业，属在知己。愿谒诚相告将军勉之。

字问毕军长安好：久未晤谈深为惆怅，值此时局未定，深望坚忍耐苦，专心整持内部，不干他事，以待时机，不可轻离防地，致起谣诼，诸希鉴察，承送军刀一柄并谢。报载还宫并皇室各事件多不可靠，望勿轻信。

宣统　六月二十三日

（原件均存国家档案馆）

22. 刘凤池信件选录

万岁御览：对邹之物品者，臣之意宜持绝大牺牲主义，因其人之本领高、地位重，关系咱之前途为最大也。自两仗皆胜，遂成大名，南口黄河桥皆邹以炮火掩获奉军得以成功，故受张之待遇优，而眼界亦大，小物品决不足以动其心也。汉玉等物虽好，而无一定价格，易受评论，论之不定判断。依臣之主张，莫如选上珍珠或好宝石或钻石，按万元左右之贵重物予之。既受之，当有几十倍之大利在后也。且接洽不妥，不能出手，臣愿效古人完璧归赵之故事，以还于我皇上之前。臣受恩极深，极蒙信任，誓竭全力以死报之，决不能将圣上重宝轻白抛弃于人也。此心此志可质天日，谅我皇上必知臣之忠也。甬此敬叩

圣安　　　　臣池顿首　四月三十日

万岁御览：赐下大洋三百元，足敷联络之用。日昨阅报章，载我皇上有避暑青岛不再回津（泰晤士报专电内）之说，不知确否？如果属实，臣临赴京时将家小全搬至旅馆，（一）住新旅社六十号房干，三元七毛共六人伙食每日两次

共五元五毛，（一）住息游别墅房干三元，二人开伙每日两次共两元，合两店期一日共洋十四元余，按一月为期需大洋四百元，稍平稳即仍回原祖房住，因每季入百余元之房费已由皇上发给而交齐，此一月旅店费尚无着落，应请交给差人四百或五百元，以备开支旅馆之用。如先不动即不必发给，俟臣小有眉目回津再请。总之，无花费决不向圣上请款也。臣今春蒙赐千元及以前之三百元，若干三百元支撑到现在，上月如无二百元之赏赐则过节皆难也。此次到京日觉顺利，凡接近者均以南北不相容为辞，如果某倒必另想法子，不死决不受与人之支配。同此情调大有人在，最好希望，即穆春之又起用也。穆上次回奉家居至今，日昨许司令由总部回家谓，张总司令已悔不用穆春至有今日败创，盖穆在奉派中为最勇而善战者也，已下条子委穆为暂编第一军军长，飞电调其晋京。已有复电起身，约明日必到，届时臣往接之。彼虽重掌兵权，必不能为张用，决对能为咱用。乞将上留帽珠选一颗交去役带来，以便交穆。彼在东北受害兹深，吾如以重宝聘之，必无二心，且以前给彼之瓶感谢万分，表示至再，决不效命于仇家。其上校副官潘云阁即上次臣往奉联合者，昨已到来与臣见面秘谈甚洽。彼不赞成帝国主义之一人，上如不愿给帽珠，他物亦好。总之，穆与胡相等，又得重权，千万勿惜小费，是为至祷（所领三百元加前剩百余元留作川资，日常时会客用，因臣暂不回津也）。

敬叩　圣安书不尽意。　臣池寄　五月十三

（原件存国家档案馆）

附录二[①]

玲姑娘："福贵人"[②]

——她自己写的回忆录摘要

一、日本人说送我进宫念书

我一九二八年生于长春的乡下，我行六，上边有三个哥哥，两个姐姐，下边有一个妹妹。我家祖籍山东莱州府，是一户贫佃农，爸爸死得早，他十来岁就给地主放猪。奶奶后来把爸爸送到城里饭铺学手艺，成了饭铺的跑堂。我六七岁时，全家搬进了城，但父亲养活我们非常困难，有时一到冬天就穷得没办法，只好全家都到"粥厂"喝施舍的粥。我长到十五岁，只穿过三件新衣服，一件是姐姐做针线活挣下的钱给做的，一件是压岁钱做的，一件是利用学校假期到烟厂做小工，挣下钱做的。

一九四三年二月，我在伪满新京南岭女子优等学校念书。有一天，日本人校长小林带着女教师藤井到各班挑选学生，从每班六十人中挑选三四名，条件是学习好、长相好，各方面表现都不错的。选好了集合在一起，他们俩带着走了很远很远，到了一家较大的日本人开的照相馆，每人照了一些四寸相片。"女优"是南岭女中的附属小学，全校共有学生十二个班，二千四百多名学生，据说照相的有百十来个。本来孩子们都喜欢照相，可是这天不同了，谁也不知道日本人的葫芦里卖的什么药，日本人不告诉我们为什么照相，谁也不敢问。我照完相回到家已是下午三四点钟了。

---

① 编者注："附录二"收录的两篇文章并非二稿本原有，为这次出版补入。二稿本只有"附录"，这次出版全本改为"附录一"。

② 编者注：这篇文章为一稿本第七章，根据当时专家所提意见，被二稿本剪裁。

第三天，有的照相的同学不敢来上学了……

过了两三个礼拜之后，这天是星期日，我在排队买东西，排的队伍足有二千人，我站了很久，忽然妹妹跑来了，说家里来了两个日本人，叫你马上回去呢。到家一看是校长小林和女教师藤井，正坐在我们的小屋子里说话，我母亲在地下忙着，我们房东也在屋里陪着，还给找来个男学生当翻译。我一进屋，藤井就和我说："你的大大的好的，皇帝陛下选你到宫里去念书的。"一边说一边拉着我的手，满脸堆笑地看着我。小妹也对我说："选顶好的学生，皇帝陛下选的，到皇宫里去念书的。"我一听说有这好事便问："要不要学费呀?""能不能念到大学毕业呀?""能不能让回家呀?"小林、藤井都回答说："能、能，让回家的……"

可是我母亲吓傻了，她说我父亲不在家，她不能做这个主。小林、藤井就叫我带他们一同去找我父亲。我带他们到了父亲做事的饭铺，我父亲一看日本人来找他。吓得脸都黄了，不知我惹了什么祸事，赶忙先给倒茶炒菜，请他们吃酒。他们一边吃着一边又把皇帝命令说了一遍。吃完，对我父亲说，他们要带我到帝室御用挂家去，我父亲哪敢说个不字呢。我就跟他们去了。

到了吉冈家稍等了一会儿，吉冈回来了。他穿一身黄军装，大马靴，带大军刀，是个矮胖子，满脸横肉，黄里带点黑，两只老鼠眼乱转，薄片嘴有点像独岔儿。本来在伪满时不论大人小孩，见了穿黄军装的人都躲着走。凡穿那身唬人皮的可以随便打人骂人，坐车、吃饭不给钱，谁要惹着就得倒霉。我当时看到他这个穿戴打扮，还是日本人，何况那副尊容又恶又丑，于是又有点害怕和讨厌，心想，这个日本鬼子一定非常坏。他一进屋，下女赶紧迎上来，给他脱去外衣，他非常神气地往椅子上一坐，下女跪在地下给他脱下了马靴，小林、藤井这时上去给他行了好几次九十度礼，又把我叫到跟前给介绍了。我行了六十度礼。他微微点点头，不客气地朝我浑身上下打量了一番，说了一句："顶好!"又问我多大年纪，家里还有什么人，爸爸做什么，等等。然后和小林说了半天日本话，可能小林告诉他我父母不太同意。他站起穿上衣服，叫我们和他一起走，也没说上哪去，出门就上了轿车。我长那么大还是第一次坐汽车。车一直开到我的家，这时我们家里正开家庭会议呢。父亲已经请假回来了，已婚的三个姐姐、大哥也都来了，我们的房东也在座，临时翻译也请了过来，大伙正为我提心吊胆，不知怎么办好呢。只有房东高谈阔论，哈哈笑声传出屋外，正在劝我父亲："大哥，这可是你们李家祖上荫德，才摊上这样的好事儿，平常人想进皇宫也不行，你还有什么不放心呢?"正说到这儿我们进屋了，屋里的人一看见日本大军官来了，全都站起来了。小林和临时翻译把吉冈给我父母一介绍，我父亲赶紧鞠了六十度躬，母亲也不会行礼，跟着弯弯腰，吉冈也不客气，屁股坐到破炕席上，两只老鼠眼先把屋里扫了一圈儿，先挑了眉毛这才开腔："皇帝陛下的命令，好的学生选到宫里去念书，念书好的皇帝陛下喜欢了还要选做妃子。"

"那能行吗？"我爸爸一听说还要选做妃子更慌了神了，赶紧说："一个穷孩子什么也不懂得。"

我嫂嫂、姐姐也都七嘴八舌地问，让我去几年？还能让我回家不能……吉冈好像有点不耐烦似的，把眉毛一挑，嘴里哼哈地答应："能行，能行，她的顶好，皇帝陛下相片看了顶喜欢的。"说着随手拿出了一百多张四寸半身相片给我们看，还说："有这么多的人，都可以回家的，你们也可以常到宫里去看看她，那时候你们也可以住大楼，吃好喝好的，有很多的钱，统统的皇帝陛下赏给的。"一边说一边比手画脚，又顺手掏出了五元钱给我小妹买糖吃，我们一家听他说得倒挺好，谁知道这是真话假话，一时谁也回答不上来。房东在一边却早已忍不住了，插嘴说："这可是玲姑娘的福气，也是你们老李家祖上有德呀！"又向我父亲补充道："大哥别犹豫了，错过了这个机会可没处去找呀！再说这也是皇帝陛下的命令，可不能违抗呀！"

我当时想，去了之后能念书，还不花钱，这可是我盼望的事，看样子还许能有点别的好处，也许打这儿以后再不受穷了，不受欺负了。吉冈站起来叫我立刻跟他走。这时我母亲赶忙给找出了一件黑地黄花新麻绸面的棉袄，让我换上，这也是我当时唯一的一件新衣服。姐姐们也忙着给我理理鞋袜，爸爸又赶紧嘱咐我到皇宫后别忘回家看看，叫我好好念书，别贪玩，要像个大姑娘样子，事事要加小心，别多说话。爸爸说着，妈妈和姐姐都掉下了眼泪。我心里也挺难过，可是勉强忍住眼泪安慰她们，"到那儿好，我就待下来，不好我就跑回来。"一家人送我上车，车走多老远，我回头一看，他们还在瞧着我们呢。从此一走，好比鸟儿入笼，想飞也飞不回来了。

当天晚上，吉冈把我送到了藤井家里。她给我洗了澡，给我做日本饭吃。我长这么大也不懂什么叫失眠，那天晚上我怎么也睡不着了，想了很多的事。"这回可不用为学费担心了，还可以上大学，大学毕业之后，我是当老师还是当大夫，挣了钱一定先给妈妈过日子，可以不再为钱着急了……皇宫里的人好不好呢？能看得起穷孩子吗？平常那些官老爷、阔太太都嫌弃我们，捏着鼻子躲着我们，好像穷人身上都有蝎子螯他们似的……吉冈不就是这类人吗？说起话来哼哼哈哈，一点诚恳态度也没有，总带着高人一等的神气，对我爸爸妈妈就好像对待下人老妈子的样子……"想到这里真使我不高兴，可是又一想，吉冈说的那些好处要真都实现了，我个人受点罪也愿意……

第二天，吃完晚饭，藤井领我去理了发，给我仔细修饰了一番，又领我到一家大医院去检查身体（那天我的三个姐姐也到医院去找我，可是没见着，也许吉冈有意不叫见）。从医院出来，到了吉冈家里，他没在家，他老婆出来接待我们，她有四十来岁，脸又黑又粗，涂了一层厚厚的白粉，穿着日本和服，打扮得非常讲究漂亮，一见我就满脸堆笑，不熟假充熟地问我几岁啦？在哪里念书呀？拉着我手让我坐下，显得挺亲热似的，夸我长得漂亮，拿出很多糖果让我吃，对我说："到皇宫里念书大大的好，送你到那里去享福的。以后不要忘记了我们，给我写信，日本人大大的好。"她又问我："我到宫里教你念日文好不好？"我说："那自然好，顶好。"又问我会不会唱日本歌，唱一唱给她听……然后给我梳梳头，整理整理衣服，我们三人坐汽车一同到了溥仪的二妹就是人们称做二格格的家里……待了一会儿，二格格又带我们一起乘上汽车开进了宫，过了好几道门才停下来，二格格在这儿就请吉冈妻与藤井回去，婉言谢绝了她们。原来吉冈女人很想借这机会也到宫里去，她问我由她教我日文好不好，也就是这意思。但二格格很警惕，想着法儿防范她。我这时对藤井倒有些舍不得，觉得此人很好，也很善，丈夫早死在战前，儿子又征去当兵，只剩下她一人，挺可怜的……

她们二人走后，车里就剩下我和二格格两个人了，挺别扭地待了一会儿，她先拖着长声哼了一声，这是二格格的独特风格，未曾说话先要哼一声，然后告诉我：

"见了皇上要磕头，一定得称呼皇上，不能你啦您啦的。"

"我不会磕呀。"我说，"我们家的规矩是没出门子的姑娘不兴磕头的。"

"见了皇上不磕头不行。"她又强调说，"你不会磕头还没看见过吗？往地下一跪磕三个头就算了，本来还得行三跪九叩礼呢！"

下了汽车以后，从屋里走出来几个男人，迎上来带着笑说："格格你来了。"她说："你们上去给我回一声！"同时又过来一个人拿着喷雾器给她浑身上下喷了一遍，也不知道是什么药水，她还伸出胳膊转个圈前后都喷到了。她叫我也照样做，我没有那样做，觉得那样难看，就前后喷了喷。后来才知道，凡是到伪宫内去的人都要消消毒，以免带给传染病。二格格就领我上了溥仪住的楼。楼是黑色"清水砖墙"，两层，四周有一圈平房。上楼时我发现楼梯上铺着毛毯，心想这可真讲究，这样好的毯子怎么铺在地下。溥仪住在二楼的西边，东边住着皇后，西边楼下是死去的谭玉龄住过，现在开着。到了二楼，我恍惚看见了一个高个男人，一看见有人来，连忙躲到另外一个屋里去了。

二、穷孩子初觐天颜

到了楼上，二格格把我领到一间屋子里。这屋里也有许多陈设，可是比不上二格格的客厅里摆得那么多，那么讲究，有一张大写字台，好几张沙发，还有衣柜、卷柜和其他什么东西。我们围着沙发中间圆桌坐下来。一会儿进来一个男人，正是我在楼梯上看见的那个人，宽肩膀儿，细腰，戴眼镜，穿着深绿色呢子衣服，也不是军装，也不是协和服，介乎两者之间，领子上还戴两个铜花，衣服非常合身，很潇洒地大步走进屋来，样子很和气，看样子还不到三十岁，二格格赶紧站起来，双手捂着腿往地下一蹲，大概是行礼的意见，又告诉我："赶快给皇上磕头！"我就跪下磕了三个头，溥仪说："快起来，快起来。"他拉我起身，发现我手很热，连忙问是不是不舒服了？我说："有点头疼。"又摸摸我脑袋，说我发烧了，拿来了体温计给我试了试，果然有些发烧。溥仪就传出话去叫拿点退烧药来。又说："今天晚上早点休息吧，出点汗就会好的。"实际上我昨天一夜没睡，这两天精神很紧张，又跑了一天，当然有点不舒服。这时二格格看见她哥哥对我有些喜欢，对我也就亲热点儿，便附和说："回头打一针退烧药，早点休息就好了。"屋里挂着一张溥仪的画像。他就问我画得好不好，我看看画，又大胆地仔细看了看溥仪，我说："画得不大好，不像。"他听了哈哈笑起来。溥仪说话声音特别厚宽，是男低音，笑起来也很爽朗。笑完了又和二格格交换了一下眼光，两个人又都笑了起来。回过头来又和我说："对，你说的对，画得是不太像。"（以后我曾问过他，当时为什么那么笑，他说谁敢那么直瞪着眼睛看溥仪，谁都是奉承他这个像太好了，谁敢惹老爷子生气呢。所以，他一见我便很喜欢我，也就是发现我直爽，不虚伪奉承）然后又问我吃饭没有，我说没有，他又紧叫人去给我预备饭。又问了问我的家庭情况，在哪里念书……以后他又对我说，多么大的官儿初见着他都害怕……问我："你当时为什么不害怕呢？""干吗要害怕呢？你不也是人吗？我又没犯什么样的错，你也不能随便把我怎么的。"我当时就问溥仪，不是叫我来念书吗？他说是要念书的，等给你请个好先生教你，我心想，好劲！闹了半天老师还没请呢。我又问他："怎么就我一个人呀？"溥仪扶了扶眼镜，笑了笑说："我不喜欢那么多的人，人多了感情不专，处不好，头两天来了一个，我没有看中又打发回去了。"我听着，很奇怪，可是我也不问了，心想明天可能还有人来，我明明看见有一百多张相片嘛。一会儿摆上饭来，四个菜一个汤，还有馒头、花卷儿和一盘点心。我看这样快就端上来饭，就说："这是饭馆买来的吧？”溥仪笑道：“不是外面买的，是膳房做的。”膳房？我听着怪生的，也不懂是什么意思，吃饭时二格格就回去了。溥仪在旁边还劝我多吃点，又让我尝尝甜点心，我那时还不习惯吃饭时吃甜点心。我还让他一起吃，他说等一会儿，当时菜饭虽然挺好，可是皇上吃的还要比这好得多，当然他不能和我一起吃了。

我吃过饭，他拿起一串念珠说：“要做功课，祈祷日本皇军打胜仗，咱们好过幸福生活。”我听了很奇怪，我从来没听谁说过愿意日本人打胜仗，老百姓都恨日本人，快打败仗快完蛋。那时有个规定，每天到中午鸣笛时，所有的人都要默祷，百姓就又流传一种顺口溜：“默祷默祷，打倒日本鬼儿，大家都吃饱……”“默祷默祷，快把日本打跑，老百姓才得好……”人人都恨日本人，他怎么要这样说呢？以后我问他，他说怕我是日本派来的特务……

饭后待了一会儿，吃了点退热的药，溥仪叫我就睡在他的寝宫里，我不同意，觉得怪别扭的。他问我说：“那么你在哪儿住呢？”我说：“我一个人住一间屋子。”他又说：“那你不害怕吗？”我说：“不害怕。”后来就决定我住同德殿，溥仪马上传话：“在同德殿楼上给李小姐安个床位！”他是满张罗，看样子挺高兴。他亲自领着我到了同德殿，同德殿在缉熙楼东边，就隔着一个院子，墙是米黄色，黄琉璃瓦顶，听说是从北京运来的（长春只有两幢琉璃瓦建筑，另一个就是我现在工作的长春图书馆）。我们过去时，床已经安好了，木制的双人床，镶有镀金铜花，在楼上紧东头一个大间就作为我的客厅，接着是一个过道，完了是浴室带卫生间、化妆室，里有二面大镜子，再一间就是我的寝室。那天晚上，溥仪特别高兴，就在我新屋子摆膳，真是堂上一呼，堂下百诺，不大工夫摆上了桌子，铺着雪白的台布，什役一个跟一个地提盒上来了，精致的饭菜，共有十来个菜，每个菜都放在五六寸高的罐子上，盖着盖，菜是盛在一只很深的碟子里，罐子里盛些开水菜不容易凉，罐是黄色的，带彩花，有“万寿无疆”四字，主食有馒头、花卷；干饭、稀饭，还有六盘点心，有咸甜两种，一般是中西糕点，溥仪拿起一个叫“炸排卷”的点心叫我尝尝，我说都吃饱了不吃了，他笑了笑又放下了。后来我才知道如果皇上给东西叫赏的，一定要马上接过来跪在地下磕头谢赏，如果是吃的，不管饱饿要接过来马上吃了，别说皇上赏的要这样儿，过去旗人的规矩，凡是长辈给吃的都要原地不动地吃了才算合乎礼节。我哪里懂得这些呢？他吃完饭，用人送上来漱口水，又端上一碗茶，才退到旁边去了。溥仪悠闲地坐在沙发上抽起烟来，又说了会话儿，才回去了。第一天他给我的感觉是待人很和气，其实，这只是对我，因为那天他高兴。当天，他派了两个老妈子来伺候我。

三、我当上了宫内小姐

次日早饭后，我想到院子里走走，但是被老妈子阻止了。老妈子对我一口一个李小姐，听得很刺耳，可是我每走一步，老妈子都跟得紧紧的，就像怕我跑了似的，我别扭得难受，也没别人，问老妈子，她们什么都不知道也不说话。问起念书的事更不知道。我进宫还带着上学的书包，可是我也看不下去。晚上，溥仪来了。

我第一句话就问他什么时候叫我念书，怎么就我一个人呢？他停了一下说："以后让你念书的，别着急！我就喜欢你一个人，我选你到宫里来伺候我，人多了我不喜欢。"说完了，又看着我笑起来。当时我心里觉得可真奇怪了，明明说好叫我到宫里来念书嘛，又说如果念好书也许选为妃子，怎么一下又变成他底下人了呢？我心里可生气了……溥仪又接着说："这也是咱们的缘分注定的，从那些相片中，我就选中了你，前天也来了一个，我不喜欢她，把她打发回去了。"溥仪又告诉我："过几天叫二格格教给你规矩礼节，以后选个日子给你行册封礼。"当时我对后一句话没太注意，也不大懂，又是伺候又是册封，我心里正生气呢，怪不得别的学生都不来，也没有老师，人家都是心眼灵，不上他的当，就是我偏贪图不花学费可以念大学。溥仪看我不高兴了，以为我想家了，说可以在以后让你父母来看看你，又问我病好了没有？吃药没有？又叫老妈子去找大夫给我看看。我问他为什么不许我出屋子，院里不能去玩玩吗？他说可以，不过要先告诉老妈子叫她们把闲杂人轰开，你再去玩儿，又说要闷得慌，明天给你安个无线电收音机。第三天真就抬来了一个三尺多高的无线电。我最喜欢歌曲音乐，就买了很多唱片……我心想，我这个伺候人的差事可也不错，也不叫干活儿，还有人伺候我，我每天还吃得挺好，溥仪每晚上来，玩一会儿就走了。他说白天忙，不能来……我白天没事干闲得特别难受。想念书老师又没请好，也只好复习一下功课，可是那些我都会了。又过了两天，溥仪给我一大堆玩具，别的不记得了，有一个二尺来高的洋娃娃，倒真成了我的伴侣，没事我就抱着她玩，晚上陪我睡，遇见有不痛快的事没处说，就向它哭一番，它总是对我笑眯眯的，也不言语，但是我觉得它是了解我、同情我的。我屋里还摆着一对瓷公鸡，有六七寸高，洁白的，红冠子非常好看，还有一对半尺来高的瓷狮子，晚上睡觉时床档的屏风上面绣的麒麟，张爪舞爪的非常威武。我没事时或者烦闷时，我就摸摸这些哑巴动物。当然，我最喜欢的还是那洋娃娃，以后从长春走时还带着她。

后来，溥仪带我去看乳母，她住浆洗房边的一间屋里，是个六十上下的老太太，溥仪叫她二嬷，她看见溥仪来了就说一句“万岁爷吉祥！”老太太长得很是慈眉善目的，溥仪叫她看看我说：“这是李小姐。”二嬷可能知道我将来的身份，又看溥仪很高兴，笑眯眯地说：“多好长相，真是福相！”又看看我的手和头发，说我非常秀气，一定聪明，夸了一顿，夸得我有点不好意思。可是溥仪听了这顿恭维却更加高兴了。又过两天，溥仪告诉我和她们见面时要行礼，用旗人贵族的礼节请安，我说我不会，溥仪说：“你没听过《四郎探母》那出戏吗？就像公主行的那个礼似的。”我说，长这么大也没看过两出戏，什么《四郎探母》，我不懂。这下可把这位皇上老爷子难为住了，没办法，他来做个示范表演吧。可惜长这么大净受人家的礼，怎么能表演得好呢。再说请安也有好多样儿，女的一般请蹲安，做了半天我也学不好，把他累得够戗。最后说这样吧，你就直腰往下蹲，两只手放在膝盖上，以后再向她们学学吧。就这样，算开始学习第一个礼节——请安。

四、册封“福贵人”

我进宫一个多月以后，溥仪挑了个良辰吉日，给我行册封礼。我这贵人的前边应当冠个什么好字样呢？溥仪说：“你是很有福气的，就叫福贵人吧，以后遇到什么不吉利的事情，用你的福就可克服了。”到了正日子，溥仪在外廷受贺如仪，大摆筵宴，我又不大舒服，也未参加宴会。不够参加宴会资格的，由溥仪每人赏一块洋点心，从那以后，我就不再是小姐，被称为贵人了。又过几天，重新行册封礼，那是由二格格替我梳妆打扮，穿上件金黄色的丝绒旗袍，这件衣服是溥仪指定穿的，依着我就要穿大红软缎子绣花旗袍了，我是特别喜欢红颜色的，但溥仪认为金黄色的可以代替礼服，溥仪穿的用的就都是明黄色。那天司仪赞礼时是二格格，她只怕说错。我就忍不住要笑，溥仪那天情绪特别好，也抿住嘴笑。这时我跪下后，递给溥仪一个玉如意，他又回赏我一个，按清朝的制度，本应当是赏给一个金印和金牌一类的东西，现在没有，就以如意代替。二格格说着吉祥话，我就行了三跪九叩礼。据说以前行六肃礼，磕三个头请一个安，磕三回请三个安，其为六肃。礼成之后，溥仪站起就哈哈笑起来，二格格也放声大笑。我觉着他们像闹着玩似的，心里很不舒服，根本不想笑。随后溥仪带着我去给祖宗磕头，他说要按贵人身份是不能够和皇上一同给列祖列宗磕头，而对我特别重视，这是破例……不过，磕头时不能并齐了，叫我在他后边错开半步。完了以后，就是该我受礼了，给我磕头的只有几个晚辈和佣人，这也是二格格的主意，认为我年岁小，应当谦虚点，以免得她给我磕头。这天我心里很不高兴，记得我姐姐结婚时，我们家里人都来了，还有很多的亲友，非常热闹。这次我可好，一个娘家亲人也没有，连亲爹亲娘也看不见。吃饭时有格格和某某之妻等十几个人在同德殿吃，溥仪由男的陪伴在缉熙楼吃。女佣人都穿上一件紫缎子的花坎肩，戴上一朵小花，陪伴我的人也都是涂脂抹粉，穿大花衣服。这天我还在同德殿正门外照了一张相片，说是送给日本皇太后。另外，还以我的名义送点什么礼物，我不记得了。

还是我受册封的前几天，溥仪把我叫去了，由他起的草，给我订了一个守则——规章制度，叫我亲自抄一份，作为我对他忠实的决心书，也可以说是誓言。共十余条，详细内容我不记得了，主要内容：我要绝对服从他，要从思想服从，必须坚决执行，他所反对的我绝对不做，叫我往东不能往西，叫我往南不能往北，否则就是对他不忠实，对家里人不能为他们求官求钱，不准回家去。总之，我是一点没自由了，凡事都经他批准才行。当时我一看这也太严格了，我的父母也没这样管我呀，心里挺不高兴。我拿起笔乱画一阵，也没抄出一个字来，不知道怎么写出个“死”字来。溥仪一看就火了，说：“好哇！你现在这么小就不听我的话了，将来还得了！我白疼你啦，我正打算叫你跟我一辈子呢，这能行吗？你不高兴啊？好，明天就送你回去！别说是你，就是谁也得听我的呀！没听说过吗，‘君叫臣死臣不敢不死，父叫子亡子不敢不亡’。我还没叫你给我干点什么呢，你就不高兴了，看来我在你身上白费心啦！”他一边说一边作出很伤心气恼的样子。当时我就害怕了，我心想外边都知道我和他结婚了，我在宫里也住了好长时间，我再回家叫别人家一说，能好听吗？其实我真要走，他也不能让我走。我就赶紧说：“皇上别生气啦！玉琴错啦！玉琴这就写。”我只好拿起笔头逐条抄下，溥仪又说，为了表示你的真诚，就在佛前焚了吧，让菩萨给你作证吧。我就跪在缉熙楼供的佛爷前把那守则烧了。溥仪这才高兴起来，又夸奖了我一番，和我好一顿亲热，说：“我知道你就能听我的话嘛，你是个有根基的人嘛，咱们俩能碰在一起可不简单哪！多少有钱有势的姑娘我都不要，单单选中了你，还不是我喜欢你吗？”又说“咱俩的感情会一天比一天好”等一些好听的话。

五、“福贵人”的生活

在伪宫二年半，见过的男人除溥仪外，只能见大夫，见过一次吉冈和梅津，此外未见过任何男人。他二妹三妹五妹都不常来，浩子逢年节才来，常来的是内廷学生的家属和他的乳母王二嬷及女佣人。两年半内见到的一共不过二十个人。

每天的生活是，早饭后写字看书，然后到院内活动，上假山玩玩，回屋后做针线。我买了几十只小鸡自己喂，捡蛋给溥仪吃，也给母亲。后来鸡都被黄鼠狼咬死了。我有时到二嬷屋去玩玩，这是唯一串门的地方。二嬷教我摸骨牌，过五关。原来这老太太年轻时在故宫里就是这么消磨时间的。

中午饭后休息一会，学生家属就来了，我也不睡午觉，和她们闲说话儿，说天气，说穿的衣服，听她们说些恭维话。差不多一见面总是这么几句"贵人身体好?""好，您身体好吗?"寒暄后到书房，写字或念小书，如六言杂字、三字经或挑几篇古文古诗讲讲。溥仪有时给我讲散文、诗、佛经，然后我再给她们讲一遍。有时到院里玩玩，天气不好就到楼下打乒乓，弹钢琴，唱唱歌，打麻将，和一位学生的母亲学织毛衣。后来我又学做菜，还给溥仪做点爱吃的，溥仪把张海鹏送的海参大虾仁等放在我这里，叫我做着吃。我做的大都是老百姓吃的，我曾拔下院里的小头蒜当韭菜，包饺子吃。

有时演电影，很少故事片，多是新闻纪录片，宣扬日本威风，看过李香兰《万古流芳》和《千金花子》。宫内有一小放映机，老片子如卓别林，还是在天津时买的，伪宫内有一乐队，给溥仪演奏过，听过两次，因溥仪不叫听，说日本打仗一切文娱要减少。其他戏曲根本没演过，也没舞台及地方演，溥仪也不爱听，我在院内练过自行车，也不能上街。

有一天，溥仪对我说："我一天到晚都是烦恼的事情，没有快乐，只有到你这头，我才能高兴。所以，你应当多想办法，使我一见就高兴的事情要多做，我不高兴的你别做，也不应当和我谈不高兴的事情。你的任务就是这个。"他又说："一个女人结了婚，除了侍奉公婆照顾孩子，主要还是侍奉丈夫，何况我一天到晚挺累的呢，更需要有人安慰我，陪我玩玩，否则我没有喜欢的事儿了。"又说："你能这样做，我能对你不好吗?"说这些话时好像又伤感又诚恳，我听了之后更加同情他了，觉得他一天为国家大事为老百姓真是操劳过度，真应当有个人安慰安慰他，陪他玩玩。我在同德殿哪知道他一天净干些什么，只能听他自我宣传，怎说怎是。他也常和我说些同甘共苦永不分离的话。日本投降，他先坐飞机跑了，还告诉我："一两天后火车来接你们到日本去。"其实哪有火车通日本的呢……

一九四四年有一天，我带着几个学生家属，想开个玩笑。学生的宿舍就在同德殿后边。我带她们到了这里，我躲到一边，叫她们去叫门，意思是叫她们的丈夫意想不到地看到妻子来了。谁知道这件事叫溥仪知道了，他气势汹汹地就来了，我给行礼也不理了，劈头一句：“你做什么好事呀？”把我问得怔住了，我说：“我没干什么事呀。”

“呵？这成什么体统，这叫什么事，你给我说，你到底想干什么？”

“请皇上指示出来吧。”我赶紧说，“玉琴犯了什么错误，知道了也好改呀！”

“你自己做的事却反过来问我呀？我问你，你跑到学生宿舍去叫门是什么意思？你当时是怎么想的？把学生叫出来你想干什么？”

……平常的柔和相一下变成了凶恶相，像审贼似的审问我，我实在受不了这种委屈，就很伤心地哭起来……他看我哭了，又拿出了别的办法来，说：“这事怨我没把你教育好，我错啦！”说着拿起扫床的笤帚要打自己，把我吓得连忙跪下来求饶，“皇上打玉琴吧！玉琴再不敢那样了！”他更会说话，说：“我打你更心疼，还是打我自己。”说着还要打，我赶紧把笤帚夺过来，这才算闹完了。他又装出后悔，不该这样，又怨恨自己脾气不好，问我吓着没有，忙着给我擦眼泪，说：“我知道你是听我话的，以后可别那样乱跑啦！你是贵人，做事得尊重一些，那样会叫人笑话你也要笑话我的。”又好一顿安慰，当时我真感激这有道明君这样的仁慈。他又说：“人非圣贤孰能无过，过而能改，未来光明。”以后他又用米黄色撒金纸写了这几个字赏给我，成了我的座右铭。

还有一次，因为赏苹果给孤儿，又引起了一场风波。按俗例，过旧年要摆苹果插绒花。初一早晨还未下床，先由佣人送上一盘苹果，咬一口，美其名叫咬平安。我将苹果叫人赏了孤儿们吃。溥仪知道了又追问是什么思想，其实，我就是看那些孩子们可怜，一点什么别的意思也没有。

在册封之前，溥仪给了我家一笔钱，哥哥也娶上了媳妇，我心里很感激他。后来溥仪给我订规矩礼节，给我讲君臣之道，叫我明白自己不是一般人，我心里已是不耐烦。自发生了这两件事后，他又不常到我这里来，我也不得随便过去，我对他的印象更坏了。

我每天的任务，就是伺候他，引他高兴。他有时说：“唱个歌给我！”我就得唱一个。我还要每天听他讲庭训格言、佛经，听完了还要讲一遍，讲不好，溥仪就生气。有时关上灯，叫我跟他一起“打坐”，一坐两小时，坐着坐着我睡着了，他又是生气，骂我。

溥仪还说过：“你的父母就是我的父母，你惦念你的父母，我当然也惦念也关心。”真要到具体事实上，他又搬出了天子的尊严，祖宗家法。我的父母都不能见他，还给我们家订出了许多规章制度。我当时不知道，解放后回家才听说，主要内容是：不许向他求官求钱，不许以皇亲国舅名义在外胡作非为，不许乱讲宫内的事情，不许随便到皇宫里去。我父母一年只准进宫两次去看我，其他手足等人一概不许。事实上，我家里和我自己也没有向他要过什么。我大哥结婚时我送给他一套衣服，而当时又不能算我给的，算是溥仪赏的。另外，我给我小妹一件上衣，一件毛衣，一件布拉吉，都是我穿不了的，我才敢和溥仪说给我的小妹，我知道我的父母没有好的白漂布的衬衫，我又不敢给，后来我亲自做了三套，一套给了溥仪，两套给了我爹妈。我对溥仪说我没有给我父母做过衣服，这也算我一点孝心吧，他不能不同意了。除此以外，一点值钱的东西也没给过。

我第一次“会亲”在同德殿楼下。一见面时就哭了。我妈和爸都瘦了，我心里非常难受，我问：“您们怎么都瘦了呢？”我爸吓得赶快说：“没有、没有。”说着就偷看旁边，因为有伺候的人在场监视着。我妈小声说：“你走后一两个月一点音信都没有，家里人都急坏了，害怕日本人把你害了。到藤井那儿打听也打听不着，吉冈更找不着他在哪儿住，哪能不把我们急瘦了呢。”头一次“会亲”一两个小时就走了。我父母头一次见我时还给我鞠躬，可把我吓坏了，我直拦着说：“别给我施礼呀！别给我施礼呀！”我爸爸还说：“这是国礼，应当施的。”我真止不住掉泪。我爸爸妈妈为儿女苦了一辈子，到头来还得给女儿行礼，这成什么规矩了。以后我和溥仪说，我坚决不同意父母给我行礼。起初他还不同意，我说我现在固然是尊贵了，这也是老人忠厚一辈子积的德，我更应当尊敬他们才对。不能像陈世美那样忘本，再说，我和二格格见面还以平礼相待，我自己生身父母倒不如平辈。溥仪无言可对才同意了，只好说：“忠臣出于孝子之门，你这样孝心很好。”溥仪说我会亲时不该哭，应该高兴，再哭就不让会亲了。以后溥仪特开天恩，让我留我妈吃饭。吃饭时在座位上又发生了问题，谁坐首位呢？最后我和我妈全算坐在首位，上菜时放在我们俩跟前，其他人依次坐下……

我受册封以后，溥仪给了我家一万元（等于现在三千元），不准我父亲再到饭铺去伺候人。可是人口多，二哥又没事做，家里没收入，日子长了也不是办法。有人出主意，叫我父亲干个小买卖，找溥仪给取个许可证，可是溥仪不管。后来我父亲只好偷着跑到二道沟一家饭铺又当跑堂了。一遇到熟人就说是临时帮忙。

我在学校时很羡慕同学穿的阴丹士林大褂，但做不起，伪满棉布又缺，有钱的也难买到。我进宫以后，有了材料，我想这回我可以实现我的理想了，就自己动手做，镶的五分宽边，大襟下绣的是金红鲤鱼，上边大襟绣的大红花，做好了穿起来挺喜欢，给溥仪看他也夸好，可是被二格格看见，就对溥仪说："今天是她奶奶（族人称母亲）的忌辰，贵人穿这衣服不行呀！"溥仪说："她不必换衣服了，她是宫里的人啦！"二格格就不高兴了，说："连皇上都有点表示呢，何况是她呢。"其实，按规矩我真不应当有所表示，二格格一向拿这些挟制人。认为皇上和她是一母所生，自己是郡主，比谁都了不起，一般贵族都得怕她三分。溥仪也一向样样听她的，就叫我脱下来，另换上了一件。我委屈得难受，也不敢说什么。

又一次，我因为一直没做过一件好的学生服，就叫裁缝给我做学生穿的褶裙。叫二格格看见了，就嘲笑我说，做裙就要西服裙，褶裙太小家子气，又说颜色又要如何。二格格是王府郡主，见得多，又到过英国、日本，自然要笑话穷孩子不懂，所以，她一说起来别人就要服从才行。据说谭玉龄最怕她。有一次，因为吃饭忘了用筷就被二格格当面说过，谭临死说胡话还说二格格"您别生气呀，我这不是等着你吗？"二格格对亲妹妹也常奚落，妹妹孩子多，穿得有点不整齐，也叫她当众挖苦一顿。妹妹都老实，不敢怎样，又因为是庶出，更不敢说什么。溥仪有个侄妻，因一年两头生了两个孩子，二格格即笑话她没出息，皮笑肉不笑拖长声说："二奶奶你又大——喜了！"（孩子还在肚里）这位侄媳，私下气得直打自己的肚子，想把孩子打下来。我劝了半天她才算了。

我的一口东北话，常受二格格的嘲笑。有一次大家唱歌，轮到我，我就按着在学校的习惯说："唱得好不好请大家原谅。"二格格就说："唱歌还有什么原谅不原谅的呀！"我父母来会亲时，二格格更看不起了，看见我妈扎的腿带也笑话得不得了。我妈巴结她，问她有几个小孩，我妈一口东北话，把小孩叫"小仔儿"，把她惹火了，说："动物才叫仔呢！"我爹吓得赶快赔罪解释。二格格又说你老头子如何如何，我妈听了十分难受。我妈提到溥仪时说了一个"他"字，二格格又挑剔了"哪能叫皇上他呢！"到吃饭时她又来了好心眼，使劲给我妈夹菜，很像《红楼梦》里王凤姐拿一套黄杨木杯要笑刘姥姥的情形。我看着也不敢说话，眼泪只好往肚子里吞。心想如嫁到一个普通人家，父母去了也是会受尊敬的，这耻辱是当上了福贵人带来的。这些事我到什么地方也忘不了。那时我又不敢和溥仪说，怕他又怪我和他说了使他不高兴的事情。何况他又特别宠爱他的妹妹，说她直爽像男人，她这种直爽别人可受不了。

伪宫里年节一点也不热闹，溥仪带一些男的（他的弟弟，妹夫，侄子）和他在一起吃，那些人的家属就陪着我在这边，吃的好些，可都是现成的，显不出过年的气氛。像在我们家过年，不管吃好吃赖，一家都动手做，吃起来那才真是另有滋味。在宫里第一个新年，我非常留恋我们那个穷家。生活苦点，可是一家互相是真诚、和气、团结、欢乐，绝不像宫廷生活那么空虚，互相钩心斗角，那样虚伪，见面都是所谓的应酬话。当没人时我就抱着洋娃娃哭，或者抚摸我的红冠瓷公鸡、瓷狮子出神，我觉得它们比这里的任何人都强……

六、我学到些什么

我问过溥仪为什么不选个大点儿的姑娘，单要我这个十四五岁的小孩子呢？他说：他疑心谭玉龄是日本人害死的，谭死后不久吉冈拿来日本姑娘照片，他担心吉冈又不怀好意。“我被他们管得够戗，要在我床上睡个监视我的人，我连气都不敢喘，我受得了吗？可是中国姑娘也可能是受过日本人的训练，所以，我想挑个岁数小的，即使受过日本人训练，我也容易把她再教育过来。”

溥仪常教育我的是，他是天子，生到凡间来替天办事，管老百姓，天下百姓也包括我在内都要听他管教才行，叫我干什么就得干什么，否则便是不敬上天，不忠天子，上天将降罪给我；还给我讲君臣大义，三从四德，烈女故事，后妃为皇上牺牲的故事；又讲人生福祸全是前世修的，当贵人是前世修的福。渐渐地，我觉得他不是普通人，我也不是普通人了。我问过他：“皇上说什么玉琴都得听，都得照办，比如二加二等于四，皇上要偏说是三，是五，玉琴也跟着说是，可是心里明白知道不对，那怎么办呢？”他答不上来了，就拿出天子尊严大闹一通，他说：“对，对，我管得了你的嘴，管不了你的心！”我吓得连忙给他赔礼认错，直说：“皇上管得了玉琴的心，皇上……”才算完事。

我渐渐地染上了新的毛病，我的心也渐渐变了。首先我学会了摆架子拿身份，自己也认为自己命大尊贵，应当是坐享其成，奴才们应当伺候，不但衣来伸手饭来张口，就连小手绢也不愿洗洗，别人预备好洗脚水也是应当的了，我的脾气也大了，也会挑毛病了。我的老妈子是五六十岁的老人，常常因为干活慢受我的数落、责骂。有时我故意找点事给她们做，办不好就教训一顿，最后发展到我亲自惩罚她们。有一次叫她们找衣服没找到，我等急了，一问也忘记了搁在哪儿了，我自己也不记得了，就发起火来。把她们叫到跟前先说一顿，还不解气，打人骂人也失身份，就想起来学校有罚站，就叫她们一起站着，我在一边数落她们，足有二十分钟。还有一次把我吃的东西拿错了，我一说，她们说是我说错了，我啪地往地下一摔……

慢慢地，我也有了一套以前没有的什么三毒、四大、十苦等思想，我相信人生有十苦，穷富人都免不了，只有将来修到西方极乐世界，才什么苦也没有了。溥仪说尘世到一定时期要有兵、火、瘟、大荒年，等等；当时是兵灾年头上，应多念佛求菩萨保佑百姓少受灾，等等。我很相信他的话，从那开始，每天礼拜念佛做起功课来。

溥仪明知道自己是傀儡，在日本人手中……可是还想用封建迷信来维持自己在家中的统治。他常对人说，他是困龙受灾，等灾难一满就要上天了。还说全国人民也都处在灾难期间，只有多念佛，求保佑，早日脱难。以前吃观音素，一月吃三四天，以后索性吃起长素来。另外还想出很多花样，什么做善事啦（给佛上大供，献花），有一天正是阴天，有人向溥仪报告说，只有缉熙楼也就是佛堂上边是蓝朗朗的晴天，并且还有五彩祥云，笼罩在缉熙楼上，这真是皇上的诚心感动了菩萨了。又如什么闻见异香，什么看见了菩萨了，这也是他常和我说，我也都相信他的。他经常扶乩，看推背图，他解释说，这是日本要完了，就该他统治天下了……一九四四年张海鹏介绍一个什么“天眼通”给他，把眼眯缝起来一看，再叫咳嗽一声，说能知道你前生和来世是怎么回事儿。据张海鹏给溥仪看说溥仪前生是个“老比丘”，是个有来历的人，说再过一段时期灾难一满，还能成其大业。这个“天眼通”也给我看了，说我前世是南方的一个老和尚，也是有来历的人。所以，今天才能和溥仪在一起共享福贵尊荣共同修行，等等。

我也吃起了长素。我每天念佛两三次，梦中看见菩萨，这很让溥仪高兴，以后厨房也不再买活的鸡鱼，连蚊子苍蝇都不能打死。蚊子叮在溥仪身上，他不但不打而且故意忍着，说在佛教这叫做施舍。我也效他，溥仪说，人开始念佛。西方世界即生一朵莲花，经常念，莲花即长大，如不终止，恪遵戒律，到死时莲花就接引死者到西方极乐世界。以后我和溥仪见面，也不玩了，专讲近来的各人的念佛体会和新发现的灵感。然后闭灯，双双入定。坐定之后溥仪还说点奇妙的感觉，什么看见观音对他笑，什么看见佛光了，闻到异香，等等。听他这样一说，我也觉得像有这么回事。

总之，他把我们练得很成功，日本投降后，我在困苦中等了他多年，完全是这种迷信力量支持我，我对任何事不争取，认为一切是命定的。“命中皆有，不可强求。”我把分离看成一灾，认为等灾难一满，自然可以见面。我对生活也不感兴趣，我修到了看见别人吃肉也不馋，别人家夫妻过美满生活也不羡慕。我曾一度想进入空门，由于当时庙里不收徒弟，才没成为事实，那时，我还不过二十岁……

新的一章[①]

列车奔驰着。外面，是白雪覆盖着的平原，光明、辽阔，正如展现在我面前的生活前程。车内，我身前身后都是普通的劳动人民。这是我平生第一次和他们坐在一起，坐在同一列客车上。我将同他们共同生活，共同建设，我将成为他们中间的一个，不，我现在就是他们中间的一个了。

在抚顺上车不久，身旁的一件事情立刻说明我是迈进了一个什么样的社会，我是列身于什么样的人之间。列车员和一位女乘客搀扶着一个小姑娘，走进我们这个车厢找座位。在我身后有个空座，空座旁的一位乘客把自己的位子一齐让了出来，给她们坐。那妇女让孩子在座位上躺好，自己侧身偎靠着她，神情十分焦灼。邻座有人向她探问，孩子是不是有病？有病为什么还要出门？那妇女的回答是出乎人们意料的。原来她是车站附近的一个小学的教师，小姑娘是她的学生，刚才在课堂上小姑娘突然腹痛难忍，学校卫生人员怀疑是阑尾炎，主张立即送医院。小姑娘的父母都在很远的铁路上工作，通知他们来带孩子去看病怕来不及，直接把孩子送到能动手术的矿上医院，也费时间，于是女教师毅然作出决定，立刻带孩子搭这趟客车去沈阳。站台人员让她先上车后补票，同时叫她放心，他们将打电话告诉沈阳照应她们。这个简单的插曲叫我想起了陶渊明说的“落地为兄弟，何必骨肉亲”的胸怀，在今天也已不是少数人的胸怀。我更想起孟子说的“老吾老以及人之老，幼吾幼以及人之幼”，这在今天也已成为现实。我现在所迈进的社会，我现在所参加的行列，原来比我所想象的更高更美啊！

十二月九日，我来到祖国的首都。这是我别离了三十五年的故乡。在辉煌壮丽的北京站台上，我看见了三年多不见的五妹和二十多年不见的四弟。我和他们紧紧地握着手，听到叫喊“大哥”的声音。这是前半生中，妹妹弟弟们从来没对我叫过的称呼。我从这一声称呼中，感到了在自己家族中也开始了新的生命。

① 编者注：这篇文章为二稿本所无，由定本增益。现作为全本之附录。

我告别了伴随我们来的李科员，也告别了同行的老孟。老孟是我们同所的蒋介石集团的八名蒙受特赦的战犯之一（连我和前伪满将官郭文林，抚顺管理所赦出共十人）。他和前来迎接的妻子走了。四弟给我提起那只黑皮箱，五妹和老万走在我两旁，我们一起走出站台。在站外，我对着站台大钟，掏出我的怀表。离开抚顺前，所长从我献交给政府的那堆东西里面拣出这只表，叫我收下，我说这是我从前用剥削的钱买的，我不能要。所长说现在是人民给你的，你收下吧！这是我在一九二四年从父亲家里逃入东交民巷那天，为了摆脱张文治，在乌利文洋行想主意时买的那只法国金表。从那一刻起，开始了我的可耻的历史。如今，我让它也开始一个新生命，用北京的时间，拨正了它的指针。

所长发给我这只表的那天，对我们蒙赦的十个人说，你们回到了家，见了乡亲们和家里的人，应该给他们道个歉，因为过去对不起他们。他说："我相信，家乡的人会原谅你们，只要你们好好地做人，勤勤恳恳地为人民服务。"我到了五妹和老万的家里，所长的话完全证实了，同院的每个人对我都是和蔼可亲的。第二天早晨，我很想和这些邻居们一起做点什么，我看到有人拿着笤帚去扫胡同，就参加了打扫。我一直扫到胡同口，回来的时候，找不着家门

图 67　溥仪在五妹家住在这间屋

了，结果走进一个陌生的人家。这家人明白了是怎么回事，便十分热情地把我送了回来，并且告诉我用不着道谢，说“咱们还是街坊，就不是街坊，新社会里帮这点忙又算什么呀！”

图 68　在辛亥革命五十周年纪念活动中，溥仪和武昌起义放第一枪的熊炳坤老人（右二），还有三十年前驱逐他出宫的鹿锺麟老人（左一）见了面

我还见到了七叔七婶，堂兄堂弟和妹妹、妹夫们。我从七叔这里知道了家族最新的兴旺史，知道了他在人民代表大会上关于少数民族地区视察情况的发言。我听到了伒大哥的古琴，看到了他给我写的字。他的书法造诣确实又达到了新的水平。我还欣赏了僴五哥的花鸟新作。我去看了二妹，这时她已办起了街道托儿所，据现任邮电部门工程师的二妹夫说，二妹现在忙得连头晕的老病也没有了。三妹夫妇，四妹、六妹夫妇，七妹夫妇，我也都看到了，三妹夫妇在区政协正参加学习，四妹在故宫档案部门工作，六妹夫妇是一对画家，七妹夫妇是教育工作者。更激动人心的则是第二代。过春节的那天，数不清的红领巾拥满了七叔的屋里屋外。在已经成为青年的第二代中，我见到了立过功勋的前志愿军战士、北京女子摩托车冠军、登山队队长、医生、护士、教师、汽车司机。更多的是正在学着各种专业的和读着中学的学生。这里面有共产党员，共青团员，而其余的人无一例外都在争取获得这个光荣的称号。这些成长起来的青年，又是那些戴红领巾的弟弟妹妹们心目中的榜样。

我还会见了许多旧时代的老朋友。商衍瀛在卧榻上和我见了面。他是文史

图69　在堂弟溥俭的陪伴下报户口

馆的馆员，因为老病，说话已不清楚。他见了我，面容似乎还有点拘谨的严肃，挣扎着要起来。我拉着他的手说："你是老人而且有病，应该躺着休息。我们是新社会的人，现在的关系才是最正常的关系。等你好了，一块为人民服务。"他脸上拘谨的神色消失了，向我点头微笑，说："我跟着你走。"我说："我跟着共产党走。"他说："我也跟着共产党走。"我更见到了当过太监的老朋友，知道了他们许多人的近况。他们正在民政局为他们专办的养老院中安度晚年。

我第一天见到的人差不多都说："你回来了，要到各处去看看，你还没逛过北京呢！"我说："我先去天安门！"

天安门广场，我是早已从电影、报刊以及家信中熟悉了的。我从银幕上看到过举着各项建设成绩标牌的游行队伍，在这里接受毛主席的检阅；我还看到过这里节日的狂欢活动。我从报刊上还看到过交通民警在这里领着幼儿院的孩子们过马路，看到过停在这里的"红旗"牌和"东风"牌小轿车。我知道了人民大会堂的巨大工程，是在十个月之内完工的，知道了来自世界各国的外宾在这里受到了什么样的感动。今天，我来到了这个朝思暮想的地方。

在我面前，巍峨的天安门是祖国从苦难到幸福的历史见证，也是旧溥仪变成新溥仪的见证。在我左面，是庄严壮丽的人民大会堂，祖国大家庭的重大家务在那里作出决定，其中也有使我获得了新生的决定。在我右面是革命博物馆，在我后面矗立人民英雄纪念碑，它们告诉人们，一个多世纪以来有多少英雄烈士进行了什么样的艰巨斗争，才给我们争得了今天的果实，而我也成了其中的一个分享者！

图 70　溥仪在工作之余，经常和政协大院里的孩子们游戏

在天安门广场上，我平生第一次满怀自由、安全、幸福和自豪地散着步。

我和五妹、俭六弟缓步西行。走到白身蓝顶的民族文化宫的时候，五妹关心地说："大哥累不累？这是头一回走这么多路吧？"我说："不累，正因为是头一回，特别不累。"

"头一回"这三个字充满了刚开始的新生活中。"头一回"是很不方便的，但我只觉得兴奋，并不因此有什么不安。

我头一回到理发店去理发——严格地说，这是第二次，因为三十多年前我在天津中原公司理过一次，但是这一次在理发店遇到的事还是头一回。我一坐上座位，就发现了在哈尔滨百货店里看到过的叫不出名称的东西。我问理发员，旁位上呜呜响的是什么，他说："吹风。"我问："先吹风还是先理发？"他一听，怔住了："你没理过发吗？"他还以为我开玩笑哩！后来弄明白了，我们都不禁大笑起来。等到我头上也响起了那呜呜之声时，我心里更乐了。

我头一回坐公共汽车，给俭六弟造成了一场虚惊。我排队上车，看到人们让老人小孩先上，我也把身旁一位妇女让了上去，却不知这是位售票员。她看我不上，就跨上了车，车门随着关上，车子也开走了。过了一会儿，俭六弟从下一站下了车跑来，我们俩离着还老远就彼此相对大笑起来。笑过之后，我信心十足地对他说："不用担心，决出不了事！"在这么多人的关怀下，我有什么可担心的呢？就在这天上午，我从三妹家附近一个商店里，刚找回来昨天丢在那里的一个皮夹子。难道我这个人还会丢了吗？

北京市民政局为了帮助我们了解北京，熟悉生活，组织了特赦后住北京的一些人，包括从前的国民党将军杜聿明、王耀武、宋希濂等人，进行了一系列的参观。我们看了一些新建的工厂、扩建的各种公用事业以及城市的人民公社等单位，历时约两个月。最后，经同伴们的请求，游了故宫，由我临时充当了一次解说员。

令我惊异的是，我临离开故宫时的那副陈旧、衰败的景象不见了。到处都油缮得焕然一新，连门帘、窗帘以及床幔、褥垫、桌围等等都是新的。打听了之后才知道，这都是故宫的自设工厂仿照原样重新织造的。故宫的玉器、瓷器、字画等等古文物，历经北洋政府和国民党政府以及包括我在内的监守自盗，残剩下来的是很少了，但是，我在这里发现了不少解放后又经博物院买回来或是收藏家献出来的东西。例如，张择端的《清明上河图》，是经我和溥杰盗运出去的，现在又买回来了。

在御花园里，我看到那些在阳光下嬉戏的孩子，在茶座上品茗的老人。我嗅到了古柏喷放出来的青春的香气，感到了这里的阳光也比从前明亮了。我相信故宫也获得了新生。

一九六〇年三月，我被分配到中国科学院植物研究所的北京植物园，开始了每天半日劳动、半日学习的生活。这是我走上为人民服务岗位前的准备阶段。在技术员的指导下，我在温室里学习下种、育苗、移植等工作。其余的半天有时学习，有时进行这本书的写作。

我在前半生中，不知“家”为何物。在抚顺的最后几年里，我开始有了“家”的感觉。到了植物园不久，我觉得又有了第二个“家”。我处在自上而下互助友爱的气氛中。有一次我从外面游逛之后回来，发现那只表不见了，不免十分惋惜，觉得在这么长的路线上，无法去寻找，只好作罢。同屋的总务员老刘知道了这件事，他本来正该休息，连休息也忘了，问清了我游逛的路线，立刻就出去了。许多人都知道了这件事，休息着的人都去找表，我被弄得很不好意思。后来老刘从四季青人民公社一个大队的食堂前找到了它，非常高兴地拿了回来。这时，我觉得我接过来的不是一只表，而是一颗火热的心。

这年的夏季，植物园里建立了民兵，每天进行操练。我报名参加，别人都说我年岁超过了标准。我说：“作为祖国大家庭的一员，我也应当站在保卫祖国的岗位上。”后来人们被我说服了，我参加了操练，当上了一名超龄民兵。

我站在植物园的民兵排里，心里想着我们的队伍有多大。这里是几十个

图 71　在植物园劳动的溥仪

人，但整个民兵队伍却是若干若干万。我想，我什么时候才可以列入那个像洪流的队伍中，在天安门前经过呢？

这个愿望很快得到了实现。我参加了支援日本人民反对“日美安全条约”斗争的千百万人的队伍。这不仅是一百万，而是全世界参加共同斗争的千百万人的一部分。我们高声呼着口号，走过了天安门。在天安门上刻着我们的心声：

“中华人民共和国万岁！”“全世界人民大团结万岁！”

从此我开始了社会活动。从这些活动中，我感觉到自己同全国人民，全世界争取和平、民主、民族独立和社会主义的人民连在一起了。

一九六〇年十一月二十六日，我拿到了那张写着“爱新觉罗·溥仪”的选民证，我觉得把我有生以来所知道的一切珍宝加起来，也没有它贵重。我把选票投进了那个红色票箱，从那一刹那间起，我觉得自己是世界上最富有的人。我和我国六亿五千万同胞一起，成了这块九百六十万平方公里土地上的主人。从这块土地上伸向世界各地被压迫人民和被压迫民族的手，是一只巨大的可靠的手。

一九六一年三月，我结束了准备阶段，走上了为人民服务的正式岗位，在全国政协文史资料研究委员会担任专员职务。我做了一名文史工作者。

图 72　溥仪担任了全国政协文史资料研究委员会的专员

我参加的这部分工作是处理清末和北洋政府时代的文史资料。我在自己的工作中，经常遇到我所熟悉的名字，有时还遇到与我的往事牵连着的历史事件。资料的作者大多是历史事件的亲历或目击者。对这段时期的历史来说，我和他们都是见证人。我从丰富的资料中，从我的工作中，更清楚地看出时代的变化。那些被历史所抛弃的人物——叶赫那拉氏（慈禧）、袁世凯、段祺瑞、张作霖等等在当时似乎是不可一世的，被他们宰割压榨的人民似乎是无能为力的。像胡适之流的文人们曾为他们捧场，遗老、遗少们曾把复辟幻想寄托在他们身上，而他们自己更自吹为强大，认为他们背后的列强是永远可恃的依靠。但是，他们都是纸老虎，终于被历史烧掉了。历史，这就是人民。“看起来，反动派的样子是可怕的，但是实际上并没有什么了不起的力量。从长远的观点看问题，真正强大的力量不属于反动派，而是属于人民。”我的经验使我接受了这项真理，我的工作使我更加相信了这项真理。我还要通过我的工作和我的见证人的身份，向人民宣扬这项真理。

我在工作之余，继续写《我的前半生》。

为了写作，我看了不少资料。我的工作单位给了我种种便利，供给我许多宝贵的文史资料，我在许多外界朋友的热情帮助下看到了许多图书、档案部门的宝贵材料，得到了许多专门调查材料。有的材料是不相识的朋友给我从珍贵的原件中一字一字抄下来的，有的材料是出版界的同志给我到远地调查核实的，有的材料是几位老先生根据自己的亲历目击认真回忆记录下来的。有不少难得的资料则是档案、图书部门提供的。特别要提到的是国家档案馆、历史博物馆、北京图书馆和首都图书馆的同志特意为我设法寻找，以及专门汇集的。我受到这样多的关怀和支援很感不安。其实，这在我们的国家里，早已是平常的现象了。

在我们的国家里，只要做的是有益于人民的事情，只要是宣扬真理，就会得到普遍的关心和支持，更不用说党和政府了。

我的写作也引起了许多外国朋友的兴趣。曾有许多外国记者和外国客人访问过我，问我前半生的经历，特别注意打听我十年来的改造情形。一位拉丁美洲的朋友对我说："从这件事情上，我又一次感到了毛泽东思想的伟大。把你的事情快些写成书吧！"一些亚洲的朋友说："希望你这本书的英文版出版后立刻送我一部，我要把它译成我国文字，让我国人民都看到这个奇迹。"

图 73　溥仪不断接见来访的外国朋友，这是作家斯诺向他访问

一九六二年，我们对来自国内外的困难所进行的艰巨斗争，取得了辉煌的成就。这一年对我来说，还有更多的喜事临门。四月间，我被邀列席人民政协全国委员会，并旁听了全国人民代表大会关于祖国建设的报告。五月一日，我

和我的妻子李淑贤建立了我们自己的小家庭。这是一个普通的而对我却是不平凡的真正的家庭。

图74　一九六二年“五一”节，溥仪和李淑贤结婚

这就是我的新的一章。我的新生就是这样开始的。看看我的家，看看我的选民证，面对着无限广阔的未来，我永远不能忘记我的新生是怎样得到的。

我在这里要补充一段，关于给我新生命的伟大的改造罪犯政策的故事。用我瑞侄的话说：“这不写到书里是不行的。”

一九六〇年夏天，我和小瑞游香山公园，谈起了我们每个人最初的思想变化，哪一件事引起了思想的最初震动。

小瑞先谈了小固和小秀。据他知道，小固在绥芬河车站上发现中国列车由中国司机驾驶，感到了第一次的震动，小秀则是从沈阳车站上群众对一个失掉一只手的女工的迎接，感到过去自己生活的无味。说到他自己，他说：“我难忘的事情很多。第一件事是我刚干活不久，有一回揩窗子打破了一块玻璃。玻璃掉在地上，看守员听声就跑来了，我吓得要死，谁知他过来问我：“你伤着了没有？我说人没伤，可是玻璃破了。他说，玻璃破了不要紧，下次留神，别伤着人。”

“这类事我也遇到过。”我说，“可是对我说来，最初我最关心的是生死问题，是宽大政策对我有无效验的问题。让我最初看到生机的，从此一步步看到希望的，是交出了那箱子夹底的东西后，受到了出乎意料的宽免。说起这个，不能不感激你的帮助。”

“我的帮助？”小瑞睁大了眼睛，“你还不知道那是怎么回事吗？难道所长没跟你说吗？”

“说过这件事。检举认罪时，因为小固质问，我在大会上交代之后，向所长做了检讨，过了年，我又向所长说，我交东西时候没敢说收过你的纸条，是因为怕你受处分。所长说，这件事他全知道，是他让你写那纸条来帮助，以便促使我主动交代。这是所长的苦心，但也有你的帮助啊！”

“这么说你还不知道其中详细情形。你根本不知道，写那纸条本来是不合我心意的，我的意思是搜查你，没收东西，好好惩罚你一下。可是……这件事我得告诉你，这不写到你的书里是不行的！”

图75　溥仪在延安枣园请农民签字

这件事的详细过程，我这时才明白。原来小瑞早就向所方谈出了我的箱底的秘密，要求所方搜查没收。所长却不这么干，他说：“搜查是很容易的，但这并不见得利于他的改造。等等吧，搜查不如他自动交代，要他自觉才好。”以后等了好久，小瑞又找所长谈，要求搜查。所长说，每个人思想发展速度不同，不能急。共产党人相信，在人民掌握的政权下，大多数罪犯是可以改造的，但每人有每人的过程。问题不在于珠宝和监规，而是要看怎样更利于对一个人的改造。所长说："你要知道，由于他的特殊身分，他很难立即相信政府的坦白从宽的政策。如果我们去搜查了他，这就是让他失去了一次体验政策的机会。还是把主动让给他吧！你着急搜查，不如用用脑子设法来促进他自觉。"结果，就想出了由他写纸条给我的办法。纸条递出之后，多日不见动静，小瑞又急了，对所长说："溥仪这人至死不悟，既然毫不自觉，为什么不搜他？"所长说："原来不能着急，现在更不能着急。"后来的情形就是那样，结果是我着急了，交出了那批东西。我从那时开始看到了一条新的出路。

"从那时起，我就明白了，政府是坚定地相信多数人可以改造的。"小瑞激动地说，"你自己知道，那时你还一个劲儿地对抗、欺骗，可是所方早知道了你那些事。我们几个人还在检察人员到来之前，全都告诉了政府！可是从那时起，所方就相信你是可以改造的，就为你的学习、改造操着心了。"

我站在香山的山腰上，遥望太阳照耀着的北京城，我心中十年来的往事又被一件件勾起。我想起老所长的花白头发，年轻的副所长的爽朗语音，我想起了每位看守员，每位大夫、护士，每位所方人员。在我欺骗他们的时候，在我用各种可耻的方法进行对抗的时候，在我完全暴露出自己的无知、无能、愚蠢的时候，在我对自己都已感到绝望到极点、不能活下去的时候，他们，这些共产党人，始终坚定地相信我可以改造，耐心地引导我重新做人。

"人"，这是我在开蒙读本《三字经》上认识的第一个字，可是在我前半生中一直没有懂得它。有了共产党人，有了改造罪犯的政策，我今天才明白了这个庄严字眼的含义，才做了真正的人。

附录三

从我的经历揭露日本军国主义的罪行[①]

——纪念“九·一八”事变三十周年

“九·一八”三十周年快到来了。我回首往事，百感交集。感谢中国共产党、人民政府和祖国人民对我的宽大处理和教育改造，使我走上新生的道路。

今天，当“九·一八”三十周年纪念日快到来的时候，我追忆自己过去背叛祖国的行为，真是感到无比的痛心和羞愧。“九·一八”事变发生后不久，我到了被日本帝国主义者所侵占的祖国的东北，在日本帝国主义的操纵下成立了伪“满洲国”政权，以后又当了傀儡“皇帝”。回想起当年日本军国主义分子侵略中国的滔天罪行，特别使我愤慨的是，当年曾经给中国人民、日本人民和亚洲人民带来深重灾难的日本军国主义势力，现在在美帝国主义的扶植下又死灰复燃、重新抬头了！因此，我想通过自己的亲身经历，来揭露日本军国主义的狰狞面目和血腥罪行。

“九·一八”事变是怎样发生的呢？日本军国主义分子为了抵赖他们的侵略罪责，一直咬定说：由于中国军队当时在柳条沟爆破了日本经营的铁路，因而迫使日本军队不得不采取“自卫”手段。

多么无耻的谎言啊！很多日本战犯后来在他们的供词中已经供认，当时占领我国的东北是日本军国主义分子既定的“国策”，所谓“柳条沟爆破事件”，只不过是日本侵略者为了出兵的借口而制造出来的。我个人的遭遇，也可以充分证明这一点。

① 编者注：这篇爱新觉罗·溥仪署名的文章，原发表于《人民日报》一九六一年九月十七日第五版。

记得是在一九三一年夏季，当时我住在天津。我的弟弟溥杰正在日本东京读书，因为放暑假就回国了。他告诉我，在他回国之前，曾经在日本天津驻屯军司令部任职的吉冈安直中佐邀他到鹿儿岛去玩，临别时并且神秘地对他说："你回到天津之后，请对令兄说，现在张学良搞得实在太不像话了，也许就会发生什么事情也未可知。请令兄多加保重罢！他不是没有前途的！"这是什么意思呢？很快真相就大白了。就在一两个月以后，"九·一八"事变爆发了，日本军国主义出兵东北。而在这不久以后，日本关东军司令部参谋板垣征四郎的亲信上角利一给我带来了当时已经投降日寇的大汉奸熙洽的一封信，劝我"速赴东北主持大计"。接着，臭名四溢的日本大特务土肥原贤二又以让我主持一个"新国家"等等甜言蜜语为诱饵，把我骗到了东北。难道"九·一八"事变像日本军国主义分子所说的那样是什么"偶然事件"吗？不，决不！从以上一系列事实里，就可以清楚地看到，制造事变作为借口而出兵占领我国东北，这是日本军国主义分子处心积虑地经过周密布置然后采取的行动。

占领我国的东北然后进一步鲸吞中国，这是日本军国主义由来已久的野心。早在十九世纪末叶，日本军国主义分子就不断叫嚷中国的东北是日本的"生命线"，并且日益嚣张地在东北扩展他们的侵略势力。一九二七年的所谓"田中奏折"更是赤裸裸地暴露了日本军国主义的侵略野心。这个"奏折"明目张胆地写道："欲征服中国必先征服满蒙，而欲征服世界就必须征服中国。"正因为这样，他们长时期来一直在中国物色和豢养能够为他们的侵略政策效劳的对象。而我，一个已经被人民赶下台来但是又怀着"重建祖业"这种复辟思想的清朝逊帝，也就成为中选的人了。

在清朝被推翻以后，日本军国主义者就把郑孝胥、罗振玉这一类封建余孽抓在他们手里。一九二四年，当我被驱逐出原来的皇宫以后，日本军国主义者马上通过这帮"遗老"的牵线，把我包围起来——先是在北京的日本公使馆，后来又迁到天津的日本租界。日本军国主义分子对我还进行了一系列的训练工作。一方面，他们口口声声地把我叫做"皇帝"，让我在公使馆和租界里"开疆辟土"建立一个空头的"清宫小朝廷"，并且千方百计地利用和挑动我的复辟思想，使我日益与祖国人民对立。例如，日本的一个"华族"（"明治维新"后的贵族）水野子爵当时就曾送我一把扇子，上面别有用心地题上"天莫空勾践，时非无范蠡"这样两句诗，暗示我要"卧薪尝胆"待机东山再起。另一方面，历任日本天津驻屯军参谋都定期给我"讲解"国内外形势，每逢日本军队检阅时都要让我去参加，向我灌输日本"皇军"实力强大、天下无敌的思想，使我养成根深柢固的崇日恐日心理。这一切，显然就是为了让我在

“九·一八”事变以后去东北“主持大计”而做的准备工作。

谈到我在东北“主持”的“大计”，真可以说是历史上最可耻可鄙的丑剧之一。

尽管土肥原贤二曾经向我一口保证，“在东北成立‘新国家’后，日本一定尊重其领土主权；一切都可以由你自主。”可是，我一到东北，日本军国主义者就露出了真正的脸色。日本关东军司令官本庄繁派他的参谋板垣征四郎正式通知我，要我当所谓“满洲国”的“执政”；同时还斩钉截铁地说，这是一个包括满、汉、蒙、日、朝五个民族的“新国家”，日本人也要在这个“国家”里充当官员。不但如此，这个“国家”的所谓“首都”、“国旗”以及“政府”的班底，也早由关东军司令部一手安排好了。

就在这种情况下，伪“满洲国”在一九三二年三月成立，我当了伪“执政”，一九三四年三月一日我又在日本主子的首肯下成了伪“皇帝”。十四年中，我所需要做的事就是：在日本关东军司令部替我拟订好的卖国条约或者“诏书”上签名，按照日本关东军司令部替我写出的台词发言……为了使我的一言一行都不至于稍违日本主子的意志，日本关东军的参谋吉冈安直——也就是前面谈到的那个从鹿儿岛给我带来“好消息”的人——从一九三四年开始十年来一直以“皇室御用挂”（即“皇帝”的私人秘书）的身份，几乎寸步不离地“监护”着我。他曾经用严厉的口吻告诫我说：“日本天皇陛下就是你的父亲，关东军是代表日本天皇的，所以，你得事事听它的话！”

至于伪“满洲国”的各级“政府”，不消说情况也是完全一样。在名义上，最高行政机关是伪“国务院”，伪“政府首脑”“国务总理”由中国人担任；但是实际上，一切权力由“国务院”下的“总务厅”掌握，而“总务厅长官”必须由日本人担任。“国务院”各部都有一名日本“次长”，伪“大臣”完全听命于这些“次长”，伪“国务院”的“各部联席会议”（即总务厅次长会议）要讨论一切事宜，都必须等待“次长联席会议”先作出决定才行。在伪地方“政权”中，省有日人的“副省长”，县有日人的“副县长”，来主持一切。总之，当年在祖国的东北，从上到下，完全是日本侵略者在发号施令。

说来也骇人听闻，日本军国主义者在“承认”这样一个傀儡“政权”时，还乘机勒索了惊人的代价。一九三二年二月我刚当上伪“执政”，日本关东军司令官本庄繁就通过郑孝胥之手，要我签订一张卖国密约。根据这张条约，伪“满洲国”要把所有矿山、港湾、航运、铁路等方面的权利完全“奉献”给日本侵略者，要把大量最肥沃的土地交给日本帝国主义者作移民之用；在所谓“日满经济同盟”的名义下，伪“满洲国”的经济完全要由日本垄断资本来控制；在聘请日本人充当“最高顾问”的名义下，伪“满洲国”要把一切行政权力交给日本军国主义者掌握。总之，祖国东北的一切，从天上到地下，从政治到经济，在这张密约中都卖尽送绝了。比起袁世凯所签订的遗臭万年的二十一条卖国条约来，我所签订的这张卖国条约真是有过之而无不及啊！而在这以后不久，新任日本关东军司令官兼驻伪满大使武藤信义又和伪“满洲国”“国务总理”郑孝胥签订了所谓“日满议定书”，把卖国密约进一步具体化了，并且以“日满共同防卫”的名义承认日本军国主义在东北永远驻兵的权利。

但是，这一切还不能满足日本军国主义者对中国东北的侵略野心。他们妄图使东北彻头彻尾地变成日本的一部分。由日本关东军司令部派来做我的“监护人”的吉冈安直一再“劝说”我和日本女子结婚，并且要求我：如果今后我有了儿子，养到五六岁时就必须送到日本去留学。这种行动都是有阴险的政治目的的。在我弟弟溥杰结婚后不久，伪满政府就制定了 个“帝位继承法”，规定“皇帝死后由其子继之，无子时以其孙继之。无子和孙时以其弟继之。无弟则以其弟之子继之。”原来，在这些迷信于君权皇道的日本军国主义者眼中，使伪“满洲国”的“皇室”逐步融化于日本的皇室，这是准备连伪“满洲国”的伪装形式也不要了，从形式上也完全合并于日本的一个重要步骤。不仅如此，日本军国主义者还妄想同化东北的所有中国人民。为了做到这一点，他们授意我把据说是日本皇室的祖先而后来成了神的所谓“天照大神”迎来，并且在东北各地普设“神庙”，大肆宣传“唯神之道”，强迫人民敬拜，甚至颁布刑律要惩办对“神道”犯有“大不敬”之罪的人。更毒辣的是，日本军国主义者还通过伪满文教部竭力实施奴化教育，规定日本语是伪“满洲国”的国语，日语课是从小学一年级开始就有的必学课目。在社会上也普遍推行日语，例如在伪满军队里就规定，一切官兵在训练时都得讲日语，连士兵要去大小便也必须用日语请示。总之，这些万恶的日本军国主义者采用了宗教、教育和其他各种手段，企图使东北人民逐步成为忘记自己祖先、不懂本国语言的地地道道的日本顺民。

在日本侵略者铁蹄的践踏下，十四年来东北人民一直生活在水深火热的灾难中。

日本军国主义者用了“开发”、“振兴”等等动听的名词，对东北的经济进行了无所不及的统制和敲骨吸髓的掠夺。祖国宝贵的资源大量被运往日本，农民收下的粮食大部被“皇军”征走，而人民则吃不饱穿不暖，呻吟在死亡的边缘。当然，在当时还能从日本军国主义者手里分得一些残羹的我，对这一点是没有什么体会的。但是，可以让一些数字和事实来说明问题。一九四三年伪“奉天省”各城市的粮食配给情况是：辽阳市最高，成年人每人每月十公斤，小孩每人每月两公斤；奉天、营口、铁岭、本溪和各县成年人都是每月七公斤；而抚顺市成年人每月六公斤，小孩每月只有一公斤。这些配给的粮食，大都是入腹后难以消化的橡子面。中国人私吃大米白面，在当时是要被当做“经济犯”办罪的。我曾经听说过这样一件事：有一个中国人因为有病而找了一些大米煮粥吃，不幸由于在路上呕吐而被日本宪兵发现了，结果坐了好久的牢，并且受到严刑拷打。

日本军国主义者为了推行移民政策，还在东北霸占大量肥沃土地，计划在二十年内从日本移民一百万户、五百万人。仅仅从一九三七年到一九三九年，就强收人民土地约三千余万垧，使得中国农民二十余万户、一百余万人失去了土地，无家可归，到处流亡。

日本军国主义者还在东北实行了劳动力统制政策，把中国人像牛马一样地供他们驱使。根据“勤劳奉公”、“国民皆劳”等等全民奴役的恶毒办法，整个东北从十八岁到五十五岁的人，全被统制管理起来，日本军国主义者随时可以征用。每年强征的劳工总数估计平均在二百五十万人。被抓去当“劳工”的，少吃没穿却要起早摸黑地干重活，累死的人不计其数。不但如此，被抓去为日本关东军修建军事设施的“劳工”，在完工以后还往往遭到集体屠杀。这样的事实，甚至被日本主子豢养在“深宫”之内的我也有所耳闻。有一次，伪宫内府警卫处长佟济煦悄悄告诉我说：他亲戚伪警卫官金贤有一个熟人，被日本军队抓去修筑军事要塞；完工以后，日本军队为了保守这个工事的秘密，把所有工人全都杀了，只有他亲戚的那个熟人在九死一生中逃了出来。

日本军国主义者对中国人民的生命，简直是视同草芥。从一九三二年到一九四四年，据不完全统计就以“反满抗日”的罪名杀害了爱国人民六万七千多人。至于集体屠杀、秘密屠杀中的受害者，更是不胜其数了。当我成为战犯而到抚顺参观时，就听到人们叙述一九三二年日本侵略军队在平顶山把三千居民驱聚在一起而用机枪全部杀害的血腥惨案的事实。

日本军国主义者在东北干下的罪行真是罄竹难书。然而，身受日本军国主义者之害的又何止是东北三千多万人民呢？正如“田中奏折”中所暴露的，日本军国主义的野心是要征服整个中国和向世界各地进行侵略，占领东北不过是第一步而已。因此，他们不仅把东北作为掠夺资源、榨取利润的殖民地，而且还把东北作为进一步发动侵略战争的军事基地，为日本军国主义提供炮灰、军需品。一九三七年，就是利用东北这个基地，日本军国主义者发动了全面侵略中国的战争。在八年中，使祖国一千多万同胞牺牲了，损失了五百亿美元财产。接着，印度支那、缅甸等很多东南亚国家也都受到日本军国主义者的蹂躏。

中国人民和亚洲人民永远不能忘记也不会忘记这场可怕的灾难。当然，罪魁祸首是日本军国主义者；至于日本人民，他们正如同中国人民和亚洲人民一样，也是日本军国主义的受害者。他们在国内受到了残酷的剥削和压迫，不少人又被迫走上战场，而在侵略战争中丧失了生命。我在当傀儡"皇帝"的时候当然不能理解这一点，但是也有一次遭遇使我接触到这样的事实。这是在一九四五年，日本军国主义者临近失败的时候，当时日本关东军中的一批"肉弹"被调到东南亚战场去。这里需要说明，所谓"肉弹"，是日本军国主义者创造的一个血淋淋的名词，意思就是这些士兵应该用自己的血肉之躯向敌人的堡垒、坦克作舍命的进攻，或驾着飞机冲撞敌人的军舰。由于被当做"肉弹"的士兵不愿意去送死，关东军司令部就指定我这个傀儡"皇帝"为他们送行以"鼓舞士气"。我在奉命而去的时候，发现那些士兵的脸上充满了悲惨凄凉的神情，有些人甚至忍不住在潸然掉泪。当时我已经暗暗感到有一种说不出的沉重空气在压迫着我。现在回想起来，我就比较能理解这些日本士兵的感情了。

在谈到这一切的时候，我痛切地感到：日本军国主义对人类意味着多么巨大的灾难；展开反对日本军国主义复活的斗争在今天是多么的必要。

在第二次世界大战中遭到复灭的日本军国主义正在复活，这是铁一般的事实。看，不少过去曾经欠下中国人民血债的罪犯，不是又在嚣张一时了吗？吉田茂，当年我进天津日本租界时的日本驻天津总领事，在田中内阁时曾经以外务次官的职衔行使外务大臣的权力，是推行"田中奏折"中规定的侵略方针的一员急先锋。岸信介，过去被称为"满洲五巨头"之一，曾经在伪满任"产业部次长"和伪总务厅次长，大量掠夺中国东北的物资。这两个战犯，战后都先后当了日本首相，竭力推行复活军国主义的政策，下台后仍然在为加强日本军国主义势力而奔走呼号。至于过去是关东军中的要员，而今天又成为日本重新武装的骨干，更是不乏其人。

特别值得注意的是，日本军国主义者侵略中国的野心，在今天又开始暴露了。池田政府不是在叫嚷什么"台湾归属未定"吗？外相小坂不是公然表示要“支持自由台湾”吗？卖国贼廖文毅不是被豢养在日本准备作为建立所谓“台湾独立国”时所用的傀儡吗？这和当年日本军国主义者主张“满洲独立”和把我豢养起来作为建立伪“满洲国”时所用的傀儡，手法如出一辙。

今天，日本军国主义是在美帝国主义的扶植和支持下复活的。记得我被拘留在苏联的时候，一九四六年八月曾经到日本东京远东国际军事法庭给日寇侵略我国东北的战犯裁判作证。当我揭露日本战犯罪行的时候，往往有些美国籍的律师就露骨地袒护日本战犯而对我大加训斥。有一次，一个美国籍律师甚至对我咆哮着说：“你说日本战犯犯了罪，可是你不也是对中国犯下了罪吗？你将来回国后，也还是要受到中国法庭制裁的！”这番话的言外之意很清楚，就是威胁我把那些日本战犯的罪行隐瞒下来。当时我不能理解这是什么原因，现在看来就很明显了。这是因为，美帝国主义在战争一结束就打定主意，要复活日本军国主义作为在亚洲的侵略工具了！

但是，中国人民、日本人民以及全世界的人民决不允许日本军国主义再来横行逞凶了。目前的时代和三十年前的时代已经大大不同了。东风已经压倒西风，人民的力量已经压倒帝国主义力量。中国像巨人一样站起来了，中国人民完全有力量击败一切侵略者——和三十年前的情况对比，这一点使我有着多么深刻的印象和巨大的激动啊！同时，日本人民已经觉醒了。反对日美“安全条约”和反对日本军国主义复活的声势浩大的斗争向人们表明，他们再也不允许军国主义者把他们当做“肉弹”送上侵略战场了。甚至有一些当年的军事将领也认识了过去的罪恶而改变了自己的态度，像过去在日本关东军中当过参谋副长的远藤将军现在也参加了反对日美“安全条约”的斗争。

因此，在“九·一八”三十周年快到来的时候，我在回顾往事之余，不禁要提醒妄图卷土重来的日本军国主义分子和他们的扶植者美帝国主义：三十年前猖狂一时的日本军国主义已经遭到了可耻的命运，你们还要重走这条老路，难道可能设想会有比他们更好的下场吗？